Guttentag'sche Sammlung Preußischer Gesetze.

Wulff und Herold

# Wassergesetz

Nr. 52

Guttentagsche Sammlung
Nr. 52 Preußischer Gesetze Nr. 52
Textausgaben mit Anmerkungen

# Wassergesetz

## vom 7. April 1913

Mit Einleitung, Erläuterungen und Sachregister

bearbeitet von

**Georg Wulff** und **Dr. Ferdinand Herold**
Rechtsanwalt in Dortmund — Rechtsanwalt in Recklinghausen

Berlin 1913.
J. Guttentag, Verlagsbuchhandlung,
G. m. b. H.

Roßberg'sche Buchdruckerei in Leipzig

# Vorwort.

---

Die vorliegende Textausgabe des preußischen Wassergesetzes verfolgt den Zweck, sowohl dem praktischen Juristen wie dem Laien das Eindringen in die einzelnen Gesetzesbestimmungen zu erleichtern und die Absicht, welche den Gesetzgeber bei den einzelnen Bestimmungen geleitet hat, wo sie nicht absolut klar zutage liegt, auseinanderzusetzen und zu begründen. Zu diesem Zweck ist naturgemäß in weitem Umfang auf die Begründung des Gesetzentwurfes sowie auf die Kommissionsberatungen des Abgeordnetenhauses und des Herrenhauses zurückgegriffen. Auch sind die stenographischen Berichte über die Plenarberatungen in beiden Häusern des Landtages zur Erläuterung mit herangezogen, ohne daß auf eine Kritik, dort, wo sie uns notwendig erschien, verzichtet worden wäre. In Fällen, in welchen die neueren außerpreußischen Wassergesetze, insbesondere das bayrische, sächsische, württembergische und badische Wassergesetz, ähnliche Bestimmungen wie das preußische Gesetz enthalten, ist zur Erläuterung auch auf jene Gesetze und ihre Begründung zurückgegriffen worden. Bei den Bestimmungen über den Hochwasserschutz sind auch die Materialien des Gesetzes vom 16. August 1905 herangezogen.

Soweit die seitherige Judikatur über wasserrechtliche Fragen auch in Zukunft noch Bedeutung behält, was ganz besonders für die Bestimmungen über die Wassergenossenschaften, Deichverbände und den Hochwasserschutz der Fall sein wird, ist auch auf sie Rücksicht genommen. Es sind aber nur die wichtigeren Entscheidungen aufgeführt.

Die Bestimmungen über die Verleihung, die Ausgleichung, die Wasserbücher und die Gewässer, die nicht zu den Wasserläufen gehören, sind von Rechtsanwalt Wulff, die Bestimmungen über die Verhütung von Hochwassergefahr von Rechtsanwalt Dr. Herold bearbeitet. Im übrigen ist die Bearbeitung der vorliegenden Ausgabe von uns gemeinschaftlich erfolgt.

Die Ausarbeitung des Sachregisters hat in dankenswerter Weise Herr Assessor Hilger in Neheim übernommen.

Die gemäß § 401 von den zuständigen Ministern zu erlassenden Ausführungsvorschriften sind noch nicht erschienen.*)

Dortmund und Recklinghausen, im April 1913.

**Wulff.** **Herold.**

*) Dieselben können nach ihrem Erscheinen den Bestellern dieses Buches auf Wunsch vom Verlag nachgeliefert werden.

# Inhaltsverzeichnis.

# Literaturverzeichnis.


Arnim-Schlagenthin-Nassenheide, Der preußische Wassergesetzentwurf von 1907. Berlin 1909.

v. Bitter, Handwörterbuch der preußischen Verwaltung. 2. Aufl.

Born, Das Wasserpolizeirecht. Berlin 1905.

v. Brauchitsch, Preußische Verwaltungsgesetze. IV. Band. Berlin 1906.

v. Bülow-Fastenau, Gesetz, betr. die Bildung von Wassergenossenschaften, vom 1. April 1879. 2. Aufl.

Dernburg, Lehrbuch des preußischen Privatrechts. 5. Aufl.

Döhl, Die Wassergesetzgebung des preußischen Staates. Brandenburg 1870.

Eger, Das Gesetz über die Enteignung von Grundeigentum. 3. Aufl.

Entwurf eines preußischen Wassergesetzes von 1893.

Entwurf eines preußischen Wassergesetzes von 1906 nebst Begründung.

Eymann, Das Wassergesetz für das Königreich Bayern vom 23. März 1907. Bd. I u. II. 1908.

Frank, Gesetze, betr. Wasserrecht und Wasserpolizei im preußischen Staate. Breslau 1888.

Friedrichs, Das Zuständigkeitsgesetz vom 1. August 1883.

Gottschalk, Das preußische Wassergesetz auf Grund der Beschlüsse des Abgeordnetenhauses und der Bergbau im „Glückauf", 1913 Nr. 3, 13 u. 14.

Greiff, Die preußischen Gesetze über Landeskultur und landwirtschaftliche Polizei. Breslau 1866.

Gruchot, Beiträge zur Erläuterung des deutschen Rechts.

Hahn, Die preußische Gesetzgebung über Vorflut, die Ent- und Bewässerungen und das Deichwesen. 2. Aufl. Breslau 1886.

Havenstein, Das Fischereirecht der Mark Brandenburg. Berlin 1903.

Herders Staatslexikon. 4. Aufl.

Hermes und Fechner, Gesetz zur Verhütung von Hochwassergefahr vom 16. August 1905. Heymann 1906.

Kayser-Steiniger, Gewerbeordnung. 3. Aufl.

Kletke, Das Deichwesen des preußischen Staates. 1867.

Kloeß, Die allgemeinen Sachen, Luft und Wasser nach geltendem Rechte. 1907.

Kloeß, Das deutsche Wasserrecht und das Wasserrecht der Bundesstaaten des Deutschen Reichs. 1908.

Klostermann-Fürst, Allgemeines Berggesetz für die preußischen Staaten. 6. Aufl.

Koehn, Der Entwurf eines preußischen Wassergesetzes von 1906, Gutachten, Sonderabdruck aus dem Zentralblatt für Wasserbau und Wasserwirtschaft.

Koffka, Kommentar zum Gesetz über die Enteignung von Grundeigentum. 1905.

Landmann, Kommentar zur Gewerbeordnung. 6. Aufl. 1911/12.

Lette, Die Gesetzgebung über Benutzung der Privatflüsse zur Bewässerung von Grundstücken. Berlin 1850.

Nieberding-Frank, Wasserrecht und Wasserpolizei im preußischen Staate. 2. Aufl. 1889.

Nieder, Wasserrecht für Württemberg. 1902.

Nobiling, Die preußischen Landeskulturgesetze. Textausgabe. Münster i. W. 1901.

Oppenhoff, Die Gesetze über die Ressortverhältnisse zwischen den Gerichten und den Verwaltungsbehörden in Preußen. 2. Aufl.

Reger, Kommentar zur Gewerbeordnung. 4. Aufl. 1905/08.

Riemann, Das Wasserrecht der Provinz Schlesien. Breslau 1907.

Rosin, Das Recht der öffentlichen Genossenschaft. Freiburg i. B. 1886.

Schelcher, Wassergesetz für das Königreich Sachsen vom 12. März 1909. Bd. I u. II. 1909/10.

Schenkel, Das badische Wasserrecht. 2. Aufl. 1902.

Seelig, Fischerei und einschlagendes Wasserrecht, betr. Entscheidungen höherer deutscher Gerichtshöfe, insbesondere des Reichsgerichts.

Seuffert, Archiv.

Staudinger, Kommentar zum Bürgerlichen Gesetzbuch und Einführungsgesetz. 5./6. Aufl.

Stier-Somlo, Kommentar zum Gesetz über die allgemeine Landesverwaltung. 1902.
Vossen, Das preußische Quellenschutzgesetz vom 14. Mai 1908.
Westhoff, Bergbau und Grundbesitz nach preußischem Recht. 1906.
Westhoff, Gutachten über den Entwurf eines preußischen Wassergesetzes hinsichtlich seiner Beziehung zum rheinisch-westfälischen Bergbau. 1908.
Westhoff-Schlüter, Allgemeines Berggesetz für die preußischen Staaten. 2. Aufl.
Windscheid-Kipp, Lehrbuch des Pandektenrechts. 9. Aufl.
Wulff, Der dritte Entwurf eines preußischen Wassergesetzes und der Bergbau, im „Glückauf", 1912 Nr. 9 u. 10.

# Abkürzungen.

(Zitierweise nach dem Deutschen Juristentag.)

---

Ent. = Entwurf eines Wassergesetzes von 1911.
B. = Begründung zum Entwurf des Wassergesetzes von 1911 (Drucksache Nr. 9 B des Hauses der Abgeordneten 21. Legisl.-Per. V. Sess.).
KB.A. = Bericht der 13. Kommission des Abgeordnetenhauses über den Entwurf eines Wassergesetzes (Drucksache Nr. 611 A).
L. II = Zweite Lesung des Abgeordnetenhauses.
L. III = Dritte Lesung des Abgeordnetenhauses.
KB.H. = Bericht der 11. Kommission des Herrenhauses zum Entwurf eines Wassergesetzes (Drucksache Nr. 209 A u. B Sess. 1912/13).
LH. = Zweite Lesung des Herrenhauses.
DJZ. = Deutsche Juristenzeitung.
EnteignG. = Gesetz über die Enteignung von Grundeigentum vom 1. Juni 1874.
FischereiG. = Fischereigesetz für den preußischen Staat vom 30. Mai 1874.

GewArch. = Gewerbearchiv.
GewO. = Gewerbeordnung.
GruchotsBeitr. = Gruchot, Beiträge zur Erläuterung des deutschen Rechts.
KrOrd. = Kreisordnung.
LGemOrd. = Landgemeindeordnung.
LVG. = Gesetz über die allgemeine Landesverwaltung vom 30. Juli 1883.
MBl. = Ministerialblatt für die innere Verwaltung.
PolG. = Polizeigesetz, Gesetz vom 11. März 1850 über die Polizeiverwaltung.
PrAG.ZVG. = Preußisches Ausführungsgesetz über die Zwangsversteigerung und die Zwangsverwaltung vom 23. September 1899.
RG. = Entscheidungen des Reichsgerichts.
StGB. = Reichsstrafgesetzbuch.
SeuffA. = Seufferts Archiv.
Staud.Kom. = Staudinger, Kommentar zum Bürgerlichen Gesetzbuch und Einführungsgesetz.
StädtOrd. = Städteordnung.
ZustG. = Gesetz über die Zuständigkeit der Verwaltungs- und Verwaltungsgerichtsbehörden vom 1. August 1883.
ZVG. = Gesetz über die Zwangsversteigerung und Zwangsverwaltung in der Fassung vom 20. Mai 1898.

# Einleitung.

Die letzte zusammenfassende Regelung des Wasserrechts gab in Preußen das allgemeine Landrecht vom Jahre 1794. Die fortschreitende wirtschaftliche Entwicklung verlangte aber bald den geänderten Verhältnissen angepaßte Neuregelungen. Diesem Umstand verdankt vor allem das Gesetz wegen des Wasserstaues bei Mühlen und Verschaffung von Vorflut vom 15. November 1811 seine Entstehung.

Die Ende der zwanziger Jahre des 19. Jahrhunderts auf Anregung mehrerer Provinziallandtage in Angriff genommene umfassendere Regelung des Wasserrechts scheiterte an der Uneinigkeit der verschiedenen Provinzialstände. Dieser Anregung verdankten aber das Gesetz vom 28. Februar 1843 über die Benutzung der Privatflüsse und das Gesetz vom 28. Januar 1848 über das Deichwesen ihre Entstehung. Die sonstigen vorher und später ergangenen Gesetze hatten nur den Zweck, teils das provinzielle Recht fortzuentwickeln, teils die allgemeinen Rechtsnormen der bestehenden Gesetze auf die ihrem Geltungsbereiche nicht unterworfenen später erworbenen Landesteile mit den nötigen Änderungen auszudehnen, teils endlich jene Gesetze zu ergänzen oder miteinander in Übereinstimmung zu bringen.

In den siebziger Jahren regte sich dann wieder, zum Teil hervorgerufen durch den zersplitterten Rechtszustand in den neuen Provinzen, der Wunsch nach einer einheitlichen Regelung des gesamten Wasserrechts. Aber man rechnete damals noch mit einer reichsgesetzlichen Regelung dieser Materie und es kam nur zu einer einheitlichen Regelung des Rechts der Wassergenossenschaften durch das Gesetz vom 1. April 1879. Als die Erwartungen bezüglich der Regelung des Wasserrechts durch das Bürgerliche Gesetzbuch nicht erfüllt wurden, trat von den verschiedensten Seiten immer dringender der Wunsch nach einer Reform der Wassergesetzgebung hervor. Es wurde deshalb eine Ministerialkommission mit der Ausarbeitung eines Wassergesetzentwurfes beauftragt. Diese beendete im Jahre 1893 ihre Arbeiten und übergab mit allerhöchster Zustimmung den ersten Entwurf zu einem Wassergesetz der Öffentlichkeit. Dieser erfuhr eine sehr eingehende aber nicht günstige Beurteilung. Die Regierung ließ deswegen den Entwurf durch Kommissare des landwirtschaftlichen Ministeriums und des Ministeriums der öffentlichen Arbeiten umarbeiten unter Verwertung des reichhaltigen und umfangreichen Materials, das die Kritik gebracht hatte. Diese Umarbeitung begann im Jahre 1896 und wurde erst im Jahre 1907 beendet. Das Ergebnis wurde in einem zweiten Entwurf niedergelegt, der nicht veröffentlicht, aber den staatlichen Behörden sowie den Vertretern aller interessierten Kreise zur Begutachtung vorgelegt wurde. Das hierdurch neuerdings gewonnene Material wurde wiederum von Kommissaren der vorher genannten Ministerien der Landwirtschaft und der öffentlichen Arbeiten zu einem dritten Entwurf umgearbeitet, der im Jahre 1909 fertiggestellt wurde. Dieser war dann Gegenstand der Beratung von Kommissaren aller beteiligten Ministerien, deren Ergebnis ein vierter Entwurf war, der Anfang 1912 dem Abgeordnetenhause unterbreitet wurde (Drucksache 9B).

Das Abgeordnetenhaus nahm die erste Lesung am 19. und 20. Februar 1912 vor (Verhandlung des Hauses der Abgeordneten 21. Legisl. V. Session 1912 S. 1230—1317) und überwies den Entwurf zur weiteren Beratung einer Kommission von 28 Mitgliedern. Diese begann ihre erste Lesung am 27. Februar 1912 und führte sie in 40 Sitzungen zu Ende. Die zweite Lesung der Kommission begann am 10. September 1912 und erforderte weitere 16 Sitzungen (Drucksachen Nr. 611A, 611B, 606B, 611C). Die zweite Lesung des Abgeordnetenhauses fand vom 13. bis 16. November 1912 statt (Verhandlung des Hauses der Abgeordneten 21. Legisl. V. Session 1912/1913 S. 7949—8343). Die dritte Lesung wurde am 5. und 6. Dezember 1912 vorgenommen (Verhandlung des Hauses der Abgeordneten 21. Legisl. V. Session 1912/1913 S. 8504—8644).

Die in der Sitzung vom 8. Juli 1912 gewählte Kommission des Herrenhauses beriet dann bis zum 24. Januar 1913 den Entwurf in 6 Sitzungen und 2 Lesungen durch (Drucksache Nr. 209A des Herrenhauses, Session 1912/1913). In den Sitzungen vom 3. und 4. Januar erledigte das Herrenhaus die Beratung des Entwurfs, der dann mit den vom Herrenhaus beschlossenen Änderungen vom Abgeordnetenhause en bloc angenommen wurde.

Das Gesetz ist am 7. April 1913 von Sr. Majestät dem König sanktioniert und alsdann in Nr. 14 der Preußischen Gesetzsammlung von 1913 (Seite 53ff.) publiziert.

Die Vorschriften der §§ 1, 2, 4 bis 6 und die §§ 152 bis 175, 383, soweit es sich um den Ausbau von Wasserläufen erster Ordnung handelt, sind mit dem Tage der Verkündung, dem 22. April 1913, in Kraft getreten.

Im übrigen wird der Zeitpunkt des Inkrafttretens des Gesetzes durch Königliche Verordnung bestimmt.

# Erster Abschnitt.

# Wasserläufe.

## Erster Titel.

## Begriff und Arten der Wasserläufe.[1])

**§ 1.** (1) Wasserläufe[2]) sind die Gewässer, die in natürlichen oder künstlichen Betten[3]) beständig oder zeitweilig oberirdisch abfließen,[4]) einschließlich ihrer oberirdischen Quellen[5]) und der Seen[6]) — Teiche, Weiher und ähnlicher Wasseransammlungen[7]) —, aus denen sie abfließen, sowie ihrer etwa unterirdisch verlaufenden Strecken[8]) (natürliche, künstliche Wasserläufe).[9])

(2) Grundstücke, die zur Fischzucht oder Fischhaltung oder zu sonstigen Zwecken[10]) mit Wasser bespannt werden und mit einem Wasserlaufe nur dadurch in Verbindung stehen, daß sie mittels künstlicher Vorrichtungen aus dem Wasserlaufe gefüllt oder in einen solchen abgelassen werden, gelten nicht als Wasserläufe.

(3) Gräben[11]) gelten als Wasserläufe nur insoweit, als sie der Vorflut[12]) der Grundstücke verschiedener Eigentümer dienen. Seen,[6]) aus denen nur künstliche Wasserläufe abfließen, gelten nicht als Wasserläufe, soweit nicht die Wasserlaufsverzeichnisse etwas anderes bestimmen. Triebwerkskanäle — Mühlgräben und dergleichen — und Bewässerungskanäle[13]) gelten, soweit sie als Wasserläufe anzusehen sind, im Zweifel als künstliche Wasserläufe.

**(4) Ein natürlicher Wasserlauf gilt als solcher auch nach einer künstlichen Veränderung.[14])**

Ent. § 1; B. 6 ff., 47 ff.; KB.A. 2 ff.; L. II 7953 ff.; L. III 8527 ff.; KB.H. 2 ff.; L.H. 992 ff.

[1]) Allgemeines. Unter Gewässer versteht man einen bestimmten begrenzten Teil der Erdoberfläche, welcher entweder von Natur oder infolge künstlicher Vorkehrungen mit Wasser bedeckt ist. Man unterscheidet fließende und stehende (geschlossene) Gewässer. Ihrer Natur nach sind „Gewässer" also „mit Wasser bedeckte Grundstücke" (KB.A. 8). Sie unterliegen daher grundsätzlich den bestehenden Vorschriften des BGB. über die Grundstücke, soweit nicht im vorliegenden Gesetz Abweichendes bestimmt ist. Die Zuständigkeit der Landesgesetzgebung zur Regelung aller in das Wasserrecht einschlagenden Rechtsverhältnisse beruht auf Art. 65 und 124 EG.BGB. Nach diesen Bestimmungen bleiben die landesgesetzlichen Vorschriften unberührt, welche dem Wasserrecht angehören, mit Einschluß des Mühlenrechts, des Flößrechts und des Flößereirechts, sowie der Vorschriften zur Beförderung der Bewässerung und Entwässerung der Grundstücke, über Anlandungen, entstehende Inseln und verlassene Flußbetten; ferner auch diejenigen landesgesetzlichen Vorschriften, welche das Eigentum an Grundstücken zugunsten der Nachbarn noch anderen als den im BGB. bestimmten Beschränkungen unterwerfen. Auf diesen Bestimmungen beruhen daher die von der Reichsgesetzgebung abweichenden und sie ergänzenden Bestimmungen dieses Gesetzes.

Das Gesetz teilt die Gewässer ein:

a) in „Wasserläufe" (Abschn. I);

b) in „Gewässer, welche nicht zu den Wasserläufen gehören" (Abschn. II).

Das Meer und der Meeresstrand gehören nicht zu den Gewässern im Sinne dieses Gesetzes. Sie unterliegen daher auch nicht seinen Vorschriften, vielmehr bleiben für sie die bestehenden Vorschriften des geltenden Rechts unberührt. Bei denjenigen Wasserläufen, welche in das Meer einmünden, ist in dem dem Gesetz beigegebenen Verzeichnis der Wasserläufe I. Ordnung eine tunlichst scharfe Trennung nach der Richtung erfolgt, wo der Wasserlauf aufhört und das Meer beginnt (vgl. Begr. 7 ff. u. 47; KB.A. II S. 3 ff.).

[2]) „Begriff des Wasserlaufs". Hierzu gehört a) ein natürliches oder künstliches Bett, b) ein beständiger oder zeitweiliger oberirdischer Abfluß. Oberirdischer Zufluß ist nicht erforderlich.

[3]) „Bett" d. i. das durch „Sohle" und die „Ufer" begrenzte Gerinne. Über Uferlinie siehe § 12 (Nieberding-Frank § 18; Eymann 1 195; Reuß, Wassergesetz 26; Nieder 20; PrOVG. 11 233).

[4]) „Beständig oder zeitweilig oberirdisch abfließen". Begriffsmerkmal des Wasserlaufs ist also: oberirdischer Abfluß, welcher dauernd oder doch in gewissen Zwischenräumen stattfindet. Vorübergehendes Austrocknen während eines Teiles des Jahres, in Zeiten besonderer Trockenheit oder auch aus anderen Gründen nimmt die Eigenschaft als Wasserlauf nicht. Ebenso gibt aber auch ein einmaliger Abfluß, etwa bei ungewöhnlichen Naturereignissen, z. B. Durchbruch der Dämme eines geschlossenen Gewässers, diesem Abfluß nicht die Eigenschaft als Wasserlauf. Wasserlauf ist auch ein zur Abführung von Hochwasser ständig dienender, sonst aber trocken liegender Umfluter (Begr. 47 ff.).

„Abfließen" ist nicht gleichbedeutend mit „ablassen". „Abfließen" bedeutet den natürlichen selbständigen Ablauf ohne Zutun von Menschen und künstlichen Vorrichtungen.

[5]) „Oberirdische Quellen" d. i. dasjenige Wasser, welches „aus unterirdischen, natürlichen Wasseransammlungen an einer bestimmten Stelle des Bodens nicht bloß vorübergehend an die Erdoberfläche tritt" (s. auch RG. 16 231). Das hervortretende Wasser muß sofort einen in einem Bette ständig fließenden Ablauf haben. Unerheblich ist, ob das Hervortreten an die Erdoberfläche auf natürlichem Wege oder infolge künstlicher Nachhilfe (Bohrungen) erfolgt (vgl. KB.A. II S. 7; Nieder 43; Eymann 1 275 ff.).

Ein Gewässer, das nur zeitweilig, z. B. infolge außergewöhnlicher Niederschläge, aus dem Erdboden hervortritt und nach einiger Zeit wieder versiegt, ist keine Quelle.

Zweifelhaft kann sein, wo die „Quelle“ liegt, wenn, wie z. B. im Erzbergbau, die erschrotenen Quellen erst innerhalb des Stollens oft weitere Strecken durchfließen, um erst nach Durchlaufen solcher größerer Strecken an dem Stollenmundloch an die Erdoberfläche zu treten. Man kann zweifelhaft sein, ob das im Stollen in geregeltem Laufe abfließende Wasser als die unterirdisch verlaufende Strecke eines Wasserlaufes zu behandeln ist, oder ob man beim Zutagetreten an die Erdoberfläche von einer „Quelle“ sprechen kann. In der Plenarverhandlung des Abgeordnetenhauses ist diese Frage erörtert und dahin wohl zutreffend beantwortet, daß die Quelle eines derartigen erschrotenen Gewässers an dem Stollenmundloch liege, und das bis dahin im Stollenwasserlauf ähnlich geflossene Wasser als unterirdisches Gewässer zu behandeln sei. Diese Auffassung ist auch von dem Regierungsvertreter als zutreffend bezeichnet (L. III S. 8530 ff.).

[6]) „Seen“ sind größere oberirdische Wasseransammlungen, die durch Naturvorgänge entstanden sind. Ein See gehört, und zwar in seiner ganzen Ausdehnung, zu den Wasserläufen, wenn er einen sichtbaren, natürlichen Abfluß hat. Ist der Wasserabfluß jedoch kein natürlicher, sondern ein künstlich hergestellter, z. B. es werden aus dem See künstliche Bewässerungsgräben abgeleitet, so gehört er nicht zu den Wasserläufen (§ 1 Abs. 3 Satz 2), sondern unterliegt den Bestimmungen der §§ 196 ff. Das gleiche gilt von Seen, die nur auf künstlichem Wege abgelassen werden können. Sichtbarer Zufluß ist aber nicht erforderlich, um dem See den Charakter eines Wasserlaufs zu geben (Begr. 48; KB. 6; Eymann 1 183, 267; Schenkel 170; Nieder 24).

[7]) „Teiche, Weiher und ähnliche Wasseransammlungen“. Weiher und Teiche fallen unter den Begriff „See“. Sie unterscheiden sich von diesen durch eine geringere Ausdehnung und sind in der Regel künstlich hergestellt, doch ist letzteres kein Begriffsmerkmal. Auch sie müssen oberirdischen Ablauf haben. Im übrigen gilt das von den Seen Gesagte (KB.A. II S. 47; Eymann 1 268; Schenkel 172).

[8]) „Unterirdisch verlaufende Strecken". Teilweise unterirdisches Fließen eines Wasserlaufs, sei dies von Natur oder künstlich bewirkt, ändert nichts am Gesamtcharakter eines Gewässers. Es genügt, daß mindestens eine Strecke oberirdisch fließt. Gänzlich unterirdisch verlaufende Wassergerinne sind nicht Wasserläufe, sondern unterliegen den Bestimmungen der §§ 196 ff.

„Haffe" sind Teile der Mündungen der sich durch sie in das Meer ergießenden Wasserläufe. Sie unterliegen den Rechtsverhältnissen des Hauptwasserlaufs, zu dem sie gehören (Begr. 49; RG. v. 3. 7. 95 und 23. 5. 08, OTr. **38** 112; **71** 223; StriethArch. **71** 239; abw.: OTr. **25** 396).

„Häfen". Praktisch werden dieselben nur bei Wasserläufen I. und II. Ordnung in Frage kommen. Ihre rechtliche Natur ist zweifelhaft und Tatfrage. Je nach der Art des Aus- oder Einbaues in den Wasserlauf ist zu unterscheiden, ob der Hafen ein Teil des Wasserlaufs ist oder zu den nicht zu den Wasserläufen gehörigen Gewässern gehört. Ist der Hafen in das Flußbett hineingebaut oder durch Ausbau der Ufer oder Erweiterung des Strombettes (Rheinhäfen bei Cöln) entstanden, so ist er ein Teil des Wasserlaufs und den gleichen gesetzlichen Vorschriften unterworfen. Ein Hafen jedoch, der mit einem Wasserlauf durch einen kürzeren oder längeren Stichkanal erst verbunden ist, ist nicht Bestandteil des Wasserlaufs und unterliegt den Vorschriften der §§ 196 ff. (s. auch Anm. zu § 40).

[9]) „Natürliche" Wasserläufe sind solche Gewässer, welche sich in durch die Natur geschaffenen Betten fortbewegen. Eine künstliche Regulierung des natürlichen Bettes ändert an der Natur des Wasserlaufs als eines natürlichen nichts (vgl. auch Abs. 4).

„Künstliche" Wasserläufe sind durch Vornahme künstlicher Anlagen geschaffene Wasserwege.

„Wasserleitungen", d. h. die zur Fortleitung von Wasser von einem Ort zum anderen künstlich hergestellten, meistens geschlossenen Anlagen gehören nicht zu den künstlichen Wasserläufen, fallen also überhaupt nicht unter den Begriff der Wasserläufe.

[10]) Es handelt sich um zeitweilig für besondere Zwecke mit Wasser bedeckte Grundstücke, z. B. Fischteiche oder zur Gewinnung von Eis im Winter unter Wasser gesetzte Flächen. Haben solche Grundstücke einen beständigen Ablauf, so gehören sie zu den künstlichen Wasserläufen. Nicht hierher gehören die durch künstliche Erweiterungen eines Flußbettes zeitweilig mit Wasser bedeckten Grundstücke. Diese unterliegen vielmehr dem Rechte des natürlichen Wasserlaufs, aus dem sie entstanden sind.

[11]) „Gräben“ sind künstlich angelegte Wassergerinne, wodurch das Wasser seinen ordentlichen oder gewöhnlichen Ablauf hat (ALR. I 18 § 100); sie sind unbedeutende, in einem künstlichen Gerinne abfließende Gewässer (Begr. 49).

Nur solche Gräben, welche, sei es von vornherein bei ihrer Anlage, sei es durch die tatsächlichen Verhältnisse, im Laufe der Zeit dazu bestimmt sind, das Wasser der oberliegenden Grundstücke aufzunehmen, gehören zu den Wasserläufen.

[12]) „Vorflut“ ist der durch die Bodenverhältnisse, sei es durch die Natur oder von Menschenhand geschaffene naturgemäße Ablauf des Wassers (vgl. Eymann 1 286; Schenkel 29 u. 211). In der Kommission des Abgeordnetenhauses sind von den Vertretern der Staatsregierung folgende Definitionen über den Begriff der Vorflut gegeben: „Unter Vorflut im allgemeinen ist zu verstehen die Möglichkeit des ungehinderten Ablaufs des auf der Erdoberfläche befindlichen Wassers nach dem natürlichen Gefälle.“ Bei Wasserläufen soll unter Vorflut verstanden werden, „die durch einen normalen Zustand von Bett und Ufer gegebene Möglichkeit des ungehinderten Wasserablaufs im Wasserlauf. Bei der Entscheidung, welches der normale Zustand von Bett und Ufer ist, darf auf unvordenkliche Zeiten nicht zurückgegriffen werden“ (KB.A. 64).

[13]) „Triebwerkskanäle und Bewässerungskanäle“ sind künstlich geschaffene Anlagen. Sie müssen zur Fortleitung von „Wasser“ dienen. Sind sie in das Verzeichnis der Wasserläufe I. oder II. Ordnung eingetragen, so gehören sie zu den Wasserläufen, sonst gelten sie als „Gräben“ (s. Anm. 10).

Nicht hierher gehören z. B. städtische Kanalisationen, da sie nicht zur Fortführung von Wasser, sondern von anderen Stoffen (Fäkalien) dienen. Die Vermengung oder Beimengung von Wasser ändert daran nichts.

Zur Definition der Mühl- und Triebwerkskanäle ist seitens der Regierung bei der Beratung im Abgeordnetenhaus folgende Erklärung abgegeben:

„Mit der Frage, ob Mühlgräben und ähnliche von einem Flusse oder Bache sich abzweigende Triebwerks- oder Bewässerungskanäle nach der zurzeit geltenden Gesetzgebung, insbesondere also nach dem Privatflußgesetz v. 28. Febr. 43, als natürliche oder künstliche Wasserläufe anzusehen seien, habe sich das Oberverwaltungsgericht wiederholt zu beschäftigen gehabt. Dabei habe es ausgesprochen, daß derartige Mühlgräben, selbst wenn sie in früherer Zeit künstlich hergestellt sein sollten, doch der erforderlichen Selbständigkeit entbehrten, um sie im Rechtssinne als Gräben erachten zu können. Da sie aus dem Hauptflusse ihre Wasser empfingen und es diesem unterhalb der Mühle wieder zuführten, könnten sie vielmehr rechtlich nur als Teile dieses Flusses, mit dem sie untrennbar verbunden seien, angesehen werden und unterständen daher auch den für Flüsse und nicht den für Gräben geltenden Vorschriften. Von derselben Auffassung sei auch das Reichsgericht ausgegangen.

Ob die Rechtsprechung nach Inkrafttreten des Wassergesetzes vom Standpunkte der darin enthaltenen Vorschriften zu einem anderen Ergebnisse gelangen werde, sei zum mindesten zweifelhaft. Wenn zum Beweise dafür, daß Mühlgräben keine Wasserläufe im Sinne des Gesetzes seien, in der Diskussion darauf hingewiesen worden sei, daß nach § 1 Abs. 3 des Entwurfes Gräben nur insoweit Wasserläufe im Sinne des Gesetzes seien, als sie der Vorflut der Grundstücke verschiedener Eigentümer dienten, so sei eben die Vorfrage, ob es sich hier überhaupt um einen Graben und nicht vielmehr, wie das Oberverwaltungsgericht annehme, um einen untrennbaren Bestandteil des Hauptflusses handle. Aber auch abgesehen von dieser Frage komme doch in Betracht, daß die

Mühlgräben zum großen Teil, zumal in ihrem Unterlaufe, zugleich der Vorflut der anliegenden Grundstücke dienten und ferner, daß sich vielfach infolge des hohen Alters solcher Anlagen gar nicht mehr mit Sicherheit feststellen lasse, ob es sich um einen künstlichen Wasserlauf oder um einen natürlichen Seitenarm des Flusses und somit überhaupt nicht um einen Graben handle. Das weiter geäußerte Bedenken, daß derartige Triebwerkskanäle, wenn sie nicht als künstliche Wasserläufe angesehen würden, nach den Vorschriften des Entwurfs im Widerspruch zu dem natürlichen Rechtsgefühl regelmäßig von den Anliegern würden unterhalten werden müssen, treffe insofern nicht zu, als nach § 109 Nr. 3 des Entwurfes (§ 115 des Gesetzes) die Unterhaltung bei natürlichen Wasserläufen III. Ordnung, die hier hauptsächlich in Betracht kämen, dem Eigentümer, sofern dieser zu ermitteln sei, obliege, und als ferner nach § 116 Abs. 1 Nr. 2 (§ 126 des Gesetzes) die auf Observanz beruhenden Unterhaltungsverpflichtungen ausdrücklich aufrechterhalten worden seien. Zumeist sei der Mühlenbesitzer aber entweder Eigentümer des Mühlgrabens oder doch observanzgemäß zu seiner Unterhaltung verpflichtet."

Von einem anderen Regierungsvertreter wurde folgendes erklärt: „Eine allgemeine Bestimmung, welche alle in Betracht kommenden Verhältnisse treffe, sei auch schwer zu finden. Insoweit ein Mühlgraben der Vorflut verschiedener Eigentümer diene, gehöre er nach § 1 Abs. 3 zu den Wasserläufen und müsse auch als Wasserlauf behandelt werden. Ob ein Mühlgraben künstlich angelegt oder ein natürlicher Wasserlauf sei, werde sich bei einem hohen Alter des betreffenden Mühlgrabens allerdings häufig schwer nachweisen lassen."

Der Berichterstatter führt in seinem Schlußwort noch folgendes aus: „Eine besondere Bestimmung wegen der Mühlgräben werde sich schwer formulieren lassen, sei auch nach den Ausführungen des letzten Regierungsvertreters nicht notwendig. Gegenüber dem ersten Regierungsvertreter sei jedoch festzustellen, daß die bisherige Rechtsprechung, wonach ein Mühlgraben als Bestandteil des Wasserlaufs anzusehen sei, nach dem Wortlaut der §§ 1 u. 2

des Gesetzes sowie den hierzu getroffenen Feststellungen in Zukunft nicht aufrechterhalten werden könne, da es danach nicht mehr darauf ankomme, ob der Mühlgraben Bestandteil eines Wasserlaufs sei, sondern lediglich darauf, ob er der Vorflut verschiedener Eigentümer diene. Diese Beschränkung gelte aber nur bezüglich der künstlich angelegten Mühlgräben, da die zu Mühlgräben ausgestalteten natürlichen Wasserläufe damit nicht aufhörten, zu den natürlichen Wasserläufen zu gehören. Was das Erfordernis des § 1 Abs. 3 anlange, daß der Graben der Vorflut der Grundstücke verschiedener Eigentümer dienen müsse, so sei diese Voraussetzung nur insoweit gegeben, als der Graben für sich allein der Vorflut verschiedener daran angrenzender Grundstücke diene. Der Umstand, daß oberhalb des Grabens liegende Grundstücke in den Wasserlauf abwässern und diese Abwässer auch durch den Mühlgraben hindurchgehen, erfülle daher die Voraussetzungen des § 1 Abs. 3 nicht" (KB.A. 313 ff. zu § 183 des Entwurfs).

[14]) Die künstliche Veränderung eines natürlichen Wasserlaufs nimmt demselben nicht den Charakter eines solchen. Für die Wasserläufe I. Ordnung ist die Bestimmung ohne Bedeutung, da für sie lediglich das gesetzliche Verzeichnis maßgebend ist und dieses eine Teilung in natürliche und künstliche Wasserläufe vornimmt. Das Nähere s. bei § 2. Die Abzweigung eines Mühlgrabens von einem natürlichen Wasserlauf ist keine künstliche Veränderung des Wasserlaufs im Sinne des § 1 Abs. 4. Er ist vielmehr ein selbständiger künstlicher Wasserlauf, welcher neben dem natürlichen Wasserlauf, von welchem er abzweigt, unabhängig zu beurteilen ist (KB.A. II S. 9. S. dazu jedoch Anm. 13).

Von Bedeutung ist die Bestimmung hauptsächlich bei Wasserläufen III. Ordnung. Regulierung des Wasserlaufs, Verbesserungen oder Herstellung einer künstlichen Sohle ändern an der Natur des Wasserlaufs nichts. Nur muß er als Wasserlauf bestehen bleiben, z. B. also nicht durch Einbeziehung in ein künstlich angelegtes neues Bett beseitigt werden. Dadurch würde ein neuer selbständiger „künstlicher Wasserlauf" entstehen (Begr. 50).

**§ 2.**[1]) (1) Im Sinne dieses Gesetzes sind:[2])

1. Wasserläufe erster Ordnung: die in dem anliegenden Verzeichnis unter I aufgeführten Strecken natürlicher und die dort unter II bezeichneten Strecken künstlicher Wasserläufe;
2. Wasserläufe zweiter Ordnung: die Strecken natürlicher und künstlicher Wasserläufe, die in dem nach § 4 aufzustellenden Verzeichnis eingetragen sind;
3. Wasserläufe dritter Ordnung: alle anderen Strecken natürlicher und künstlicher Wasserläufe.

(2) Natürliche Wasserläufe, die sich von einem natürlichen Wasserlauf abzweigen und wieder mit ihm vereinigen (Nebenarme),[3]) sowie Mündungsarme[4]) eines natürlichen Wasserlaufs sind der Ordnung zuzuzählen, welcher der Hauptwasserlauf an der Abzweigungsstelle angehört, wenn sich nicht aus der Anlage ein anderes ergibt oder nach § 3 Abs. 1 oder § 4[5]) ein anderes bestimmt wird.

Ent. § 2; B. 7 ff., 50 ff.; KB.A. 9 ff.; L. II 7954; L. III 8531; KB.H. 2, 74 ff.; L.H. 994.

[1]) Die Einteilung der Wasserläufe in drei verschiedene Ordnungen ist eine rein äußerliche, ohne daß sie sachliche Merkmale für die einzelnen Kategorien gibt.

Die Wasserläufe I. Ordnung entsprechen im wesentlichen den früher „öffentliche Flüsse" genannten Wasserläufen, während die Wasserläufe II. und III. Ordnung im wesentlichen den früheren Privatflüssen entsprechen.

[2]) Wasserläufe I. Ordnung sind die durch einen besonderen Akt der Gesetzgebung als solche bezeichneten Wasserläufe. Dieses Verzeichnis gilt als Teil des Gesetzes. In ihm sind die natürlichen von den künstlichen Wasserläufen getrennt aufgeführt, unter I die natürlichen Wasserläufe, unter II die künstlichen Wasserläufe.

Bei den Wasserläufen I. Ordnung, welche in's Meer münden,

ist die Grenze zwischen Wasserlauf und Meer in dem Verzeichnis mit möglichster Genauigkeit angegeben.

Die Wasserläufe II. Ordnung werden als solche durch einen verwaltungsrechtlichen Akt festgestellt und gleichfalls in einem Verzeichnis zusammengestellt (vgl. § 4).

Jeder Wasserlauf gehört der Ordnung, welcher er zugeteilt ist, in allen seinen Teilen, Ausbuchtungen usw. so lange an, bis er gemäß § 3 oder § 6 einer anderen Ordnung unterstellt wird.

Ob ein Wasserlauf III. Ordnung zu den natürlichen oder künstlichen Wasserläufen gehört, ist Tatfrage und von Fall zu Fall festzustellen. Bezüglich Triebwerks- und Bewässerungskanäle s. § 1 Anm. 13.

[3]) „Nebenarme" sind natürliche Abzweigungen eines Wasserlaufs, die ihren Zufluß aus dem Hauptlaufe erhalten und ihr Wasser in diesen wieder zurückführen. Die Wiedervereinigung mit dem Hauptlauf ist Begriffsmerkmal. Künstlich angelegte Abzweigungen sind nicht Nebenarme und gehören nicht ohne weiteres zur Ordnung des Hauptwasserlaufs (Begr. 55; KB.A. II S. 12; Eymann 1 180).

[4]) „Mündungsarme" sind solche natürliche Abzweigungen, welche sich mit dem Hauptwasserlauf nicht wieder vereinigen, sei es, daß sie sich in ein anderes Gewässer oder direkt in das Meer ergießen.

[5]) D. h., wenn ein solcher Neben- oder Mündungsarm durch Oberpräsidialverordnung oder durch Gesetz einer anderen Ordnung zugewiesen ist.

**§ 3.**[1]) (1) Das Verzeichnis der Wasserläufe erster Ordnung kann nur durch Gesetz geändert werden.

(2) Wird infolge einer solchen Änderung[2]) jemand in der Ausübung eines Rechtes am Wasserlaufe beeinträchtigt oder ein Grundstück beschädigt,[3]) so ist dem Benachteiligten Entschädigung vom Staate zu gewähren. Über die Entschädigung beschließt im Streitfalle der Bezirksausschuß.[4]) Der

Beschluß kann binnen drei Monaten nach der Zustellung im Rechtsweg angefochten werden. Auf die Entschädigung ist der Vorteil[5]) anzurechnen, der dem Benachteiligten aus der Versetzung des Wasserlaufs in eine andere Ordnung erwächst, soweit dieser Vorteil nicht bereits nach § 11 Satz 3 oder § 131 Satz 2 angerechnet worden ist.

Ent. § 3; B. 57 ff.; KB.A. 11 ff.; L. II 7954, 8340; L. III 8531, 8640; KB.H. 2, 74 ff.; L.H. 994.

[1]) Die im § 3 vorgesehene Änderung und die sich daraus ergebende Entschädigungspflicht bezieht sich ausschließlich auf Wasserläufe I. Ordnung.

[2]) „Einer solchen Änderung", d. h. durch die Versetzung eines Wasserlaufs I. Ordnung in einen solchen II. oder III. Ordnung, oder durch Versetzung eines Wasserlaufs II. oder III. Ordnung in einen solchen I. Ordnung.

[3]) Durch die Versetzung eines Wasserlaufs in eine andere Ordnung können wohlerworbene Rechte Dritter, nicht nur der Anlieger, sondern auch der durch Verleihung oder Enteignung oder auch dinglich Berechtigten, beeinträchtigt werden (vgl. §§ 46 und 396).

[4]) Die Festsetzung der Entschädigung unterliegt der freien Vereinbarung der Beteiligten mit dem Vertreter des Staates (Regierungskommissar). Eine Form für die Vereinbarung ist nicht vorgeschrieben. Erst im Streitfalle entscheidet der Bezirksausschuß, ähnlich wie bei der Enteignung.

[5]) „Vorteile", z. B. durch den Wegfall der Unterhaltungspflicht, die dem Eigentümer eines Wasserlaufs II. und III. Ordnung bisher oblag, wenn der Wasserlauf in die I. Ordnung versetzt wird und dadurch nach § 115 die Unterhaltung dem Staate zufällt.

[6]) Nach § 45 ist ferner für die dem Eigentümer entzogene oder beeinträchtigte Möglichkeit, den Wasserlauf in einer der im § 40 Abs. 2 bezeichneten Arten zu benutzen, Schadenersatz zu leisten. Das Nähere s. Anm. zu § 45.

**§ 4.** (1) Das Verzeichnis der Wasserläufe zweiter Ordnung stellt der Oberpräsident — für die Hohenzollernschen Lande der Regierungspräsident — auf.

(2) In dieses Verzeichnis sind die nicht zur ersten Ordnung gehörenden Strecken natürlicher und künstlicher Wasserläufe aufzunehmen, die für die Wasserwirtschaft von größerer Bedeutung sind. Dabei sind die natürlichen von den künstlichen Wasserläufen getrennt aufzuführen.

Ent. § 4; B. 57; KB.A. 13; L. II 7955; L. III 8531; KB.H. 13; L.H. 994.

**§ 5.**[1]) (1) Das Verzeichnis wird in den beteiligten Bezirken öffentlich ausgelegt.[2]) Die Auslegung ist in ortsüblicher Weise und, wenn Landkreise beteiligt sind, auch durch die Kreisblätter bekanntzumachen. Innerhalb einer vom Oberpräsidenten (Regierungspräsidenten) zu bestimmenden Frist von mindestens sechs Wochen nach der letzten Bekanntmachung können Einwendungen gegen das Verzeichnis erhoben werden. Die Frist sowie die Stelle, bei der die Einwendungen anzubringen sind, ist in der Bekanntmachung zu bestimmen.

(2) Über die rechtzeitig erhobenen, mit den Beteiligten zu erörternden[3]) Einwendungen[4]) beschließt der Provinzialrat,[5]) in den Hohenzollernschen Landen der Bezirksausschuß. Gegen den Beschluß ist innerhalb zwei Wochen[6]) die Beschwerde an den Minister für Landwirtschaft, Domänen und Forsten zulässig. Die Beschwerde steht auch dem Oberpräsidenten (Regierungspräsidenten) zu.

(3) Nach Erledigung der Einwendungen oder fruchtlosem Ablaufe der Frist stellt der Oberpräsident (Regierungspräsident) das Verzeichnis endgültig fest. Die Feststellung ist durch die Amtsblätter der beteiligten Bezirke bekannt zumachen.

(4) Das Verzeichnis ist bei der Wasserbuchbehörde (§ 183) zu jedermanns Einsicht offenzulegen.[7]) Auszugsweise Abschriften sind bei dem Landrat, in Stadtkreisen bei der Ortspolizeibehörde niederzulegen und auf dem laufenden zu erhalten.

**§ 6.**[1]) Für die Änderung des Verzeichnisses gilt § 5 mit der Maßgabe, daß an die Stelle der Auslegung des Verzeichnisses und ihrer Bekanntmachung die Bekanntmachung der beabsichtigten Änderung tritt.

Ent. §§ 5, 6; B. 58 ff.; KB.A. 13; L. II 7955; L. III 8531; KB.H. 13; L.H. 994.

Zu §§ 5 u. 6. [1]) Diese Paragraphen regeln das Verfahren bei Aufstellung und Änderung des Verzeichnisses der Wasserläufe II. Ordnung. Sie beziehen sich nicht nur auf die Versetzung in eine andere Ordnung, sondern auch auf Veränderungen innerhalb derselben Ordnung, z. B. wenn ein natürlicher Wasserlauf zu einem künstlichen umgestaltet ist.

[2]) Eine Frist für die Dauer der Auslegung ist nicht vorgesehen. Die im § 5 Abs. 1 Satz 3 bestimmte Mindestfrist von sechs Wochen ist lediglich zur Erhebung von Einwendungen bestimmt.

[3]) Mit dem Kommissar des Oberpräsidenten.

[4]) Wer zur Erhebung von Einwendungen berechtigt ist, sagt das Gesetz nicht. Berechtigt sind jedenfalls alle physischen und juristischen Personen, welche irgend ein Interesse an der Regelung der Frage haben, ob ein Wasserlauf zur II. oder III. Ordnung gehört. Sie gehören auch zu den „Beteiligten" im Sinne des § 5 Abs. 2.

[5]) „Provinzialrat" s. § 10 des G. über die allgem. Landesverwaltung v. 30. 6. 83 und Rgl. v. 28. 2. 84 (MBl. 1884, 35).

[6]) Der Lauf der Frist beginnt mit der Zustellung des Beschlusses (§ 52 LVG.). Im übrigen finden § 187 BGB. und § 220 ZPO. Anwendung. Die Beschwerde ist bei derjenigen Be-

hörde anzubringen, gegen deren Beschluß sie sich richtet, also beim Provinzialrat bzw. Bezirksausschuß (§ 122 LVG.).

[7]) Ein rechtliches oder berechtigtes Interesse an der Einsichtnahme braucht nicht nachgewiesen zu werden.

## Zweiter Titel.

## Eigentumsverhältnisse bei den Wasserläufen.

### Vorbemerkung.

Turnau-Foerster, Liegenschaftsrecht 1 13, 299; Windscheid, Pandekten 1 146; Dernburg, Pandekten 1 69; Eymann 164; Schenkel 36, 105, 565; Staudinger Bd. 1 Vorbemerkung zu § 90 S. 301; RG. 3 233; 53 98.

Das Gesetz handelt im nachfolgenden Titel von den „Eigentumsverhältnissen" bei den Wasserläufen und ordnet diese Rechtsverhältnisse in verschiedener Weise, je nachdem es sich um Wasserläufe der verschiedenen Ordnungen handelt. Der Gesetzgeber erkennt allgemein ein Eigentumsrecht an den Wasserläufen an, ohne im weiteren eine Definition dieses Eigentumsrechts zu geben. Mit dieser Anerkennung eines Eigentumsrechts an den Wasserläufen ist aber die Streitfrage über den Umfang, vor allen Dingen über den Gegenstand dieses Eigentumsrechts nicht beseitigt.

Kurz zusammengefaßt ist über dieses Eigentumsrecht an den Wasserläufen folgendes zu sagen:

Sowohl die Begründung zum Entwurf, wie auch die Kommissionsberichte zeigen, daß der Gesetzgeber dahin strebt, den Begriff des Eigentums an den Wasserläufen demjenigen des § 903 BGB. unterzuordnen; und doch ist es durch die Natur des Wassers ausgeschlossen, den Begriff des Eigentums, wie ihn § 903 BGB. aufstellt, ohne weiteres auf die Wasserläufe zu übertragen. Das Gesetz spricht vom Eigentum an den „Wasserläufen". Die Begründung zum Entwurf nimmt Bezug auf eine Entscheidung des Reichsgerichts im 3. Bande, in welcher gesagt wird, daß jedes dauernd fließende Gewässer aus drei wesentlichen und notwendigen

Bestandteilen, dem fließenden Wasser, dem Bett und den Ufern bestehe und daß diese Bestandteile zusammen ein integrierendes Ganzes bildeten (RG. 3 233).

Zunächst ist hier zu bemerken, daß das Bett (d. i. Ufer und Sohle) mit der in ihr fließenden Welle keine wesentlichen Bestandteile im Sinne der §§ 93 ff. BGB. bilden. Weder das eine noch das andere ist wesentlicher Bestandteil des Ganzen im Sinne des BGB. Denn das Bett des Flusses wird in seinem Wesen dadurch, daß das Wasser in ihm versiegt, nicht geändert; es bleibt, was es war, nämlich ein Grundstück im Sinne der Vorschriften des BGB. über Grundstücke; das Wasser, welches aus dem Flusse abgeleitet wird, wird in seinem Wesen ebensowenig geändert. Bett und Wasser sind also nicht wesentliche Bestandteile einer Sache, des Wasserlaufs. Der Wasserlauf ist überhaupt keine einheitliche Sache. Er besteht aus zwei Teilen, einer unbeweglichen Sache, einem Grundstück, hier Bett genannt, und einer beweglichen körperlichen Sache, dem Wasser, im Sinne des § 90 BGB. Daß an dem einen Teile des Wasserlaufs, dem Grundstück, ein Privateigentum im Sinne des § 903 BGB. möglich ist, ist nicht zweifelhaft und auch nicht streitig. Dagegen wird man ein Eigentum in dem vorbezeichneten Sinne an dem fließenden Wasser nicht konstruieren können. Es liegt das in der Natur des Wassers, welches sich in stetig fließender Bewegung befindet. „Jedes Wasserteilchen wechselt unausgesetzt seinen Ort", und wegen dieser „beständigen Flucht und Veränderung" ist die fließende Welle aus natürlichen Gründen für das Privateigentum nicht „faßbar" (RG. 53 98 ff.; 16 179).

Es ist deshalb durchaus zutreffend, wenn fast die gesamte Literatur und Judikatur sich bisher gegenüber der Konstruktion eines Privateigentums im Sinne des bürgerlichen Rechts an der fließenden Wasserwelle ablehnend verhält. Auch die Statuierung eines Eigentumsrechts an dem „Wasserlauf", wie sie im II. Titel des ersten Abschnittes des Wassergesetzes erfolgt ist, kann auf die juristische Konstruktion des Eigentumsrechts am Wasserlauf einen Einfluß nicht ausüben.

**§ 7.** An den in der Anlage bezeichneten Wasserläufen erster Ordnung steht, vorbehaltlich der Bestimmungen des § 9 Abs. 1, dem Staate das Eigentum zu.[1])

**§ 8.** (1) An den Wasserläufen zweiter und dritter Ordnung steht, vorbehaltlich der Bestimmungen des § 9, den Eigentümern der Ufergrundstücke[2]) (Anliegern) das Eigentum anteilig[3]) zu.

(2) Die Eigentumsgrenzen werden bestimmt:[4])

1. für die gegenüberliegenden Ufergrundstücke durch eine Linie, die in der Stromrichtung laufend die Mitte des Wasserlaufs bei dem gewöhnlichen Wasserstand innehält;
2. für die nebeneinanderliegenden Ufergrundstücke durch eine vom Schnittpunkt ihrer Grenzlinien mit der Uferlinie (§ 12) senkrecht zu der vorbezeichneten Mittellinie zu ziehende Linie.

(3) Als der gewöhnliche Wasserstand[5]) gilt der Wasserstand, der im Durchschnitt der Jahre an ebenso viel Tagen überschritten wie nicht erreicht wird, im Ebbe- und Flutgebiete das Hochwasser der gewöhnlichen Flut.

(4) Bei den Grenzflüssen[6]) reicht, soweit die Eigentumsverhältnisse nicht anderweit geregelt sind, das Eigentum der preußischen Anlieger bis zur Landesgrenze.

(5) Der Anteil des Anliegers am Wasserlauf ist Bestandteil des Ufergrundstücks.[7])

Ent. §§ 7, 8; B. 9 ff., 59 ff.; KB.A. 18 ff.; L. II 7968; L. III 8532; KB.H. 15; L.H. 994.

**Zu §§ 7 u. 8.** [1]) Die Wasserläufe I. Ordnung stehen im Eigentum des Staates. Das Eigentum an den Wasserläufen II. und III. Ordnung ist den Anliegern zugeteilt, d. h. denjenigen Grundstückseigentümern, zwischen deren Grundstücken hindurch der Wasserlauf fließt.

[2]) Unter „Ufergrundstück" versteht das Gesetz ein Grundstück im Sinne des allgemeinen Rechts, d. h. ein im Grundbuch als ein Grundstück gebuchtes Stück Land, das an den Wasserlauf angrenzt.

„Unter Ufergrundstück versteht der Entwurf, wie keiner besonderen Hervorhebung bedarf, ein Grundstück im Sinne des allgemeinen Rechts, d. h. ein im Grundbuch als ein Grundstück gebuchtes Stück Land, das an den Wasserlauf angrenzt. Wegen Fehlens dieser letzteren Eigenschaft ist, wenn mit einem an den Wasserlauf anstoßenden Stück Land ein mit ihm nicht zusammenhängendes vereinigt oder ihm zugeschrieben ist, das andere Stück Land nicht als Teil des Ufergrundstückes anzusehen" (Begr. 61).

[3]) „Anteilig", d. h. der Wasserlauf gehört den einzelnen Anliegern innerhalb der Grenzen ihrer Ufergrundstücke bis zur Mitte des Wasserlaufs.

[4]) Über die Festsetzung der Eigentumsgrenze, insbesondere der zu ziehenden Mittellinie, sagt die Begründung folgendes:

„Die Mittellinie soll die Mitte des Wasserlaufs bei dem Wasserstande innehalten, der im Jahresdurchschnitt ebensooft überschritten wie nicht erreicht wird (Abs. 4), in Norddeutschland technisch ‚gewöhnlicher Wasserstand' genannt. Für das Herrschaftsgebiet der Ebbe und Flut ist eine besondere Bestimmung erforderlich, und zwar ist in Übereinstimmung mit dem bestehenden Rechtszustande (RG. **44** 124 ff.) für dieses Gebiet das Hochwasser der gewöhnlichen Flut als der ‚gewöhnliche Wasserstand' bezeichnet worden. Die hiernach zu ziehende Mittellinie kann bei der meist unregelmäßigen Gestaltung der Wasserläufe nicht immer mathematisch genau die Mitte zwischen den beiden gegenüberliegenden Grenzlinien des gewöhnlichen Wasserstandes innehalten. Als Anhalt ist für die Auffindung der Flußmittellinie bestimmt, daß sie in der Stromrichtung läuft, d. h. in der Richtung, die der Hauptwasserstrom erkennbar nimmt. In der Regel wird also die Mittellinie des Wasserlaufs dann, wenn eine Uferlinie gerade verläuft oder nur mäßig, die andere aber stark gekrümmt ist, der kürzeren Uferlinie folgen, da scharfe, oft weit in's Land gehende Ausbuchtungen für die Festsetzung der Mitte des Flusses nicht wohl in Betracht kommen können" (Begr. 60).

[5]) „Gewöhnlicher Wasserstand". Der ständig wechselnde Wasserstand wird am Pegel, d. i. einem im Wasserlauf angebrachten Metermaß, abgelesen. Als gewöhnlicher Wasserstand im Sinne des Gesetzes gilt alsdann derjenige Wasserstand, der im Durchschnitt mehrerer Jahre an ebensoviel Tagen des Jahres durch höhere Wasserstände überschritten, wie durch niedrigere Wasserstände nicht erreicht wird. Als Beispiel diene folgendes: Die Pegelmessungen zweier Jahre ergaben, daß die Höhe des Wasserstandes 364 mal 1,50 m und darunter, 364 mal eine Höhe von 1,54 m und darüber ergeben haben, während zweimal ein Wasserstand von 1,52 m gemessen ist. Der gewöhnliche Wasserstand würde dann 1,52 m betragen, denn dieser Wasserstand wäre 364 mal überschritten und ebenso oft nicht erreicht. Würde aber der Wasserstand 365 mal 1,56 m und darüber und 365 mal 1,50 m und darunter betragen haben, so würde der gewöhnliche Wasserstand zwischen 1,56 m und 1,50 m liegen, also 1,53 m betragen, denn dieser Wasserstand ist ebenso oft überschritten, wie nicht erreicht. Er ist zwar nicht am Pegel abgelesen, aber auf Grund der Pegelmessungen berechnet.

Bei gestauten Gewässern kann der gewöhnliche Wasserstand in der vorbeschriebenen Weise nicht festgestellt werden. Hier wird mit Rücksicht auf § 12 als gewöhnlicher Wasserstand die Grenze des Graswuchses zu betrachten sein (vgl. KB.A. S. 22 u. 24).

[6]) „Grenzflüsse". Bildet ein Fluß die Grenze zwischen Preußen und einem Nachbarstaat, so kann das Bett des Wasserlaufs ganz auf preußischem Gebiet liegen, so daß die Uferlinie nach der Seite des Nachbarstaates zu die Grenze bildet. Es kann aber auch — und das ist das gewöhnliche — der Wasserlauf beiden Staaten gehören, so daß der sog. Talweg, d. h. die Mitte des Flusses, im Sinne des Abs. 2 Nr. 1 die Grenze bildet (KB.A. 20/21). Notwendig ist dies aber nicht, vielmehr kann die Grenzlinie auch mehr nach der einen oder anderen Uferseite gezogen sein.

Für alle Grenzflüsse bestimmt Abs. 4, daß das Eigentum der

preußischen Anlieger durch die preußische Landesgrenze begrenzt wird; denn für den jenseits der preußischen Landesgrenze liegenden Teil des Wasserlaufs hat das Gesetz keine Geltung. Liegt ein Wasserlauf oder eine Strecke desselben ganz auf außerpreußischem Gebiet, so findet § 8 überhaupt keine Anwendung. Liegt ein Wasserlauf ganz auf preußischem Gebiet, dergestalt, daß die jenseitige Uferlinie die Staatengrenze bildet, so ist der auf preußischem Gebiet liegende Eigentümer des Ufergrundstücks auch Eigentümer des Wasserlaufs in seiner ganzen Breite, nicht nur bis zur Mittellinie (KB.A. 21). Daraus folgt nicht, daß die Landesgrenze unbedingt auch maßgebend für die Eigentumsverhältnisse ist. Aber das preußische Gesetz hat nur Geltung bis zur preußischen Landesgrenze. Es können hier aber abweichende Staatsverträge in Frage kommen.

[7]) „Bestandteile des Ufergrundstücks" sind nicht wesentliche Bestandteile im Sinne des § 93 BGB., d. h. nicht solche, die voneinander nicht getrennt werden können, ohne daß der eine oder andere zerstört oder in seinem Wesen verändert wird. Es sind also verschiedene Eigentümer des Wasserlaufs und der Ufergrundstücke möglich. Da grundsätzlich, abgesehen von besonderen Rechtsverhältnissen, das Eigentum am Wasserlauf mit dem Eigentum am anliegenden Ufergrundstück verbunden ist, bedeutet die Bezeichnung „Bestandteil" hier nichts anderes, als daß der Wasserlauf das rechtliche Schicksal der Ufergrundstücke teilt, sowohl bezüglich des Eigentums, wie auch der dinglichen Rechte und Lasten, daß aber das Ufergrundstück ohne den Wasserlauf und der Wasserlauf ohne das Ufergrundstück veräußert und belastet werden kann (vgl. § 96 BGB. und Eymann 1 332; Begr. 61). Über die Eintragung im Grundbuch s. § 13.

**§ 9.** (1) Soweit beim Inkrafttreten dieses Gesetzes das Eigentum an Wasserläufen erster Ordnung einem anderen als dem Staate, an Wasserläufen zweiter oder dritter Ordnung einem anderen als den Anliegern zusteht, bleibt es mit dem bisherigen Inhalt aufrechterhalten.[1]) Das Eigentum an einem natürlichen Wasserlauf erster Ordnung geht mit Ablauf von zehn Jahren nach dem Inkrafttreten dieses Gesetzes auf den Staat über, wenn der bisherige Eigentümer nicht vorher in das Grundbuch eingetragen ist oder seine Eintragung beantragt hat.[2])

(2) In den im § 323 bezeichneten Gebietsteilen steht das Eigentum an den Wasserläufen zweiter Ordnung, soweit sie beim Inkrafttreten dieses Gesetzes nicht im Eigentum anderer stehen, den Deich- und Sielverbänden zu, zu denen sie gehören.[3])

(3) In der Provinz Hessen-Nassau steht das Eigentum an den natürlichen Wasserläufen zweiter und dritter Ordnung den Gemeinden insoweit zu, als ihnen die Unterhaltung obliegt (§ 117 Abs. 1).[4]) Soweit dort beim Inkrafttreten dieses Gesetzes das Eigentum an einem natürlichen Wasserlaufe zweiter oder dritter Ordnung, der von der Gemeinde zu unterhalten ist, einem anderen als der Gemeinde zusteht, bleibt es aufrechterhalten, geht aber mit Ablauf von zwei Jahren nach dem Inkrafttreten dieses Gesetzes auf die Gemeinde über, wenn der bisherige Eigentümer nicht vorher in das Grundbuch eingetragen ist oder seine Eintragung beantragt hat.

(4) Für das aufrechterhaltene Eigentum der Anlieger gilt § 8.[5])

Ent. § 9; B. 62 ff.; KB.A. 24 ff.; L. II 7968; L. III 8532; KB.H. 15.

[1]) Durch die Bestimmung werden bestehende, wohlerworbene Rechte aufrechterhalten. Auf welchen Rechtstiteln diese Rechte beruhen, ist gleichgültig. Es kommen sowohl privatrechtliche als öffentlichrechtliche Titel in Betracht, also sowohl vertragsgemäß, wie auch durch Ersitzung erworbene Rechte, ebenso die auf Rezeß oder Privileg beruhenden Eigentumsrechte. Soweit das Eigentumsrecht schon früher bei Wasserläufen I. Ordnung dem Staat,

bei den übrigen Wasserläufen den Anliegern zustand, tritt insofern eine Änderung ein, als dieses Eigentum sich jetzt inhaltlich zu einem Eigentum im Sinne des Wassergesetzes, also des Bürgerlichen Gesetzbuches, umgestaltet (vgl. jedoch § 10 und Anm.).

[2]) Also Buchungszwang zur Erhaltung des Eigentumsrechts. Maßgebend ist allein der Antrag auf Eintragung in das Grundbuch. Im übrigen s. Anm. zu § 12.

[3]) Vgl. hierzu das Nähere in den Anmerkungen zu § 348.

[4]) In Hessen-Nassau liegt die Unterhaltung der natürlichen Wasserläufe II. und III. Ordnung in Zukunft den Gemeinden ob, durch deren Gemarkung sie fließen (§ 128 Abs. 1). Die Unterhaltungspflicht beschränkt sich hiernach auf die Flußteile innerhalb der Grenzen der Gemeindegemarkung. Nach § 9 Abs. 3 soll das Eigentum an den natürlichen Wasserläufen II. und III. Ordnung, für deren Unterhaltung die Gemeinden zu sorgen haben, auch diesen Gemeinden zustehen. Es soll, soweit es zurzeit im Eigentum anderer steht, nach Ablauf von zwei Jahren nach Inkrafttreten des Gesetzes auf die Gemeinden übergehen, wenn nicht die grundbuchliche Eintragung des bisherigen Eigentümers erfolgt oder wenigstens beantragt ist.

[5]) Die Eigentumsgrenze bei verschiedenen Uferanliegern bestimmt sich auch für die aufrechterhaltenen Eigentumsrechte nach den Vorschriften des § 8. Hiervon abweichende, bestehende, auf besonderen Rechtstiteln beruhende Eigentumsgrenzen werden jedoch durch die Bestimmung des Abs. 1 in Verbindung mit § 8 nicht berührt.

**§ 10.** (1) Auf Grund Königlicher Verordnung kann der Staat das Eigentum an einem natürlichen Wasserlauf erster Ordnung, der ihm nach § 9 Abs. 1 nicht gehört, aber von ihm unterhalten wird, in Anspruch nehmen. Die Königliche Verordnung wird durch das Amtsblatt derjenigen Regierung bekanntgemacht, in deren Bezirke die in Anspruch genommene Strecke des Wasserlaufs liegt.[1])

(2) Der bisherige Eigentümer ist zu entschädigen. Von der Entschädigung sind die Lasten abzurechnen, die dem Eigentümer bisher oblagen.[2]) Im übrigen sind die §§ 7 bis 9, 11, 13, 24 bis 49 des Enteignungsgesetzes vom 11. Juni 1874 (Gesetzsamml. S. 221) anzuwenden.[3])

Ent. § 10; B. 64 ff.; KB.A. 27 ff.; L. II 7978 ff.; L. III 8532; KB.H. 16; L.H. 994.

[1]) Die Vorschrift gilt nur für Wasserläufe I. Ordnung. Voraussetzung ist, daß dem Staat die Unterhaltungspflicht obliegt, sei es nach dem bisherigen Rechtszustande oder nach den Bestimmungen dieses Gesetzes (vgl. hierüber § 113 ff., insbes. §§ 115, 126, 128).

§ 10 soll die Möglichkeit geben, das Eigentum an einem Strom, welches nach § 9 Abs. 1 einem anderen als dem Staat zustehen kann, dem Staate zu übertragen, welchem die Unterhaltungspflicht obliegt.

Der Eigentumserwerb erfolgt im Wege der Enteignung nach Maßgabe des Enteignungsgesetzes v. 11. 6. 74. An die Stelle der dort vorgesehenen Bestimmungen über die Zulässigkeit der Enteignung (§§ 1—6) und der Feststellung des Planes (§§ 15—23) tritt die Königliche Verordnung, durch welche der Staat seinen Willen, das Eigentum an einem ihm bis dahin nicht gehörigen Strome oder Stromteile in Anspruch zu nehmen, kundgibt. Die übrigen Bestimmungen des Enteignungsgesetzes über die Feststellung der Entschädigung, die Vollziehung der Enteignung, die allgemeinen Bestimmungen der §§ 39—43 und die Bestimmungen über die Wirkungen der Enteignung finden Anwendung. Aus der Natur der Sache folgt, daß die Bestimmungen des Enteignungsgesetzes über die Entschädigung (§§ 7—14) nur in beschränktem Maße Anwendung finden können. Es scheiden daher von der Anwendung aus die §§ 10, 12 u. 14 des zweiten Titels des Enteignungsgesetzes.

[2]) Die Entschädigung ist zu gewähren sowohl für die Entziehung des Flußbettes, wie auch des Wassers und der an ihm dem Eigentümer bisher zugestandenen Rechte, mögen diese Rechte nun auf dem Gemeingebrauch, dem Eigentumsrecht oder einem besonderen

Titel, z. B. der Verleihung, beruhen. Bei der Feststellung der Entschädigung findet aber § 45 Anwendung, nach welchem nur insoweit Entschädigung für die entzogene oder beeinträchtigte Möglichkeit, den Wasserlauf in einer der im § 40 Abs. 2 bezeichneten Arten zu benutzen, gewährt wird, als die Billigkeit nach den Umständen eine Schadloshaltung erfordert.

[3]) Erwirbt der Staat im Falle des § 10 das Eigentum am Wasserlauf lastenfrei, d. h. gehen alle am Wasserlauf bis dahin bestandenen Rechte unter? Diese Frage ist zu bejahen, soweit diese Rechte auf dem Wasserlauf haften, d. h. dinglicher Natur sind; soweit sie jedoch rein obligatorischer Natur sind, z. B. etwa Miet- oder Pachtrechte, bleiben sie unberührt. Es folgt dies aus § 45 EnteignG., welcher nach Abs. 2 Satz 2 anzuwenden ist. Die vom Berichterstatter in der 2. Lesung des Entwurfs im Abgeordnetenhaus (S. 7980) geäußerte Auffassung, „daß der § 10 ja nur das Enteignungsrecht bezüglich des Wasserlaufs selbst vorsieht und daß die am Wasserlauf bestehenden Rechte selbstverständlich unberührt bleiben, weil sie unabhängig davon sind, ob der Staat oder ein anderer Eigentümer des Wasserlaufs selbst ist", ist in dieser Allgemeinheit nicht zutreffend. Der Gesetzgeber mag die Absicht nicht gehabt haben, die Folgen aus der Anwendung des § 45 EnteignG. gezogen zu sehen, nach dem Wortlaut der Bestimmung des § 10 Abs. 2 Satz 2 ist aber § 45 EnteignG. unbeschränkt anzuwenden und daraus ergeben sich die oben gekennzeichneten Folgen.

**§ 11.** Wird ein Wasserlauf erster Ordnung nach § 3 Abs. 1 zu einem Wasserlaufe zweiter oder dritter Ordnung, oder wird ein Wasserlauf zweiter oder dritter Ordnung zu einem Wasserlaufe erster Ordnung, so bleiben die Eigentumsverhältnisse unberührt. Der Staat kann jedoch in letzterem Falle auf Grund Königlicher Verordnung das Eigentum an dem Wasserlaufe gegen Entschädigung in Anspruch nehmen. Auf die Entschädigung ist der Vorteil anzurechnen, der dem Eigentümer durch den Wegfall von Lasten, die ihm bisher oblagen, erwächst, soweit er nicht bereits nach § 3 Abs. 2 Satz 4 oder § 131 Satz 2 angerechnet worden ist. Der § 10 Abs. 1 Satz 2, Abs. 2 Satz 3 ist anzuwenden.

Ent. §§ 11, 12; B. 65; KB.A. 29; L. II 7981; L. III 8532; KB.H. 16; L.H. 994.

Die Versetzung von Wasserläufen aus einer Ordnung in die andere hat auf die Eigentumsverhältnisse, wie sie bis dahin bestanden, keinen Einfluß. Dies gilt für die Wasserläufe sämtlicher Ordnungen. Bei Versetzung eines Wasserlaufs aus der II. oder III. Ordnung in die I. steht jedoch dem Staate das Recht auf Erwerb des Eigentums nach Maßgabe des § 10 und unter Beobachtung des dort bestimmten Verfahrens und des § 45 zu.

**§ 12.** (1) Die Grenze zwischen dem Wasserlauf und dem Ufergrundstück (Uferlinie)[1]) wird durch die Grenze des Graswuchses und, soweit diese über dem gewöhnlichen Wasserstande (§ 8 Abs. 3) liegt, durch den letzteren bestimmt.[2])

(2) Die Uferlinie kann von der Wasserpolizeibehörde nach Anhörung der Anlieger und der sonst Beteiligten festgelegt werden.[3]) Die Beteiligten können die Festlegung der Uferlinie durch die Wasserpolizeibehörde auf ihre Kosten verlangen.

(3) Die Festlegung der Uferlinie ist den Beteiligten bekanntzumachen und kann binnen vier Wochen nach Zustellung durch Klage im Verwaltungsstreitverfahren angefochten werden.[4]) Ist der Oberpräsident oder der Regierungspräsident Wasserpolizeibehörde, so hat er für das Verwaltungsstreitverfahren einen Kommissar zu bestellen,[6]) der ihn in allen Rechtshandlungen zu vertreten hat. Zuständig ist der Bezirksausschuß.

**(4) Ändert sich der Wasserlauf nachträglich, so kann die Uferlinie nach Abs. 1 bis 3 anderweit festgelegt werden.**[5])

Ent. § 13; B. 65 ff.; KB.A. 30; L II. 7981; L. III 8532; KB.H. 16; L.H. 994.

[1]) „Uferlinie" ist die Grenze zwischen dem Ufergrundstück und dem Wasserlauf. Sie ist insbesondere von Bedeutung bei Wasserläufen I. Ordnung, deren Eigentümer nicht die Anlieger, sondern der Staat ist. Von Bedeutung ist sie auch für die Frage der Unterhaltungspflicht (§§ 113 ff.), desgleichen mit Rücksicht auf § 8 Abs. 2, § 22 Abs. 2; die normale Grenzlinie wird durch die Unterkante des Graswuchses gebildet.

[2]) Liegt die Unterkante des Graswuchses über dem gewöhnlichen Wasserstand, z. B. deshalb, weil infolge kiesigen Bodens kein Graswuchs weiter aufkommt, so bestimmt sich die Uferlinie nach dem gewöhnlichen Wasserstand (§ 8 Abs. 3).

Liegt die Grenze des Graswuchses aber unter dem gewöhnlichen Wasserstand, so bildet diese die Uferlinie. Bei künstlich gestauten Wasserläufen wird also die Uferlinie in der Regel auch durch die Grenze des Graswuchses gebildet.

[3]) Die Wasserpolizeibehörde (s. §§ 342 ff.) kann sowohl von Amts wegen, wie auch auf Antrag der Beteiligten die Feststellung der Uferlinie vornehmen. Eine solche amtliche Feststellung hat sowohl öffentlichrechtliche, wie auch privatrechtliche Wirkung. Die Bestimmung des Abs. 2 schließt eine privatrechtliche Feststellung der Uferlinie zwischen den Beteiligten nicht aus, ebenso wie bereits vor dem Inkrafttreten dieses Gesetzes bestehende privatrechtliche Vereinbarungen über die Uferlinie auch für die Zukunft privatrechtliche Wirksamkeit behalten. Dagegen haben derartige bestehende oder in Zukunft abgeschlossene privatrechtliche Vereinbarungen keine öffentlichrechtliche Bedeutung (Begr. 66; vgl. ferner § 30 des Feld- und Forstpolizeigesetzes; § 274 Nr. 2 StGB.; ferner wegen der Kosten § 919 BGB.).

[4]) Die amtliche Feststellung der Uferlinie ist den Beteiligten durch Zustellung eines entsprechenden Schriftstückes bekannt-

zumachen. Gegen die Festlegung ist die Klage im Verwaltungsstreitverfahren (Bezirksausschuß) gegeben.

[5]) Veränderungen des Wasserlaufs und damit der Uferlinie, die nach Festsetzung der letzteren erfolgen, geben Anspruch auf anderweitige Festlegung auch derjenigen Uferlinien, die auf Grund privatrechtlicher Vereinbarungen festgelegt sind.

[6]) Bei Wasserläufen I. Ordnung (§ 342 Abs. 1 Nr. 1; § 343 Abs. 1 Nr. 1). Die Ernennung des Kommissars erfolgt lediglich, um den Oberpräsidenten bzw. den Regierungspräsidenten als Partei auszuschalten.

**§ 13.** (1) Im Grundbuche wird ein Wasserlauf nur auf Antrag des Eigentümers oder eines Berechtigten eingetragen.[1])

(2) Wird die Eintragung des dem Anlieger gehörenden Anteils an einem Wasserlaufe beantragt,[2]) so ist er im Grundbuche nach den Grundsteuerbüchern, wenn er aber in diesen nicht verzeichnet ist, nur als Anteil an dem Wasserlaufe zu bezeichnen.[3])[4])[5])

Ent. § 11; B. 67 ff.; KB.A. 30; L. II 7982; L. 8532; KB.H. 16; L.H. 994.

[1]) Abgesehen vom Fall des § 9 Abs. 1 unterliegen die Wasserläufe aller Ordnungen, obwohl auf sie die Vorschriften des BGB. über Grundstücke Anwendung finden, nicht dem Grundbuchzwang, d. h. sie bedürfen nicht der Eintragung ins Grundbuch, jedoch nur so lange nicht, als das Eigentum am Ufergrundstück in einer Hand vereinigt bleibt. Da der Wasserlaufanteil nach § 8 Abs. 5 Bestandteil — aber nicht wesentlicher — des Ufergrundstücks ist, kann er besonderen Rechten unterworfen sein. Er kann also getrennt vom Ufergrundstück veräußert und dinglich belastet werden (s. Anm. 7 zu §§ 7 u. 8). Sobald die getrennte Veräußerung oder Belastung des Wasserlaufanteils erfolgen soll, ist seine Eintragung im Grundbuch erforderlich, denn die Veräußerung und Belastung des Wasserlaufs als eines Grundstücks im Sinne des BGB. unterliegt den Bestimmungen der §§ 873 ff. BGB. (Begr. 68).

[2]) Wird der Antrag auf Eintragung eines Wasserlaufanteils gestellt, so erfolgt sie nach Maßgabe des § 2 GBO. und Art. 2 der V., betr. das Grundbuchwesen, v. 13. 11. 99, d. h. wenn der Wasserlauf als besonderes Grundstück in den Grundsteuerbüchern eingetragen ist, so hat die Eintragung im Grundbuch nach den Grundsteuerbüchern zu erfolgen. Ist der Wasserlauf in den Grundsteuerbüchern nicht eingetragen, so wird er im Grundbuch ohne nähere Bezeichnung als „Anteil" des Anliegers am Wasserlauf eingetragen. Der Eigentümer des Wasserlaufs kann aber seinen in den Grundsteuerbüchern nicht eingetragenen Anteil am Wasserlauf vermessen und demnächst mit der katastermäßigen Bezeichnung in das Grundbuch eintragen lassen (Begr. 68).

[3]) Die Eintragung im Grundbuch kann erfolgen entweder:

a) als Bestandteil des Ufergrundstücks mit diesem unter derselben Nummer, oder

b) als selbständiges Grundstück entweder auf demselben Grundbuchblatt mit dem Ufergrundstück oder auf einem besonderen Grundbuchblatt (Begr. 68).

[4]) Bezüglich des Buchungszwanges für öffentliche Gewässer vgl. Art. I der V. betr. das Grundbuchwesen v. 13. 11. 99 und § 399 Nr. 15 des Gesetzes.

[5]) Bezüglich der Form der Veräußerung und Belastung von Wasserlaufanteilen gelten im übrigen die Bestimmungen des § 873 BGB.; vgl. auch § 6 GBO.

**§ 14.** Wird das Bett eines Wasserlaufs vom Wasser verlassen[1]) oder tritt darin eine Erderhöhung[2]) hervor, die den gewöhnlichen Wasserstand (§ 8 Abs. 3) überragt und bei diesem Wasserstande nach keiner Seite hin mit dem Ufer zusammenhängt — Insel,[3]) Werder und dergleichen —, so bleibt das Eigentum an den hierdurch trockengelegten[4])[5]) Flächen unverändert.

Ent. § 15; B. 69; KB.A. 31; L. II 7982; L. III 8532; KB.H. 16; L.H. 994.

§ 14 gilt für Wasserläufe aller Ordnungen.

[1]) „Verlassen". Wann dies der Fall, ist Tatfrage. Jedenfalls muß der neue Zustand als ein dauernder erscheinen. Nicht erforderlich ist, daß das ganze Wasser aus dem alten Flußbett verschwunden ist, wohl aber, daß im alten Flußbett keine Wasserströmung mehr vorhanden ist. Ein zeitweises Zurückströmen eines Teiles des Wasserlaufs in das alte Bett infolge besonderer Naturereignisse, z. B. bei Hochwasser, ändert nichts an dem neugeschaffenen Zustand.

[2]) Erderhöhungen sind Inseln. Zu ihrem Begriff ist das dauernde Hervorragen über den Wasserspiegel bei „gewöhnlichem Wasserstand" und das Fehlen jeglichen Zusammenhanges mit dem festen Lande erforderlich.

[3]) Für sich bildende „Halbinseln" gilt § 17 Abs. 1.

[4]) „Trockengelegt." Auch hier ist nicht erforderlich, daß im verlassenen Flußbett kein Wasser mehr steht. Eine Fläche ist schon dann trocken gelegt, wenn der regelmäßige Wasserlauf nicht mehr über sie hinweg geht (Begr. 69; Eymann 1 239 u. 243).

[5]) Die Abgrenzung des Eigentums an dem verlassenen oder trockengelegten Teil des Bettes richtet sich nach § 8 Abs. 2.

**§ 15.**[1]) (1) Hat infolge natürlicher[2]) Ereignisse ein natürlicher Wasserlauf erster Ordnung sein Bett verlassen und sich ein neues Bett geschaffen, so wird der neue Wasserlauf Eigentum des Staates.

(2) Die bisherigen Eigentümer des neuen Bettes sind von dem Staate für den Verlust ihres Eigentums zu entschädigen.[3]) Auf die Entschädigung sind der Artikel 52 und der Artikel 53 Abs. 1 des Einführungsgesetzes zum Bürgerlichen Gesetzbuche sowie der § 47 des Enteignungsgesetzes vom 11. Juni 1874 (Gesetzsamml. S. 221) anzuwenden.

(3) Steht das alte Bett nicht im Eigentume des Staates,[4]) so hat der Eigentümer in Höhe seiner Be-

reicherung[5]) zu der vom Staate zu leistenden Entschädigung beizutragen.

Ent. § 16; B. 69; KB.A. 31 ff., 36; L. II 7982; L. III 8532; KB.H. 16; L.H. 994.

[1]) Diese Vorschriften gelten nur für die natürlichen Wasserläufe I. Ordnung; vgl. § 181.

[2]) Veränderungen infolge künstlicher Regulierungsarbeiten gehören nicht hierher.

[3]) Der Eigentumserwerb des Staates an dem neuen Wasserlauf tritt ohne Rücksicht darauf ein, wer bisher Eigentümer des alten Stromlaufes gewesen ist. Es liegt daher originärer Eigentumserwerb vor. Alle auf dem neuen Strombett bisher ruhenden Eigentumsbeschränkungen gehen unter. Dafür tritt die Entschädigungspflicht des Abs. 2 ein. Der Entschädigungsanspruch ist im ordentlichen Rechtswege verfolgbar.

[4]) Vgl. § 9.

[5]) „Bereicherung", das sind Vorteile, welche dem Eigentümer dadurch erwachsen, daß sein Eigentum am Flußbett nicht mehr mit dem in der Natur der Wasserwelle liegenden Eigentumsbeschränkungen am Flußbett und den positiven Vorschriften des Gesetzes beschäftigt ist. Auf die Bereicherung wird er aber den Schaden verrechnen können, der ihm andererseits durch die Entziehung der Wasserwelle entsteht.

**§ 16.** (1) Tritt der Fall des § 15 bei einem natürlichen Wasserlaufe zweiter oder dritter Ordnung[1])[2]) ein, so wird der neue Wasserlauf Eigentum der Anlieger. Wo in der Provinz Hessen-Nassau das Eigentum an Wasserläufen zweiter und dritter Ordnung den Gemeinden zusteht, wird er Eigentum der Gemeinden, durch deren Gebiet er fließt; in den Bezirken der vormaligen hannoverschen Ämter Zellerfeld und Elbingerode sowie in den Teilen des Kreises Osterode, die durch die Verordnungen vom 2. April 1853 (Hannov. Gesetzsamml. Abt. 1 S. 109) und vom 7. November 1855

(Hannov. Gesetzsamml. Abt. I S. 297) den ehemaligen Ämtern Scharzfels und Osterode zugelegt sind, wird er Eigentum des Staates; soweit nach dem schlesischen Auenrecht das verlassene Bett im Eigentume der Auenberechtigten steht, wird er ihr Eigentum.

(2) Die Eigentümer des verlassenen und die bisherigen Eigentümer des neuen Bettes, die Anlieger des früheren und des neuen Wasserlaufs sowie alle anderen, denen ein Recht an dem früheren Wasserlauf oder am Bette des neuen Wasserlaufs zugestanden hat,[3] sind, und zwar auch jeder einzelne von ihnen, berechtigt, binnen Jahresfrist[4] den früheren Zustand[5] wiederherzustellen.[6] Die Wasserpolizeibehörde kann durch polizeiliche Verfügung Art und Umfang der vorzunehmenden Arbeiten bestimmen und die Frist verlängern. Die Verfügung kann nur mit der Beschwerde angefochten werden. Der Bescheid auf die Beschwerde ist endgültig.

(3) Streitigkeiten der Beteiligten über die Zulässigkeit[7] der Wiederherstellung werden im Verwaltungsstreitverfahren entschieden. Zuständig ist der Bezirksausschuß. Die Klage ist innerhalb der im Abs. 2 bezeichneten Frist zu erheben. Der Lauf der Frist ist während der Dauer des Verwaltungsstreitverfahrens gehemmt.[8]

(4) Mit der Wiederherstellung des früheren Zustandes treten die früheren Eigentumsverhältnisse wieder ein.

Ent. § 17; B. 70; KB.A. 32 ff.; SublB. 52 ff.; L. II 7982, 8132; L. III 8532, 8553; KB.H. 16; L.H. 994.

[1]) Der § 16 schließt bei natürlichen Wasserläufen II. und III. Ordnung jeglichen Entschädigungsanspruch im Gegensatz zu § 15 aus und gibt lediglich ein Wiederherstellungsrecht.

[2]) Das Verlassen des Flußbettes muß auch hier auf einem natürlichen Ereignisse beruhen und als eine dauernde Ände-

rung des Flußlaufes sich darstellen. Der § 16 ist also bei Veränderung durch Regulierungsarbeiten oder vorübergehendes Austreten von Wasser oder vorübergehende Ableitung nicht anwendbar.

[3]) Der Abs. 2 gibt allen von der Veränderung des Wasserlaufs Betroffenen ein Wiederherstellungsrecht, und zwar jedem für sich allein, unabhängig von der Ausübung dieses Rechts durch die übrigen Berechtigten. Zu denjenigen, welche ein Recht am früheren Wasserlaufe haben, gehören außer den im Abs. 2 ausdrücklich Genannten alle am Wasserlaufe dinglich Berechtigten, also Wasserbenutzungsberechtigte, Fischereiberechtigte, nicht aber der Eigentümer des Ufergrundstücks, wenn er nicht auch zugleich Eigentümer des Wasserlaufs ist. Ferner gehören dazu auch die obligatorisch Berechtigten, also z. B. die Pächter.

[4]) „Binnen Jahresfrist". Über den Beginn des Laufes dieser Frist ist nichts bestimmt. Sie läuft von dem Zeitpunkt ab, in welchem feststeht, daß die Veränderung des Wasserlaufs eine nicht nur vorübergehende, sondern eine dauernde ist.

[5]) „Den früheren Zustand". Es kann zweifelhaft sein, was darunter zu verstehen ist, ob nur diejenigen Maßnahmen, welche die Zurückleitung des Wasserstromes in sein früheres Bett bedingen, z. B. Räumung des früheren Flußbettes, Beseitigung des Wassers aus dem neuen Flußbette, Absperrung etwaiger Durchbruchstellen, oder ob darunter auch die Wiederherstellung etwa beschädigter Ufergrundstücke, Neueinsäung des vernichteten Graswuchses, Wiedereinfüllung des neuen Flußbettes zu verstehen ist.

Zutreffend wird man annehmen müssen, daß nur die Maßnahmen zu treffen sind, die nötig sind, um den Wasserstrom in sein altes Bett zurückzuleiten, insbesondere wird man einen Anspruch des Grundstückseigentümers, über dessen Grundstücke sich der Fluß das neue Bett selbst gegraben hatte, auf Wiedereinfüllung dieses Grundstücks nicht annehmen dürfen, da es sich hier um ein Naturereignis, also höhere Gewalt, handelt, für die eine Haftung nicht begründet ist.

[6]) „Polizeiliche Verfügung." Dieselbe hat sich innerhalb der Grenzen zu halten, welche lediglich zur Zurückführung des Wasser-

stromes und zur Sicherung des alten Bettes erforderlich sind. Bezüglich der Beschwerde vgl. § 347 des Gesetzes und § 127 LVG.

Das Recht zur Wiederherstellung des früheren Zustandes ist ein rein obligatorischer Anspruch des einzelnen Berechtigten und im Interesse der Beteiligten, nicht aber im öffentlichen Interesse geschaffen. Dem Anspruch des einzelnen Beteiligten steht die Pflicht aller übrigen auf Duldung der Wiederherstellung gegenüber, z. B. also auch die Verpflichtung, das Betreten ihrer Grundstücke zum Zwecke der Wiederherstellung zu dulden.

7) „Zulässigkeit." Zu prüfen ist nicht nur, ob die Jahresfrist oder die verlängerte polizeiliche Frist eingehalten ist, sondern auch, ob derjenige, welcher den Anspruch auf Wiederherstellung geltend macht, zu den Beteiligten im Sinne des Abs. 2 gehört. Streitigkeiten über die Art und Weise der Wiederherstellung sind dem Verwaltungsstreitverfahren entzogen, darüber entscheidet die Wasserpolizeibehörde (vgl. Abs. 2).

8) „Gehemmt", d. h. der Zeitraum, während dessen das Verwaltungsstreitverfahren schwebt, wird in die einjährige oder die verlängerte Frist nicht eingerechnet. Nach Beendigung des Verfahrens läuft die bereits begonnene Frist weiter (§ 205 BGB.). Bis zur Wiederherstellung gilt bezüglich des Eigentums am Wasserlauf Abs. 1. Nach erfolgter Wiederherstellung gilt bezüglich des Eigentums Abs. 4.

9) Über die Kosten der Wiederherstellung sagt das Gesetz nichts. Sie sind von demjenigen zu tragen, welcher von dem Wiederherstellungsrecht Gebrauch macht. Einen Ersatzanspruch wegen dieser Kosten hat der einzelne Beteiligte, welcher die Wiederherstellung unternimmt, gegen die übrigen Beteiligten auch dann nicht, wenn dieselben sogar einen größeren Vorteil von der Wiederherstellung derselben haben.

**§ 17.** (1) Durch allmähliche Anspülung entstehende Anlandungen oder Erdzungen gehören in der sich aus § 8 Abs. 2 Nr. 2 ergebenden Begrenzung den Anliegern.[1])

(2) Dasselbe gilt für Verbreiterungen der Ufergrundstücke, die durch eine natürliche oder künstliche Senkung des Wasserspiegels entstanden sind.[2])

(3) Bei Seen, die Teile von Wasserläufen sind und nicht im Eigentume der Anlieger als solcher stehen, gehören Anlandungen, Erdzungen und trockengelegte Randflächen innerhalb der bisherigen Eigentumsgrenzen den Eigentümern des Sees. Diese haben jedoch den früheren Anliegern den Zutritt zu dem See zu gestatten, soweit dies zur Ausübung des Gemeingebrauchs in dem bisher geübten Umfang erforderlich ist.[3])

Ent. § 18; B. 71; KB.A. 35; L. II 7983 ff.; L. III 8532 ff.; KB.H. 16; L.H. 994.

[1]) „Anlandungen", d. h. auf natürliche Weise allmählich durch Anschwemmung an die Ufergrundstücke entstehendes Neuland, sind Bestandteil des Flusses, solange sie sich unter dem „gewöhnlichen Wasserstande" halten. Sobald sie den gewöhnlichen Wasserstand überragen, werden sie Bestandteil der Ufergrundstücke und gehen damit in das Eigentum des Ufereigentümers über. Nicht hierher gehören künstliche Anschüttungen. Vgl. ferner §§ 140, 141, 142, 153; ferner Anm. 1 zu § 18.

[2]) Neuland, welches durch allmähliche Senkung des Wasserspiegels sich bildet, folgt gleichfalls dem Eigentum am Ufergrundstück.

[3]) Bei „Seen" im Sinne des § 1 Abs. 1, welche abweichend von den Bestimmungen der §§ 7 u. 8 nicht im Eigentum der Anlieger stehen, fallen Anlandungen im Sinne des Abs. 1 u. 2 in das Eigentum des See-Eigentümers. Da hierdurch die Möglichkeit gegeben ist, daß die Eigentümer der Ufergrundstücke, d. h. die bisherigen Anlieger des Sees von diesem durch ein im fremden Eigentum stehendes Stück Land getrennt und dadurch mit Rücksicht auf § 38 des Gesetzes am Gemeingebrauch gehindert würden, so gestattet Abs. 3 Satz 2 ausdrücklich den früheren Anliegern den Zutritt zum See, d. h. das Betreten des fremden Ufergrundstücks zur

Erhaltung der Möglichkeit der Ausübung des Gemeingebrauchs in dem bisherigen Umfange, darüber hinaus jedoch nicht. Die Bestimmung gibt also dem früheren Anlieger ein Notwegerecht (vgl. § 917 BGB.; Art. 123 EG.BGB.). Anspruch auf Entschädigung ist nicht gegeben. Das Recht ist nicht eintragungsfähig.

**§ 18.** Wird ein Stück Land[1]) durch Naturgewalt[2]) von dem Ufer eines Wasserlaufs losgerissen[3]) und mit einem anderen Grundstücke vereinigt,[4]) so wird es sein Bestandteil, wenn es von diesem Grundstücke nicht mehr unterschieden werden kann oder wenn die Vereinigung ein Jahr bestanden hat,[5]) ohne daß der Eigentümer oder ein sonstiger Berechtigter sein Recht, das losgerissene Stück wieder wegzunehmen, gerichtlich oder durch Anmeldung bei der Wasserpolizeibehörde geltend gemacht hat.

Ent. § 19; B. 71; KB.A. 35 ff.; L. II 7984; L. III 8536; KB.H. 16; L.H. 994.

[1]) Ein „Stück Land", d. h. eine Erdmasse von einigermaßen erheblichem Umfange. Nicht hierher gehören Anschwemmungen kleinerer, kaum unterscheidbarer Erdteile. Über den Begriff der „Anlandungen" hat ein Regierungsvertreter in der Kommission des Abgeordnetenhauses folgende Erklärung abgegeben: „Man müsse drei Arten von Anlandungen unterscheiden: erstens solche, die auf natürliche Weise, nämlich durch Anschwemmung entstehen, zweitens solche, die künstlich planmäßig hergestellt werden, und drittens solche Anlandungen, die nebenbei bei der Ausführung von Strombauwerken, die an und für sich andere Zwecke verfolgen, entstehen" (KB.A. 35 zu § 18). Auch Anlandungen in Haffen sollen dem § 18 unterliegen. Bei Anlandungen in Häfen wird § 18 nicht ohne weiteres anzuwenden sein. Hier wird die Frage, ob der Hafen ein Teil des Wasserlaufs ist oder nicht, entscheidend sein (Anm. 7 zu § 1): ebenso nicht bei den Bodden (Buchten), welche Teile des Meeres sind und dem privatrechtlichen Okkupationsrecht des Fiskus unterliegen (KB.A. a. a. O.).

„Erdzungen“ sind schmale, weit in das Meer hineinragende Anlandungen.

[2]) „Naturgewalt“, also nicht nur die Gewalt des Wassers, sondern auch andere Naturereignisse, z. B. Erdbeben, Erdrutsch, Bodensenkungen (Begr. 72 zu § 18).

[3]) Das losgerissene Land muß von einem Ufergrundstück des Wasserlaufs losgerissen sein; doch wird der Fall, daß von einer Insel ein Stück Land losgerissen wird und sich mit einem Ufergrundstück oder einer anderen Insel vereinigt, analog zu beurteilen sein.

[4]) „Vereinigt“. Dies erfordert nicht ein „Zusammenwachsen“ der Bodenbestandteile, sondern es genügt eine solche Verbindung, daß das angeschwemmte Land von dem Grundstück, mit welchem es sich vereinigt hat, nicht mehr unterschieden werden kann. Ob und wann dies der Fall ist, ist Tatfrage.

[5]) Ist eine vollständige, nicht mehr unterscheidbare Vereinigung erfolgt, so kann trotzdem der Eigentümer des abgerissenen Landstücks, wie auch jeder an diesem Landstück dinglich oder obligatorisch Berechtigte, binnen Jahresfrist seinen Anspruch auf Wiederwegnahme des abgerissenen Landes geltend machen. Die Frist kann auch durch Anmeldung bei der Wasserpolizeibehörde gewahrt werden. Im Falle einer solchen Anmeldung kann die gerichtliche Geltendmachung auf Duldung der Wegnahme des Landstücks auch nach Ablauf des Jahres erfolgen. Die Wasserpolizeibehörde hat nur die Anmeldung entgegenzunehmen; sonstige Verfügungen über die Wiederwegnahme des Landstücks stehen ihr nicht zu. Die einjährige Frist beginnt mit der tatsächlichen Vereinigung.

Das Eigentum an dem losgerissenen Landstück geht mit der nicht mehr unterscheidbaren Vereinigung ohne weiteres auf denjenigen über, mit dessen Grundstück es sich vereinigt hat.

Originärer Eigentumserwerb. Die auf dem abgerissenen Land bis dahin ruhenden Lasten gehen unter. Ein Anspruch auf Wertersatz besteht nicht.

# Dritter Titel.
# Benutzung der Wasserläufe.

## I. Allgemeine Vorschriften.

### Vorbemerkung.

Das Gesetz unterscheidet eine dreifache Art der Benutzung der Wasserläufe. Diese Benutzung ist der wichtigste Ausfluß des vom Gesetze konstruierten „Eigentums" an den Wasserläufen. Das Gesetz unterscheidet:

1. den Gemeingebrauch,
2. die Benutzung durch den Eigentümer,
3. die auf Grund der Verleihung gegebenen Rechte zur Benutzung der Wasserläufe.

Neben diesen Vorschriften enthält das Gesetz in den §§ 19—24 Bestimmungen, durch welche aus Gründen des öffentlichen Wohles der Benutzung der Wasserläufe allgemein gewisse Schranken gesetzt sind.

„Diese Vorschriften gelten für jedermann, also auch für den Eigentümer des Wasserlaufs und denjenigen, der ein besonderes Recht zur Benutzung des Wasserlaufs hat oder erwirbt" (Begr. 16).

Diese Vorschriften sind mit Ausnahme des § 24, welcher die ev. Schadensersatzpflicht regelt, sämtlich polizeilicher Natur.

Die Bestimmungen über den Gemeingebrauch beziehen sich in erster Linie auf die natürlichen Wasserläufe. Sie gehen von der Auffassung aus, daß die Benutzung der natürlichen Wasserläufe in möglichst weitgehender Weise der Allgemeinheit zugänglich sein soll. Der „Gemeingebrauch" wird eingeschränkt durch die berechtigten Interessen der Wasserlaufseigentümer und der auf besonderen Titeln beruhenden Rechte an den Wasserläufen, sei es, daß dieselben bei Erlaß des Gesetzes bereits bestanden, oder später verliehen werden.

„Die Benutzung durch den Eigentümer" ist ein Ausfluß seiner Eigentumsrechte. Sie wird aber durch die Vorschriften der §§ 41 ff.

und die allgemeinen Bestimmungen der §§ 20—23 in erheblich größerem Umfange eingeschränkt, als es das Eigentum nach den Grundsätzen des BGB. ist.

Der Umfang der auf Verleihung beruhenden Benutzungsrechte richtet sich nach den Verleihungsanträgen, speziell nach dem Inhalt des Verleihungsbeschlusses (§ 72). Das Nähere s. bei den einzelnen Abschnitten und Paragraphen.

**§ 19.** (1) Es ist verboten, Erde, Sand, Schlacken, Steine, Holz, feste[1]) und schlammige[2]) Stoffe sowie tote Tiere in einen Wasserlauf einzubringen.[3]) Ebenso ist verboten, solche Stoffe an Wasserläufen abzulagern, wenn die Gefahr besteht, daß diese Stoffe hineingeschwemmt werden. Ausnahmen kann die Wasserpolizeibehörde zulassen, wenn daraus nach ihrem Urteil eine für andere nachteilige Veränderung der Vorflut oder eine schädliche Verunreinigung des Wassers nicht zu erwarten ist. Wird die Unterhaltungslast erschwert, so darf die Wasserpolizeibehörde die Ausnahme nur mit Zustimmung des Unterhaltungspflichtigen zulassen.[4])

(2) Die Vorschriften des Abs. 1 gelten nicht für das Einbringen von Fischnahrung,[5]) jedoch ist die Wasserpolizeibehörde[6]) befugt, das Einbringen zu untersagen, wenn dadurch das Wasser zum Nachteil anderer verunreinigt wird. Dasselbe gilt für die Düngung künstlicher teichartiger Erweiterungen von Wasserläufen, die der Fischzucht oder Fischhaltung dienen.[7])

(3) Die Entnahme von Pflanzen, Schlamm, Erde, Sand, Kies und Steinen aus einem Wasserlaufe kann,[8]) wenn es das öffentliche Interesse[9]) erfordert, durch Anordnung[10]) der Wasserpolizeibehörde geregelt oder beschränkt werden.

Ent. § 20; B. 15 ff., 72 ff.; KB.A. 37 ff., 40 ff.; L. II 7981 ff.; L. III 8536; KB.H. 16; L.H. 991.

Zweck der Bestimmung ist, zu verhüten, „daß dem freien Wasserablauf Hindernisse bereitet werden. Sie soll einer schädlichen Verunreinigung des Wassers vorbeugen" (Begr. 72). § 10 behandelt die unmittelbare Verunreinigung der Wasserläufe; bezüglich der mittelbaren vgl. § 202 u. 199 Abs. 2.

[1]) u. [2]) „Feste und schlammige Stoffe". Das Einbringen fester und schlammiger Stoffe ist grundsätzlich untersagt, während das Einleiten flüssiger Stoffe sowohl auf Grund des Gemeingebrauchs (§ 25), wie auch auf Grund des Eigentümergebrauchs (§ 40 Nr. 2) gestattet ist. Bezüglich der Einbringung „fester und schlammiger Stoffe", durch welche eine Verunreinigung des Wasserlaufs herbeigeführt wird, ist zu unterscheiden:

Die durch das Einbringen solcher Stoffe herbeigeführte Verunreinigung kann eine „mechanische" oder eine „chemische" sein. Eine „mechanische" Verunreinigung wird herbeigeführt durch das Einbringen von Wasser, welches feste Stoffe enthält, die schwer oder gar nicht löslich sind, mehr oder minder lange im Wasser schweben und schließlich zu Boden sinken und das Wasser selbst oder seinen Grund durch Verschlammung verunreinigen, z. B. die beim Waschen von Kartoffeln in den Wasserlauf eingebrachte Erde (KB.A. II S. 40/41; Eymann 1 397).

Eine mechanische Verunreinigung des Wassers liegt also dann vor, wenn die eingebrachten Stoffe unlöslich sind und durch dieselben die chemische Zusammensetzung des Wassers (Begriff des Wassers s. Anm. 1 zu § 23) nicht geändert wird.

Ist die mechanische Verunreinigung, d. h. die Beimischung unlöslicher Bestandteile, eine solch starke, daß dadurch die „Fließbarkeit" erheblich beeinträchtigt wird, so handelt es sich um „schlammige Stoffe", deren Einführung verboten ist.

„Eine chemische Verunreinigung der Gewässer wird verursacht durch Stoffe, welche sich im Wasser lösen." Hierher gehören Säuren, Salze, Farbstoffe, Alkalien, in Fäulnis übergehende Gewässer (vgl. Eymann 1 a. a. O.).

[3]) „Einzubringen". „Unter Einbringen in den Wasserlauf ist nur ein Hineinschaffen von Stoffen zu dem Zwecke zu verstehen,

um sich ihrer zu entledigen", dieselben also dauernd dem Wasserlauf zu übergeben (Begr. 72). Nicht fällt unter den Begriff des Einbringens deshalb ein vorübergehendes Einlegen zwecks Lagerung im Wasserlauf, z. B. nicht das Einbringen von Holzstämmen, um dieselben später weiter zu flößen (Begr. 72) oder das Einlegen von Weiden im Interesse der Korbflechterei. Jedoch fällt „das Hineinschaffen fester Stoffe zur Errichtung oder Veränderung von Anlagen an oder in Wasserläufen nicht unter den § 19" (Begr. 73), sondern unter § 22.

[4]) Vgl. §§ 113 ff. und 284.

[5]) „Fischnahrung". Erlaubt ist auch das Einbringen von Tierleichen oder von Teilen von solchen, wenn und soweit dies zum Zwecke der Fischnahrung erfolgt. Die Genehmigung der Wasserpolizeibehörde gemäß Abs. 1 Satz 2 ist dann nicht erforderlich. Vgl. jedoch G. betr. Beseitigung der Tierkadaver und § 26 Nr. 3 des Feld- und Forstpolizeigesetzes v. 1. 4. 80.

[6]) S. § 342.

[7]) Hierher gehören nicht die im § 1 Abs. 2 genannten Grundstücke, die zur Fischzucht und Fischhaltung dienen. Die Bestimmung des § 19 Abs. 2 Satz 2 bezieht sich nur auf solche Fischteiche, welche zu den Wasserläufen gehören.

[8]) Aus dieser Bestimmung folgt, daß die Entnahme von Pflanzen, Schlamm, Erde, Sand, Kies und Steinen aus einem Wasserlauf grundsätzlich gestattet, aber der Regelung durch die Wasserpolizeibehörde unterworfen ist (vgl. auch § 909 BGB.).

[9]) „Öffentliches Interesse", d. h. „jedes berechtigte Interesse der Allgemeinheit", nicht nur das Gemeinwohl. „Öffentliches Wohl" (Gemeinwohl) ist der engere und strengere Begriff. Er verlangt, daß das Wohl (nicht das Interesse) der Allgemeinheit in Frage kommt, sei es, daß dasselbe durch eine Maßnahme gefährdet ist oder gefördert werden soll (KBA. 40).

[10]) „Anordnung", d. h. durch Polizeiverordnung oder polizeiliche Verfügung (Begr. 73).

**§ 20.** (1) Es ist verboten, Hanf und Flachs in einem Wasserlaufe zu röten.[1])

(2) Der Bezirksausschuß[2]) kann Ausnahmen von diesem Verbote widerruflich für Gemeindebezirke oder Teile von ihnen zulassen, wo die Örtlichkeit für die Anlegung zweckdienlicher Rötegruben nicht geeignet ist und die Inanspruchnahme von Wasserläufen zur Hanf- und Flachsbereitung zur Zeit nicht entbehrt werden kann. Die Zulassung ist jedoch ohne Einfluß auf die Haftung für den entstehenden Schaden.[3])

Ent. § 21; B. 73 ff.; KB.A. 42; L. II 7984 ff.; L. III 8537; KB.H. 16ff.; L.H. 995.

[1]) Abs. 1 verbietet das Einlegen von Hanf und Flachs in einen Wasserlauf zum Zwecke des Rötens. Das „Röten" fällt an sich nicht unter den Begriff des Einbringens fester Stoffe in den Wasserlauf, wird aber auf Grund positiver Bestimmung gleich behandelt (Begr. 73 unter Nr. 2). Es ist also keine „Benutzung" im Sinne des § 25 Abs. 1 und kein „Gebrauch" im Sinne des § 40 Nr. 1. Das Recht zum Röten kann daher auch nicht nach § 46 Nr. 1 durch Verleihung erworben werden (vgl. Begr. 73/74). Die bisherige Strafbestimmung des § 27 Nr. 1 des Feld- und Forstpolizeigesetzes wegen Rötens von Hanf und Flachs in einem Wasserlauf ist durch § 399 Nr. 12 des Gesetzes aufgehoben. Untersagt ist nur das „Röten" im Wasserlauf selbst, also die dadurch herbeigeführte u n m i t t e l b a r e Verunreinigung. Die Einleitung von Abwässern aus Rötegruben fällt nicht unter § 20, wohl aber unter § 23. Auch kann das Recht zur Zuleitung dieser Abwässer durch Verleihung erworben werden (vgl. KB.A. 74).

[2]) „Bezirksausschuß", nicht Wasserpolizeibehörde. Es handelt sich nicht um eine Zulassung für einzelne Fälle, sondern um eine allgemeine Zulassung innerhalb eines Gemeindebezirks oder eines Teiles desselben mit Rücksicht auf die wirtschaftlichen Bedürfnisse des betreffenden Gebietsteiles (Begr. 73).

[3]) Trotz Gestattung durch den Bezirksausschuß bleibt die Schadensersatzpflicht gemäß § 823 Abs. 2 BGB. bestehen, ein nega-

torischer Anspruch auf Unterlassung ist dagegen nicht gegeben. Wohl aber kann die erteilte Genehmigung widerrufen werden.

**§ 21.**[1]) Die Wasserpolizeibehörde ist befugt, die Benutzung eines Wasserlaufs zu beschränken oder zu untersagen, soweit nicht ein Recht zu der Benutzung besteht[2]) oder die Benutzung nach den Vorschriften über den Gemeingebrauch[3]) gestattet ist. Solche Verfügungen sind mit Gründen zu versehen.[4])

Ent. § 22; B. 74 ff.; KB.A. 42 ff.; L. II 7984 ff.; L. III 8537; KB.H. 16; L.H. 996 ff.

[1]) § 21 gibt der Wasserpolizeibehörde eine über das bisherige Recht weit hinausgehende Befugnis, die Benutzung der Wasserläufe zu regeln. Diese Befugnis kann nicht nur im öffentlichen Interesse, also nicht nur zum Schutze der berechtigten Interessen der Allgemeinheit oder des öffentlichen Wohles (Begriff s. Anm. 9 zu § 19), sondern auch zum Schutze privater Interessen ausgeübt werden, denen dadurch außer zivilrechtlichem auch polizeilicher Schutz gewährt wird. Der Schutz der Privatinteressen ist sogar die ausgesprochene Absicht des Gesetzgebers (Begr. 74 Nr. 3; KB.A. II S. 42 ff.). § 21 gestattet grundsätzlich auch ein Einschreiten der Wasserpolizeibehörde gegenüber der Zuleitung von Abwässern seitens des Bergbaues und der Industrie und zwar ohne Zuziehung der Bergpolizei (vgl. jedoch Anm. 6 zu § 23 und § 396 Anm. 4). Die bisherige Benutzung des Wasserlaufs braucht auch an sich keine „rechtswidrige" sein, um ein Einschreiten der Wasserpolizeibehörde gemäß § 21 zu begründen. Es genügt die Verletzung öffentlicher oder privater Interessen (vgl. ALR. II 17 § 10; G. v. 11. 3. 50 und § 352 des Gesetzes).

[2]) [3]) Soweit ein Recht zur Benutzung besteht oder diese nach dem Gemeingebrauch gestattet ist, ist § 21 nicht anwendbar.

[4]) Das Eingreifen der Wasserpolizeibehörde erfolgt im Wege der Polizeiverfügung. Die Rechtsmittel gegen solche Verfügungen sind Beschwerde und Klage (vgl. § 357 Abs. 2 des Gesetzes und §§ 127, 128 des G. über die allgem. Landesverwaltung v. 30. 7. 83).

**§ 22.** (1) Die Errichtung oder wesentliche Veränderung von Anlagen[1]) in Wasserläufen erster und zweiter Ordnung bedarf der Genehmigung der Wasserpolizeibehörde; das Gleiche kann für natürliche Wasserläufe dritter Ordnung durch Polizeiverordnung bestimmt werden.[2]) Ausgenommen sind Anlagen, die auf Grund eines gesetzlich geordneten Verfahrens[3]) oder zur Erfüllung der gesetzlichen Unterhaltungspflicht ausgeführt werden.[4])

(2) Ferner kann zur Erhaltung der Vorflut[5])[6]) durch Polizeiverordnung bestimmt werden, daß an Wasserläufen erster und zweiter Ordnung und natürlichen Wasserläufen dritter Ordnung, die nicht unter die Vorschriften des § 285 fallen, Anlagen innerhalb eines bestimmten Abstandes von der Uferlinie (§ 12) nur mit Genehmigung der Wasserpolizeibehörde errichtet werden dürfen.

Ent. § 23; B. 75 ff.; KB.A. 44 ff.; L. II 7984 ff.; L. III 8537; KB H.16; L.H. 1000.

[1]) „Anlagen" z. B. Einbauten, Brückenanlagen, Ufertreppen, Fähren. Über Stauanlagen s. §§ 91 ff.

[2]) Die Genehmigungspflicht muß bei natürlichen Wasserläufen III. Ordnung durch besondere Polizeiverordnung eingeführt sein. Besteht eine solche Polizeiverordnung nicht, so sind derartige Anlagen in Wasserläufen III. Ordnung ohne weiteres gestattet. Soweit auf Grund anderer gesetzlicher Bestimmungen (z. B. einer Baupolizeiverordnung) eine Genehmigung erforderlich ist, ist dieselbe einzuholen.

[3]) „Gesetzlich geordneten Verfahrens", sei es eines Verfahrens, das im Gesetz geregelt ist, wie Verleihung (§§ 46 ff.), Ausbau der natürlichen Wasserläufe I. und II. Ordnung (§§ 152 ff.), Begründung von Zwangsrechten (§§ 330 ff.) oder eines anderen, neben dem Wassergesetz bestehenden Gesetzes, wie z. B. des Genehmigungsverfahrens nach der GewO., der Enteignung nach dem BergG.

[4]) Vgl. §§ 113 ff.

[5]) Lediglich zur Erhaltung der Vorflut, wozu aber auch die Beseitigung einer Verunreinigung des Wasserlaufs durch Verschlammung gehören kann.

[6]) Bezüglich der Hochwassergefahr s. die weitgehenden Beschränkungen der §§ 285 ff.

**§ 23.** (1) Wer Wasser oder andere flüssige Stoffe[1]) über den Gemeingebrauch hinaus[2]) in einen Wasserlauf einleiten will, hat dies vorher der Wasserpolizeibehörde anzuzeigen. Ist diese der Ansicht, daß der beabsichtigten Einleitung polizeiliche Rücksichten[3]) oder die Beschränkungen des § 41 entgegenstehen, so hat sie die Einleitung unter Angabe der Gründe zu untersagen; anderenfalls hat sie dem Anzeigenden mitzuteilen, daß von Polizei wegen keine Bedenken gegen die Einleitung zu erheben seien, und dieses in ortsüblicher Weise bekanntzumachen. Sie kann Vorkehrungen angeben, durch die ihr Widerspruch beseitigt werden kann.

(2) Die Wasserpolizeibehörde entscheidet, von dringlichen Fällen abgesehen, bei Wasserläufen zweiter und dritter Ordnung nach Anhörung des Schauamts.[4])

(3) Bevor die Mitteilung (Abs. 1)[5]) zugestellt ist oder bevor die von der Wasserpolizeibehörde zur Beseitigung ihres Widerspruchs etwa angegebenen Vorkehrungen getroffen sind, ist die Einleitung nicht zulässig.

(4) Diese Vorschriften sind nicht anzuwenden, wenn das Recht zur Einleitung durch Verleihung erworben ist oder beim Inkrafttreten dieses Gesetzes besteht und nach den §§ 379 bis 381 aufrechterhalten bleibt oder wenn die Einleitung von einer anderen zuständigen Polizeibehörde zugelassen oder nach den §§ 16 bis 25 der Gewerbeordnung gestattet ist.[6]) [7])

(5) **Der Oberpräsident — in den Hohenzollernschen Landen der Regierungspräsident — kann nach Anhörung der Schauämter und des Wasserbeirats (§ 367) für alle oder einzelne Wasserläufe festsetzen, daß es für die Einleitung bestimmter Arten oder Mengen von Flüssigkeiten keiner Anzeige bedarf, wenn sie gemeinüblich und unter den gegebenen Verhältnissen keine Schädigung von ihr zu befürchten ist.**

Ent. § 24; B. 28; KB.A. 45; L. II 7984; L. III 8537; KB.H. 16; L.H. 1000 ff.

[1]) „Wasser oder andere flüssige Stoffe". Der Begriff „Wasser" ist hier dem Begriff „flüssige Stoffe" gegenübergestellt. Wasser ist chemisch eine Zusammensetzung von zwei Wasserstoffatomen und einem Sauerstoffatom. In der Natur kommt Wasser in dieser chemischen Reinheit überhaupt nicht vor. Auch das reinste Quell- und Flußwasser enthält vielmehr stets eine mehr oder weniger größere Menge gelöster Salze, welche vorwiegend in Chloralkalien, Kalzium, Magnesiumsalze usw. bestehen. Außerdem ist in allem Wasser in der Natur eine gewisse Menge organischer Substanzen enthalten. Unter Wasser im Sinne des Gesetzes ist also diejenige natürliche Flüssigkeit zu verstehen, welche aus dem Erdinnern oder der Erdoberfläche abfließt und eine geringe Beimischung chemisch lösbarer und organischer Substanzen enthält. Sobald diesem Wasser, sei es von Natur (z. B. wie bei Solquellen) oder durch menschliche Tätigkeit (z. B. wie bei Abwässern) Substanzen in einer Menge beigemischt sind, welche ihm den Charakter des „reinen Wassers", wie ihn die Verkehrsauffassung versteht, nehmen, fällt eine solche Flüssigkeit nicht mehr unter den Begriff des Wassers, sondern unter denjenigen der „flüssigen" oder auch „schlammigen Stoffe". Unter den Begriff der „flüssigen Stoffe" fällt also jede Flüssigkeit, welche chemisch lösbare Bestandteile in einer die natürliche chemische Zusammensetzung des Wassers verändernden Menge enthält. Zu dem Begriff der flüssigen Stoffe ist aber auch, wenigstens nach der Verkehrsauffassung, dasjenige Wasser zu rechnen,

welches zwar unlösbare, aber nur sehr feine feste Schwebestoffe enthält. Zu den flüssigen Stoffen gehören deshalb, sofern sie nach der Menge dieser Schwebestoffe nicht unter die schlammigen Stoffe des § 19 fallen, die gesamten Abwässer der Industrie und des Bergbaues, sowie die städtischen Abwässer.

²) „Über den Gemeingebrauch hinaus", d. h. Wasser und Abwässer, die nicht lediglich in der Haushaltung und Wirtschaft entstehen, wobei unter Wirtschaft die im § 25 Abs. 4 gegebene Begriffsbestimmung maßgebend ist. Auch die Einleitung von Abwässern mittels gemeinsamer Anlage (§ 25 Abs. 1 letzter Satz) ist nach vorheriger Anzeige bei der Wasserpolizeibehörde und Genehmigung durch diese zulässig.

³) „Polizeiliche Rücksichten", z. B. sicherheits-, gesundheits- oder veterinärpolizeiliche Bestimmungen.

⁴) Schauamt s. § 356.

⁵) Unter „Mitteilung" ist die Genehmigung der Wasserpolizeibehörde gemäß Abs. 1 zu verstehen. Es genügt also nicht die Anzeige des Unternehmers an die Wasserpolizebehörde, sondern es darf, bevor die letztere keine Entscheidung getroffen hat, eine Einleitung im Sinne des Abs. 1 Satz 1 nicht erfolgen, auch nicht in dringenden Fällen. Andernfalls macht sich der Unternehmer strafbar gemäß §§ 375, 376 des Gesetzes (Geldstrafe bis zu 3000 ℳ oder Gefängnis bis zu einem Jahre).

⁶) Diese Anzeigepflicht besteht nicht:

a) wenn das Recht zu einer Einleitung über den Gemeingebrauch hinaus durch Verleihung erworben ist, jedoch mit der Maßgabe, daß die Einleitung sich innerhalb des Rahmens derjenigen tatsächlichen Verhältnisse hält, die bei Erlaß des Verleihungsbeschlusses bereits vorlagen;

b) „wenn das Recht zur Einleitung beim Inkrafttreten des Gesetzes besteht und nach §§ 379 u. 381 aufrechterhalten bleibt." Ein vor dem Inkrafttreten des Gesetzes ergangener bergrechtlicher Enteignungsbeschluß auf Benutzung des Wasserlaufs zur Abführung von Grubenwässern gehört zu den aufrechterhaltenen besonderen Titeln im Sinne des § 379 Abs. 1. Der Bergwerksbesitzer ist also gemäß § 379 Abs. 4 berechtigt, das Wasser auch weiter in den Wasserlauf einzuführen, jedoch mit der Beschränkung des § 379 Abs. 4;

c) „wenn die Einleitung von einer anderen zuständigen Polizeibehörde zugelassen ist." Unter diese Bestimmung fällt vor allem eine von der Bergpolizeibehörde auch in Zukunft zugelassene Zuleitung von Grubenwässern in einen Wasserlauf (vgl. § 396 Anm. 4). Der KB.A. 47 enthält zwar als Begründung zu dem dort gestellten Antrag Nr. 520, welcher den Abs. 4 des § 23 von den Worten „oder wenn die Einleitung" bis zum Schluß streichen wollte, die Bemerkung, „daß nach den Erklärungen der Regierungsvertreter in der ersten Lesung die Einleitung nach dem Inkrafttreten des Gesetzes von anderen Polizeibehörden nicht mehr genehmigt werden dürfe". Das ist in dieser Allgemeinheit nicht zutreffend. Vielmehr kann auch nach dem Inkrafttreten des Gesetzes die Bergpolizeibehörde eine Grubenwasserableitung, d. h. die Zulassung eines Betriebsplanes, worin Wasserableitungen in einen Wasserlauf vorgesehen ist, zulassen. Die Bergpolizeibehörde ist für eine solche Zulassung auch in Zukunft die „zuständige Polizeibehörde" im Sinne des § 23 Abs. 4 (vgl. KB.A. 43 Abs. 2). Da nach §§ 67 u. 196 AllgBergG. das von einem Bergwerksbesitzer beantragte Enteignungsverfahren mit dem Zwecke der Benutzung eines Wasserlaufs zur Abführung von Grubenabwässern stets nur auf Grund eines Betriebsplanes eingeleitet wird, so ist auch in Zukunft für den Fall einer bergrechtlichen Enteignung eine Anzeigepflicht gemäß § 22 Abs. 1 u. 3 nicht gegeben und kann die Zuleitung auch nicht von der Wasserpolizeibehörde untersagt werden;

d) wenn der Betrieb, von welchem aus die Zuleitung erfolgen soll, gemäß §§ 16–25 GewO. einer besonderen Genehmigung bedarf und diese Genehmigung von den landesgesetzlich vorgeschriebenen Instanzen, in Preußen vom Bezirksausschuß, erteilt ist (vgl. ZustG. §§ 109, 110, 161, 113; VO. v. 13. 8. 84, 11. 5. 85, 16. 9. 88, 23. 3. 98; ferner § 386 dieses Gesetzes, sowie Vorbemertung vor § 379).

Zu diesen, der besonderen Genehmigung bedürfenden Anlagen gehören fast die gesamten großindustriellen Betriebe. Soweit ihnen also in der nach der GewO. erforderlichen Genehmigung die Zuführung ihrer Abwässer gestattet ist oder in Zukunft gestattet wird, unterligen sie nicht den Vorschriften des § 23 Abs. 1.

[7]) Die von der Polizeibehörde gewährte Zulassung kann, falls sich infolge dieser Zulassung Schäden im Sinne des Abs. 2 Satz 2 herausstellen sollten, jederzeit wieder zurückgenommen werden. Den benachteiligten Interessenten steht im Falle eines ablehnenden Bescheides der Polizeibehörde in diesem Falle die Beschwerde offen gemäß § 347 Abs. 2.

**§ 24.**[1]) (1) Für den Schaden, der durch die unerlaubte[2]) Verunreinigung[3]) eines Wasserlaufs entsteht, haftet, selbst wenn eine solche nach § 23 nicht beanstandet ist, der Unternehmer[4]) der Anlage, von der die Verunreinigung herrührt. Die Haftung ist ausgeschlossen, wenn der Unternehmer zur Verhütung der Verunreinigung die im Verkehr erforderliche Sorgfalt beobachtet hat.[5])

(2) Den Hypotheken-, Grundschuld- und Rentenschuldgläubigern wird keine besondere Entschädigung gewährt. Doch sind zu ihren Gunsten auf die dem Eigentümer des belasteten Grundstücks zu gewährende Entschädigung die Artikel 52, 53 des Einführungsgesetzes zum Bürgerlichen Gesetzbuch anzuwenden.[6])

(3) Rührt die Verunreinigung von mehreren Anlagen her, so haften die Unternehmer als Gesamtschuldner.[7])

(4) Unter sich sind die Unternehmer nach dem Verhältnisse des Anteils an der Verunreinigung, im Zweifel zu gleichen Teilen verpflichtet.[9]) Fällt jedoch einzelnen von ihnen ein Verschulden zur Last, so haften diese allein.[8])[10])

(5) Die Vorschriften, wonach auch andere für den Schaden

**verantwortlich sind, bleiben unberührt.[11]) Im Verhältnisse zu dem Unternehmer sind, wenn diesem kein Verschulden zur Last fällt, die anderen allein zum Schadensersatze verpflichtet.[8])[12])**

**(6) Der § 254, der § 840 Abs. 1, 2 und der § 852 des Bürgerlichen Gesetzbuchs sind entsprechend anzuwenden.[13])**

KommBschl. § 24a; KB.A. 47 ff.; L. II 7984; L. III 8537; KB.H. 16; L.H. 1005 ff.

[1]) Die Bestimmungen sind rein zivilrechtlicher Natur. Sie erweitern die Haftpflicht, welche bereits durch das BGB. gegeben ist. Diese Änderung der reichsgesetzlichen Haftung ist nach Art. 65 EG. z. BGB. zulässig, denn die Regelung der Abwässerbeseitigung und Reinhaltung der Gewässer gehört mit zum Wasserrecht im Sinne des Art. 65.

a) Haftung nach BGB.

Eine Haftung für Verunreinigung eines Wasserlaufs ist schon nach BGB. gegeben. Nach § 831 haftet der Geschäftsherr (Eigentümer, Nießbraucher, Pächter, natürliche oder juristische Person) für den durch unerlaubte Verunreinigung bewirkten Schaden, wenn die Verunreinigung von einer zum Betriebe der Anlage bestellten Person verursacht ist. Der Geschädigte hat also zu beweisen:

Eine widerrechtliche Schädigung durch unerlaubte Verunreinigung und Verursachung der letzteren durch eine bestellte Betriebsperson.

Der Geschäftsherr kann sich aber exkulpieren, indem er beweist, daß er bei der Auswahl der bestellten Person und bei der etwaigen Beschaffung von Vorrichtungen oder Gerätschaften und bei der Leitung der Ausführung der Betriebsarbeiten die im Verkehr erforderliche Sorgfalt beobachtet habe, oder daß der Schaden auch bei Anwendung dieser Sorgfalt entstanden sein würde.

§ 31 in Verb. mit §§ 86 u. 89 BGB., der für alle juristischen Personen gilt, macht z. B. eine Aktiengesellschaft oder eine Gemeinde für den Schaden haftbar, den der Vorstand oder ein anderer verfassungsmäßig berufener Vertreter bei dem Betriebe der Anlage durch eine zum Schadensersatz verpflichtende Handlung einem Dritten zufügt. Der Geschädigte muß also der juristischen Person gegenüber beweisen: eine Schädigung durch unerlaubte Verunreinigung des Wasserlaufs, Verursachung der letzteren durch eine zum Schadensersatze verpflichtende Handlung des Organs der juristischen Person und einen Zusammenhang dieser Handlung mit den dem Organ zustehenden Verrichtungen. Ein Entlastungsbeweis wie im § 831 ist hier nicht gegeben. Verursacher der Verunreinigung muß aber stets der Vorstand oder ein anderer verfassungsmäßig berufener Vertreter sein, sonst kommt § 831 zur Anwendung.

Ist der Unternehmer einer die Verunreinigung verursachenden Anlage eine natürliche Person, so haftet er neben § 831 auch nach § 823 Abs. 2 BGB. Das Verunreinigungsverbot des Wassergesetzes ist unbedenklich „ein den Schutz eines anderen bezweckendes Gesetz." Den Unternehmer muß aber auch hier ein Verschulden treffen, welches von dem Geschädigten zu beweisen ist.

b) § 24 bringt gegenüber der unter a skizzierten Haftung nach BGB. eine Verschärfung derselben. Er verlangt von dem Geschädigten den Beweis, daß durch die unerlaubte Verunreinigung des Wassers ein Schaden entstanden ist und daß diese Verunreinigung von der Anlage herrührt. Auch § 24 verlangt ein Verschulden des Unternehmers, welches aber darin besteht, daß er die im Verkehr erforderliche Sorgfalt nicht beobachtet hat. § 24 stellt aber eine Vermutung für dieses Verschulden auf, so daß der Geschädigte ein Verschulden nicht zu beweisen braucht. Während also nach §§ 831 u. 823 Abs. 2 BGB. der Geschädigte stets einen Verschuldensbeweis führen muß, der schwer ist, da der Geschädigte nicht in den inneren Betrieb der Anlage hineinsehen und daher unmöglich das Material für den Schuldbeweis beschaffen kann, braucht er nach § 24 einen solchen Verschuldensbeweis nicht zu führen, vielmehr dreht § 24 in diesem Punkte die Beweislast um und überläßt es dem Unternehmer, den Beweis zu führen, daß er zur Verhütung der Verunreinigung die im Verkehr erforderliche Sorgfalt beobachtet hat. Dieser dem Unternehmer zugestandene

Entlastungsbeweis ist aber enger als im § 831 BGB. Der Unternehmer muß die Beobachtung der im Verkehr erforderlichen Sorgfalt, d. h. das Nichtvorliegen von Fahrlässigkeit beweisen. Er kann sich aber nicht, wie nach § 831 BGB., mit der Behauptung und dem Beweis exkulpieren, daß der Schaden auch bei Anwendung der im Verkehr erforderlichen Sorgfalt entstanden sein würde. Die Verschärfung der Haftung nach § 24 gegenüber derjenigen des bürgerlichen Rechts besteht also einmal in einer Umkehrung der Beweislast und sodann in der Ausschließung des Beweises, daß der Schaden auch bei Anwendung der im Verkehr erforderlichen Sorgfalt eingetreten wäre.

²) „Unerlaubt" ist an sich alles, was einen anderen schädigt. Erfolgt eine Verunreinigung des Wasserlaufs jedoch in Ausübung eines dem Unternehmer zustehenden Rechts, so ist sie nicht unerlaubt. Der Gemeingebrauch gibt keine Befugnis zu einer *schädigenden* Verunreinigung (vgl. Anm. 1 zu § 25). Sie kann aber begründet werden durch ein vertragliches Recht innerhalb der Grenzen der §§ 40 ff., durch ein verliehenes oder durch bergrechtliche Enteignung erworbenes oder durch ein bestehendes Recht, das nach §§ 379 ff. aufrechterhalten bleibt. Der Beweis für die Existenz eines solchen Rechts liegt dem Unternehmer ob (vgl. im übrigen Anm. zu § 379).

Der Begriff der erlaubten oder unerlaubten Verunreinigung ergibt sich *nicht* aus § 23, welcher lediglich eine polizeiliche Vorprüfung ermöglichen soll. Unerlaubt im Sinne des § 24 kann deshalb eine Verunreinigung auch dann sein, wenn die Wasserpolizeibehörde gemäß § 23 eine Einleitung von Wasser und anderen flüssigen Stoffen gestattet hat. Durch eine solche Gestattung wird die Schadensersatzpflicht nach § 24 nicht beseitigt, weil sie kein *Recht* zur Verunreinigung begründet (KB.H. 20, 22 ff.).

³) „Verunreinigung" besteht in der Einbringung von Erde, Sand usw. (§ 19) in der Vornahme des Hanf- und Flachsrötens (§ 20), unter Umständen auch in der verbotswidrigen Einleitung von Wasser oder anderen flüssigen Stoffen über den Gemeingebrauch hinaus (§ 23) oder in einer Benutzung des Wasserlaufs,

welcher eine Verletzung der §§ 40 Abs. 2 Nr. 2, 41 Nr. 1 u. 3 darstellt.

[4]) „Unternehmer" ist der Eigentümer, Nießbraucher, Pächter usw. der Anlage, überhaupt derjenige, welcher die Anlage für eigene Rechnung betreibt und unterhält.

[5]) „Die im Verkehr erforderliche Sorgfalt". Der Begriff ist derselbe, wie im § 276 Abs. 1 Satz 2 BGB. Die Verunreinigung darf also nicht „fahrlässig" verursacht sein. Die dem Unternehmer danach obliegende Pflicht umfaßt die notwendige Sorgfalt bei der Anstellung der Beamten und des Personals, bei der Herstellung der Einrichtungen, bei der Beaufsichtigung der Beamten und Arbeiter und bei der Überwachung der Güte der Einrichtung; ferner auch die Pflicht, einzugreifen und für die Zukunft Verschulden und Nachlässigkeiten der Beamten und Arbeiter zu verhindern und schadhafte Einrichtungen rechtzeitig wieder instand zu setzen.

[6]) Die Vorschrift des Abs. 2 Satz 1 entspricht wörtlich der gleichen Bestimmung des § 148 Abs. 2 AllgBergG. Den Hypotheken-, Grund- und Rentenschuldgläubigern ist durch diese Bestimmung ein Pfandrecht an der Entschädigungsforderung gegeben. In Betracht kommen die §§ 1128 Abs. 1 Satz 2, 1273, 1123, 1124 BGB. Das Nähere s. Nieder, EG.BGB. zu Art. 52 u. 53.

[7]) „Gesamtschuldner". Der Geschädigte kann alle oder einzelne der schädigenden Unternehmer auf das Ganze verklagen. Er braucht also den Schadensersatz nicht anteilig zu bemessen. Exkulpiert sich einer von den gemeinsam verklagten Unternehmern gemäß Abs. 1 Satz 2, so ist die Klage gegen ihn abzuweisen. Die übrigen, welche den Exkulpationsbeweis nicht geführt haben, haften dann gleichwohl auf das Ganze.

[8]) Abs. 4 u. 5 beziehen sich ausschließlich auf das Rechtsverhältnis mehrerer beteiligter Unternehmer untereinander oder zu einem mitbeteiligten Dritten, welcher nicht Unternehmer im Sinne dieser Vorschrift ist. Sie regeln also die Haftung der an der Schädigung Beteiligten untereinander.

[9]) „Verpflichtet". Abs. 4 Satz 1 bestimmt die anteilige Haftung der an der Verunreinigung beteiligten Unternehmer. Diese Haftung

untereinander ist unabhängig davon, ob der Geschädigte sämtliche Unternehmer oder nur einen oder einige von ihnen auf das Ganze verklagt hat. Der Rückgriff der verurteilten Unternehmer auf die vom Geschädigten nicht mitverklagten, aber an der Verunreinigung Beteiligten bleibt unberührt. Der den Rückgriff nehmende Unternehmer muß den Anteil des Gegners an der Verunreinigung beweisen. Ist wohl die Beteiligung, nicht aber der Anteil der zur Ausgleichung herangezogenen Unternehmer festzustellen, so haften sie untereinander zu gleichen Teilen.

[10]) „Allein". Die Vorschrift ist wichtig, wenn nicht alle Unternehmer vom Geschädigten in Anspruch genommen sind. Der vom Geschädigten nicht mitverklagte, aber an der Verunreinigung Beteiligte und deshalb zur Ausgleichung herangezogene Unternehmer kann gegenüber dem ihn in Anspruch nehmenden Mitschädiger den Exkulpationsbeweis gemäß Abs. 1 Satz 2 führen (L. II 8007, teilweise dort abweichend, aber unzutreffend).

[11]) „Unberührt". In Betracht kommen Betriebsbeamte und Arbeiter, sowie auch Dritte, welche unabhängig von der Anlage und dem Unternehmer, aber ebenso wie diese den Wasserlauf verunreinigen. Sie haften nach §§ 823 ff. BGB.

[12]) „Verpflichtet". Ist neben dem Unternehmer eine dritte Person an der Verunreinigung durch eine unerlaubte Handlung beteiligt, so haften beide nach § 840 Abs. 2 BGB., der hier entsprechende Anwendung findet, als Gesamtschuldner, also jeder auf das Ganze (vgl. Anm. 13). Ist der Dritte nach §§ 823 ff. BGB. zum Schadensersatz verurteilt, so kann er vom Unternehmer Ausgleichung fordern. Dieser kann sich jedoch nach Abs. 1 Satz 2 exkulpieren.

[13]) § 254 konkurrierendes Verschulden; § 840 Abs. 1 u. 2 gesamtschuldnerische Haftung, wenn auch nicht sämtliche Schädiger Unternehmer sind. Ist für die Haftung des Unternehmers neben § 24 auch der Tatbestand des § 831 BGB. erfüllt, so hat er gegen seine Angestellten Regreßansprüche. § 852 dreijährige Verjährung vom Zeitpunkte der Kenntnis des Schadens und der Person des Ersatzpflichtigen.

## II. Gemeingebrauch.

**§ 25.** (1) Die natürlichen[2]) Wasserläufe erster Ordnung darf jedermann zum Baden,[3]) Waschen,[4]) Schöpfen mit Handgefäßen,[5]) Viehtränken, Schwemmen,[6]) Kahnfahren[7]) und Eislaufen[8]) sowie zur Entnahme von Wasser und Eis[9]) für die eigene Haushaltung und Wirtschaft benutzen, wenn dadurch andere nicht benachteiligt werden. Mit derselben Beschränkung ist jedem gestattet, in die natürlichen Wasserläufe erster Ordnung Wasser[10]) sowie die in der Haushaltung und Wirtschaft entstehenden Abwässer[10]) einzuleiten. Hierunter fällt jedoch nicht die Einleitung von Abwässern mittels gemeinsamer Anlagen.

(2) Das Gleiche gilt mit Ausnahme der Eisentnahme für die natürlichen Wasserläufe zweiter und dritter Ordnung; jedoch ist das Kahnfahren und Eislaufen nur insoweit gestattet, als es bisher gemeinüblich gewesen ist.[7])[8]) Im Streitfalle entscheidet der Regierungspräsident, ob und in welchem Umfange das Kahnfahren und Eislaufen bisher gemeinüblich gewesen ist. Der Eigentümer ist vorher zu hören.

(3) Für künstliche teichartige Erweiterungen von Wasserläufen zweiter und dritter Ordnung gelten vorstehende Bestimmungen nicht.[11]) Der Gemeingebrauch ist ferner, unbeschadet der Vorschriften der §§ 26, 35, an solchen Teilen von Wasserläufen ausgeschlossen, die in Hofräumen, Gärten und Parkanlagen liegen und im Eigentume der Anlieger stehen.[11]) Die Vorschriften der Abs. 1, 2 gelten endlich nicht für Talsperren (§ 106) sowie für solche Seen, aus denen nur natürliche Wasserläufe zweiter oder dritter Ordnung abfließen. Ob und in welchem Umfange der an solchen Seen und Talsperren bisher übliche Gemeingebrauch auch fernerhin zulässig ist, bestimmt der Regierungspräsident. Der Eigen-

tümer der Talsperre oder des Sees ist vorher zu hören. Der Regierungspräsident kann die Bestimmung jederzeit widerrufen.[12])

(4) Als Wirtschaft gelten der landwirtschaftliche Haus- und Hofbetrieb, mit Ausschluß der landwirtschaftlichen Nebenbetriebe, und kleingewerbliche Betriebe von geringem Umfange.[13])

(5) Die Beeinträchtigung des Gemeingebrauchs anderer gilt als Benachteiligung nur, wenn sie gegen die Vorschrift des § 37 verstößt.[14])

(6) Der Oberpräsident kann für künstliche Wasserläufe, und zwar für Wasserläufe zweiter und dritter Ordnung nach Anhörung der Schauämter, bestimmen, ob und in welchem Umfange der in Abs. 1, 2, 4 vorgesehene Gemeingebrauch auch an ihnen zulässig ist.

Ent. § 25; B. 16 ff., 76 ff.; KB.A. 53 ff.; L. II 8031; L. III 8537; KB.H. 26 ff.; L.H. 1010.

[1]) „Gemeingebrauch" ist die jedermann zustehende, an keine besondere Erlaubnis gebundene Benutzung des fließenden Wassers zu bestimmten, im Gesetz einzeln aufgeführten Zwecken. Das Reichsgericht bezeichnet ihn als das „gleiche Recht aller, welche sich in der Lage befinden, von dem Objekt des Rechtes Gebrauch zu machen" (RG. 16 146). Der Gemeingebrauch wurzelt im öffentlichen Recht. Er ist ein öffentliches Recht der Allgemeinheit und stellt sich dar als eine „Vergönnung", welche obrigkeitlichen Schutz genießt. Der Gemeingebrauch ist stets subsidiärer Natur und muß hinter Privatrechten zur Benutzung des Wasserlaufs zurückstehen. Solche Privatrechte, mögen sie beim Inkrafttreten des Gesetzes bereits bestehen und aufrechterhalten bleiben oder ihren Grund in den Bestimmungen dieses Gesetzes selbst finden, brauchen auf den Gemeingebrauch nur insoweit Rücksicht zu nehmen, als sie denselben nach § 36 „nicht unnütz erschweren oder ohne erheblichen Grund unmöglich machen" dürfen. Andererseits aber

dürfen auch die auf dem Gemeingebrauch beruhenden Rechte des Einzelnen nicht durch die Ausübung des Gemeingebrauchs anderer gehindert werden (§ 36; Begr. 16). Der Gemeingebrauch gibt keinen privatrechtlichen Anspruch. Ein widerrechtlicher Eingriff in die auf dem Gemeingebrauch beruhenden Rechte eines anderen, insbesondere durch Störung des Gemeingebrauchs, gibt keinen zivilrechtlichen Anspruch, weder auf Einstellung der Störung, noch auf Schadensersatz.

Es ist Aufgabe der Wasserpolizeibehörde, den Gebrauch zu schützen, ev. einen Ausgleich zwischen den mehreren Berechtigten herbeizuführen (§ 39).

²) „Natürliche Wasserläufe". Als Regel ist der Gemeingebrauch ausschließlich an den natürlichen Wasserläufen aller Ordnungen gestattet. Die künstlichen Wasserläufe sind vom Gemeingebrauch im allgemeinen ausgeschlossen. Dies gilt auch für die kleineren künstlichen Wasserläufe, die Gräben (vgl. Begr. 76); vgl. jedoch wegen der Gestattung des Gemeingebrauchs an „künstlichen" Wasserläufen Abs. 6.

³) „Baden". Die Zulässigkeit des Badens schließt den Erlaß polizeilicher Vorschriften im Interesse der Sicherheit und öffentlichen Sittlichkeit nicht aus (ALR. II 17 § 10; G. über die Polizeiverwaltungen v. 11. 3. 50 § 6).

⁴) „Waschen" umfaßt sowohl die Reinigung des menschlichen Körpers, wie die Reinigung von Wäsche, sowie allgemein das Waschen zu häuslichen, landwirtschaftlichen und gewerblichen Zwecken.

⁵) „Schöpfen mit Handgefäßen". Hiernach ist zulässig außer der weiter unten (s. Anm. 9) erörterten Entnahme von Wasser auch eine Entnahme mittels Gefäßen zum Zwecke der Bewässerung von Feldfrüchten, Weinbergen, Tränken von Vieh usw. Hierher gehört also die Entnahme mittels Kannen, in fahrbaren Tonnen usw. (KB.A. 55).

⁶) „Viehtränken und Schwemmen", d. h. das Zutreiben von großem und kleinem Vieh an und in das Wasser zum Trinken und Reinigen. Das Halten von Enten und Gänsen auf Wasserläufen

geht über den Begriff des Viehtränkens und Schwemmens hinaus und gehört deshalb nicht zum Gemeingebrauch (KB.A. 54). Eine Beschränkung auf bestimmte Stellen des Wasserlaufs zum Tränken und Schwemmen ist im Gesetz nicht vorgesehen, wird aber dadurch ersetzt, daß eine Benachteiligung anderer durch die Ausübung des Gemeingebrauchs nicht erfolgen darf und der Gemeingebrauch auch nicht das Betreten fremder Ufergrundstücke in sich schließt (vgl. § 38).

[7] [8]) „Kahnfahren und Eislaufen" ist auf Wasserläufen I. Ordnung im weitesten Maße gestattet (Abs. 1), auf Wasserläufen II. und III. Ordnung dagegen nur soweit, als es bisher gemeinüblich war (Abs. 2). Ob und in welchem Umfang letzteres der Fall gewesen ist, entscheidet im Streitfalle der Regierungspräsident nach Anhörung des Eigentümers. Diese Entscheidung ist gemäß § 27 LVG. mit der Beschwerde an den Oberpräsidenten anzufechten, gegen dessen Entscheidung Klage beim Oberverwaltungsgericht gegeben ist. Soweit das Eislaufen hiernach auf Wasserläufen II. und III. Ordnung gestattet ist, ist der Eigentümer des Wasserlaufs, welcher z. B. in die Eisdecke mit Rücksicht auf die Fischzucht Eislöcher schlägt, verpflichtet, diese Löcher als solche kenntlich zu machen, da er für Unfälle, die sonst dadurch entstehen, haftbar ist (vgl. auch Feld- und Forstpolizeigesetz § 29 Nr. 2; vgl. ferner §§ 38 u. 333 des Gesetzes).

Das „Furtrecht" fällt nicht unter den Gemeingebrauch, es sei denn, daß es nach allgemeinem Verkehrsbegriff als eine Art des öffentlichen Verkehrs aufgefaßt werden kann und deshalb gemäß § 26 unter den Gemeingebrauch fällt (L. II S. 8039).

[9]) „Entnahme von Wasser und Eis". Das Wasser kann mit Saugpumpen, auch mittels Leitungen, soweit der Entnehmer es für die eigene Haushaltung und Wirtschaft benutzt, entnommen werden, jedoch nur soweit, als die Entnahme des Wassers nicht in solchem Umfang erfolgt, daß andere, zum Gemeingebrauch Berechtigte dadurch benachteiligt werden (Begr. 76). Die Entnahme zur „Bewässerung" landwirtschaftlicher Grundstücke fällt nicht unter den Gemeingebrauch (Begr. 77).

„Eisentnahme" ist nur bei Wasserläufen I. Ordnung gestattet, bei den anderen Wasserläufen ist sie untersagt.

[10]) „Begriff des Wassers" s. Anm. 1 zu § 23. Durch die Zuleitung solcher Abwässer darf auch eine Verunreinigung des Wasserlaufs herbeigeführt werden. Sie darf aber nicht schädlich sein. Man wird hier auf den Begriff des „Gemeinüblichen" zurückgehen müssen. Die Zuleitung solcher Abwässer aus Haushalt und Wirtschaft unterliegt nicht der Anzeigepflicht des § 23, soweit sie das „gemeingebräuchliche" Maß nicht übersteigt.

[11])[12]) Ausgeschlossen ist der Gemeingebrauch

a) an künstlichen teichartigen Erweiterungen von Wasserläufen II. und III. Ordnung,
b) an solchen Teilen von Wasserläufen aller Ordnungen, die in — nicht auch an — Hofräumen, Gärten und Parkanlagen liegen und im Eigentum der Anlieger stehen,
c) an Talsperren,
d) an solchen Seen, aus denen nur natürliche Wasserläufe II. und III. Ordnung abfließen.

Während aber an künstlichen teichartigen Erweiterungen von Wasserläufen II. und III. Ordnung der Gemeingebrauch überhaupt ausgeschlossen ist, desgleichen an solchen Teilen von Wasserläufen aller Ordnungen, die in Hofräumen, Gärten und Parkanlagen liegen (mit Ausnahme des öffentlichen Verkehrs, der Schiffahrt und Flößerei an Wasserläufen I. Ordnung), kann an den unter c und d genannten Talsperren und Seen der Regierungspräsident bestimmen, ob bisher ein Gemeingebrauch an ihnen bestanden hat und ob dieser auch in Zukunft zulässig sein soll. Der Regierungspräsident kann also hier einen bisher bestandenen Gemeingebrauch für die Zukunft untersagen (KB.H. 4 ff.). Über die Rechtsmittel s. Anm. 7 u. 8.

[13]) Die Definition des Begriffes „Wirtschaft" schließt die Einführung industrieller und bergbaulicher Abwässer auf Grund des Gemeingebrauchs vollständig aus, auch dann, wenn diese Abwässer keine stärkere Verunreinigung des Wasserlaufs zur Folge haben würde, als sie die aus Haushalt und Wirtschaft eingeleiteten

Abwässer mit sich bringen (vgl. Wulff im „Glückauf" **48** 356). Was unter „kleingewerblichem Betrieb von geringem Umfang" zu verstehen ist, ist Tatfrage. Es kommt dabei nicht allein auf die „Art" oder den „Umfang" des Betriebes an, sondern auf beides. Die sog. Hausindustrie wird im allgemeinen unter den Begriff fallen. Im übrigen s. über den Begriff des „Kleingewerbes" Staub Bd. 1 Anm. 18 zu § 4; über „Hausindustrie" Herders Staatslexikon 2 1113 (s. auch Begr. 77).

[14]) Der Gemeingebrauch des einzelnen gilt als Benachteiligung nur dann, wenn durch die Art oder den Umfang seiner Ausübung anderen, zum Gemeingebrauch Berechtigten derselbe unmöglich gemacht oder erheblich erschwert wird. Durch den Gemeingebrauch darf aber der Eigentümergebrauch nicht geschädigt werden.

**§ 26.**[1]) Die Wasserläufe erster Ordnung können von jedermann für den öffentlichen Verkehr,[2]) namentlich zur Schiffahrt und zur Flößerei mit verbundenen Hölzern,[3]) benutzt werden.

Ent. § 26; B. 76; KB.A. 56; L. 11 8048; L. 8538; KB.H. 26 ff.; L.H. 1012.

[1]) Zu den im § 25 zugelassenen Arten des Gemeingebrauchs für private Interessen tritt bei den natürlichen und künstlichen Wasserläufen I. Ordnung die Benutzung für den öffentlichen Verkehr.

[2]) „Öffentlicher Verkehr" ist derjenige, „welcher jedem unter Beobachtung der zu seiner Regelung erlassenen Bestimmungen offensteht" (Begr. 78). Die Benennung der Schiffahrt und Flößerei im § 26 ist keine erschöpfende Aufzählung der Arten des öffentlichen Verkehrs auf den Wasserläufen, sondern sie sind nur als die wichtigsten im Gesetz hervorgehoben (Begr. 78). Nicht hierher gehört das Fährregal, für welches die bisherigen Bestimmungen des ALR. II 11 §§ 50, 51 aufrechterhalten sind (vgl. § 397). Ebensowenig werden durch § 26 die bestehenden Vorschriften der Wegegesetze über den Bau von Brücken im Zuge öffentlicher Wege

berührt (KB.A. 520 zu § 361; v. Bitter 1 337). Zum öffentlichen Verkehr gehört auch die besonders auf den ostpreußischen Seen vorkommende Benutzung der sog. Eiswege (KB.A. 56).

[3]) Gestattet ist nur die Flößerei mit „verbundenen Hölzern". Im übrigen sind die privatrechtlichen Verhältnisse der Flößerei durch das G. v. 15. 6. 95 geordnet.

**§ 27.**[1]) (1) An natürlichen Wasserläufen erster Ordnung haben die Eigentümer der Ufergrundstücke und, soweit erforderlich, auch die Eigentümer der dahinter liegenden Grundstücke[3]) die Benutzung der Grundstücke als Leinpfad[2]) zur Fortbewegung von Schiffen und Flößen durch Menschen oder Tiere[4]) zu gestatten. Auch haben sie den zweckentsprechenden Ausbau und die Unterhaltung des Leinpfads durch den Staat zu dulden.

(2) Wird ein Wasserlauf zweiter oder dritter Ordnung nach § 3 Abs. 1 zu einem Wasserlauf erster Ordnung, so hat für die Verpflichtung zum Dulden des Leinpfads nach dem aufzustellenden Plane der Staat die Eigentümer zu entschädigen.[5]) Dasselbe gilt für solche Strecken von natürlichen Wasserläufen erster Ordnung, an denen bisher kein Leinpfad bestanden hat.

(3) Die Wasserpolizeibehörde kann bestimmen, daß an einzelnen Strecken natürlicher Wasserläufe erster Ordnung ein Leinpfad nicht freigehalten zu werden braucht.[6])

Ent. § 27; B. 76; KB.A. 57; L. II 8018; L. III 8538; KB.H. 26; L.H. 1012.

[1]) § 27 bezieht sich nur auf Wasserläufe I. Ordnung.

[2]) „Leinpfad" ist derjenige Teil eines Grundstücks, von dem aus die auf einem Strom verkehrenden Schiffe oder Flöße gezogen werden. Die Verpflichtung zur Hergabe des Leinpfades ist öffentlichrechtlicher Natur (OVG. 37 289). Sperrung des Leinpfades durch den Eigentümer ist daher nicht zulässig, wohl

polizeiliche Sperrung (OVG. 41 256). Die Verpflichtung der Anlieger beschränkt sich auf die Hergabe des für den Leinpfad erforderlichen Grund und Bodens, die Duldung eines zweckentsprechenden Ausbaues und der Unterhaltung des Leinpfades durch den Staat. Der Leinpfad ist lediglich Schiffahrtsanlage (OVG. 26 231). Soweit der Leinpfad sich äußerlich als Weg darstellt, ist er ein sog. beschränkt öffentlicher Weg (OVG. 26 233). Soweit er im Zuge eines öffentlichen Weges liegt, untersteht er der Wegepolizei.

[3]) Die Verpflichtung erstreckt sich auch auf die hinter dem Ufergrundstück liegenden Grundstücke, soweit ihre Inanspruchnahme erforderlich ist.

[4]) „Durch Menschen oder Tiere", nicht also auch für die Einrichtung eines mechanischen Schiffszuges. Zu letzterem ist ev. die Enteignung erforderlich.

[5]) Die Entschädigung wird nur für die Gestattung des Leinpfades, nicht also für etwaige durch die Benutzung des Leinpfades herbeigeführte Schäden gewährt (s. jedoch Anm. zu § 30).

[6]) Der Wasserpolizeibehörde obliegt die Fürsorge für den Leinpfad. Sie bestimmt insbesondere nach den Bedürfnissen des Schiffs- oder Floßverkehrs seine Breite, Befestigung und sonstige Einrichtung.

**§ 28.** Die Anlieger an natürlichen Wasserläufen erster Ordnung haben das Landen und Befestigen von Schiffen und Flößen zu gestatten, soweit nicht einzelne Strecken von der Wasserpolizeibehörde auf Grund eines Antrags der Anlieger ausgeschlossen sind. Dieselbe Verpflichtung besteht an privaten Ein- und Ausladestellen, an diesen jedoch nur in Notfällen. Die Anlieger haben in Notfällen auch das zeitweilige Aussetzen der Ladung, des Schiffes oder des Floßes zu dulden.

Ent. § 28; B 80; KB.A. 57 ff.; L. II 8048; L. III 8538; KB.H. 26; L.H. 1013.

Die Vorschrift gestattet das „Landen", d. h. das Anlegen am Ufergrundstück und das Befestigen von Schiffen und Flößen allgemein. Das zeitweilige Aussetzen der Ladung des Schiffes und Floßes auf das Ufergrundstück, wie auch die Benutzung privater Ein- und Ausladestellen muß der Anlieger jedoch nur in Notfällen dulden. Wann solche vorliegen, ist Tatfrage. Durch die Bestimmung des § 28 Satz 3 ist auch in solchen Notfällen entgegen dem § 38 das Betreten fremder Ufergrundstücke gestattet.

Über die Schadensersatzpflicht s. § 30.

**§ 29.** Soweit beim Inkrafttreten dieses Gesetzes Bestimmungen zur näheren Regelung der im § 27 Abs. 1 und im § 28 bezeichneten Verpflichtungen von den zuständigen Behörden erlassen sind, bleiben sie maßgebend. Neue Bestimmungen dieser Art kann die Wasserpolizeibehörde durch Polizeiverordnung treffen.

Ent. § 29; B. 80; KB.A. 58; L. II 8048; L. III 8538; KB.H. 26; L.H. 1013.

Vgl. Bf. v. 16. 6. 00, betr. das Betreten von Flußufern in Ausübung des Leinzuges bei der Schiffahrt, sowie MinErl. v. 10. 3. 81; ferner §§ 342 ff., 348 ff. Wegegesetz; §§ 137 ff. LBG.

**§ 30.** (1) Für den Schaden, der durch die bestimmungswidrige[1]) Benutzung des Leinpfads oder durch das Landen, Befestigen oder Aussetzen entsteht,[2]) ist der Schiffseigner oder Eigentümer des Floßes verantwortlich. Der Schadensersatzanspruch verjährt in einem Jahre. Die Verjährung beginnt mit Ablauf des Jahres, in dem der Schaden entstanden ist.

(2) Diese Vorschriften gelten nicht in den Fällen, für welche die Verantwortlichkeit der im Abs. 1 bezeichneten Personen durch besondere, neben dem Bürgerlichen Gesetzbuch geltende Reichsgesetze geregelt ist.[3]) Auch bleiben die

**Vorschriften unberührt, nach denen diese Personen in weiterem Umfang oder nach denen andere für den Schaden haften.**

Ent. § 30; B. 80; KB.A. 58; L. II 8048; L. III 8538; KB.H. 26; L.H. 1013.

[1]) Ein durch die bestimmungsgemäße Benutzung und ordnungsmäßige Ausübung des Leinpfades entstehender Schaden gibt keinen Ersatzanspruch. Nur die bestimmungswidrige Benutzung des Leinpfades macht schadensersatzpflichtig.

[2]) „Landen, Befestigen und Aussetzen" gemäß § 28, also auch in Notfällen, begründet stets die Ersatzpflicht für den dadurch dem Eigentümer des Ufergrundstücks entstehenden Schaden. Ein Verschulden ist nicht erforderlich (vgl. Begr. 80). Haftbar ist der Schiffseigner oder der Eigentümer des Floßes, nicht also der Urheber des Schadens persönlich.

Der Entlastungsbeweis gemäß § 831 BGB. ist daher nicht zugelassen.

[3]) Die Bestimmung des Abs. 2 schließt die Anwendbarkeit der Bestimmungen der §§ 823 ff. BGB. über die Verpflichtung zum Schadensersatz aus, läßt aber alle übrigen reichsrechtlichen Vorschriften neben den Bestimmungen des § 30 Abs. 1 unberührt. Hierhin gehören insbesondere die Bestimmungen des § 4 Abs. 2 des BinnenSchG. v. 15. 6. 95 in der Fassung der Bek. v. 20. 5. 98 und § 23 Abs. 2 des Flößereigesetzes v. 15. 6. 95 (vgl. auch § 3 BinnenSchG. und § 22 des Flößereigesetzes bezüglich der Frage des Verschuldens der Besatzung).

**§ 31.** (1) Auf den Wasserläufen zweiter oder dritter Ordnung bleibt die Flößerei da, wo sie beim Inkrafttreten dieses Gesetzes gemeinüblich oder besonders zugelassen ist, im bisherigen Umfange gestattet. Sie kann ferner im öffentlichen Interesse oder aus Gründen eines überwiegenden wirtschaftlichen Bedürfnisses nach Anhörung der beteiligten Schauämter und des Wasserbeirats durch den Minister für Landwirtschaft, Domänen und Forsten neu zugelassen oder in erweitertem Umfange gestattet werden.

(2) Auf die Flößerei mit verbundenen Hölzern sind die Vorschriften der §§ 28 bis 30 über das Landen und Befestigen an den Ufergrundstücken und über den Ersatz von Schäden entsprechend anzuwenden.

**§ 32.** (1) Im Falle des § 31 Abs. 1 Satz 2 hat der Staat für nachteilige Wirkungen der Flößerei, die nicht durch besondere Einrichtungen ausgeschlossen werden, Entschädigung zu leisten.

(2) Über die Entschädigung beschließt im Streitfalle der Bezirksausschuß. Der Beschluß kann binnen drei Monaten nach der Zustellung im Rechtsweg angefochten werden. Auf die Auszahlung und Hinterlegung der Entschädigung sind die bei der Enteignung maßgebenden Vorschriften anzuwenden.

(3) Der Minister für Landwirtschaft, Domänen und Forsten hat eine Flößereiordnung zu erlassen. Sie muß enthalten:

1. die näheren Bestimmungen über die Art und die Ausübung der Flößerei;
2. die dem Eigentümer des Wasserlaufs, den Anliegern und den Stauberechtigten aufzuerlegenden Verpflichtungen und Beschränkungen, soweit sie sich nicht aus § 31 Abs. 2 ergeben.

**§ 33.** Der Minister für Landwirtschaft, Domänen und Forsten kann in den Fällen des § 31 Abs. 1 zur Deckung der Verwaltungs- und Unterhaltungskosten, im Falle des § 31 Abs. 1 Satz 2 auch zur Deckung der Kosten der Einrichtungen und der Entschädigungen (§ 32 Abs. 1) die Erhebung einer Flößereiabgabe anordnen.

**§ 34.** **Die nach § 31 Abs. 1 zulässige Flößerei kann auf dem dort angegebenen Wege aufgehoben oder beschränkt werden.**

Ent. §§ 31, 32, 33, 34; B. 81 ff.; KB.A. 58 ff.; L. II 8049; L. III 8538; KB.H. 26; L.H. 1013.

Die Bestimmungen der §§ 31—34 beziehen sich auf die Flößerei auf Wasserläufen II. und III. Ordnung. Es handelt sich hier vorwiegend um das Flößen mit unverbundenen Hölzern (Wildflößerei), soweit sie gemeinüblich oder besonders zugelassen ist, jedoch ist das Flößen mit verbundenen Hölzern nicht ausgeschlossen. Soweit dies erfolgt, finden die Vorschriften der §§ 28—30 entsprechende Anwendung. Es besteht aber keine Verpflichtung des Wasserlaufeigentümers zur Gewährung des Leinpfades; sie kann jedoch gemäß § 32 Abs. 3 Nr. 2 im Wege der Flößereiordnung dem Wasserlaufeigentümer gegen Entschädigung auferlegt werden (s. § 32 Abs. 1 und Abs. 3 Nr. 2 und § 45). Entschädigungspflichtig ist der Staat, dem jedoch zu seiner Schadloshaltung im § 33 das Recht zu einer Flößereiabgabe nach Maßgabe des Bundesgesetzes über die Abgaben von der Flößerei v. 18. 6. 70 und Art. 54 Abs. 4 der RV. gegeben ist. Dieses Recht besteht jedoch nur für die durch die Flößerei auf Wasserläufen II. und III. Ordnung dem Staate obliegenden Entschädigungen (vgl. Begr. 81 ff.). Unter den im § 31 genannten „Gründen eines überwiegenden wirtschaftlichen Bedürfnisses“ sind, wie sich aus der Gegenüberstellung des „öffentlichen Interesses“ im gleichen Satz ergibt, private Interessen zu verstehen (KB.A. 58).

Nach § 32 ist ein Entschädigungsanspruch gegen den Staat stets gegeben, wenn die Flößerei auf Wasserläufen II. und III. Ordnung neu zugelassen oder über den bisherigen Umfang hinaus erweitert wird. § 45 findet Anwendung, desgleichen die §§ 37, 38, 47, 48, 49 EnteignG.

**§ 35.** Auf die sonstige Benutzung von Wasserläufen zweiter und dritter Ordnung für den öffentlichen Verkehr

**sind die §§ 28 bis 30, der § 31 Abs. 1 und der § 34 anzuwenden.**

Ent. § 35; B. 83; KB.A. 59; L. II 8049; L. III 8538; KB.H. 26; L.H. 1013.

Die natürlichen Wasserläufe II. und III. Ordnung sind nach § 25 nur im beschränkten Maße für den öffentlichen Verkehr freigegeben. Dahin gehört in der Hauptsache das Kahnfahren, soweit es bisher gemeinüblich gewesen ist, und das Eislaufen (vgl. Anm. 7, 8, 9, 11 zu § 25). Darüber hinaus ist eine Benutzung von Wasserläufen II. und III. Ordnung für den öffentlichen Verkehr nicht gegeben, soweit er nicht beim Inkrafttreten dieses Gesetzes besteht und nach §§ 379, 381 aufrechterhalten wird. Die Begründung erwähnt insbesondere die Benutzung von Mündungsarmen der Wasserläufe II. und III. Ordnung, welche in eine Schiffahrtsstraße einmünden und bisher als öffentliche Schiffsliegeplätze benutzt sind. Derartige, an sich über den Gemeingebrauch hinausgehenden Benutzungsrechte bleiben dort, wo sie bisher gemeinüblich waren, bestehen (vgl. insbesondere § 379 Abs. 2). Soweit ein solcher öffentlicher Verkehr zulässig ist, unterliegt er den Bestimmungen der §§ 28—30, 31 Abs. 2 und § 34 (vgl. aber auch § 36).

**§ 36.** (1) Der Eigentümer des Wasserlaufs sowie derjenige, dem beim Inkrafttreten dieses Gesetzes ein Recht zur Benutzung des Wasserlaufs zusteht, das nach den §§ 379 bis 381 aufrechterhalten bleibt, darf den Gemeingebrauch nicht unnütz erschweren oder ohne erheblichen Grund unmöglich machen. Im übrigen darf den Gemeingebrauch der Wasserläufe niemand hindern.

(2) Die Wasserpolizeibehörde hat die Beachtung dieser Bestimmungen zu überwachen.

Ent. § 36; B. 83; KB.A. 59; L. II 8059 ff.; L. III 8539 ff.; KB.H. 26; L.H. 1013.

§ 36 bezweckt, den Gemeingebrauch gegenüber den weitergehenden Rechten der Eigentümer und sonstigen Berechtigten zu schützen. Die aus dem Gemeingebrauch resultierenden Rechte sind im Wege der Zivilklage nicht verfolgbar.

**§ 37.** Durch den Gemeingebrauch darf anderen der Gemeingebrauch nicht unmöglich gemacht oder erheblich erschwert werden.

Ent. § 37; B. 83; KB.A. 60; L. II 8067; L. III 8541; KB.H. 26; L.H. 1013.

„Aus dem Wesen des Rechts des Gemeingebrauchs als dem gleichen Recht aller, welche sich in der Lage befinden, von dem Objekt des Rechtes Gebrauch zu machen, muß man die Folgerung ziehen, daß das Recht eines jeden einzelnen seine Grenze findet in dem gleichen Rechte aller übrigen. Deshalb darf der einzelne Mitberechtigte die Benutzung nicht in solcher Weise für seine Zwecke ausbeuten, daß er dadurch den übrigen die Mitausübung ihres Gemeingebrauchs unmöglich macht" (RG. 16 146).
Jeder zum Gemeingebrauch Berechtigte hat also auf die anderen ihm Gleichberechtigten die aus der Natur seines Rechtes, als eines öffentlichen sich ergebende entsprechende Rücksicht zu nehmen. Eventuell hat die Wasserpolizeibehörde gemäß § 39 einzugreifen.

**§ 38.** Der Gemeingebrauch enthält, unbeschadet der Vorschriften des § 27 Abs. 1, der §§ 28, 29, des § 31 Abs. 2 und des § 32 Abs. 3 Nr. 2, nicht die Befugnis, fremde Ufergrundstücke zu betreten oder sonst zu benutzen oder Anlagen im Wasserlaufe zu errichten.

Ent. § 38; B. 84; KB.A. 60; L. II 8067; L. III 8541; KB.H. 26; L.H. 1013.

§ 38 stellt als Grundsatz auf, daß der Gemeingebrauch nur insoweit zulässig ist, als er ohne rechtswidrige Benutzung fremden Eigentums erfolgen kann. Daraus folgt, daß, abgesehen von den im Gesetze ausdrücklich genannten Fällen, nur derjenige den Gemeingebrauch ausüben kann, welcher entweder Eigentümer des anliegenden Ufergrundstücks ist oder von einem öffentlichen Wege aus an das Wasser gelangen kann oder auf Grund besonderer privatrechtlicher Vereinbarungen zu diesem Zweck fremde Ufergrundstücke betreten darf. Auch fremde Nutzungsrechte am Ufergrundstück dürfen durch den Gemeingebrauch nicht beeinträchtigt werden.

Ein Notwegerecht zum Wasserlauf zur Ausübung des Gemeingebrauchs besteht nicht.

**§ 39.** Die Wasserpolizeibehörde kann den Gemeingebrauch regeln, beschränken oder verbieten. Solche Verfügungen sind mit Gründen zu versehen.

Ent. § 39; B. 84; KB.A. 61; L. II 8067; L. III 8541; KB.H. 26; L.H. 1014.

Das Recht der Wasserpolizeibehörde, den Gemeingebrauch zu regeln, zu beschränken oder zu verbieten, beschränkt sich nicht auf Fälle, in denen dies aus Gründen des öffentlichen Interesses oder des öffentlichen Wohles erforderlich ist, vielmehr kann die Wasserpolizeibehörde auch zum Schutze von Privatinteressen in den Gemeingebrauch eingreifen (vgl. KB.A. 61).

## III. Benutzung durch den Eigentümer.

**§ 40.**[1]) (1) Das dem Eigentümer als solchem zustehende Recht, den Wasserlauf zu benutzen, unterliegt, unbeschadet der §§ 19 bis 23, den in den §§ 41 bis 45 vorgesehenen Beschränkungen.

(2) Dies gilt insbesondere von dem Rechte:

1. das Wasser zu gebrauchen und zu verbrauchen,[2]) namentlich auch es oberirdisch oder unterirdisch, unmittelbar oder mittelbar abzuleiten;[3])
2. Wasser oder andere flüssige Stoffe[4]) oberirdisch oder unterirdisch, unmittelbar oder mittelbar einzuleiten;[5])

3. den Wasserspiegel zu senken oder zu heben,[6]) namentlich durch Hemmung des Wasserablaufs eine dauernde Ansammlung von Wasser herbeizuführen.

Ent. § 40; B. 84; KB.A. 62.

[1]) Das Recht des Eigentümers eines Wasserlaufs zu dessen Benutzung ist der Ausfluß seines Eigentums am Wasserlauf. Dieses Eigentum ist nach dem Gesetze ein privatrechtliches im Sinne des BGB. (vgl. Vorbem. vor § 7). Dem Eigentümer steht deshalb grundsätzlich jede Art der Benutzung des Wasserlaufs, d. h. also sowohl des Bettes wie des darin befindlichen Wassers frei, soweit das Gesetz ihn nicht in der Ausübung dieses Rechtes beschränkt. Das Recht des Eigentümers beschränkt sich nicht auf den Ge- und Verbrauch des Wassers für die Ufergrundstücke, sondern es steht ihm eine Benutzung für alle seine Zwecke frei (vgl. § 43 Abs. 1 Satz 1). Er kann auch seine Benutzungsrechte innerhalb ihrer gesetzlichen Grenzen an Dritte gegen Entgelt oder kostenlos abtreten. Das Gesetz gibt keine nähere Definition dieses Eigentumsrechtes. Es beschränkt sich im Abs. 1 auf die Feststellung, daß dem Eigentümer als solchen das Recht zusteht, den Wasserlauf zu benutzen. Bezüglich dreier Benutzungsarten, und zwar der in erster Linie und am häufigsten in Betracht kommenden, sieht das Gesetz jedoch erhebliche Beschränkungen des Eigentümers vor. Mit der Benennung dieser drei Benutzungsarten soll nicht etwa eine erschöpfende Aufzählung der dem Eigentümer zustehenden einzelnen Befugnisse gegeben werden, vielmehr greift das Gesetz lediglich diese drei Arten aus dem Kreis der gesamten Befugnisse heraus, um bezüglich dieser Sondervorschriften zu geben. Neben den drei genannten Benutzungsarten kommen als Befugnisse des Wasserlaufeigentümers unter anderem in Betracht die Entnahme von Steinen, Sand, Schlamm, Erde, Eis, Rohr, Schilf, überhaupt aller im Wasserlauf befindlichen Materialien; ferner das Recht, Anlegestellen oder ähnliche Anlagen für die Zwecke der eigenen Haushaltung und Wirtschaft am Wasserlauf anzulegen (vgl. dagegen §§ 22, 46 Nr. 3 und § 333). Zu den speziell für den Eigentümergebrauch in §§ 41–45 vorgesehenen Beschrän-

kungen treten die allgemeinen Bestimmungen der §§ 19—23, denen der Eigentümer gleichfalls unterworfen ist.

[2]) „Gebrauchen und verbrauchen". Es fällt darunter jede nur mögliche Verwendung der Substanz des Wassers, jedoch mit der Beschränkung des § 43.

[3]) „Abzuleiten". Die Ableitung, und zwar sowohl die oberirdische wie unterirdische gehört zu den wichtigsten Eigentumsrechten. Sie kann erfolgen durch Rohrleitungen, Stichkanäle usw. Sie kann unmittelbar oder mittelbar erfolgen; mittelbar z. B. durch Ableitung aus einem Teich, der mit dem Wasserlauf in Verbindung steht. Auch die unterirdische Entnahme von Wasser aus dem Flußbett gehört zu den Rechten des Eigentümers. Dieselbe kann z. B. erfolgen durch die Anlage von Brunnen in der Nähe des Wasserlaufs, in welche das Wasser durch die durchlässigen Bodenschichten eintritt. Eine solche Wasserentnahme erfolgt jetzt vielfach zur Erlangung von Trinkwasser, wobei der Boden gleichsam als Filter benutzt wird. Auch eine derartige mittelbare unterirdische Wasserentnahme ist ein Recht des Eigentümers, unterliegt aber den Beschränkungen der §§ 41—45.

[4]) „Wasser oder andere flüssige Stoffe", nicht auch „schlammige", deren Einführung durch § 19 verboten ist (s. das Nähere Anm. 1 u. 2 zu § 19 und Anm. 1 zu § 23).

[5]) „Einzuleiten". Einleiten ist nicht identisch mit Einbringen. (Siehe Anm. 3 zu § 19.) Es gehört deshalb nicht hierher, z. B. wenn flüssige Stoffe in den Erdboden einsickern und von dort durch Vermittlung unterirdischer Wasseradern in den Wasserlauf eindringen. Unter Einleiten ist vielmehr zu verstehen die Zuführung mittels offener oder geschlossener Leitungen (Rohrleitungen oder Gräben) oder auch das Abfließenlassen über die Erdoberfläche (s. Begr. 85).

[6]) „Senken oder Heben des Wasserlaufs". Zu welchem Zwecke dieses erfolgt und durch welche Maßnahmen solche Veränderungen des Wasserlaufs herbeigeführt werden, ist gleichgültig (Begr. 85). Das Nähere über Veränderungen des Wasserlaufs s. in den Anmerkungen zu § 41.

**§ 41.** (1) Durch die Benutzung darf:

1. zum Nachteil anderer weder die Vorflut verändert[1]) noch das Wasser verunreinigt;[2])
2. der Wasserstand nicht derart verändert werden, daß andere in der Ausübung ihrer Rechte am Wasserlauf beeinträchtigt[3]) oder fremde Grundstücke beschädigt werden;[3])
3. die einem anderen obliegende Unterhaltung von Wasserläufen oder ihrer Ufer nicht erschwert werden.[4])

(2) Geringfügige Nachteile kommen nicht in Betracht.[2])

(3) Eine Veränderung des Wasserstandes (Abs. 1 Nr. 2), durch die der Grundwasserstand zum Nachteil anderer verändert wird, ist dann gestattet, wenn sie durch Einleitung von Wasser oder durch Senkung des Wasserspiegels zum Zwecke der gewöhnlichen Bodenentwässerung[6]) von Grundstücken bewirkt wird, für die der Wasserlauf der natürliche Vorfluter ist.[5])[7])

Ent. § 41; B. 85 ff.; KB.A. 63 ff.; L.H. 1015 ff.

[1]) „Zum Begriff der Vorflut" s. Anm. 11 zu § 1.

[2]) „Verunreinigung". Das Verbot der Verunreinigung bedeutet nicht, daß nur reines und klares Wasser eingeleitet werden darf, denn sonst hätte die Gestattung der Einleitung flüssiger Stoffe (§ 40 Nr. 2) keinen Sinn. Man kann darunter nur verstehen, daß keine schädliche, den Gemeingebrauch und die Rechte der übrigen Wasserlaufeigentümer erheblich beeinträchtigende Zuführung unreiner Flüssigkeiten erfolgen darf. Auch durch die nach dem Gemeinverbrauch (§ 25 Abs. 1 Satz 2) gestattete Zuführung von Abwässern aus Haushaltung und Wirtschaft findet stets eine gewisse Verunreinigung des Wassers statt. Der Eigentümer soll aber nicht schlechter gestellt sein wie der zum Gemeinverbrauch Berechtigte, vielmehr darf der Eigentümer auch durch eine Verunreinigung des Wasserlaufs sowohl den übrigen Wasserlaufseigentümern, wie

den zum Gemeinverbrauch Berechtigten „geringfügige Nachteile" zufügen (Abs. 2).

[3]) Grundsätzlich ist der Eigentümer berechtigt, den Wasserstand durch Aufstau, Einleitung von Wasser oder auf andere Art zu heben oder durch Ableitung, Vertiefung der Sohle oder dgl. zu senken. Durch § 41 Nr. 2 wird aber dieses Recht dahin beschränkt, daß durch eine derartige Benutzung seitens des Eigentümers andere in der Ausübung ihrer Rechte am Wasserlauf nicht beeinträchtigt werden dürfen. Es ist ihm jede Veränderung des Wasserstandes untersagt, durch welche fremde Grundstücke beeinträchtigt werden. Er darf also z. B. weder durch Hebung des Wasserspiegels eine Überschwemmung oder Versumpfung fremder Grundstücke herbeiführen, noch fremden Grundstücken nützliche Überflutungen bei Winter- oder Frühjahrshochwasser entziehen. Insbesondere ist ihm auch eine Veränderung des Grundwasserstandes, durch welche fremde Grundstücke trockengelegt, oder fremden Brunnen das Wasser entzogen wird, untersagt (s. jedoch unten Anm. 5).

[4]) Begrenzt sind die Rechte des Eigentümers auch durch die Verpflichtung der zum Unterhalt des Wasserlaufs und seiner Ufer Verpflichteten. Die Ausübung der Eigentümerrechte darf diese Unterhaltspflicht anderer nicht erschweren.

[5]) Die Beschränkung, die durch § 41 Nr. 2 dem Eigentümer auferlegt ist, erfährt zugunsten „der gewöhnlichen Bodenentwässerung" (Begriff s. Anm. 6) einen Vorbehalt. Abs. 3 gestattet dem Eigentümer eines Wasserlaufs die Einleitung von Wasser oder die Senkung des Wasserspiegels zum Zwecke der gewöhnlichen Bodenentwässerung derjenigen ihm gehörigen Grundstücke, für welche der Wasserlauf der natürliche Vorfluter ist. Durch eine derartige zum Zwecke der gewöhnlichen Bodenentwässerung vorgenommene Änderung des Grundwasserstandes, durch welche andere einen Nachteil haben, ist auch eine Entschädigungspflicht des Wasserlaufeigentümers nicht gegeben. Der Grundeigentümer darf also auf Grund seines Eigentumsrechts am Wasserlauf auf seinem eigenen Grund und Boden die Entwässerung seiner Grundstücke durch Veränderung des Wasserlaufs und eine damit zu-

sammenhängende Veränderung des Grundwasserstandes vornehmen, ohne daß gegen ihn ein Anspruch auf Unterlassung oder Schadensersatz gegeben ist, vorausgesetzt, daß der von ihm dazu benutzte Wasserlauf der natürliche Vorfluter der zu entwässernden Grundstücke ist (KB.A. 65 ff., jedoch abweichend S. 65 unten). Nicht zu Abs. 3 gehört der Fall, wenn ein fremder Wasserlauf benutzt oder neue Entwässerungszüge durch fremde Grundstücke geführt werden sollen (s. Anm. zu §§ 331 u. 332).

[6]) „Gewöhnliche Bodenentwässerung" ist „die Entwässerung, die zur wirtschaftlichen Benutzung eines Grundstücks nach den örtlichen Verhältnissen bei Grundstücken dieser Art gewöhnlich ist, bei landwirtschaftlich benutzten Grundstücken insbesondere die Entwässerung, die eine bessere Ausnutzung der Grundstücke in der bisherigen Kulturart mit den üblichen Mitteln (Drains, offene Gräben) bezweckt" (KB.A. 65).

Es könnten Zweifel entstehen, wann der Fall einer notwendigen „gewöhnlichen Bodenentwässerung" vorliegt, insbesondere z. B., ob man von gewöhnlicher Bodenentwässerung sprechen kann, wenn dieselbe notwendig wird infolge Senkungen, die durch Bergbaubetrieb auf einem Gelände eingetreten sind oder wenn ein Grundstücksbesitzer ein Grundstück ausgeziegelt hat und nun im ersteren Falle infolge Ansammlung von Tages- usw. Wasser, im letzteren Falle infolge des natürlichen Standes des Grundwassers eine Entwässerung vorzunehmen ist. Dazu ist folgendes zu bemerken:

Bei der Beratung des Entwurfs ist die Anschauung hervorgetreten (KB.A. 262), daß bei Entwässerungen, die aus solchen Gründen notwendig werden, von einer gewöhnlichen Bodenentwässerung nicht gesprochen werden könne. Das erscheint jedoch verfehlt. Das Gesetz sagt nichts davon, aus welcher Ursache eine solche Entwässerung notwendig geworden ist. Die Begründung führt aus, daß der Zweck dieser gewöhnlichen Bodenentwässerung der sein müsse, den auf oder in einem Grundstück enthaltenen Überschuß an Wasser zu entfernen, „um das Grundstück für die landwirtschaftliche Benutzung oder für die Bebauung verwendbar zu machen, und zwar in einem Umfang und in einer Weise, wie es bei Grundstücken der in Frage kommenden Art gewöhnlich ist" (Begr. 87). Der Ausdruck „gewöhnlich" soll sich also auf den Umfang und die Art und Weise der Entziehung des Wassers beziehen, nicht aber auf den Grund, aus dem sie notwendig geworden ist. Es fallen deshalb auch Entwässerungen unter den Begriff der „gewöhnlichen Bodenentwässerung", die durch Einwirkungen des Eigentümers selbst oder Dritter auf das Grundstück eine Entwässerung desselben notwendig machen.

[7]) Bezüglich der Wasserentziehung und Senkung des Wasserspiegels durch Bergbaubetrieb vgl. Anm. zu §§ 197 u. 396.

**§ 42.**[1]) Hat im bisherigen Geltungsbereiche des Privatflußgesetzes vom 28. Februar 1843 (Gesetzsamml. S. 41) bei dessen Verkündung (4. März 1843) an einem Wasserlaufe zweiter oder dritter Ordnung ein Triebwerk rechtmäßig bestanden, so darf ihm durch die Benutzung nicht das Wasser entzogen werden, das zum Betriebe der Anlage in dem damaligen Umfange notwendig ist. Bestand damals[2]) bereits auf Grund eines besonderen Titels das Recht zu einer Erweiterung des Betriebs, so darf ihm auch das zum Betriebe der Anlage in diesem erweiterten Umfange notwendige Wasser nicht entzogen werden.

Ent. § 42; B. 88; KB.A. 69; L.H. 1018 ff.

[1]) Das Privatflußgesetz vom Jahre 1843 enthält in den §§ 16 u. 17 Vorschriften zum Schutze bestehender Mühlenrechte, deren Aufrechterhaltung notwendig ist. Die Bestimmung des § 16 Abs. 1 zu a, die den Besitzern von Mühlen (und anderen Triebwerken), welche bei Publikation des Privatflußgesetzes rechtmäßig (rechtskräftig) bestanden haben, ein Widerspruchsrecht gegen eine Benutzung des Wasserlaufs gibt, „wenn dadurch ein auf spezielleren Rechtstiteln beruhendes Recht zur ausschließlichen Benutzung des ganzen Wassers oder eines bestimmten Teiles desselben ($^1/_3$, $^1/_4$ usw.) beeinträchtigt wird", ist bereits durch § 41 Nr. 2 er-

setzt, da die Schädigung des einem Müller (oder sonstigen Triebwerksbesitzer) zustehenden Rechtes am Wasserlauf in anderer Weise als durch Veränderung des Wasserstandes oberhalb oder unterhalb der Stauanlage nicht in Frage kommen kann. Der Inhalt des § 16 Abs. 1 zu b und des § 17 a. a. O. ist im § 42 wiedergegeben" (Begr. 88 zu § 42).

[2]) Durch die Fassung „bestand damals bereits" ist zum Ausdruck gebracht, daß es sich nur um solche Erweiterungen des Betriebs handelt, welche bereits durch einen vor dem 4. 3. 43 geschaffenen Titel zugelassen sind (KB.A. 69).

**§ 43.** (1) Gehört der Wasserlauf nach § 8 den Anliegern, so haben diese das aus ihm abgeleitete Wasser, das nicht auf ihren Ufergrundstücken und ihren dahinter liegenden Grundstücken, soweit sie zusammen eine wirtschaftliche Einheit bilden, verbraucht wird, in den Wasserlauf zurückzuleiten, bevor er auf der Seite, wo die Ableitung stattfindet, ein fremdes Ufergrundstück berührt.[1]) Gehören die gegenüberliegenden Ufergrundstücke verschiedenen Eigentümern, so ist jeder von beiden nur zur Ableitung der Hälfte des vorüberfließenden Wassers berechtigt.[2])

(2) Auch sind die Anlieger zum Rückstau über die Grenzen ihrer Ufergrundstücke hinaus nicht befugt.[3])

Ent. § 43; B. 88 ff.; KB.A. 70.

[1]) Die Bestimmung stellt die schon nach früherem Recht bestehende Pflicht des Eigentümers fest, das auf Grund seines Eigentumsrechts aus dem Wasserlauf abgeleitete Wasser in denselben wieder zurückzuführen, bevor der Wasserlauf das fremde angrenzende Nachbarufergrundstück berührt. Die Anwendung des Wortes „verbraucht" stellt klar, daß der Eigentümer nicht nur zum Gebrauch, sondern auch zum Verbrauch des abgeleiteten Wassers befugt ist und nur das nicht verbrauchte Wasser zurückleiten muß. Der Verbrauch ist nicht beschränkt auf das Ufergrundstück selbst,

sondern auch ausgedehnt auf die dahinterliegenden, mit dem Ufergrundstück eine wirtschaftliche Einheit bildenden, dem Anlieger gehörigen Grundstücke.

Die Beschränkung des § 41 wird durch dieses Recht nicht aufgehoben. Es dürfen daher durch die Ableitung die im § 41 untersagten Nachteile nicht herbeigeführt werden.

[2]) „Hälfte des vorüberfließenden Wassers". Darunter ist die Hälfte desjenigen Wassers zu verstehen, das jeweilig zwischen den beiderseitigen Ufern dahinfließt (Begr. 89; vgl. im übrigen Obertribunal-Plenarbeschl. v. 16. 1. 54, Entsch. **27** 23 und StriethArch. **12** 337; Entsch. v. 14. 10. 76, StriethArch. **96** 221; RG. **49** 85). Vgl. auch Anm. 3 zu § 44.

[3]) Die Bestimmung des Abs. 2 fällt schon unter das Verbot des § 41. Es wird durch Abs. 2 aber festgestellt, daß dem durch den Rückstau Benachteiligten, auch wenn er keinen direkten Schaden hat oder nachweisen kann, doch der negatorische Anspruch auf Unterlassung zusteht. Außerdem kann die Wasserpolizeibehörde auf Grund des § 21 einschreiten.

**§ 44.** Sind die Eigentümer[1]) mehrerer aneinander grenzender Teile eines Wasserlaufs über die Ausübung der ihnen zustehenden Benutzungsrechte einig[2]) oder zwecks solcher Ausübung zu einer Gemeinschaft vereinigt,[3]) so gelten ihre Grundstücke hinsichtlich der Zulässigkeit der Ausübung als ein einziges Grundstück.

Ent. § 44; B. 89 ff.; KB.A. 70.

[1]) Eigentümer im Sinne des § 44 sind nicht nur die Anlieger-Eigentümer, sondern jeder Eigentümer eines Wasserlaufs. § 44 findet deshalb Anwendung auch bei solchen Wasserläufen, die nicht oder nur teilweise im Eigentum der Anlieger stehen (Begr. S. 89/90).

[2]) Die Bestimmung gilt für alle Fälle, in denen sich mehrere Wasserlaufeigentümer über die Ausübung ihrer Rechte bei Benutzung des Wasserlaufs einigen. Eine besondere Anlage zur

Benutzung des Wasserlaufs ist, abweichend vom früheren Recht, nicht erforderlich.

[3]) „Zu einer Gemeinschaft vereinigen", also z. B. zu einer Wassergenossenschaft oder einer Gemeinschaft im Sinne des Gesetzes, betreffend die durch ein Auseinandersetzungsverfahren begründeten gemeinschaftlichen Angelegenheiten, v. 2. 4. 87. Gemeinschaft im Sinne des § 44 ist auch die Realgemeinde (KB.A. 77). Es gilt dann das ganze, zu einer solchen Gemeinschaft gehörende Gebiet hinsichtlich der Benutzung des Wasserlaufs als ein einziges Grundstück. Von Bedeutung ist dies besonders mit Rücksicht auf die Bestimmung des § 43 Abs. 1 Satz 2.

**§ 45.** In den Fällen des § 3 Abs. 2, der §§ 10, 11, des § 32 Abs. 1, der §§ 50, 51, des § 82 Abs. 1, der §§ 156, 157, des § 200 Abs. 1 Nr. 3 und des § 331 Abs. 1 ist für die dem Eigentümer entzogene oder beeinträchtigte Möglichkeit, den Wasserlauf in einer der im § 40 Abs. 2 bezeichneten Arten zu benutzen, insoweit Entschädigung zu gewähren, als die Billigkeit nach den Umständen eine Schadloshaltung erfordert. Soweit es sich um den Ersatz entgangenen Gewinns handelt, ist der § 252 des Bürgerlichen Gesetzbuchs anzuwenden.

Ent. § 45; B. 90; KB.A. 70; L. II 8082; KB.H. 29; L.H. 1019 ff.

Die Vorschrift entscheidet die Frage, ob der Eigentümer eines Wasserlaufs für Maßnahmen, welche auf Grund der im § 45 genannten Gesetzbestimmungen ausgeführt werden, auch dann eine Entschädigung beanspruchen kann, wenn er von seinem Recht, den Wasserlauf gemäß § 40 zu benutzen, noch keinen Gebrauch gemacht hat und dieses ihm an sich zustehende Recht durch die fraglichen Maßnahmen in Zukunft beeinträchtigt oder ganz unmöglich gemacht wird. An und für sich steht dem Eigentümer kraft seines Eigentumsrechts ein Widerspruchsrecht und demgemäß ein klagbarer Anspruch zu gegen jegliche Eingriffe und Einschränkungen der ihm auf Grund des § 40 zustehenden Benutzungsbefugnisse. Der § 45 versagt nun dem Eigentümer für das abstrakte, noch nicht ausgeübte Wassernutzungsrecht einen Entschädigungsanspruch in unbeschränktem Maße, wenn auf Grund der im § 45 zitierten Vorschriften ein Eingriff in dieses Wassernutzungsrecht erfolgt. Das Gesetz gewährt also dem Eigentümer nicht schlechthin einen Schadensersatzanspruch für die Beeinträchtigung oder Entziehung des von ihm bisher nicht ausgeübten Wassernutzungsrechts, gibt ihm vielmehr nur einen Entschädigungsanspruch, welcher „nach den Umständen jedes einzelnen Falles nach Billigkeitsrücksichten zu bemessen ist" (KB.A. 73). Bezüglich des entgangenen Gewinns verweist das Gesetz auf § 252 BGB. Keine Berücksichtigung darf also bei der Bemessung der Entschädigung ähnlich wie nach § 150 ABG. und § 13 EG. eine Rechtsausübung finden, welche lediglich den Zweck verfolgt, Ansprüche geltend zu machen. Nach § 252 BGB. handelt es sich nicht um rein abstrakte Gewinnmöglichkeiten, sondern nach seiner Fassung kommen als entschädigungspflichtig nur konkrete Gewinnmöglichkeiten in Betracht. Das ist auch für den Entschädigungsanspruch des Wasserlaufseigentümers maßgebend. Dagegen wird bei der Entschädigung der volle Minderwert zu berücksichtigen sein, welcher dem Grundstück z. B. durch Entziehung oder Beschränkung des Wassernutzungsrechts bei seiner allgemeinen Bewertung im Verkaufsverkehr erwächst.

## IV. Verleihung.

### Vorbemerkung.

Die Verleihung ist ein öffentlich-rechtlicher Akt, durch welchen dem Antragsteller für ein bestimmtes Unternehmen ein besonderes Privatrecht gegeben wird, welches ihn zur Benutzung eines Wasserlaufs in den im § 46 unter Nr. 1—4 näher bezeichneten Arten berechtigt. Der Zweck der Verleihung ist, den Antragsteller von den Beschränkungen bei der Benutzung des Wasserlaufs zu befreien, welchen der Eigentümer gemäß §§ 41—44 unterworfen ist. Von den Beschränkungen der §§ 19—23 tritt aber durch die Verleihung eine Befreiung nicht ein, ebenso wie entgegenstehende überwiegende

Interessen des öffentlichen Wohles nach wie vor in erster Linie zu berücksichtigen sind. Die Verleihung ist deshalb von Bedeutung sowohl für den Eigentümer, wie auch für den Nichteigentümer eines Wasserlaufs und zwar für den Eigentümer zwecks Sicherung oder Erweiterung seiner Rechte, für den Nichteigentümer zwecks Erwerb der einem Eigentümer nach § 46 Abs. 2 zustehenden Rechte. Innerhalb der dem Beliehenen durch den Verleihungsbeschluß und §§ 19—23 gesetzten Grenzen ist er gegen jede Beeinträchtigung seines Rechts geschützt. Das verliehene Recht ist im Rechtswege verfolgbar. Auch genießt er selbst den Schutz der §§ 19—23. Die Verleihung ist jedem zugänglich, dem die Benutzung, zu der das Recht nachgesucht wird, nicht schon nach den Bestimmungen über den Gemeingebrauch gestattet ist oder dem das Recht nicht bereits nach den sonstigen Vorschriften des Gesetzes zusteht (Begr. 21 Abs. 1). Die Verleihung hat aber nicht nur privatrechtliche, sondern auch öffentlichrechtliche Wirkungen insofern, als in dem Verleihungsverfahren außer den Beziehungen des zu begründenden Rechts zu den besonderen Privatinteressen anderer auch die Forderungen des öffentlichen Wohles und die polizeilichen Gesichtspunkte abschließend berücksichtigt werden (Begr. 21 Abs. 2). Die Verleihung von Rechten ist an Wasserläufen aller Ordnungen und aller Kategorien möglich, also sowohl an natürlichen wie künstlichen Wasserläufen. Bei künstlichen Wasserläufen hat aber der Eigentümer desselben ein absolutes Widerspruchsrecht, dem gegenüber eine Verleihung unbedingt zu versagen ist (§ 49 Abs. 2). Ein beschränktes Widerspruchsrecht steht auch bei den natürlichen Wasserläufen I. Ordnung dem Staat zu (§ 49 Abs. 4).

Der Entwurf sah auch die Möglichkeit einer Verleihung „unter Bedingungen" vor. Dies ist von der Kommission und im Plenum des Abgeordnetenhauses gestrichen. Trotzdem spricht das Gesetz wiederholt davon, daß die Verleihung von Bedingungen abhängig gemacht werden könne, so insbesondere in den §§ 49 Abs. 1 u. 4, 50, 56 Abs. 1, 57, 58 Abs. 1 u. 2. Unter diesen im Gesetze genannten Bedingungen sind keine Bedingungen im Sinne des bürgerlichen Rechts zu verstehen, denn eine Bedingung im letzteren Sinn ist stets ein Umstand, welcher in einem zukünftigen, ungewissen Ereignis besteht. Die Bestimmungen der §§ 158 ff. BGB. sind deshalb auch nicht anwendbar. Das, was das Gesetz als Bedingung bezeichnet, ist in Wirklichkeit nichts anderes, als eine fest umschriebene Beschränkung des Inhalts des verliehenen Rechts. Jedenfalls steht aber durch die Fassung des Gesetzes (im Gegensatz zum Entwurf) zweifelfrei fest, daß die Verleihung nicht mit anderen als den im Gesetz ausdrücklich genannten und zugelassenen Bedingungen, Auflagen oder Beschränkungen belastet werden darf.

**§ 46.** (1) Durch Verleihung können an Wasserläufen folgende Rechte erworben werden:

1. den Wasserlauf in einer der im § 40 Abs. 2 bezeichneten Arten zu benutzen;[1])
2. Häfen und Stichkanäle anzulegen, letztere soweit sie nicht selbständige Wasserstraßen bilden;[2])
3. Anlegestellen mit baulichen Vorrichtungen von größerer Bedeutung herzustellen;[3])
4. kommunale oder gemeinnützige Badeanstalten anzulegen.[4])

(2) Eine Verleihung wird nicht erteilt, wenn sich diese Rechte aus anderen gesetzlichen Vorschriften ergeben oder wenn die Benutzung nach den Vorschriften über den Gemeingebrauch gestattet ist.[5])

(3) Die Verleihung kann auf Antrag in der Weise erteilt werden, daß das Recht mit dem Eigentum an einem Grundstücke verbunden wird.[6])

Ent. § 46; B. 20 ff., 91; KB.A. 74 ff., 77 ff.; L. II 8084—8127; KB.H. 29 ff.

[1]) Die durch Verleihung zu erwerbenden Rechte sind im § 46 erschöpfend aufgezählt. Nach der Fassung der Nr. 1 kann eine Verleihung der im § 40 Abs. 2 aufgeführten drei Benutzungsarten gegeben werden, ohne daß diese den Beschränkungen der

§§ 41—45 unterworfen sind. Es folgt daraus, daß auch der Eigentümer, um von den Beschränkungen der §§ 41—45 befreit zu werden, sich der Verleihung bedienen muß. Eine Verleihung der übrigen dem Eigentümer nach § 40 Abs. 1 zustehenden Benutzungsarten an einen Nichteigentümer ist nicht zulässig. Wer als Nichteigentümer das Recht zur Ausübung dieser übrigen weniger wichtigen Eigentümerrechte erwerben will, kann dies nur durch Vereinbarung mit dem Eigentümer. In diese Benutzungsarten kann also im Wege der Verleihung nicht eingegriffen werden. Natürlich kann der Eigentümer einem Dritten nicht mehr Rechte einräumen, als er selbst besitzt.

[2]) Die in Ziff. 2 genannte Anlegung von Häfen und Stichkanälen ist ein dem Eigentümer als solchem nicht zustehendes Gebrauchsrecht.

[3]) „Anlegestellen". Das Recht zu ihrer Errichtung muß im Wege der Verleihung erworben werden, wenn für ihre Zwecke bauliche Vorrichtungen von größerer Bedeutung notwendig sind. Wann dies der Fall, ist Tatfrage. Es wird durchweg stets der Fall sein, wenn es sich um Anlegestellen für dem öffentlichen Verkehr dienende Boote handelt. Die Duldung kleinerer Anlagen für Zwecke der eigenen Haushaltung und Wirtschaft (also Treppen, Brücken, Bootshäuser, Wascheinrichtungen — nicht aber zu Erwerbszwecken dienende Wäschereien — Haltpfähle usw.) kann der Eigentümer oder Nutzungsberechtigte eines Ufergrundstücks gemäß § 333 vom Wasserlaufseigentümer verlangen (vgl. Näheres Anm. zu § 333).

[4]) Es handelt sich nur um kommunale, öffentliche oder gemeinnützige Badeanstalten, nicht aber um solche, welche für die Zwecke der eigenen Familie, der eigenen Haushaltung oder der eigenen Wirtschaft angelegt werden. Für die Anlegung dieser letzteren bedarf es der Verleihung nicht. Ihre Anlegung gehört zu den dem Eigentümer nach § 41 Abs. 1 zustehenden allgemeinen Rechten, bedarf aber bei Wasserläufen II. Ordnung der Genehmigung der Wasserpolizeibehörde und, falls eine diesbezügliche Polizeiverordnung besteht, auch bei natürlichen Wasserläufen III. Ordnung (vgl. § 22).

5) Aus dieser Bestimmung folgt, daß die dem Eigentümer kraft Gesetzes zustehenden Gebrauchsrechte niemals durch Verleihung von einem anderen erworben werden können. Derjenige, welcher derartige Eigentümerrechte erwerben will, ist auf den Weg der freien Vereinbarung mit dem Eigentümer beschränkt und kann die dem Eigentümer zustehenden Rechte durch Einräumung eines dinglichen oder obligatorischen Rechts seitens des Eigentümers erwerben. Wieweit das auf diesem Wege erworbene Recht geht, ergibt sich aus den gesetzlichen Bestimmungen. Vor allen Dingen kann der Eigentümer vertraglich nicht mehr Rechte übertragen, als ihm gesetzlich zustehen.

Soweit das Recht zur Benutzung eines Wasserlaufs seitens des Eigentümers beim Inkrafttreten des Gesetzes über das im § 40 festgelegte Maß hinaus besteht, und diese Rechte nach §§ 379 bis 381 aufrecht erhalten werden, können auch sie im Wege der freien Vereinbarung vom Eigentümer auf einen Dritten übertragen werden. Auch für solche bestehende und aufrecht erhaltene, weitergehende Rechte ist die Verleihung überhaupt nicht zulässig. Dasselbe gilt von denjenigen Rechten, welche auf Grund eines besonderen Verfahrens bereits erworben sind oder in Zukunft erworben werden.

Durch die Verleihung können auch solche Rechte nicht erworben werden, welche im Gemeingebrauch ihren Ursprung haben. Wohl aber können Rechte über den Gemeingebrauch hinaus durch Verleihung erworben werden, sofern sie nicht schon auf Grund des Eigentümergebrauchs bestehen und vom Eigentümer erworben werden können.

6) Ein so verliehenes Recht ist auf Antrag auf dem Grundbuchblatt des Grundstücks zu vermerken (§ 81 Abs. 2 Satz 2). Übergangsbestimmungen §§ 379, 380.

**§ 47.** (1) Die Verleihung darf nur aus den in diesem Gesetze bezeichneten Gründen versagt werden.[1])

(2) Sie kann dauernd oder auf Zeit erteilt werden.[2])

(3) Ist von der beabsichtigten Benutzung eine Verunreini-

gung des Wasserlaufs zu erwarten, so darf die Verleihung nur unter Vorbehalt erhöhter Anforderungen in bezug auf Reinigung der Abwässer erteilt werden.[3])

(4) Wird die Verleihung auf Zeit erteilt, so kann der Unternehmer die Verlängerung der Verleihung mit den inzwischen erforderlich gewordenen Veränderungen beanspruchen,[4])[5]) soweit nicht überwiegende Rücksichten des öffentlichen Wohles oder Rücksichten von überwiegender wirtschaftlicher Bedeutung entgegenstehen.

Ent. § 47; B. 91 ff.; KB.A. 81 ff.; L. II 8133, 8135 ff.; L. III 8542; KB.H. 31.

[1]) Nach § 47 muß die Verleihung jedem gewährt werden, wenn die für die Verleihung im Gesetze festgesetzten Voraussetzungen gegeben sind und wenn nicht einer der Gründe vorliegt, welche im Wassergesetz selbst als Versagungsgründe genannt sind. Die Fälle, in denen sie versagt werden kann oder muß, ergeben sich aus § 48, § 49 Abs. 1 u. 2, § 50 Abs. 2 Satz 1, § 61, § 62. Gegen den die Verleihung versagenden Beschluß ist Beschwerde binnen zwei Wochen beim Landeswasseramt zulässig (vgl. § 76). Außer den vorangeführten Fällen kann aber die Verleihung in zahlreichen weiteren Fällen von der Erfüllung gewisser Bedingungen abhängig gemacht werden, ev. auch von ministerieller Genehmigung, falls der Verleihung private Interessen oder Rücksichten des öffentlichen Wohles entgegenstehen und diese Bedenken durch Erfüllung gewisser Bedingungen ausgeräumt oder vermindert werden können. Hier kommen vorwiegend in Betracht die §§ 47 Abs. 3, 49 Abs. 1, 3, 4, §§ 50, 51, 56, 57, 58. Auch kann nach § 59 vom Unternehmer die Stellung einer Sicherheit verlangt werden. Das Nähere hierzu siehe bei den einzelnen Paragraphen. Über die rechtliche Bedeutung dieser „Bedingungen" siehe Vorbemerkung vor § 46.

[2]) „Dauernd oder auf Zeit". Auf Zeit ist nicht gleichbedeutend mit „auf Widerruf", im Gegenteil ist die Erteilung der Verleihung auf Widerruf ausdrücklich in den Kommissionsverhandlungen bekämpft und sind diesbezügliche Anträge abgelehnt worden. Die

Verleihung auf Zeit hat daher die Bedeutung, daß innerhalb der festgesetzten Zeit der Unternehmer gegen alle Eingriffe und Veränderungen geschützt ist, daß ihm vor allen Dingen auch die Verleihung vor Ablauf dieser Zeit nicht wieder genommen werden kann, mit Ausnahme der in den §§ 84 u. 85 festgestellten Fälle, d. h. vor allen Dingen, wenn die Ausübung des verliehenen Rechts überwiegende Nachteile oder Gefahren für das öffentliche Wohl mit sich bringt (§ 84 Abs. 1), oder wenn in der Person des Unternehmers oder in dem Unternehmen selbst die im § 85 genannten Gründe vorliegen. Das Nähere siehe in den Anmerkungen zu §§ 84 u. 85.

Ein Zeitraum für die Verleihung ist im Gesetze nicht gegeben. Bei den Verhandlungen in der Kommission und im Plenum ist jedoch zum Ausdruck gebracht, daß in der Regel die Verleihung nicht dauernd, sondern nur auf Zeit erteilt werden solle.

[3]) Nach Abs. 3 muß dem Unternehmer in Fällen, in denen durch die Ausübung des verliehenen Rechts eine größere Verunreinigung des Wasserlaufs, sei es direkt oder indirekt, zu erwarten ist, die Verpflichtung auferlegt werden, auf die Reinigung der Abwässer erhöhte Sorgfalt zu verwenden. Es kann deshalb von ihm, je nach dem Stand der Technik, die Anlegung gewisser Klär- oder Reinigungsanlagen verlangt werden. Die Vorschrift deckt sich im wesentlichen mit der Bestimmung des § 50 Abs. 1.

[4]) „Beanspruchen". Mit dem Ablauf der in der Verleihungsurkunde festgesetzten Zeit erlischt das verliehene Recht ipso jure. Es bedarf deshalb eines neuen Antrags auf Verleihung des bisher ausgeübten Rechts. Abs. 4 gibt dem Unternehmer einen Anspruch auf eine solche Verlängerung der Verleihung, ohne auch hier nähere Bestimmungen über die Dauer zu treffen. Dieser Anspruch auf Verlängerung besteht jedoch nur dann, wenn der Verlängerung nicht Interessen des öffentlichen Wohls (Begriff s. § 19 Anm. 9) oder überwiegende privatwirtschaftliche Interessen entgegenstehen und wenn außerdem der Unternehmer sich den von der Verleihungsbehörde als notwendig erachteten, „inzwischen erforderlich gewordenen Veränderungen" unterwirft. Was unter den „inzwischen erforderlich gewordenen Veränderungen" zu verstehen

ist, ist bereits in der Kommission und im Plenum des Abgeordnetenhauses streitig gewesen. Als Zweck und Sinn dieser Bestimmung erscheint folgendes:

Der Gesetzgeber hat dem Unternehmer nicht einen Anspruch darauf geben wollen, das verliehene Recht, wie es ursprünglich unter Berücksichtigung der damaligen technischen und wirtschaftlichen Verhältnisse verliehen war, nach Ablauf der Verleihungsperiode in dem ursprünglichen Umfange und der ursprünglichen Weise wieder verliehen zu erhalten. Vielmehr sollen, wenn z. B. in der Zwischenzeit durch veränderte wirtschaftliche Verhältnisse oder die Fortschritte der Technik erhebliche Verbesserungen möglich oder wünschenswert geworden sind, und der Unternehmer derartige Veränderungen oder Verbesserungen ohne übermäßige finanzielle Belastung seines Unternehmens ausführen kann, ihm solche Veränderungen oder Verbesserungen als Bedingung auferlegt werden können (vgl. L. II 8133 ff.).

Ob unter diesen Veränderungen auch solche zu verstehen sind, welche durch verliehene jüngere Rechte am Wasserlauf hervorgerufen sind, ob also auf die Ansprüche auf Wasserbenutzung Rücksicht genommen werden muß, die jüngeren Datums sind, als das Recht, dessen Verlängerung beantragt wird, ist nicht zweifelsfrei. Bei der II. Lesung im Plenum ist von einem Mitglied der Kommission der Standpunkt vertreten, daß nach Ansicht der Kommission „das verliehene Recht, welches verlängert wird, als das der Zeit nach ältere, unbedingt dem jüngeren verliehenen Rechte vorzugehen hat" (L. II 8134; L. III 8542).

[5]) Die Verlängerung der Verleihung erfordert einen Antrag und einen neuen Verleihungsbeschluß. Auch wird eine Wiederholung des gesamten Verfahrens, wie es in den §§ 63 ff. geordnet ist, notwendig sein. Auf die neue Verleihungsurkunde finden die Bestimmungen des § 80 unbeschränkt Anwendung.

**§ 48.** Die Verleihung darf nur für ein Unternehmen erteilt werden, dem ein bestimmter Plan zugrunde liegt.

Ent. § 48; B. 93.

Die Bestimmung verfolgt einen doppelten Zweck. Einmal soll sie verhindern, daß der Antragsteller gleichsam auf Vorrat oder zu Spekulationszwecken die Verleihung beantragt, ohne die Ausnutzung der Verleihung für ein bestimmtes Unternehmen im Augenblick oder doch wenigstens in absehbarer Zeit zu beabsichtigen. Der gleichen Tendenz dient die Bestimmung des § 60. Weiter bezweckt der § 48, der Verleihungsbehörde die notwendigen Unterlagen für eine zuverlässige Beurteilung des Unternehmens, seiner Bedeutung, seines Wasserbedarfs und seiner voraussichtlichen Einwirkung auf die Verhältnisse des Wasserlaufs zu geben (Begr. 93).

**§ 49.** (1) Soweit der beabsichtigten Benutzung des Wasserlaufs überwiegende Rücksichten des öffentlichen Wohles[1]) entgegenstehen, ist die Verleihung zu versagen oder nur unter Bedingungen zu erteilen, durch welche die Rücksichten gewahrt werden. Solche Rücksichten sind insbesondere auch dann für gegeben zu erachten, wenn ein in Angriff genommener oder in Aussicht stehender Ausbau des Wasserlaufs durch die beabsichtigte Benutzung gehindert oder wesentlich erschwert werden würde.[2])

(2) Bei Seen, aus denen nur natürliche Wasserläufe zweiter oder dritter Ordnung abfließen, sowie bei künstlichen Wasserläufen und bei den durch Talsperren (§ 106) gebildeten Sammelbecken ist die Verleihung ferner zu versagen, wenn der Eigentümer des Sees oder des künstlichen Wasserlaufs oder der Unternehmer der Talsperre der Verleihung widerspricht.[3])

(3) Widerspricht bei natürlichen Wasserläufen zweiter oder dritter Ordnung die Wasserpolizeibehörde der Verleihung, weil durch die Ausübung des verliehenen Rechtes die Wirkung einer aus Gründen des öffentlichen Wohles errichteten Talsperre (§ 106) wesentlich beeinträchtigt werden würde, so darf die Verleihung nur mit Zustimmung des Ministers für

Landwirtschaft, Domänen und Forsten oder unter den von ihm im öffentlichen Interesse gestellten besonderen Bedingungen erteilt werden.[4])

(4) Widerspricht bei natürlichen Wasserläufen erster Ordnung, die in der Anlage besonders bezeichnet sind, die Wasserpolizeibehörde der Verleihung, weil der beabsichtigten Benutzung überwiegende Rücksichten des öffentlichen Wohles entgegenstehen (Abs. 1), so darf die Verleihung nur mit Zustimmung der Minister für Handel und Gewerbe und der öffentlichen Arbeiten oder unter den von ihnen aus solchen Rücksichten gestellten Bedingungen erfolgen. Die Erklärung ist mit Gründen zu versehen.[5])

Ent. § 49; B. 93; KB.A. 84; L. II 8089—8127; L. III 8543 ff.; KB.H. 32 ff.; L.H. 1022.

[1]) „Öffentliches Wohl" (Begriff s. § 19 Anm. 9).

Die einer beantragten Verleihung etwa entgegenstehenden Rücksichten des öffentlichen Wohles bilden einen Grund zu Versagung der Verleihung, wenn nicht diese Rücksichten durch irgend welche Maßregeln gewahrt werden können. Ist dies nicht möglich, so muß die Verleihung versagt werden. Sind sie aber möglich, so darf die Verleihung nur gegeben werden, wenn gleichzeitig dem Unternehmer die notwendigen Beschränkungen auferlegt werden, und zwar müssen dieselben nach § 72 Nr. 2 in den Verleihungsbeschluß aufgenommen werden. Die Beifügung solcher das verliehene Recht beschränkenden Bestimmungen hat den Zweck, die weitgehenden Rechtswirkungen der Verleihung im Interesse des öffentlichen Wohles einzuschränken.

Der Gesetzgeber hat dabei insbesondere künftige, aus Gründen des Gemeinwohls gebotene Veränderungen des Wasserlaufs im Auge gehabt (vgl. KB.A. 89 ff.; L. II 8119 ff.).

[2]) Die Bestimmungen des Abs. 1 Satz 2 bedeuten eine Einschränkung des Abs. 1 Satz 1. An und für sich würde ein vielleicht schon angeregter, aber noch in weiter Ferne liegender Ausbau des betreffenden Wasserlaufs nach Satz 1 einen Grund zur Ver-

sagung der Verleihung abgeben können, wenn dieser Ausbau des Wasserlaufs als im Interesse des öffentlichen Wohles stehend zu bezeichnen wäre und durch die beabsichtigte Benutzung entweder behindert oder wesentlich erschwert würde. Der Satz 2 will verhindern, daß die Verleihungsbehörden „aus übermäßig großer Vorsicht und aus übermäßig großer Vorsorge, irgend eine Verleihung könne mal einem vielleicht in weiter Ferne liegenden Ausbau hinderlich werden oder zu großen Entschädigungen führen, eine solche Verleihung von vornherein untersagen und überwiegende Gründe des öffentlichen Wohles ohne weiteres statuieren und dadurch zweckmäßige Verleihungen erschweren oder unmöglich machen" (L. II 8120). Die Bestimmung hat auch Bedeutung wegen der Entschädigungsansprüche, wie sie im § 157 gegeben sind.

[3]) Bei den im Abs. 3 genannten Gewässern hat der Eigentümer bzw. Unternehmer ein unbedingtes Vetorecht. Selbst eine eventuelle wirtschaftlich überwiegende Bedeutung des beabsichtigten Unternehmens kann dieses Vetorecht des Eigentümers nicht beseitigen.

[4]) In Wasserläufen II. und III. Ordnung errichtete Talsperren genießen mit Rücksicht auf ihre volkswirtschaftliche und dem öffentlichen Wohle dienende Zweckbestimmung einen besonderen Schutz, indem das Gesetz für die Verleihung von Rechten an solchen Wasserläufen die ausdrückliche Genehmigung des Ministers für Landwirtschaft, Domänen und Forsten verlangt. Der Minister kann die Genehmigung abhängig machen von der Erfüllung besonderer Bedingungen, welche er (nicht die Verleihungsbehörde) im öffentlichen Interesse für den einzelnen Fall aufstellt.

[5]) Bei natürlichen Wasserläufen I. Ordnung, welche in dem Verzeichnis dieser Wasserläufe mit einem Stern (*) bezeichnet sind, ist dem Minister für Handel und Gewerbe und der öffentlichen Arbeiten ein unbedingtes Vetorecht gegeben, wenn der beabsichtigten Benutzung überwiegende Interessen des öffentlichen Wohles entgegenstehen. Er kann aber bestimmte Bedingungen aufstellen, unter welchen die Verleihung erfolgen kann. Die Bestimmung des Abs. 4 ist hervorgegangen aus dem vom Staate

beanspruchten, ihm aber nicht konzedierten Recht, bei natürlichen Wasserläufen I. Ordnung das Verleihungsrecht selbständig, unter Ausschaltung der sonstigen Verleihungsbehörden auszuüben. Zu einer größtmöglichsten Sicherung des öffentlichen Wohles ist aber den genannten Ministerien dieses Vetorecht gegeben. Es ist kein so unbedingtes Vetorecht, wie es der Abs. 2 dem Eigentümer eines künstlichen Wasserlaufs gibt.

**§ 50.**[1]) (1) Sind von der beabsichtigten Benutzung des Wasserlaufs nachteilige Wirkungen zu erwarten, durch die das Recht eines anderen beeinträchtigt[2]) werden würde, und lassen sie sich durch Einrichtungen verhüten, die mit dem Unternehmen vereinbar und wirtschaftlich gerechtfertigt sind, so ist die Verleihung nur unter der Bedingung zu erteilen,[3]) daß der Unternehmer diese Einrichtungen trifft. Auch ist ihm deren Unterhaltung aufzuerlegen, soweit diese Unterhaltungslast über den Umfang einer bestehenden Verpflichtung zur Unterhaltung vorhandener, demselben Zwecke dienender Einrichtungen hinausgeht.[4]) Bei nachteiligen Wirkungen der im § 41 Abs. 1, 2 bezeichneten Art gelten diese Vorschriften, auch wenn dadurch ein Recht nicht beeinträchtigt wird.[5])

(2) Sind solche Einrichtungen nicht möglich, so ist die Verleihung zu versagen, wenn derjenige, der von der nachteiligen Wirkung betroffen werden würde, der Verleihung widerspricht. Dies gilt jedoch nicht, wenn einerseits das Unternehmen anders nicht zweckmäßig oder doch nur mit erheblichen Mehrkosten durchgeführt werden kann, andererseits der daraus zu erwartende Nutzen den Schaden des Widersprechenden erheblich übersteigt und, wenn diesem ein auf besonderem Titel beruhendes Recht zur Benutzung des Wasserlaufs zusteht, außerdem Gründe des öffentlichen Wohles vorliegen; ein nach dem 1. Januar 1912 durch Rechtsgeschäft

**mit dem Eigentümer begründetes Recht kommt hierbei nicht in Betracht.**

**(3) Als nachteilige Wirkung gilt nicht die Veränderung des Grundwasserstandes, wenn sie durch Einleitung von Wasser oder durch Senkung des Wasserspiegels zum Zwecke der gewöhnlichen Bodenentwässerung von Grundstücken bewirkt wird, für die der Wasserlauf der natürliche Vorfluter ist.**[6])

Ent. § 50; B. 94; KB.A. 93 ff.

[1]) Die nach § 50 dem Unternehmer aufzuerlegenden Verpflichtungen sind öffentlich-rechtlicher Natur, die allerdings eine notwendige Einwirkung auf die zivilrechtliche Entschädigungsfrage haben müssen. Diese zivilrechtliche Entschädigungsfrage ist unabhängig im § 51 geregelt. Hieraus folgt, daß die Verpflichtungen des Unternehmers, die ihm im § 50 auferlegt sind, im Rechtswege nicht verfolgt werden können. Die öffentlich-rechtliche Anlagepflicht gemäß § 50 und die zivilrechtliche Entschädigungspflicht nach § 51 stehen an sich selbständig nebeneinander und berühren sich nicht. Es ist deshalb auch eine Erzwingbarkeit derartiger Anlagen, wenn sie durch die Verleihungsbehörde im Verleihungsbeschluß nicht festgestellt ist, im ordentlichen Rechtswege ausgeschlossen, es sei denn, daß die Pflicht zu derartigen Anlagen auf Grund privatrechtlicher Vereinbarungen, abgesehen von dem Enteignungsbeschluß, beruht (RG. in JW. **90** 170; ÖTr. in StriethArch. **83** 57; **81** 33; RG. in EisenbE. 2 169).

[2]) „Das Recht eines anderen beeinträchtigt". „Die aus der Benutzung eines Wasserlaufs entspringenden Nachteile können sich auf den Wasserlauf selbst oder auf die benachbarten Grundstücke beziehen. Was den Wasserlauf selbst anbelangt, so ist nicht nur die Beeinträchtigung von Nutzungen, sondern auch die Erschwerung der Unterhaltungslast von Bedeutung. Bei Grundstücken kommt, abgesehen von nachteiligen Veränderungen des Grundwasserstandes, namentlich auch die Überstauung und die Entziehung nützlicher Überschwemmungen in Betracht" (Begr. 95).

Der Gemeingebrauch wird durch § 57 geschützt. Als Beeinträchtigung kommen aber nur die nachteiligen Wirkungen in Frage, die durch die Ausübung des den Gegenstand der Verleihung bildenden Rechts, also durch die Benutzung des Wasserlaufs selbst hervorgerufen werden, dagegen nicht auch die schädigenden Wirkungen, die das Unternehmen, dessen Zwecken die Benutzung des Wasserlaufs dient, sonst etwa noch für Dritte herbeiführt (Begr. 95).

[3]) „Ist . . . . . zu erteilen". Die Verleihungsbehörde ist also verpflichtet, von Amts wegen und unter Berücksichtigung aller in Betracht kommenden Umstände nach ihrem pflichtmäßigen Ermessen die erforderlichen Anlagen festzustellen. Sie ist hierbei nicht auf die Erklärungen oder Anträge der Parteien beschränkt (vgl. RG. in EisenbE. **4** 430).

[4]) Die Einrichtungspflicht obliegt dem Unternehmer stets und in vollem Umfange, die Unterhaltungspflicht dagegen nicht unbedingt. Er kann ganz oder teilweise von der Unterhaltung der von ihm zu errichtenden Anlage befreit sein. Voraussetzung für diese ganze oder teilweise Befreiung ist aber, daß die vom Unternehmer anzulegenden Einrichtungen an die Stelle vorhandener, denselben Zwecken dienender Anlagen treten. Einrichtungen, deren Zweck ein anderer ist, als der etwa bereits vorhandener, letztere also weder ersetzen, noch ergänzen oder verbessern sollen, muß der Unternehmer ganz und allein unterhalten (OVG. in PrVerwBl. 29 368). Weitere Voraussetzung zu einer ganzen oder teilweisen Befreiung des Unternehmers ist ferner das Bestehen einer Verpflichtung zur Unterhaltung derartiger bereits vorhandener, denselben Zwecken dienender Anlagen seitens eines Dritten. Dieser Dritte kann eine Privatperson oder auch eine juristische Person sein, auch Staat oder Gemeinde.

[5]) Falls durch das verliehene Recht der Wasserstand verändert werden sollte, sind dem Unternehmer auch dann entsprechende Einrichtungen aufzuerlegen, wenn lediglich nachteilige Wirkungen durch diese Veränderung eintreten können. Es ist nicht erforderlich, daß andere in der Ausübung ihrer Rechte am Wasserlauf dadurch beeinträchtigt oder fremde Grundstücke geschädigt werden können.

§ 50 gilt bei nachteiligen Wirkungen der im § 41 bezeichneten Art auch dann, wenn nicht ein Recht beeinträchtigt, sondern nur tatsächlich, z. B. durch Veränderung der Vorflut oder Erschwerung der Unterhaltung ein Schaden zugefügt wird (KB.A. 97).

[6]) Im Falle der gewöhnlichen Bodenentwässerung sind weder Widersprüche noch Schadensersatzansprüche gegeben. Das Nähere, insbesondere über den Begriff der „gewöhnlichen Bodenentwässerung" s. Anm. 5 u. 6 zu § 41.

Bezüglich einer nachteiligen Wirkung auf den Gemeingebrauch vgl. § 57.

**§ 51.** (1) Soweit die im § 50 bezeichneten nachteiligen Wirkungen nicht durch Einrichtungen verhütet werden, hat der Unternehmer den davon Betroffenen Entschädigung zu gewähren.[1]) [3])

(2) Die Entschädigung kann in wiederkehrenden Leistungen bestehen. Die Verleihungsbehörde kann die Nachprüfung und anderweite Festsetzung in bestimmten Zeiträumen vorbehalten.[2])

Ent. § 51; B. 97; KB.A. 97.

[1]) Diese Vorschrift regelt die zivilrechtlichen Entschädigungsansprüche des Geschädigten. Der Entschädigungsanspruch ist gegeben, sofern die im § 50 vorgesehenen Einrichtungen nicht getroffen werden können oder, weil mit dem Unternehmen nicht vereinbar und unwirtschaftlich, im Verleihungsbeschluß dem Unternehmer nicht auferlegt sind.

Über die Berechnung der Entschädigung, insbesondere über ihren Umfang und die Anrechnung von Vorteilen, welche auf der anderen Seite dem Geschädigten durch das Unternehmen erwachsen, bestimmt das Gesetz nichts. Es gelten hier die allgemeinen Grundsätze des bürgerlichen Rechts, insbesondere auch sofern ev. Anrechnung von Vorteilen auf den Schaden in Frage kommt. Der im Gemeingebrauch Geschädigte hat keinen Anspruch auf Entschädigung. Es sind ihm nur die im § 57 genannten Ansprüche gegeben.

[2]) Die Entschädigung kann in Form einer Rente gewährt werden und ist es Sache der Verleihungsbehörde, auch ohne Antrag von Amts wegen zu prüfen, ob nach Lage der Sache die Entschädigung in Form einer einmaligen Abfindung oder in Form einer Rente zu zahlen ist. Die Bestimmung ist vor allen Dingen von Bedeutung, wenn die Verleihung auf Zeit gegeben wird und von vornherein feststeht, daß das Recht nur eine bestimmte kürzere Zeit ausgeübt werden soll. Die im Abs. 2 Satz 2 der Verleihungsbehörde gegebene Befugnis zur Nachprüfung und späteren Abänderung einer festgesetzten Rente ist in das freie Ermessen der Verleihungsbehörde gestellt. Sie kann in diese Nachprüfung von Amts wegen oder auch auf Antrag eintreten.

[3]) Gegen die Festsetzung der Entschädigung steht dem Geschädigten, wie auch dem Unternehmer nach § 76 Abs. 2 binnen drei Monaten die Beschreitung des ordentlichen Rechtsweges offen. Das Nähere s. in der Anm. zu § 76.

**§ 52.** (1) Wegen nachteiliger Veränderung der Vorflut oder des Wasserstandes sowie wegen Erschwerung der Unterhaltung des Wasserlaufs oder seiner Ufer ist insoweit keine Entschädigung zu gewähren, als der Nachteil vermieden worden wäre, wenn der Geschädigte die ihm obliegende Verpflichtung zur Unterhaltung ordnungsmäßig erfüllt hätte.[1])

(2) Dasselbe gilt bei nachteiliger Veränderung des Grundwasserstandes. Der dadurch entstehende Schaden ist ferner nur insoweit zu ersetzen, als die Billigkeit nach den Umständen eine Entschädigung erfordert.[2])[3])

Ent. § 52; B. 98; KB.A. 99; L.H. 1023.

[1]) Konkurrierendes eigenes Verschulden des Geschädigten beim Eintritt von Schädigungen durch die Ausübung des verliehenen

Rechts beseitigt den Anspruch auf Schadensersatz dann, wenn dieses Verschulden in einem Unterlassen der ihm obliegenden Verpflichtung zur Unterhaltung des Wasserlaufs liegt.

[2]) Schon der Eigentümer eines Wasserlaufs ist nicht berechtigt, in Ausübung der ihm zustehenden Benutzungsrechte den Grundwasserstand in nachteiliger Weise zu verändern. Auch ein verliehenes Nutzungsrecht umfaßt dieses Recht zu einer nachteiligen Veränderung des Grundwasserstandes grundsätzlich nicht. Der dadurch entstehende Schaden ist aber nicht in vollem Umfang, sondern nur nach den Umständen des einzelnen Falles nach Billigkeitsrücksichten zu ersetzen. Darunter ist zu verstehen, daß der durch eine Veränderung des Grundwasserstandes Geschädigte keinen Schadensersatzanspruch oder nur einen geringeren geltend machen kann, wenn eine nach Lage der Verhältnisse angängige Änderung in der wirtschaftlichen Verwertung des geschädigten Grundstücks möglich ist und dadurch der Schaden abgewendet oder verringert wird. Es sollen bei der Abwägung der Umstände auch die Vorteile mit gewürdigt werden, die dem Geschädigten mittelbar oder unmittelbar aus dem Unternehmen erwachsen. Nicht berücksichtigt werden dürfen aber dabei die persönlichen, mehr oder weniger günstigen wirtschaftlichen Verhältnisse des Geschädigten und des Unternehmers, wie dies z. B. nach § 829 BGB. zu geschehen hat. Die persönlichen Verhältnisse der Beteiligten dürfen vielmehr nicht in Betracht gezogen werden. Das Affektionsinteresse ist gleichfalls nicht zu berücksichtigen (vgl. dagegen § 337).

[3]) Vgl. §§ 196, 200, 201.

**§ 53.** (1) Ist zu besorgen, daß fremde Grundstücke oder Anlagen[1]) durch die Benutzung des Wasserlaufs so beschädigt werden, daß sie nach ihrer bisherigen Bestimmung[2]) nicht mehr zweckmäßig benutzt[3]) werden können, so kann der Eigentümer verlangen, daß der Unternehmer das Eigentum an den Grundstücken oder Anlagen gegen Entschädigung erwirbt.[4])

(2) **Wenn in der Folge ein abgetretenes Teilgrundstück ganz oder teilweise für den Zweck des Unternehmens nicht weiter notwendig ist und veräußert werden soll, so finden die Bestimmungen des § 57 des Enteignungsgesetzes vom 11. Juni 1874 (Gesetzsamml. S. 221) über das gesetzliche Vorkaufsrecht entsprechende Anwendung.**[5])

Ent. § 53; B. 99; KB.A. 100; KB.H. 35.

[1]) „Grundstücke oder Anlagen". Der Begriff „Anlagen" umfaßt nicht nur Gebäude, sondern auch alle sonstigen Vorrichtungen, die sich auf oder in dem Grundstück befinden. Unter „Grundstück" ist hier nicht die katastermäßig bezeichnete Parzelle, sondern jeder im wirtschaftlichen Zusammenhang stehende Grundbesitz desselben Eigentümers zu verstehen.

[2]) „Nach ihrer bisherigen Bestimmung", d. h. der gegenwärtig bereits verwirklichte oder in der Verwirklichung begriffene wirtschaftliche Zweck, zu welchem der Geschädigte bis jetzt sein Grundstück tatsächlich benutzt hat. Künftige, mögliche oder in Aussicht genommene Bestimmungs- oder Benutzungsarten kommen nicht in Betracht. Nicht zu berücksichtigen ist auch, was der Geschädigte bei dem Erwerb des Grundstückes mit demselben beabsichtigte (vgl. RG. in GruchotsBeitr. 35 1102).

[3]) „Zweckmäßig genutzt werden können". Wann dies der Fall ist, ist nach Lage des konkreten Falles zu entscheiden. Man wird jedoch davon ausgehen müssen, daß ein Grundstück dann nicht mehr nach seiner bisherigen Bestimmung zweckmäßig benutzt werden kann, wenn „dessen weitere Nutzbarmachung in der bisherigen Weise mit unverhältnismäßigen Kosten, Aufwendungen und Müheleistungen verbunden und dadurch gemindert ist, überhaupt in wesentlichen Beziehungen den Zweck nicht mehr erfüllen kann, welchen es . . . . . . bisher zu erfüllen vermochte" (vgl. Eger, E.G. 1 295 ff.). Gänzlich unbenutzbar braucht aber das Grundstück nicht geworden zu sein, auch ist es nicht notwendig, daß es in der bisherigen Weise überhaupt gar nicht zu benutzen ist.

[4]) „Gegen Entschädigung erwirbt". Dieser Anspruch gegen den Unternehmer steht nur dem Eigentümer zu. Dritte, am Grundstück Berechtigte können die Übernahme desselben nicht verlangen. Das Eigentum soll lastenfrei auf den Unternehmer übergehen. Die Realberechtigten sind deshalb gemäß § 78 Abs. 2 auf die in den Art. 52 u. 53 Abs. 1 EG.BGB. sowie § 47 EnteignG. angewiesen. Daraus folgt, daß der Unternehmer die Entschädigungssumme mit Wirkung gegen die dinglich Berechtigten erst zahlen kann, wenn er oder der Eigentümer den Eintritt des Entschädigungsfalles den dinglich Berechtigten angezeigt hat und seit dem Empfange der Anzeige ein Monat verstrichen ist (vgl. im übrigen Anm. zu § 78). Der Antrag auf Erwerb des Eigentums kann bis zum Schluß der nach § 70 Abs. 1 vorgeschriebenen mündlichen Erörterung zwischen den Beteiligten und der Verleihungsbehörde gestellt werden. Nach Schluß dieses mündlichen Verhandlungstermins ist der Antrag nicht mehr zulässig (vgl. § 70 Abs. 4; Begr. 108/109).

In dem Verleihungsbeschluß ist, falls dem Antrag des Geschädigten auf Erwerb des Eigentums an bestimmten Grundstücken oder Anlagen seitens des Unternehmers stattgegeben wird, die genaue Bezeichnung der Grundstücke und Anlage sowie die Höhe der zu leistenden Entschädigung anzugeben (§ 72 Nr. 7 u. 8). Bezüglich des Zeitpunktes des Eigentumsüberganges und der für die Sicherung desselben im Grundbuch vorzunehmenden Vormerkung, desgleichen das Nähere über die Sicherung der Realgläubiger vgl. Anm. zu §§ 74, 77, 78; ferner § 336 Abs. 2.

[5]) Der vom Herrenhause beschlossene Abs. 2 begründet ein gesetzliches Vorkaufsrecht für denjenigen, welcher seinerzeit Grundstücke oder Teile von Grundstücken oder Anlagen an den Unternehmer gemäß Abs. 1 abgetreten hat. Dabei ist es gleichgültig, ob dem Unternehmer die Pflicht zum Erwerb dieser Grundstücke oder Anlagen gemäß § 72 Nr. 7 im Verleihungsbeschluß auferlegt ist, also der Erwerb gewissermaßen ein zwangsweiser war oder durch einen freien Vertrag mit dem Eigentümer erfolgt. Im letzteren Falle muß aber der Grund zu diesem Vertrag die im Abs. 1 be-

zeichnete „Besorgnis" gewesen sein. Die Bestimmung des Abs. 2 wird bei der Entschädigungsfrage im Falle des § 82 von Bedeutung sein.

**§ 54.** Ein Entgelt für die Benutzung des Wasserlaufs darf dem Unternehmer nicht auferlegt werden.

Ent. § 54; B. 99 ff.; KB.A. 100 ff.; L. II 8137; L.H. 1023 ff.

Das nach der Judikatur und Literatur bisher zweifelhafte Recht des Staates zur Erhebung eines Wasserzinses ist durch § 54 definitiv dahin geregelt, daß ein Entgelt für die Benutzung des Wasserlaufs dem Unternehmer nicht auferlegt werden darf (KB.A. S. 100 ff.).

**§ 55.** Zu den Einrichtungen im Sinne des § 50 gehören auch Sammelbecken, Talsperren, Reinigungsanlagen und dergleichen. Dem Unternehmer kann die Verpflichtung als Bedingung auferlegt werden, sich an solchen Einrichtungen zu beteiligen.

Ent. § 55; B. 101; KB.A. 110 ff.

**§ 56.** (1) Dem Unternehmer kann die Verpflichtung als Bedingung auferlegt werden, einen Wasserlauf oder seine Ufer zu unterhalten,[1]) sowie die Kosten zu tragen, die durch die Aufsicht über die Ausübung des verliehenen Rechtes entstehen.[2])

(2) Ferner kann dem Unternehmer die Verpflichtung auferlegt werden, Maßnahmen (Pegelbeobachtungen, Grundwasserstandsbeobachtungen usw.) zu treffen, die geeignet sind, die Feststellung zu erleichtern, ob und in welchem Umfange Schäden entstanden sind.

KommBschl. § 55a; KB.A. 110 ff.

[1]) Statt der Feststellung einer Entschädigung oder noch neben einer solchen kann dem Unternehmer die Verpflichtung auferlegt

werden, den Wasserlauf oder seine Ufer zu unterhalten. Diese Bestimmung trifft diejenigen Fälle, in denen gewisse Schädigungen durch Einrichtungen seitens des Unternehmers nicht verhütet werden können, z. B. wenn durch Einleitung von Abwässern eine häufigere und umfangreichere Räumung der Sohle des Wasserlaufes nötig wird oder wenn etwa durch eine Änderung des Wasserabflusses die Unterhaltung des Wasserlaufs oder seiner Ufer erschwert würde. Ist dem Unternehmer im Verleihungsbeschluß eine solche Unterhaltungspflicht auferlegt (§ 72 Nr. 2), so tritt der Unternehmer für die Dauer des verliehenen Rechts an die Stelle des bisher Unterhaltspflichtigen und kann von der Wasserpolizeibehörde zur Erfüllung dieser Unterhaltungspflicht gemäß § 83 angehalten werden (vgl. § 126 Abs. 2 Nr. 4).

[2]) Da die Ausübung eines verliehenen Rechts der Aufsicht der Wasserpolizeibehörde unterliegt, so kann, wenn durch diese Aufsicht besondere Kosten entstehen, der Unternehmer zur Tragung derselben herangezogen werden. Auch diese Verpflichtung muß ihm aber im Verleihungsbeschluß auferlegt sein. Die Beaufsichtigung durch die Wasserpolizeibehörde soll durch die Bestimmung des Abs. 2 erleichtert werden, wonach der Unternehmer verpflichtet werden kann, Pegel- und Grundwasserstandsbeobachtungen zu machen. Die Bestimmung soll aber auch dazu dienen, eine Grundlage für die Feststellung von Veränderungen des bestehenden Zustandes und für die danach etwa zu bemessende Entschädigung zu schaffen, welche nach § 51 Abs. 2 Satz 2 in bestimmten Zeiträumen der Nachprüfung und ev. anderweitigen Festsetzung durch die Verleihungsbehörde unterliegt.

**§ 57.**[1]) Ist zu erwarten, daß die beabsichtigte Benutzung des Wasserlaufs den Gemeingebrauch unmöglich machen oder wesentlich erschweren würde, so ist, wenn diese Wirkung durch Einrichtungen, die mit dem Unternehmen vereinbar und wirtschaftlich gerechtfertigt sind, verhütet werden kann, dem Unternehmer die Verpflichtung als Bedingung aufzuerlegen, solche Einrichtungen herzustellen und nach § 50 Abs. 1 Satz 2 zu unterhalten.[2])

KommBschl. § 55b; KB.A. 111.

[1]) Der Eigentümer eines Wasserlaufs darf nach § 36 Abs. 1 durch die Ausübung seines Eigentumsrechtes den Gemeingebrauch nicht unnütz erschweren oder ohne erheblichen Grund unmöglich machen. Im übrigen darf den Gemeingebrauch der Wasserläufe niemand hindern. Durch die über den Eigentümergebrauch hinausgehende Verleihung von Rechten soll tunlichst gleichfalls eine Unmöglichmachung oder wesentliche Erschwerung des Gemeingebrauchs nicht eintreten. Es kann deshalb dem Unternehmer die Herstellung von Einrichtungen im Verleihungsbeschluß auferlegt werden, welche eine derartige, durch die Ausübung des verliehenen Rechts zu erwartende Schädigung des Gemeingebrauchs zu verhindern geeignet sind. Diese Einrichtungen dürfen aber nur dann dem Unternehmer auferlegt werden, wenn sie mit dem Unternehmen vereinbar und wirtschaftlich gerechtfertigt sind. Sind solche Einrichtungen nicht möglich, so entsteht dadurch dem im Gemeingebrauch Geschädigten ein Schadensersatzanspruch nicht, denn wenn auch § 57 an und für sich eine den Schutz eines anderen bezweckende Rechtsnorm darstellt, durch deren Nichtbeobachtung der Unternehmer sich nach § 823 Abs. 2 BGB. schadensersatzpflichtig machen würde, so fällt dieser rechtliche Gesichtspunkt doch fort in dem Augenblick, in welchem die Verleihungsbehörde die Anlegung derartiger Einrichtungen im Verleihungsbeschluß rechtskräftig als mit dem Unternehmen nicht vereinbar und wirtschaftlich ungerechtfertigt dem Unternehmer nicht auferlegt hat. Da aber nur eine Verpflichtung zu derartigen Einrichtungen besteht, wenn sie im Verleihungsbeschluß dem Unternehmer zur Pflicht gemacht sind, so liegt auch, wenn letzteres nicht der Fall und infolgedessen eine Schädigung des Gemeingebrauchs eintritt, in der Handlung des Unternehmers kein Verstoß gegen § 823 BGB., da der Unternehmer alsdann weder widerrechtlich das Recht eines anderen verletzt, noch gegen eine den Schutz eines anderen bezweckende

Rechtsnorm verstößt. Aus anderen rechtlichen Gesichtspunkten aber läßt sich ein zivilrechtlicher Schadensersatz wegen Schädigung des Gemeingebrauches nicht herleiten, da der Gemeingebrauch kein Privatrecht ist.

[2]) Bezüglich der Unterhaltungspflicht derartiger Anlagen s. Anm. 4 zu § 50.

**§ 58.** (1) In landschaftlich hervorragenden Gegenden ist dem Unternehmer, wenn durch Einrichtungen, die mit dem Unternehmen vereinbar und wirtschaftlich gerechtfertigt sind, eine gröbliche Verunstaltung des Landschaftsbildes verhütet werden kann, die Verpflichtung als Bedingung aufzuerlegen, solche Einrichtungen herzustellen und nach § 50 Abs. 1 Satz 2 zu unterhalten.[1])

(2) Auch im übrigen ist durch entsprechende Bedingungen dafür zu sorgen, daß eine Verunstaltung landschaftlich hervorragender Gegenden vermieden wird, soweit dies mit dem Zwecke und der Wirtschaftlichkeit des Unternehmens vereinbar ist.[1])[2])

KommBschl. 55c; KB.A. 111.

[1]) Diese Bestimmung gehört eigentlich in das G. betr. die Verunstaltung von Ortschaften und landschaftlich hervorragenden Gegenden v. 15. 7. 07. Die Bestimmung des § 58 ist auch im wesentlichen jenem Gesetze nachgebildet, jedoch mit dem Unterschiede, daß „eine gröbliche Verunstaltung des Landschaftsbildes" nicht nur durch Hochbauten, wie in jenem Gesetz, sondern auch in anderen Anlagen erblickt werden kann.

[2]) Bezüglich der Schadensersatzpflicht gilt das zu § 57 Anm. 1 Gesagte. Wenn in der Kommission des Abgeordnetenhauses speziell bezüglich der Verunstaltung des Landschaftsbildes als Beispiel der Fall herangezogen ist, daß durch die Verunstaltung eines Wasserfalles ein mit Rücksicht auf diesen Wasserfall erbautes Vergnügungsetablissement vollständig wertlos werden könne, so ist dazu zu be-

**merken, daß § 58 gegen eine derartige Schädigung keinen Schadensersatzanspruch begründet. § 58 ist eine rein polizeiliche Vorschrift und ist der ausdrückliche Antrag auf Begründung einer Entschädigungspflicht in der Kommission nicht zur Annahme gelangt (KB.A. S. 95 u. 98).**

**§ 59.** Der Unternehmer kann zur Leistung einer Sicherheit für die Einhaltung der ihm auferlegten Bedingungen und für Schadensersatzansprüche angehalten werden, über welche die Entscheidung nach § 70 Abs. 3 einem späteren Verfahren vorbehalten wird. Die Sicherheit darf den Betrag des in den nächsten drei Jahren voraussichtlich entstehenden Schadens nicht übersteigen[1]) und ist in dieser Höhe durch jährliche Zuzahlungen zu erhalten.[2]) Der Staat und die Kommunalverbände sind von der Sicherheitsleistung frei.

Ent. § 56; B. 102; KB.A. 111; L. II 8153; KB.H. 35.

[1]) § 59 konstruiert eine doppelte Pflicht zur Sicherheitsleistung:

a) eine Sicherheit für die Einhaltung der dem Unternehmer auferlegten Bedingungen,

b) für Schadensersatzansprüche, welche auf Grund der Anlage entsprechend den Bestimmungen des Gesetzes (§§ 51 bis 53) entstehen können, bei denen aber die Entstehung des Schadens selbst oder seine Höhe noch unbestimmt ist.

Über die Höhe der zu leistenden Sicherheit, soweit sie für die Einhaltung der Bedingungen angeordnet wird, bestimmt das Gesetz nichts. Die Festsetzung derselben ist vielmehr in das Ermessen der Verleihungsbehörde gestellt. Dagegen darf die Sicherheit für Schadensersatzansprüche den Betrag des in den nächsten drei Jahren voraussichtlich entstehenden Schadens nicht übersteigen.

Die Bestimmung des § 59 ergänzt den § 77 Abs. 1, nach welchem mit der Ausübung des verliehenen Rechts erst begonnen werden darf, wenn die auf Grund der §§ 51—53 zu gewährende vereinbarte oder endgültig festgestellte Entschädigung gezahlt oder hinterlegt ist. Da bei den in Zukunft entstehenden Schadensersatzansprüchen die Höhe in den meisten Fällen zur Zeit der Verleihung nicht schon feststellbar und deshalb auch nicht zahlbar oder hinterlegbar ist, tritt an Stelle der Entschädigung selbst nach § 59 die Sicherheitsleistung.

[2]) Die Bestimmung, daß die Sicherheit in dieser Höhe zu erhalten ist, dient dem Zweck, Sicherheiten, welche auf Grund des Gesetzes, z. B. gemäß § 56 in Angriff genommen sind, stets wieder zu ersetzen, damit der Zweck der Sicherheitsleistung dauernd erhalten bleibt.

**§ 60.** (1) Bei der Verleihung ist eine Frist zu bestimmen, binnen deren das Unternehmen ausgeführt und in Betrieb gesetzt sein muß.

(2) Eine Verlängerung der Frist ist zulässig.

Ent. § 57; B. 102.

§ 60 verfolgt denselben Zweck wie § 48. Es soll durch denselben verhindert werden, daß Verleihungen beantragt und gegeben werden, deren Ausführung in absehbarer Zeit nicht beabsichtigt ist und die lediglich den Zweck haben, sich für die Zukunft Vorrechte zu sichern. Deshalb wird schon nach § 48 eine Verleihung für ein Unternehmen nicht erteilt, für das nicht ein bestimmter Plan bereits vorliegt. Aus Billigkeitsgründen ist aber eine Verlängerung der Frist möglich.

Bezüglich der Stempelabgaben bei Fristverlängerungen s. § 75 Abs. 3.

**§ 61.** (1) Ist über die Verleihung für mehrere Unternehmungen zu beschließen, die auch bei Teilung der verfügbaren Wassermenge oder bei Festsetzung verschiedener Benutzungszeiten oder geeigneter Betriebseinrichtungen nicht nebeneinander bestehen können, so entscheidet für ihre Erteilung zuerst die Bedeutung der Unternehmungen für das öffentliche Wohl und demnächst ihre wirtschaftliche Bedeutung.[1])

(2) Stehen hiernach mehrere Unternehmungen einander gleich, so gebührt zunächst bestehenden vor neuen, sodann an einen bestimmten Ort gebundenen vor den auch an einem anderen Orte möglichen und endlich Unternehmungen des Eigentümers eines Wasserlaufs vor denen der Anlieger oder anderer Personen, Unternehmungen des Anliegers vor denen anderer Personen der Vorrang.[2])

Ent. § 58; B. 102; KB.A. 111 ff.; KB.H. 35 ff.

[1]) § 61 regelt die Reihenfolge, in welcher Anträge auf Verleihungen, welche nebeneinander nicht bestehen können, zu berücksichtigen sind. Der § 61 bezieht sich ausschließlich auf den Fall, daß mehrere Anträge auf Verleihung gleichzeitig zur Entscheidung vorliegen. Es kommt also nicht auf den Zeitpunkt an, wann der Antrag eingegangen ist, sondern wann über den Antrag beschlossen wird. Damit scheidet das Gesetz die Priorität des Antrages für die Entscheidung aus. Erforderlich ist also zur Anwendung des § 61:

a) Anträge auf Verleihung für mehrere Unternehmungen;

b) Unvereinbarkeit dieser beantragten Verleihungen wegen Mangel einer ausreichenden verfügbaren Wassermenge für alle Unternehmungen, der auch durch Festsetzung verschiedener Benutzungszeiten oder geeigneter Betriebseinrichtungen nicht beseitigt werden kann. Können also die beantragten Nutzungsrechte durch Bestimmungen über die Zeit, wann der einzelne Unternehmer den Wasserlauf benutzen darf oder durch Schaffung geeigneter Betriebseinrichtungen nebeneinander bestehen, so muß die Verleihung gegeben werden, falls die übrigen gesetzlichen Voraussetzungen vorhanden sind. Gemäß § 72 Nr. 4 sind aber die diesbezüglichen Bestimmungen in den Verleihungsbeschluß aufzunehmen. Ist dies aber nicht möglich, so entscheidet für den Vorrang 1. die Bedeutung der Unternehmungen für das öffentliche Wohl, 2. ihre privatwirtschaftliche Bedeutung.

[2]) Die Bestimmung des Abs. 2 greift Platz, wenn mehrere Unternehmungen gleichwertig im Sinne des Abs. 1 sind. Sie gibt ein Vorzugsrecht dem bestehenden Unternehmen vor einem neuen, dem an einen Ort gebundenen vor einem anderen, das auch an einer anderen Stelle ausführbar ist. Insbesondere gibt sie einem Unternehmen des Eigentümers des Wasserlaufs den Vorzug vor demjenigen der Anlieger, dem Anlieger wiederum vor anderen dritten Personen.

**§ 62.** Auf Anweisung der zuständigen Minister ist die Verleihung zu versagen, wenn sie von einem Unternehmer, der nicht die deutsche Reichsangehörigkeit besitzt, oder von einer Erwerbsgesellschaft nachgesucht wird, die ihre Hauptniederlassung nicht im Deutschen Reiche hat.

KommBschl. 112.

Für die Untersagung ist der Minister der öffentlichen Arbeiten und der Landwirtschaftsminister zuständig. Dieses Vetorecht kann naturgemäß nur in Frage kommen, soweit nicht Staatsverträge entgegenstehen.

**§ 63.** Auf die Vorbereitung eines Unternehmens, für das eine Verleihung nachgesucht werden kann, ist § 5 des Enteignungsgesetzes vom 11. Juni 1874 (Gesetzsamml. S. 221) entsprechend anzuwenden. Die dort vorgeschriebene öffentliche Bekanntmachung kann unterbleiben.[1])[3]) Zuständig ist die Behörde, die über den Verleihungsantrag zu beschließen haben würde.[2])

Ent. § 59; B. 103; KB.A. 112.

[1]) Für die Vorbereitung eines Verleihungsantrages sind unter Umständen Vorarbeiten notwendig, z. B. Ausarbeitung der technischen Unterlagen, bei denen sich ein Eingriff in fremdes Eigentum nicht ganz umgehen läßt. z. B. eine Begehung, Vermessung fremden Grund und Bodens, Nivellierung, geologische Untersuchung des

für die Anlage in Frage kommenden Grund und Bodens. Um diese vorbereitenden Handlungen dem Unternehmer nicht unmöglich zu machen, da derselbe nach § 65 die erforderlichen Zeichnungen und Erläuterungen beizufügen hat, erklärt § 63 die Bestimmungen des § 5 EnteignG. für entsprechend anwendbar, jedoch kann die im § 5 Abs. 2 EnteignG. vorgesehene Bekanntmachung unterbleiben.

[2]) Die im § 5 zitierte vorgesehene Anordnung erfolgt hier durch den Bezirksausschuß, als diejenige Behörde, welche über den demnächstigen Verleihungsantrag zu beschließen hat.

**§ 64.** (1) Über den Antrag auf Verleihung beschließt der Bezirksausschuß (Verleihungsbehörde).

(2) Anträge auf Verleihung sind schleunig zu behandeln.

Ent. § 60; B. 103; KB.A. 112 ff.

Einheitliche Verleihungsbehörde I. Instanz ist der Bezirksausschuß. Es besteht also für jeden Regierungsbezirk eine besondere erstinstanzliche Verleihungsbehörde. Die zweite und letzte Instanz bildet das Landeswasseramt (s. das Nähere §§ 370 ff.; vgl. auch Anm. zu § 386).

**§ 65.** (1) Dem Antrag auf Verleihung sind die erforderlichen Zeichnungen und Erläuterungen beizufügen.[1])

(2) Ist der Antrag offenbar unzulässig,[2]) so kann er ohne weiteres[3]) durch einen mit Gründen versehenen Beschluß zurückgewiesen werden.[4])

(3) Anderenfalls ist die beabsichtigte Benutzung des Wasserlaufs in ortsüblicher Weise in allen Gemeinden (Gutsbezirken) öffentlich bekanntzumachen,[5]) auf deren Bezirk sich nach dem Ermessen der Verleihungsbehörde ihre Wirkung erstrecken kann. Die Bekanntmachung hat, soweit Landgemeinden beteiligt sind, auch in den Kreisblättern zu erfolgen.

(4) Daneben sollen alle bekannten Personen, die nach dem Ermessen der Behörde von nachteiligen Wirkungen der Benutzung betroffen werden können, auf die öffentliche Bekanntmachung hingewiesen werden.[6])

Ent. § 61; B. 104; KB.A. 117.

[1]) Wegen Gewährung einer Nachfrist zur Beibringung der Unterlagen vgl. § 67 Abs. 3.

[2]) „Offenbar unzulässig" ist der Antrag dann, wenn die Verleihung eines Rechts auf Benutzung eines Wasserlaufs nachgesucht wird, die sich nicht als eine Benutzung der im § 40 bezeichneten Art darstellt; hierher ist zu rechnen ein Antrag auf Verleihung des Rechts zur Entnahme von Sand, Kies, Steinen, Schilf u. dgl. (Begr. 104), besonders auch Anträge, welche mit der Bestimmung des § 46 Abs. 2 im Widerspruch stehen.

[3]) „Ohne weiteres", d. h. ohne Einleitung eines förmlichen Verfahrens, wie es die §§ 66 ff. bestimmen.

[4]) Die Zurückweisung erfolgt entweder durch das Kollegium der Verleihungsbehörde oder in den im § 117 LVG. angeführten Fällen durch den Vorsitzenden, der einen Vorbescheid erlassen kann (vgl. dazu § 64). — Gegen den zurückweisenden Beschluß des Kollegiums ist die Beschwerde binnen zwei Wochen zulässig, und zwar bei Wasserläufen I. Ordnung an die Minister für Handel und Gewerbe und der öffentlichen Arbeiten; bei den übrigen Wasserläufen nach Maßgabe des LVG., also gegen Beschlüsse des Bezirksausschusses an den Provinzialrat (§ 121 LVG.). Hat der Vorsitzende den Bescheid erlassen, so ist dagegen gemäß § 117 Abs. 3 LVG. entweder der Antrag auf Beschlußfassung durch das Kollegium oder dasselbe Rechtsmittel gegeben, das zulässig wäre, wenn der Bescheid auf Beschluß des Kollegiums ergangen wäre, also Beschwerde an den Minister oder Provinzialrat (Begr. 104).

[5]) Abs. 3 enthält eine „Muß"-Vorschrift. Ist der Antrag „nicht offenbar unzulässig", so muß er sachlich geprüft werden. Die hierzu erforderlichen Verfügungen sind entweder vom Kollegium oder nach Maßgabe des § 117 LVG. vom Vorsitzenden des

Bezirksausschusses zu erlassen. — Die öffentliche Bekanntmachung muß in allen beteiligten Gemeinden in ortsüblicher Weise erfolgen, in Landgemeinden außerdem durch Bekanntmachung in den Kreisblättern (Abs. 3 Satz 2). — Die Bestimmung des Abs. 3 beruht auf der Erwägung, daß eine möglichst weite Ausdehnung der Bekanntmachung mit Rücksicht auf deren Folgen notwendig ist und Rechte Dritter ohne Bekanntmachung nicht übergangen werden dürfen. Nichtbeobachtung der Vorschriften des Abs. 3 macht das Verfahren nichtig.

6) Abs. 4 enthält nur eine Ordnungsvorschrift. In welcher Weise diese besondere Bekanntmachung an alle der Behörde bekannten Personen erfolgen soll, ist in das Ermessen der Behörde gestellt.

**§ 66.**[1]) (1) Die Bekanntmachung muß angeben, wo die ausgelegten Zeichnungen und Erläuterungen eingesehen und bei welcher Behörde Widersprüche gegen die Verleihung sowie Ansprüche auf Herstellung und Unterhaltung von Einrichtungen oder auf Entschädigung schriftlich oder mündlich zu Protokoll erhoben werden können. Sie muß ferner für die Erhebung von Widersprüchen eine Frist bestimmen.[2]) Diese beträgt mindestens zwei und höchstens sechs Wochen und beginnt mit Ablauf des Tages, an dem das letzte die Bekanntmachung enthaltende Blatt ausgegeben ist.[3])

(2) Mitteilungen über Betriebseinrichtungen oder Betriebsweisen, deren Geheimhaltung der Antragsteller für erforderlich hält, sind, getrennt von den zur öffentlichen Auslegung bestimmten Vorlagen, in besonderen Schriftstücken und Zeichnungen vorzulegen.[4])

Ent. § 62; B. 105; KB.A. 117.

1) Der § 66 will den Beteiligten Gelegenheit geben, die zur Beurteilung des Unternehmens und seiner Wirkungen nötigen Unterlagen einzusehen und ihre Widersprüche geltend zu machen.

[2]) Satz 1 u. 2 enthalten wieder eine „Muß"-Vorschrift. Bei Nichtbeachtung dieser Vorschriften ist die Bekanntmachung also wirkungslos und muß wiederholt werden.

[3]) Die Frist ist eine Präklusivfrist; sie ist keine einheitlich bestimmte, sondern soll nach der Bedeutung des Unternehmens bemessen werden; die Bestimmung über den Beginn der Frist ist erforderlich, damit nicht für die in den verschiedenen Gemeinden Beteiligten auch verschiedene Fristen laufen. — Unter dem letzten, die Bekanntmachung enthaltenden Blatte ist das von mehreren Blättern zuletzt ausgegebene zu verstehen. Ist das letzte Blatt der Bekanntmachung also z. B. am 15. Januar ausgegeben, so beginnt die Frist am 16. Januar.

[4]) Die Bestimmung des Abs. 2 ist der Ausführungsanweisung zur GewO. v. 1. 5. 04 (§ 15 Abs. 1) entnommen.

**§ 67.** (1) Die Bekanntmachung ist unter der Verwarnung[1]) zu erlassen, daß diejenigen, die innerhalb der bestimmten Frist keinen Widerspruch gegen die Verleihung erheben, ihr Widerspruchsrecht verlieren und daß wegen nachteiliger Wirkungen der Ausübung des verliehenen Rechtes nur noch die im § 82 bezeichneten Ansprüche geltend gemacht werden können.[2])

(2) In der Bekanntmachung ist dieselbe Frist für andere Anträge auf Verleihung des Rechtes zu einer Benutzung des Wasserlaufs zu bestimmen, durch welche die von dem ersten Antragsteller beabsichtigte Benutzung beeinträchtigt werden würde. Hierbei ist die Verwarnung zu erlassen, daß nach Ablauf der Frist gestellte Anträge auf Verleihung in demselben Verfahren nicht berücksichtigt werden.[3])

(3) Zur Beibringung der Unterlagen (§ 65) kann eine angemessene Nachfrist gewährt werden.

Ent. § 63; B. 105; KB.A. 117 ff.; KB.H. 36.

[1]) Nichtaufnahme der Verwarnung macht die Bekanntmachung wirkungslos und ein trotzdem auf Grund einer solchen Bekanntmachung durchgeführtes Verfahren nichtig.

[2]) Es bleibt nur das Recht auf Herstellung von Einrichtungen, welche die benachteiligende Wirkung ausschließen oder ein Entschädigungsanspruch bestehen. Dies gilt für alle durch die Verleihung beeinträchtigten Rechte ohne Rücksicht darauf, ob sie unmittelbar auf einer Rechtsnorm oder auf einem besonderen öffentlich-rechtlichen oder privat-rechtlichen Titel beruhen (das Nähere s. zu § 82).

[3]) Die Bestimmung des Abs. 2 in Verb. mit § 61 ermöglicht die Erledigung mehrerer Anträge auf Verleihung in einem Verfahren, beschränkt aber andererseits durch den Satz 2 die Möglichkeit, ein Verfahren durch das Stellen immer neuer Anträge auf Verleihung zu verschleppen. Bei jedem neuen Antrage ist aber auch eine neue Bekanntmachung notwendig und die Beobachtung derselben Formvorschriften, die für den ursprünglichen Antrag zu beobachten sind (Komm. 118; KB.H. 36).

**§ 68.** (1) Werden Verleihungsanträge, bei denen die Voraussetzungen des § 61 und des § 67 Abs. 2 vorliegen, bei verschiedenen Verleihungsbehörden gestellt, so entscheidet diejenige Behörde, welche für den ersten Antrag zuständig ist.

(2) Sind derartige Anträge an ein und demselben Tage eingegangen, so ist der § 58 Abs. 1 Nr. 2 des Landesverwaltungsgesetzes vom 30. Juli 1883 (Gesetzsamml. S. 195) entsprechend anzuwenden.

KommBschl. § 63a; KB.A. 119.

Aus der Fassung des Abs. 2 geht hervor, daß bezüglich der Priorität verschiedener Anträge nicht die Stunde des Eingangs (wie z. B. in Grundbuchsachen), sondern ausschließlich der Tag entscheidend ist. Es gelten danach als gleichzeitig alle an demselben Tage, sei es vormittags oder nachmittags eingegangenen Anträge. Da hiernach bei verschiedenen Verleihungsbehörden

Anträge gleichzeitig eingehen können, so genügt die Bestimmung des Abs. 1 nicht, um die Zuständigkeitsfrage zu entscheiden, es wird dann die zuständige Verleihungsbehörde gemäß § 58 Abs. 1 Nr. 2 LVG. endgültig bestimmt.

**§ 69.**[1] (1) Die Verleihungsbehörde hat von Amts wegen zu prüfen, ob die gesetzlichen Voraussetzungen[2]) für die Verleihung vorliegen. Sie hat ferner an Stelle der sonst zuständigen Polizeibehörden zu prüfen, ob die beabsichtigte Benutzung des Wasserlaufs den polizeilichen Vorschriften[3]) entspricht.

(2) Die Wasserpolizeibehörde und die sonst in Wahrnehmung öffentlicher Interessen beteiligten Behörden sollen gehört werden.[4])

(3) Ist von einem Bergwerksbesitzer ein Antrag auf Verleihung gestellt, oder hat ein anderer eine Verleihung in einem Gebiete nachgesucht, in dem Bergbau umgeht, so ist die zuständige Bergbehörde in dem Verfahren zu hören.[5])

Ent. § 64; B. 106; KB.A. 119.

[1]) Der Unternehmer soll durch die Verleihung nicht nur eine gesicherte privatrechtliche Stellung erhalten, sondern auch vor nachträglichen Anforderungen der Polizei bewahrt sein. Aus diesem Grunde obliegt gemäß § 69 Abs. 1 der Verleihungsbehörde die Prüfung aller polizeilichen Rücksichten und Vorschriften, die sonst durch andere Polizeibehörden zu prüfen wären. Es folgt daraus, daß innerhalb der Zeit, für welche die Verleihung gegeben ist, nachträglich polizeiliche Auslagen und Beschränkungen, sowohl bezüglich der Einrichtung der Anlage als des Betriebes, zulässig sind. Es gilt hier das gleiche, wie beim gewerbepolizeilichen Genehmigungsverfahren (vgl. hierüber die Entsch. des OVG. 5 289; 10 263; PrVerwBl. 17 148; RG. 19 356). Die zulässigen nachträglichen polizeilichen Auflagen können aber im Verleihungsbeschluß vorgesehen werden.

[2]) Vgl. §§ 47 ff.

[3]) Hierher gehören z. B. bau-, feuer-, wasser-, sicherheits-, berg-, verkehrs-, gesundheitspolizeiliche Vorschriften.

[4]) Je nach den von diesen beteiligten Behörden geäußerten Bedenken oder für erforderlich erachteten Vorkehrungen ist die Verleihung zu versagen oder an entsprechende Bedingungen zu knüpfen.

Behörden, welche Widerspruch gegen die Verleihung erhoben haben, gelten im Verleihungsverfahren als Parteien (vgl. §§ 66, 71 ff.). Sie können den Beschluß der Verleihungsbehörde mit den im § 76 angegebenen Rechtsmitteln anfechten, falls sie die von ihnen vertretenen öffentlichen Interessen nicht für ausreichend gewahrt erachten.

[5]) „Zuständige Bergbehörde", d. i. das Oberbergamt, ist zu hören, auch wenn der Bergwerksbesitzer selbst keinen Widerspruch erhoben hat. Im übrigen gilt das in Anm. 3 u. 4 Gesagte.

**§ 70.** (1) Die Verleihungsbehörde oder ein von ihr beauftragter Beamter hat die Widersprüche, die Anträge auf Verleihungen (§ 61, § 67 Abs. 2), die Ansprüche auf Herstellung und Unterhaltung von Einrichtungen sowie die Entschädigungsansprüche mit denen, die sie erhoben haben, mündlich zu erörtern.[1]) Zu dieser Erörterung sind der Unternehmer sowie diejenigen, die Widersprüche oder Ansprüche erhoben haben, mit der Eröffnung vorzuladen, daß im Falle des Ausbleibens gleichwohl mit der Erörterung werde vorgegangen werden.[2])

(2) Wird ein Widerspruch oder ein Anspruch auf Grund eines besonderen privatrechtlichen Titels[3]) erhoben, so ist ein Streit über das Bestehen des Titels zur richterlichen Entscheidung zu verweisen.[4]) Die Verleihungsbehörde kann die Entscheidung über den Verleihungsantrag bis zur Erledigung des Streites aussetzen. Sie muß dies tun, wenn

das Bestehen des Titels glaubhaft gemacht wird[5]) und bei Anerkennung des Titels die Verleihung nach § 50 zu versagen sein würde. Bei Aussetzung der Entscheidung ist dem Unternehmer eine Frist zu bestimmen, binnen deren er die Klage zu erheben hat. Wird die Prozeßführung von dem Unternehmer[6]) ungebührlich verzögert, so kann das Verleihungsverfahren fortgesetzt werden.

(3) Läßt sich bei Entschädigungsansprüchen nicht voraussehen, ob oder in welcher Höhe ein Schaden entstehen wird, so ist die Entscheidung über diese Ansprüche einem späteren Verfahren nach § 82 vorzubehalten. In den Fällen des § 53 ist auf Antrag des Unternehmers die Entscheidung über die erhobenen Ansprüche einem späteren Verfahren vorzubehalten, falls sich nicht bestimmt voraussehen läßt, daß die gesetzlichen Voraussetzungen vorliegen.

(4) Der Antrag auf Erwerbung des Eigentums (§ 53) ist bis zum Schlusse der nach Abs. 1 stattfindenden Verhandlungen zu stellen.[7])

Ent. § 65; B. 106 ff.; KB.A. 120; L. II 8138.

[1]) „Mündlich zu erörtern." Wo die Erörterung stattfinden muß, ob an Ort und Stelle, in einem oder mehreren Terminen, ist nicht bestimmt. Häufig wird die Erörterung an Ort und Stelle notwendig oder doch praktisch sein. Es entscheidet darüber die Verleihungsbehörde bzw. der beauftragte Beamte.

Die Vorschrift des Abs. 1 ist eine absolute, es muß den dort in Satz 2 Genannten die Möglichkeit zur mündlichen Erörterung der Widersprüche, Anträge und erhobenen Ansprüche gegeben werden; jedoch lediglich die Möglichkeit, indem sie zu den betreffenden Terminen geladen und, wenn sie erscheinen, gehört werden müssen.

[2]) Verhinderung am Erscheinen gibt kein Recht auf neuen Termin. An das Nichterscheinen ist aber auch kein Präjudiz geknüpft. Vertretung durch Bevollmächtigte ist zulässig. Die „Er-

örterung" ist auf die innerhalb der Frist des § 66 erhobenen Widersprüche, Anträge auf Verleihungen, Ansprüche auf Herstellung und Unterhaltung von Einrichtungen, sowie auf die erhobenen Entschädigungsansprüche zu beschränken. Da die Frist des § 66 eine Präklusivfrist ist, ist die Erhebung neuer Widersprüche, Anträge und Ansprüche bei der mündlichen Erörterung nicht zulässig. Eine Ausnahme hiervon ist gemacht für den Antrag auf Erwerb des Eigentums gemäß § 53, indem dieser, auch wenn er in der Frist des § 66 nicht gestellt worden ist, noch bis zum Schluß der mündlichen Erörterung gestellt werden kann (vgl. Abs. 4). Bei dieser Erörterung findet irgend eine Entscheidung nicht statt. Sie ist vielmehr ausschließlich vorbereitender Natur. Die Entscheidung über die Widersprüche, Anträge und Ansprüche einschließlich derjenigen über die Entschädigungsansprüche (Ausnahmen s. Abs. 3) trifft die Verleihungsbehörde zugleich mit der Entscheidung über den Verleihungsantrag.

[3]) „Eines besonderen privatrechtlichen Titels". Hierher gehören solche Widersprüche und Ansprüche, die nicht unmittelbar auf eine Rechtsnorm, z. B. die Vorschriften des bürgerlichen Rechts über das Nachbarrecht oder die Vorschriften der §§ 41—43 des Gesetzes gegründet werden, sondern auf einen besonderen privatrechtlichen Entstehungsgrund, z. B. Vertrag, Privileg, Ersitzung, letztwillige Verfügung zurückgeführt werden (RG. 13 56).

[4]) „Zur richterlichen Entscheidung zu verweisen" ist lediglich der Streit über das Bestehen oder Nichtbestehen des in Anspruch genommenen privatrechtlichen Titels, wenn er bei rechtsgültigem Bestehen der Erteilung der Verleihung entgegenstehen würde. Ob letzteres der Fall ist, oder ob der Widersprechende mit seinem Recht vor dem durch Verleihung beanspruchten Recht zurücktreten muß, ist durch die Verleihungsbehörde, nicht durch die ordentlichen Gerichte zu entscheiden. Es sind hier zwei Fälle zu unterscheiden: a) Wird auf Grund eines besonderen privatrechtlichen Titels, über dessen Bestehen kein Streit herrscht, Widerspruch gegen die Verleihung erhoben, so hat die Verleihungsbehörde allein zu entscheiden.

b) Herrscht dagegen Streit, ob der Titel zu Recht besteht oder nicht, so ist dieser Streit zur richterlichen Entscheidung zu verweisen, da es sich um das Bestehen oder Nichtbestehen eines rein zivilrechtlichen Anspruchs handelt (Begr. 107).

[5]) Die Aussetzung kann bei Bestehen eines Streites über die Existenz eines privatrechtlichen Titels, welcher für die Genehmigung oder Versagung der Verleihung entscheidend ist, stets von Amts wegen oder auf Antrag beschlossen werden. Es muß ausgesetzt werden, wenn der beanspruchte privatrechtliche Titel glaubhaft gemacht ist. Wann dies der Fall ist, entscheidet die Verleihungsbehörde nach freiem richterlichen Ermessen. Sie braucht nicht zu begründen, weshalb sie die Existenz des behaupteten Titels für glaubhaft gemacht hält. Mittel der Glaubhaftmachung sind alle nach § 294 ZPO. zulässigen. Es können also eidesstattliche Versicherungen, Urkunden, auch rein privatschriftliche Erklärungen als Mittel zur Glaubhaftmachung dienen. Natürlich kann sich eine derartige Glaubhaftmachung nur auf Tatsachen erstrecken, aus welchen die Verleihungsbehörde die Existenz des Titels folgern kann.

Macht die Verleihungsbehörde von dem Recht, die Entscheidung bis zur Erledigung des Streites über den Titel auszusetzen, keinen Gebrauch, so ist der zur richterlichen Entscheidung verwiesene Streit nach § 72 Nr. 5 im Verleihungsbeschluß zu bezeichnen. Es ist ferner im Beschluß Bestimmung darüber zu treffen, welche Auflagen dem Unternehmer gemacht werden für den Fall, daß das Bestehen des Titels im Rechtswege festgestellt wird (Begr. 108). Würde aber ein im ordentlichen Rechtswege festgestellter Titel die Versagung der Verleihung zur Folge haben, so kann, falls nicht der Fall des Abs. 2 Satz 3 vorliegt, die Verleihungsbehörde dahin entscheiden, daß die Verleihung für den Fall der Feststellung des Nichtbestehens des Titels im ordentlichen Rechtswege erteilt, für den entgegengesetzten Fall aber untersagt wird (Begr. 108; KB.A. 120). Dadurch wird das Verleihungsverfahren zwar zum Abschluß gebracht, der Streit der Parteien über den zivilrechtlichen Titel aber nicht präjudiziert, auch der auf

Grund des behaupteten Titels Widersprechende nicht geschädigt, da nach § 77 Abs. 1 die Ausübung des verliehenen Rechts erst nach rechtskräftiger Erledigung des Zivilrechtsstreites beginnen darf.

[6]) „Von dem Unternehmer". Diese von der Kommission eingefügte Beschränkung ist nicht unbedenklich, da die den privatrechtlichen Titel in Anspruch nehmende Partei unter Umständen ein noch größeres Interesse an der Hinauszögerung der Entscheidung haben kann, als der Unternehmer, während im allgemeinen der Unternehmer das Interesse haben wird, eine baldige Entscheidung herbeizuführen, da er vor dieser Entscheidung nach § 77 mit der Ausübung des Rechts nicht beginnen darf.

[7]) Der Antrag auf Erwerb des Eigentums an fremden Grundstücken oder Anlagen durch den Unternehmer gemäß § 53 muß zwar bis zum Schluß der mündlichen Erörterung nach § 65 Abs. 1 gestellt werden, die Entscheidung aber, ob der Unternehmer zum Erwerb verpflichtet ist, kann auf diesen Antrag ausgesetzt und einem späteren Verfahren vorbehalten werden. Der Antrag ist also auch in der Zwischenzeit zwischen dem Schluß des Erörterungstermins und dem Erlaß der Entscheidung durch die Verleihungsbehörde nicht mehr zulässig.

**§ 71.** Der Beschluß über den Verleihungsantrag ist dem Unternehmer und allen Behörden und Personen, die Widersprüche oder Ansprüche (§ 70 Abs. 1) erhoben haben, zuzustellen.[1]) Er muß mit Gründen versehen sein, wenn die Verleihung nicht dem Antrage gemäß oder unter Zurückweisung von Widersprüchen oder Ansprüchen erteilt wird.[2])

Ent. § 66; B. 109; KB.A. 121.

[1]) Satz 1 führt alle diejenigen Beteiligten auf, die als Parteien im Verleihungsverfahren zu gelten haben und denen gemäß § 76 Abs. 1 die Beschwerde gegen den die Verleihung erteilenden Beschluß zusteht (vgl. § 69 Anm. 4). Durch die Zustellung wird die Beschwerdefrist in Lauf gesetzt.

²) Nur in diesem Falle des Satz 2 ist der Beschluß mit Gründen zu versehen. Eine Begründung ist also in allen Fällen nicht erforderlich, in denen die Verleihung antragsgemäß erteilt wird.

Antragsgemäß ist auch eine Verleihung, wenn der Unternehmer sich selbst im Antrag zur Herstellung von Schutzvorrichtungen oder Einrichtungen bereit erklärt hat und dementsprechend die Verleihung erteilt wird. Es liegt dann kein Abweichen vom Antrag vor.

Nicht dem Antrag gemäß ist die Verleihung insbesondere, wenn sie unter einschränkenden Bedingungen oder Auferlegung von Verpflichtungen oder auf eine kürzere Zeit, als beantragt, erteilt wird, oder die Ausübung von der Entscheidung eines Zivilrechtsstreits abhängig ist (vgl. das Nähere oben in Anm. 2 zu § 70).

**§ 72.** Der Verleihungsbeschluß hat zu enthalten:

1. die genaue Bezeichnung der verliehenen Rechte sowie der Unternehmungen, für die sie verliehen werden, und, wenn die Rechte mit dem Eigentum an Grundstücken verbunden werden sollen (§ 46 Abs. 3), auch die genaue Bezeichnung dieser Grundstücke;
2. die nach dem § 47 Abs. 2, 3, dem § 49 Abs. 1, 3, 4, dem § 50 Abs. 1 und den §§ 55 bis 60 getroffenen Bestimmungen;
3. den Ausschluß von Rechten nach Maßgabe der Verwarnung im § 67 Abs. 1;
4. die Entscheidung über Anträge nach § 61 und § 67 Abs. 2, wenn deren Ablehnung erfolgt;
5. die Bezeichnung der Streitigkeiten, die nach § 70 Abs. 2 zur richterlichen Entscheidung verwiesen sind;
6. die Entscheidung über die Widersprüche und Ansprüche und im Falle des § 70 Abs. 3 den Vorbehalt der Entscheidung;

7. im Falle des § 53 die genaue Bezeichnung der Grundstücke oder Anlagen, deren Eigentum der Unternehmer zu erwerben verpflichtet ist;
8. die Festsetzung der von dem Unternehmer zu leistenden Entschädigungen.

**§ 73.** Bei der Verleihung eines Staurechts hat der Beschluß ferner Bestimmungen zu enthalten:

1. über die bauliche Einrichtung der Anlagen, welche die abfließende Wassermenge oder die Vorflut beeinflussen;
2. über die innezuhaltenden Stauzeiten;
3. über die festgesetzten Stauhöhen und zwar, wenn der Wasserstand auf einer bestimmten Mindesthöhe gehalten werden muß, auch über diese;
4. über die zu benutzende Wassermenge, wenn ihre Beschränkung erforderlich ist;
5. über die zum Schutze gegen nachteilige Wirkungen des Staues etwa erforderlichen Maßnahmen;
6. in geeigneten Fällen über die Länge der Zeit, für die sich der Unternehmer eine Betriebsstörung ohne Anspruch auf Entschädigung gefallen lassen muß (§ 102 Abs. 2);
7. in geeigneten Fällen und stets, wenn es sich um eine Talsperre (§ 106) handelt, darüber, ob und unter welchen Bedingungen die Stauanlage dauernd außer Betrieb gesetzt oder beseitigt werden darf (§ 99 Abs. 3).

Ent. §§ 67, 68; B. 109; KB.A. 121 ff.

§ 72 gibt eine Zusammenfassung derjenigen Punkte, die bei der Erteilung der Verleihung wesentlich sind und daher im Verleihungsbeschluß bezeichnet werden müssen. Der Verleihungsbeschluß stellt ein einheitliches Ganzes dar und darf die Verleihungsbehörde die einzelnen zu treffenden Entscheidungen nicht einzeln für sich erlassen, sondern muß sie einheitlich im Verleihungsbeschluß zusammenfassen. Einen besonderen Beschluß — nicht aber einen Verleihungsbeschluß — hat die Verleihungsbehörde zu erlassen, wenn sie den Streit über einen privatrechtlichen Titel zum ordentlichen Verfahren verweist und die Entscheidung über den Verleihungsantrag bis zur Erledigung des Rechtsstreits aussetzt (Begr. 109).

§ 73 ergänzt den § 72 für den Fall, daß es sich um die Verleihung eines Staurechts handelt.

**§ 74.** Wird der Unternehmer durch den Verleihungsbeschluß verpflichtet, ein Grundstück nach § 53 zu erwerben, so hat die Verleihungsbehörde unverzüglich das Grundbuchamt um Eintragung eines Vermerkes über die Verpflichtung zu ersuchen. Der Vermerk wirkt gegenüber dem öffentlichen Glauben des Grundbuchs wie eine Vormerkung zur Sicherung des Anspruchs des Unternehmers auf Übertragung des Eigentums.

Ent. § 69; B. 110.

Der Eigentumsübergang vollzieht sich im Falle des § 54 mit der Eintragung im Grundbuch (§ 78 Abs. 1 Satz 1), die aber erst nach Eintritt der Voraussetzungen des § 77 erfolgen kann. § 74 sieht deshalb zum Schutze des Unternehmers die Eintragung einer Vormerkung im Grundbuch auf Antrag der Verleihungsbehörde vor, welche einer Vereitelung oder Erschwerung der Übernahme des Grundstücks durch den Unternehmer vorbeugen soll (Begr. 110).

**§ 75.** Die Kosten des Verleihungsverfahrens fallen dem Unternehmer zur Last. Die durch unbegründete Widersprüche oder Ansprüche erwachsenen Kosten können jedoch durch den auf den Verleihungsantrag ergehenden Beschluß demjenigen, der sie erhoben hat, auferlegt werden.

Ent. § 70; B. 110.

Als allgemeiner Grundsatz gilt, daß die Kosten des Verleihungsverfahrens dem Unternehmer zur Last fallen. Erfolgt eine Entscheidung über mehrere Anträge im selben Verfahren, so sind die Kosten entsprechend zu verteilen. Es fallen daher dem Unternehmer grundsätzlich auch die Kosten zur Last, welche durch Widersprüche, Anträge und Erhebung sonstiger Ansprüche entstanden sind, also auch die Kosten von Ortsterminen, Zeugen- und Sachverständigengebühren und zwar auch dann, wenn sie als unbegründet zurückgewiesen sind. Diese Bestimmung beruht auf der Erwägung, daß „unter Umständen die Geltendmachung von Widersprüchen und Ansprüchen, auch wenn sie für objektiv unbegründet erachtet werden, vom Standpunkt desjenigen, der sie erhoben hat, gerechtfertigt sein" können (Begr. 110). Solche Kosten sollen daher dem Unternehmer zur Last fallen. Dagegen sollen, je nach der Lage Sache, die Kosten, welche durch objektiv und subjektiv unbegründete Widersprüche und Anträge entstanden sind, dem, der sie veranlaßt hat, auferlegt werden können. Es ist also die Kostenverteilung nach dieser Richtung in das freie Ermessen der Verleihungsbehörde gestellt. Es muß aber dann, wenn abweichend von der Grundregel des § 75 Satz 1 die Kosten anders verteilt werden, eine diesbezügliche Entscheidung in den Verleihungsbeschluß aufgenommen werden. Erfolgt die Kostenverteilung gemäß Satz 1, so bedarf es einer besonderen Entscheidung im Verleihungsbeschluß nicht, da sie dann kraft Gesetzes dem Unternehmer zur Last fallen (Begr. 110).

**§ 76.** (1) Gegen den Beschluß über den Verleihungsantrag steht, soweit er nicht die von dem Unternehmer[1]) zu leistende Entschädigung betrifft, dem Unternehmer und, wenn eine Verleihung erteilt ist, auch den übrigen Parteien (§ 71) binnen zwei Wochen[2]) die Beschwerde bei dem Landeswasseramte[3]) zu.

(2) Soweit die Entscheidung über den Verleihungsantrag die von dem Unternehmer zu leistende Entschädigung betrifft, kann binnen drei Monaten der Rechtsweg[4]) beschritten

werden. Die Frist beginnt für den Unternehmer mit dem Tage, an dem die Entscheidung über die Verleihung rechtskräftig geworden ist, für die übrigen Beteiligten mit dem Tage, an dem ihnen die Mitteilung der Verleihungsbehörde von der Rechtskraft der Entscheidung zugestellt[5]) ist. Beschreitet der Unternehmer den Rechtsweg, so fallen ihm jedenfalls die Kosten der ersten Instanz zur Last.[6])

Ent. § 71; B. 110 ff.; KB.A. 121 ff.; L. III 8546 ff.

[1]) Gegen den Verleihungsbeschluß und alle in ihm enthaltenen Auflagen und Bedingungen steht dem Unternehmer die Beschwerde zu. Sie braucht sich nicht gegen den Verleihungsbeschluß als Ganzes zu richten, sondern kann sich auch auf einzelne in ihm enthaltene Entscheidungen beschränken. Sie ist also gegeben, wenn der Beschluß nicht antragsgemäß erfolgt, sei es, daß die Verleihung überhaupt abgelehnt oder mit materiellen oder zeitlichen Beschränkungen belastet ist. Den übrigen Parteien, wie sie im § 71 genannt sind, steht die Beschwerde nur dann zu, wenn die Verleihung erteilt ist. Sie kann sich richten gegen den Verleihungsbeschluß als Ganzes, wie auch gegen einzelne Entscheidungen, durch welche Ansprüche auf Herstellung und Unterhaltung von Einrichtungen ganz oder teilweise abgewiesen sind, oder wenn die Verleihung statt auf Zeit, unbeschränkt, oder nach Ansicht der betreffenden Partei auf zu lange Zeit erteilt ist.

[2]) Die Frist beginnt mit der im § 71 vorgesehenen Zustellung. Ihr Lauf und Ende braucht also nicht für die verschiedenen Parteien mit demselben Tage zu beginnen bzw. zu endigen.

[3]) Landeswasseramt s. § 370.

[4]) Der ordentliche Rechtsweg ist beschränkt auf die Entschädigungsansprüche. Nach der allgemeinen Fassung des Abs. 2 Satz 1 ist er auch zulässig, wenn eine Entschädigung entgegen dem gestellten Antrage überhaupt nicht im Verleihungsbeschluß festgesetzt ist.

[5]) Der Beginn der dreimonatigen Frist ist verschieden bestimmt. Für den Unternehmer beginnt die Frist mit dem Tage,

an welchem die Entscheidung über die Verleihung rechtskräftig geworden ist, für die übrigen Parteien mit dem Tage, an dem ihnen die Mitteilung der Verleihungsbehörde von der Rechtskraft der Entscheidung zugestellt ist. Es muß also außer der Zustellung des Beschlusses nach § 71 allen übrigen im Verfahren Beteiligten noch eine besondere Mitteilung darüber zugestellt werden, daß der Verleihungsbeschluß, sei es derjenige der I. oder II. Instanz, rechtskräftig ist.

[6]) Die Vorschrift über die Kostenlast entspricht dem § 30 Abs. 5 EnteignG. Voraussetzung ist, daß vom Unternehmer der Rechtsweg beschritten wird. Wird die Klage von einer anderen am Verfahren beteiligten Person erhoben, so greifen die allgemeinen Bestimmungen über die Prozeßkosten der ZPO. (§§ 91 ff.) unbeschränkt Platz. Über die Frage der Kostenlast, wenn der Unternehmer zwar den Rechtsweg beschritten, der Gegner aber Widerklage erhoben hat, s. RG. bei Bolze 2 Nr. 1267; JW. 94 584; RG. 34 194; Eger, E.G. 2 Anm. 241. Nicht dem Unternehmer fallen zur Last die Kosten einer schuldbaren Versäumnis der Gegenpartei.

**§ 77.** (1) Mit der Ausübung des verliehenen Rechtes darf erst begonnen werden, wenn der nach § 76 Abs. 2 vorbehaltene Rechtsweg dem Unternehmer gegenüber[2]) durch Ablauf der Frist, Verzicht[3]) oder rechtskräftiges Urteil erledigt und wenn nachgewiesen ist,[4]) daß die nach den §§ 51 bis 53 zu gewährende vereinbarte oder endgültig festgestellte Entschädigung gezahlt oder hinterlegt ist.[5]) Besteht die Entschädigung in wiederkehrenden Leistungen (§ 51 Abs. 2), so genügt die Hinterlegung des Gesamtbetrags für die nächsten drei Jahre.

(2) Auf Antrag des Unternehmers kann in dem Verleihungsbeschluß oder in einem den Verleihungsbeschluß ergänzenden Beschluß, und zwar auch in der Beschwerdeinstanz, angeordnet werden, daß noch vor der endgültigen Ent-

scheidung über den Verleihungsantrag mit der beantragten Benutzung des Wasserlaufs begonnen werden kann, sobald der Antragsteller eine von der Behörde festzusetzende Sicherheit geleistet hat.[6])

(3) Der Staat und die Kommunalverbände sind von der Sicherheitsleistung frei.

(4) Wird mit der Ausübung des Rechtes begonnen, bevor dies nach Abs. 1, 2 zulässig ist, so kann die Wasserpolizeibehörde die Ausübung hindern und die Beseitigung der errichteten Anlagen anordnen.[7])

Ent. § 72; B. 113; KB.A. 132 ff.; KB.H. 36.

[1]) Auch wenn der Verleihungsbeschluß rechtskräftig geworden ist, darf nur dann sofort mit der Ausübung des verliehenen Rechts begonnen werden, wenn die Verleihung bedingungslos und entschädigungsfrei erteilt ist. Andernfalls setzt die Ausübung des verliehenen Rechtes voraus:

a) Erledigung der Entschädigungsansprüche durch Fristablauf, Verzicht oder rechtskräftiges Urteil,

b) Nachweis, daß die vereinbarte oder endgültig festgestellte Entschädigung gezahlt oder hinterlegt ist.

Beide Voraussetzungen müssen erfüllt sein.

[2]) „Dem Unternehmer gegenüber" muß die Frist zur Beschreitung des Rechtsweges abgelaufen sein. In der Regel wird dieselbe dem Unternehmer gegenüber später ablaufen, als diejenige des Unternehmers gegenüber den übrigen Parteien. Das folgt daraus, daß die Frist für die übrigen Parteien nach § 76 Abs. 2 Satz 2 erst durch die dort vorgeschriebene Zustellung in Lauf gesetzt wird (s. Anm. 5 zu § 76).

[3]) „Verzicht" kann formlos erfolgen.

[4]) Die Zahlung oder Hinterlegung muß der Verleihungsbehörde ev. nach Abs. 4 der Wasserpolizeibehörde gegenüber nachgewiesen werden. Die Beweislast hat der Unternehmer. Wann der Nachweis als geführt anzunehmen ist, bestimmt das Gesetz nicht. Ob

er durch öffentliche oder durch öffentlich beglaubigte Urkunden zu führen ist, ist zweifelhaft. Auf Verlangen der Verleihungsbehörde ist er jedenfalls in dieser Form zu führen.

[5]) „Gezahlt oder hinterlegt" bedeutet kein Wahlrecht des Unternehmers. „Zahlen" muß der Unternehmer in allen Fällen, in denen die Entschädigung entweder vereinbart oder rechtskräftig festgestellt ist; „hinterlegen" darf bzw. muß er dann, wenn die Höhe der Entschädigung noch nicht rechtskräftig feststeht, ferner im Falle des § 51 Abs. 2, wonach er den dreifachen Gesamtjahresbetrag hinterlegen muß, sowie im Falle des § 53, ev. auch des § 78 Abs. 2 und des § 37 EnteignG. Die Zahlung bzw. Hinterlegung muß an bzw. für alle im Verleihungsbeschluß bezeichneten Entschädigungsberechtigten erfolgen. Für die Hinterlegung ist die preuß. Hinterlegungsordnung v. 14. 3. 79 maßgebend. Eine Parteivereinbarung über eine andere Art der Hinterlegung, insbesondere eine andere Hinterlegungsstelle, ist zulässig.

[6]) Abs. 2 gibt der Verleihungsbehörde die Möglichkeit, die beantragte Benutzung des Wasserlaufs schon zu gestatten, bevor das Verleihungsverfahren endgültig erledigt ist. Es handelt sich bei dieser Bestimmung (abweichend vom Entwurf) nicht darum, schon vor Erledigung eines Rechtsstreits über die Entschädigung oder eines gemäß § 70 Abs. 2 zur richterlichen Entscheidung verwiesenen Streites eine Benutzung des Wasserlaufs in der beantragten Weise zu gestatten. Vielmehr soll eine „einstweilige Verleihung" gegeben werden können, während das Verleihungsverfahren noch schwebt. Voraussetzung ist aber, daß ein Verleihungsbeschluß auf den Antrag bereits ergangen ist, dieser aber noch nicht rechtskräftig ist. Es folgt dies aus der Fassung des Abs. 2, welcher bestimmt, daß diese einstweilige Verleihung entweder in dem Verleihungsbeschluß selbst, oder in einem den Verleihungsbeschluß ergänzenden Beschluß ausgesprochen wird. Daraus folgt, daß ein Verleihungsbeschluß vorliegen muß. Es genügt also auch nicht ein Aussetzungsbeschluß nach § 70 Abs. 2.

[7]) Die hier der Wasserpolizeibehörde gegebene Befugnis steht ihr schon nach § 22 zu.

**§ 78.** (1) Im Falle des § 53 hat die Verleihungsbehörde nach dem Eintritte der Voraussetzungen des § 77 Abs. 1 unverzüglich das Grundbuchamt um Eintragung des Überganges des Eigentums an dem Grundstück auf den Unternehmer zu ersuchen. Der Übergang vollzieht sich mit der Eintragung.[1])

(2) Ist das in das Eigentum des Unternehmers übergehende Grundstück mit Rechten Dritter belastet oder steht es im Lehns-, Fideikommiß-, Stammguts- oder Leiheverbande, so sind der Artikel 52 und der Artikel 53 Abs. 1 des Einführungsgesetzes zum Bürgerlichen Gesetzbuche sowie der § 47 des Enteignungsgesetzes vom 11. Juni 1874 (Gesetzsamml. S. 221) anzuwenden.[2])

Ent. § 73; B. 113 ff.

[1]) § 78 ergänzt den § 74, nach welchem die Verleihungsbehörde eine Vormerkung im Grundbuch eintragen lassen muß.

Der Eigentumsübergang vollzieht sich abweichend vom PrEnteignG. mit der Eintragung im Grundbuch.

[2]) Die Bestimmung des Abs. 2 verfolgt einen doppelten Zweck, einmal dem Unternehmer lastenfreies Eigentum zu sichern, das ihn in die Lage versetzt, das Grundstück, zu dessen Erwerb er gezwungen ist, auch zu seinen Zwecken zu verwenden, ohne durch ev. vorhandene Realberechtigte gehindert zu sein. Die Entschädigung der Realberechtigten ist in die dem Eigentümer des Grundstücks zu gewährende Entschädigung einbegriffen. Für den Schutz der Realberechtigten vor Schädigungen ist durch die Anwendbarkeit des Art. 52 EG.BGB. Sorge zu tragen. Nach dieser Bestimmung tritt der Entschädigungsanspruch an die Stelle des Rechts. Aus Art. 53 EG.BGB. in Verb. mit § 1128 BGB. folgt, daß der Unternehmer die Entschädigungssumme mit Wirkung gegen die dinglich Berechtigten erst zahlen kann, wenn er oder der Eigentümer den Eintritt des Entschädigungsfalles dem dinglich Berechtigten angezeigt hat und seit dem Empfang der Anzeige ein Monat verstrichen ist.

**§ 79.** **Dem Unternehmer ist eine Verleihungsurkunde auszufertigen, die das verliehene Recht und das Unternehmen, für welches es verliehen ist, zu bezeichnen hat. Soweit erforderlich, sind beglaubigte Erläuterungen und Zeichnungen beizufügen.**

Ent. § 74; B. 114.

Außer dem Verleihungsbeschluß ist dem Unternehmer von Amts wegen eine Verleihungsurkunde auszufertigen. Diese bildet die urkundliche Grundlage für den Nachweis des Umfanges seines Rechts. Die Urkunde kann erst ausgefertigt werden, wenn der Verleihungsbeschluß rechtskräftig ist, ev. also auf Grund der in der Beschwerdeinstanz getroffenen Abänderungen. Sie muß alle dem Unternehmer gemachten Auflagen enthalten, also insbesondere die ihm auferlegten Verpflichtungen zur Erhaltung des Wasserlaufs oder seiner Ufer oder von Einrichtungen zur Verhütung von Nachteilen, zur Beteiligung an Veranstaltungen im Sinne des § 55, desgleichen Bestimmungen über Entschädigungen, welche in wiederkehrenden Leistungen bestehen.

**§ 80.** (1) Die Verleihungsurkunde unterliegt einer Stempelabgabe nach folgenden Sätzen:

wenn der Wert des verliehenen Rechtes beträgt

| | |
|---|---|
| nicht mehr als 1000 *M* | 1 *M* |
| mehr als 1000 *M*, aber nicht mehr als 5000 *M* | 5 „ |
| „ „ 5000 „ „ „ „ „ 10000 „ | 10 „ |
| „ „ 10000 „ „ „ „ „ 20000 „ | 20 „ |
| „ „ 20000 „ „ „ „ „ 50000 „ | 50 „ |
| „ „ 50000 „ „ „ „ „ 75000 „ | 75 „ |
| „ „ 75000 „ „ „ „ „ 100000 „ | 100 „ |
| und bei einem höheren Werte in Abstufungen von je 50000 *M* für jede angefangene Stufe | 50 *M* |

(2) Ist die Genehmigung einer Anlage, die für die Benutzung des Wasserlaufs erforderlich ist,[1]) nach Tarifstelle

22d des Stempelsteuergesetzes in der Fassung vom 30. Juni 1909 (Gesetzsamml. S. 535) stempelpflichtig, so wird nur eine der beiden Abgaben, und zwar die höhere, erhoben.

(3) Bei Bewilligungen von Fristverlängerungen (§ 60 Abs. 2) kommt $1/_4$ der Sätze zu Abs. 1, 2 in Ansatz, mindestens aber 1 Mark.[2])

(4) Dient das Unternehmen gemeinnützigen Zwecken, so bleibt die Stempelabgabe außer Ansatz. Durch diese Befreiung wird jedoch die Verpflichtung zur Entrichtung der Abgabe aus Tarifstelle 22d des Stempelsteuergesetzes nicht berührt.

(5) Die Bestimmungen des Stempelsteuergesetzes sind entsprechend anzuwenden.

Ent. § 75; B. 114 ff.; KB.A. 135.

[1]) Z. B. eines Wassertriebwerkes oder einer Stauanlage.

[2]) Die Abgabe ist in voller Höhe erneut zu zahlen, wenn nach § 47 Abs. 4 eine Verlängerung einer auf Zeit erteilten Verleihung eintritt.

**§ 81.** (1) Das verliehene Recht ist im Rechtswege verfolgbar. Die für die Ansprüche aus dem Eigentume geltenden Vorschriften sind entsprechend anzuwenden.[1]) Das Recht kann von dem Unternehmen, für das es verliehen ist, nicht getrennt werden und geht mit ihm auf den Rechtsnachfolger über.[2])

(2) Ist das Recht mit dem Eigentum an einem Grundstücke verbunden (§ 46 Abs. 3), so kann es auch von diesem Eigentume nicht getrennt werden und geht nur mit dem Eigentum an dem Grundstück und dem Unternehmen zusammen auf den Rechtsnachfolger über.[3]) Das Recht ist auf Antrag auf dem Grundbuchblatte des Grundstücks zu vermerken. Wird das Grundstück geteilt, so erlischt das ver-

**liehene Recht für die Teile, denen seine Ausübung nicht zum Vorteile gereicht.**[4])

Ent. § 76; B. 115; KB.A. 135.

[1]) Das verliehene Recht ist ein reines Privatrecht und deshalb im ordentlichen Rechtswege verfolgbar. Vor die ordentlichen Gerichte gehören daher alle Streitigkeiten über den Umfang des verliehenen Rechts und über andere aus der Verleihung hergeleiteten Rechte. Es sind nach Satz 2 die für die Ansprüche aus dem Eigentum geltenden Vorschriften entsprechend anzuwenden. Es folgt daraus, daß die dem Eigentümer in den §§ 985 ff. BGB. gegebenen Schutzmittel, soweit sie der Natur des verliehenen Rechts nach überhaupt Anwendung finden können, auch dem Unternehmer zustehen.

Bezüglich des Gerichtsstandes vgl. §§ 24 u. 26 ZPO.

[2]) Die Bestimmung des Satz 2 ist eine Konsequenz der Bestimmung des § 48. Da die Verleihung nur für ein Unternehmen gegeben werden darf, für welches ein bestimmter Plan vorliegt, eine Bestimmung, welche den Zweck hat, der Verleihungsbehörde die Möglichkeit zu geben, die Wirkungen des zu verleihenden Rechts nach Möglichkeit zu beurteilen und demgemäß die notwendigen Schutzmaßregeln dem Unternehmer zur Pflicht zu machen, folgt mit Notwendigkeit, daß ein dergestalt verliehenes Recht nicht von der Grundlage getrennt werden kann, auf welcher es aufgebaut ist. Diese Grundlage bildet aber das Unternehmen und der diesem zugrunde liegende Plan. Deshalb kann nach Satz 2 das verliehene Recht nur mit dem Unternehmen, für das es erteilt ist, veräußert oder vererbt werden.

[3]) Ein mit dem Eigentum an einem Grundstück verbundenes Recht kann nur mit dem Eigentum an diesem Grundstück und dem Unternehmen, für welches es verliehen ist, zusammen veräußert oder vererbt werden.

[4]) Ein solches gemäß § 46 Abs. 3 verliehenes Recht kann auf dem Grundbuchblatt des Grundstücks auf Antrag eingetragen werden. Es erlischt aber, wenn dieses Grundstück geteilt wird,

für diejenigen Teile, für welche seine Ausübung keinen Vorteil bietet (vgl. § 340 Abs. 5). Dieses Erlöschen erfolgt ipso jure. Es entsteht dadurch ein Anspruch auf Berichtigung des Grundbuches gemäß § 894 BGB. und demgemäß ein Anspruch auf Eintragung einer entsprechenden Vormerkung im Grundbuch. Diese Berichtigung kann auch im Wege der Klage im dinglichen Gerichtsstande (§ 24 ZPO.) verfolgt werden.

**§ 82.**[1]) (1) Wegen nachteiliger Wirkungen der Ausübung des verliehenen Rechtes kann der davon Betroffene nicht die Unterlassung der Ausübung oder die Beseitigung einer auf Grund des verliehenen Rechtes errichteten Anlage verlangen.[2]) Er kann aber nach den §§ 50 bis 55 fordern, daß Einrichtungen hergestellt und unterhalten werden, welche die nachteilige Wirkung ausschließen, und kann, wo solche Einrichtungen mit dem Unternehmen nicht vereinbar oder wirtschaftlich nicht gerechtfertigt sind, Entschädigung verlangen.[3]) Die Ansprüche sind ausgeschlossen, wenn er schon vor Ablauf der im § 66 Abs. 1 bezeichneten Frist die nachteilige Wirkung vorausgesehen hat oder hätte voraussehen müssen und bis zum Ablaufe der Frist weder der Verleihung widersprochen noch einen Anspruch auf Herstellung von Einrichtungen oder auf Entschädigung erhoben hat.[4]) Der Ablauf der Frist steht den Ansprüchen nicht entgegen, wenn der Geschädigte glaubhaft macht, daß er durch Naturereignisse oder andere unabwendbare Zufälle verhindert worden ist, die Frist einzuhalten.

(2) Die Ansprüche verjähren in drei Jahren von dem Zeitpunkt an, in welchem der Geschädigte von dem Eintritte der nachteiligen Wirkung Kenntnis erlangt hat. Sie sind ausgeschlossen, wenn sie nicht binnen dreißig Jahren nach Ablauf des Jahres geltend gemacht sind, in dem der Unter-

nehmer mit der Ausübung des verliehenen Rechtes begonnen hat.[5])

(3) Die Entscheidung trifft die Verleihungsbehörde; der § 70 Abs. 2 Satz 1, 2 und die §§ 71, 76 sind entsprechend anzuwenden. Dasselbe gilt in den Fällen des § 70 Abs. 3; in den Fällen des § 70 Abs. 3 Satz 2 ist auch § 78 anzuwenden.[6])

Ent. § 77; B. 115; KB.A. 135 ff.; L. III 8554.

[1]) § 82 bestimmt die Rechte, welche dem durch die Ausübung eines verliehenen Rechts Geschädigten nach erfolgter Verleihung noch zustehen, falls sich durch die Ausübung des verliehenen Rechts später nachteilige Wirkungen ergeben.

[2]) Ausgeschlossen ist der negatorische Anspruch, d. h. der Anspruch auf Unterlassung der Ausübung des verliehenen Rechts oder der Beseitigung einer auf Grund desselben errichteten Anlage.

[3]) Der Geschädigte kann lediglich die in §§ 50—55 vorgesehenen Ansprüche auf Herstellung von Einrichtungen und Unterhaltung derselben erheben, wenn durch dieselben die nachteilige Wirkung ausgeschlossen werden kann. Nicht verlangen kann er Einrichtungen, welche mit dem Unternehmen nicht vereinbar oder wirtschaftlich nicht gerechtfertigt sind. Im letzteren Falle bleibt ihm der Anspruch auf Entschädigung. Der Geschädigte kann aber nicht nur solche Einrichtungen verlangen, welche die nachteilige Wirkung ausschließen, sondern auch solche, welche diese Wirkungen nur vermindern (s. RG. v. 26. 2. 92 in SeuffA. **47** Nr. 285). Im übrigen vgl. die Anm. zu §§ 50—55.

[4]) Der Anspruch des Geschädigten ist aber nicht ein unbedingter. Er kann dieselben nicht mehr erheben, wenn er dieselben bereits im Verleihungsverfahren hätte erheben können, d. h. wenn er die nachteilige Wirkung vorausgesehen hat oder hätte voraussehen müssen, d. h. schuldhafter- oder fahrlässigerweise nicht vorausgesehen hat und wenn er trotzdem im Verleihungsverfahren innerhalb der

nach § 66 Abs. 1 Satz 3 vorgesehenen Frist weder widersprochen, noch einen Anspruch auf Herstellung von Einrichtungen oder Entschädigung erhoben hat.

[5]) Sowohl die dreijährige wie die dreißigjährige Frist des Abs. 2 beginnt erst mit dem Ablauf des Jahres, in welchem der Unternehmer mit der Ausübung des verliehenen Rechts begonnen hat. Es entscheidet hier also nicht der Zeitpunkt der Verleihung, sondern der Ausübung des verliehenen Rechts.

**§ 83.** Die Wasserpolizeibehörde hat den Unternehmer zur Erfüllung der ihm im Verleihungsbeschluß auferlegten Bedingungen anzuhalten.

Ent. § 78; B. 117 ff.; KB.A. 137; KB.H. 36 ff.; L.H. 1025 ff.

Die nach §§ 50—55 im Verleihungsbeschluß dem Unternehmer auferlegten Bedingungen sind nicht lediglich zum Schutze von Privatinteressen, sondern auch im Interesse des öffentlichen Wohles und der Allgemeinheit vorgesehen. Mit Rücksicht hierauf und entsprechend der ganzen Auffassung des Gesetzes, welches der Wasserpolizeibehörde weitgehende Eingriffsrechte in das Privateigentum gestattet, ist im § 83 der Wasserpolizeibehörde die Pflicht auferlegt, von Amts wegen die Erfüllung der dem Unternehmer im Verleihungsbeschluß auferlegten Bedingungen zu kontrollieren und ihn zu derselben anzuhalten. Dieses Recht der Polizeibehörde ist aber nicht beschränkt auf die im Interesse des öffentlichen Wohles aufgestellten Bedingungen, sondern betrifft die zum Schutze der Privatinteressen gemachten Auflagen (KB.A. zu § 78 S. 137).

Wiederholte Nichteinhaltung der dem Unternehmer auferlegten Bedingungen in wesentlichen Punkten gibt der Wasserpolizeibehörde das Recht, Antrag auf entschädigungslose Zurücknahme der Verleihung zu stellen, jedoch erst nach vorausgegangener Aufforderung (§ 85 Nr. 4).

Wegen einer Erzwingung einer Handlung oder Unterlassung durch Geldstrafen s. § 132 LVG.

Vorbemerkung zu §§ 84 u. 85.

Das Gesetz nennt in den §§ 84 u. 85 die Gründe, aus welchen eine vollständige oder teilweise Zurücknahme der Verleihung vor Ablauf der Verleihungszeit erfolgen kann. Die Aufzählung dieser Gründe ist erschöpfend. Das Gesetz unterscheidet hierbei eine Zurücknahme der Verleihung gegen Entschädigung (§ 84) und eine solche ohne Entschädigung (§ 85). In allen Fällen erfolgt die Zurücknahme durch einen Beschluß der Verleihungsbehörde. In allen Fällen ist ein Antrag erforderlich. Antragsberechtigt sind stets nur Behörden oder Körperschaften des öffentlichen Rechts unter grundsätzlicher Ausschließung aller Privatpersonen, mögen sie an der Zurücknahme oder Beschränkung der Verleihung auch ein noch so großes Interesse haben.

Im § 84 ist auch die nicht unerhebliche Schwierigkeiten bietende Entschädigungsfrage geregelt.

Über das Verhältnis des § 84 Abs. 4 zum § 85 Abs. 1 Nr. 1 s. Anm. 9 zu § 84.

**§ 84.** (1) Wegen überwiegender Nachteile oder Gefahren für das öffentliche Wohl[1]) kann die Verleihung auf Antrag[2]) des Staates, eines Kommunalverbandes oder einer anderen öffentlichrechtlichen Körperschaft oder der Wasserpolizeibehörde gegen Entschädigung[4]) des Unternehmers durch Beschluß der Verleihungsbehörde jederzeit zurückgenommen oder beschränkt[3]) werden. Soweit die Zurücknahme oder Beschränkung einer Körperschaft des öffentlichen Rechtes oder deren Angehörigen zum Vorteile gereicht,[6]) hat sie nach Maßgabe dieses Vorteils die Entschädigung und die Kosten des Verfahrens aufzubringen, im übrigen hat der Staat[5]) die Entschädigung zu zahlen und die Kosten des Verfahrens zu tragen.

(2) Gegen den Beschluß, der mit Gründen zu versehen ist, stehen den Beteiligten die im § 76 bezeichneten Rechtsmittel zu.[7])

(3) Ist das verliehene Recht mit dem Eigentum an einem Grundstücke verbunden (§ 46 Abs. 3), so sind, wenn dieses mit Rechten Dritter belastet ist oder im Lehns-, Fideikommiß-, Stammguts- oder Leiheverbande steht, der Artikel 52 und der Artikel 53 Abs. 1 des Einführungsgesetzes zum Bürgerlichen Gesetzbuche sowie der § 47 des Enteignungsgesetzes vom 11. Juni 1874 (Gesetzsamml. S. 221) anzuwenden.[8])

(4) Der nach Abs. 1 Entschädigungspflichtige kann im Rechtsweg[11]) Erstattung der Entschädigung und der Kosten von demjenigen verlangen, der die Verleihung durch wissentlich unrichtige Nachweisungen erwirkt hat.[9])[10])

Ent. § 79; B. 118; KB.A. 137 ff.; L. II 8140; L. III 8555; KB.H. 37.

[1]) Nur überwiegende Nachteile und Gefahren für das öffentliche Wohl sind Grund zur Zurücknahme der Verleihung gegen Entschädigung. Es müssen also Nachteile oder Gefahren, nicht bloß Belästigungen sein. Dieselben müssen das Gemeinwohl gefährden, nicht etwa nur das Publikum oder Nachbarn, und sie müssen das private und öffentliche Interesse an der Erhaltung des verliehenen Rechts überwiegen. Eine Zurücknahme aus privatrechtlichen oder privatwirtschaftlichen Gründen ist nicht zulässig. Begriff des öffentlichen Wohles s. § 19 Nr. 9.

[2]) „Auf Antrag". Antragsberechtigt ist der Staat, ein Kommunalverband, eine andere öffentlichrechtliche Körperschaft und die Wasserpolizeibehörde. Es können Anträge von mehreren Behörden gestellt, die auch inhaltlich verschieden sein können. Es kann also von der einen Behörde ein Antrag auf vollständige Zurücknahme, von einer anderen nur ein solcher auf Beschränkung gestellt werden. Über beides hat die Verleihungsbehörde zu entscheiden.

Privatpersonen sind nicht antragsberechtigt, können aber bei den antragsberechtigten Organen Anträge stellen, um diese ihrerseits zu veranlassen, den Zurücknahme- oder Beschränkungsantrag zu stellen.

[3]) „Zurückgenommen oder beschränkt werden". Die Befugnis

der Verleihungsbehörde zur Zurücknahme oder Beschränkung geht naturgemäß nicht weiter, wie ihr Recht zur Verleihung. Sie ist deshalb auch lediglich auf die Benutzung des Wasserlaufs selbst beschränkt und kann niemals auf das Unternehmen ausgedehnt werden, dem das Recht verliehen ist. Beschränkungen können in Einschränkung der Benutzung der Wassermengen, Beseitigung von Anlagen im Wasserlauf, Herstellung von Schutzvorrichtungen, Auflagen über erhöhte Unterhaltung oder Reinigung des Bettes oder des Wasserlaufs bestehen. Die Zurücknahme oder Beschränkung erfolgt durch Beschluß der Verleihungsbehörde. Derselbe ist nach § 76 Abs. 1 in Verb. mit § 71 dem Unternehmer und den antragstellenden Behörden zuzustellen. Ob auch die Zustellung an die übrigen Parteien des § 71 notwendig ist, kann zweifelhaft sein. Man wird sie aber verlangen müssen, soweit es sich hierbei um Entschädigungsberechtigte handelt, deren Ansprüche durch eine Veränderung der Verleihung oder ihre Zurücknahme berührt werden können (vgl. unten Anm. 4). Dies gilt insbesondere für diejenigen Entschädigungsberechtigten, deren Entschädigung in wiederkehrenden Leistungen besteht, weil diese Leistungen durch eine Zurücknahme der Verleihung notwendig berührt werden müssen.

4) „Gegen Entschädigung". Der erstattungspflichtige Schaden umfaßt nicht nur die Aufwendungen für Anlagen und Einrichtungen, welche zur Ausübung des verliehenen Rechts gemacht sind, mögen sie nun direkt oder indirekt der Ausübung dieses Rechts dienen, sondern auch den entgangenen Gewinn (§ 252 BGB.). Er umfaßt auch den Anspruch auf vollständige oder teilweise Erstattung der vom Unternehmer gezahlten einmaligen Entschädigung, nicht aber den Anspruch auf Erstattung der in der Vergangenheit gezahlten Entschädigung, soweit sie in wiederkehrenden Leistungen besteht. Er umfaßt ferner auch die für den Erwerb von Grundstücken oder Anlagen nach § 53 dem Unternehmer entstandenen Erwerbskosten. Zu ersetzen ist aber immer nur derjenige Schaden, welcher durch die Entziehung oder Beschränkung des den Gegenstand der Verleihung bildenden Rechts entsteht, nicht aber die schädigenden Wirkungen, die für das Unternehmen, dessen Zwecken die

Benutzung des Wasserlaufs dient, durch die Entziehung oder Beschränkung der Verleihung herbeigeführt wird. Es wird im einzelnen Falle zu prüfen sein, wo dieser Schaden durch Entziehung des Rechts aufhört und derjenige für das Gesamtunternehmen anfängt.

[5]) Entschädigungspflichtig sind a) der Staat, b) diejenige Körperschaft des öffentlichen Rechts, welche selbst oder deren Angehörigen durch die Zurücknahme der Beschränkung des verliehenen Rechts Vorteil haben.

Während der Staat stets ohne Rücksicht auf den Vorteil für die Allgemeinheit ersatzpflichtig ist, sind die beteiligten Körperschaften des öffentlichen Rechts es nur im Verhältnis der Größe ihres Vorteils. Es folgt daraus, daß sowohl der Staat wie auch die bevorteilte öffentliche Körperschaft ersatzpflichtig sind, letztere nach Maßgabe ihres Vorteils, der Staat für den Rest des dem Unternehmer entstehenden Schadens.

Regreßansprüche hat das Gesetz ausschließen wollen (im Gegensatz zum Entwurf, vgl. KB.A. 138 ff.). Trotzdem wird man die Frage nicht von der Hand weisen können, ob in einzelnen Fällen nicht doch eine Erstattungspflicht für die Bevorteilten in Frage kommen kann. Ist z. B. eine einmalige Kapitalentschädigung einem der von nachteiligen Wirkungen des verliehenen Rechts Betroffenen nach § 51 gezahlt und hören diese Wirkungen durch die Zurücknahme der Verleihung auf, so würde der Entschädigte für die Folge ohne Rechtsgrund bereichert sein. Er würde im Besitz einer Entschädigung sein, obwohl der rechtliche Grund später weggefallen ist. Die entsprechende Anwendung des § 812 BGB. erscheint deshalb wohl gegeben.

[6]) „Nach Maßgabe dieses Vorteils". Nicht Billigkeitsrücksichten sondern lediglich der tatsächliche Vorteil ist entscheidend (KB.H. 37). Den über diesen Vorteil hinausgehenden Schaden des Unternehmers zahlt der Staat. Die Kosten des Verfahrens trägt im gleichen Verhältnis die betreffende öffentliche Körperschaft und der Staat.

[7]) Den Beteiligten, d. s. die im Abs. 1 Genannten, also der

Unternehmer und die nach jener Bestimmung Antragsberechtigten, soweit sie Anträge gestellt haben. Siehe aber auch Anm. 3 bezüglich der Entschädigungsberechtigten, die auch zu den Beteiligten zu rechnen sind.

Gegen den Beschluß, durch den die Verleihung zurückgenommen oder beschränkt wird, steht dem Unternehmer die Beschwerde zu, andernfalls den Antragstellern. Gegen die Feststellung der Entschädigung ist gemäß § 76 Abs. 2 der ordentliche Rechtsweg gegeben. Das Nähere s. in den Anm. zu § 76.

[8]) Vgl. Anm. 2 zu § 78.

[9]) Abs. 4 ist erst in der III. Lesung des Abgeordnetenhauses aufgenommen. Er statuiert einen Regreßanspruch in dem Falle, daß eine Verleihung wegen überwiegender Nachteile oder Gefahren für das öffentliche Wohl zurückgenommen werden muß, weil die Verleihung durch wissentlich unrichtige Nachweisungen erwirkt worden ist. Derjenige, welcher diese wissentlich unrichtigen Angaben gemacht hat, soll dem nach Abs. 1 Entschädigungspflichtigen regreßpflichtig sein für die von ihm dem Unternehmer zu zahlende Entschädigung und die Kosten. Der Regreßpflichtige ist hier also nicht identisch mit dem Unternehmer; er kann es sein, wenn der Unternehmer eine physische Person ist und selbst die Verleihung betrieben und dabei die wissentlich unrichtigen Angaben gemacht hat. Hat er aber die Verleihung durch einen Vertreter betreiben lassen und hat dieser durch die aus seiner Eigenheit gegebenen wissentlich unrichtigen Nachweisungen die Verleihung erwirkt, so haftet nicht der Unternehmer, sondern der Vertreter. Dasselbe gilt, wenn der Unternehmer eine juristische Person (Aktiengesellschaft, Gesellschaft mit beschränkter Haftung usw.) ist. In diesem Falle trifft die Regreßpflicht nicht die Gesellschaft, sondern denjenigen, welcher als Vertreter (Geschäftsführer, Vorstandsmitglied, Direktor) die Verleihung betrieben und durch wissentlich unrichtige Nachweisungen erwirkt hat. Die Haftung trifft also im Falle des § 84 Abs. 4 stets diejenige Person, welche selbst wissentlich die unrichtigen Nachweisungen gegeben hat, nicht den Unternehmer als solchen. Anders im § 85 Abs. 1, in welchem stets der

Unternehmer, also, falls dieser eine juristische Person ist, die sämtlichen Mitglieder, von dem Rücknahmebeschluß getroffen wird und den Schaden, der durch die Entziehung entsteht, ohne Entschädigungsanspruch tragen muß (das Nähere s. § 85 Anm. 2).

[10]) Es ist die Möglichkeit gegeben, daß nicht bloß eine Person, sondern mehrere, z. B. der Auftraggeber und der Vertreter oder eine Mehrheit von Vorstandsmitgliedern oder Geschäftsführern, wissentlich die unrichtigen Nachweisungen gegeben oder geduldet haben, daß sie gegeben worden sind. In diesem Falle würde, da es sich um eine unerlaubte Handlung im Sinne der §§ 823 ff. BGB. handelt, eine gesamtschuldnerische Haftung im Sinne des § 840 Abs. 1 BGB. eintreten.

[11]) Der Entschädigungsanspruch ist im ordentlichen Rechtswege zu verfolgen.

**§ 85.** (1) Ohne Entschädigung kann die Verleihung durch Beschluß der Verleihungsbehörde auf Antrag der Wasserpolizeibehörde[1]) zurückgenommen werden:

1. wenn die Verleihung auf Grund von Nachweisungen, die in wesentlichen Punkten[2]) unrichtig sind, erteilt ist und dargetan wird, daß deren Unrichtigkeit dem Unternehmer bekannt war, und wenn durch die Verleihung überwiegende Nachteile oder Gefahren für das öffentliche Wohl herbeigeführt sind; dem gutgläubigen Erwerber und dessen Nachfolgern gegenüber greift diese Vorschrift nicht Platz;[3])
2. wenn der Unternehmer die Ausübung des verliehenen Rechtes aufgibt,[4]) namentlich die auf Grund dieses Rechtes errichteten Anlagen entfernt oder eingehen läßt;
3. wenn das verliehene Recht für das Unternehmen unbrauchbar oder überflüssig geworden ist;[5])

4. wenn der Unternehmer trotz Aufforderung der Wasserpolizeibehörde die ihm auferlegten Bedingungen in wesentlichen Punkten wiederholt nicht erfüllt oder die ihm für die Ausführung oder Inbetriebsetzung des Unternehmens gesetzten Fristen nicht innehält.[6])

(2) Die Kosten des Verfahrens trägt der Unternehmer, wenn die Verleihung zurückgenommen wird, sonst der Antragsteller.[7])

(3) Gegen den Beschluß der Verleihungsbehörde, der mit Gründen zu versehen ist, steht dem Unternehmer und, wenn ein Antrag abgelehnt ist, auch dem Antragsteller die Beschwerde nach § 76 Abs. 1 zu.[8])

(4) Wird die Verleihung zurückgenommen, so kann die Wasserpolizeibehörde den Unternehmer anhalten, ohne Anspruch auf Entschädigung geeignete Vorkehrungen gegen nachteilige Folgen der Anlagen zu treffen oder die Anlagen gänzlich zu beseitigen und den früheren Zustand wiederherzustellen.

Ent. § 80; B. 119; KB.A. 140; L. II 8150 ff.

§ 85 handelt von den Fällen, in welchen die Verleihung zurückgenommen werden kann, ohne daß dem Unternehmer ein Anspruch auf Entschädigung zusteht. In den Fällen des § 85 erfolgt stets nur eine vollständige Zurücknahme, niemals nur eine Beschränkung der Verleihung.

[1]) Antragsberechtigt ist für alle diese Fälle ausschließlich die Wasserpolizeibehörde. Die Zurücknahme der Verleihung erfolgt durch einen Beschluß derselben.

[2]) Die Zurücknahme nach Abs. 1 Nr. 1 erfordert:

a) Erwirkung der Verleihung auf Grund von Nachweisungen, welche in wesentlichen Punkten unrichtig sind. Nicht alle unrichtigen Angaben im Verleihungsverfahren bilden also einen Grund zur Zurücknahme.

b) Kenntnis des Unternehmers von der Unrichtigkeit seiner Nachweisungen. Ist der Unternehmer eine juristische Person, so ist nicht erforderlich, daß die sämtlichen Mitglieder derselben Kenntnis von der Unrichtigkeit gehabt haben, es genügt, daß die zur Vertretung berufenen Organe dieselbe gekannt haben. Sind mehrere Personen zur Vertretung berufen, so genügt nicht die Kenntnis eines einzelnen, sondern es ist erforderlich, daß die Kenntnis bei allen Mitgliedern des vertretungsberechtigten Mitgliederorgans vorhanden gewesen ist. Ist sie nur bei einem einzelnen Mitglied vorhanden gewesen, so trifft § 84 Abs. 4 zu.

c) Daß durch die Verleihung überwiegende Nachteile oder Gefahren für das öffentliche Wohl herbeigeführt sind. Es genügt also nicht die Befürchtung, sondern es müssen bereits Nachteile oder Gefahren eingetreten sein.

Die unter a, b u. c genannten Voraussetzungen müssen sämtlich vorhanden sein, um die Anwendung des Abs. 1 Nr. 1 zu begründen. Das Fehlen einer Voraussetzung macht die Bestimmung unanwendbar.

[3]) Dem gutgläubigen Erwerber des verliehenen Rechts oder dessen Nachfolgern gegenüber ist die Bestimmung überhaupt nicht anwendbar. Zu den Erwerbern gehören auch die Erben.

[4]) Wann die Ausübung aufgegeben ist, ist Tatfrage. Vermutet wird das Aufgeben des Rechts, wenn die für seine Ausübung errichteten Anlagen dauernd entfernt oder nicht mehr in gebrauchsfähigem Zustande erhalten werden, so daß also die tatsächliche Ausübung des Rechts nicht möglich ist. Nicht fällt hierunter ein vorübergehendes Aufgeben der Ausübung aus Gründen, die im Unternehmen selbst, für welches das Recht verliehen ist, ihren Grund haben, z. B. vorübergehendes Stillegen des Unternehmens infolge Streiks.

[5]) „Unbrauchbar oder überflüssig geworden ist". Wann dies der Fall, ist Tatfrage. Das Recht kann unbrauchbar geworden sein z. B. dadurch, daß das Wasser des Wasserlaufs in einer seine Brauchbarkeit für das Unternehmen ausschließenden Weise ver-

unreinigt ist oder z. B. die Entnahme des Wassers durch den Anschluß an ein Wasserwerk überflüssig geworden ist.

[6]) Voraussetzung ist wiederholter Verstoß gegen die auferlegten Bedingungen in wesentlichen Punkten und nach vorausgegangener Aufforderung der Wasserpolizeibehörde, die Bedingungen zu erfüllen. Auch zur Innehaltung der Fristen muß die Wasserpolizeibehörde aufgefordert haben. Die Aufforderung ist nur dann wirksam, wenn sie nach Ablauf der Fristen erfolgt. Eine Aufforderung während des Laufes der Fristen ist bedeutungslos.

[7]) Die Verleihungsbehörde hat von Amts wegen zu prüfen, ob die gesetzlichen Voraussetzungen für die Zurücknahme der Verleihung vorliegen.

[8]) Über die Rechtsmittel s. Anm. 1 u. 2 zu § 76.

**§ 86.** (1) Soweit das Recht, einen Wasserlauf in einer der im § 46 Abs. 1 bezeichneten Arten zu benutzen, nach den Vorschriften dieses Gesetzes dem Eigentümer des Wasserlaufs als solchem zusteht oder beim Inkrafttreten dieses Gesetzes besteht und nach den §§ 379 bis 381 aufrechterhalten bleibt, kann der Berechtigte verlangen, daß sein Recht durch Beschluß der Verleihungsbehörde sichergestellt werde.[1])

(2) Der § 46 Abs. 3, der § 47 Abs. 1, 3 und die §§ 48, 49, 60, 64 bis 73, 75, 76, 79 bis 85 sind entsprechend anzuwenden,[2]) der § 80 Abs. 1 mit der Maßgabe, daß als Stempelabgabe nur $^1/_4$ der dort bestimmten Sätze, mindestens aber 1 Mark, erhoben wird.

(3) Ein in dieser Weise sichergestelltes Recht steht einem verliehenen Rechte gleich.[3])

Ent. § 81; B. 120; KB.A. 148.

[1]) Nach § 46 Abs. 2 wird eine Verleihung nicht erteilt, wenn sich die dort im Abs. 1 genannten Rechte aus anderen gesetzlichen Vorschriften ergeben oder wenn die Benutzung nach den Vorschriften über den Gemeingebrauch gestattet ist. Da der Eigen-

tümer nach § 40 Abs. 2 grundsätzlich das Recht hat, das Wasser zu gebrauchen und zu verbrauchen, es oberirdisch oder unterirdisch, unmittelbar oder mittelbar abzuleiten, in den Wasserlauf Wasser oder andere flüssige Stoffe oberirdisch oder unterirdisch, unmittelbar oder mittelbar einzuleiten, den Wasserspiegel zu senken oder zu heben, namentlich durch Hemmung des Wasserlaufs dauernde Ansammlungen von Wasser herbeizuführen, Rechte, die ausschließlich dem Eigentümer zustehen und von anderen nur durch Verleihung erworben werden können, sieht das Gesetz die Möglichkeit vor, diese nach § 46 Abs. 1 dem Eigentümer ohne Verleihung zustehenden Rechte in der gleichen Weise sicherzustellen, wie dies durch die Verleihung zugunsten des Unternehmers geschieht. Das gleiche gilt von den bei Inkrafttreten des Gesetzes bestehenden und aufrechterhaltenen Rechten. „Diesen zur Benutzung des Wasserlaufs auf Grund des Gesetzes schon Berechtigten soll daher die Befugnis gegeben werden, von der Verleihungsbehörde zu verlangen, daß ihr Recht durch Beschluß sichergestellt und damit einem verliehenen Rechte gleichgestellt werde" (Begr. 120).

Dieser Anspruch bezieht sich aber nur auf die im § 46 Abs. 1 in Verb. mit § 40 Abs. 2 bezeichneten Arten der Benutzung.

[2]) Die Sicherstellung muß für ein Unternehmen nachgesucht werden, dem ein bestimmter Plan zugrunde liegt (§ 48). Es dürfen diesem Unternehmen nicht überwiegende Rücksichten des öffentlichen Wohles entgegenstehen (§ 49). Ferner muß das sicherzustellende Recht auch tatsächlich alsbald zur Ausübung bestimmt sein und ist deshalb dem Antragsteller gemäß § 60 eine Frist für die Ausführung und Inbetriebsetzung des Unternehmens zu stellen, deren Verlängerung, ebenso wie bei der Verleihung, jedoch möglich ist.

Im übrigen finden die auf das Verfahren bei der Verleihung maßgebenden Vorschriften der §§ 61—73, 75, 76, 79—85 entsprechende Anwendung. Daraus, daß der Eigentümer das Recht an sich nicht erst erwerben, sondern nur sicherstellen lassen will, folgt, daß ihm Bedingungen, wie sie in den §§ 50—64 enthalten sind, nicht auferlegt werden können.

[3]) Ein dergestalt sichergestelltes Recht, über welches gemäß § 79 auch eine Urkunde auszufertigen ist, steht einem verliehenen Rechte gleich. Es kann also insbesondere nicht die Unterlassung der Ausübung oder die Beseitigung der auf Grund des Rechts errichteten Anlagen verlangt werden. Auch ist die Wasserpolizeibehörde nicht befugt, besondere Anforderungen an den Berechtigten zu stellen. Im Falle der Versagung des Sicherstellungsbeschlusses sind die Rechtsmittel des § 76 gegeben.

## V. Ausgleichung.

### Vorbemerkung.

Das in den §§ 87—90 geregelte Ausgleichungsverfahren soll die Möglichkeit bieten, unter bereits bestehenden Benutzungsrechten, bei deren Ausübung eine Kollision stattfindet, einen tunlichst allen gerecht werdenden Ausgleich herbeizuführen. Die Ausgleichung ist also ein Eingriff in bestehende wohlerworbene Rechte. Sie bezieht sich grundsätzlich nur auf bereits bestehende Rechte ohne Rücksicht darauf, ob das einzelne Recht unmittelbar im Gesetz begründet ist oder auf besonderem Titel beruht, oder ob es beim Inkrafttreten des Gesetzes bereits bestand und nach §§ 379 ff. aufrechterhalten ist. Es bezieht sich also auch auf alle durch Verleihung begründeten Rechte, auch auf Zwangsrechte. Eine Ausnahme hiervon machen nur diejenigen Benutzungsrechte an einem Wasserlauf, die nach den §§ 16—28 GewO. konzessioniert sind, da ein nach diesen Vorschriften konzessioniertes Recht nur nach Maßgabe des § 51 GewO. wieder beseitigt oder geändert werden kann und die landesgesetzlichen Vorschriften der §§ 87 ff. die reichsgesetzlichen Bestimmungen der §§ 16—28 u. 51 GewO. nicht beseitigen können, da das Reichsrecht dem Landesrecht vorgeht. Auch der Vorbehalt des Art. 65 EG.BGB. zugunsten der Landesgesetzgebung auf dem Gebiete des Wasserrechts ändert hieran nichts, da dieser Vorbehalt sich nur auf das Verhältnis der Landesgesetzgebung zum BGB. erstreckt, aber keine Möglichkeit zu einem Eingriff der Landesgesetzgebung in andere Reichsgesetze bietet.

Auf Grund positiver Bestimmung des Gesetzes ist sodann ein durch Enteignung begründetes Recht der Ausgleichung entzogen.

**§ 87.** (1) Reicht das Wasser eines Wasserlaufs zur Benutzung in einer der im § 46 Abs. 1 bezeichneten Arten durch mehrere Berechtigte nicht aus oder wird bei mehreren Benutzungsarten[1]) die eine durch die andere beeinträchtigt oder ausgeschlossen, so kann jeder Berechtigte verlangen,[3]) daß Maß, Zeit und Art der Benutzung[2]) im Ausgleichungsverfahren geregelt werden. Die Regelung kann abgelehnt werden,[4]) wenn der davon insgesamt zu erwartende Nutzen den Schaden nicht erheblich übersteigt.

(2) Die Regelung ist in einer den Interessen aller am Verfahren Beteiligten[5]) nach billigem Ermessen entsprechenden Weise unter Berücksichtigung der Bedürfnisse des Gemeingebrauchs vorzunehmen. Der hierbei entstehende Schaden ist den Beteiligten insoweit zu ersetzen, als er nicht durch den sich für sie ergebenden Nutzen aufgewogen wird.[6]) Zum Ersatz des Schadens sind sie nach Maßgabe ihres schätzungsweise zu ermittelnden Vorteils verpflichtet.

(3) Ein durch Enteignung begründetes Recht kann nur mit Zustimmung des Berechtigten zur Ausgleichung herangezogen werden.[3])

Ent. § 82; B. 125, 121; KB.A. 148.

[1]) Die Ausgleichung ist in zwei Fällen möglich:

a) wenn das Wasser eines Wasserlaufs zur Benutzung durch mehrere Berechtigte nicht mehr ausreicht, oder

b) wenn bei mehreren Benutzungsarten die eine durch die andere beeinträchtigt oder ausgeschlossen wird.

Der erstere Fall kann eintreten durch eine natürliche Veränderung der Verhältnisse des Wasserlaufs selbst, z. B. durch Verminderung der Zuflüsse, der Vermehrung der Wasserverluste, durch natürliche Vorgänge oder durch eine von dritter Seite herbeigeführte Veränderung, namentlich infolge vermehrter Ausnutzung bestehender Rechte oder Zunahme der durch Verleihung begründeten Rechte. Der zweite Fall trifft insbesondere dann zu, wenn die verschiedenen Benutzungsarten des Wasserlaufs miteinander nicht vereinbar sind, z. B. also, wenn der eine Berechtigte den Wasserlauf zur landwirtschaftlichen Bewässerung oder zur Kesselspeisung oder zu Trinkwasserzwecken gebraucht, der andere durch Zuführung von Stoffen das Wasser in seiner chemischen Zusammensetzung derartig verändert, daß es zu den vorgenannten Zwecken nicht mehr geeignet ist.

[2]) Die Ausgleichung beschränkt sich auf die Benutzung des Wasserlaufs in einer der im § 46 Abs. 1 bezeichneten Arten. Es können also zur Ausgleichung nicht herangezogen werden alle auf dem Gemeingebrauch oder dem Eigentümergebrauch als solchem beruhenden Rechte. Die im § 46 Abs. 1 bezeichneten Benutzungsarten können durch die Ausgleichung nach Maß, Zeit und Art geregelt werden.

[3]) Das Ausgleichungsverfahren wird nur auf Antrag eingeleitet. Beantragen kann es jeder, der zu einer Benutzung des Wasserlaufs berechtigt ist, jedoch nicht der lediglich zum Gemeingebrauch Berechtigte, da der Gemeingebrauch kein Privatrecht begründet, wie dies durch das Eigentümerrecht und das verliehene Recht der Fall ist.

[4]) Den Zwecken der Ausgleichung entsprechend, welche eine tatsächliche Verbesserung des bestehenden Zustandes herbeiführen und nicht kleinlichen Wünschen und insbesondere auch keinen schikanösen Zwecken dienen soll, kann eine Ausgleichung abgelehnt werden, wenn nicht „die Ausgleichung insgesamt einen Nutzen erwarten läßt, der den durch die aufzuerlegenden Beschränkungen insgesamt für die Betroffenen zu besorgenden Schaden erheblich übersteigt" (Begr. 121).

[5]) Das Ausgleichungsverfahren beschränkt sich auf einen bestimmten Kreis von Beteiligten. Die Interessen dieser Beteiligten sollen durch das Verfahren gegeneinander abgewogen und ausgeglichen werden. Es kommt deshalb bei dem Ausgleich nur das

Privatinteresse der Beteiligten in Frage und scheiden die Fragen des öffentlichen Interesses oder öffentlichen Wohles in diesem Verfahren aus. § 61 Abs. 1 ist deshalb auch nicht anwendbar. Nur der Gemeingebrauch erfährt durch die Bestimmung des Abs. 1 Satz 1 insofern einen Schutz, als mit Rücksicht auf seine Bedeutung für die Allgemeinheit auf die Bedürfnisse des Gemeingebrauchs Rücksicht genommen werden soll. Das öffentliche Wohl ist nicht im Ausgleichungsverfahren, sondern im Verleihungsverfahren zu berücksichtigen, ev. ist nach § 84 zu verfahren.

[6]) Aus dem Grundsatz, daß es sich um den Ausgleich von Privatinteressen handelt, folgt, daß von der Ausgleichung der eine Nutzen, der andere Schaden haben wird und daß beides auch wieder ausgeglichen werden muß. Der dem einzelnen durch die Regelung zugefügte Schaden ist ihm deshalb zu ersetzen. „Verpflichtet zum Schadensersatz sind diejenigen, die von der Ausgleichung mehr Vorteil als Schaden haben, und zwar die einzelnen hiernach Verpflichteten nach Maßgabe ihres Vorteils" (Begr. 122). Dieser Schaden ist oft nicht mit absoluter Genauigkeit feststellbar und deshalb in solchen Fällen schätzungsweise zu ermitteln.

[7]) Bezüglich der durch Enteignung erworbenen Rechte bedurfte es einer besonderen Bestimmung. Da die Enteignung auf landesgesetzlicher Vorschrift beruht, würde die Heranziehung der durch sie erworbenen Rechte zur Ausgleichung gemäß § 87 Abs. 1 an sich zulässig sein. Abs. 3 verlangt aber die Zustimmung des Berechtigten, wenn ein solches durch allgemeine oder bergrechtliche Enteignung erworbenes Recht zur Ausgleichung herangezogen werden soll.

**§ 88.** (1) Ist es möglich, einen Ausgleich durch Änderung der Betriebseinrichtung eines Berechtigten zu schaffen, so kann diesem auf Antrag eines Beteiligten im Ausgleichungsverfahren auferlegt werden, die Änderung entweder selbst vorzunehmen oder sich gefallen zu lassen, soweit sie nicht die Betriebsleistung beeinträchtigt.

(2) Der Antragsteller hat die Kosten der Änderung zu tragen. Er hat auch den Schaden zu ersetzen, der durch einen Betriebsstillstand entsteht. Dasselbe gilt für die Mehrkosten des Betriebs und der Unterhaltung, soweit sie nicht durch die Vorteile der Änderung aufgewogen werden.

Ent. § 83; B. 123.

Ausnutzung eines Rechts zur Benutzung des Wasserlaufs über das Maß des für das Unternehmen notwendigen hinaus, insbesondere durch unzweckmäßige Betriebseinrichtungen, gibt denjenigen Beteiligten, welche durch diese Art der Benutzung geschädigt werden, ein Recht, eine Änderung der Betriebseinrichtungen zu verlangen. Eine solche Auflage kann jedoch nur auf Antrag gemacht werden und hat der Antragsteller sowohl die Kosten der Änderung wie auch eines ev. Schadens durch vorübergehende Betriebsstillegung zu tragen.

Etwa durch die Änderung und Unterhaltung des Betriebs entstehende Mehrkosten fallen dem Antragsteller nur zur Last, soweit ihr nicht Vorteile auf der anderen Seite gegenüberstehen.

**§ 89.** Für das Ausgleichungsverfahren gelten der § 64, der § 65 Abs. 1, 2 und die §§ 69 bis 71, 76, 77 mit folgenden Maßgaben:[1] [2])

1. für jeden Beteiligten sind die erforderlichen Feststellungen über die künftige Ausübung seines Benutzungsrechts zu treffen, namentlich über seinen Anteil an dem vorhandenen Wasser, die Zeit der Ausübung, die Stauhöhe und die zu beachtenden Einschränkungen und Auflagen;
2. ein Ausgleichungsverfahren, das mit einem schwebenden Verleihungsverfahren im Zusammenhange steht, kann mit diesem verbunden werden.

Ent. § 84; B. 123; L. II 8163.

[1]) Ausgleichungsbehörde ist die Verleihungsbehörde.

[2]) Das Verfahren richtet sich im wesentlichen nach dem Verleihungsverfahren, jedoch ist eine öffentliche Bekanntmachung des eingeleiteten Ausgleichungsverfahrens nicht erforderlich. Im übrigen hat die Ausgleichungsbehörde von Amts wegen die gesetzlichen Voraussetzungen für die Ausgleichung zu prüfen, mit den Beteiligten die Anträge und Ansprüche mündlich zu erörtern. Über den Ausgleichungsantrag ergeht ein Beschluß, der dem Unternehmer und allen Behörden und Personen, die Widersprüche oder Anträge erhoben haben, zuzustellen ist.

Eine besondere Urkunde wird jedoch über die Ausgleichung nicht ausgestellt.

**§ 90.** Die Kosten des Ausgleichungsverfahrens fallen den Beteiligten nach Maßgabe ihres schätzungsweise zu ermittelnden Vorteils zur Last.

Ent. § 85; B. 124.

## VI. Stauanlagen.

### 1. Allgemeine Vorschriften.

**§ 91.** Für Anlagen im Wasserlaufe, die durch Hemmung des Wasserabflusses eine Hebung des Wasserspiegels oder eine Ansammlung von Wasser bezwecken (Stauanlagen),[1])[2]) gelten, wenn sie nicht nur vorübergehenden Zwecken dienen, folgende besondere Vorschriften.[3])

Ent. § 86; B. 25 ff., 124 ff.; KB.A. 149 ff., 152 ff.; KB.H. 37.

[1]) Das Recht zum Wasserstau ist ein dem Eigentümer gemäß § 40 Abs. 2 Nr. 3 zustehendes Recht. Nach der dortigen Bestimmung ist der Eigentümer berechtigt, den Wasserspiegel zu senken oder zu heben, namentlich durch Hemmung des Wasserlaufs eine dauernde Ansammlung von Wasser herbeizuführen. Stauanlagen im Sinne der §§ 91 ff. sind Anlagen im Wasserlauf, die dauernd den Zweck haben, durch Hemmung des Wasserabflusses eine

Hebung des Wasserspiegels oder eine Ansammlung von Wasser zu bezwecken. In der Kommission des Abgeordnetenhauses ist zwar seitens der Regierung erklärt worden, daß der § 86 keine Definition für Stauanlagen geben (vgl. KB.A. 162), sondern nur diejenigen Stauanlagen herausheben wolle, auf welche die nachfolgenden Vorschriften zur Anwendung gelangen sollten. Tatsächlich umfaßt aber der im § 91 gegebene Begriff die Hauptmerkmale einer Stauanlage im allgemeinen, ohne Rücksicht darauf, welchen Zwecken eine derartige Anlage nutzbar gemacht werden soll, ob sie zu Be- oder Entwässerungszwecken, zur Vergrößerung der Tiefe des Wasserlaufs oder Betriebszwecken, insbesondere zu gewerblichen Wassertriebzwecken im Sinne der GewO. Verwendung finden sollen.

Im Sinne des § 91 gehört zum Begriff einer Stauanlage, auf welche die Bestimmungen der §§ 91 ff. Anwendung finden, ein Dreifaches:

a) eine Anlage im Wasserlauf, d. h. ein künstlich hergestelltes Bauwerk, gleichgültig aus welchem Material;

b) der dauernde Zweck dieser Anlage, eine Hemmung des Wasserabflusses zu bewirken.

Der Ausdruck „Anlage" schließt alle durch die Natur bewirkten Wasserstauungen vom Begriff der Stauanlage auch dann aus, wenn ein derartiger natürlicher Wasserstau zu Zwecken benutzt wird, denen künstliche Stauanlagen zu dienen pflegen. Wird aber ein solches natürliches Wasserstau durch künstliche Mittel erhalten, befestigt, erhöht oder auf ihn künstlich eingewirkt, so ist der Begriff der Stauanlage im Sinne des Gesetzes gegeben;

c) der Zweck dieser Hemmung, eine Hebung des Wasserspiegels oder eine Ansammlung von Wasser herbeizuführen.

Zum Begriff der Stauanlage gehört „nicht das einzelne Stauwerk allein, sondern die Anlage in ihrer Gesamtheit, d. i. das Stauwerk und das ganze System von Wasserläufen, denen das Stauwerk dient" (RG. **49** 89).

[2]) Im einzelnen Falle kann es zweifelhaft sein, ob eine Vorrichtung unter den Begriff der Stauanlage fällt. Hierzu ist nach der Begründung und den Kommissionsberichten folgendes zu bemerken:

Buhnen, Grundschwellen und Parallelwerke sind keine Stauanlagen im Sinne des § 91. Desgleichen gehören nicht hierzu Dämme, die neben einem Wasserlauf herlaufen oder Dämme, die zwar senkrecht zum Wasserlauf stehen, aber den Wasserlauf selbst nicht durchdeichen. Dagegen fallen unter den Begriff der Stauanlage Schleusen im Zuge der senkrecht zum Wasserlauf verlaufenden Dämme, Wiesenwehre, auch wenn sie nur aus losen, aufeinander geschichteten Steinen bestehen (OVG. 22 305).

[3]) Das Recht zum Aufstau des Wasserlaufs steht gemäß § 40 Abs. 2 Nr. 3 dem Eigentümer, jedoch mit den Beschränkungen der §§ 41—45 zu. Da außerdem zu einer Stauanlage stets Vorrichtungen im Wasserlauf selbst erforderlich sind, bedarf der Eigentümer gemäß § 23 zur Errichtung derartiger Anlagen der Genehmigung der Wasserpolizeibehörde. Er bedarf dieser Genehmigung auch dann, wenn die Anlage nur vorübergehenden Zwecken dient, also keine eigentliche Stauanlage im Sinne des Gesetzes ist, erst recht aber, wenn er eine dauernde Stauanlage beabsichtigt.

In bestimmten Fällen steht dem Regierungspräsidenten ein besonderes Aufsichtsrecht über Stauanlagen zu, nämlich dann, wenn der Regierungspräsident feststellt, „daß bei ihnen wegen der Gestaltung des Wasserlaufs oder seiner Umgebung im Falle eines Bruches des Stauwerks erhebliche Gefahren zu befürchten sind" (§ 110). In solchen Fällen unterliegen auch die gewöhnlichen Stauanlagen den Vorschriften der §§ 100 u. 102 über die Talsperren.

**§ 92.** (1) Jede auf Grund eines verliehenen Rechtes[1]) oder mit gewerbepolizeilicher Genehmigung[2]) errichtete Stauanlage muß mindestens einer mit Staumarke[3]) — Merk-, Pegel-, Spiegel-, Meß-, Eichpfahl, Eichmarke, Stauziel — versehen werden, an dem sowohl die während des Sommers als auch die während des Winters innezuhaltenden Stauhöhen und, wenn der Wasserstand auf bestimmten Mindesthöhen gehalten werden muß, auch diese deutlich angegeben sind.

(2) Die Erhaltung der Höhenpunkte ist durch Beziehung auf möglichst unverrückbare und unvergängliche Festpunkte zu sichern.

(3) Die Staumarke wird von der Wasserpolizeibehörde gesetzt, die darüber eine Urkunde aufzunehmen hat.[4]) Der Unternehmer der Stauanlage und, soweit tunlich, auch die anderen Beteiligten sind zuzuziehen.

(4) Die Setzung der Staumarke kann nur durch Beschwerde im Aufsichtswege angefochten werden.[5])

(5) Die Oberkante der Schützen und schützenähnlichen Verschlußvorrichtungen[6]) darf bei geschlossener Stauanlage nicht über der höchsten, durch die Staumarke zugelassenen Stauhöhe liegen.[7])

Ent. § 87; B. 125 ff.; KB.A. 153; L. II 8166; L. III 8560.

[1]) Das Gesetz enthält keine besonderen Bestimmungen über den Erwerb des Rechts zum Wasserstau. Dieses Recht beruht entweder auf dem § 40 Abs. 2 Nr. 3 mit den Beschränkungen der §§ 41—45, oder es beruht auf besonderen, aufrechterhaltenen Titeln oder endlich auf gewerbepolizeilicher Genehmigung oder Verleihung. Auch durch Ersitzung kann ein Recht zum Wasserstau erworben werden. Die Bestimmung des § 92 beschränkt sich auf diejenigen Staurechte, welche auf Grund einer Verleihung oder gewerbepolizeilicher Genehmigung beruhen. Es folgt daraus, daß alle anderen Staurechte, insbesondere auch die auf § 40 Abs. 2 Nr. 3 beruhenden Staurechte des Wasserlaufeigentümers der Vorschrift des § 92 nicht unterworfen sind.

[2]) „Mit gewerbepolizeilicher Genehmigung". Das Verhältnis der §§ 92 ff. zu §§ 16 u. 23 GewO. ist folgendes:

Nach § 16 bedürfen der gewerbepolizeilichen Genehmigung Stauanlagen für Wassertriebwerke. Stauanlagen für andere

Zwecke bedürfen dieser Genehmigung nicht (vgl. PrMinErl. v. 28. 8. 67, MBl. 380). Bei der Feststellung der Stauhöhe nach der GewO. kam bisher der § 5 des Vorflutedikts v. 15. 11. 1811 zur Anwendung. Gemäß § 23 Abs. 1 GewO. sind bei Stauanlagen für Wassertriebwerke außer den Bestimmungen der §§ 17 u. 22 GewO. die dafür bestehenden landesgesetzlichen Vorschriften maßgebend. Die Anwendbarkeit der landesgesetzlichen Vorschriften ist jedoch nach der feststehenden Rechtsprechung nur soweit möglich, als dieselben ergänzendes materielles Recht enthalten, nicht aber für die Formvorschriften. Das Vorflutedikt v. 15. 11. 1811 wird jedoch durch § 399 Abs. 2 Nr. 3 aufgehoben. Es würde deshalb an einer ergänzenden landesgesetzlichen Vorschrift in Zukunft fehlen. Da jedoch nach § 398 an die Stelle von Vorschriften, die durch das Wassergesetz außer Kraft gesetzt werden, die entsprechenden Vorschriften des Wassergesetzes treten, so kann in Frage kommen, ob an Stelle der Vorschriften des § 5 des Vorflutedikts die Bestimmungen des § 92 zu treten haben. Diese Frage ist bezüglich der Bestimmung des § 92 Abs. 1 zu bejahen, denn diese Bestimmung enthält materielles Recht und ist deshalb auf gewerbepolizeilich genehmigte Stauanlagen ausgedehnt. Nicht anwendbar ist jedoch § 92 Abs. 3, welcher kein materielles, sondern formelles Recht bezüglich des Merkmalsetzungsverfahrens enthält. Nach der GewO. ist das Setzen einer Staumarke aber lediglich Sache des Unternehmers und kann deshalb, soweit es sich um derartige Stauanlagen handelt, der § 92 Abs. 3 keine Anwendung finden.

[3]) „Mindestens einer Staumarke“. Diese Fassung schließt das Setzen mehrerer Staumarken, z. B. oberhalb und unterhalb der Stauanlage nicht aus (KB.A. 153). Welcher Art die Staumarke sein muß, ist in das Belieben der Wasserpolizeibehörde gestellt. Dieselbe muß aber derartig beschaffen sein, daß an ihr die während des Sommers und während des Winters innezuhaltenden Stauhöhen anzugeben sind. Dort, wo Mindeststauhöhen eingehalten werden müssen — was im Verleihungsbeschluß festgesetzt sein muß — müssen auch diese auf der Staumarke angegeben sein.

[4]) Die Wasserpolizeibehörde hat lediglich die Staumarke anzubringen, nicht aber irgend welche Bestimmungen über die Stauhöhe zu treffen. Bezüglich dieser hat sie kein Feststellungsrecht. Soweit es sich um ein verliehenes Staurecht handelt, muß die Stauhöhe gemäß § 73 Nr. 3 von der Verleihungsbehörde festgestellt und im Verleihungsbeschluß angegeben sein. Bezüglich anderer Stauanlagen vgl. Anm. 6 zu § 93. Soweit das Gesetz eine Staumarke verlangt, ist sie ein notwendiger Bestandteil der Stauanlage und die Wasserpolizeibehörde muß über das Setzen derselben eine Urkunde aufnehmen.

[5]) Mit Rücksicht darauf, daß durch das Setzen der Staumarke seitens der Wasserpolizeibehörde kein materielles Recht bezüglich des Staurechts oder der Stauhöhe geschaffen wird, ist gegen die Staumarkensetzung lediglich die Beschwerde im Aufsichtswege, also an die nächstvorgesetzte Behörde des betreffenden Organs der Wasserpolizeibehörde gegeben.

[6]) Unter Schützen und schützenähnlichen Verschlußvorrichtungen sind die beweglichen Teile der Stauanlage zu verstehen. Abs. 5 bezweckt eine Festlegung der Höhe der Oberkante dieser Verschlußvorrichtungen, durch die sowohl einer widerrechtlichen Erhöhung dieser Oberkante vorgebeugt, als auch ein gewisser Schutz gegen plötzlich hereinbrechendes Hochwasser geschaffen werden soll, wenn der Stauberechtigte es versäumt oder nicht mehr in der Lage ist, die Schleusen rechtzeitig zu ziehen. Liegt die Oberkante der Schützen nicht höher als die zulässige Stauhöhe, so ist ein darüber hinausgehender Aufstau auch bei unerwartet hereinbrechendem Hochwasser nicht zu leicht zu befürchten, da das Wasser dann über die Schützen hinweg seinen Abfluß nehmen kann.

[7]) Die Staumarke hat „die Bedeutung einer unter den Schutz des allgemeinen Strafgesetzes gestellten Urkunde, eines Grenzzeichens, und zwar, nachdem es unter Leitung einer öffentlichen Behörde gesetzt wird, die Bedeutung eines mit allgemeiner Glaubwürdigkeit und Beweiskraft ausgestatteten öffentlichen Grenzzeichens" (RegersE. 2 96; Nieberding-Frank 363; Eymann 1 506).

**§ 93.** (1) Für die beim Inkrafttreten dieses Gesetzes bestehenden, mit einer Staumarke nicht versehenen[1]) sowie für solche nach dem Inkrafttreten des Gesetzes errichteten Stauanlagen, für die es keiner Verleihung oder gewerbepolizeilichen Genehmigung bedarf, ist, wenn das Staurecht und die zulässige Stauhöhe unstreitig sind,[2]) die Staumarke nach § 92 auf Antrag eines Beteiligten[3]) zu setzen. Doch muß der Antragsteller, wenn er nicht der Stauberechtigte ist, glaubhaft machen, daß eine für ihn nachteilige Ausübung des Staurechts stattgefunden hat.[4]) Die Staumarke kann auch von Amts wegen gesetzt werden.

(2) Sind bei einer Stauanlage, die keiner Verleihung bedarf[6]) und die auch nicht zu den Stauanlagen für Wassertriebwerke im Sinne des § 16 der Gewerbeordnung[6]) gehört, die Beteiligten darüber einig oder ist im Rechtswege festgestellt, daß zwar ein Staurecht besteht, über die zulässige Stauhöhe jedoch rechtsverbindliche und klare Bestimmungen nicht vorliegen,[5]) so ist auf Antrag eines Beteiligten der innezuhaltende Wasserstand durch Beschluß des Kreis-(Stadt-) Ausschusses derart festzusetzen, daß die Interessen des Stauberechtigten und die der beteiligten Grundeigentümer und anderen Stauberechtigten nach billigem Ermessen ausgeglichen werden.

(3) Während der Dauer eines vor den ordentlichen Gerichten anhängigen Rechtsstreits über die zulässige Stauhöhe oder eines Verfahrens nach Abs. 2 kann der Kreis- (Stadt-) ausschuß auf Antrag eines Beteiligten den innezuhaltenden Wasserstand durch endgültigen Beschluß vorläufig festsetzen. Diese Festsetzung ist maßgebend, bis in dem anhängigen Rechtsstreit oder in einem Verfahren nach Abs. 2 eine Entscheidung über den innezuhaltenden Wasserstand getroffen ist.[7])

Ent. § 88; B. 126 ff., KB.A. 154.

[1]) Darunter können auch gewerbepolizeilich genehmigte Stauanlagen fallen, auch dann, wenn in den Genehmigungsbedingungen dem Stauberechtigten die Setzung eines Merkpfahles auferlegt ist. Die Ausführung dieser Auflage ist nach dem gewerbepolizeilichen Genehmigungsverfahren lediglich Sache des Stauberechtigten und kann nicht durch die Wasserpolizeibehörde erfolgen.

[2]) Auch im Falle des § 93 ist das Recht der Wasserpolizeibehörde auf die äußere Kennzeichnung des zulässigen Wasserstandes beschränkt. Um eine solche Kennzeichnung vorzunehmen, muß das Staurecht selbst und die Stauhöhe feststehen. Steht das Staurecht selbst nicht fest, so muß es im ordentlichen Rechtswege festgestellt werden. Das gleiche gilt, wenn Streit über die zulässige Stauhöhe zwischen den Beteiligten besteht. Auch dann ist eine Feststellung im ordentlichen Rechtswege erforderlich. Hiervon macht jedoch Abs. 2 eine Ausnahme (s. Anm. 5 u. 6).

[3]) „Eines Beteiligten". Dahin sind zu rechnen sowohl der Stauberechtigte selbst wie auch alle Personen, deren Rechte durch die Ausübung des Staurechts berührt werden.

[4]) Es genügt nicht schon eine bloße Gefährdung, sondern es muß bereits für den Antragsteller tatsächlich eine Schädigung durch die Ausübung des Staurechts glaubhaft gemacht sein.

[5]) Ist das Recht zum Wasserstau an sich zwischen den Beteiligten unstreitig, die Stauhöhe dagegen streitig, so hat der Kreis- (Stadt-) Ausschuß auf Antrag eines Beteiligten im Beschlußverfahren die zulässige Stauhöhe festzusetzen. Dabei sind, wie beim Ausgleichungsverfahren, die Anträge des Stauberechtigten, der beteiligten Grundeigentümer und anderer Stauberechtigten nach billigem Ermessen auszugleichen. Falls infolge der örtlichen Lage der Stauanlage mehrere Kreisausschüsse als zuständig in Frage kommen könnten, ist § 58 LVG. maßgebend.

[6]) Auf Stauanlagen, welche dem Verleihungsverfahren unterliegen, und solche, die unter die Vorschriften der §§ 16 ff. GewO. fallen, ist § 93 Abs. 2 nicht anwendbar. Soweit jedoch bei der Feststellung der Stauhöhe nach der GewO. der § 5 des Vorflutedikts v. 15. 11. 1811 bisher zur Anwendung gekommen ist, ist § 93 Abs. 2

auch auf sie anzuwenden. Das Vorflutedikt v. 18. 11. 1811 wird durch § 399 Abs. 2 Nr. 3 aufgehoben, jedoch treten gemäß § 398 an die Stelle der aufgehobenen Gesetze und Verordnungen die entsprechenden Vorschriften des Wassergesetzes. Soweit daher § 93 Abs. 2 materielle Vorschriften enthält, ist er auch im gewerbepolizeilichen Verfahren anzuwenden. Es ist das außerdem im § 105 Satz 2 noch ausdrücklich bestimmt (vgl. auch § 105 Satz 2).

[7]) Abs. 3 ermöglicht eine vorläufige Festsetzung der Stauhöhe durch unanfechtbaren Beschluß des Kreisausschusses bis zur rechtskräftigen Entscheidung eines vor dem ordentlichen Gerichte schwebenden Streits über die Stauberechtigung als solche oder die zulässige Stauhöhe oder auch bis zur rechtskräftigen Entscheidung des Kreis-(Stadt-) Ausschusses gemäß Abs. 2.

**§ 94.** (1) Der Stauberechtigte und derjenige, der die Stauanlage betreibt, haben für Erhaltung, Sichtbarkeit und Zugänglichkeit der Staumarken und Festpunkte zu sorgen, jede Beschädigung oder Änderung der Staumarken und Festpunkte der Wasserpolizeibehörde unverzüglich anzuzeigen und bei amtlichen Prüfungen unentgeltlich Arbeitshilfe zu stellen.[1])

(2) Eine die Beschaffenheit der Staumarken und Festpunkte beeinflussende Handlung darf nur mit Genehmigung der Wasserpolizeibehörde vorgenommen werden. Für die Erneuerung, Versetzung oder Berichtigung von Staumarken gilt § 92 Abs. 3, 4 entsprechend.[2])

Ent. § 89; B. 128; KB.A. 155; KB.H. 37.

[1]) Nach § 94 ist eine doppelte Haftung für die Instandhaltung der Staumarke und der Festpunkte bestimmt. Es haftet der Stauberechtigte als solcher und derjenige, der die Stauanlage betreibt. § 94 ist eine den Schutz eines anderen bezweckende gesetzliche Vorschrift. Es ist deshalb der Stauberechtigte und derjenige, der die Stauanlage betreibt, im Falle der Verletzung der ihnen nach

§ 94 obliegenden Pflichten dem Verletzten gemäß § 823 Abs. 2 BGB. schadensersatzpflichtig. Sie haften als Gesamtschuldner (§ 421 BGB.).

[2]) Die Strafbestimmung im Falle des Zuwiderhandelns s. § 375 Abs. 1 und § 376 Abs. 2.

**§ 95.** (1) Die Kosten des Verfahrens zur Setzung oder Versetzung einer Staumarke hat der Stauberechtigte zu tragen. Die durch unbegründete Anträge oder Widersprüche entstandenen Kosten können jedoch dem Antragsteller oder Widersprechenden auferlegt werden.

(2) Die Kosten der Erhaltung und Erneuerung der Staumarke fallen dem Stauberechtigten zur Last.

(3) Wegen der Festsetzung der Kosten ist nur die Beschwerde im Aufsichtswege zulässig.

Ent. § 90; B. 129; KB.A. 155.

Die Kosten für das Merkmalsetzungs- und Versetzungsverfahren hat der Stauberechtigte zu tragen, soweit sie nicht durch unbegründete Anträge oder Widersprüche entstanden sind. Letztere Kosten können, müssen aber nicht dem Antragsteller oder Widersprechenden auferlegt werden. Es ist dabei davon auszugehen, ob die Anträge oder Widersprüche zwar sachlich unbegründet, vom Standpunkt des Antragstellers oder Widersprechenden aber als erklärlich zu betrachten sind (vgl. näheres Anm. zu § 75). Gegen die Kostenentscheidung ist ein Rechtsmittel nicht gegeben, sondern nur Beschwerde im Aufsichtswege zulässig.

**§ 96.** Der Stauberechtigte und derjenige, der die Stauanlage betreibt, haben die Anlage, einschließlich aller Einrichtungen, die für den Wasserabfluß von Bedeutung sind, in ordnungsmäßigem Zustand, insbesondere auch so zu erhalten, daß kein Wasser zum Nachteil anderer Berechtigter verschwendet wird. Sie können hierzu von der Wasserpolizeibehörde angehalten werden.

Ent. § 91; B. 129; KB.A. 155 ff.

Die Bestimmung des § 96 konstruiert eine gesamtschuldnerische Haftung des Stauberechtigten und desjenigen, der die Stauanlage betreibt, falls sie die Anlage einschließlich aller zu ihrem Betriebe hergestellten Einrichtungen nicht in ordnungsmäßigem Zustande erhalten, insbesondere auch durch eine mangelhafte Instandhaltung eine Verschwendung des Wassers zum Nachteil anderer Berechtigter verursachen. § 96 stellt eine den Schutz eines anderen bezweckende gesetzliche Bestimmung dar und begründet deshalb nach § 823 BGB. eine Schadensersatzpflicht gegenüber dem Verletzten.

Satz 2 gibt außerdem der Wasserpolizeibehörde das Recht, die nach Satz 1 zur Instandhaltung Verpflichteten zu dieser Pflicht anzuhalten.

**§ 97.** (1) Besteht die Gefahr, daß eine Stauanlage wegen ihrer Bauart durch Hochwasser beschädigt oder zerstört wird und daß hierdurch anderen Nachteile entstehen, und kann diese Gefahr durch einen Umbau oder eine Sicherung der Stauanlage beseitigt oder vermindert werden, ohne daß ihre Leistungsfähigkeit verringert wird, so kann der Stauberechtigte zum Umbau oder zur Sicherung der Stauanlage auf Antrag angehalten werden.[1])

(2) Antragsberechtigt sind die zur Unterhaltung des Wasserlaufs Verpflichteten[2]) sowie andere Beteiligte.[2])

(3) Die Kosten des Umbaues sind auf den Stauberechtigten, den zur Unterhaltung des Wasserlaufs Verpflichteten und auf alle anderen, die sonst an der Unterhaltung oder Sicherung der Stauanlage interessiert sind, nach Maßgabe ihres Vorteils zu verteilen.

(4) Den Kosten ist der dem Stauberechtigten durch den Betriebsstillstand während des Umbaues entstehende, nach

billigem Ermessen zu schätzende Schaden hinzuzurechnen. Dasselbe gilt für die durch den Umbau etwa entstehenden Mehrkosten der Unterhaltung. Soweit die Unterhaltung der Stauanlage durch den Umbau oder die Sicherung erleichtert wird oder andere Vorteile für den Stauberechtigten entstehen, ist der darin liegende Vorteil von den Kosten abzurechnen.

(5) Über die Voraussetzungen und die Art des Umbaues oder der Sicherung, über die Höhe der Entschädigung und der Sicherheitsleistung, über die Zahlung der Baukosten insbesondere aus der geleisteten Sicherheit, über die Verteilung dieser Leistungen auf die Beteiligten sowie über die Frist, innerhalb deren der Umbau begonnen und durchgeführt sein muß, beschließt im Streitfalle der Bezirksausschuß unter billigem Ausgleich aller in Betracht kommenden Vorteile und Nachteile.[3])

(6) Gegen den Beschluß stehen den Beteiligten die im § 76 bezeichneten Rechtsmittel zu.[4])

(7) Die Wasserpolizeibehörde kann den Stauberechtigten zur Erfüllung der ihm in dem Beschlusse gemachten Auflage anhalten.

Ent. § 92; B. 129; KB.A. 156.

[1]) § 97 soll Privatinteressen schützen, welche durch die Bauart einer Stauanlage wegen der durch sie herbeigeführten Hochwassergefahr gefährdet werden können. Der Schutz der öffentlichen Interessen in solchem Falle ist in § 98 geregelt. § 97 ist auf Stauanlagen, welche auf Grund gewerbepolizeilicher Genehmigung errichtet sind, nicht anwendbar, da ein Eingriff in diese Anlagen nur auf Grund der §§ 25—51 GewO. möglich ist, und diese Bestimmungen als reichsgesetzliche den landesgesetzlichen Bestimmungen des Wassergesetzes vorgehen. Dies gilt sowohl für die bestehenden, wie für die in Zukunft gewerbepolizeilich genehmigten Stau-

anlagen. Bezüglich der auf Verleihung beruhenden Staurechte begründet § 97 besondere über die im § 82 festgestellten hinausgehende Rechte. Während nach § 82 nach Abschluß des Verleihungsverfahrens erhobenen Ansprüche auf Herstellung und Unterhaltung von Einrichtungen, welche eine nachteilige Wirkung der Ausübung des verliehenen Rechts ausschließen, nur dann noch gestellt werden können, wenn der Antragsteller die nachteiligen Wirkungen innerhalb der Frist des § 66 nicht vorausgesehen hat und auch nicht voraussehen konnte, ist durch § 97, wenn derselbe auch auf verliehene Staurechte Anwendung finden soll, ein erheblich weitergehendes Recht gegeben, allerdings nur für einen bestimmten Fall, nämlich für den einer Hochwassergefahr, welche durch die Bauart der Stauanlage herbeigeführt werden könnte. § 82 ist mit dem § 97 Abs. 1 nur dann vereinbar, wenn man die durch die Bauart der Stauanlage herbeigeführte Hochwassergefahr nicht zu den nachteiligen Wirkungen der Ausübung des verliehenen Rechts zählt. Unseres Erachtens gehört aber die Art des Baues einer Stauanlage schon unter den Begriff der Ausübung des verliehenen Rechts, denn der Bau der Stauanlage ist der erste Teil der Ausübung. § 97 ist deshalb als eine lex specialis zu betrachten, welche über die Bestimmungen des § 82 hinaus den Stauberechtigten auch nach erfolgter Verleihung Eingriffen in sein verliehenes Recht zum Schutze von Privatinteressen aussetzt.

²) Siehe § 115. Antragsberechtigt ist nicht nur der Unterhaltungspflichtige des Unterlaufs, sondern auch derjenige des Oberlaufs. Ob die Unterhaltungspflichtigen der Ufer zu den Antragsberechtigten gehören, wird Tatfrage sein, ev. werden sie zu den „anderen Beteiligten", welche nach Abs. 2 antragsberechtigt sind, gehören. Die Wasserpolizeibehörde ist nicht antragsberechtigt.

³) Der Antrag ist zu richten an den Bezirksausschuß. Wird eine Einigung unter den Beteiligten herbeigeführt, so bedarf es eines besonderen Beschlusses des Bezirksausschusses nicht. Derselbe hat nur im Streitfalle zu ergehen, muß aber dann über die Voraussetzungen und die Art des Umbaues oder der Sicherung, über die Höhe der Entschädigung und der Sicherheitsleistung

(s. § 59), über die Zahlung der Baukosten, insbesondere auch der geleisteten Sicherheit, über die Verteilung dieser Leistungen auf die Beteiligten, sowie über die Frist, innerhalb deren der Umbau begonnen und durchgeführt sein muß, Bestimmungen enthalten.

[4]) Gegen den Beschluß des Bezirksausschusses, welcher über den Umbau oder die Sicherung der Stauanlage, sowie die Voraussetzungen und die Art derselben entscheidet, desgleichen gegen die Entscheidung über die Frist, innerhalb deren der Umbau begonnen und durchgeführt werden muß, steht den Stauberechtigten wie auch den Antragstellern die Beschwerde binnen zwei Wochen beim Landeswasseramt zu. Wegen der Höhe der Entschädigung und der Sicherheitsleistung sowie der Verteilung dieser Leistungen ist der ordentliche Rechtsweg gemäß § 76 Abs. 2 gegeben.

**§ 98.** (1) Soweit im Falle des § 97 überwiegende Nachteile oder Gefahren für das öffentliche Wohl bestehen, kann die Wasserpolizeibehörde auf Anweisung der Aufsichtsbehörde den Umbau oder die Sicherung der Stauanlage fordern.[1])

(2) Im übrigen wird nach § 97 verfahren, jedoch hat der Staat die Kosten zu tragen, soweit sie die Vorteile der Beteiligten übersteigen.[2])

KommBschl. § 92a; KB.A. 160 ff.

[1]) Die Bestimmung ist auf die gewerbepolizeilich genehmigten Stauanlagen nicht anwendbar. Für diese gilt § 51 GewO.

[2]) Da die Bestimmung ausschließlich im Interesse des öffentlichen Wohles gegeben ist, hat der Staat die Kosten zu tragen und können dieselben den Beteiligten nur insoweit auferlegt werden, als sie Vorteil von dem Umbau oder der Sicherung der Stauanlage haben. Diese Vorteile sind schätzungsweise festzustellen und danach der Anteil des einzelnen Beteiligten an den Kosten zu bestimmen.

Auch im Falle des § 98 sind die Rechtsmittel des § 76 gegeben.

**§ 99.** (1) Eine Stauanlage, die mit einer Staumarke versehen ist, darf nur mit Genehmigung der Wasserpolizeibehörde dauernd außer Betrieb gesetzt oder beseitigt werden.[1][2]

(2) Die Genehmigung darf nur versagt werden, wenn andere durch die Außerbetriebsetzung oder Beseitigung der Stauanlage geschädigt werden würden und sie sich dem Stauberechtigten und der Wasserpolizeibehörde gegenüber verpflichten, nach Wahl des Stauberechtigten die Kosten der Erhaltung der Stauanlage ihm zu ersetzen oder statt seiner die Stauanlage zu erhalten.[3] Sie müssen sich auch verpflichten, dem Stauberechtigten andere Nachteile zu ersetzen und für Erfüllung ihrer Verpflichtung Sicherheit zu leisten.[4] Über die Höhe der dem Stauberechtigten für die Erhaltung der Stauanlage zu ersetzenden Kosten sowie über die Ersetzung anderer Nachteile und die Sicherheitsleistung beschließt, wenn keine Einigung zustande kommt, der Bezirksausschuß.[5] Gegen den Beschluß des Bezirksausschusses steht den Beteiligten binnen zwei Wochen die Beschwerde an das Landeswasseramt zu. Die Wasserpolizeibehörde hat auf Antrag des Stauberechtigten eine Frist zu bestimmen, binnen deren die in den Sätzen 1 und 2 bezeichneten Verpflichtungen übernommen sein müssen, widrigenfalls die Genehmigung erteilt wird.[6] Die Fristbestimmung ist öffentlich bekanntzumachen. Die Art der Bekanntmachung bestimmt die Wasserpolizeibehörde.[7] Der Staat und die Kommunalverbände sind von der Sicherheitsleistung frei.

(3) Für Stauanlagen, die auf Grund eines verliehenen Rechtes errichtet werden, gelten die Vorschriften der Abs. 1, 2 nur, soweit im Verleihungsbeschluß nichts anderes bestimmt ist.[8]

Ent. § 93; B. 130 ff.; KB.A. 162; L. II 8168 ff.; KB.H. 37.

[1]) Die Bestimmung des § 99 enthält einen dem bisherigen Wasserrecht fremden Rechtssatz. Bisher gab es wohl ein Staurecht, aber keine Staupflicht. Der Stauberechtigte war jederzeit befugt, den Wasserstau aufzuheben, ohne Rücksicht auf dadurch etwa für andere entstehende Schäden und Nachteile (RG. **64** 24). Die Bestimmung des § 99 gehört dem materiellen Rechte an und ist deshalb gemäß § 25 GewO. auch auf die gewerbepolizeilich genehmigten Stauanlagen anwendbar. Sie ist aber nur anzuwenden auf diejenigen Stauanlagen, die mit einer Staumarke versehen sind, also auf diejenigen Anlagen, welche gemäß § 92 mit einer Staumarke versehen sein müssen, und diejenigen, welche gemäß § 93 mit einer Staumarke versehen werden können und bei denen tatsächlich eine Staumarke gesetzt ist.

[2]) „Dauernd außer Betrieb gesetzt oder beseitigt werden". Es ist darunter sowohl die gänzliche Wegschaffung der Anlage, wie auch die Wegnahme einzelner Teile zu versehen, infolge deren die Stauwirkung der Anlage beseitigt wird. Vorübergehende Außerbetriebsetzung oder Beseitigung, z. B. zum Zwecke des Umbaues, bedarf nicht der wasserpolizeilichen Genehmigung.

[3]) Die Genehmigung kann nur in den im Abs. 2 vorgesehenen Fällen versagt werden. Zu ihrer Versagung ist erforderlich:

a) die voraussichtliche Schädigung anderer durch die Außerbetriebsetzung oder Beseitigung der Stauanlage;

b) die Verpflichtung der ev. Geschädigten, die Kosten für die weitere Erhaltung der Stauanlage dem Stauberechtigten zu ersetzen oder statt seiner die Stauanlage zu erhalten.

Der Stauberechtigte hat die Wahl, ob er sich die Kosten für die Erhaltung ersetzen lassen oder die Stauanlage von den Antragstellern selbst erhalten lassen will. Unter „Erhaltung der Stauanlage" ist jedoch nicht allein die Erhaltung des Bauwerks als solchen zu verstehen, sondern auch die Inbetriebhaltung, d. h. also auch die Bedienung der Stauanlage, soweit eine solche zum ordnungsmäßigen Funktionieren derselben erforderlich ist.

[4]) Auch sonstige, dem Stauberechtigten erwachsende Nachteile

müssen die Antragsteller sich zu ersetzen verpflichten und für die Erfüllung ihrer Verpflichtung Sicherheit leisten. Die Verpflichtung muß übernommen werden gegenüber dem Stauberechtigten und der Wasserpolizeibehörde. Sie hat also sowohl privatrechtlichen wie öffentlichrechtlichen Charakter.

[5]) Der Rechtsweg ist für die Geltendmachung der dem Stauberechtigten gegenüber übernommenen Verpflichtungen, auch soweit sie rein privatrechtliche Ersatzansprüche sind, ausgeschlossen. Es entscheidet der Bezirksausschuß auch über die Höhe der Kostenentschädigung und der sonstigen Schadensersatzansprüche, wie auch über die Höhe der Sicherheitsleistung. Gegen den diesbezüglichen Beschluß des Bezirksausschusses ist nur die Beschwerde an das Landeswasseramt unter Ausschluß des Rechtsweges gegeben.

[6]) Die Verpflichtungen müssen innerhalb einer bestimmten, von der Wasserpolizeibehörde auf Antrag des Stauberechtigten festzusetzenden Frist sowohl dem Stauberechtigten wie der Wasserpolizeibehörde gegenüber übernommen sein. Eine besondere Form für die Übernahme ist nicht vorgeschrieben. Nach Ablauf der Frist muß die Genehmigung zur Außerbetriebsetzung oder Beseitigung der Stauanlage erteilt werden, wenn die vorgeschriebenen Verpflichtungen nicht übernommen sind. Die Frist kann aber erst dann bestimmt werden, wenn die Entscheidung des Bezirksausschusses oder Landeswasseramtes rechtskräftig ist, denn erst durch diese Entscheidung wird dem die Fortsetzung des Betriebes Fordernden die Art und Höhe seiner Verpflichtungen gegenüber dem Stauberechtigten definitiv bekannt. Es kann deshalb auch erst dann verlangt von ihm werden, daß er sich bindend erklärt.

[7]) Über die Länge der Frist und die Art ihrer Bekanntmachung bestimmt das Gesetz nichts. Sie ist in das billige Ermessen der Wasserpolizeibehörde gestellt.

[8]) Bei künftigen, durch Verleihung erworbenen Staurechten können im Verleihungsbeschluß schon die Bedingungen festgestellt werden, unter welchen die Stauanlage dauernd außer Betrieb gesetzt oder beseitigt werden darf.

**§ 100.** Es ist verboten, unbefugt[1]) die aufgestauten Wassermassen plötzlich abzulassen, wenn dadurch für fremde Grundstücke oder Anlagen Gefahren oder Nachteile entstehen, die Ausübung von Wassernutzungsrechten beeinträchtigt oder die Unterhaltung des Wasserlaufs erschwert wird.[2])[3])

Ent. § 94; B. 131.

Die Bestimmung des § 100 ist materiellrechtlicher Natur und auf gewerbepolizeilich genehmigte Stauanlagen anwendbar.

[1]) „Unbefugt". Die Verbotsbestimmung untersagt dem Stauberechtigten oder demjenigen, der die Stauanlage betreibt, die unbefugte plötzliche Ablassung der gestauten Wassermassen. Sie ist nicht unbefugt im Falle des § 101 Abs. 2 Satz 2. Sie ist auch nicht unbefugt, wenn die plötzliche Ablassung zur Abwendung größerer Gefahren erfolgt, ohne daß die Wasserpolizeibehörde die Ablassung angeordnet hat.

[2]) Verstoß gegen § 100 macht den Stauberechtigten schadensersatzpflichtig gemäß § 823 Abs. 2.

[3]) „Bei Stauanlagen, die den Interessen der Landesverteidigung dienen, kann § 100 keine Anwendung finden, da bei ihnen das Ablassen der Wassermassen niemals als unbefugt im Sinne dieser Bestimmung bezeichnet werden kann" (Begr. 32).

**§ 101.** (1) Das Wasser darf bei Stauanlagen nicht über die durch die Staumarke festgesetzte Höhe aufgestaut werden.

(2) Sobald das Wasser über diese Höhe wächst, muß der Unternehmer unter Beachtung der Vorschrift des § 100 durch Öffnen der beweglichen Teile der Stauanlage und durch Wegräumen aller Hindernisse (Treibzeug, Eis, Geschiebe und dergleichen) den Abfluß des Wassers ohne Anspruch auf Entschädigung sogleich und unausgesetzt so lange befördern, bis das Wasser wieder auf die Höhe der Staumarke gesunken ist.[1]) Die Wasserpolizeibehörde ist berechtigt, wenn

Hochwasser zu erwarten ist, dem Unternehmer, ohne daß diesem ein Anspruch auf Entschädigung zusteht, aufzugeben, unverzüglich durch dieselben Maßnahmen das aufgestaute Wasser unter die Höhe der Staumarke zu senken, soweit es für die Stauanlage im Verleihungs- oder Genehmigungsverfahren festgesetzt oder von der Polizeibehörde bestimmt ist, und den Wasserstand möglichst auf dieser Höhe zu erhalten, bis das Hochwasser fällt.

(3) Muß das Oberwasser auf einer bestimmten Höhe erhalten werden, so darf das aufgestaute Wasser nicht unter diese Höhe gesenkt werden. Sobald es darunter sinkt, ist der Wasserabfluß so lange zu hemmen, bis das Wasser die bestimmte Höhe wieder erreicht hat.

(4) Die zur Durchführung dieser Vorschriften erforderlichen Anordnungen trifft die Wasserpolizeibehörde; in dringenden Fällen ist auch die Ortspolizeibehörde dazu befugt.[2])

Ent. § 95; B. 131; KB.A. 163; KB.H. 38.

[1]) Die Bestimmung des Abs. 2 Satz 1 kann naturgemäß nur Anwendung finden auf Stauanlagen, welche bewegliche Wehre haben. Bei Stauanlagen mit festen Wehren ist die Höhe des Staues von der Höhe des Wassers und dem Wasserzufluß abhängig und eine willkürliche Beeinflussung der Stauhöhe nicht möglich und daher Abs. 2 Satz 1 nicht anwendbar.

[2]) § 95 enthält eine den Schutz eines anderen bestimmende Rechtsvorschrift. Schuldhafter Verstoß gegen diese Bestimmung macht daher den Stauberechtigten gemäß § 823 BGB. schadensersatzpflichtig.

**§ 102.** (1) Wer die Stauanlage betreibt, ist auf Anordnung der Wasserpolizeibehörde verpflichtet, die beweglichen Teile der Stauanlage zu öffnen oder zu schließen, wenn dadurch die Unterhaltung des Wasserlaufs erheblich erleichtert wird.[1])

(2) Wird durch die angeordneten Maßnahmen der Betrieb der Anlage gestört, so kann Entschädigung verlangt werden, wenn die Störung über die im Verleihungsbeschluß bestimmte Zeit hinaus dauert (§ 73 Nr. 6) oder, soweit der Verleihungsbeschluß eine Zeit nicht bestimmt hat, die Störung erheblich ist.[2])

(3) Die Entschädigung hat der Unterhaltungspflichtige zu leisten.

Ent. § 96; B. 132; KB.A. 163.

[1]) Die Bestimmung des § 102 bezweckt, eine Erleichterung in der Unterhaltung des Wasserlaufs zu ermöglichen. Durch die Schließung der Stauanlage wird die Räumung des Wasserlaufs unterhalb durch die Öffnung oberhalb erleichtert. Auch zur Vornahme einer Spülung des Wasserlaufs zwecks Erhaltung der Vorflut kann die Öffnung des Staues angezeigt sein. Maßgebend für die Anordnung der Wasserpolizeibehörde müssen die beiderseitigen Anträge des Stauberechtigten und des Unterhaltungspflichtigen sein.

[2]) Kleine Betriebsstörungen muß der Stauberechtigte sich ohne Anspruch auf Entschädigung gefallen lassen, auch hat er keinen Entschädigungsanspruch, wenn die Schädigung innerhalb der Grenzen des im § 73 Nr. 6 bezeichneten Umfangs sich hält. Voraussetzung ist aber, daß die Bestimmung des § 73 Nr. 6 in dem Verleihungsbeschluß aufgenommen ist. Für erhebliche Störungen hat der Unterhaltungspflichtige, in dessen Interesse die Öffnung oder Schließung der Stauanlage angeordnet ist, dem Stauberechtigten Schadensersatz zu leisten, welcher im ordentlichen Rechtswege verfolgbar ist (KB.A. 164).

**§ 103.** (1) Entstehen Überschwemmungen oder andere Nachteile für fremde Grundstücke oder Anlagen dadurch, daß trotz ordnungsmäßiger Ausübung des Staurechts[1]) der Wasserstand über die zulässige Stauhöhe steigt,[2]) so kann dem Stauberechtigten auf Antrag des Geschädigten[3]) auferlegt werden, sich Maßnahmen auf Grundstücken anderer oder am Wasserlaufe,[4]) jedoch ohne Änderung der Stauanlage und ohne Beeinträchtigung seines Staurechts gefallen zu lassen, durch welche die nachteiligen Wirkungen verhütet werden können.

(2) Der Antragsteller hat die zur Verhütung einer Beeinträchtigung des Staurechts erforderlichen Maßnahmen zu treffen; er ist auf Verlangen des Stauberechtigten anzuhalten, eine Sicherheit dafür zu leisten. Der Staat und die Kommunalverbände sind von der Sicherheitsleistung frei.[5])

(3) Auf das Verfahren sind der § 64, der § 65 Abs. 1, 2, die §§ 69, 71, der § 75 Satz 1 und der § 76 Abs. 1 entsprechend anzuwenden.[6])

Ent. § 97; B. 132.

[1]) Voraussetzung für die Anwendbarkeit des § 103 ist eine ordnungsmäßige Ausübung des Staurechts, d. h. also sowohl die Einhaltung der Stauhöhe, wie auch die ordnungsmäßige Instandhaltung der Anlage, insbesondere auch die Beobachtung der Vorschrift des § 101. Sobald ein Verschulden des Stauberechtigten oder des das Staurecht Ausübenden vorliegt, ist § 103 nicht anwendbar. Ein Verschulden liegt insbesondere nicht vor, wenn die dem Stauberechtigten genehmigten Anlagen, sei es, daß sie gewerbepolizeilich oder im Verleihungsverfahren genehmigt seien, sich beim Betrieb der Stauanlage nicht als ausreichend erweisen.

[2]) Die zweite Voraussetzung für die Anwendbarkeit des § 103 ist, daß das Wasser über die dem Stauberechtigten genehmigte zulässige Stauhöhe hinaussteigt.

[3]) „Auf Antrag des Geschädigten". Ein Eingreifen der Wasserpolizeibehörde von Amts wegen ist nicht zulässig.

[4]) „Auf Grundstücken anderer oder am Wasserlauf". Aus-

geschlossen ist ein Eingriff in die Einrichtungen der Stauanlage selbst seitens der Geschädigten oder eine Benutzung dem Stauberechtigten gehöriger Grundstücke. Die zur Abwendung der im § 103 bezeichneten Schädigungen möglichen Maßnahmen können nur auf den dem Stauberechtigten nichtgehörigen Grundstücken oder am Wasserlauf selbst vorgenommen werden. Es können also z. B. die Geschädigten durch Anlegung eines Umflutgrabens auf ihren Grundstücken das ausscheidende Wasser ableiten oder auf ihren Grundstücken Parallelgräben zu ihrem Wasserlauf ziehen und dadurch das überflüssige Wasser beseitigen. Es darf aber durch diese Maßnahmen keine Beeinträchtigung des Staurechts, insbesondere keine Verminderung der Betriebsleistung des Stauwerks herbeigeführt werden, also auch die zulässige Stauhöhe nicht herabgesetzt werden. Nur wenn sich die Maßnahmen innerhalb dieser Grenzen halten, muß der Stauberechtigte sie sich ohne Anspruch auf Entschädigung gefallen lassen, auch dann, wenn ihm tatsächlich ein Schaden dadurch entsteht, indem nämlich durch Entziehung der größeren Wassermengen die Betriebsleistung des Triebwerks herabgemindert wird. Denn auf diese über die Staumarke hinaus gestauten Wassermassen hat er keinen Anspruch. Durch ihre Entziehung wird ihm also nur ein Vorteil entzogen, der ihm nicht zustand.

[5]) Nicht der Stauberechtigte, sondern der Antragsteller hat die erforderlichen Maßnahmen zu treffen. Der Stauberechtigte kann verlangen, daß ihm dafür Sicherheit geleistet wird.

[6]) Für das Verfahren sind die Vorschriften des Verleihungsverfahrens, soweit sie zweckentsprechend erscheinen, für anwendbar erklärt.

**§ 104.** (1) Der Staat und andere öffentlichrechtliche Verbände können als Unternehmer einer Stauanlage, bei der das Staubecken mehr als 100000 cbm Wasser faßt, einen angemessenen Zuschuß zu den Kosten der Unterhaltung und des Betriebs der Anlage, einschließlich einer angemessenen

Verzinsung und einer Tilgung des Baukapitals, von den zur Benutzung eines Wasserlaufs Berechtigten verlangen, die von der Änderung des Wasserabflusses Vorteil haben.[1]) Der Zuschuß ist nach dem ausgenutzten Vorteil zu bemessen.

(2) Im Streitfall entscheidet der Bezirksausschuß im Verwaltungsstreitverfahren.[2])

(3) Wird die Stauanlage von einer Wassergenossenschaft betrieben, so gelten statt dieser Vorschriften die §§ 236, 242.[3])

(4) Die Vorschriften der Abs. 1, 2 sind auf die Talsperren anzuwenden, die nach dem Gesetze, betreffend Maßnahmen zur Verhütung von Hochwassergefahren in der Provinz Schlesien, vom 3. Juli 1900 (Gesetzsamml. S. 171) errichtet worden sind oder errichtet werden.

Ent. § 98; B. 133; KB.H. 38.

[1]) Durch die Bestimmung des § 104 soll, abweichend vom Entwurf, dem Unternehmer einer Stauanlage, bei der das Staubecken mehr als 100000 cbm Wasser faßt, das Recht gegeben werden, Zuschüsse zu den Kosten der Unterhaltung und des Betriebes der Anlage einschließlich der Verzinsung und Tilgung des Baukapitals einzuziehen. Zur Zahlung dieses Zuschusses sind verpflichtet die zur Benutzung des Wasserlaufs Berechtigten, also die Wasserlaufseigentümer und die durch Verleihung oder auf Grund eines anderen öffentlich- oder privatrechtlichen Titels zur Benutzung Berechtigten, sofern sie von der Änderung des Wasserabflusses durch das Stauunternehmen Vorteil haben. Derjenige kann aber nicht zu einem Zuschuß herangezogen werden, der nicht selbst den Vorteil ausnutzt, der ihm durch den veränderten Wasserabfluß erwächst. Also nicht die Tatsache eines abstrakten Nutzens oder einer abstrakten Vorteilsmöglichkeit genügt, sondern es muß die tatsächliche Ausnutzung des Vorteils erfolgen. In welchem Maße dies geschieht und wie hoch der ausgenutzte Vorteil ist, kann nur schätzungsweise festgestellt werden und demgemäß auch nur die Höhe des Zuschusses.

[2]) Der ordentliche Rechtsweg ist ausgeschlossen. Der Bezirksausschuß entscheidet im Verwaltungsstreitverfahren sowohl darüber, ob ein Vorteil für den einzelnen Wasserlaufsberechtigten entstanden ist, ob er diesen Vorteil ausnutzt und wie hoch dementsprechend sein Zuschuß zu bemessen ist.

[3]) Dieses Recht zur Heranziehung der Wasserlaufsberechtigten steht aber nur dem Staat und anderen öffentlichrechtlichen Verbänden (Stadt-, Landgemeinden) zu. Betreibt eine Genossenschaft eine der im Abs. 1 näher bezeichneten Stauanlagen, so findet Abs. 1 keine Anwendung. Es verbleibt dann bei den Bestimmungen der §§ 236 und 242, nach welchen Eigentümer von Grundstücken, Bergwerken oder gewerblichen Anlagen, Wassergenossenschaften oder andere Verbände, welche nicht Mitglieder der Genossenschaft sind, zu Beiträgen gemäß den für die Genossen geltenden Bestimmungen herangezogen werden können, wenn sie den Betrieb von Anlagen auf die Ausnutzung der durch die Genossenschaftsanlagen geschaffenen günstigeren Wasserverhältnisse eingerichtet und demgemäß von diesen Genossenschaftsanlagen Vorteil haben. Das Nähere s. zu §§ 236 u. 242.

**§ 105.** Bei Stauanlagen für gewerbliche Wassertriebwerke ist in dem Genehmigungsverfahren nach der Reichsgewerbeordnung der § 73 Nr. 2, 3 anzuwenden, wenn nicht eine Verleihung des Staurechts erforderlich ist.[1]) Sind die Beteiligten darüber einig oder ist im Rechtswege festgestellt, daß zwar ein Staurecht besteht, über die zulässige Stauhöhe jedoch rechtsverbindliche und klare Bestimmungen nicht vorliegen, so ist der innezuhaltende Wasserstand von der Genehmigungsbehörde nach den Grundsätzen des § 93 Abs. 2 zu bestimmen.[2])

Ent. § 99; B. 133; KB.A. 164.

[1]) Die Bestimmung des § 105 stützt sich auf die Bestimmung des § 23 der Reichsgewerbeordnung, nach welcher die landesgesetzlichen Vorschriften bei den Stauanlagen für Wassertriebwerke

Anwendung finden sollen, jedoch nur soweit, als materiellrechtliche Bestimmungen in Frage kommen. Da Stauanlagen für gewerbliche Wassertriebwerke auch künftighin nicht der Verleihung bedürfen, sondern lediglich der gewerbepolizeilichen Genehmigung gemäß §§ 17 ff. GewO., bestimmt der § 105 noch ausdrücklich, daß bei dem gewerbepolizeilichen Verfahren Bestimmungen über die innezuhaltenden Stauzeiten und über die einzuhaltenden Stauhöhen einschließlich der Mindeststauhöhen zu treffen sind.

[2]) Die Bestimmung des § 105 Satz 2 ergibt sich schon aus § 398 des Gesetzes, da die bisher anzuwendende Bestimmung des § 5 des Vorflutedikts aufgehoben und durch § 93 Abs. 2 ersetzt ist.

## 2. Talsperren.

**§ 106.**[1]) Für Stauanlagen, bei denen die Höhe des Stauwerkes von der Sohle des Wasserlaufs bis zur Krone mehr als 5 m beträgt und das Sammelbecken, bis zur Krone des Stauwerkes gefüllt, mehr als 100000 cbm umfaßt (Talsperren), gelten die nachstehenden Vorschriften.[2])

Ent. § 100; B. 134 ff.; KB.A. 165, 166; KB.H. 38 ff.

[1]) Unter den Stauanlagen nehmen die Talsperren eine besondere Stellung ein, sowohl wegen des Umfanges der Anlage selbst, wie auch der Menge des aufgestauten Wassers, besonders aber wegen der einschneidenden Wirkung, welche die Talsperren auf die Verhältnisse des Wasserlaufs ausüben und endlich wegen der durch die drohenden, sich auf weite Gebiete erstreckenden Gefahren. Das Gesetz hat deshalb in den §§ 106—112 besondere Vorschriften für die Talsperren aufgestellt; aber auch sonst finden sich im Gesetz zerstreut verschiedene Bestimmungen, welche sich auf die Talsperren beziehen oder auf sie speziell anwendbar sind, so in den §§ 73, 206 Nr. 9, 236, 238, 242, 342 Abs. 2.

[2]) Talsperren im Sinne der §§ 106 ff. sind Stauanlagen, bei denen die Höhe des Stauwerks von der Sohle des Wasserlaufs bis zur Krone mehr als 5 m beträgt und das Sammelbecken, wenn

**es bis zur Krone des Stauwerks gefüllt ist, mehr als 100000 cbm umfaßt. Nur auf diese großen Stauanlagen sind die nachfolgenden Vorschriften der §§ 107—112 anwendbar. Vgl. jedoch auch § 110.**

**§ 107.** (1) Talsperren dürfen nur auf Grund eines Planes errichtet werden, der genaue Angaben über die gesamte Anlage, deren Bau, Unterhaltung und Betrieb enthalten muß und auch alle Einrichtungen zu berücksichtigen hat, durch die Nachteile und Gefahren für andere verhütet werden können. Der Plan bedarf, sofern nicht für die Talsperre die Verleihung oder die gewerbepolizeiliche Genehmigung erforderlich ist, der Genehmigung des Regierungspräsidenten.

(2) Dasselbe gilt bei wesentlichen Veränderungen von Talsperren.

(3) Vorstehende Bestimmungen sind auf die Talsperren anzuwenden, die nach dem Gesetze, betreffend Maßnahmen zur Verhütung von Hochwassergefahren in der Provinz Schlesien, vom 3. Juli 1900 (Gesetzsamml. S. 171) errichtet worden sind oder noch errichtet werden.

Ent. § 101; B. 134 ff.; KB.A. 166.

Zur Anlegung einer Talsperre ist stets ein genau ausgearbeiteter Plan erforderlich. Derselbe muß genaue Angaben über die gesamte Anlage, deren Bau, d. h. auch deren Bauausführung, ihre Unterhaltung und ihren Betrieb enthalten. Der Plan muß also „vom Standpunkte der Sicherheit erschöpfend alle Angaben enthalten, aus denen zu entnehmen ist, daß technisch ausreichende Vorsorge gegen Gefahren getroffen ist, die bei der Ausführung der Unterhaltung oder dem Betrieb der Talsperre für andere entstehen könnten" (Begr. 135). Bei Talsperren, welche auf Grund eines Verleihungsverfahrens oder des gewerbepolizeilichen Genehmigungsverfahrens errichtet werden, unterliegt dieser Plan der Prüfung der zuständigen Behörde in dem betreffenden Verfahren. Wo ein solches nicht erforderlich ist, bedarf der Plan stets der Genehmigung des Regierungspräsidenten. Auch alle wesentlichen Veränderungen an Talsperren bedürfen derselben Prüfung und Genehmigung der Verleihungsbehörde, der Gewerbepolizei oder des Regierungspräsidenten.

**§ 108.** (1) Talsperren unterstehen der Aufsicht des Regierungspräsidenten.[1]) Dieser hat besonders darauf zu achten, daß der Bau, die Unterhaltung und der Betrieb nach dem Plane geschehen; er ist befugt, dem Unternehmer auch nach Ausführung des Planes Sicherheitsmaßregeln aufzugeben, die er zum Schutze der unterhalb liegenden Grundstücke gegen Gefahren[2]) für notwendig hält.

(2) Zur Deckung der Kosten der Aufsicht können von dem Unternehmer Gebühren erhoben werden. Die Höhe bestimmt der Regierungspräsident.

Ent. § 102; B. 134 ff.; KB.A. 167; L. II 8169 ff.; L. III 8561 ff.

[1]) Die Talsperren sind der Aufsicht der regelmäßig zuständigen Wasserpolizeibehörde entzogen und ausnahmslos der Aufsicht des Regierungspräsidenten, in dessen Bezirk sie liegen, unterstellt. Diesem obliegt auch die Beaufsichtigung der Bauausführung, der Unterhaltung und des Betriebes und die Beobachtung des genehmigten Planes.

[2]) „Gegen Gefahren", nicht auch gegen Nachteile (wie im § 107), kann der Regierungspräsident dem Unternehmer zum Schutz der öffentlichen Interessen und des öffentlichen Wohles weitergehende Sicherheitsmaßregeln auch über den genehmigten Plan hinaus auflegen.

**§ 109.** In den Fällen der §§ 107, 108 tritt an die Stelle des Regierungspräsidenten im Geltungsgebiete des Gesetzes vom 3. Juli 1900 der Oberpräsident.

KommBschl.H. § 102a; KB.H. 39.

**§ 110.** (1) Die §§ 107, 108 gelten auch für andere als die im § 106 bezeichneten Stauanlagen, wenn der Regierungspräsident feststellt,[1]) daß bei ihnen wegen der Gestaltung des Wasserlaufs oder seiner Umgebung im Falle eines Bruches des Stauwerks erhebliche Gefahren zu befürchten sind. Gegen die Feststellung, die im Amtsblatt und in ortsüblicher Weise sowie, wenn Landkreise beteiligt sind, auch in den Kreisblättern bekanntzumachen ist,[2]) kann nur Beschwerde im Aufsichtsweg erhoben werden.

(2) Bei Stauanlagen, die erst nach Inbetriebsetzung auf Grund der Vorschriften des Abs. 1 den Bestimmungen über Talsperren unterworfen werden, können nur die im § 97 angegebenen Maßnahmen und diese nur nach den §§ 97, 98 gefordert werden.[3])

Ent. § 103; B. 134 ff.; KB.A. 168.

[1]) Durch die Bestimmung des § 110 wird dem Regierungspräsidenten die Pflicht auferlegt, zu prüfen, ob Stauanlagen, welche an und für sich infolge ihrer Bauart und ihrer Größe nicht zu den Talsperren im Sinne des § 106 gehören, trotzdem den schärferen Bestimmungen der §§ 107 u. 108 unterworfen werden sollen. Maßgebend für die Entscheidung des Regierungspräsidenten muß sein, ob im Falle eines Bruches des Stauwerks erhebliche Gefahren wegen der Gestaltung des Wasserlaufs oder seiner Umgebung eintreten können. Es brauchen also noch keine Gefahren in die Erscheinung getreten zu sein, es genügt vielmehr schon die bloße Gefährdung.

[2]) Das Vorliegen einer solchen Gefährdung muß festgestellt werden, d. h. der Regierungspräsident muß das Vorhandensein der Voraussetzungen des § 110 bei einer Stauanlage feststellen und diese Feststellung im Amtsblatt und in sonst ortsüblicher Weise bekanntmachen. Gegen diese Feststellung und die Unterwerfung einer nicht unter § 106 fallenden Stauanlage unter die Bestimmungen der §§ 107 u. 108 ist ein Rechtsmittel nicht ge-

geben, sondern lediglich Beschwerde im Aufsichtswege zulässig. § 112 ist nicht anwendbar.

³) Die Vorschrift des Abs. 1 ist bei allen Stauanlagen anwendbar, mögen dieselben nun auf Grund eines Verleihungsverfahrens, eines gewerbepolizeilichen Genehmigungsverfahrens errichtet sein, oder zu denjenigen Stauanlagen gehören, welche keiner Verleihung oder Genehmigung bedürfen. Bei Stauanlagen jedoch, welche erst nach Inbetriebsetzung den Vorschriften der §§ 107 u. 108 unterworfen werden, können Einrichtungen und Sicherheitsmaßregeln über den Umfang der §§ 97 u. 98 hinaus nicht verlangt werden. Es beschränkt sich also bei solchen in Betrieb befindlichen Stauanlagen das Recht des Regierungspräsidenten darauf, die Aufsicht zu führen und den Umbau oder die Sicherung der Stauanlage zu fordern, wenn die Gefahr besteht, daß die betreffende Stauanlage wegen ihrer Bauart durch Hochwasser geschädigt oder zerstört werden und dadurch anderen Nachteile (§ 97) oder auch Gefahren für das öffentliche Wohl (§ 98) entstehen können.

**§ 111.** (1) Erstreckt sich das Unternehmen auf mehrere Regierungsbezirke, so bestimmt der Oberpräsident und, wenn mehrere Provinzen beteiligt sind, der Minister für Landwirtschaft, Domänen und Forsten den Regierungspräsidenten, der die in den §§ 107, 108 bezeichneten Aufgaben wahrzunehmen hat.

(2) Soll die Talsperre durch eine Wassergenossenschaft ausgeführt werden, so ist stets der Regierungspräsident zuständig, der die Aufsicht über die Genossenschaft führt (§ 217 Abs. 3).

Ent. § 104; B. 134; KB.A. 168.

Nach § 217 Abs. 3 steht die Aufsicht über eine Wassergenossenschaft demjenigen Regierungspräsidenten zu, in dessen Bezirk die Genossenschaft ihren Sitz hat. Da der Sitz der Genossenschaft nicht im selben Regierungsbezirk zu liegen braucht, in welchem sich die Talsperre befindet, ist, um keine doppelte Aufsichtsbehörde zu schaffen, durch Abs. 2 derjenige Regierungspräsident für die Aufsicht und Anordnungen gemäß §§ 107 u. 108 für zuständig erklärt, der die Aufsicht über die Genossenschaft führt, welche das Talsperrenunternehmen betreibt.

**§ 112.** Gegen die Entscheidungen des Regierungspräsidenten auf Grund der §§ 107, 108 ist nur binnen zwei Wochen die Beschwerde bei Wasserläufen erster Ordnung an den Minister der öffentlichen Arbeiten, sonst an den Minister für Landwirtschaft, Domänen und Forsten zulässig.

Ent. § 105; B. 134 ff.; KB.A. 168.

Die hier gegebene Beschwerde bezieht sich nicht auf die gemäß § 110 Satz 2 vom Regierungspräsidenten getroffene Feststellung. Letztere kann lediglich mit Beschwerde im Aufsichtswege angefochten werden.

## Vierter Titel.

# Unterhaltung der Wasserläufe und ihrer Ufer.

### Vorbemerkung.

Die Unterhaltung der Wasserläufe und ihrer Ufer regelt das Gesetz in wesentlichen Punkten abweichend von dem bisherigen Recht. Bei den natürlichen Wasserläufen I. Ordnung ist die Unterhaltungspflicht ohne Rücksicht auf die Eigentumsverhältnisse dem Staate auferlegt. Bei den natürlichen Wasserläufen II. Ordnung sieht das Gesetz grundsätzlich als Träger der Unterhaltungspflicht Wassergenossenschaften vor, welche aus den Eigentümern aller Grundstücke, Bergwerke und gewerblichen Anlagen, sowie den Verbänden, die von der ordnungsmäßigen Unterhaltung des Wasserlaufs Vorteil haben, gebildet werden sollen und zwar im allgemeinen nicht für die ganzen Flußläufe, sondern für einzelne Flußabschnitte, deren Grenzen tunlichst mit den Kreisen zusammenfallen sollen (KB.A. 189). Das Nähere siehe in den Anm. zu §§ 228ff.

Das Gesetz läßt jedoch hiervon aus Zweckmäßigkeitsgründen Ausnahmen zu (§§ 126, 128 u. 129). Die Unterhaltung der natürlichen Wasserläufe III. Ordnung sowie aller künstlichen Wasserläufe ist dem Eigentümer zugewiesen und, wenn dieser nicht zu ermitteln ist, dem Anlieger. Die Pflicht zur Unterhaltung der Wasserläufe ist nach dem Gesetz entsprechend dem bisherigen Rechtszustande eine öffentlichrechtliche Verpflichtung, also eine dem Staate gegenüber zu erfüllende Verbindlichkeit.

Die Aufgabe der Unterhaltung der Wasserläufe ist, „den von Natur bestehenden oder künstlich herbeigeführten Zustand zu erhalten oder nötigenfalls so, wie er seit längerer Zeit bestanden hat, wiederherzustellen, soweit es zu der ungestörten Abführung des dem Wasserlauf zufließenden Wassers“ und bei den natürlichen Wasserläufen I. Ordnung zur Erhaltung ihrer Schiffbarkeit nötig ist (Begr. 108). Es fallen daher gewöhnlich Veränderungen eines Wasserlaufs nicht unter den Begriff der Unterhaltung. Es fallen auch nicht hierunter, insbesondere soweit das Schiffahrtsinteresse in Betracht kommt, Arbeiten, durch welche den jeweiligen Bedürfnissen der Schiffahrt Rechnung getragen werden soll. Lediglich die Sicherung des hergebrachten, bestehenden Zustandes fällt unter den Begriff der Unterhaltung. Alles, was darüber hinaus an Veränderungen am oder im Wasserlauf erforderlich oder zweckentsprechend ist, fällt unter den weiteren Begriff des Ausbaues und unterliegt den Bestimmungen der §§ 152 ff., vgl. insbes. § 154.

Von der „Unterhaltung des Wasserlaufs“ ist zu unterscheiden die „Uferunterhaltung“, welche gleichfalls in diesem Titel geordnet ist (vgl. §§ 119 ff.).

**§ 113.** (1) Die durch dieses Gesetz begründete Verpflichtung zur Unterhaltung der Wasserläufe und ihrer Ufer ist eine öffentlichrechtliche Verbindlichkeit, die, abgesehen von den in diesem Gesetze bestimmten Fällen, weder aufgehoben noch geändert werden kann. Beim Inkrafttreten dieses Gesetzes bestehende öffentlichrechtliche Verbindlichkeiten zur Unterhaltung eines Wasserlaufs oder seiner Ufer erlöschen,[1]) soweit sie nicht in diesem Gesetz aufrechterhalten sind.

(2) Vereinbarungen über die Unterhaltungspflicht können mit privatrechtlicher Wirkung getroffen werden.[2])

Ent. § 107; B. 136 ff.; KB.A. 169 ff.; KB.H. 42.

[1]) Siehe Vorbemerkung. Diese öffentlichrechtliche Verbindlichkeit soll künftig grundsätzlich weder aufgehoben noch geändert werden können, mit Ausnahme derjenigen Fälle, in denen dies ausdrücklich im Gesetze vorgesehen ist. Auch durch besondere Titel des öffentlichen Rechts oder durch das dem öffentlichen Rechte angehörende lokale Gewohnheitsrecht soll eine Änderung in dieser öffentlichrechtlichen Verbindlichkeit nicht herbeigeführt werden. Soweit solche anderweitige öffentlichrechtliche Verbindlichkeiten beim Inkrafttreten des Gesetzes bestehen, erlöschen sie, wenn sie nicht im Gesetze ausdrücklich aufrechterhalten sind. Soweit das Gesetz aber Ausnahmen zuläßt, tritt bezüglich dieser auch die öffentlichrechtliche Wirkung ein. Es tritt also hier ein vollständig anderer Rechtszustand als bisher ein, insbesondere weicht das Gesetz von den bisherigen Bestimmungen des Privatflußgesetzes (§ 7) ab (Begr. 29 ff., 136).

[2]) Durch die Bestimmung des Abs. 1 werden jedoch bestehende abweichende privatrechtliche Vereinbarungen nicht berührt und ebensowenig ihr Abschluß für die Zukunft unmöglich gemacht. Die Wirkung derartiger Vereinbarungen beschränkt sich aber auf die vertragschließenden Parteien selbst und hat keinerlei Wirkung und Einfluß auf die nach dem Gesetze zur Unterhaltung verpflichteten Personen. Dem Staate gegenüber bleibt trotz abweichender privatrechtlicher Vereinbarungen stets der zur Unterhaltung gesetzlich Verpflichtete haftbar und auch gegen ihn allein kann die Wasserpolizeibehörde im Falle einer Vernachlässigung seiner Unterhaltungspflicht einschreiten. Es bleibt ihm überlassen, denjenigen, der an seiner Stelle die gesetzliche Unterhaltungspflicht durch privatrechtliche Vereinbarungen übernommen hat, haftbar zu machen und zur Erfüllung seiner privatrechtlichen Verpflichtungen im ordentlichen Rechtswege anzuhalten.

**§ 114.** (1) Die Unterhaltung umfaßt bei Wasserläufen erster Ordnung[1]) die Erhaltung der Schiffbarkeit[2]) und der Vorflut,[3]) bei den übrigen Wasserläufen die Erhaltung der Vorflut.

(2) Künstliche Wasserläufe erster Ordnung sind nur insoweit im Vorflutinteresse zu erhalten, als sie der Vorflut zu dienen bestimmt sind.[4])

(3) Die Erhaltung der Schiffbarkeit erstreckt sich nur auf das dem öffentlichen Schiffsverkehr dienende Fahrwasser.[5]) Sie umfaßt nicht die besonderen Zufahrtstraßen zu den Häfen.[6])

(4) Ist ein Wasserlauf nach einem behördlich festgestellten Plane ausgebaut, so erstreckt sich die Unterhaltung auf die Erhaltung des Zustandes, in den der Wasserlauf durch den Ausbau versetzt ist, es sei denn, daß bei Wasserläufen erster Ordnung der Minister der öffentlichen Arbeiten, sonst der Minister für Landwirtschaft, Domänen und Forsten nach Anhörung des Wasserbeirats die Erhaltung dieses Zustandes nicht mehr für erforderlich erklärt.[7])

Ent. § 108; B. 137 ff.; KB.A. 170 ff.; KB.H. 43.

[1]) Bei natürlichen Wasserläufen I. Ordnung erstreckt sich die Unterhaltungspflicht auf die Erhaltung der Schiffbarkeit und der Vorflut.

[2]) „Unterhaltung der Schiffbarkeit". Diese Pflicht deckt sich im wesentlichen mit der nach § 79 II 15 ALR. dem Staate schon früher obliegenden, nämlich „für die zur Sicherheit und Bequemlichkeit der Schiffahrt nötigen Anstalten zu sorgen". Die Erhaltung der Schiffbarkeit erstreckt sich nur auf das Fahrwasser und geht auf Erhaltung einer ausreichenden Fahrtiefe und die Instandhaltung der einheitlichen Fahrrinne. Soweit Wasserläufe II. und III. Ordnung der Schiffahrt dienen, gehört die Unterhaltung des Fahrwassers nicht zur Aufgabe des Unterhaltungs-

pflichtigen. Die Unterhaltung dieser Wasserläufe beschränkt sich vielmehr auch dann lediglich auf die Erhaltung der Vorflut, wenn auf ihnen ein gewisser Schiffsverkehr stattfindet. Die Schiffahrt auf solchen Wasserläufen kann nur soweit erfolgen, als der Zustand des Wasserlaufes es gestattet. Der Unterhaltungspflichtige ist aber verpflichtet, einen solchen, zurzeit vielleicht vorhandenen, die Möglichkeit der Schiffahrt zulassenden Zustand zu erhalten (vgl. RG. **40** 296; **53** 128; **53** 131).

[3]) „Erhaltung der Vorflut". Begriff der Vorflut s. § 11. Bei den natürlichen Wasserläufen II. und III. Ordnung erstreckt sich die Unterhaltungspflicht lediglich auf die Erhaltung der Vorflut. Auch bei den künstlichen Wasserläufen I. Ordnung gehört die Erhaltung der Vorflut mit zur Unterhaltungspflicht, jedoch mit der Beschränkung, daß die Erhaltung der Vorflut nur dann und so weit erforderlich ist, als diese Wasserläufe der Vorflut tatsächlich zu dienen bestimmt sind.

Was unter der Erhaltung der Vorflut zu verstehen ist, ist im Gesetz nicht näher gesagt. Soweit nicht das Gesetz bezüglich der Unterhaltung der Ufer in den §§ 119 u. 120 besondere Vorschriften enthält, beschränken sich die vorzunehmenden Arbeiten grundsätzlich auf Arbeiten im Wasserlauf selbst (s. jedoch bezüglich der „Uferunterhaltungspflicht §§ 119, 120, 121). Insoweit wird die bisherige Rechtsprechung des Oberverwaltungsgerichts über die Räumung des Flußbetts, wie sie sich auf § 7 des Privatflußgesetzes und § 10 des Vorflutediktes aufgebaut hat, auch in Zukunft maßgebend bleiben. Hervorzuheben ist, daß der Begriff der Unterhaltung sich nicht ohne weiteres mit dem Begriff der Reinhaltung deckt, wenn auch in vielen Fällen die Unterhaltung ohne die Reinhaltung nicht möglich sein wird. Als Grundlage für die Unterhaltungspflicht gilt, daß sich dieselbe beschränkt auf die Erhaltung bzw. „Wiederherstellung des Zustandes, wie er bis dahin bestanden hat" (OVG. **2** 280; **3** 210; **5** 253; **8** 229, 237; **9** 259; **21** 311; **35** 302; **46** 319).

[4]) Nach Abs. 3 erstreckt sich die Erhaltung der Schiffbarkeit nur auf das dem öffentlichen Schiffsverkehr dienende Fahrwasser,

der Fahrrinne. Bei mehreren Fahrrinnen erstreckt sich die Unterhaltspflicht auf alle und zwar nicht nur auf die Fahrrinne für den durchgehenden Verkehr mit Personenschiffen, sondern auch für den Frachtschiffsverkehr, desgleichen auf die Erhaltung der Flößbarkeit. Nicht fällt jedoch darunter die Erhaltung einer Fahrrinne für den lokalen Schiffahrtsverkehr, ebensowenig die Unterhaltung von Anlegestellen zwischen bzw. an den Buhnen. Wenn auch in der Kommission sowohl des Abgeordnetenhauses wie des Herrenhauses seitens der Regierungsvertreter ausgeführt ist, daß seitens der Staatsregierung in den Grenzen des § 133, „auch dem Lokalverkehr und der Möglichkeit, zwischen den Buhnen Anlegestellen herzustellen, tunlichst Rechnung getragen werden solle", so ist eine solche Verpflichtung aus dem Wortlaut des Gesetzes jedenfalls nicht zu entnehmen (KB.A. 177).

[5]) Ausdrücklich ausgeschlossen ist die Verpflichtung zur Erhaltung der Fahrrinne in den besonderen Zufahrtsstraßen zu den Häfen. Unter Zufahrtsstraße ist zu verstehen „der Raum zwischen dem Hafenmund und dem gewöhnlichen Fahrwasser", unter Hafenmund die Einmündung des Hafens entweder in den Wasserlauf selbst oder in den oben erwähnten Zwischenraum. Die Unterhaltung des eigentlichen Hafenmundes und der Strecke zwischen ihm und dem Fahrwasser liegt vielmehr demjenigen ob, der Eigentümer des Hafens ist oder in dessen Interesse der Hafen angelegt ist (KB.A. 180). Der in der Begr. (S. 140) enthaltene Satz, daß, wenn die Häfen dazu dienen, bei Hochwasser und Eisgefahr den Schiffen eine Unterkunft zu sichern, der Staat wie bisher, so auch in Zukunft verpflichtet sei, für die Unterhaltung dieser Häfen gemäß ALR. II 15 § 79 zu sorgen, findet im Gesetz keine Stütze, denn II 15 § 79 ist im § 399 Abs. 2 Nr. 1b ausdrücklich aufgehoben.

[6]) Bei planmäßig regulierten Wasserläufen ist die Unterhaltungspflicht eine weitergehende. Sie erstreckt sich auf die Erhaltung des Zustandes, in den der Wasserlauf durch den Ausbau versetzt ist, und zwar ohne Rücksicht darauf, ob diese Regulierungsarbeiten zur Erhaltung oder Wiederherstellung der Vorflut erforderlich sind. Diese erweiterte Unterhaltungspflicht trifft nur zu bei

den zur Zeit des Inkrafttretens des Gesetzes bereits planmäßig regulierten Wasserläufen. Durch einen später gemäß §§ 152 ff. stattfindenden Ausbau eines Wasserlaufs kann selbstverständlich die Unterhaltungspflicht des Verpflichteten nicht erweitert werden (vgl. auch Anm. 5 zu § 115). Da diese erweiterte Unterhaltungspflicht bei planmäßig regulierten Wasserläufen im allgemeinen Interesse erfolgte, fällt sie fort, sobald die Unterhaltung des bisherigen Zustandes im allgemeinen Interesse nicht mehr erforderlich ist, was bei den Wasserläufen I. Ordnung der Minister der öffentlichen Arbeiten, bei den übrigen Wasserläufen der Minister für Landwirtschaft, Domänen und Forsten nach Anhörung des Wasserbeirats entscheidet.

**§ 115.** (1) Die Unterhaltung des Wasserlaufs liegt ob:

1. bei natürlichen Wasserläufen erster Ordnung dem Staate;[1])
2. bei natürlichen Wasserläufen zweiter Ordnung den für diesen Zweck zu bildenden Wassergenossenschaften;[2])
3. bei natürlichen Wasserläufen dritter Ordnung sowie
4. bei künstlichen Wasserläufen

dem Eigentümer und, wenn sich dieser nicht ermitteln läßt, dem Anlieger.[3])[4])

(2) Bis eine Wassergenossenschaft gebildet ist, sind natürliche Wasserläufe zweiter Ordnung von den bisher dazu Verpflichteten zu unterhalten.

(3) Ist ein Wasserlauf von einem anderen als dem zu seiner Unterhaltung Verpflichteten nach einem behördlich festgestellten Plane ausgebaut, so liegt die fernere Unterhaltung nach § 114 Abs. 4 dem Unternehmer des Ausbaues ob. Sie kann aber von dem bisher Verpflichteten durch Vereinbarung mit dem Unternehmer unter Zustimmung der Wasserpolizeibehörde übernommen werden.[5])

Ent. § 109; B. 141 ff.; KB.A. 181 ff.; KB.H. 43.

[1]) Die Unterhaltung der natürlichen Wasserläufe I. Ordnung ist Pflicht des Staates ohne Rücksicht darauf, ob der Wasserlauf in seinem Eigentum steht oder nicht (§ 9 Abs. 1 Satz 1).

[2]) Die natürlichen Wasserläufe II. Ordnung werden unterhalten durch die für diesen speziellen Zweck zu bildenden Wassergenossenschaften, soweit nicht in den §§ 115, 116 ff. Ausnahmen hiervon zugelassen sind (vgl. auch Vorbem.).

[3]) Die Unterhaltung der natürlichen Wasserläufe III. Ordnung und der künstlichen Wasserläufe obliegt dem Eigentümer ev. dem Anlieger.

[4]) Bezüglich der Unterhaltungspflicht bei planmäßig regulierten Wasserläufen vgl. Anm. 7 zu 114.

[5]) Abs. 3 regelt den Fall, daß ein Wasserlauf durch einen anderen als den Unterhaltungspflichtigen ausgebaut wird, was in Zukunft nach §§ 152 ff. wohl die Regel sein wird. Satz 1 ändert für diesen Fall die öffentlichrechtliche Unterhaltungspflicht und legt sie demjenigen auf, welcher den Wasserlauf ausbaut. Der bisher Unterhaltungspflichtige wird von seiner öffentlichrechtlichen Unterhaltungspflicht befreit. Satz 2 läßt aber die Möglichkeit offen, durch privatrechtliche Vereinbarungen zwischen dem bisher Unterhaltungspflichtigen und dem ausbauenden Unternehmer die Unterhaltungspflicht dem ersteren zu belassen. Nach § 113 würde eine derartige Vereinbarung aber lediglich privatrechtliche Wirkung haben und die im § 115 Abs. 3 Satz 1 anderweitig geregelte öffentlichrechtliche Unterhaltungspflicht nicht berührt. Erteilt aber die Wasserpolizeibehörde zu der nach Abs. 3 Satz 2 zulässigen privatrechtlichen Vereinbarung ihre Zustimmung, so erhält diese gleichzeitig öffentlichrechtliche Wirkung, d. h. der Unternehmer wird auch von seiner ihm nach Satz 1 obliegenden öffentlichrechtlichen Unterhaltungspflicht frei (Begr. 139 ff.).

**§ 116.** (1) Kann ein natürlicher Wasserlauf zweiter Ordnung ebenso zweckmäßig wie durch eine Wassergenossenschaft durch die bisher dazu Verpflichteten unterhalten werden[1]) oder besteht kein öffentliches Interesse für die Bildung der Genossenschaft, so hat ihre Bildung[2]) zu unterbleiben.

(2) Kann ein solcher Wasserlauf ebenso zweckmäßig wie durch eine Wassergenossenschaft durch eine Gemeinde (Gutsbezirk) oder eine andere Körperschaft des öffentlichen Rechtes unterhalten werden, so kann ihr mit ihrer Zustimmung die Unterhaltung von dem Regierungspräsidenten übertragen werden.

KommBschl. § 109a; KB.A. 200 ff.

[1]) Die Bestimmung des Abs. 1, welche sich auf natürliche Wasserläufe II. Ordnung beschränkt, untersagt die Bildung einer Wassergenossenschaft, wenn die Unterhaltung ebenso zweckmäßig durch die bisher dazu Verpflichteten erfolgen kann oder ein öffentliches Interesse für die Bildung der Genossenschaft nicht besteht.

„Bisher dazu Verpflichteten". Es kommen hier in Betracht die nach § 7 des Privatflußgesetzes von 1843 und § 2 des hannoverschen Gesetzes über Ent- und Bewässerung der Grundstücke v. 22. 8. 47 zur Unterhaltung Verpflichteten. Diese bisher geltenden Bestimmungen bleiben also insoweit in Kraft, als in denselben die Träger der Unterhaltungspflicht genannt sind. Es sind dies nach beiden Gesetzen die Eigentümer der anliegenden Ufergrundstücke, also die Anlieger.

[2]) „Die Bildung hat zu unterbleiben". Es ist also nicht in das Belieben der Behörde oder der Interessenten gestellt, ob eine Wassergenossenschaft gebildet werden soll. Über die Frage, ob zweckmäßig die Unterhaltung von den bisher Verpflichteten weiter erfolgen soll oder ob für die Bildung der Genossenschaft kein öffentliches Interesse besteht, hat der Bezirksausschuß zu entscheiden (KB.A. 199).

[3]) Ein Antrag ist nicht erforderlich, wohl aber kann den Gemeinden usw. gegen ihren Willen die Unterhaltung nicht auferlegt werden.

**§ 117.** (1) In der Provinz Hessen-Nassau liegt die Unterhaltung der natürlichen Wasserläufe zweiter und dritter Ordnung den Gemeinden ob, durch deren Gemarkung sie fließen.[1])

(2) Im Bezirke des vormaligen Herzogtums Nassau gilt dasselbe von den künstlichen Wasserläufen zweiter und dritter Ordnung, die zur Bewässerung oder Entwässerung größerer Gemarkungsteile dienen.[2]) Die zur Bewässerung oder Entwässerung einzelner Grundstücke oder für Triebwerke bestimmten künstlichen Wasserläufe zweiter und dritter Ordnung sind von den Eigentümern der Grundstücke oder Triebwerke zu unterhalten, zu deren Vorteil sie angelegt sind.[2])

(3) Die Vorschriften des Abs. 2 gelten auch für den Kreis Biedenkopf, jedoch sind dort die zur Bewässerung dienenden künstlichen Wasserläufe zweiter und dritter Ordnung stets von den Eigentümern der Grundstücke zu unterhalten, zu deren Vorteil sie angelegt sind.

KommBschl. § 109b; KB.A. 201 ff.

[1]) Für die Provinz Hessen-Nassau ist der bisher bestehende Rechtszustand bezüglich der Unterhaltung der natürlichen Wasserläufe II. und III. Ordnung im wesentlichen aufrechterhalten. Die Bestimmung des § 117 Abs. 1 steht im Zusammenhang mit der Bestimmung des § 9 Abs. 3. § 117 Abs. 1 legt die Unterhaltungspflicht den Gemeinden auf, durch deren Gemarkung die betreffenden Wasserläufe fließen. Soweit die Gemeinden mit dieser Unterhaltungspflicht belastet sind, werden sie auch Eigentümer der betreffenden Flußteile (§ 9 Abs. 3).

[2]) Bezüglich künstlicher Wasserläufe II. und III. Ordnung im Bezirk des vormaligen Herzogtums Nassau, die zur Ent- und Bewässerung größerer Gemarkungsteile dienen, ist gleichfalls den Gemeinden die Unterhaltungspflicht auferlegt. Eine Ausnahme hiervon machen nur die künstlichen Wasserläufe II. und III. Ordnung, die lediglich zur Bewässerung oder Entwässerung einzelner

Grundstücke oder für Triebwerke angelegt sind. Die Unterhaltungspflicht dieser, bestimmten Privatinteressen dienenden künstlichen Wasserläufe fällt nicht den Gemeinden zur Last, sondern den Eigentümern der betreffenden Grundstücke oder Triebwerke und zwar ohne Rücksicht darauf, ob sie zurzeit noch dem Vorteile der betreffenden Grundstücks- oder Triebwerkseigentümer dienen oder nicht. Maßgebend ist vielmehr lediglich die Tatsache, welchen Grundstücks- oder Triebwerkseigentümern sie bei ihrer Anlegung zum Vorteil gereichen sollten.

**§ 118.** (1) Den Gutsherrschaften, denen das Eigentum an einem Wasserlaufe zweiter oder dritter Ordnung auf Grund des schlesischen Auenrechts[1]) zusteht, verbleibt die Unterhaltungslast in dem bisherigen Umfange; soweit beim Inkrafttreten dieses Gesetzes eine gegenteilige Observanz besteht, behält es dabei sein Bewenden.

(2) Zur Unterhaltung eines natürlichen Wasserlaufs zweiter oder dritter Ordnung im Gebiete des schlesischen Auenrechts[1]) ist eine Wassergenossenschaft zu bilden, wenn der nach Abs. 1 zur Unterhaltung Verpflichtete es beantragt oder den Wasserlauf nicht ordnungsmäßig unterhält. Antragsberechtigt ist in letzterem Falle auch die Wasserpolizeibehörde. Die Wassergenossenschaft kann den Verpflichteten, auch wo er nicht Anlieger ist, zu den Genossenschaftslasten heranziehen. Die Höhe der Beitragspflicht ist unter Berücksichtigung der bisherigen Unterhaltungslast des Verpflichteten nach billigem Ermessen festzustellen. Der hiernach zu leistende Beitrag kann von dem dazu Verpflichteten zum 25fachen Betrag abgelöst werden.[2])

(3) Vorstehende Bestimmungen gelten auch, wenn der Auenberechtigte auf sein Eigentum verzichtet.[3])

KommBschl. § 109c; KB.A. 202 ff.; L. II 8175 ff.; KB.H. 43.

[1]) Das Schlesische Auenrecht bezieht sich nur auf Flüsse und Bäche, nicht auf Wasserläufe I. Ordnung. Es sind aber, da das Gesetz hier lediglich von einem Wasserlauf spricht, darunter sowohl die natürlichen wie die künstlichen Wasserläufe zu verstehen. Auf Grund des Schlesischen Auenrechts steht die Aue in dem Eigentum der betreffenden Grundherrschaft. Auf Grund dieses Eigentums ist die Unterhaltungspflicht des Wasserlaufs des Auenberechtigten stets angenommen (OVG. 24 280; 36 306). Diese Unterhaltungspflicht ist auch hier eine öffentlichrechtliche Verbindlichkeit, „welche mit Rücksicht auf die Zugehörigkeit der Aue zur Grundherrschaft auf dem ganzen Gute haftet" (Sonderbericht der Subkommission 54).

[2]) Die Bestimmungen des Abs. 2 lassen die Bildung einer Wassergenossenschaft auf Antrag des Berechtigten zu, desgleichen auf Antrag der Wasserpolizeibehörde oder eines Beteiligten, falls der zur Unterhaltung Verpflichtete einen Wasserlauf nicht ordnungsmäßig unterhält. Die Gründung einer Wassergenossenschaft in diesem Falle befreit den bisher Verpflichteten jedoch nicht von der Unterhaltungslast, vielmehr hat er zu derselben nach billigem Ermessen beizutragen.

[3]) Aus der rechtlichen Konstruktion, daß die eigentümliche Zugehörigkeit der Aue zu der betreffenden Grundherrschaft auf dem ganzen Gute als solchem hafte, folgt an sich schon, daß ein Verzicht der Gutsherrschaft auf die Aue allein nicht die Befreiung von den Unterhaltungslasten zur Folge hat. Das Gesetz spricht aber im Abs. 3 noch ausdrücklich aus, daß der Verzicht des Auenberechtigten auf sein Aueeigentum an seiner Unterhaltungspflicht nichts ändert.

**§ 119.** (1) Der zur Unterhaltung des Wasserlaufs Verpflichtete hat, unbeschadet der Vorschriften des § 120, diejenigen Arbeiten im Wasserlauf, an den Ufergrundstücken und den dahinter liegenden Grundstücken auszuführen, die erforderlich sind, um einer zukünftigen Behinderung der Vorflut durch Uferabbrüche vorzubeugen oder die infolge der Schiffahrt oder von Strombauten an den Ufergrundstücken und den dahinter liegenden Grundstücken entstandenen Schäden zu beseitigen und solche Schäden für die Zukunft zu verhindern.[1]) Die Eigentümer dieser Grundstücke haben zu den Kosten dieser Arbeiten nach dem Maße der Vorteile beizutragen, die ihnen durch die Sicherung des Bestandes ihrer Grundstücke erwachsen;[2]) an Stelle des Beitrags in Geld steht es ihnen frei, in geeigneten Fällen Arbeiten zu leisten, auch Baustoffe zu liefern. Beiträge können nicht verlangt werden, soweit Arbeiten erforderlich sind, um die infolge der Schiffahrt oder von Strombauten an den Ufergrundstücken und den dahinter liegenden Grundstücken entstandenen Schäden zu beseitigen und solche Schäden für die Zukunft zu verhindern.[3])

(2) Die Eigentümer sind vor Anordnung der Arbeiten unter Erläuterung des Planes und des voraussichtlich auf sie entfallenden Beitrags zu hören.[4])

Ent. § 110; B. 142 ff.; KB.A. 205 ff.; L. II 8178 ff.; L. III 8563 ff.; KB.H. 43 ff.

[1]) Die Unterhaltungspflicht beschränkt sich in bestimmten gesetzlich festgestellten Fällen nicht auf Unterhaltungsarbeiten im Wasserlauf selbst, sondern ist, abweichend vom bisherigen Recht, auf eine Unterhaltung der Ufergrundstücke und sogar auf die dahinterliegenden Grundstücke ausgedehnt.

Diese Uferunterhaltungspflicht schneidet nach unten grundsätzlich mit der Uferlinie (§ 12) ab. Die Unterhaltung des Uferfußes gehört deshalb nicht zur Uferunterhaltung, sondern zur Wasserlaufunterhaltung. Oberhalb der Uferlinie setzt die Uferunterhaltung ein (KB.A. 209). Nach § 119 Abs. 1 Satz 1 hat der zur Unterhaltung des Wasserlaufs Verpflichtete auch solche Arbeiten an den Ufergrundstücken und den dahinter liegenden Grundstücken auszuführen, wenn dieselben erforderlich sind, entweder:

a) um für die Zukunft einer Behinderung der Vorflut durch Uferabbrüche vorzubeugen, oder

b) um die infolge der Schiffahrt oder von Strombauten an den Ufergrundstücken entstandenen Schäden zu beseitigen und solche Schäden für die Zukunft zu verhindern.

Unter „Strombauten" sind hier vor allem die unter den Begriff des „Ausbaus" (§§ 152 ff.) fallenden Arbeiten zu verstehen. Der Unterhaltungspflichtige kann wegen solcher durch Strombauten notwendig werdenden Unterhaltungsarbeiten sowohl am Wasserlauf wie am Ufer, vom Unternehmer gemäß § 159 Ersatz fordern, wenn der Schaden erheblich ist. Bezüglich der Heranziehung der Ufereigentümer s. Anm. 2.

[2]) Soweit die Arbeiten an den Ufergrundstücken und den dahinter liegenden Grundstücken den Zweck haben, einer Behinderung der Vorflut durch Uferabbrüche vorzubeugen, haben sie aber auch mittelbar eine Sicherung des Bestandes der Ufergrundstücke und der dahinter liegenden Grundstücke zur Folge. Soweit diese Folge eintritt, können die Eigentümer dieser Grundstücke nach dem Maße des Vorteils, den sie durch eine solche Sicherung haben, zu den Kosten herangezogen werden. Statt der Beiträge in Geld können sie in geeigneten Fällen Arbeiten leisten, auch Baustoffe liefern. Es steht das aber in ihrem freien Belieben, gezwungen werden können sie zu solchen Arbeiten und Lieferungen nicht. Über Art und Maß der Unterhaltung und Festsetzung der Beiträge s. Anm. 4.

[3]) Grundsätzlich ausgeschlossen ist die Heranziehung der Ufereigentümer zu den Kosten solcher Unterhaltungsarbeiten, die durch die Schiffahrt und Strombauten notwendig werden. In solchen Fällen sind sie nicht zu Beiträgen und demgemäß auch nicht zu Arbeiten oder Lieferungen verpflichtet.

[4]) Über die vorzunehmenden Unterhaltungsarbeiten entscheidet bei Wasserläufen I. Ordnung die vom Staate dazu bestimmte Behörde (§ 133 Abs. 1), bei den anderen Wasserläufen die Wasserpolizeibehörde durch Polizeiverfügung (§ 133 Abs. 2), über die von dem Ufereigentümer zu leistenden Beiträge der Bezirksausschuß. Im übrigen vgl. § 148.

**§ 120.** (1) Die Eigentümer der Ufergrundstücke und der dahinter liegenden Grundstücke haben ihre Grundstücke von solchen Bäumen, Sträuchern, Einfriedigungen und anderen Gegenständen freizuhalten, die bei bordvollem[2]) Wasserlauf den Wasserabfluß wesentlich beeinträchtigen.[1])

(2) Sie haben ferner oberhalb der Uferlinie einfache, eine besondere Fachkenntnis nicht voraussetzende und nicht mit unverhältnismäßig hohen Kosten verbundene Einebnungs- und Berasungsarbeiten[3]) auszuführen, soweit die Arbeiten erforderlich sind, um Uferabbrüchen vorzubeugen, durch welche die Vorflut im Wasserlaufe beeinträchtigt werden würde.[4])

(3) Soweit der Erfolg der im Abs. 2 bezeichneten Arbeiten durch die vorherige Befestigung des Uferfußes unterhalb der Uferlinie bedingt ist, tritt die Verpflichtung zu ihrer Vornahme erst ein, nachdem der Uferfuß in der erforderlichen Weise befestigt ist. Die Wasserpolizeibehörde entscheidet darüber, ob diese Voraussetzung vorliegt.

(4) Sind die Ufer eines Wasserlaufs nach einem behördlich festgestellten Plane ausgebaut, so hat sie der Unternehmer des Ausbaues, unbeschadet der Bestimmung des Abs. 1, in dem Zustande zu unterhalten, in den sie durch den Ausbau versetzt sind, es sei denn, daß bei Wasserläufen erster Ordnung der Minister der öffentlichen Arbeiten, sonst der Minister für Landwirtschaft, Domänen und Forsten die Erhaltung dieses Zustandes nicht mehr für erforderlich erklärt.[5])

(5) Wird das Ufer durch Gebäude, Mauern, Bollwerke oder dergleichen gebildet oder ragen diese Bauwerke in den Wasserlauf hinein, so hat deren Eigentümer für die Unterhaltung zu sorgen.[6])

Ent. § 111; B. 142 ff.; KB.A. 205 ff.; L. II 8178 ff.

[1]) Während § 119 die Pflichten der zur Unterhaltung der Wasserläufe Verpflichteten bezüglich der Uferunterhaltung regelt, enthält

§ 120 Bestimmungen über die dem Ufereigentümer und dem dahinter liegenden Grundstückseigentümer obliegenden Unterhaltungspflichten. Die im Abs. 1 genannten Uferarbeiten sind nur dann auszuführen, wenn sie zur Erhaltung der Vorflut im Wasserlauf (s. Anm. 11 zu § 1) erforderlich sind.

²) „Bei bordvollem Wasserlauf". Über den Begriff „bordvoll" sind seitens der Regierung in der Kommission folgende Erklärungen abgegeben: „Bordvoll" sei ein Wasserlauf in dem Augenblick, in welchem er zwar dem Ausufern nahe, doch noch ein durchgehend erkennbares Gerinne habe; sobald das Gerinne nicht mehr erkennbar sei, sowie wenn der Fluß allenthalben überlaufe, könne man nicht mehr von bordvollem Zustande sprechen. Ein Übertreten von Wasser an einzelnen Stellen könne auch bei bordvollem Zustande vorkommen; da der Wasserlauf an diesen Stellen den Bord schon überschritten habe, könnten hier die in § 110 (= § 111 des Gesetzes) angegebenen Arbeiten nicht mehr gefordert werden" (Begr. 209).

„‚Bordvoll' sei derjenige Zustand, bei welchem die Wassermenge eines Wasserlaufs noch in dem geschlossenen Gerinne ohne Ausuferung oder Überschwemmung auf einem großen Teil der in Betracht kommenden Strecke abfließe" (Begr. 211).

³) „Einebnungs- und Berasungsarbeiten". Unter „Einebnung" ist nicht die Beseitigung großer Uferbrüche zu verstehen, sondern im wesentlichen Planierungsarbeiten, durch welche eine planmäßige Berasung mit Erfolg durchgeführt werden kann (KB.A. 210). Unter „Berasung" ist nicht nur ein Einsäen des Ufers mit Rasen, sondern auch das Hinlegen von Plaggen und Rasensoden (KB.A. 210), d. s. ausgestochene bzw. losgetrennte Rasenstücke.

⁴) Die Verpflichtung zu diesen Arbeiten hat immer zur Voraussetzung, Uferabbrüchen vorzubeugen, wenn durch sie die Vorflut im Wasserlauf beeinträchtigt wird. Es genügt hier also auch eine geringe Beeinträchtigung, während sie im Abs. 1 eine *wesentliche* sein muß.

⁵) Unter „Ufer" ist derjenige Landstreifen zu verstehen, der zwischen der gewöhnlichen Wasserlinie eines Wasserlaufs und der

Linie des regelmäßig wiederkehrenden Hochwassers liegt (KB.A. S. 211).

Im übrigen vgl. Anm. 7 zu § 114. Im Falle des § 120 Abs. 4 ist die Anhörung des Wasserbeirats nicht erforderlich.

[6]) Die Unterhaltung der im Abs. 5 genannten Bauwerke unterliegt ausschließlich deren Eigentümer. Dies ist, soweit sie auf dem Ufergrundstück stehen, der Eigentümer des Ufergrundstücks, soweit sie im Wasserlauf stehen, der Eigentümer des Wasserlaufs (§ 94 BGB.).

**§ 121.** Die Verpflichtung zur Uferunterhaltung kann durch Vereinbarung zwischen den beteiligten Grundstückseigentümern und dem zur Unterhaltung des Wasserlaufs Verpflichteten mit Zustimmung der Wasserpolizeibehörde abweichend von den §§ 119, 120 geregelt werden.[1]) Auf Verlangen des zur Uferunterhaltung Verpflichteten hat statt seiner der zur Unterhaltung des Wasserlaufs Verpflichtete die im § 120 bezeichneten Uferarbeiten gegen angemessene Vergütung auszuführen.[2])

Ent. § 112; B. 145; KB.A. 222 ff.

[1]) Die Bestimmung läßt eine anderweitige Regelung der Uferunterhaltungspflicht zwischen den Ufereigentümern auf der einen Seite und den zur Unterhaltung des Wasserlaufs Verpflichteten auf der anderen Seite zu. Eine solche, von den §§ 119, 120 abweichende privatrechtliche Regelung erhält öffentlichrechtliche Wirkung, wenn die Wasserpolizeibehörde ihr zustimmt (s. Anm. 6 zu § 115).

[2]) Der Uferunterhaltungspflichtige und der Wasserlaufunterhaltungspflichtige können verschiedene Personen sein, bei den natürlichen Wasserläufen I. und II. Ordnung wird dies sogar die Regel sein. Nach § 121 Satz 2 muß der Wasserlaufunterhaltungspflichtige auf Verlangen des Uferunterhaltungspflichtigen die diesem nach § 120 obliegenden Uferarbeiten gegen angemessene

Vergütung übernehmen. Die Höhe der Vergütung bestimmt gemäß § 148 im Streitfall der Bezirksausschuß (vgl. Anm. 4 zu § 119 und Anm. zu § 148).

**§ 122.** Sind Vorfluthindernisse im Wasserlaufe von einem anderen als dem Unterhaltungspflichtigen verursacht worden, so hat die Wasserpolizeibehörde, soweit tunlich, diesen zur Beseitigung anzuhalten.[1]) Dasselbe gilt von solchen Hindernissen auf den Ufergrundstücken, die bei bordvollem Wasserlauf den Wasserabfluß wesentlich beeinträchtigen.[2])

KommBschl. § 112a; KB.A. 223; L. III 8565.

[1]) Diese Vorschrift hat den Zweck, die Wasserpolizeibehörde zu zwingen, bei Vorflutstörungen, die durch dritte Personen verursacht sind, nicht einfach den Unterhaltungspflichtigen zur Beseitigung derselben anzuhalten, sondern denjenigen, der diese Vorfluthindernisse verursacht hat, ausfindig zu machen und diesen, soweit tunlich, zur Beseitigung anzuhalten. Der Unterhaltungspflichtige wird also von seiner Verpflichtung durch § 122 in solchem Fall nicht frei, er ist aber erst in zweiter Linie verpflichtet, wenn nämlich der eigentliche Störer nicht zu ermitteln oder aus in seiner Person liegenden Gründen zur Beseitigung nicht in der Lage ist.

[2]) Denselben Schutz soll nach Satz 2 der Ufereigentümer bezüglich der ihm nach § 120 Abs. 1 obliegenden Uferarbeiten genießen, wenn die dort bezeichneten Hindernisse durch einen anderen (z. B. Mieter, Pächter) verursacht sind.

**§ 123.** Die Anlieger an einem Wasserlaufe sind, auch wenn sie nicht dessen Eigentümer sind, unbeschadet der Vorschrift des § 22, berechtigt, im Wasserlaufe die zur Befestigung der Ufer dienenden Arbeiten vorzunehmen. Dasselbe Recht steht dem nach § 120 Abs. 4 zur Unterhaltung der Ufer Verpflichteten zu.

Ent. § 113; B. 145 ff.; KB.A. 223; KB.H. 44 ff.

Wasserlaufanlieger, die nicht Eigentümer des Wasserlaufs sind (also regelmäßig die Anlieger an Wasserläufen I. Ordnung), können ein Interesse haben, Uferbefestigungsarbeiten selbst vorzunehmen. Es steht ihnen aber an sich ein Recht nicht zu, solche Uferschutzwerke bis unter die Uferlinie in dem Bett des Wasserlaufs anzulegen. Dieses Recht gibt ihnen § 123, sie bedürfen aber der Genehmigung der Wasserpolizeibehörde gemäß § 22. Handelt es sich um Arbeiten, die dem Ufer- oder Wasserlaufunterhaltungspflichtigen gesetzlich obliegen, so wird dem Anlieger ein Ersatzanspruch wegen der Kosten nach allgemeinen Rechtsgrundsätzen zustehen (Begr. 146).

Dasselbe Recht hat der Unternehmer, welcher die Ufer eines Wasserlaufs nach einem behördlich festgestellten Plan ausgebaut und zu unterhalten hat.

**§ 124.** (1) Ist ein natürlicher Wasserlauf nach einem behördlich festgestellten Plane ausgebaut, so ist der zur Unterhaltung des Wasserlaufs Verpflichtete befugt, durch Erklärung gegenüber der Wasserpolizeibehörde die den Grundstückseigentümern nach § 120 Abs. 2 obliegende Uferunterhaltung an ihrer Stelle zu übernehmen. Er kann die Grundstückseigentümer mit Beiträgen in Höhe der ihnen nach § 120 Abs. 2 obliegenden Lasten zu den Kosten dieser Uferarbeiten heranziehen.[1])

(2) Dasselbe gilt, wenn die Ufer eines natürlichen Wasserlaufs nach einem behördlich festgestellten Plane ausgebaut sind und die Unterhaltung sowohl des Wasserlaufs als auch der Ufer, soweit sie ausgebaut sind, demselben Verpflichteten obliegt.[2])[3])

Ent. § 114; B. 146; KB.A. 223 ff.

[1]) Abs. 1 spricht vom Ausbau eines natürlichen Wasserlaufs. Nach dieser Bestimmung hat der zur Unterhaltung des Wasserlaufs Verpflichtete das Recht, vom Uferunterhaltungspflichtigen

einen angemessenen Beitrag zu verlangen, wenn er die diesem nach § 120 Abs. 2 obliegenden Arbeiten selbst übernimmt. Eine solche, der Wasserpolizeibehörde gegenüber übernommene Unterhaltungspflicht hat öffentlich-rechtliche Wirkung. Abs. 1 findet auch dann Anwendung, wenn außer dem Wasserlauf auch seine Ufer ausgebaut sind. Voraussetzung ist aber immer der Ausbau des Wasserlaufs selbst.

[2]) Sind nur die Ufer, nicht aber auch der Wasserlauf ausgebaut und liegt die Unterhaltungspflicht für die ausgebauten Ufer und den nicht ausgebauten Wasserlauf demselben Verpflichteten ob, so kann er nach Abs. 2 auch die dem Eigentümer der Ufergrundstücke nach § 120 Abs. 2 obliegenden Arbeiten übernehmen.

[3]) Sind nur die Ufer ausgebaut und sind sie ausnahmsweise von einem anderen als dem zur Unterhaltung des Wasserlaufs Verpflichteten zu unterhalten, so kann weder der eine noch der andere von den Rechten aus § 124 Gebrauch machen, es verbleibt vielmehr bei der Unterhaltung durch die drei verschiedenen Verpflichteten, nämlich dem Ausbauunternehmer, dem zur Wasserlaufunterhaltung Verpflichteten und dem Eigentümer der Ufergrundstücke (Begr. 147).

**§ 125.** (1) Die Unterhaltung eines Wasserlaufs zweiter Ordnung und seiner Ufer kann, wenn sie wegen Hochwassergefahr besonders schwierig oder kostspielig ist, mit Zustimmung des Provinziallandtags dem Provinzialverbande durch den Minister für Landwirtschaft, Domänen und Forsten übertragen werden, in der Provinz Hessen-Nassau und in den Hohenzollernschen Landen mit Zustimmung des Kommunallandtags dem Bezirks- und dem Landeskommunalverbande.[1])

(2) In diesem Falle regelt sich die Aufbringung und Unterverteilung der aus der Unterhaltung des Wasserlaufs er-

wachsenden Kosten sowie die Vorausbelastung einzelner Beteiligter nach den §§ 21, 27 des Kreis- und Provinzialabgabengesetzes vom 23. April 1906 (Gesetzsamml. S. 159).[2])

(3) Der Provinzial- (Bezirks-, Landeskommunal-) Verband hat durch Statut für den von ihm zu unterhaltenden Wasserlauf eine Vertretung der Beteiligten einzusetzen, die bei der Unterhaltung des Wasserlaufs und seiner Ufer mitzuwirken, insbesondere an den Schauen teilzunehmen hat. Zusammensetzung, Wahl und Befugnisse dieser Vertretung sind in dem Statute zu regeln.[3])

Ent. § 115; B. 147; KB.A. 224 ff.

[1]) Die Bestimmung des Abs. 1 gibt die Möglichkeit, für einzelne Wasserläufe II. Ordnung und ihre Ufer die Unterhaltungspflicht den Provinzialverbänden aufzuerlegen, wenn die Unterhaltung wegen der Hochwassergefahr besonders schwierig oder kostspielig ist. Ein Zwang zur Übernahme dieser Unterhaltungspflicht kann jedoch, abweichend vom Entwurf, nicht ausgeübt werden. Es bedarf vielmehr stets der Zustimmung des Provinziallandtags, in der Provinz Hessen-Nassau des Kommunallandtags.

[2]) Nach Abs. 2 stellt sich die Unterhaltung derartiger Wasserläufe als eine Veranstaltung des betreffenden Provinzialverbandes im Sinne des § 27 des Kreis- und Provinzialabgabengesetzes dar und ist deshalb die Heranziehung der Beteiligten zu den Kosten der Unterhaltung möglich. Der Provinzial- (Kommunal-) Landtag ist aber berechtigt, eine ausschließliche Belastung oder eine nach Umfang und Maßstab näher zu bestimmende Mehr- oder Minderbelastung derjenigen Kreise zu beschließen, welchen die Übernahme der Unterhaltungspflicht ausschließlich oder in besonders hervorragendem Maße zustatten kommt (§ 27 a. a. O.).

[3]) Abs. 3 bezweckt die Einsetzung einer Interessentenvertretung durch Statut gemäß §§ 8 u. 35 der Provinzialordnung. Die Interessenten sollen Gelegenheit haben, „bei der Unterhaltung des Wasserlaufs mitzuwirken, damit nicht nur ihre Wünsche dabei gehört und

berücksichtigt werden, sondern auch ihre praktische Erfahrung verwertet und dadurch zweckmäßiger und billiger gewirtschaftet wird" (Begr. 147).

**§ 126.** (1) An die Stelle der nach diesem Gesetze zur Unterhaltung Verpflichteten treten:[1])

1. wenn bis zum 1. Januar 1912 der Staat einen natürlichen Wasserlauf zweiter oder dritter Ordnung oder dessen Ufer unterhalten hat oder zu unterhalten verpflichtet war, der Staat;[2])
2. wenn beim Inkrafttreten dieses Gesetzes ein anderer auf Grund einer Observanz oder eines besonderen Titels zur Unterhaltung eines natürlichen Wasserlaufs dritter Ordnung oder seiner Ufer öffentlichrechtlich verpflichtet ist, dieser;[3])
3. wenn beim Inkrafttreten dieses Gesetzes ein anderer[4]) auf Grund einer Observanz[5]) oder eines besonderen Titels zur Unterhaltung eines künstlichen Wasserlaufs oder seiner Ufer öffentlichrechtlich verpflichtet ist, dieser;[6])
4. wenn in einem Verleihungsbeschluß oder in einem Beschlusse, durch den ein Zwangsrecht begründet wird (§§ 330 ff.), oder im gewerbepolizeilichen Genehmigungsverfahren dem Unternehmer die Verpflichtung zur Unterhaltung eines Wasserlaufs oder seiner Ufer auferlegt ist, der Unternehmer für die Dauer der Verpflichtung;[7])
5. wenn der Staat, eine Wassergenossenschaft oder eine andere Körperschaft des öffentlichen Rechtes die Verpflichtung zur Unterhaltung eines Wasserlaufs oder seiner Ufer durch Vereinbarung mit dem Unterhaltungspflichtigen unter Zustimmung der Wasserpolizei-

behörde mit öffentlichrechtlicher Wirkung übernimmt, diese.[8])

(2) Im Sinne des Abs. 1 Nr. 5 stehen den Körperschaften des öffentlichen Rechtes diejenigen einer öffentlichen Aufsicht unterstehenden Gemeinschaften Unterhaltungspflichtiger gleich, die auf Grund der bisherigen Gesetzgebung oder statutarischer oder regulativmäßiger Bestimmungen vor dem Inkrafttreten dieses Gesetzes gebildet sind oder nach dem Inkrafttreten dieses Gesetzes gebildet werden.[9])

(3) Der Umfang der Pflicht zur Unterhaltung des Wasserlaufs und der Ufer bestimmt sich auch in den Fällen der Abs. 1, 2 nach § 114 und § 120 Abs. 1 bis 4.[10])

Ent. § 116; B. 148; KB.A. 226 ff.; L. II 8200; L. III 8566 ff.; KB.H. 44.

[1]) § 126 enthält Ausnahmevorschriften, nach denen die Unterhaltungspflicht anderen als den nach der allgemeinen gesetzlichen Regel der §§ 115 ff. Verpflichteten obliegen soll und zwar sowohl bezüglich der Unterhaltung des Wasserlaufs wie der Ufer.

Bei natürlichen Wasserläufen I. Ordnung werden auf Grund historischer Entwicklung grundsätzlich keine Ausnahmen zugelassen. Die Unterhaltungspflicht geht mit dem Inkrafttreten des Gesetzes bei diesen Wasserläufen ohne weiteres auf den Staat über, auch dann, wenn er nicht Eigentümer des betreffenden Wasserlaufs ist. Nur Nr. 3 u. 4 lassen Ausnahmen von dieser Regel zu, die aber im Wassergesetz selbst wieder ihre Begründung finden (vgl. Anm. 7 u. 8). Wegen der Heranziehung zu den Kosten der Unterhaltung eines Wasserlaufs I. Ordnung s. jedoch § 128.

[2]) Bezüglich der natürlichen Wasserläufe II. und III. Ordnung soll, wenn der Staat sie bis zum 1. Januar 1912 unterhalten hat oder auf Grund irgend welcher Titel zu unterhalten verpflichtet war, durch dieses Gesetz eine Änderung in der Unterhaltungspflicht nicht eintreten. Der Staat bleibt vielmehr auch in Zukunft in solchen Fällen der Unterhaltungspflichtige.

[3]) Die Bestimmung Nr. 2 will bei natürlichen Wasserläufen III. Ordnung denjenigen auch in Zukunft die Unterhaltungspflicht belassen, die beim Inkrafttreten des Gesetzes auf Grund einer Observanz (Anm. 5) oder eines besonderen Titels (Anm. 2 zu § 379 und Anm. 3 zu § 70) zur Unterhaltung öffentlichrechtlich verpflichtet waren. Es gehören also nicht hierher diejenigen Unterhaltungspflichten, welche lediglich auf Grund privatrechtlicher Titel mit ausschließlich privat-rechtlicher Wirkung beruhen.

[4]) „Ein anderer" als der Eigentümer oder Anlieger (§ 115 Nr. 3 u. 4).

[5]) „Observanz" ist dasjenige Gewohnheitsrecht, welches nur für einen begrenzten Kreis, einen gewissen Stand, ein beschränktes räumliches Gebiet oder ein bestimmtes einzelnes Rechtsverhältnis besteht (v. Bitter 1 817).

[6]) Was von den natürlichen Wasserläufen III. Ordnung gilt, gilt auch von allen künstlichen Wasserläufen (s. Anm. 3 bis 5).

[7]) Die in einem solchen Verfahren dem Unternehmer auferlegten Unterhaltungspflichten gehen also den gesetzlichen vor, aber nur für die Dauer, für welche sie aufgelegt sind. Über den Umfang der Unterhaltungspflicht s. Anm. 10.

[8]) Z. B. auch Deich- und Sielverbände.

[9]) Den öffentlichen Korporationen sind . . . die auf Grund der seitherigen Gesetzgebung statutarisch oder regulativmäßig gebildeten Gemeinschaften gleichgestellt (vgl. z. B. Wasserlösungsordnung für Holstein und provisorische Verfügung für Schleswig § 9; Wasserlösungsordnung für Lauenburg § 14), zu denen auch die Auseinandersetzungsinteressenschaften gehören, denen rechtmäßig die Unterhaltung von Wasserläufen übertragen ist (Begr. 148 Abs. 3).

[10]) Der Umfang der Unterhaltungspflicht muß für diejenigen Träger, denen sie auf Grund des § 126 verbleibt oder von denen sie künftig übernommen wird, dieselbe sein, wie für die regelmäßigen Träger der Unterhaltungspflicht (Begr. 148 Abs. 4).

**§ 127.** (1) Besteht beim Inkrafttreten dieses Gesetzes eine observanzmäßige oder auf besonderem Titel beruhende Pflicht zur Unterhaltung eines natürlichen Wasserlaufs zweiter Ordnung, so kann derjenige, dem die Unterhaltung nach § 115 Abs. 1 Nr. 2, § 116 Abs. 2 oder § 125 übertragen wird, den bisher Verpflichteten in Höhe seiner bisherigen Verpflichtung zu den Kosten der Unterhaltung heranziehen. Der Kostenbeitrag darf den Durchschnitt der in den letzten zehn Jahren vor dem Inkrafttreten dieses Gesetzes für den bisherigen Unterhaltungspflichtigen notwendig gewordenen laufenden Aufwendungen nicht übersteigen.

(2) Der hiernach zu leistende Beitrag kann von dem dazu Verpflichteten zum 25fachen Betrage bar abgelöst werden.

KommBschl. § 116a; KB.A. 237; KB.H. 45.

S. Anm. 5 zu § 126 und Anm. 2 zu § 379.

**§ 128.** (1) Ist beim Inkrafttreten dieses Gesetzes ein anderer als der Staat zur Unterhaltung eines natürlichen Wasserlaufs erster Ordnung öffentlichrechtlich verpflichtet, so kann der Staat denjenigen, dem die Unterhaltung des Wasserlaufs abgenommen wird, in Höhe seiner bisherigen Verpflichtung zu den Kosten der Unterhaltung heranziehen. Der Kostenbeitrag darf den Durchschnitt der in den letzten zehn Jahren vor dem Inkrafttreten dieses Gesetzes für den bisherigen Unterhaltungspflichtigen notwendig gewordenen laufenden Aufwendungen nicht übersteigen.

(2) Der § 127 Abs. 2 ist anzuwenden.

Ent. § 117; B. 148 ff.; KB.A. 239 ff.

Mit Rücksicht auf die dem Staate zufallenden Unterhaltungskosten bei den natürlichen Wasserläufen I. Ordnung muß derjenige, der bis zum Inkrafttreten des Gesetzes unterhaltungspflichtig war und dem diese öffentlichrechtliche Last jetzt abgenommen wird, auch fernerhin nach Maßgabe des § 128 zu den Unterhaltungskosten beitragen. Von dieser dauernden Beitragspflicht kann er sich mit der einmaligen Zahlung des kapitalisierten Betrages befreien, den er im Durchschnitt der letzten zehn Jahre vor dem Inkrafttreten des Gesetzes an laufenden Aufwendungen für die Unterhaltung verausgabt hat. Dabei sind nicht nur die bar ausgegebenen Beträge, sondern auch die ev. geleisteten Arbeiten und Lieferungen zu berücksichtigen.

**§ 129.** (1) Wo die Flößerei auf Wasserläufen zweiter oder dritter Ordnung gemeinüblich oder besonders zugelassen ist, hat der Staat die zur Erhaltung der Flößbarkeit erforderlichen Maßnahmen zu treffen.

(2) War beim Inkrafttreten dieses Gesetzes ein anderer hierzu verpflichtet, so behält es dabei sein Bewenden.

(3) Der zur Unterhaltung des Wasserlaufs und der zur Erhaltung der Flößbarkeit Verpflichtete können mit Zustimmung der Wasserpolizeibehörde vereinbaren, daß einer von ihnen auch die Verpflichtung des anderen übernimmt.

Ent. § 118; B. 149; KB.A. 240.

Vgl. § 31.

**§ 130.** (1) Streitigkeiten der Beteiligten darüber, wem von ihnen die öffentlichrechtliche Verpflichtung zur Unterhaltung eines Wasserlaufs oder seiner Ufer obliegt, werden im Verwaltungsstreitverfahren entschieden.[1])

(2) Ebenso ist über Ansprüche von Beteiligten auf Erstattung des Geleisteten gegen einen aus Gründen des öffentlichen Rechtes zur Unterhaltung eines Wasserlaufs oder seiner Ufer Verpflichteten im Verwaltungsstreitverfahren zu entscheiden, ohne Rücksicht darauf, ob auf Anordnung der Wasserpolizeibehörde oder ohne eine solche geleistet worden ist.[1])

Doch steht, soweit nach § 133 Abs. 1 die dort bezeichnete Behörde über vorzunehmende Unterhaltungsarbeiten entscheidet, dieser Behörde bei Klagen gegen den Staat die Vorentscheidung darüber zu, ob und in welchem Umfange die vorgenommenen Arbeiten zur Erfüllung der Unterhaltungspflicht erforderlich waren.[2])

(3) Zuständig ist der Bezirksausschuß.[3])

Ent. § 119; B. 149 ff.; KB.A. 241.

[1]) Im Verwaltungsstreitverfahren werden entschieden:

a) Streitigkeiten der Beteiligten darüber, wem die öffentlichrechtliche Unterhaltungspflicht eines Wasserlaufs oder seiner Ufer obliegt (Feststellungsklage); Streitigkeiten über Verpflichtungen auf Grund privatrechtlicher Vereinbarungen (§ 113 Abs. 2) gehören vor die ordentlichen Gerichte;

b) Streitigkeiten über Erstattungsansprüche eines zur Unterhaltung nicht Verpflichteten, der aber, sei es freiwillig oder auf Anordnung der Wasserpolizeibehörde, Unterhaltungsarbeiten ausgeführt hat (Leistungsklage).

Feststellungs- und Leistungsklage können miteinander verbunden werden.

[2]) Durch die Vorschrift des Abs. 2 Satz 2 wird der Verwaltungsrichter bei der Entscheidung über Erstattungsklagen gegen den Staat hinsichtlich der Frage, ob und in welchem Umfange die vorgenommenen Arbeiten zur Erfüllung der Unterhaltungspflicht erforderlich waren, an die Vorentscheidung der im § 133 Abs. 1 Satz 1 bezeichneten Behörde gebunden (Begr. 150).

[3]) Zuständig ist der Bezirksausschuß; gegen seine Entscheidung ist binnen zwei Wochen Berufung an das Oberverwaltungsgericht gegeben. Die Berufung ist beim Bezirksausschuß — nicht beim Berufungsgericht — anzubringen (§§ 83, 85, 86 LVG.).

**§ 131.** Wird ein Wasserlauf zweiter oder dritter Ordnung nach § 3 Abs. 1 zu einem Wasserlauf erster Ordnung und wird dadurch die Last der Uferunterhaltung für die dazu

Verpflichteten vermehrt,[1]) so ist ihnen Entschädigung aus der Staatskasse zu leisten.[2]) Auf die Entschädigung ist der Vorteil anzurechnen, der dem zur Uferunterhaltung Verpflichteten durch den Übergang der Unterhaltung des Wasserlaufs auf den Staat erwächst, soweit dieser Vorteil nicht bereits nach § 3 Abs. 2 Satz 4 oder § 11 Satz 3 angerechnet worden ist.

Ent. § 120; B. 150; KB.A. 241.

[1]) Die Unterhaltungslast kann dadurch vermehrt werden, daß ein schiffbarer Wasserlauf I. Ordnung infolge der Schiffahrt größere Unterhaltungskosten verursacht, als ein bisher zur II. oder III. Ordnung gehöriger Wasserlauf. Entschädigungsberechtigt sind die nach §§ 119, 120 Abs. 1 u. 2 zur Uferunterhaltung Verpflichteten.

[2]) Die Festsetzung der Entschädigung erfolgt durch Beschluß des Bezirksausschusses (bezüglich der Rechtsmittel vgl. § 148).

**§ 132.** (1) Geht bei der Versetzung eines Wasserlaufs zweiter oder dritter Ordnung in die erste Ordnung die Unterhaltung auf den Staat über,[1]) so können diejenigen, denen die Unterhaltung des Wasserlaufs abgenommen wird, in Höhe ihrer bisherigen Verpflichtung zu den Kosten der Unterhaltung herangezogen werden. Lag die Unterhaltung bisher einer Wassergenossenschaft oder Gemeinde ob, so hat diese den Beitrag zu den Kosten aufzubringen. Der § 127 Abs. 1 Satz 2, Abs. 2 ist entsprechend anzuwenden.[2])

(2) Bei der Versetzung eines Wasserlaufs erster Ordnung in die zweite oder dritte Ordnung verbleibt die Unterhaltung des Wasserlaufs dem Staate.

Ent. § 121; B. 150; KB.A. 241 ff.; KB.H. 45.

[1]) Der Übergang der Unterhaltungslast auf den Staat erfolgt durch die Aufnahme eines Wasserlaufs II. und III. Ordnung in das Verzeichnis der Wasserläufe gemäß § 2 Abs. 1 Nr. 1 und § 3 Abs. 1.

[2]) Satz 3 gibt dem bisher Unterhaltungsverpflichteten das Ablösungsrecht durch einmalige Zahlung der nach § 127 zu berechnenden Ablösungssumme.

**§ 133.** (1) Soweit die Unterhaltung der Wasserläufe erster Ordnung oder ihrer Ufer dem Staate obliegt, entscheidet unter Beobachtung der Vorschriften des § 114 Abs. 1 und des § 119 die mit ihrer Verwaltung beauftragte Behörde über die vorzunehmenden Unterhaltungsarbeiten.[1]) Dasselbe gilt für die zur Erhaltung der Flößbarkeit an Wasserläufen zweiter oder dritter Ordnung vom Staate zu treffenden Maßnahmen.[2])

(2) In allen übrigen Fällen[3]) stellt erforderlichenfalls die Wasserpolizeibehörde durch polizeiliche Verfügung Art und Maß der zur Unterhaltung des Wasserlaufs und seiner Ufer nach den §§ 114, 119, 120 auszuführenden Arbeiten sowie die Zeit zu ihrer Ausführung fest. Diese Feststellungen können allgemein durch Polizeiverordnungen (Unterhaltungsordnungen), für bereits bestehende Gemeinschaften der im § 126 Abs. 2 bezeichneten Art nach ihrer Verfassung[4]) getroffen werden.

(3) Ist ein anderer als der Staat zur Unterhaltung eines künstlichen Wasserlaufs erster Ordnung verpflichtet, so kann[5]) er über die Unterhaltung allgemeine Bestimmungen aufstellen, die der Genehmigung der mit der Aufsicht über den künstlichen Wasserlauf erster Ordnung betrauten Behörde unterliegen. Die allgemeinen Bestimmungen haben sich auch auf die Unterhaltung der Ufer zu erstrecken, soweit sie dem zur Unterhaltung des künstlichen Wasserlaufs erster Ordnung Verpflichteten obliegt.

(4) Für Wasserläufe, deren Unterhaltung einem Provinzial- (Bezirks-, Landeskommunal-) Verband übertragen ist

(§ 125), können allgemeine Bestimmungen über die Unterhaltung auch durch Reglement nach den Provinzialordnungen getroffen werden. Das Reglement bedarf der Genehmigung des Ministers für Landwirtschaft, Domänen und Forsten.[6])

(5) Soweit nach Abs. 3 oder 4 eine allgemeine Ordnung erfolgt, kann daneben keine polizeiliche Unterhaltungsordnung mehr erlassen werden; bereits erlassene polizeiliche Unterhaltungsordnungen treten außer Kraft. Die im einzelnen Falle zu treffende polizeiliche Verfügung darf mit der allgemeinen Ordnung nicht im Widerspruche stehen.[6])

Ent. § 122; B. 150; KB.A. 242; KB.H. 45 ff.

[1]) Durch die Bestimmung des Abs. 1 ist die Möglichkeit, den Staat zu Unterhaltungsarbeiten, die er nicht ausführen will, zu zwingen, ausgeschlossen. Der Umfang der Unterhaltungsarbeiten an Wasserläufen I. Ordnung und ihrer Ufer wird durch den Staat, d. h. durch die von ihm beauftragten, nach seinen Weisungen handelnden Behörden, bestimmt. An die Entscheidung dieser Behörden sind die Verwaltungs- wie die ordentlichen Gerichte gebunden (vgl. auch Anm. 2 zu § 130; RG. 53 131; OTr. in Strieth. Arch. 10 85; OVG. 24 250). Schadensersatzansprüche aus einer Vernachlässigung der Unterhaltungspflicht konnten gegen den Staat bisher überhaupt nicht geltend gemacht werden (RG. 40 296). Durch die Einfügung der Worte „unter Beobachtung der Vorschriften des § 114 Abs. 1 und des § 119“ in § 133 Abs. 1 ist zum Ausdruck gebracht, daß die betreffenden staatlichen Behörden nicht willkürlich darüber entscheiden können, ob und in welchem Umfang der Staat Unterhaltungsarbeiten an Wasserläufen I. Ordnung vorzunehmen hat, daß sie vielmehr an die in den §§ 114 Abs. 1 und 119 enthaltenen Grundsätze gebunden sind. Bezüglich der Haftung des Staates für eine Vernachlässigung der ihm obliegenden Unterhaltungspflicht ist seitens der Regierung in der Kommission des Abgeordnetenhauses eine Erklärung folgenden Inhalts ab-

gegeben: „Es würde, obwohl hier die Entscheidung darüber, ob eine Unterhaltungsarbeit vorgenommen werden solle, in das Ermessen der Behörde gelegt sei, grundsätzlich nicht ausgeschlossen sein, daß das Gericht eine Nachprüfung darüber anstelle, ob ein Fall vorliege, wo auch bei Ausübung dieses Ermessens pflichtmäßig hätte eingegriffen werden müssen. In solchem Falle sei zunächst nach dem BGB. ein Anspruch gegen den Beamten begründet, wenn das Gericht zu der Auffassung gelange, daß nach den Umständen von einem Eingreifen nicht hätte abgesehen werden dürfen. Wenn aber der Beamte haftbar sei, ergebe sich aus dem BGB. auch eine Haftung des Staates, denn es handle sich hier um eine Verpflichtung des Staates als Fiskus, und für Vernachlässigung solcher Pflichten hafte der Fiskus nach dem BGB., wenn ein verfassungsmäßiger Vertreter seine Pflicht versäume" (KB.A. 243 f.).

[2]) S. § 31.

[3]) D. h. bezüglich aller Unterhaltungsarbeiten an Wasserläufen II. und III. Ordnung, mit Ausnahme der zur Unterhaltung der Flößbarkeit erforderlichen (Abs. 1 Satz 2).

[4]) Durch die Worte „für bereits bestehende Gemeinschaften der im § 126 Abs. 2 bezeichneten Art nach ihrer Verfassung" ist zum Ausdruck gebracht, daß die Wasserpolizeibehörde nicht berechtigt ist, durch Unterhaltungsordnungen Art, Maß und Zeit der Unterhaltungsarbeiten in einer der Verfassung dieser alten Gemeinschaften widersprechenden Weise einzugreifen (LH. 1028).

[5]) Eine Verpflichtung zur Aufstellung solcher Bestimmungen besteht nicht. Sind allgemeine Bestimmungen erlassen, so ist ihre Durchführung polizeilich erzwingbar (Begr. 151).

[6]) Neben den allgemeinen Bestimmungen, die von den zur Unterhaltung eines künstlichen Wasserlaufs I. Ordnung Verpflichteten oder von dem Provinzial- (Kommunal-) Landtag getroffen werden, darf eine polizeiliche Unterhaltungsordnung nicht mehr erlassen werden (Begr. 152).

**§ 134.** Bei natürlichen Wasserläufen erster und zweiter Ordnung gelten für das Rechtsverhältnis zwischen den Unterhaltungspflichtigen und den Grundstückseigentümern die §§ 135 bis 144.

Ent. § 123; B. 152; KB.A. 244.

Die Bestimmungen der §§ 135—144 haben ihren Grund darin, daß in Zukunft die Unterhaltung der natürlichen Wasserläufe II. Ordnung nicht durch die Anlieger, sondern in der Regel durch Wassergenossenschaften und Gemeinden erfolgen wird. Die Durchführung dieser Unterhaltungspflicht soll durch die nachstehenden Bestimmungen erleichtert werden.

Wo in den §§ 135—144 von den „Unterhaltungspflichtigen" die Rede ist, ist damit sowohl der zur Unterhaltung des Wasserlaufs Verpflichtete, als auch der Uferunterhaltungspflichtige gemeint, soweit sich nicht aus der Fassung der einzelnen Bestimmungen ein anderes ergibt (Begr. 152).

**§ 135.** (1) Dem Unterhaltungspflichtigen sowie seinen Beamten und mit Berechtigungsausweis versehenen Beauftragten ist gestattet, bei der Vorbereitung und Ausführung der Unterhaltungsarbeiten die Ufergrundstücke, Anlandungen und Inseln zu betreten.

(2) Entstehen durch diese Handlungen Beschädigungen, so hat der Beschädigte auf Ersatz des Schadens Anspruch. Geringfügige Nachteile kommen jedoch nicht in Betracht.

Ent. § 124; B. 152; KB.A. 244 ff.; KB.H. 46.

Über die Feststellung der Entschädigung s. § 148; wegen schuldhafter Schadenszufügung s. § 146. Vgl. auch § 147 Abs. 2.

**§ 136.** (1) Gegen Entschädigung[5]) haben die Anlieger zur Herstellung von Deckwerken,[1]) Buhnen,[2]) Sperrwerken (Kupierungen)[3]) oder zu anderen Unterhaltungsarbeiten den erforderlichen Grund und Boden, einschließlich der Arbeits-

und Lagerplätze, zur Benutzung einzuräumen und den Anschluß der Werke an das Ufer zu gestatten.[4])

(2) Ebenso müssen die Anlieger gegen Entschädigung[5]) die Ausführung der für die Unterhaltungsarbeiten nötigen Hilfsanlagen am und im Wasserlaufe, die Ablagerung des Aushubs von Erde, Kies, Sand, Hölzern und dergleichen auf den Ufergrundstücken,[6]) die An- und Abfuhr solcher Materialien sowie die An- und Abfuhr der Baustoffe dulden, auch einen bestimmten Zugang für die Arbeiter und Aufsichtspersonen einräumen.[7])

Ent. § 125; B. 152 ff.; KB.A. 245 ff.

[1]) „Deckwerke" sind Anlagen zum Schutze der Ufer, wo die gewöhnlichen Mittel, wie Berasung, Bepflanzung, Abböschung usw. nicht ausreichen.

[2]) „Buhnen" sind vom Ufer in den Wasserlauf einspringende Bauten, welche der Flußregulierung dienen (Eymann 2 875).

[3]) „Sperrwerke" bezwecken die Beseitigung von Stromspaltungen. Sie schließen den Seitenarm derartig ab, daß die Durchströmung durch ihn abgehalten wird (v. Bitter 2 674).

[4]) Eine Pflicht zur Vornahme der im § 136 bezeichneten Maßnahmen besteht für den Unterhaltungspflichtigen nicht. Er kann deshalb auch von der Wasserpolizeibehörde nicht dazu angehalten werden. Soweit die im Abs. 1 genannten Maßnahmen zum Zwecke der Erhaltung der Vorflut und bei natürlichen Wasserläufen I. Ordnung auch der Erhaltung der Schiffahrt dienen sollen, sind sie Unterhaltungsarbeiten und nicht als Ausbau des Wasserlaufs zu betrachten (Begr. 153).

[5]) Die Entschädigung kann auch nachträglich festgestellt werden. Im übrigen s. § 148.

[6]) Ufergrundstück im Sinne des § 136 ist eine Fläche, die im Grundbuch eine Einheit bildet und die zugleich auf der einen Seite die Uferlinie eines Wasserlaufs zur Grenze hat. Wenn also eine schmale Katasterparzelle ein grundbuchmäßiges selbständiges Grund-

stück ausmacht, so ist nur diese Katasterparzelle im Sinne des § 136 das Ufergrundstück. Alles andere ist „dahinter liegendes Grundstück" (KB.A. 246).

**§ 137.** Die §§ 135, 136 gelten auch für die hinter den Ufergrundstücken liegenden Grundstücke und deren Eigentümer.

Ent. § 126; B. 152 ff.; KB.A. 246.

S. § 147 und Anm. 6 zu § 136.

**§ 138.** Gegen Entschädigung müssen die Anlieger ferner die Entnahme der zur Unterhaltung erforderlichen Feld- und Bruchsteine, von Kies, Rasen, Sand, Lehm und anderer Erde aus den Ufergrundstücken und den dahinter liegenden Grundstücken, soweit sie land- oder forstwirtschaftlich genutzt werden oder Unland sind, gestatten, wenn der Unterhaltungspflichtige diese Materialien anderweit nur mit unverhältnismäßigen Kosten gewinnen kann.

Ent. § 127; B. 152 ff.; KB.A. 246; KB.H. 46.

§ 147 findet Anwendung.

„Unland" (Lehde) ist dasjenige Land, das weder land- noch forstwirtschaftlich genutzt werden kann, auch sonst keinen Ertrag abwirft, z. B. also auch nicht als Steinbruch, Sand-, Kies- oder Tongrube einen Wert hat.

**§ 139.** Durch die Inanspruchnahme der Grundstücke in den Fällen der §§ 136 bis 138 darf der Abfluß von Wasserläufen nur mit Zustimmung der Beteiligten gehindert werden. Auch darf in den Fällen des § 138 die bestehende Uferhöhe nur mit Zustimmung der Anlieger verringert werden, wenn dadurch das Übertreten des Hochwassers auf die angrenzenden Ländereien früher als bisher herbeigeführt wird.

Ent. § 128; B. 152 ff.; KB.A. 247.

**§ 140.** (1) Anlandungen,[1]) die infolge der Unterhaltungsarbeiten entstehen, gehören in der aus § 8 Abs. 2 Nr. 2 sich ergebenden Begrenzung den Anliegern.

(2) Der zur Unterhaltung des Wasserlaufs Verpflichtete ist jedoch befugt, die Anlandungen auszubilden und so weit zu befestigen, daß sie ohne Nachteil für den Wasserlauf zur Grasnutzung verwendet werden können (reif sind).[2]) Zu diesem Zwecke tritt er kraft Gesetzes in den Besitz und die Nutzung der Anlandungen. Den Anliegern ist von dem Vorhaben des Unterhaltungspflichtigen, die Anlandung auszubilden und zu befestigen, schriftlich Kenntnis zu geben.[3])

(3) Die Anlieger dürfen die Anlandungen nur mit Zustimmung des Unterhaltungspflichtigen in Besitz und Nutzung nehmen. Sie können die Zustimmung verlangen,[4]) sobald die Anlandungen reif oder die zur Erreichung dieses Zieles erforderlichen Arbeiten eingestellt sind oder wenn der Unterhaltungspflichtige die Befugnis, sie reif zu machen, nicht ausübt,[5]) jedoch nur gegen Erstattung des Wertes der Anlandungen, soweit er die von dem Unterhaltungspflichtigen aufgewendeten Kosten nicht übersteigt.

(4) Diese Vorschriften gelten auch für nicht reife Anlandungen, die infolge von Unterhaltungsarbeiten vor dem Inkrafttreten dieses Gesetzes entstanden sind. Bei natürlichen Wasserläufen erster Ordnung bleiben die nach dem Strombauverwaltungsgesetze vom 20. August 1883 (Gesetzsamml. S. 333) erworbenen Rechte unberührt.

Ent. § 129; B. 153; KB.A. 247.

[1]) Vgl. Anm. 1 zu § 18.

Die Bestimmungen der §§ 140--143 beziehen sich ausschließlich auf Anlandungen, die infolge von Unterhaltungsarbeiten entstehen. Die Eigentumsrechte an solchen Anlandungen gemäß § 8 bleiben unberührt. Die Anlieger werden Eigentümer, sind aber im weitesten Maße in der tatsächlichen Verfügung durch den Unterhaltungspflichtigen beschränkt. Dieser erhält **kraft Gesetzes** Besitz und Nutzung der Anlandung. Zur Ausübung des Jagdrechts auf diesen Anlandungen ist der Eigentümer vorbehaltlich der Bestimmungen der Jagdordnungen berechtigt. Dasselbe gilt von der Ausübung der Fischerei (vgl. jedoch § 142).

[2]) „Reif sind", d. h. wenn die Anlandungen so ausgebildet und so weit befestigt sind, daß sie ohne Nachteil für den Wasserlauf zur Grasnutzung verwendet werden können.

[3]) „Kraft Gesetzes". Es bedarf keiner besonderen Besitzübergabe oder Besitzergreifung. Die Bestimmung des Abs. 2 Satz 1 ist dem § 5 des Strombauverwaltungsgesetzes v. 20. 8. 83 nachgebildet. Aus Abs. 3 folgt, daß Besitz und Nutzung stets auf den Unternehmer übergeht, auch bei solchen Anlandungen, die er nicht „reif machen" will, denn nach Abs. 3 bedürfen die Anlieger zur Inbesitznahme und Nutzung aller unter den § 140 fallenden Anlandungen stets der Zustimmung des Unterhaltungspflichtigen, auch dann, wenn dieser sein Recht, sie reif zu machen, nicht ausübt (vgl. auch RG. 33 332).

[4]) Das dem Unterhaltungspflichtigen nach § 140 zustehende Recht ist ihm lediglich aus Rücksichten der Unterhaltung und des Ausbaus gegeben. Sobald das mit der Reifmachung erstrebte Ziel erreicht ist, hat der Eigentümer gegen Erstattung der von dem Unterhaltungspflichtigen aufgewendeten Kosten einen Anspruch auf Besitz und Nutzung.

[5]) Vgl. §§ 147 u. 148.

**§ 141.** (1) Solange der Unterhaltungspflichtige die Anlandungen in Besitz hat, muß er dem Eigentümer oder Nutzungsberechtigten des Ufergrundstücks, soweit es dessen wirtschaftliche Interessen erfordern, vorbehaltlich der Bestimmung des § 142, die Verbindung mit dem Wasserlauf und dessen Benutzung gestatten.

(2) Liegen die Anlandungen vor Fähren, Landeplätzen und dergleichen, so hat der Unterhaltungspflichtige ihre Ausbildung möglichst zu beschleunigen, auch Fürsorge für zweckentsprechenden Zugang zu treffen.

(3) Im Falle einer Verpachtung ist bei gleichem Gebote dem Eigentümer oder Nutzungsberechtigten des Ufergrundstücks der Vorzug zu geben.

Ent. § 130; B. 153; KB.A. 247.

Die §§ 147 u. 148 finden Anwendung.

**§ 142.** Solange die in Erfüllung der Unterhaltungspflicht ausgeführten Anlagen als Unterhaltungsanlagen von dem Verpflichteten unterhalten werden, ist dieser berechtigt, jede Benutzung der anstoßenden Anlandungen, die den Anlagen schädlich werden könnte, zu verbieten.

Ent. § 131; B. 153; KB.A. 248.

„Der anstoßenden Anlandungen". Es kommen also nur solche Anlandungsflächen in Frage, die mit den betreffenden Unterhaltungswerken in Zusammenhang stehen.

**§ 143.** (1) Wird eine Berasung oder Bepflanzung reifer, vom Anlieger in Besitz genommener Anlandungen erforderlich, so kann der zur Unterhaltung des Wasserlaufs Verpflichtete den Anlieger auffordern, sie binnen einer bestimmten Frist auszuführen. Kommt der Anlieger der Aufforderung nicht nach, so ist der Unterhaltungspflichtige berechtigt, die Berasung oder Bepflanzung selbst auszuführen, die Nutzung davon zu ziehen und zu diesem Zwecke die Ufergrundstücke zu betreten oder zu befahren.

(2) Dem Anlieger ist die Nutzung zu überlassen, wenn er die bisher durch die Nutzung nicht gedeckten Aufwen-

bungen erstattet und die Unterhaltung der Anlandungen, nötigenfalls unter Sicherstellung, übernimmt.

Ent. § 132; B. 153; KB.A. 248.

Der Unterhaltungspflichtige kann die Berasung und Bepflanzung vom Anlieger fordern, wenn dieser Besitz und Nutzung der Anlandung hat (§ 140 Abs. 3). Ob eine Berasung oder Bepflanzung erforderlich ist, entscheiden im Streitfalle die im § 133 Abs. 1 u. 2 genannten Behörden.

**§ 144.** Dem Unterhaltungspflichtigen sowie seinen Beamten und mit Berechtigungsausweis versehenen Beauftragten ist das Setzen von Stations- und Festpunktmarken, desgleichen von Schiffahrtzeichen und sonstigen Merkzeichen auf Anlandungen aller Art und Inseln sowie auf den Ufergrundstücken und, soweit erforderlich, auch den dahinter liegenden Grundstücken jederzeit gestattet. Wenn diese Marken und Merkzeichen wenig sichtbar sind und daraus Gefahren bei der Bewirtschaftung entstehen können, sind sie angemessen zu kennzeichnen. Die Grundstückseigentümer oder Nutzungsberechtigten haben Anspruch auf Ersatz des Schadens, den sie dadurch erleiden.

Ent. § 133; B. 154; KB.A. 248; L. II 8200; KB.H. 46.

Wegen des Entschädigungsanspruches s. § 148.

**§ 145.** (1) Bei Wasserläufen dritter Ordnung, die nicht von den Anliegern zu unterhalten sind, haben diese die Ablagerung des Aushubs von Erde, Kies, Sand, Hölzern und dergleichen auf den Ufergrundstücken zu dulden[1]) und für die Beseitigung des Aushubs zu sorgen,[2]) soweit es zur Erhaltung eines ungehinderten Wasserabflusses erforderlich ist und ohne ungebührliche Belastung der Anlieger möglich ist.[3]) Der Aushub geht in das Eigentum des Anliegers über. Soweit eine ungebührliche Belastung stattfindet, ist der Unterhaltungspflichtige zur Beseitigung des Aushubs verpflichtet.

(2) Bei künstlichen Wasserläufen dritter Ordnung, die gewerblichen Unternehmungen dienen, hat der Unterhaltungspflichtige auf Verlangen des Anliegers den Aushub zu entfernen und für Beschädigungen Ersatz zu leisten.[4])

(3) Dem Unterhaltungspflichtigen sowie seinen Beamten und mit Berechtigungsausweis versehenen Beauftragten ist gestattet, bei der Vorbereitung und Ausführung der Unterhaltungsarbeiten die Ufergrundstücke zu betreten und dort vorübergehend Materialien niederzulegen. Für die hierdurch verursachten Beschädigungen ist Ersatz zu leisten.

(4) Besondere Titel und Observanzen,[5]) die eine von den Vorschriften dieses Paragraphen abweichende Regelung enthalten, bleiben aufrechterhalten.

Ent. § 134; B. 154; KB.A. 248 ff.

[1]) § 145 enthält eine Spezialbestimmung für Wasserläufe III. Ordnung. Unterhaltungspflichtig für Wasserläufe III. Ordnung ist in erster Linie der Eigentümer (§ 115 Nr. 3), der zwar meistens, aber nicht immer, auch der Anlieger sein wird. Soweit letzteres nicht der Fall sein wird, muß der Anlieger die Benutzung seiner Ufergrundstücke zu den im Abs. 1 Satz 1 bezeichneten Zwecken in dem Umfang dulden, in welchem die Unterhaltungsarbeiten dies erfordern. Die Pflicht ist auf die Ufergrundstücke beschränkt und nicht auch auf „die dahinter liegenden Grundstücke" ausdehnbar (Begr. 154).

[2]) Außer der Pflicht zur Duldung der Ablagerung hat der Anlieger ferner die Beseitigungspflicht bezüglich des Aushubs, soweit seine Beseitigung zur Erhaltung eines ungehinderten Wasserabflusses erforderlich ist.

[3]) Einen Entschädigungsanspruch hat der Anlieger, abgesehen vom Fall des § 146, nicht. Er kann aber die Beseitigung des

Aushubs ablehnen, wenn er durch dieselbe ungebührlich belastet wird. Dies gilt jedoch nur für die Beseitigung des Aushubs, nicht auch für seine Pflicht zur Duldung der Ablagerung.

[4]) Die Bestimmung des Abs. 2 ist getroffen mit Rücksicht auf die bei den dort genannten künstlichen Wasserläufen III. Ordnung im Aushub möglicherweise enthaltenen schädlichen Stoffe.

[5]) „Besondere Titel und Observanzen" s. Anm. 2 zu § 379, Anm. 3 zu § 70, Anm. 5 zu § 126.

**§ 146.** Soweit nicht in diesem Titel eine Entschädigungspflicht ausdrücklich festgestellt ist, kann für einen durch Unterhaltungsarbeiten verursachten Schaden nur insoweit Ersatz verlangt werden, als der Schaden bei Beobachtung der erforderlichen Sorgfalt vermieden worden wäre.

Ent. § 135; B. 154; KB.A. 251.

Für bei der Ausführung von Unterhaltungsarbeiten verursachte Schäden haftet der Unterhaltungspflichtige grundsätzlich nur im Falle eines Verschuldens, ohne ihn nur in den im Gesetz ausdrücklich bestimmten Fällen. Der Geschädigte hat die Beweislast dafür, daß der Schaden bei Beobachtung der erforderlichen Sorgfalt vermieden worden wäre. § 831 BGB. ist entsprechend anwendbar.

**§ 147.** (1) In den Fällen der §§ 136 bis 145 sind, soweit nicht Gefahr im Verzuge ist, die Eigentümer oder Nutzungsberechtigten der betroffenen Grundstücke vor der Inangriffnahme der geplanten Maßnahmen zu hören.

(2) Im Falle von Streitigkeiten, auch von solchen nach § 135, verfügt die Wasserpolizeibehörde.

Ent. § 136; B. 155; KB.A. 251 ff.

Zur Betretung der Ufergrundstücke, Anlandungen und Inseln durch den Unterhaltungspflichtigen, seine Beamten und mit Berechtigungsausweisen versehene Beauftragten ist eine vorherige Anhörung der Eigentümer oder Nutzungsberechtigten dieser Grundstücke überhaupt nicht notwendig.

**§ 148.** (1) Die nach den §§ 131, 135 bis 146 den Grundstückseigentümern oder Nutzungsberechtigten zustehenden Entschädigungen, die nach den §§ 119, 121, 124, 127, 128, 132 zu leistenden Beiträge und Vergütungen sowie die nach § 140 Abs. 3 und § 143 Abs. 2 zu erstattenden Beträge werden im Streitfalle durch Beschluß des Bezirksausschusses festgesetzt.

(2) Die Vorschriften des § 76 sind anzuwenden.

Ent. § 137; B. 155; KB.A. 252.

§ 148 regelt einheitlich die Frage der Behördenzuständigkeit für den ganzen Titel „Unterhaltung der Wasserläufe und ihrer Ufer". Alle nach diesem Titel zu leistenden Entschädigungen, Beiträge und Vergütungen werden im Streitfalle durch Beschluß des Bezirksausschusses festgestellt. Soweit es sich bei diesen Beträgen um „Entschädigungen" handelt — was nicht zutrifft bei den §§ 119, 124, 127, 128, 132, 140 Abs. 3, 143 Abs. 2 —, ist gegen den Beschluß des Bezirksausschusses binnen drei Monaten der ordentliche Rechtsweg gegeben. Gegen die Festsetzung der übrigen Beiträge und Vergütungen ist nach § 76 Abs. 1 die Beschwerde beim Landeswasseramt binnen zwei Wochen zulässig.

**§ 149.**[1]) (1) Im Falle des § 119 wird nach Beendigung der Arbeiten eine Liste der auf die einzelnen Eigentümer entfallenden Beiträge auf Antrag[2]) des zur Unterhaltung des Wasserlaufs Verpflichteten von dem Regierungspräsidenten (Oberpräsidenten), bei Wasserläufen zweiter und dritter Ordnung von dem Landrat öffentlich ausgelegt.[3] Die Auslegung ist in ortsüblicher Weise und, wenn Landkreise beteiligt sind, auch durch die Kreisblätter bekanntzumachen. Innerhalb einer Frist von vier Wochen nach der letzten Bekanntmachung können Einwendungen gegen die Liste erhoben werden.[4]) Die Frist und die Stelle, bei der die Einwendungen anzubringen sind, ist in der Bekanntmachung anzugeben. Neben der öffentlichen Bekanntmachung sind die Eigentümer auf diese durch besondere Mitteilung hinzuweisen.

(2) Über die rechtzeitig erhobenen, erforderlichenfalls mit den Beteiligten zu erörternden Einwendungen entscheidet der Bezirksausschuß.[4])

(3) Die Vorschriften des § 76 Abs. 1 sind anzuwenden.

(4) Nach Erledigung der Einwendungen oder fruchtlosem Ablaufe der Frist stellt der Regierungspräsident (Oberpräsident), bei Wasserläufen zweiter und dritter Ordnung der Landrat die Liste endgültig fest.[5])[6])

KommBschl. § 137a; KB.H. 46 ff.

[1]) § 149 sieht ein besonderes Verfahren für die nachträgliche Verteilung der Beiträge vor, welche nach § 119 die Eigentümer der Ufergrundstücke und der dahinter liegenden Grundstücke dem zur Unterhaltung des Wasserlaufs Verpflichteten zu leisten haben.

[2]) Das Verfahren tritt nur auf Antrag des Unterhaltungspflichtigen ein, kann also weder von Amts wegen noch auf Antrag der Grundstückseigentümer eingeleitet werden.

[3]) Die Verteilung der Kosten auf die einzelnen Grundstückseigentümer erfolgt bei Wasserläufen I. Ordnung durch den Regierungs (Ober-)Präsidenten, bei Wasserläufen II. und III. Ordnung durch den Landrat.

Bei der Verteilung sind die ev. von einzelnen Grundstückseigentümern geleisteten Arbeiten und Lieferungen zu berücksichtigen.

[4]) Über Einwendungen gegen diese Liste entscheidet der Bezirksausschuß, gegen dessen Entscheidung binnen zwei Wochen die Beschwerde an das Landeswasseramt zulässig ist. Nach Erledigung des Instanzenzuges oder fruchtlosem Fristablauf erfolgt die endgültige Festsetzung der Beiträge gemäß Abs. 4 unter Beobachtung der vom Bezirksausschuß oder Landeswasseramt getroffenen Entscheidung.

[5]) Gegen diese Festsetzung ist ein Rechtsmittel nicht mehr gegeben.

[6]) Die gemäß § 149 festgestellten Beiträge unterliegen der Beitreibung im Verwaltungszwangsverfahren (KB.H. 47). Vgl. § 60 LVG.; kgl. V. v. 15. 11. 99 und Anweisung dazu v. 28. 11. 99 (GS. 545).

**§ 150.** (1) Die §§ 135 bis 138, der § 140 Abs. 2, 3, Abs. 4 Satz 1 und die §§ 141 bis 144 sind auf Grundstücke, die Bestandteile von Festungen, Eisenbahnen oder öffentlichen Wegen sind, nicht anzuwenden, wenn Gründe des öffentlichen Wohles entgegenstehen. Ob dies der Fall ist, entscheidet auf Anrufen des Grundstückseigentümers der Regierungspräsident.

(2) Gegen die Entscheidung des Regierungspräsidenten ist nur Beschwerde im Aufsichtswege zulässig.

(3) Im Falle des Abs. 1 ist der Grundstückseigentümer verpflichtet, die erforderlichen Unterhaltungsarbeiten nach näherer Bestimmung der Wasserpolizeibehörde selbst auszuführen.

Ent. § 138; B. 155; KB.A. 255; KB.H. 47.

**§ 151.** Soweit nicht Staatsverträge oder sonstige, mit anderen Staaten getroffene Abreden entgegenstehen, können die Vorschriften dieses Gesetzes über die Unterhaltung für solche Wasserläufe, die nicht ausschließlich dem preußischen Staatsgebiet angehören, zeitweilig außer Kraft gesetzt werden. Zuständig ist bei Wasserläufen erster Ordnung der Minister der öffentlichen Arbeiten, sonst der Minister für Landwirtschaft, Domänen und Forsten.

Ent. § 139; B. 155 ff.; KB.A. 256.

## Fünfter Titel.

# Ausbau der Wasserläufe und ihrer Ufer.

### Vorbemerkung.

Während die Unterhaltung der Wasserläufe die Aufgabe verfolgt, den von Natur bestehenden oder künstlich herbeigeführten Zustand der Wasserläufe zu erhalten (vgl. Vorbem. vor § 113), soll durch den Ausbau der bestehende Zustand der Wasserläufe oder ihrer Ufer verändert und verbessert werden. Was alles unter den Ausbau fällt und zu welchen Zwecken er vorgenommen werden kann, ist im Gesetz nicht näher angegeben. Nur nach einer Seite hin, gegenüber der Unterhaltung, ist eine feste Grenze gezogen durch die Bestimmung des § 153 Abs. 1, nach der der Ausbau nur über die Unterhaltung hinausgehende Verbesserungen zum Gegenstand haben kann. Entsprechend dem hauptsächlichsten Zweck der Wasserläufe, der Vorflut und bei Wasserläufen erster Ordnung auch der Schiffahrt zu dienen, wird es sich in erster Linie darum handeln, den Wasserläufen und deren Ufern eine solche Beschaffenheit zu geben, daß sie diesem Zwecke besser als bisher dienen können. Doch sind hiermit die Gründe, aus denen ein Ausbau stattfinden kann, nicht erschöpft. Durch positivrechtliche Vorschrift ist dann ferner bestimmt, daß das Ausbauunternehmen auch die künstliche Schaffung von Neuland an Ufergrundstücken zum Gegenstand haben kann (§ 153 Abs. 2).

Durch die §§ 152—175 ist beim Vorliegen der nötigen Voraussetzungen nur ein Recht, nicht eine Pflicht zum Ausbau gegeben (vgl. aber § 176 Abs. 2). Wenn aber der Ausbau stattfindet, so hat er nach diesem besonders geordneten Verfahren vor sich zu gehen. Wird ohne dieses Verfahren der Ausbau begonnen, so stehen den Beteiligten, in deren Rechte eingegriffen wird, die allgemeinen Rechtsmittel des bürgerlichen Rechts zur Seite. Die Ausbaugenossenschaften (§ 206 Nr. 1, 2, 6, 7; § 238 Abs. 1) können aber ihren Mitgliedern gegenüber den Ausbau innerhalb des Rahmens ihrer Satzungen durchführen (vgl. § 155 Anm. 2).

Der Ausbau findet nur bei natürlichen Wasserläufen I. und II. Ordnung statt. Doch sind im § 175 eine Reihe dieser Bestimmungen für die Herstellung und Veränderung künstlicher Wasserläufe sinngemäß für anwendbar erklärt. Größere praktische Bedeutung werden diese Bestimmungen aber deshalb nicht haben, weil bei derartigen Anlagen wohl meistens Sondergesetze erlassen werden, die dann diese Rechtsverhältnisse regeln. Soll ein Wasserlauf III. Ordnung ausgebaut werden, so ist dies nur dadurch zu erreichen, daß eine Wassergenossenschaft gegründet wird, die dann nach ihren Satzungen den Ausbau vornimmt. Ist das nicht zu erreichen, weil zu diesen Zwecken keine Zwangsgenossenschaften gegründet werden können (§ 245), so ist ein Ausbau nur dadurch möglich zu machen, daß der Wasserlauf zu einem solchen II. Ordnung gemacht wird (§§ 4—6).

Die Vorschriften über den Ausbau sind derart gegliedert, daß § 155 die Ausbauberechtigten angibt, und die §§ 156—162 das Verhältnis zu den Beteiligten regeln. §§ 162—176 betreffen das Verfahren. Es gibt zwei Verfahrensarten. Das sog. große Ausbauverfahren, das in den Fällen des § 153 Abs. 1 Ziff. 1 erforderlich ist, und das vereinfachte kleine Ausbauverfahren, das in den übrigen Fällen (§ 153 Abs. 1 Ziff. 2) stattfinden kann aber nicht unbedingt stattfinden muß. § 174 regelt die Kostenbeitragspflicht der Anlieger und Unterhaltspflichtigen.

Die Vorschriften dieses Titels sind mit dem Tage der Verkündung in Kraft getreten.

**§ 152.** Natürliche[1]) Wasserläufe erster oder zweiter Ordnung und ihre Ufer[2]) können[3]) nach den folgenden Bestimmungen aus Gründen des öffentlichen Wohles[4]) ausgebaut werden.

Ent. § 140; B. 31 ff., 156 ff.; KB.A. 256 ff.; L. II 8201; L. III 8569; KB.H. 47; L.H. 1029.

[1]) Die Vorschriften über den Ausbau gelten nur für natürliche Wasserläufe, doch sind im § 175 eine Reihe der Bestim-

mungen dieses Titels für die Anlegung und Veränderung von künstlichen Wasserläufen für anwendbar erklärt.

[2]) Es können sowohl der Wasserlauf und die Ufer zusammen wie auch der Wasserlauf für sich allein und die Ufer für sich allein ausgebaut werden.

[3]) „Können". Die im § 155 Benannten sind grundsätzlich nur zum Ausbau berechtigt. Diesem Rechte steht nicht die Pflicht zum Ausbau gegenüber. Nur ist im § 176 Abs. 2 vorgesehen, daß bei natürlichen Wasserläufen II. Ordnung der zur Unterhaltung Verpflichtete, wenn überwiegende Rücksichten des öffentlichen Wohls dieses erfordern, durch Verfügung der Wasserpolizeibehörde zum Ausbau des Wasserlaufs und seiner Ufer angehalten werden kann.

[4]) Vgl. § 19 Anm. 9.

**§ 153.** (1) Das Ausbauunternehmen kann

1. die Einlegung von Stauwerken,[1]) eine die Befahrung der Wasserstraße mit größeren Fahrzeugen bezweckende Vertiefung, die Herstellung eines neuen Bettes, die Durchführung einer Hochwasserregulierung oder
2. andere über die Unterhaltung hinausgehende Verbesserungen

zum Gegenstande haben.[2])

(2) Den Ausbauunternehmungen im Sinne des Abs. 1 Nr. 2 wird gleichgestellt die künstliche Schaffung von Neuland an Ufergrundstücken.[3])

Ent. § 141; B. 156 ff.; KB.A. 259 f., 278 ff.; L. II 8202; L. III 8570, 8539 ff.; KB.H. 47; L.H. 1029.

[1]) „Stauwerke". Der Begriff der Stauwerke ist weiter als der der Stauanlage im § 91. Der Unterschied zwischen beiden wird durch den Zweck der Anlagen gegeben. Für die Stauanlage ist wesentlich, daß sie den Zweck verfolgt, durch Hemmung des Wasserlaufs eine Hebung des Wasserspiegels oder eine Ansamm-

lung von Wasser zu schaffen. Dieser Zweck besteht bei den Stauwerken nicht. Zu ihnen gehören also alle Anlagen, die eine Hemmung des Wasserabflusses herbeiführen, also z. B. Buhnen, Grundschwellen usw. (vgl. § 91 Anm. 1).

[2]) Das Gesetz gibt nicht näher an, was unter Ausbau zu verstehen ist. Es setzt nur nach einer Seite hin eine Grenze, indem es bestimmt, daß das Ausbauunternehmen nur über die Unterhaltung hinausgehende Verbesserungen zum Gegenstand haben kann (vgl. Vorbem. vor § 152). In Nr. 1 nennt das Gesetz mehrere Ausbauunternehmungen, die einen besonders tiefen Eingriff in den Wasserlauf und die rechtlich geschützten Interessen anderer zur Folge haben. Diese gewinnen eine besondere Bedeutung dadurch, daß auf sie das große Ausbauverfahren der §§ 163—170 Anwendung finden muß, während alle anderen Ausbauunternehmungen nach dem vereinfachten Verfahren des § 173, dem sog. kleinen Ausbauverfahren, vorgenommen werden können.

[3]) Die Schaffung von Neuland kann durch Anschüttung bewirkt werden und durch Bauten, durch die planmäßig künstliche Anlandungen hervorgerufen werden, z. B. durch den Einbau von Buhnen in Wasserläufe (vgl. § 17). Auf diese Weise geschaffenes Neuland fällt in das Eigentum des Unternehmers (KB.H. 47). Der Gemeingebrauch am Wasserlauf wird durch § 156 Abs. 4 in Verb. mit § 57 geschützt.

**§ 154.** Die Wasserpolizeibehörde entscheidet im Streitfall, ob Arbeiten über die Unterhaltung hinausgehen und den Vorschriften dieses Titels unterstehen. Die Entscheidung kann nur mit der Beschwerde im Aufsichtsweg angefochten werden.

L. II § 141a, S. 8202; L. III 8569; KB.H. 47; L.H. 1029.

**§ 155.** (1) Ausbauberechtigt sind:

1. bei natürlichen Wasserläufen[1]) erster Ordnung der Staat;

2. bei Wasserläufen[1]) zweiter Ordnung der Staat, Wassergenossenschaften oder andere Körperschaften des öffentlichen Rechtes sowie die diesen im § 126 Abs. 2 gleichgestellten Gemeinschaften Unterhaltungspflichtiger für die von ihnen zu unterhaltende Strecke, ferner eine den Ausbau des Wasserlaufs bezweckende Wassergenossenschaft für die innerhalb des Genossenschaftsgebietes gelegene Strecke.[2])

(2) Durch Königliche Verordnung kann das Recht zum Ausbau eines Wasserlaufs und in Verbindung damit auch das Recht zum Ausbau der Ufer[3]) dem Reiche, einem fremden Staate oder einer nicht schon nach Abs. 1 ausbauberechtigten öffentlichrechtlichen Körperschaft mit ihrer Zustimmung übertragen werden.[4])

(3) Der Ausbauberechtigte bedarf zum Ausbau keiner Verleihung.[5])

Ent. § 142; B. 158 ff.; KB.H. 260 ff.; L. II 8202; L. III 8570; KB.H. 47; L.H. 1029.

[1]) In Nr. 1 u. 2 sind die Ufer nicht besonders erwähnt. Es ergibt sich aber aus der Fassung „bei natürlichen Wasserläufen erster Ordnung" und „bei Wasserläufen zweiter Ordnung" sowie aus dem Zusammenhang mit § 152, daß sich die Berechtigung zum Ausbau auch auf die Ufer bezieht (vgl. § 152 Anm. 2).

[2]) Die genannten Körperschaften haben also nur für die Strecke, für die sie unterhaltspflichtig sind, das Recht zum Ausbau. Außerdem ist dann noch das Ausbaurecht den Wassergenossenschaften gegeben, die satzungsgemäß den Ausbau des Wasserlaufs bezwecken. Hier steht Wasserlauf im Gegensatz zu den Ufern. Die Sachlage ist also folgende: Ist eine Wassergenossenschaft gegründet zur Unterhaltung des Wasserlaufs, so kann diese gegen Mitglieder und Nichtmitglieder nach den in den §§ 152 ff. gegebenen Vorschriften den Wasserlauf und dessen Ufer ausbauen. Ist eine Genossenschaft gegründet zum Zwecke des Ausbaues des Wasser-

laufes (nicht der Ufer), so ist diese zum Ausbau des Wasserlaufs (nicht der Ufer) innerhalb des Rahmens ihrer Satzungen nach den §§ 206 ff. ihren Mitgliedern gegenüber berechtigt. Den Nichtmitgliedern gegenüber und den Mitgliedern gegenüber, soweit es über den Rahmen der Satzungen hinausgeht, also insbesondere soweit es sich um den Ausbau der Ufer handelt, ist das Verfahren nach §§ 152 ff. einzuschlagen. Wassergenossenschaften, die den Ausbau der Ufer bezwecken, können nur auf Grund der §§ 206 ff. gegen ihre Mitglieder vorgehen. Darüber hinaus sind sie nicht zum Ausbau berechtigt.

[3]) Es kann also das Recht zum Ausbau der Ufer nicht allein übertragen werden.

[4]) Mit dieser Übertragung gehen dann alle öffentlichrechtlichen Befugnisse über. Es kann auch sonst der Ausbauberechtigte die Ausführung des von ihm geplanten Ausbaues einem andern übertragen. Doch hat dies nur eine privatrechtliche Wirkung. Die öffentlichrechtlichen Befugnisse gehen dadurch nicht über.

[5]) In der Regel wird jede zum Ausbau eines Wasserlaufs vorzunehmende Maßnahme ein Eingreifen in die Verhältnisse des Wasserlaufs bedeuten. Soweit eine dieser Maßnahmen sich als Benutzung des Wasserlaufs im Sinne des § 40 Abs. 2 darstellt, würde daher regelmäßig die Verleihung für den Ausbau nachgesucht werden müssen. Dieses macht Abs. 3 entbehrlich.

**§ 156.** (1) Dem Unternehmer des Ausbaues liegt die Herstellung derjenigen Einrichtungen[1]) ob, die zur Sicherung von Grundstücken und Anlagen gegen Gefahren und Nachteile notwendig sind, wenn solche Einrichtungen mit dem Unternehmen vereinbar und wirtschaftlich gerechtfertigt sind. Er hat auch die im öffentlichen Interesse erforderlichen Einrichtungen zu treffen. Zu diesen gehören die durch den Ausbau bedingten Änderungen an öffentlichen Wegen und den in ihrem Zuge belegenen Brücken. Der Wege- oder

Brückenunterhaltungspflichtige hat, unbeschadet auf besonderem Titel beruhender Verpflichtungen, zu den Kosten so viel beizutragen, als ihm durch die Änderung Kosten erspart werden, die er sonst zur Erfüllung seiner Unterhaltungspflicht hätte aufwenden müssen.[2]

(2) Sind von dem Ausbau nachteilige Wirkungen zu erwarten, durch die das Recht[3] eines anderen beeinträchtigt werden würde, so kann der davon Betroffene die Herstellung von Einrichtungen fordern, welche die nachteiligen Wirkungen ausschließen. Von nachteiligen Wirkungen der im § 41 Abs. 1, 2 bezeichneten Art gilt dasselbe, auch wenn dadurch kein Recht beeinträchtigt wird.

(3) Als Nachteil gilt nicht die Veränderung des Grundwasserstandes, wenn der Ausbau zur Beschaffung der Vorflut für die gewöhnliche[4] Bodenentwässerung von Grundstücken erfolgt, für die der auszubauende Wasserlauf der natürliche Vorfluter ist.

(4) Der § 57 ist auf den Ausbau sinngemäß anzuwenden.[5]

(5) Nimmt der Staat zum Ausbau eines Leinpfades oder zu sonstigen Zwecken eine Anschüttung vor der Uferlinie vor, so hat er den früheren Anliegern oder Nutzungsberechtigten, soweit es deren wirtschaftliche Interessen erfordern, die Verbindung mit dem Wasserlauf und dessen Benutzung in dem bisher geübten Umfange zu gestatten.[6] [7]

Ent. § 143; B. 159 ff.; KB.H. 262 ff.; L. II 8202; L. III 8570; KB.H. 47 f.; L.H. 1029.

[1] Zu den „Einrichtungen" gehört auch die Schaffung von Zuwegen zum Wasserlauf für diejenigen Interessenten, die durch den Ausbau und die damit im Zusammenhang stehenden Arbeiten vom Wasserlauf abgeschnitten werden (KB.A. 270).

[2] Was die vielfach bestehenden alten Privilegien anbetrifft, die unter der Bedingung erteilt sind, daß der Berechtigte sich allen

vom Staate kraft Hoheitsrechtes vorgenommenen Veränderungen des Wasserlaufs ohne Anspruch auf Entschädigung unterwerfen muß, so wird an diesem Umstand nichts geändert. Es wird also, soweit in früheren Privilegien und besonderen Titeln auf Beschränkungen und Hoheitsrechte Bezug genommen wird, an Stelle dieser Beschränkungen die Beschränkung durch das Recht des Staates zum Ausbau treten (KB.A. 265).

[3]) Es kommen hier sowohl Rechte am Wasserlauf als auch andere Rechte in Betracht im Gegensatz zu § 157 Abs. 1 Satz 2, wo es sich nur um Rechte am Wasserlauf handelt.

[4]) Vgl. § 41 Anm. 6.

[5]) Hierdurch wird der Gemeingebrauch, der kein besonderes Recht ist, geschützt.

[6]) Nach § 27 Abs. 1 Satz 2 haben die Eigentümer der Ufergrundstücke den Ausbau und die Unterhaltung des Leinpfades durch den Staat zu dulden. Würde der Staat nun in Ausübung dieses Rechts oder zu sonstigen Zwecken Anschüttungen vor der Uferlinie vornehmen, so würden die Anlieger, da diese Anschüttungen Eigentum des Staates sind, vom Wasserlauf abgeschnitten. Dieses wird durch Abs. 5 ausgeschlossen.

[7]) Wegen der Entschädigung für die dem Eigentümer entzogene oder beeinträchtigte Möglichkeit, den Wasserlauf in einer der im § 40 Abs. 2 bezeichneten Arten zu benutzen, vgl. § 45.

**§ 157.** (1) Soweit in den Fällen des § 156 Abs. 2 Einrichtungen der dort bezeichneten Art mit dem Unternehmen nicht vereinbar oder wirtschaftlich nicht gerechtfertigt sind, kann der von der nachteiligen Wirkung Betroffene Entschädigung[1]) fordern. Wegen Beeinträchtigung eines Rechtes kann er, sofern es sich nicht um ein Recht am Wasserlaufe handelt, auch dem Ausbau widersprechen.[2])

(2) Die Entschädigung kann in wiederkehrenden Leistungen bestehen; dabei kann die Nachprüfung und anderweite Fest-

setzung in bestimmten Zeiträumen vorbehalten werden. Auf die Entschädigung ist der Vorteil anzurechnen, der dem Berechtigten aus dem Unternehmen erwächst.

Ent. § 144; B. 159 f.; KB.A. 267; L. II 8202; L. III 8570; KB.H. 48; L.H. 1030.

[1]) Es ist volle Entschädigung zu gewähren (vgl. auch § 45).

[2]) Wegen der Beeinträchtigung eines Rechts am Wasserlauf kann also dem Ausbau nicht widersprochen werden, wohl dagegen wegen der Beeinträchtigung eines anderen Rechts. Im letzteren Falle ist der Unternehmer darauf angewiesen, den Widerspruch durch gütliche Vereinbarung zu beseitigen oder den Weg der Enteignung zu beschreiten, soweit nicht die Voraussetzungen für die Anwendbarkeit des § 331 vorliegen. Der Erlangung des Enteignungsrechts werden allerdings in der Regel keine Schwierigkeiten entgegenstehen, da der Ausbau nur aus Gründen des öffentlichen Wohles (vgl. § 1 EnteignG.) erfolgen kann. In einer Reihe unbedeutender Fälle ist aber von der Notwendigkeit der Enteignung Abstand genommen (vgl. §§ 160—162).

**§ 158.** Dem Unternehmer liegt auch die Unterhaltung der im § 156 bezeichneten Einrichtungen ob, soweit diese Unterhaltungslast über den Umfang einer bestehenden Verpflichtung zur Unterhaltung vorhandener, demselben Zwecke dienender Einrichtungen hinausgeht.

Ent. § 145; B. 160; KB.A. 267; L. II 8202; L. III 8570; KB.H. 48; L.H. 1030.

**§ 159.** (1) Wegen nachteiliger Veränderung der Vorflut oder des Grundwasserstandes, wegen Erschwerung der Unterhaltung des Wasserlaufs oder seiner Ufer und wegen vorübergehender Beeinträchtigung von Wassernutzungsrechten kann Entschädigung nur verlangt werden, wenn der Schaden erheblich[1]) ist.

(2) Der durch Veränderung des Grundwasserstandes entstehende Schaden ist ferner nur insoweit zu ersetzen, als die Billigkeit[2]) nach den Umständen eine Entschädigung erfordert.

Ent. § 146; B. 159; KB.A. 267 ff.; L. II 8202; L. III 8570; BK.H. 48; L.H. 1030.

[1]) „Erheblich" ist hier objektiv aufzufassen. Eine Berücksichtigung der persönlichen Vermögensverhältnisse findet demnach nicht statt.

[2]) Vgl. § 52 Abs. 2.

**§ 160.** (1) Der Unternehmer ist berechtigt, Anlandungen aller Art,[1]) Felsen, Inseln und Ufervorsprünge abzutreiben oder sonst zu beseitigen, wenn dies nach dem Plane (§ 163) erforderlich ist. Entschädigung kann nur verlangt werden, wenn der Schaden erheblich ist.

(2) Bei Ausführung der Arbeiten hat der Unternehmer dafür zu sorgen, daß eine Verunstaltung landschaftlich hervorragender Gegenden vermieden wird, soweit dies mit dem Zwecke und der Wirtschaftlichkeit des Unternehmens vereinbar ist.[2])

Ent. § 147; B. 160 f.; KB.A. 269 f.; L. II 8202; L. III 8570; KB.H. 48; L.H. 1030.

§ 147 entspricht dem § 8 Abs. 1 des Strombauverwaltungsgesetzes v. 20. 8. 83.

[1]) „Aller Art" Anlandungen sind gemeint nicht allein die im § 17 behandelten, durch allmähliche Anspülung entstandenen. Auch die Beseitigung von Sandbänken muß geduldet werden, da diese Teile des Wasserlaufs sind und die im § 153 bezeichneten Verbesserungen ihre Beseitigung zum Gegenstand haben können. Die Beseitigung von Sandbänken, die weder zu den Inseln noch zu den Anlandungen gehören, da sie bei gewöhnlichem Wasserstande mit Wasser bedeckt sind, ist sogar dann, wenn die Sandbänke der Vorflut, bei Wasserläufen I. Ordnung auch wenn sie der Schiffahrt

hinderlich sind, eine Pflicht desjenigen, dem die Unterhaltung des Wasserlaufs obliegt (B. 160 f.).

[2]) Vgl. die entsprechende Bestimmung bei der Verleihung (§ 58); eine Entschädigungspflicht wegen der Verunstaltung besteht nicht.

**§ 161.** Die Bepflanzung, Berasung oder anderweite Befestigung der im § 160 Abs. 1 bezeichneten Grundstücke bedarf der Zustimmung des Unternehmers, soweit sie nach dem Plane (§ 163) beseitigt werden sollen. Dasselbe gilt für die gänzliche oder teilweise Beseitigung dieser Grundstücke, soweit der Plan ihre Beseitigung oder Erhaltung vorsieht.

Ent. § 148; B. 161; KB.A. 270; L. II 8202; L. III 8570; KB.H. 48; L.H. 1030.

§ 148 gibt den Inhalt des § 10 Abs. 1 Satz 1 des Strombauverwaltungsgesetzes v. 20. 8. 83 wieder.

Ein Entschädigungsanspruch wegen dieser Beschränkungen besteht nicht.

**§ 162.** (1) Die für das Rechtsverhältnis zwischen dem Unterhaltungspflichtigen und den Grundstückseigentümern geltenden Vorschriften der §§ 135 bis 144[1]) sind entsprechend auf das Rechtsverhältnis zwischen dem Ausbauunternehmer und den Grundstückseigentümern anzuwenden.

(2) Die Anlieger sind ferner ohne Anspruch auf Entschädigung verpflichtet, wildwachsende Bäume und Sträucher,[2]) welche die Durchführung des Unternehmens wesentlich beeinträchtigen und die nach dem Plane (§ 163) beseitigt werden müssen, auf Erfordern des Unternehmers nach ihrer Wahl entweder selbst zu beseitigen oder die Beseitigung zu dulden.[3])

Ent. § 149; B. 161; KB.A. 270 f.; L. II 8202; L. III 8571; KB.H. 48; L.H. 1030.

[1]) Vgl. §§ 135—144 nebst Anm.

[2]) Unter „wildwachsenden Bäumen und Sträuchern" werden solche Bäume und Sträucher verstanden, die nicht durch Saat, Pflanzung oder natürliche Verjüngung eines geordneten Forstbetriebes entstanden sind. Vgl. die entsprechende im Interesse des Hochwasserschutzes im § 284 Abs. 1 C gegebene Bestimmung.

[3]) Beseitigt der Unternehmer die Bäume und Sträucher, so fallen diesem auch die Kosten der Beseitigung zur Last. Das Eigentum an den beseitigten Bäumen und Sträuchern geht aber nicht auf den Unternehmer über.

**§ 163.** Der Unternehmer hat den Plan für den Ausbau dem örtlich zuständigen Regierungspräsidenten, bei natürlichen Wasserläufen erster Ordnung, mit deren Verwaltung ein Oberpräsident oder ein anderer Regierungspräsident beauftragt ist,[1]) diesem einzureichen. Der Regierungspräsident (Oberpräsident) hat zu prüfen, ob Gründe des öffentlichen Wohles[2]) vorliegen und, wenn dies nicht der Fall ist, den Ausbau für unzulässig zu erklären. Die Entscheidung kann nur mit der Beschwerde im Aufsichtsweg angefochten werden, und zwar, wenn es sich um den Ausbau eines natürlichen Wasserlaufs erster Ordnung handelt, bei dem Minister der öffentlichen Arbeiten, sonst bei dem Minister für Landwirtschaft, Domänen und Forsten.

Ent. § 150; B. 161; KB.A. 271; L. II 8202; L. III 8571; KB.H. 48; L.H. 1030.

[1]) Die Verwaltung der Wasserläufe I. Ordnung steht grundsätzlich dem Regierungspräsidenten zu (vgl. §§ 2, 3 der Reg.-Instr. v. 23. 10. 17 und KabO. v. 31. 12. 25). Für die fünf großen Ströme Rhein, Weser, Elbe, Oder, Weichsel sind aber besondere Strombauverwaltungen gebildet, die einem Oberpräsidenten unterstellt sind (vgl. § 343 Anm. 1).

[2]) Vgl. § 19 Anm. 9.

**§ 164.** (1) Mit dem Plane ist ein Auszug daraus einzureichen, der eine kurze Darstellung des Unternehmens und die herzustellenden Einrichtungen enthalten muß.

(2) Der Auszug ist in den Gemeinden (Gutsbezirken), auf die sich nach dem Ermessen des Regierungspräsidenten (Oberpräsidenten) die Wirkung des Unternehmens erstrecken kann, während eines Zeitraums von mindestens zwei Wochen zu jedermanns Einsicht auszulegen. Zeit und Ort der Auslegung des Auszugs sowie die Stelle, bei welcher der Plan selbst eingesehen werden kann, sind in ortsüblicher Weise und, wenn Landgemeinden beteiligt sind, auch in den Kreisblättern bekanntzumachen. Daneben sollen alle bekannten Personen, die nach dem Ermessen des Regierungspräsidenten (Oberpräsidenten) von nachteiligen Wirkungen des Ausbaues betroffen werden können, auf die öffentliche Bekanntmachung hingewiesen werden.

Ent. § 151; B. 161 ff.; KB.H. 271; L. II 8202; L. III 8551; KB.H. 48; L.H. 1030.

**§ 165.** (1) Die Bekanntmachung muß angeben, bei welcher Behörde Widersprüche gegen den Ausbau und Ansprüche auf Herstellung und Unterhaltung von Einrichtungen oder auf Entschädigung schriftlich oder mündlich zu Protokoll erhoben werden können. Sie muß ferner für die Erhebung von Widersprüchen eine Frist bestimmen. Diese beträgt mindestens vier Wochen und beginnt mit Ablauf des Tages, an dem das die letzte Bekanntmachung enthaltende Blatt ausgegeben ist. Widerspruch kann auch die Wasserpolizeibehörde erheben.

(2) Auch die Gemeinde (Guts-) vorstände können Ansprüche auf Herstellung und Unterhaltung von Einrichtungen erheben.

Ent. § 152; B. 161 f.; KB.H. 271 f.; L. II 8202; L. III 8571; KB.H. 48; L.H. 1030.

**§ 166.** Die Bekanntmachung ist unter der Verwarnung zu erlassen, daß diejenigen, die innerhalb der im § 165 Abs. 1 bezeichneten Frist keinen Widerspruch gegen den Ausbau erheben, ihr Widerspruchsrecht verlieren und daß nach Feststellung des Planes (§ 168) nur noch die im § 172 bezeichneten Ansprüche geltend gemacht werden können.

Ent. § 153; B. 161 f.; KB.A. 272; L. II 8202; L. III 8571; KB.H. 48; L.H. 1030.

**§ 167.** Nach Ablauf der Frist (§ 165 Abs. 1) hat ein Beauftragter des Regierungspräsidenten (Oberpräsidenten) die Widersprüche und Ansprüche (§ 165) mit den Beteiligten, nötigenfalls unter Zuziehung von Sachverständigen, mündlich zu erörtern und sodann die Verhandlungen der Planfeststellungsbehörde (§ 168) vorzulegen. Zu der Erörterung sind der Unternehmer sowie diejenigen, die Widersprüche oder Ansprüche erhoben haben, mit der Eröffnung vorzuladen, daß im Falle des Ausbleibens gleichwohl mit der Erörterung werde vorgegangen werden.

Ent. § 154; B. 161 f.; KB.A. 271; L. II 8202; L. III 8571; KB.H. 48; L.H. 1030.

**§ 168.** (1) Der örtlich zuständige Bezirksausschuß beschließt über die Widersprüche und Ansprüche und stellt danach den Plan fest. Der § 70 Abs. 2 Satz 1, 2, 4, 5 ist entsprechend anzuwenden. Soweit begründete Widersprüche erhoben sind, wird der Plan unter dem Vorbehalte festgestellt, daß mit der Ausführung erst nach Beseitigung der Widersprüche begonnen werden darf.

(2) Läßt sich bei Entschädigungsansprüchen nicht voraussehen, ob oder in welcher Höhe ein Schaden entstehen wird, so ist die Entscheidung über diese Ansprüche einem späteren Verfahren vorzubehalten. Der Bezirksausschuß kann dem

Unternehmer hierbei auferlegen, Maßnahmen (Pegelbeobachtungen, Grundwasserstandsbeobachtungen usw.) zu treffen, die geeignet sind, die Feststellung, ob und in welchem Umfange Schäden entstanden sind, zu erleichtern.

(3) Die Kosten des Verfahrens fallen dem Unternehmer zur Last.

Ent. § 155; B. 161 f.; KB.A. 273 f.; L. II 8202; L. III 8571; KB.H. 48; L.H. 1030.

**§ 169.** Der Beschluß ist mit Gründen zu versehen und dem Unternehmer sowie allen zuzustellen, die Widersprüche oder Ansprüche erhoben haben.

Ent. § 165; B. 161 f.; KB.A. 274; L. II 8202; L. III 8571; KB.H. 48; L.H. 1030.

**§ 170.** (1) Gegen den Beschluß steht, soweit er nicht die von dem Unternehmer zu leistende Entschädigung betrifft, den Beteiligten binnen zwei Wochen die Beschwerde zu.

(2) Über die Beschwerde entscheidet bei natürlichen Wasserläufen erster Ordnung der Minister der öffentlichen Arbeiten, sonst der Minister für Landwirtschaft, Domänen und Forsten.

(3) Für die Anfechtung der Entscheidung über die Entschädigungsansprüche und für den Beginn des Ausbaues gelten der § 76 Abs. 2 und der § 77 entsprechend.

Ent. § 157; B. 161 f.; KB.A. 274 ff.; L. II 8202; L. III 8571; KB.H. 48 f.; L.H. 1030.

Die §§ 163—170 regeln das Ausbauverfahren. Von diesen bilden die §§ 164—170 das große Ausbauverfahren, das unbedingt in den Fällen des § 151 Abs. 1 Nr. 1 zur Anwendung kommen muß. Bei dem sog. kleinen Ausbauverfahren (§ 173) brauchen diese Bestimmungen keine Anwendung zu finden (vgl. § 153 Anm. 2). Ist nach § 163 das Verfahren für zulässig erklärt, so ist der mit dem Plan einzureichende Auszug zur Erhebung von Widersprüchen und Ansprüchen innerhalb einer bestimmten Frist öffentlich auszulegen (§§ 164 f.). Widersprüche können allerdings nur dann erhoben werden, wenn es sich um die Beeinträchtigung von Rechten handelt, die keine Rechte am Wasserlauf sind (§ 157 Abs. 1 Satz 2). Nach Ablauf der Frist findet Termin zur Besprechung der geltend gemachten Widersprüche und Ansprüche statt (§ 167) und danach die Feststellung des Planes durch die Planfeststellungsbehörde, den Bezirksausschuß (§ 168). Die Rechtsmittel gibt § 170.

**§ 171.** (1)[1]) In dringlichen Fällen kann der Bezirksausschuß Abweichungen von dem endgültig festgestellten Plane gestatten.

(2) Die Entscheidung hierüber erfolgt durch unanfechtbaren Beschluß.

(3) Das Verfahren zwecks endgültiger Feststellung des neuen Planes ist ohne Verzug durchzuführen.[2])

L. II § 157a S. 8202; L. III 8571; KB.H. 49; L.H. 1030.

[1]) Bei der Ausführung eines Ausbauunternehmens wird es immer leicht möglich sein, daß sich der Plan in Einzelheiten als abänderungsbedürftig erweist. Würde in diesem Falle eine gütliche Einigung nicht zu erzielen sein, so müßte der Unternehmer, um etwaige Besitzstörungsklagen zu vermeiden, erst ein förmliches Ausbauverfahren einleiten und während dieser Zeit unter Umständen die Arbeit einstellen. Das will § 171 verhindern.

[2]) Das Verfahren findet nach den §§ 163—170 statt.

**§ 172.** (1) Auch nach Feststellung des Planes (§ 168) kann wegen nachteiliger Wirkungen des Ausbaues der davon Betroffene die Herstellung und Unterhaltung von Einrichtungen oder Entschädigung nach den §§ 156 bis 159 fordern,[1]) es sei denn,[2]) daß er schon vor Ablauf der im § 165 Abs. 1 bezeichneten Frist die nachteilige Wirkung vorausgesehen hat oder hätte voraussehen müssen[3]) und bis zum

Ablaufe der Frist weder dem Ausbau widersprochen noch Ansprüche auf Herstellung von Einrichtungen oder auf Entschädigung erhoben hat.[4]) Der Ablauf der Frist steht den Ansprüchen nicht entgegen, wenn der Beschädigte glaubhaft[5]) macht, daß er durch Naturereignisse oder andere unabwendbare Zufälle[6]) verhindert worden ist, die Frist einzuhalten. Die Ansprüche verjähren in drei Jahren von dem Zeitpunkt an, in welchem der Geschädigte von dem Eintritte der nachteiligen Wirkung Kenntnis erlangt hat. Sie sind ausgeschlossen, wenn sie nicht binnen dreißig Jahren nach der Fertigstellung des Teiles des Unternehmens, durch den der Schaden verursacht worden ist, geltend gemacht werden.

(2) Den Zeitpunkt der Fertigstellung der einzelnen Teile des Unternehmens hat der Regierungspräsident (Oberpräsident) in den beteiligten Gemeinden (Gutsbezirken) in ortsüblicher Weise und, wenn Landgemeinden beteiligt sind, auch in den Kreisblättern bekanntzumachen.

(3) Die Entscheidung trifft die Planfeststellungsbehörde.[7]) Der § 70 Abs. 2 Satz 1, 2 und die §§ 169, 170 sind entsprechend anzuwenden. Dasselbe gilt im Falle des § 168 Abs. 2.

Ent. § 158; B. 161 f.; KB.A. 176 ff.; L. II 8202; L. III 8571; BK.H. 49; L.H. 1030.

[1]) Dem Ausbau kann nachträglich nicht mehr widersprochen werden.

[2]) Der Beschädigte kann also ohne weiteres auch noch nach Feststellung des Planes Entschädigung fordern. Diese entfällt nur, wenn der Unternehmer den Nachweis erbringt, daß der Beschädigte die nachteilige Wirkung vorausgesehen hat oder hätte voraussehen müssen.

[3]) „Voraussehen müssen". Der Begriff des Voraussehenmüssens entspricht dem des Kennenmüssens im BGB. (vgl. § 122 Abs. 2 BGB.). Das Voraussehenmüssen ist das auf Fahrlässigkeit beruhende Nichtvoraussehen. Diese Fahrlässigkeit braucht keine

grobe zu sein, sondern es genügt jede auch die leichte Fahrlässigkeit. Fahrlässig handelt, wer die im Verkehr erforderliche Sorgfalt außer Acht läßt (vgl. § 276 Abs. 1 BGB.). Das Voraussehenmüssen ist nicht nach der subjektiven Veranlagung, sondern objektiv nach dem zu bestimmen, was ein verständiger normal veranlagter Mensch unter gleichen Umständen vorausgesehen haben würde (vgl. Entsch. des RG. v. 16. 3. 03 in DJZ. 03 322 Nr. 67).

[4]) Lediglich die Tatsache, daß der Geschädigte innerhalb der Frist Widerspruch erhoben oder Ansprüche angemeldet hat, sichert ihm die Geltendmachung seiner Rechte. Er kann auch dann Ansprüche auf Herstellung von Einrichtungen oder auf Entschädigung stellen, wenn er vorher zwar diese Ansprüche nicht gestellt, aber dem Ausbau widersprochen hat. Wie in dem Ausbauverfahren über die geltend gemachten Ansprüche oder Widersprüche entschieden ist, ist ohne Bedeutung.

[5]) Zur Glaubhaftmachung kann sich der Geschädigte aller Beweismittel, auch der Versicherung an Eidesstatt bedienen (vgl. § 294 ZPO.).

[6]) „Unabwendbarer Zufall" ist ein Ereignis, daß unter den gegebenen, nach der Besonderheit des Falles zu berücksichtigenden Umständen auch durch die äußerste diesen Umständen angemessene und vernünftigerweise zu erwartende Sorgfalt weder abzuwehren noch in seinen schädlichen Folgen zu vermeiden ist (RG. 48 409; JW. 09 72).

[7]) Planfeststellungsbehörde vgl. § 168 Abs. 1.

**§ 173.** (1) Bei Ausbauunternehmungen der im § 153 Abs. 1 Nr. 2 bezeichneten Art kann[1]) nach dem Ermessen des nach § 163 zuständigen Regierungspräsidenten (Oberpräsidenten) auf Antrag des Unternehmers davon abgesehen werden, das in den §§ 164 bis 170 geregelte Verfahren mit den daselbst bestimmten Wirkungen einzuschlagen.[2])

(2) Die Beteiligten sind vor der Ausführung in geeigneter Weise zu hören.[3]) Ihre Ansprüche auf Grund des § 156,

des § 157 Abs. 1 Satz 1, Abs. 2 und der §§ 158 bis 162 bleiben unberührt.[4])

Ent. § 159; B. 32, 162; KB.A. 278—281; L. II 8202; L. III 8571; KB.H. 49; L.H. 1030.

[1]) § 173 regelt das sog. kleine Ausbauverfahren (vgl. § 153 Anm. 2). Dieses kann, aber muß nicht unbedingt in den Fällen des § 153 Abs. 1 Nr. 2 stattfinden. Es hängt vielmehr von dem Ermessen des Regierungspräsidenten (Oberpräsidenten) ab, ob er es zulassen will. Hiermit ist aber dem Regierungspräsidenten (Oberpräsidenten) nicht das Recht gegeben, ganz nach Belieben zu verfahren, sondern er ist zur Zulassung stets dann verpflichtet, wenn der Ausbau keine umfassenderen Änderungen des Wasserlaufs oder der Ufer zur Folge hat.

[2]) § 163 gilt auch für dieses Verfahren. Es haben also bei dem Regierungspräsidenten (Oberpräsidenten) zwei Verfahren stattzufinden. In dem einen wird darüber entschieden, ob Gründe des öffentlichen Wohles für den Ausbau vorliegen, in dem anderen, ob das Verfahren nach § 173 oder das nach §§ 164—170 stattfinden soll. Diese beiden Verfahren können aber miteinander verbunden und es kann gleichzeitig über die Zulässigkeit des vereinfachten Ausbauverfahrens entschieden werden.

[3]) Eine besondere Form für die Anhörung ist nicht vorgeschrieben.

[4]) Die den Beteiligten nach §§ 156 ff. zustehenden Ansprüche auf Herstellung von Einrichtungen oder Entschädigung gelten auch für dieses Verfahren. Sie können jederzeit geltend gemacht werden. Dies hat vor den ordentlichen Gerichten zu geschehen. Sie unterliegen der Verjährung nur nach den Vorschriften des bürgerlichen Rechts. Ist das Verfahren aber einmal genehmigt, so können auf Grund der Bestimmung des bürgerlichen Rechts keine Widersprüche gegen den Ausbau mehr erhoben werden, auch dann nicht, wenn es sich um andere Rechte als um Rechte am Wasserlauf handelt; denn § 157 Abs. 1 Satz 2 findet keine Anwendung.

**§ 174.** (1) Die Anlieger[1]) eines Wasserlaufs haben zum Ausbau der Ufer, soweit er nach dem festgestellten Plane zur Erhaltung, Sicherung oder Verbesserung der Vorflut[2]) im Wasserlauf erforderlich ist, dem Unternehmer einen angemessenen[3]) Kostenbeitrag zu leisten. Der Beitrag darf die Vorteile nicht übersteigen, die den Anliegern durch Sicherung des Bestandes ihrer Ufergrundstücke[4]) erwachsen.

(2) Die Vorschriften des Abs. 1 sind entsprechend anzuwenden, wenn der Ausbau unter der Uferlinie ausgeführt werden muß, um einer künftigen Behinderung der Vorflut durch Uferabbrüche vorzubeugen.[5])

(3) Wird durch den Ausbau eines Wasserlaufs der Unterhaltungspflichtige von der Unterhaltungslast befreit (§ 115 Abs. 3), so hat er dem Unternehmer einen Kostenbeitrag[6]) in Höhe des Vorteils zu leisten, der ihm aus der Befreiung von der Unterhaltungslast erwächst.[7]) Dieser Kostenbeitrag darf den zehnjährigen Durchschnitt der vor dem Ausbau für den bisherigen Unterhaltungspflichtigen notwendig gewordenen laufenden Aufwendungen nicht übersteigen und kann durch Zahlung des 20fachen Betrags abgelöst werden.

(4) Kommt in den Fällen der Abs. 1 bis 3 keine Einigung zustande, so entscheidet auf Antrag des Unternehmers der Bezirksausschuß durch Beschluß. Wegen des Verfahrens zur Feststellung der Beitragspflichtigen und der auf sie entfallenden Beiträge findet die Vorschrift des § 149 Anwendung. Auf die Anfechtung des Beschlusses ist der § 76 Abs. 1 entsprechend anzuwenden.

Ent. § 160; B. 162 ff.; KB.A. 281 ff.; L. II 8202; L. III 8571; KB.H. 49 f.; L.H. 1030.

[1]) Vgl. § 8.

[2]) Es kann hier nur dann und insoweit ein Kostenbeitrag verlangt werden, als es sich um tatsächlich gemachte Aufwendungen

und um die Erhaltung, Sicherung oder Verbesserung der Vorflut handelt. Die Beitragspflicht fällt aber fort, wenn der Ausbau zu Verbesserung der Schiffahrt oder aus anderen Gründen erfolgt ist.

[3]) Die Angemessenheit hat sich nach dem Maße des Vorteils zu richten, der den Anliegern durch die Erhaltung, Sicherung oder Verbesserung der Vorflut erwächst. Rein persönliche Verhältnisse der Anlieger scheiden bei der Bemessung der Beiträge aus.

[4]) Andere Vorteile, welche die Anlieger durch den Ausbau der Ufer haben, scheiden hier aus, insbesondere also alle durch Erhaltung, Sicherung und Verbesserung der Vorflut entstehenden Vorteile.

[5]) Auch dann gilt die Einschränkung dieses Paragraphen Abs. 1 Satz 2, daß der Beitrag nicht den Vorteil übersteigen darf, der den Anliegern durch Sicherung des Bestandes ihrer Ufergrundstücke erwächst.

[6]) „Kostenbeitrag". Ebenso wie im Fall des § 9 des Kommunalabgabengesetzes kann der Gesamtbetrag der Kosten nicht gefordert werden, selbst dann nicht, wenn derselbe niedriger sein sollte, als die Vorteile sind, welche der Ausbau für die Anlieger gebracht hat.

[7]) Bei Genossenschaften zum Ausbau von Wasserläufen, zu denen durchweg die Mitglieder gehören werden, sind die Genossen schon auf Grund des § 225 nach Maßgabe der Vorteile zu den Kosten des Ausbaues heranzuziehen. Gemeinden, welche den Ausbau vornehmen (§ 155 Abs. 2), können von den Begünstigten auch nach den Bestimmungen des Kommunalabgabengesetzes (§ 9) Beiträge zu den Kosten des Ausbaues erheben.

**§ 175.** (1) Für die Herstellung und Veränderung künstlicher Wasserläufe erster und zweiter Ordnung gelten sinngemäß die §§ 156 bis 159, der § 163 Satz 1 und die §§ 164 bis 172[1]).

(2) Wird ein künstlicher Wasserlauf dritter Ordnung hergestellt oder verändert, so gelten sinngemäß der § 156 Abs. 2, 3, die §§ 157 bis 159 und der § 172 Abs. 1 Satz 3, 4.[2])

L. II § 160 I, S. 8202 f., 8238; L. III 8571; KB.H. 50; L.H. 1030.

[1]) § 175 ist in der zweiten Lesung eingeschoben. Durch ihn werden für die Herstellung und Veränderung künstlicher Wasserläufe I. oder II. Ordnung die Vorschriften des großen Ausbauverfahrens sinngemäß für anwendbar erklärt. Es steht aber dem Regierungspräsidenten (Oberpräsidenten) kein Recht zu, den ihm eingereichten Plan zu prüfen und für unzulässig zu erklären.

[2]) Für die Herstellung oder Veränderung künstlicher Wasserstraßen III. Ordnung ist ein Verfahren nicht vorgesehen. Auch können keine Ansprüche auf Herstellung von Einrichtungen zur Sicherung von Grundstücken und Anlagen gegen Gefahren und Nachteile (§ 156 Abs. 1) gestellt werden. Etwaige Widersprüche oder Ansprüche, die aus der Beeinträchtigung eines Rechts herrühren, sind vor den ordentlichen Gerichten geltend zu machen.

## Sechster Titel.

## Beteiligung des Staates und der Provinzen an dem Ausbau der Wasserläufe zweiter Ordnung.

**§ 176.** (1) Dem zur Unterhaltung eines natürlichen Wasserlaufs zweiter Ordnung Verpflichteten liegt, wenn überwiegende Rücksichten des öffentlichen Wohles dies erfordern, auch der Ausbau des Wasserlaufs und seiner Ufer ob.

(2) Er kann hierzu durch Verfügung der Wasserpolizeibehörde angehalten werden.

**§ 177.** (1) Wenn der Ausbau dem Verpflichteten Lasten auflegt, die in keinem Verhältnis zu den ihm dadurch erwachsenden Vorteilen oder zu seiner Leistungsfähigkeit stehen, ist die Ausübung des Zwanges nur dann zulässig, wenn der Staat und die Provinz sich an der Aufbringung der Kosten angemessen beteiligen und der Verpflichtete hierdurch ausreichend entlastet wird.

(2) Gereicht der Ausbau auch einem anderen als dem Verpflichteten zum Vorteile, so kann der andere nach Maßgabe seines Vorteils herangezogen werden.

(3) Im Streitfalle beschließt der Bezirksausschuß über die Höhe der von dem Verpflichteten (Abs. 1) oder von dem anderen (Abs. 2) zu übernehmenden Kosten.

**§ 178.** Der Beitrag des Staates muß den Beitrag des Provinzialverbandes mindestens erreichen.

**§ 179.** Ein Rechtsanspruch an den Staat oder den Provinzialverband auf Beteiligung an der Aufbringung der Kosten besteht nicht.

**§ 180.** In der Provinz Hessen-Nassau treten an die Stelle des Provinzialverbandes die Bezirksverbände, in den Hohenzollernschen Landen der Landeskommunalverband.

KB.A. §§ 160a—d, S. 283 ff.; L. II 8203; L. III 8571; KB.H. 50 f.; L.H. 1030.

Durch die Vorschriften über den Ausbau (§§ 152—175) ist den im § 155 Benannten nur ein Recht zum Ausbau gegeben, ohne daß mit diesem Rechte die Pflicht zum Ausbau verbunden ist. Von dieser Regel ist im § 176 für den zur Unterhaltung eines natürlichen Wasserlaufs II. Ordnung Verpflichteten abgewichen, indem dieser dann zum Ausbau des Wasserlaufs und der Ufer verpflichtet ist, wenn überwiegende Rücksichten des öffentlichen Wohles (vgl. § 19 Anm. 9) den Ausbau fordern. Kommt der Verpflichtete dieser Verpflichtung nicht nach, so kann er durch Verfügung der Wasserpolizeibehörde zum Ausbau angehalten werden. Gegen die polizeiliche Verfügung finden die Rechtsmittel der §§ 127 ff. LVG. Anwendung. Es hat also in letzter Instanz stets das Oberverwaltungsgericht die Entscheidung darüber, ob überwiegende Rücksichten des öffentlichen Wohls vorliegen.

Würde der Ausbau dem Verpflichteten aber Lasten auflegen, die in keinem Verhältnis zu den ihm dadurch erwachsenden Vorteilen oder zu seiner Leistungsfähigkeit stehen, so ist die Ausübung des Zwanges dadurch bedingt, daß Staat und Provinz einen angemessenen Teil der Kosten übernehmen und der Verpflichtete dadurch hinreichend entlastet wird. Wird zwischen dem Verpflichteten und Staat und Provinz eine Einigung über die Kostenverteilung nicht erzielt, so beschließt der Bezirksausschuß über die Höhe der vom Verpflichteten zu übernehmenden Kosten. Zahlt der Staat oder die Provinz nicht den auf sie entfallenden Betrag, so fällt die Ausbaupflicht fort. Ein Zwang gegen Staat und Provinz kann nicht ausgeübt werden. Das Verhältnis, in dem Staat und Provinz beitragspflichtig sind, ist nicht festgesetzt; nur muß die Beteiligung des Staates mindestens so groß sein wie die der Provinz (§ 178). Mit dem Ausdruck „mindestens" soll nicht gesagt sein, daß der Beitrag des Staates für gewöhnlich höher sein soll (KB.A. 87).

**§ 181.** Hat infolge natürlicher Ereignisse ein natürlicher Wasserlauf zweiter Ordnung sein Bett verlassen und erfordern überwiegende Rücksichten des öffentlichen Wohles die Wiederherstellung des früheren Zustandes, so kann die Wasserpolizeibehörde die Wiederherstellung dem zur Unterhaltung des Wasserlaufs Verpflichteten aufgeben. Für die Aufbringung der Kosten gelten die §§ 177 bis 180 entsprechend.

KB.H. § 160e, S. 51; L.H. 1030.

Hat infolge natürlicher Ereignisse ein natürlicher Wasserlauf II. oder III. Ordnung sein Bett verlassen, so sind die im § 16 Abs. 2

Genannten **berechtigt**, binnen Jahresfrist den früheren Zustand wiederherzustellen. Demgegenüber kann hier bei natürlichen Wasserläufen II. Ordnung den Unterhaltspflichtigen durch die Polizeibehörde beim Vorliegen der genannten Voraussetzung die Pflicht zur Wiederherstellung des früheren Zustandes auferlegt werden. Die Wasserpolizeibehörde kann dies Verlangen auch noch nach Ablauf der im § 16 genannten einjährigen Frist stellen.

## Siebenter Titel.

# Wasserbücher.

### Vorbemerkung.

Die Wasserbücher sind für Preußen eine Neuschöpfung des Gesetzes. Mit der Einführung dieser Wasserbücher verfolgt der Gesetzgeber den Zweck, eine möglichst große Klarheit über die Rechtsverhältnisse an den Wasserläufen zu schaffen, gleichzeitig aber auch den Berechtigten einen weiteren Schutz für ihre eintragungsfähigen Rechte zu gewähren. Die rechtliche Bedeutung der Wasserbücher liegt darin, daß für die eintragungsfähigen Rechte gemäß § 190 Abs. 1 eine **Rechtsvermutung für ihre Richtigkeit** geschaffen wird. Es wird also vermutet, daß der Inhalt der Wasserbücher richtig ist. Diese Vermutung kann aber durch Gegenbeweis entkräftet werden. Die Eintragung im Wasserbuch hat also keine konstitutive Wirkung, d. h. die Eintragung eines Rechts im Wasserbuch schafft nicht das betreffende Recht. Es gibt ihm keine Gültigkeit, wenn ihm die materiellrechtliche Unterlage fehlt. Die Eintragung hat vielmehr nur deklaratorische Wirkung, d. h. es schafft die Vermutung, daß dasjenige Recht, welches im Wasserbuch eingetragen ist, auch in materieller Beziehung zu Recht besteht (vgl. §§ 379, 380). Umgekehrt besteht aber nicht die Vermutung, daß ein im Wasserbuch gelöschtes Recht nun materiell auch erloschen sei, denn es besteht für die Eintragung im Wasserbuch, abgesehen von den Fällen des § 185, kein absoluter Zwang zur Eintragung, daher auch kein absoluter Zwang, materiell bestehende

Rechte im Wasserbuch stehen zu lassen. So wenig also die Eintragung im Wasserbuch ein materielles Recht schafft, ebensowenig vernichtet seine Löschung ein materiell bestehendes Recht. Eine Ausnahme hiervon macht jedoch die Bestimmung des § 380 Abs. 1. Nach dieser Bestimmung erlischt ein Recht, einen Wasserlauf in einer der im § 46 bezeichneten Arten zu benutzen, das nach § 379 aufrechterhalten bleibt, mit dem Ablauf von zehn Jahren nach dem Inkrafttreten des Gesetzes, wenn nicht vorher seine Eintragung in das Wasserbuch beantragt ist. Es folgt daraus, daß, wenn ein derartiges aufrechterhaltenes Recht zwar innerhalb des zehnjährigen Zeitraumes in das Wasserbuch eingetragen ist, vor Ablauf dieser zehn Jahre aber wieder dort gelöscht und seine Eintragung nicht erneut beantragt ist, es auch materiell untergeht.

Die Eintragung verschafft eine Rechtsvermutung, aber keine praesumptio juris et de jure, vielmehr ist die Vermutung nach jeder Richtung hin widerlegbar. Diese Vermutung wird nicht begründet für Rechte, welche nach § 182 nicht eintragungsfähig sind. Ein irrtümlich eingetragenes, an sich nicht eintragungsfähiges Recht muß nicht nur gemäß § 192 von Amts wegen gelöscht werden, sondern es genießt auch für die Zeit seiner Eintragung nicht die Rechtsvermutung des § 190. Das gleiche gilt, wenn eine Eintragung im Wasserbuch mit einer Eintragung im Grundbuch in Widerspruch steht oder gegen eine Eintragung im Wasserbuch ein Widerspruch eingetragen ist. Auch sich widersprechende Eintragungen im Wasserbuch haben die Rechtsvermutung nicht für sich. Das Eintragungsverfahren bezüglich der unter der Geltung dieses Gesetzes begründeten oder sichergestellten Rechte regelt § 185, bezüglich der beim Inkrafttreten dieses Gesetzes bestehenden Rechte §§ 187, 188.

**§ 182.** (1) Für die Wasserläufe sind zur Eintragung von Rechten, die eine der im § 46 bezeichneten Arten der Benutzung betreffen, und von Zwangsrechten nach den §§ 331 bis 333 sowie zur Eintragung der von den Bestimmungen der §§ 115, 117 abweichenden Unterhaltungspflicht[1]) Wasserbücher anzulegen, für die Wasserläufe dritter Ordnung jedoch erst, wenn eine Eintragung vorzunehmen ist.[2])

(2) Die Einrichtung der Wasserbücher bestimmen die zuständigen Minister.

Ent. § 161; B. 32 ff., 165; KB.A. 289; L. II 8203.

[1]) Das Gesetz hat die eintragungsfähigen Rechte eng begrenzt, teilweise um Kollisionen mit den Eintragungen im Grundbuch zu vermeiden, teilweise um die Klarheit und Übersichtlichkeit der Wasserbücher nicht durch zu viele Eintragungen zu beeinträchtigen. Deshalb hat das Gesetz grundsätzlich alle sich auf das Eigentum an den Wasserläufen beziehenden Rechtsverhältnisse von der Eintragung im Wasserbuch ausgeschlossen. Es sollen nur „Benutzungsrechte", welche sich nicht ohne weiteres aus dem Gesetz ergeben und bestimmte sich gleichfalls nicht aus dem Gesetz ergebende Pflichten eingetragen werden.

A. Eintragungsfähig sind nach § 182 folgende Rechte bzw. Pflichten:

a) das Recht, das Wasser zu gebrauchen und zu verbrauchen, namentlich es oberirdisch oder unterirdisch, unmittelbar oder mittelbar abzuleiten (§ 40 Abs. 2 Nr. 1);

b) Wasser oder andere flüssige Stoffe oberirdisch oder unterirdisch, unmittelbar oder mittelbar einzuleiten (§ 40 Abs. 2 Nr. 2);

c) den Wasserspiegel zu senken oder zu heben, namentlich durch Hemmung des Wasserlaufs eine dauernde Ansammlung von Wasser herbeizuführen (§ 40 Abs. 2 Nr. 3);

d) Häfen und Stichkanäle anzulegen, letztere soweit sie nicht selbständige Wasserstraßen bilden (§ 46 Abs. 1 Nr. 2);

e) Anlegestellen und ähnliche Anlagen einzurichten, die über die Zwecke der eigenen Haushaltung und Wirtschaft hinausgehen (§ 46 Abs. 1 Nr. 3);

f) öffentliche und gewerbliche Badeanstalten anzulegen (§ 46 Abs. 1 Nr. 4);

g) das Recht, zugunsten eines Unternehmens, das die Entwässerung von Grundstücken, die Beseitigung von Abwässern oder die besondere Ausnutzung einer Triebwerkanlage bezweckt, von den Eigentümern eines Wasserlaufs sowie von den Eigentümern der zur Durchführung des Unternehmens erforderlichen Grundstücke zu verlangen, daß sie die zur Herbeiführung eines besseren Wasserabflusses dienenden Veränderungen des Wasserlaufs (Vertiefungen, Verbreiterungen, Durchstiche, Verlegungen) gegen Entschädigung dulden (§ 331 Abs. 1), sowie das Recht, zum Zwecke der gewöhnlichen Entwässerung von Grundstücken den Wasserspiegel auf der Strecke, für die das Recht festgestellt ist, zu senken oder durch Einleiten von Wasser in den Wasserlauf zu heben (§ 331 Abs. 2);

h) das Recht, zugunsten eines Unternehmens, das die Entwässerung oder Bewässerung von Grundstücken, die Wasserbeschaffung zu häuslichen oder gewerblichen Zwecken oder die Beseitigung von Abwässern bezweckt, von den Eigentümern der dazu erforderlichen Grundstücke oder von dem Eigentümer des Wasserlaufs zu verlangen, daß sie die oberirdische oder unterirdische Durchleitung und die Unterhaltung der Leitungen gegen Entschädigung dulden (§ 332 Abs. 1);

i) das Recht des Eigentümers oder Nutzungsberechtigten eines Ufergrundstücks, von dem Eigentümer eines natürlichen Wasserlaufs zu verlangen, daß er die Einrichtung von Treppen, Brücken, Badeanstalten, Bootshäusern, Wascheinrichtungen, Haltepfählen, Anlegestellen oder ähnlichen Anlagen einfacher Art für die Zwecke der eigenen Haushaltung und Wirtschaft gegen Entschädigung dulde (§ 333);

k) alle von der gesetzlichen Unterhaltungspflicht des § 115 abweichenden Unterhaltungspflichten und zwar ohne Rücksicht darauf, ob diese Abweichungen auf privatrechtlichen Vereinbarungen mit ausschließlich privatrechtlicher Wirkung beruhen oder, wie z. B. gemäß § 115 Abs. 3, durch

Zustimmung der Wasserpolizeibehörde auch einen öffentlich-rechtlichen Charakter erhalten haben (§ 115);

l) die von der gesetzlichen Unterhaltungspflicht für die natürlichen Wasserläufe II. und III. Ordnung in der Provinz Hessen-Nassau gemäß § 117 abweichenden anderweitig begründeten Unterhaltungspflichten (§ 117 Abs. 1);

m) die von der gesetzlichen Bestimmung des § 117 Abs. 2 für den Bezirk des vormaligen Herzogtums Nassau bestehende, abweichend geregelte Unterhaltungspflicht (§ 117 Abs. 2);

n) die von den gesetzlichen Bestimmungen für den Kreis Biedenkopf abweichende Regelung der Unterhaltungspflicht (§ 117 Abs. 3).

Voraussetzung für die Eintragung aller dieser Rechte ist, daß sie entweder in einem behördlichen Verfahren nach Inkrafttreten des Gesetzes begründet oder sichergestellt sind (Verleihungs-, Sicherstellungs-, Ausgleichungs-, Merkmalsetzungs-, Ausbauverfahren oder Verfahren zur Begründung von Zwangsrechten) oder beim Inkrafttreten des Gesetzes bereits bestanden und aufrechterhalten sind (vgl. §§ 379, 380).

B. Nicht eintragungsfähig sind:

a) alle sich auf die Eigentumsverhältnisse an den Wasserläufen beziehenden und aus diesem Eigentumsrecht abgeleiteten Rechte;

b) alle sich auf die Belastung eines Wasserlaufs mit einer Hypothek, Grund- oder Rentenschuld, einem Erb-, Bau- oder Vorkaufsrecht beziehenden Ansprüche;

c) die Zugehörigkeit eines Wasserlaufs zu einer der im § 2 genannten Ordnungen;

d) die Feststellung der Person des Unterhaltungspflichtigen, soweit dieselbe nicht von §§ 115 u. 116 abweicht;

e) das Bestehen von Wassergenossenschaften oder Deichverbänden an den einzelnen Wasserläufen;

f) Fischerei- und Flößereirechte.

²) Grundsätzlich ist die Anlegung von Wasserbüchern für die Wasserläufe aller Ordnungen vorgeschrieben. Es können deshalb auch die in Anm. 1 A Abs. a bis n genannten eintragungsfähigen Rechte eingetragen werden, gleichgültig, ob sie an einem Wasserlauf I., II. oder III. Ordnung bestehen. Das Gesetz hat jedoch die sofortige Anlegung der Wasserbücher nur für Wasserläufe I. und II. Ordnung vorgeschrieben, für die Wasserläufe III. Ordnung aber die Anlegung davon abhängig gemacht, daß auch wirklich eine Eintragung vorzunehmen ist. Wann eine solche Eintragung vorzunehmen ist, ergibt sich lediglich daraus, ob das zur Eintragung angemeldete Recht an dem betreffenden Wasserlauf III. Ordnung besteht. Der Auffassung in der Begr. 165 letzter Absatz, daß es Sache ministerieller Anweisung sein werde, zu bestimmen, ob und inwieweit für einen Wasserlauf III. Ordnung, wenn eine Eintragung vorzunehmen ist, ein Wasserbuch angelegt werden solle, kann also richtig nicht zugestimmt werden. Wird die Eintragung eines Rechts an einem Wasserlauf III. Ordnung beantragt, so hat auch die Anlegung eines Wasserbuchs zu erfolgen, vorausgesetzt, daß die sonstigen gesetzlichen Bedingungen für die Eintragung gegeben sind. Die Bestimmung des § 182 Abs. 2 kann nur dahin verstanden werden, daß den zuständigen Ministern die Frage, wie die Wasserbücher beschaffen sein sollen, überlassen ist. Dafür spricht auch der Kommissionsbericht (KB.A. 292).

**§ 183.** (1) Für die Anlegung und Führung des Wasserbuchs ist der Bezirksausschuß¹) zuständig²) (Wasserbuchbehörde).

(2) Soweit ein Wasserlauf mehrere Regierungsbezirke berührt, kann der zuständige Minister einen der Bezirksausschüsse mit der Anlegung und Führung des Wasserbuchs betrauen.

(3) Beglaubigte auszugsweise Abschriften des Wasserbuchs sind bei den Wasserpolizeibehörden niederzulegen.³)

Ent. § 162; B. 166 ff.; KB A. 292 ff.; L. II 8203.

[1]) „Der Bezirksausschuß“ ist eine Kollegialbehörde (§ 28 LVG.) und deshalb naturgemäß in dieser Zusammensetzung nicht geeignet, die Wasserbücher zu führen. Es ist deshalb § 117 LVG. anzuwenden, nach welchem der Vorsitzende des Bezirksausschusses befugt ist, in Fällen, welche keinen Aufschub zulassen oder in welchen das Sach- und Rechtsverhältnis klarliegt, namens der Behörde Verfügungen zu erlassen und Bescheide zu erteilen, sofern nicht die Zustimmung des Kollegiums im Gesetz ausdrücklich als erforderlich bezeichnet wird (§ 117 Abs. 1 u. 2 LVG.). Gegen die von dem Vorsitzenden des Bezirksausschusses demgemäß erlassenen Verfügungen und Bescheide kann innerhalb zwei Wochen die Beschlußfassung durch das Kollegium beantragt oder auch dasjenige Rechtsmittel eingelegt werden, welches zulässig wäre, wenn sofort das Kollegium Beschluß gefaßt hätte (§ 117 Abs. 3 LVG.).

[2]) „Zuständig“, auch zur Entgegennahme der Anträge. Außerdem können Anträge bei der Wasserpolizeibehörde gestellt werden, jedoch nur bezüglich solcher Rechte, welche beim Inkrafttreten des Gesetzes bestehen und aufrecht erhalten bleiben (§ 186).

[3]) Über das Recht auf Einsichtnahme dieser Abschriften s. § 193.

**§ 184.**[1]) Abgesehen von den Fällen des § 86[3]) ist das dem Eigentümer[2]) eines Wasserlaufs als solchem zustehende Benutzungsrecht sowie das daraus abgeleitete Benutzungsrecht[4]) eines anderen in das Wasserbuch nicht einzutragen.

Ent. § 163; B. 167 ff.; KB.A. 295; L. II 8203.

[1]) Vgl. Vorbem. vor § 182.

[2]) Die dem Eigentümer als solchem, also auf Grund der §§ 40—43 zustehenden Benutzungsrechte sind durch § 184 noch besonders von der Eintragung im Wasserbuch ausgeschlossen, um zu verhindern, daß auf diese Weise, der Absicht des Gesetzes entgegen, auch Eigentumsrechte direkt oder indirekt mit zur Eintragung gelangen.

[3]) „Will jemand innerhalb der Grenzen des ihm als Eigentümer zustehenden Benutzungsrechts ein wasserwirtschaftliches Unter-

nehmen betreiben und ist die Eintragung aus diesem Grunde für ihn von Wert, so mag er sich das alsdann nach bestimmten Richtungen fest zu umgrenzende Recht gemäß § 86 des Gesetzes sicherstellen lassen. Das sichergestellte Recht ist alsdann auch nach § 185 des Gesetzes auf Ersuchen der Verleihungsbehörde im Wasserbuch einzutragen“ (Begr. 167).

[4]) Auch die vom Eigentumsrechte abgeleiteten Rechte, als welche die des Mieters (§§ 535 ff. BGB.), Pächters (§§ 581 ff. BGB.), Nießbrauchers (§§ 1030, 1068 ff. BGB.) oder des zu einer Grunddienstbarkeit oder beschränkten persönlichen Dienstbarkeit Berechtigten (§§ 1018 ff., 1090 ff. BGB.) in Betracht kommen, können nicht in's Wasserbuch eingetragen werden. Eine Dienstbarkeit der genannten Art kann aber gemäß § 873 BGB. im Grundbuch eingetragen werden, vorausgesetzt, daß der mit ihr belastete Wasserlauf dort eingetragen ist. Andernfalls ist zunächst nach § 13 zu verfahren, d. h. die Eintragung des Wasserlaufs im Grundbuch zu bewirken.

**§ 185.**[1]) (1) Rechte, die nach den Vorschriften dieses Gesetzes durch eine Behörde begründet oder sichergestellt sind,[2]) sind auf Ersuchen der Behörde einzutragen, die in erster Instanz beschlossen hat.[3])

(2) In das Grundbuch werden diese Rechte, unbeschadet des § 81 Abs. 2 Satz 2, nicht eingetragen.[4])

Ent. § 164; B. 167 ff.; KB.A. 295; L. II 8203.

[1]) Siehe Vorbem. vor § 182.

[2]) „Begründet oder sichergestellt“. Alle unter der Herrschaft des Wassergesetzes und nach den Vorschriften dieses Gesetzes durch eine Behörde begründeten Rechte sind von Amts wegen zur Eintragung anzumelden, soweit sie nach § 182 überhaupt eintragungsfähig sind. Hierher gehören alle durch ein Verleihungs-, (§§ 46 ff.), Ausgleichungs- (§§ 87 ff.) oder Merkmalsetzungsverfahren (§ 93 Abs. 2 u. 3) begründeten Rechte, ferner die Rechte, die in einem Verfahren zum Ausbau eines Wasserlaufs (§§ 157 ff.)

oder zur Begründung von Zwangsrechten (§§ 330 ff.) erworben werden. Das gleiche gilt von den Rechten des § 46 Abs. 1, wenn sie dem Eigentümer als solchem zustehen oder zu den beim Inkrafttreten des Gesetzes bereits bestehenden und aufrechterhaltenen Rechten gehören, sofern der Berechtigte sich sein Recht gemäß § 86 hat sicherstellen lassen.

Nicht hierher gehört das Recht zur Einrichtung und zum Betriebe einer Stauanlage für Wassertriebwerke, welches auf Grund eines gewerbepolizeilichen Verfahrens erworben ist. Ein solches Recht ist nicht nach den Vorschriften dieses Gesetzes durch eine Behörde begründet, sondern nach den Vorschriften der §§ 17 ff. GewO., wenn auch einzelne materiellrechtliche Bestimmungen des Wassergesetzes dabei zu beobachten sind (§ 105). Ist ein derartiges Recht aber gemäß § 86 sichergestellt, was zulässig ist, so ist es auch einzutragen.

[3]) Die Eintragung ist von Amts wegen von der Beschlußbehörde I. Instanz zu beantragen, also je nachdem, um welches Verfahren es sich handelt, vom Bezirks- oder Kreis- (Stadt-) Ausschuß.

[4]) Die nach § 185 Abs. 1 von Amts wegen einzutragenden Rechte dürfen nicht in das Grundbuch eingetragen werden. Es bleibt jedoch die Bestimmung des § 81 Abs. 2 Satz 2 unberührt, nach welcher ein verliehenes Recht, welches mit dem Eigentum am Grundbuch verbunden ist, was nach § 46 Abs. 3 möglich ist, auf Antrag auf dem Grundbuchblatt des betreffenden Grundstücks zu vermerken ist.

**§ 186.** (1) Rechte, die beim Inkrafttreten dieses Gesetzes bestehen und nach den §§ 379, 380 aufrechterhalten bleiben, sind nach den §§ 187, 188 auf Antrag des Berechtigten einzutragen.[1]) Der Antrag ist bei der Wasserbuch- oder bei der Wasserpolizeibehörde[2]) schriftlich oder zu Protokoll zu stellen. Dem Antrage sind die zum Nachweise des Rechtes dienenden Urkunden[3]) sowie ein vollständiges Verzeichnis der dem Antragsteller bekannten Personen, die in der Geltendmachung von Rechten durch die im § 190 Abs. 1 bestimmte Wirkung der Eintragung beeinträchtigt werden würden,[4]) beizufügen. Ist das Recht im Grundbuch eingetragen, so hat der Antragsteller eine das Recht betreffende beglaubigte auszugsweise Abschrift des Grundbuchblatts einzureichen.[5])

(2) Offenbar unbegründete[6]) Anträge sind durch einen mit Gründen versehenen Bescheid des Vorsitzenden zurückzuweisen. Gegen den Bescheid ist binnen zwei Wochen der Antrag auf Beschlußfassung durch das Kollegium und gegen dessen Beschluß die Beschwerde an das Landeswasseramt oder unmittelbar die Beschwerde an letzteres zulässig.[7])

Ent. § 165; B. 167 ff.; KB.A. 295 ff.; L. II 8203.

[1]) Um den Zweck der Wasserbücher auf möglichste Klärung der an den Wasserläufen bestehenden Rechte zu erleichtern, genügt eine Eintragung der unter der Herrschaft des Wassergesetzes begründeten oder sichergestellten Rechte nicht. Alle beim Inkrafttreten des Gesetzes bestehenden Rechte können von Amts wegen nicht eingetragen werden. Um aber wenigstens allmählich den Wasserbüchern die beabsichtigte Bedeutung zu geben, übt das Gesetz einen mittelbaren Zwang zur Eintragung aus, indem es bestimmt:

a) daß alle beim Inkrafttreten des Gesetzes bestehenden und nach §§ 379, 380 aufrechterhaltenen Rechte auf Grund eines bestimmten in den §§ 187, 188 geregelten Verfahrens auf Antrag des Berechtigten einzutragen sind;
b) daß alle Rechte, welche nach § 379 Abs. 1 Nr. 1 aufrechterhalten bleiben, mit dem Ablauf von zehn Jahren nach dem Inkrafttreten dieses Gesetzes erlöschen, wenn nicht vorher ihre Eintragung in das Wasserbuch beantragt ist (§ 380 Abs. 1).

Auf grundbuchlich eingetragene Rechte findet diese letztere Vorschrift keine Anwendung (§ 380 Abs. 1 Satz 2). Nach Ablauf der gesetzlich bestimmten zehn Jahre kann sich niemand mehr zum

Nachweise des Bestehens eines Rechts darauf berufen, daß es schon beim Inkrafttreten des Gesetzes bestanden habe, wenn nicht der Antrag auf Eintragung im Wasserbuch gestellt ist (Begr. 168).

[2]) Der Antrag ist beim zuständigen Bezirksausschuß oder der zuständigen Wasserpolizeibehörde (§ 342) zu stellen.

[3]) „Öffentliche oder Privaturkunden". Können derartige Urkunden nicht beigebracht werden, was häufig der Fall sein wird, so sind auch Urkunden zur Glaubhaftmachung mit Rücksicht auf § 187 von Bedeutung. § 186 verlangt stets den Nachweis des Bestehens des Rechts, § 187 Abs. 2 die Glaubhaftmachung.

[4]) Die praktische Bedeutung dieser Bestimmung ist nicht groß, ihre Durchführbarkeit noch zweifelhafter. Zutreffend bemerkt dazu die Begründung: „Die fernere Bestimmung, daß dem Antrag außerdem ein vollständiges Verzeichnis der dem Antragsteller bekannten Personen beigefügt werden soll, die in der Geltendmachung von Rechten durch die der Eintragung beigelegte Vermutung der Richtigkeit (§ 190 Abs. 1) beeinträchtigt werden, ist im Hinblick auf die Vorschrift des § 188 Abs. 1 Satz 2 getroffen, nach welcher, wenn mangels eines ausreichenden anderweitigen Nachweises ein Aufgebotsverfahren erforderlich wird, alle der Behörde bekannten Beteiligten auf die öffentliche Bekanntmachung hingewiesen werden sollen. Dabei soll indes nicht verkannt werden, daß der Bestimmung eine besondere Bedeutung nicht innewohnt, da die Behauptung des Antragstellers, daß ihm solche Personen nicht bekannt seien, in der Regel nicht zu widerlegen sein wird" (Begr. 168/169).

Zu den ev. Beeinträchtigten sind vor allen Dingen diejenigen zu rechnen, welche einen der im § 41 genannten Schäden oder Nachteile durch die Ausübung des Rechts erleiden können.

[5]) Die Tatsache, daß das Recht im Grundbuch eingetragen ist, muß mit Rücksicht auf § 981 BGB. stets genügen, um den Nachweis seines Bestehens zu erbringen. Die Wasserbuchbehörde hat nur das Recht, die tatsächliche Eintragung im Grundbuch nachzuprüfen, nicht aber ihre Richtigkeit bzw. Berechtigung (vgl. auch § 187 Abs. 1).

[6]) Wann dies der Fall ist, ist Tatfrage. Der Bescheid ist zuzustellen.

[7]) Der Antragsteller hat zwei Möglichkeiten, entweder er kann gegenüber dem „Bescheid" des Vorsitzenden einen Beschluß der Kollegialbehörde, des Bezirksausschusses, verlangen und gegen diese Entscheidung Beschwerde an das Landeswasseramt einlegen; oder er kann auf einen Beschluß durch den Bezirksausschuß verzichten und sofort das Rechtsmittel der Beschwerde an das Landeswasseramt einlegen.

Die zweiwöchentliche Frist beginnt im ersten Falle mit der Zustellung des Bescheides, im zweiten Falle mit der Zustellung des Beschlusses (§ 52 LVG.). Unverschuldete Fristversäumnis begründet den Antrag auf Wiedereinsetzung in den vorigen Stand (§ 52 Abs. 2 LVG.).

**§ 187.**[1]) (1) Ist das Recht im Grundbuch eingetragen, so ist es in Übereinstimmung mit diesem in das Wasserbuch einzutragen.[2]) Im übrigen wird das Recht eingetragen, wenn sein Bestehen nachgewiesen ist.[3])

(2) Ohne den Nachweis des Bestehens[4]) ist ein Recht, das auf Grund eines besonderen Titels[4]) in Anspruch genommen wird, einzutragen, wenn glaubhaft gemacht wird, daß es zehn Jahre lang vor dem 1. Januar 1912 von dem Antragsteller und seinen Rechtsvorgängern ohne Widerspruch ausgeübt worden ist. Ein Recht, das auf keinen besonderen Titel gestützt wird,[4]) ist einzutragen, wenn glaubhaft gemacht wird, daß die zu seiner Ausübung vorhandene Anlage rechtmäßig ist oder daß sie vor dem 1. Januar 1912 schon mehr als zehn Jahre bestanden hat.

(3) Urkunden, auf die eine Eintragung sich gründet oder Bezug nimmt, sind in Urschrift oder beglaubigter Abschrift von der Wasserbuchbehörde aufzubewahren.[5])

Ent. § 166; B. 169 ff.; KB.A. 297, 298; L. II 8203.

[1]) Die §§ 187 u. 188 regeln das Eintragungsverfahren bezüglich der beim Inkrafttreten des Gesetzes bestehenden und aufrechterhaltenen Rechte.

[2]) Siehe Anm. 5 zu § 186.

[3]) Als regelmäßige Voraussetzung für die Eintragung im Wasserbuch verlangt das Gesetz den Nachweis des Bestehens des angemeldeten Rechts.

Wann dieser Nachweis erbracht ist, unterliegt der freien richterlichen Beweiswürdigung. Die Wasserbuchbehörde ist berechtigt, jeden über das Bestehen des Rechts angetretenen Beweis, auch Zeugenbeweis, zu erheben, um sich die Überzeugung vom Bestehen des Rechts zu verschaffen. Das Gesetz enthält jedoch keine Bestimmung darüber, daß die Wasserbuchbehörde auch zur Erhebung solcher angebotenen Beweise verpflichtet sei. Im Gegenteil sagt die Begründung, daß eine dahingehende Verpflichtung ihr nicht auferlegt werden solle, vielmehr solle es ihrem Ermessen überlassen bleiben, ob sie statt der Erhebung des Zeugenbeweises das Aufgebotsverfahren nach § 188 einleiten wolle (Begr. zu § 166 S. 169).

[4]) Ist der geschlossene Nachweis des Bestehens eines angemeldeten Rechts nicht erbracht, so muß trotzdem die Eintragung erfolgen, wenn die Ausübung des Rechts für einen bestimmten Zeitraum glaubhaft gemacht ist. Das Gesetz unterscheidet hier zwei Fälle:

a) Das angemeldete Recht wird auf Grund eines besonderen (öffentlichrechtlichen oder privatrechtlichen) Titels in Anspruch genommen. Dann hat der Antragsteller nicht diesen Titel glaubhaft zu machen, sondern lediglich die Tatsache, daß das Recht, dessen Eintragung verlangt wird, zehn Jahre lang vor dem 1. 1. 12 von ihm und seinen Rechtsvorgängern ohne Widerspruch ausgeübt ist. Er hat auch nicht einen Nachweis über die Entstehung des Rechts zu führen; lediglich ungestörte, d. h. widerspruchslose Ausübung seit dem 31. 12 01. ist glaubhaft zu machen.

Über die Mittel der Glaubhaftmachung bestimmt das Gesetz nichts. Es sind alle Mittel zulässig, welche die Wasserbuchbehörde für ausreichend erachtet.

Aus der Fassung „von dem Antragsteller und seinen Rechtsvorgängern“ ergibt sich, daß die ungestörte Ausübungszeit eines Rechtsvorgängers zugunsten des Antragstellers diesem angerechnet werden muß.

b) Das angemeldete Recht wird nicht auf einen besonderen Titel gestützt. Dann verlangt das Gesetz stets das Vorhandensein einer besonderen Anlage zur Ausübung des Rechts. Bezüglich dieser Anlage wird weiter verlangt entweder:

α. die Glaubhaftmachung, daß die vorhandene Anlage rechtmäßig ist oder

β. daß diese Anlage vor dem 1. 1. 12 mehr als zehn Jahre bestanden hat.

Nach § 379 Abs. 3 wird die Rechtmäßigkeit einer Anlage vermutet, wenn sie am 1. 1. 12 schon mehr als zehn Jahre bestanden hat. Die Glaubhaftmachung der Rechtmäßigkeit einer Anlage (s. oben unter α) steht also der Glaubhaftmachung eines mehr als zehnjährigen Bestehens einer Anlage vor dem 1. 1. 12 gleich.

[5]) Der Berechtigte kann die Originalurkunde zurückverlangen. Die Wasserbuchbehörde hat, soweit es sich lediglich um die Aufbewahrung handelt, nur einen Anspruch auf eine von ihr selbst beglaubigte Abschrift.

**§ 188.** (1) Liegen die Voraussetzungen des § 187 nicht vor,[1]) so ist der Antrag öffentlich bekanntzumachen. Die Bekanntmachung hat in dem für die amtlichen Bekanntmachungen der Wasserbuchbehörde bestimmten Blatte sowie in ortsüblicher Weise in allen Gemeinden (Gutsbezirken) zu erfolgen, auf deren Bezirk sich nach dem Ermessen der Wasserbuchbehörde die Wirkung des angemeldeten Rechtes erstrecken kann, soweit Landgemeinden beteiligt sind, auch in den Kreisblättern. Die Wasserbuchbehörde ist befugt, noch andere Bekanntmachungen zu veranlassen. Daneben sollen der Eigentümer des Wasserlaufs und alle anderen Beteiligten, soweit sie der Behörde bekannt sind, auf die öffentliche Bekanntmachung hingewiesen werden.

(2) Die Bekanntmachung muß die Stelle bezeichnen, wo die zum Nachweise des Rechtes beigebrachten Urkunden eingesehen werden können, und die Frist bestimmen, binnen deren Widersprüche bei der Wasserbuchbehörde anzubringen sind. Die Frist beträgt mindestens einen Monat und beginnt mit Ablauf des Tages, an dem das im Abs. 1 bezeichnete Blatt ausgegeben ist. Die Bekanntmachung ist unter der Verwarnung zu erlassen, daß die Eintragung des Rechtes mit der gesetzlichen Wirkung (§ 190) erfolgen werde, wenn in der bestimmten Frist niemand widerspricht.

(3) Nach Ablauf der Frist ist das Recht einzutragen.[2]) Offenbar unbegründete Widersprüche sind durch einen mit Gründen versehenen Bescheid des Vorsitzenden zurückzuweisen.[4]) Der Bescheid kann nach § 186 Abs. 2 Satz 2 angefochten werden.[5]) Die übrigen innerhalb der Frist erhobenen Widersprüche sind im Wasserbuche zu vermerken.[3])

Ent. § 167; B. 169 ff.; KB.A. 296, 299; L. II 8203.

[1]) „Liegen die Voraussetzungen des § 187 nicht vor", d. h. ist das Bestehen des beantragten Rechts weder nachgewiesen noch glaubhaft gemacht (s. Anm. 4 zu § 187), so muß die Wasserbuchbehörde ein Aufgebotsverfahren einleiten. „Der Zweck dieses Verfahrens ist, alle diejenigen, die durch die Eintragung eines tatsächlich nicht oder nicht in dem angemeldeten Umfange bestehenden Rechts und die aus der Eintragung folgende Vermutung der Richtigkeit beeinträchtigt werden könnten, auf den Antrag aufmerksam zu machen und ihnen Gelegenheit zu geben, durch Erhebung eines Widerspruchs zwar nicht die Eintragung, wohl aber den Eintritt der Rechtsvermutung ihnen gegenüber zu hindern" (Begr. 170).

[2]) Nach Ablauf der Frist muß das angemeldete Recht unbedingt eingetragen werden, gleichgültig, ob Widersprüche erhoben sind oder nicht. „Ist innerhalb der Frist ein Widerspruch gegen die Eintragung nicht erhoben worden, so begründet diese die Vermutung der Richtigkeit des Rechts schlechthin" (Begr. 170).

[3]) „Sind dagegen Widersprüche angemeldet, so sind auch sie ohne weitere Prüfung . . . (s. jedoch Anm. 4) im Wasserbuche zu vermerken mit der Wirkung, daß denjenigen gegenüber, für die ein Widerspruch eingtragen ist, die gedachte Rechtsvermutung so lange nicht eintritt, als der Widerspruch nicht gelöscht ist. Die Löschung herbeizuführen, ist Sache desjenigen, der das beanstandete Recht angemeldet hat. Zu diesem Zwecke muß er nachweisen, daß der Widerspruch unbegründet ist, sei es, indem er gegen den Widersprechenden im ordentlichen Rechtsweg eine Feststellungsklage auf Anerkennung des Bestehens des von ihm angemeldeten Rechtsverhältnisses erhebt und das darauf ergehende rechtskräftige Urteil der Wasserbuchbehörde vorlegt, sei es, daß er nachträglich den Nachweis seines Rechtes im Sinne des § 187 durch urkundliche Belege oder auf andere Weise erbringt. Wird daraufhin der Widerspruch gelöscht, so greift nunmehr die Rechtsvermutung des § 190 Platz, und zwar auch gegenüber demjenigen, der den Widerspruch erhoben hatte; es bleibt diesem aber, wie jedem anderen durch die Eintragung Beeinträchtigten, unbenommen, nunmehr seinerseits, soweit dem nicht etwa ein zwischen ihm und dem eingetragenen Berechtigten ergangenes rechtskräftiges Urteil entgegensteht, den „Beweis des Gegenteils" zu erbringen, d. h. der Wasserbuchbehörde nachzuweisen, daß das eingetragene Recht nicht oder nicht in dem eingetragenen Umfange besteht, daß also ‚die Eintragung mit der wirklichen Rechtslage nicht übereinstimmt', und daraufhin gemäß § 192 Abs. 2 die Berichtigung des Wasserbuchs zu beantragen" (Begr. 170/171).

[4]) „Offenbar unbegründete Widersprüche" werden nicht eingetragen, sondern sind durch mit Gründen versehenen Bescheid seitens des Vorsitzenden des Bezirksausschusses zurückzuweisen. Gegen diesen Bescheid ist Antrag auf Beschlußfassung durch das

Kollegium oder direkte Beschwerde an das Landeswasseramt zulässig (§ 186 Abs. 2 Satz 2; s. auch Anm. 7 zu § 186).

5) Siehe Anm. 7 zu § 186.

**§ 189.** Unterhaltungspflichten (§ 182 Abs. 1) sind auf Antrag der Wasserpolizeibehörde oder der Beteiligten einzutragen, wenn ihr Bestehen nachgewiesen ist.

KommBschl. 167a; KB.A. 299; L. II 8203.

Während, abgesehen von § 185, eine Eintragung im Wasserbuch nur auf Antrag des Berechtigten erfolgt, bestimmt § 189, daß die Eintragung der von den gesetzlichen Bestimmungen abweichenden Unterhaltungspflichten (vgl. §§ 115 Abs. 3, 116, 118) auch seitens der Wasserpolizeibehörde beantragt werden kann und, sofern ihr Bestehen nach Ansicht der Wasserbuchbehörde nachgewiesen ist, ihre Eintragung erfolgen muß.

**§ 190.**[1]) (1) Die Eintragungen im Wasserbuche gelten bis zum Beweise des Gegenteils[3]) als richtig.[2])

(2) Dies gilt nicht für Eintragungen, die mit dem Grundbuch im Widerspruche stehen,[4]) sowie gegenüber denjenigen, für welche ein Widerspruch im Wasserbuche vermerkt ist.[5])

Ent. § 168; B. 171 ff.; KB.A. 168; L. II 8203.

1) Siehe Vorbem. vor § 182 sowie Anm. 1, 2 u. 3 zu § 188.

2) Die Eintragung im Wasserbuch begründet lediglich eine jederzeit widerlegbare Vermutung für die Richtigkeit des Inhalts der Eintragung. Den Eintragungen im Wasserbuch ist kein öffentlicher Glaube beigelegt, also auch der gutgläubige Erwerber eines im Wasserbuch eingetragenen Rechts genießt keinen Schutz, wie ihn § 892 BGB. gibt. Es kann vielmehr auch dem gutgläubigen dritten Erwerber eines im Wasserbuch eingetragenen Rechts gegenüber stets die Rechtsvermutung des § 73 Abs. 1 widerlegt werden (Begr. 172 Nr. 2).

Das Wort „richtig" ist gleichbedeutend mit „rechtmäßig". Die

Vermutung erstreckt sich also über die „formelle Richtigkeit" hinaus auf die „materielle Rechtmäßigkeit" des eingetragenen Rechts.

[3]) Die Anfechtung einer Eintragung kann nur durch denjenigen erfolgen, der ein berechtigtes Interesse an der Änderung der Eintragung hat, sei es, daß er die Richtigkeit des eingetragenen Rechts überhaupt oder in dem eingetragenen Umfang oder der eingetragenen Art bestreitet. Die Anfechtung oder der Widerspruch gegen eine Eintragung muß gegenüber den im Wasserbuch eingetragenen Berechtigten erfolgen, und dieser Widerspruch muß ev. im ordentlichen Rechtsweg durch eine Feststellungsklage ausgetragen werden. Die Eintragung eines Widerspruchs, nachdem ein Recht im ordnungsmäßigen Verfahren eingetragen ist, kennt das Gesetz nur in einem Fall, nämlich auf Ersuchen der ordentlichen Gerichte (§ 192 Abs. 4). Für andere Fälle ist nur eine Berichtigung des Wasserbuchs auf Grund eines Berichtigungsverfahrens zulässig (§ 192 Abs. 1, 2 u. 3). Der Widersprechende oder Anfechtende hat der Wasserbuchbehörde den Nachweis zu führen, daß die Eintragung unrichtig ist, eine Glaubhaftmachung genügt nicht. Im Falle des § 188 ist die Beweislast umgekehrt (s. Anm. 3 zu § 188).

[4]) Bezüglich des Verhältnisses der Eintragungen im Wasserbuch zu denen im Grundbuch ist zu unterscheiden zwischen:

a) Rechten, die auf Grund der Bestimmungen des Wassergesetzes und in einem in diesem Gesetze geregelten Verfahren neu begründet werden und gemäß § 185 seitens der Beschlußbehörde erster Instanz zur Eintragung im Wasserbuch anzumelden und einzutragen sind. „Für Rechte dieser Art kommt die den Eintragungen im Wasserbuch beigelegte Vermutung der Richtigkeit praktisch überhaupt nicht in Frage, da sie selbst erst durch ein von einer öffentlichen Behörde geleitetes, mit allen Rechtsgarantien ausgestattetes Verfahren begründet und auf Ersuchen eben dieser Behörde eingetragen werden, mithin der Eintragungsvermerk, abgesehen von offenbaren auf einem Versehen der ersuchenden oder ersuchten Behörde beruhenden, jederzeit von Amts wegen zu berichtigenden Unrichtigkeiten, mit der wirklichen Rechtslage notwendig übereinstimmen muß" (Begr. 172);

b) Rechten, die beim Inkrafttreten des Wassergesetzes bestehen und aufrechterhalten sind und gemäß § 186 oder 189 auf Antrag in's Wasserbuch einzutragen sind. Hier können Kollisionen zwischen den Eintragungen im Wasserbuch und im Grundbuch entstehen.

Seit dem 1. 1. 00 stehen von den hier in Betracht kommenden Rechten nur die Grunddienstbarkeiten (§§ 1018 ff. BGB.) und die beschränkten persönlichen Dienstbarkeiten (§§ 1090 ff. BGB.) in Frage, denn nur diese können nach dem BGB. noch in's Grundbuch eingetragen werden. Wasserrechtliche Dienstbarkeiten der genannten Art sind aber „vom Eigentumsrecht abgeleitete Benutzungsrechte" im Sinne des § 184 und können deshalb nach dieser Bestimmung im Wasserbuch nicht eingetragen werden. Bezüglich solcher Dienstbarkeiten kann daher eine Kollision zwischen Wasserbuch und Grundbuch nicht eintreten. Es bleiben also lediglich die vor dem 1. 1. 00 im Grundbuch eintragungsfähigen und eingetragenen, gleichzeitig aber auch nach dem Wassergesetz im Wasserbuch eintragungsfähigen Rechte übrig. Bei solchen Rechten ist die Möglichkeit vorhanden, daß sie vor 1900 im Grundbuch eingetragen sind und jetzt auch im Wasserbuch eingetragen werden. Kollidiert bei solchen Rechten die Eintragung im Grundbuch mit derjenigen im Wasserbuch, so geht nach § 190 Abs. 2 die Eintragung im Grundbuch derjenigen im Wasserbuch unbedingt vor. Für solche Rechte gilt daher die Rechtsvermutung des § 190 Abs. 1 nicht, daß die Eintragung im Wasserbuch richtig sei (Begr. 171 zu § 168). Vgl. auch § 380 Abs. 1 Satz 2, nach welcher Bestimmung aufrechterhaltene Rechte, die im Grundbuch eingetragen sind, auch dann nicht erlöschen, wenn sie nach § 380 Abs. 1 Satz 1 innerhalb zehn Jahre nach Inkrafttreten des Wassergesetzes nicht zur Eintragung im Wasserbuch angemeldet sind.

[5]) Die Rechtsvermutung des § 190 Abs. 1 greift auch nicht durch bei Rechten, die zwar im Wasserbuch stehen, gegen welche aber

gemäß § 188 Abs. 3 Satz 4 ein Widerspruch eingetragen ist (vgl. Anm. 2 u. 3 zu § 188).

**§ 191.** Wird ein im Wasserbuch eingetragenes Recht nach den Vorschriften dieses Gesetzes durch eine Behörde beseitigt oder verändert, so ist auf Ersuchen der Behörde die in erster Instanz beschlossen hat, das Wasserbuch zu berichtigen.

Ent. § 169; B. 172 ff.; KB.A. 299; L. II 8203.

Die Vorschrift des § 191 entspricht derjenigen des § 185. Sie hat Fälle im Auge, wie die Beseitigung eines verliehenen Rechts durch Zurücknahme der Verleihung oder durch Entziehung oder Beschränkung eines Staurechts nach Maßgabe des § 338, d. h. also gegen Entschädigung (Begr. 172/173).

**§ 192.** (1) Ergibt sich, daß die Wasserbuchbehörde unter Verletzung gesetzlicher Vorschriften[1]) ein Recht oder einen Widerspruch eingetragen hat, so hat sie die Berichtigung des Wasserbuchs[2]) von Amts wegen zu beschließen.[3])

(2) Die Wasserbuchbehörde hat ferner die Berichtigung auf Antrag zu beschließen, wenn nachgewiesen wird, daß eine Eintragung nicht mit der wirklichen Rechtslage übereinstimmt oder daß ein eingetragener Widerspruch unbegründet ist. Antragsberechtigt sind diejenigen, zu deren Gunsten die Eintragung erfolgt ist oder die Berichtigung erfolgen soll.[4])

(3) Der Beschluß der Wasserbuchbehörde ist mit Gründen zu versehen und dem Antragsteller sowie den von der Berichtigung Betroffenen zuzustellen. Gegen den Beschluß ist binnen zwei Wochen Beschwerde an das Landeswasseramt zulässig. Die Berichtigung des Wasserbuchs ist erst auf Grund des rechtskräftigen Beschlusses zu bewirken.[5])

(4) Widersprüche[6]) sind auch auf Ersuchen der ordentlichen Gerichte einzutragen.

Ent. § 170; B. 172 ff.; KB.A. 299 ff.; L. II 8203; KB.H. 51.

[1]) „Unter Verletzung gesetzlicher Vorschriften", d. h. wenn ein überhaupt nicht eintragungsfähiges Recht eingetragen ist, oder die Vorschriften über das Verfahren verletzt sind, z. B. das Aufgebotsverfahren nicht ordnungsmäßig durchgeführt oder ein erst nach Ablauf der Aufgebotsfrist erhobener Widerspruch eingetragen wird. Solche Versehen sind, wenn sie später ermittelt werden, von Amts wegen zu berichtigen.

[2]) Unter „Berichtigung" des Wasserbuchs versteht das Gesetz jede Änderung in Ansehung der eingetragenen Rechtsverhältnisse und Widersprüche, insbesondere auch die völlige oder teilweise Löschung. Es macht dabei keinen Unterschied, ob der Grund zur Berichtigung erst nach erfolgter Eintragung eingetreten ist, z. B. durch Übertragung eines eingetragenen Rechts auf einen anderen, Verzicht auf das Recht u. dgl., oder ob die Eintragung bereits von Anfang an objektiv unrichtig war. Auch derjenige, der es versäumt hat, im Aufgebotsverfahren (§ 188) gegen einen Eintragungsantrag rechtzeitig Widerspruch zu erheben, soll einen Berichtigungsantrag stellen können. Ihm liegt jedoch der Nachweis ob, daß die Eintragung mit der wirklichen Rechtslage nicht übereinstimmt. Diesen Nachweis wird er beispielsweise durch einen Auszug aus dem Grundbuch führen können, aus dem sich ergibt, daß im Grundbuch ein entgegenstehendes Recht eingetragen ist oder daß das im Wasserbuch eingetragene Recht früher auch im Grundbuch eingtragen war, dort aber später gelöscht ist, weil diese Löschung nach § 891 Abs. 2 BGB. die Vermutung begründet, daß das Recht nicht bestehe, der gegenüber auch der im Wasserbuch Eingetragene seinerseits den Gegenbeweis erbringen müßte" (Begr. 173 Nr. 3).

[3]) Es ist ein Kollegialbeschluß erforderlich. Der Vorsitzende des Bezirksausschusses kann eine Berichtigung nicht auf Grund des § 117 des Landesverwaltungsgesetzes veranlassen. Die Wasserbuchbehörde muß im Falle des Abs. 1 die Berichtigung von Amts

wegen beschließen, im Gegensatz zu Abs. 2, welcher einen Antrag erfordert.

[4]) Die Berichtigung des Wasserbuchs nach Abs. 2 setzt stets einen Antrag voraus. Abs. 2 gibt den Beteiligten das Recht, eine Berichtigung des Wasserbuches zu verlangen, wenn sie nachweisen können, daß eine Eintragung tatsächlich unrichtig oder ein eingetragener Widerspruch unbegründet ist (Begr. 173). Im übrigen vgl. Anm. 3 zu § 188.

[5]) Die Berichtigung darf nicht, wie im Falle des § 191, ohne weiteres erfolgen. Es muß vielmehr ein rechtskräftiger Beschluß entweder der I. oder der II. Instanz vorliegen.

[6]) „Widersprüche" aber keine Berichtigungen. Zu einem Antrag auf Berichtigung sind die ordentlichen Gerichte nicht berechtigt, zur Berichtigung ist stets ein Beschluß der Wasserbuchbehörde notwendig (s. Anm. 5).

**§ 193.** Die Einsicht der Wasserbücher und ihrer Abschriften[1]) sowie derjenigen Urkunden, auf die in den Eintragungen Bezug genommen ist, ist jedem gestattet.[2]) Ferner kann jeder eine auf Verlangen zu beglaubigende Abschrift fordern.[3])

Ent. § 171; B. 175; KB.A. 300; L. II 8203.

[1]) Auch der bei der Wasserbuchbehörde niedergelegten auszugsweisen Abschriften.

[2]) Der im Entwurf geforderte Nachweis eines „berechtigten Interesses" ist in der Kommission des Abgeordnetenhauses gestrichen, da ein Grund zur Geheimhaltung des Inhalts der Wasserbücher nicht bestehe (KB.A. 300).

[3]) Bezüglich der Kosten s. § 195.

**§ 194.** (1) Zur Förderung der Gewässerkunde sollen für die Wasserläufe erster und zweiter Ordnung Beschreibungen angelegt werden, die einen Überblick über die Beschaffenheit, den Abflußvorgang und die Wasserwirtschaft der Wasserläufe geben. Über die Anlegung der Beschreibungen haben der Minister der öffentlichen Arbeiten und der Minister für Landwirtschaft, Domänen und Forsten eine Anweisung zu erlassen.

(2) Eine Abschrift der Beschreibung des ganzen Wasserlaufs soll den Wasserbüchern, die den Wasserlauf betreffen, sowie den nach § 183 Abs. 3 niederzulegenden Abschriften beigefügt werden.

Ent. § 173; B. 176; KB.A. 301; L. II 8203.

Ein Anspruch auf Erteilung von Abschriften dieser „Beschreibungen" gemäß § 193 Satz 2 besteht nicht, wohl aber ein Anspruch auf Einsichtnahme gemäß § 193 Satz 1, da sonst der Zweck des § 194 verfehlt wäre.

**§ 195.** Die Verhandlungen vor der Wasserbuchbehörde und die Eintragungen sind kostenfrei. Jedoch sind die durch öffentliche Bekanntmachungen, durch Erteilung und Beglaubigung von Abschriften oder durch offenbar unbegründete Anträge und Widersprüche erwachsenden Kosten dem Antragsteller oder dem Widersprechenden aufzuerlegen.

Ent. § 174; B. 176; KB.A. 301; L. II 8203.

Die Gebühren- und Kostenfreiheit erstreckt sich sowohl auf die erstmaligen Verhandlungen und Eintragungen, wie auch auf spätere Berichtigungen (Begr. 176).

## Zweiter Abschnitt.

# Gewässer, die nicht zu den Wasserläufen gehören.

Vorbemerkung.

Der zweite Abschnitt behandelt die Rechtsverhältnisse an denjenigen Gewässern, die nicht zu den Wasserläufen im Sinne des

§ 1 des Gesetzes gehören. **Grundsätzlich beläßt das Gesetz dem Eigentümer eines Grundstücks, auf oder unter dessen Oberfläche sich Gewässer befinden, das freie Verfügungsrecht über sie. Während aber nach dem bisher geltenden Recht ein absolut unbeschränktes Verfügungsrecht mit geringen Ausnahmen, wie sie in den §§ 103 bis 105 I 8 ALR. enthalten sind, bestand, unterwirft das Wassergesetz** den Eigentümer der im zweiten Abschnitt behandelten Gewässer einer **Reihe dem bisherigen Recht** unbekannter Beschränkungen.

Zu den hier behandelten Gewässern gehören oberirdische Quellen, welche nicht alsbald in einem sichtbaren Gerinne abfließen; Seen, aus denen nur künstliche Wasserläufe abfließen oder welche gar keinen Abfluß haben; das in Gräben, die nicht der Vorflut der Grundstücke verschiedener Eigentümer dienen (§ 1 Abs. 3), abfließende Wasser; ferner alles oberirdisch wildabfließende Wasser, also das Niederschlags-, Regen-, Schneewasser; auch das Dachtraufenwasser gehört hierher; alle unterirdischen Gewässer, soweit sie nicht Teile eines Wasserlaufs sind, also nicht die unterirdisch verlaufenden Strecken eines Wasserlaufs; endlich das sog. Grundwasser, d. i. „das in der Erde enthaltene und dort frei bewegliche, d. h. nicht kapillar gebundene Wasser" (Kegel im „Glückauf", Jahrg. 49 Nr. 7). Hierher gehören auch die in den Bergwerken erschrotenen Grubenwasser. Dieselben würden an sich den Vorschriften der §§ 196 ff. unterliegen. Deshalb hatten die bergbaulichen Vereine die Aufnahme eines Zusatzes zu § 196 beantragt, „daß die in den Bergwerken erschrotenen Wasser dem freien Verfügungsrecht des Bergwerksbesitzers unterliegen". Dieser Zusatz ist als unnötig mit Rücksicht auf die Bestimmungen des § 396 in das Gesetz nicht aufgenommen. Tatsächlich finden auch auf die erschrotenen Wasser die Bestimmungen der §§ 196 ff. keine Anwendung, weil durch § 396 Satz 1 das preußische allgemeine Berggesetz im vollen Umfang aufrechterhalten ist. Da das freie Verfügungsrecht des Bergwerksbesitzers über die erschrotenen Wasser auf §§ 54 u. 57 des allgemeinen Berggesetzes sich gründet, diese Bestimmungen aber unberührt bleiben, bleiben es auch die Rechte an den erschrotenen Wassern von den Bestimmungen der

§§ 196 ff. Die Bestimmung des § 396 Satz 2, nach welcher bei widersprechenden Bestimmungen des Berg- und des Wassergesetzes die Vorschriften des Wassergesetzes vorgehen, bezieht sich nur auf die Benutzung der Wasserläufe im Sinne des § 1, nicht auf die Gewässer der §§ 196 ff. (vgl. Anm. 4 zu § 396). Bezüglich der Anwendung der Bestimmungen des Gesetzes über die unterirdischen Gewässer auf den Bergbau ist in der Kommission des Abgeordnetenhauses bei der Beratung der §§ 179—201 des Gesetzes regierungsseitig folgende Erklärung abgegeben:

„Die Geltung der Bestimmungen des Wassergesetzentwurfs über unterirdische Gewässer für den Bergbau hängt davon ab, ob es sich handelt:

a) um Bergbau, der auf Grund einer Bergwerksverleihung oder eines anderen bergrechtlichen Titels oder

b) um Bergbau, der auf Grund des Grundeigentümerrechts oder eines aus diesem abgeleiteten Abbaurechts auf Mineralien, die dem Verfügungsrechte des Grundeigentümers nicht entzogen sind, betrieben wird (z. B. der Kalisalzbergbau in der Provinz Hannover).

Zu a. Wenn auch das allgemeine Berggesetz v. 24. 6. 65 keine ausdrücklichen Bestimmungen über das Verhältnis des Bergbaues zum Wasser enthält, so ist doch — wie auch in der Begr. zu § 360 (jetzt § 396) des Wassergesetzentwurfs hervorgehoben ist — aus §§ 54, 57 des Berggesetzes ein Recht des Bergwerkseigentümers herzuleiten, über die in seinem Bergwerksbetriebe erschrotenen Wasser, solange sie unter Tage sind, zu seinen Betriebszwecken frei zu verfügen. Dies Recht des Bergwerkseigentümers ist bisher niemals in Zweifel gezogen worden. Es wird, da die §§ 54, 57 des Berggesetzes durch § 360 des Wassergesetzentwurfs ausdrücklich aufrechterhalten werden, auch durch diesen Entwurf nicht berührt. Überdies richten sich die in den §§ 178, 179 des Entwurfs (§§ 200, 201 des Gesetzes) festgesetzten Beschränkungen in der Benutzung unterirdischer Gewässer gegen den Eigentümer des Grundstücks, also nicht gegen den Bergwerkseigentümer, der die unterirdischen Gewässer kraft seines Bergwerkseigentums nutzt.

Zu b. Auf den Bergbau, den der Grundeigentümer als solcher oder ein anderer auf Grund eines auf dem Grundeigentum abgeleiteten Abbaurechts betreibt, finden die §§ 54, 57 des Berggesetzes keine Anwendung. Das Recht eines solchen Bergbautreibenden an den unterirdischen Gewässern bestimmt sich also danach, welches Recht dem Grundeigentümer an diesen zusteht. Daher kommen auf den sog. Grundeigentümerbergbau die §§ 178, 179 des Wassergesetzentwurfs (§§ 200, 201 des Gesetzes) an sich zur Anwendung. Die Maßnahmen zur Beseitigung der Grubenwässer sind aber als ein „Gebrauch" oder „Verbrauch" im Sinne des § 178 a. a. O. (§ 200 des Gesetzes) nicht anzusehen. Unberührt bleibt nach § 360 des Entwurfs (§ 396 des Gesetzes) die Geltung der §§ 148 ff. AllgBergG. für den Grundeigentümerbergbau, wonach der Bergbautreibende verpflichtet ist, den Schaden, der in Gestalt einer Wasserentziehung durch Bergwerksbetrieb dem Grundeigentum auch ohne vertretbares Verschulden zugefügt wird, vollständig zu ersetzen" (KB.A. 310/311). Die Rechtslage für den Bergwerksbesitzer ist also folgende:

Durch das Wassergesetz werden nur die Rechte des Bergwerksbesitzers berührt, die sich auf das Allgemeine Berggesetz stützen. Der Bergwerksbesitzer kann also nach wie vor über die im Bergwerk erschrotenen Grubenwasser zu seinen Betriebszwecken verfügen. Soweit er über dieses Wasser aber zu anderen Zwecken verfügt, z. B. also zur Trinkwasserversorgung, tut er dieses nicht kraft seines Rechtes als Bergbautreibender, sondern als Grundeigentümer. Als solcher unterliegt er aber im Gegensatz zum früheren Recht wie jeder andere Grundeigentümer den durch das Wassergesetz in den §§ 196 ff. aufgestellten Beschränkungen, ebenso auch der Bestimmung des § 379 Abs. 4b. Das Nähere s. bei § 379, außerdem § 360 Anm. 4.

Im übrigen vgl. über die jetzige Rechtslage des Bergbaues: Westhoff, Wasserrechtliches Gutachten (1908) 127; Westhoff, Bergbau und Grundbesitz 2 38; Brassert, Kommentar 188;

Arndt, ZBergr. **36** 74; Wulff im „Glückauf“ **48** (Nr. 9) 353; Kegel im „Glückauf“ **49** 237 ff.; RG. **12** 183; **16** 229; **36** 187; außerdem RG. **27** 330; **30** 301; ferner § 905 BGB. in Verb. mit Art. 67 EG.BGB. (vgl. Anm. zu § 360).

Wo in den §§ 175 ff. vom „Eigentümer“ die Rede ist, ist auch derjenige denselben Bestimmungen unterworfen, der sein Recht vom Eigentümer herleitet, soweit nicht, wie z. B. im § 177 Abs. 2 Satz 2, eine besondere Ausnahme gemacht ist (vgl. Bericht des Herrenhauses 53).

**§ 196.** Der Eigentümer eines Grundstücks kann über das auf oder unter der Oberfläche befindliche Wasser verfügen, soweit sich nicht aus diesem Gesetz, insbesondere aus den Vorschriften über die Wasserläufe und ihre Benutzung, ein anderes ergibt oder Rechte Dritter entgegenstehen.

Ent. § 175; B. 36, 177 ff.; KB.A. 303 ff.

S. die Vorbemerkung vor § 196.

**§ 197.** (1) Der Eigentümer[3]) eines Grundstücks darf den Ablauf des oberirdisch außerhalb eines Wasserlaufs[1]) abfließenden Wassers nicht künstlich so verändern,[2]) daß die tieferliegenden Grundstücke belästigt werden.[4])[5])

(2) Unter dieses Verbot fällt nicht eine Veränderung des Wasserablaufs infolge veränderter wirtschaftlicher Benutzung des Grundstücks.[6])

Ent. § 176; B. 178 ff.; KB.A. 304 ff.

Die Vorschrift des Abs. 1 enthält das Verbot der Vorflutänderung. Sie entspricht den allgemeinen Grundsätzen des bürgerlichen Rechts über Immission (vgl. Mot. zum BGB. **3** 279; RG. **24** 213).

[1]) „Oberirdisch außerhalb eines Wasserlaufs“. „Unter dem oberirdisch außerhalb eines Wasserlaufs abfließenden Wasser ist alles Wasser zu verstehen, das aus dem Boden herausquellend

oder aus der Atmosphäre niedersinkend oberirdisch abfließt, ohne einen Wasserlauf im Sinne des § 1 zu bilden. In der Regel wird es sich um Wasser handeln, das ohne festes Bett dem natürlichen Gefälle folgt" (Begr. 178 zu § 176; vgl. auch Vorbem. vor § 196).

[2]) „Nicht künstlich so verändern". Die Veränderung darf also nicht durch künstliche Vor- oder Einrichtungen herbeigeführt werden, welche den Zweck haben, den Wasserabfluß zu ändern. Nur Einrichtungen, die unmittelbar auf den Wasserabfluß einwirken, gehören hierher (Nieberding-Frank 91), also z. B. künstliche Änderung der Leitung oder des natürlichen Laufes, Herbeiführung einer größeren Stärke des Abflusses (vgl. Ehmann I 291; Schenkel 241). Verboten ist daher z. B. auch, wildabfließendes Wasser künstlich zu sammeln und es dann dem Unterlieger zuzuführen (KB.A. 304 zu § 176).

[3]) Veränderung seitens des Eigentümers ist untersagt. Natürliche Veränderungen oder solche durch unbefugte Dritte fallen nicht unter § 197 Abs. 1. Wohl aber fallen Veränderungen, welche auf Grund eines vom Eigentümerrecht abgeleiteten Rechts (also z. B. vom Pächter, Nießbraucher) künstlich herbeigeführt werden, mit unter das Verbot des Abs. 1 (s. Vorbem. vor § 196).

[4]) „Belästigt". Es ist keine Benachteiligung, insbesondere kein zahlenmäßig nachweisbarer Schaden notwendig. Es genügt z. B. eine Erschwerung in der Bearbeitung des unterliegenden Grundstücks (vgl. jedoch § 226 BGB., Schikaneverbot).

[5]) Dem Belästigten steht ein im ordentlichen Rechtswege verfolgbarer Anspruch auf Beseitigung der vom Eigentümer (s. Anm. 3) herbeigeführten künstlichen Veränderung zu, also auf Beseitigung der getroffenen Vor- und Einrichtungen, außerdem auf Schadensersatz nach den allgemeinen Rechtsgrundsätzen. Dagegen hat der Belästigte oder auch selbst geschädigte Unterlieger diese Ansprüche nicht und ebensowenig ein Recht auf Wiederherstellung des früheren Zustandes, wenn die Veränderung durch natürliche Ereignisse herbeigeführt ist. Das Gesetz hat im bewußten Gegensatz zu anderen außerpreußischen Wassergesetzen dem Unterlieger einen solchen Anspruch nicht gegeben (Begr. 179 oben).

[6]) „Infolge veränderter wirtschaftlicher Benutzung" bedeutet nicht nur eine Änderung in der Bodenkultur, z. B. also Übergang vom Ackerbau zur Forstwirtschaft oder zur Gartenkultur oder umgekehrt, sondern darüber hinaus jede von der bisherigen Benutzung des Grundstücks abweichende anderweitige Ausnutzung, insbesondere auch zur Errichtung von Gebäuden. Es folgt dies auch mittelbar aus den im § 198 Abs. 2 für landwirtschaftlich benutzte Grundstücke in einzelnen Gebietsteilen gemachten Ausnahmen (Eymann 1 zu Art. 17; Selcher zu § 12).

**§ 198.** (1) Der Eigentümer eines Grundstücks ist berechtigt, das oberirdisch außerhalb eines Wasserlaufs von einem anderen Grundstück abfließende Wasser von seinem Grundstück abzuhalten.[1]) [2])

(2) In den Hohenzollernschen Landen, in der Provinz Hessen-Nassau, in denjenigen Gebietsteilen der Rheinprovinz, in denen bisher das französische oder das gemeine Recht galt, und in der Provinz Schleswig-Holstein ist diese Vorschrift nur mit der Maßgabe anzuwenden, daß der Eigentümer eines landwirtschaftlich benutzten Grundstücks verpflichtet ist, den infolge der natürlichen Bodenverhältnisse stattfindenden Wasserablauf von einem anderen landwirtschaftlich benutzten Grundstücke zu dulden.[3])

KommBschl. § 176a; KB.A. 305 ff.; L. II 8204 ff.; L. III 8571 ff.; KB.H. 51 ff.

[1]) Bezüglich des oberirdisch wildabfließenden Wassers war der Rechtszustand in Preußen bisher ein verschiedener. Im Gebiete des ALR. war der Unterlieger zur Aufnahme dieses Wassers grundsätzlich nicht verpflichtet, er konnte sich dagegen durch Anlagen auf seinem Grundstück schützen (ALR. I 8 § 102). Im Gebiet des gemeinen Rechts (actio aquae pluviae arcendae) und des Code civil (Art. 640) dagegen war er verpflichtet, das von dem oberliegenden Grundstück ablaufende Wasser stets aufzunehmen. Das Wassergesetz hat sich grundsätzlich auf den Standpunkt des

ALR. gestellt, also eine allgemeine Verpflichtung zur Aufnahme nicht begründet, im Abs. 2 aber Ausnahmen für einzelne Gebietsteile in beschränktem Umfange zugelassen (s. darüber Anm. 3; im übrigen vgl. §§ 330 ff.).

[2]) Die Vorschrift des Abs. 1 ist rein privatrechtlicher Natur. „Das Recht des Eigentümers eines tieferliegenden Grundstücks, sein Grundstück gegen das wildabfließende Wasser zu schützen, kann daher ebenso wie der Anspruch des Oberliegers, für dieses Wasser auf Grund eines besonderen Rechtstitels freie Vorflut zu verlangen, im Streitfalle nur im Wege des Prozesses vor dem ordentlichen Gerichte verfolgt werden. Das Gericht wird hierbei zu prüfen haben, ob die allgemeine Bestimmung des Gesetzes dadurch in Wegfall gekommen ist, daß der Oberlieger auf Grund eines vor dem Inkrafttreten des Gesetzes erworbenen, nach den §§ 379, 380, 381 aufrechterhaltenen Rechts die Aufnahme des wildabfließenden Wassers vom Unterlieger verlangen kann, oder daß dieser nach Maßgabe der §§ 330 u. 340 zur Aufnahme des Wassers für verpflichtet erklärt ist" (Begr. 229).

[3]) Die Bestimmung des Abs. 2 trägt dem in Anm. 1 erwähnten, im Gebiet des gemeinen und französischen (rheinischen) Rechts bestehenden, vom ALR. abweichenden, dort eingebürgerten Rechtszustand Rechnung, indem es für die im Abs. 2 genannten Gebietsteile die Pflicht des Eigentümers eines landwirtschaftlich benutzten Grundstücks zur Aufnahme des von einem gleichfalls landwirtschaftlich benutzten Grundstück wildabfließenden Wassers bestehen läßt. Für anders benutzte Grundstücke ist die Bestimmung nicht anwendbar. Es fällt deshalb die Pflicht des Unterliegers fort, wenn gemäß § 197 Abs. 2 eine Veränderung in der wirtschaftlichen Benutzung des ober- oder unterliegenden Grundstücks eintritt (vgl. für diesen Fall jedoch § 330).

**§ 199.** (1) Der Eigentümer[1]) eines nicht zu den Wasserläufen gehörenden Sees[2])[3]) ist nicht befugt, den See abzulassen oder seinen Wasserspiegel erheblich zu senken, wenn dadurch der Grundwasserstand zum Nachteil anderer verändert wird, es sei denn, daß es zur gewöhnlichen Bodenentwässerung[4]) erforderlich ist.

(2) Es ist ihm ferner nicht gestattet, Wasser oder andere flüssige Stoffe[5]) in den See einzuleiten oder feste oder schlammige Stoffe[6]) in den See einzubringen,[7]) durch die das Wasser zum Nachteil anderer verunreinigt wird. Der § 23 Abs. 1, 3 und 4 ist entsprechend anzuwenden, auf den Eigentümer jedoch nur dann, wenn einem anderen ein Recht an dem See zusteht oder wenn durch die Einleitung andere Gewässer verunreinigt werden können.[8])

(3) Ob und in welchem Umfange der an Seen bisher übliche Gemeingebrauch im Falle des Bedürfnisses auch fernerhin zulässig ist, bestimmt der Regierungspräsident[9]). Der Eigentümer des Sees ist vorher zu hören. Der Regierungspräsident kann die getroffene Bestimmung jederzeit widerrufen. Die §§ 36 bis 39 sind entsprechend anzuwenden.

Ent. § 177; B. 181; KB.A. 306 ff.; L. III 8574; KB.H. 52 ff.

[1]) Die dem Eigentümer im Abs. 1 untersagten Handlungen standen ihm nach bisherigem Recht unbeschränkt zu, da er in seinem Verfügungsrecht über den See in keiner Weise beschränkt war.

[2]) S. Anm. 6 zu § 1. Unter die Vorschrift des § 199 fallen also nur Seen, Teiche, Weiher und ähnliche Wasseransammlungen, wenn sie keinen sichtbaren natürlichen Abfluß haben, also z. B. nur künstlich abgelassen werden können.

[3]) Das Verbot des „Ablassens" soll keine Anwendung auf „künstliche Fischteiche" finden (KB.H. 52).

[4]) „Zur gewöhnlichen Bodenentwässerung" s. Anm. 6 zu § 41.

[5]) „Wasser oder andere flüssige Stoffe", Begriff s. Anm. 1 zu § 23.

[6]) „Feste oder schlammige Stoffe", Begriff s. Anm. 1 u. 2 zu § 19.

[7]) „Einzubringen" s. Anm. 3 zu § 19.

[8]) Die Bestimmung des Abs. 2 Satz 1 wird bezüglich des Eigentümers durch die Bestimmung des Abs. 2 Satz 2 eingeschränkt. Danach ist die Rechtslage des Eigentümers eines Sees der in Anm. 2 bezeichneten Art folgende:

Der Eigentümer kann Wasser oder andere flüssige Stoffe über die Grenzen des Gemeingebrauchs hinaus, ebenso feste und schlammige Stoffe — deren Einbringung in Wasserläufe sonst allgemein verboten ist (§ 19 Abs. 1) — in seinen See mit Genehmigung der Wasserpolizeibehörde einbringen (§ 23). Er bedarf dieser Genehmigung jedoch nicht:

a) wenn an dem See einem anderen keinerlei Rechte, also weder Eigentums- noch Benutzungsrechte zustehen. Solche Rechte werden stets auf besonderen Titeln beruhen (Vertrag, Ersitzung, Miteigentum).

In Betracht kommen auch hier Fischereirechte, Rechte auf Wasserentnahme, Tränkrechte, ferner Rechte zum Baden, Waschen, Schwemmen;

b) wenn es ausgeschlossen ist, daß durch die Einbringung der genannten Stoffe andere Gewässer verunreinigt werden können.

Diese von der wasserpolizeilichen Genehmigung unabhängigen Rechte hat aber nur der Eigentümer. Jeder andere, zur Benutzung oder Mitbenutzung des Sees Berechtigte, darf eine solche Einleitung über den Gemeingebrauch hinaus nicht vornehmen ohne die vorherige Genehmigung der Wasserpolizeibehörde (vgl. jedoch Anm. zu § 379 Abs. 6). Beruhen solche Benutzungsrechte eines Dritten auf Vertrag oder anderen privatrechtlichen Titeln, so kann auch die Wasserpolizeibehörde eine Einleitung über die Grenzen dieser Titel hinaus nicht genehmigen, denn zu Eingriffen in Privatrechte ist die Wasserpolizeibehörde nur in denjenigen Fällen berechtigt, in denen dies ausdrücklich im Gesetz bestimmt ist.

[9]) Nach ALR. ist ein Gemeingebrauch an solchen im freien Eigentum stehenden Seen ausgeschlossen und damit auch die Ersitzung eines solchen Rechts an Seen im Geltungsbereich des ALR.

Die Bestimmung hat deshalb nur Bedeutung für solche Rechtsgebiete, in welchen ein Gemeingebrauch an derartigen im Privateigentum stehenden Seen überhaupt möglich ist.

**§ 200.**[1]) (1) Der Eigentümer eines Grundstücks darf das unterirdische Wasser zum Gebrauch oder Verbrauche[2]) nicht dauernd[3]) in weiterem Umfang als für die eigene Haushaltung und Wirtschaft[4]) (§ 25 Abs. 4) zutage fördern,[5]) wenn dadurch

1. der Wassergewinnungsanlage[6]) oder der benutzten[7]) Quelle eines anderen das Wasser entzogen oder wesentlich geschmälert oder
2. die bisherige Benutzung des Grundstücks eines anderen erheblich beeinträchtigt[8]) oder
3. der Wasserstand eines Wasserlaufs oder eines Sees (§ 199) derart verändert wird, daß andere in der Ausübung ihrer Rechte daran beeinträchtigt werden.[9])

(2) Den Geschädigten steht kein Anspruch auf Unterlassung zu, wenn der aus der Zutageförderung zu erwartende Nutzen den ihnen erwachsenden Schaden erheblich übersteigt oder wenn das Unternehmen, für das die Zutageförderung erfolgt, dem öffentlichen Wohle dient. Sie können jedoch die Herstellung von Einrichtungen fordern, durch die der Schaden verhütet oder ausgeglichen wird, wenn solche Einrichtungen mit dem Unternehmen vereinbar und wirtschaftlich gerechtfertigt sind. Soweit der Schaden nicht verhütet oder ausgeglichen werden kann, ist insofern Schadensersatz zu leisten, als die Billigkeit nach den Umständen eine Entschädigung erfordert.[10])[11])[12])

(3) Die Entschädigung kann, wenn der Unternehmer dies beantragt, auch in wiederkehrenden Leistungen bestehen. Der § 51 Abs. 2 Satz 2 ist entsprechend anzuwenden.[13])[14])

Ent. § 178; B. 181 ff.; KB.A. 307 ff.; L. II 8210 ff.

[1]) Der Grundstückseigentümer darf ohne Rücksicht auf die Rechte anderer das unterirdische Wasser zutage fördern:

a) **dauernd** für seinen eigenen Haus- und Wirtschaftsbedarf zum Ge- und Verbrauch,

b) **vorübergehend** auch in weiterem Umfange, also über den eigenen Haus- und Wirtschaftsgebrauch hinaus.

Untersagt ist ihm das **dauernde** Zutagefördern über den eigenen Haus- und Wirtschaftsbetrieb hinaus, wenn die im Abs. 1 Nr. 1—3 näher bezeichneten Schädigungen und Beeinträchtigungen dadurch entstehen. Es genügt hier nicht lediglich die Befürchtung, daß Schäden entstehen könnten, sondern es wird erfordert, daß ein solcher Schaden tatsächlich entstanden ist. Aus dem Wortlaut des § 200 Abs. 1 ist zwar nicht ohne weiteres zu entnehmen, daß der Schaden schon entstanden sein muß. Aus der Natur der Sache erfolgt aber, daß die Schädigung oder Beeinträchtigung erst dann feststellbar ist, wenn sie entstanden ist.

[2]) „Gebrauch oder Verbrauch" s. Anm. 2 zu § 40.

„Keiner Einschränkung ist die Zutageförderung unterirdischen Wassers unterworfen, die nicht zum Zwecke des Gebrauchs und Verbrauchs des Wassers erfolgt." Insbesondere ist es daher dem Grundeigentümer unbenommen, dem Boden zum Zwecke der Entwässerung, z. B. auch durch Dränierung, nach Belieben Wasser zu entziehen, mögen dadurch auch benachbarte Grundstücke in Mitleidenschaft gezogen werden (Begr. 183).

[3]) „Nicht dauernd," also nur zu vorübergehenden Zwecken, das sind solche, von denen mit Sicherheit anzunehmen ist, daß sie nach verhältnismäßig kurzer Zeit wieder wegfallen (Eymann 1 306). Über die Länge der Zeit lassen sich keine allgemein gültigen Regeln aufstellen. Es wird auch darauf ankommen, was die Verkehrssitte als dauernd oder vorübergehend ansieht. Vorübergehend kann eine Benutzung auch dann sein, wenn sie für ein Unternehmen oder für die Ausführung einer großen Arbeit erfolgt, deren Beendigung nach Ablauf einer bestimmten, wenn auch längeren Reihe von Jahren, mit Sicherheit bevorsteht.

[4]) „Eigene Haushaltung und Wirtschaft" s. § 25 Anm. 3 u. 12

dortselbst. Der Begriff der eigenen Haushaltung und Wirtschaft darf hier nicht so eng gefaßt werden. Es fällt vielmehr auch darunter jeder Wasserverbrauch im Haushalt oder in der Wirtschaft des Eigentümers für oder durch andere, z. B. der Verbrauch in einer Gastwirtschaft (Eymann 1 306 Anm. 7). Die feste Umschreibung des Begriffs Wirtschaft im § 25 Abs. 4 schließt es von selbst aus, daß das Wasser zur dauernden Versorgung gewerblicher Unternehmungen zutage gefördert werden darf. Es ist das z. B. auch nicht gestattet zur Verwendung des Wassers in einer dem Eigentümer selbst gehörigen, auf dem eigenen Grund und Boden betriebenen Brauerei oder Fabrik.

[5]) „Zutage fördern", d. h. an die Erdoberfläche mittels Stollen oder maschinellen Einrichtungen. Erforderlich ist aber immer, daß die Absicht des Eigentümers auf eine Zutageförderung gerichtet ist. Es gehört also nicht hierher, wenn bei Gelegenheit anderer Arbeiten unterirdische Wasseradern angeschlagen und die so hervorquellenden Wassermengen zur Erdoberfläche abgeleitet werden. Der Eigentümer ist aber verpflichtet, für die Abschließung bzw. Abdämmung derartiger angeschlagener Wasseradern Sorge zu tragen. Unterhält er den Wasserlauf zur Erdoberfläche, um ihn sich in irgend einer Weise später nutzbar zu machen, so ist seine Absicht zwar nicht beim Anschlagen, wohl aber nachträglich auf eine unerlaubte Zutageförderung gerichtet.

[6]) Die Wassergewinnungsanlage des anderen muß eine gesetzlich erlaubte sein.

[7]) „Die Quelle" (Begriff s. Anm. 5 zu § 1) muß tatsächlich benutzt werden. Die Bestimmungen des § 178 wollen einen anderen Berechtigten vor Nachteil schützen. Benutzt der Eigentümer oder ein Dritter, der dies Recht vom Eigentümer ableitet, eine Quelle nicht, liegt also die Quelle gleichsam brach, so erleidet auch niemand Schaden, wenn ihre unterirdischen Wasseradern abgeschnitten oder verringert werden.

[8]) Z. B. durch Trockenlegung infolge Senkung des gewöhnlichen Grundwasserspiegels.

[9]) „Nr. 3 verbietet, den Wasserstand eines Wasserlaufs oder

eines nicht zu den Wasserläufen gehörenden Sees durch die Zutageförderung unterirdischen Wassers mittelbar derart zu verändern, daß andere in der Ausübung ihrer Rechte an dem Wasserlaufe oder See beeinträchtigt werden ... Nicht selten wird jedoch die Zutageförderung unterirdischen Wassers durch die daraus folgende Veränderung des Grundwasserstandes mittelbar auf den Wasserstand eines Wasserlaufs nachteilig einwirken, ohne daß von einer Ableitung von Wasser aus dem Wasserlaufe gesprochen werden kann. Dies wird dann vorliegen, wenn durch die Herausförderung von Wasser aus einem Grundstücke der Grundwasserstand auf anderen Grundstücken gesenkt und hierdurch ein Nachströmen des Wassers aus dem Wasserlaufe herbeigeführt wird, ohne daß letzteres Wasser auf jenem Grundstücke zutage gefördert wird. Denn hier kann man nicht von einem durch Ableitung des Wassers erfolgenden Gebrauch oder Verbrauch im Sinne des § 40 Nr. 1 sprechen. Ein weiterer Fall würde gegeben sein, wenn oberhalb eines Wasserlaufs durch Zutageförderung des Grundwassers der Grundwasserstand gesenkt und dadurch mittelbar eine Senkung des Wasserstandes im Wasserlaufe herbeigeführt wird, indem diesem nunmehr weniger Wasser zufließt, als früher. Insbesondere kann die Entnahme unterirdischen Wassers in den Quellgebieten eines Wasserlaufs diese Folgen haben" (Begr. 182).

[10]) Fördert ein Grundstückseigentümer unter Nichtbeobachtung der Verbotsbestimmungen des § 200 unterirdisches Wasser zutage, so steht dem Geschädigten ein dreifacher Anspruch zu:

a) entweder der negatorische Anspruch auf Unterlassung einer weiteren Zutageförderung, oder
b) der Anspruch auf Herstellung von Einrichtungen, durch die der Schaden verhütet oder ausgeglichen wird,
c) Anspruch auf Schadensersatz.

Diese Ansprüche sind aber kumulativ und nicht unbedingt gegeben, sondern an Voraussetzungen geknüpft.

Zu a. Der Anspruch auf Unterlassung besteht dann nicht, wenn der aus der Zutageförderung zu erwartende Nutzen den dem Geschädigten erwachsenden Schaden erheblich übersteigt oder die

Zutageförderung des Wassers dem öffentlichen Wohle dient. Wann das erstere der Fall ist, wird stets eine Frage sein, die ev. durch Sachverständige zu ermitteln ist. Dem öffentlichen Wohle dienen durchweg alle kommunalen Wasserversorgungsanlagen, welche in weitem Umfang das Grundwasser zu Wasserversorgungszwecken benutzen. Solchen Unternehmen gegenüber besteht also ein Anspruch auf Einschränkung oder Einstellung der Entnahme unterirdischen Wassers nicht. Dem Geschädigten verbleiben jedoch die Ansprüche unter b u. c.

Zu b. Ist ein Anspruch auf Unterlassung nicht gegeben, so besteht ein solcher auf Herstellung von Einrichtungen, durch die der Schaden verhütet oder ausgeglichen wird, jedoch mit der Einschränkung, daß solche Einrichtungen mit dem Unternehmen vereinbar und wirtschaftlich gerechtfertigt sein müssen. Sind solche Einrichtungen nicht möglich, so verbleibt dem Geschädigten lediglich der Anspruch auf Schadensersatz. Er kann denselben mit dem Anspruch auf Herstellung von Einrichtungen verbinden, wenn die Herstellung solcher Einrichtungen zwar möglich, aber nicht vollständig ausreichend ist, um seinen Schaden zu beseitigen.

Zu c. Dieser Anspruch ist immer nur soweit gegeben, als der Schaden nicht durch Einrichtungen verhütet oder ausgeglichen werden kann (KB.A. 310).

Es ist auch kein Anspruch auf vollen Schadensersatz gegeben, sondern der Geschädigte muß sich diejenigen Vorteile auf seinen Schaden anrechnen lassen, die er durch die Entziehung des Grundwassers oder das dieses Wasser entziehende Unternehmen selbst hat und die ihm nach den Umständen billigerweise deshalb angerechnet werden müssen. Welcher Art diese Vorzüge oder Vorteile, die er sich anrechnen lassen muß, sind, ist Tatfrage. Nicht dahin gehört aber z. B. die Annehmlichkeit, die ein Grundbesitzer dadurch hat, daß eine Gemeinde sich auf Kosten seiner unterirdischen Wasserquellen eine Wasserleitung anlegt und er nun in der Zukunft als Gemeindeangehöriger auch die Vorteile und die Annehmlichkeiten dieser Wasserleitungsanlage genießt (KB.A. 307 ff.).

Der Schadensersatz nach „Billigkeit" umfaßt nicht auch den Ersatz von mittelbaren oder unvorhergesehenen Schäden (KB.A. 308).

[11]) Die dem Geschädigten nach Abs. 2 zustehenden Ansprüche sind im ordentlichen Rechtswege zu verfolgen.

[12]) Die dem Eigentümer nach §§ 199—202 nicht zustehenden Rechte kann derselbe im Wege der Verleihung erwerben. Das Nähere s. in den Anm. zu § 203.

[13]) Auf eine Entschädigung in Form von wiederkehrenden Leistungen statt einer Kapitalabfindung kann nur auf Antrag des Unternehmers, dem allein das Wahlrecht zusteht, erkannt werden. Hat der Unternehmer die Form der wiederkehrenden Leistungen gewählt, so kann der Geschädigte sowohl wie der Unternehmer später eine Änderung (Erhöhung oder Ermäßigung) der Leistung verlangen, wenn die Verhältnisse eine solche Änderung als billig erscheinen lassen. Eine solche Änderung wird aber im Urteil vorzubehalten sein (§ 51 Abs. 2 Satz 2). Bei vertraglicher Festsetzung der Entschädigung können die Beteiligten auf das Recht einer späteren Änderung der Leistungen verzichten.

[14]) Die Ansprüche auf Schadensersatz setzen ein Verschulden des Grundeigentümers nicht voraus (Begr. 183 Abs. 3).

**§ 201.** Dem Eigentümer eines Grundstücks ist nicht gestattet, den Grundwasserstrom eines Tales durch unterirdische Anlagen aufzustauen.[1])[2])

Ent. § 179; B. 181 ff.; KB.A. 310 ff.; HB.A. 53.

[1]) „Auch bei unterirdischen Anlagen, die zur Aufstauung und Zurückhaltung des Grundwasserstromes eines Tales zukünftig bei vermehrten Anforderungen in Frage kommen können, sind erhebliche Schädigungen sowohl der oberhalb wie der unterhalb gelegenen Grundstücke nicht ausgeschlossen. Dem Grundeigentümer ist daher das Recht zur Errichtung solcher Anlagen nicht zugestanden" (Begr. 184).

[2]) Bezüglich der unterirdischen Gewässer im Bergbaubetriebe vgl. Anm. 2 zu § 196.

**§ 202.**[1]) (1) Der Eigentümer eines Grundstücks ist nicht befugt, Stoffe in den Boden einzubringen oder einzuleiten, durch die das unterirdische Wasser, ein Wasserlauf oder ein See (§ 199) zum Nachteil anderer[2]) verunreinigt wird.

(2) Auf die Düngung von Grundstücken ist die Vorschrift des Abs. 1 nicht anzuwenden.[3])

Ent. § 180; B. 181 ff.; KB.A. 311; L. II 8213; L. III 8575.

[1]) Die Bestimmung des § 202 berücksichtigt den „Zusammenhang der unterirdischen Wasseradern untereinander und ihre nicht selten bestehende Verbindung mit dem im Wasserlauf oder See oberirdisch vorhandenen Wasser" (Begr. 184).

[2]) Die Einbringung oder Einleitung von solchen Stoffen oder in solchem Umfange, daß durch sie ein Nachteil für andere nicht entsteht, ist dem Eigentümer gestattet.

[3]) Abs. 2 wird selten praktisch werden, weil derartige Stoffe in solchen Mengen kaum zu Düngzwecken Verwendung finden werden. Aber selbst wenn derartige zur Düngung verwendete Stoffe eine schädigende Wirkung auf das unterirdische Wasser, einen Wasserlauf oder einen See ausüben sollten, ist ihre Verwendung trotzdem gestattet. Es wird dadurch weder ein Schadensersatzanspruch, noch ein Eingriff der Wasserpolizeibehörde begründet.

**§ 203.** (1) Die dem Grundstückseigentümer nach den §§ 199 bis 202 nicht zustehenden Rechte können von ihm[1]) und mit seiner Zustimmung auch von einem anderen[2]) durch Verleihung erworben werden. Ferner kann der Gebrauch oder Verbrauch von Wasser sowie die Einleitung von Wasser oder anderen flüssigen Stoffen durch mehrere Berechtigte im Ausgleichungsverfahren geregelt werden.[3])

(2) Die §§ 47 bis 52, 55 bis 73, 75 bis 77, 79 bis 85 und 87 bis 90 sind entsprechend anzuwenden.[4]) Handelt es sich bei der Verleihung um den Erwerb eines dem Grundeigentümer nach § 200 nicht zustehenden Rechtes, so gelten

die §§ 51, 82 mit der Maßgabe, daß der entstehende Schaden nur zu ersetzen ist, soweit die Billigkeit den Umständen nach eine Entschädigung erfordert.[5])

(3) Soweit das Recht, über das Wasser eines Sees (§ 199) oder über das unterirdische Wasser zu verfügen, dem Grundstückseigentümer nach den §§ 196 bis 202 zusteht oder beim Inkrafttreten dieses Gesetzes besteht und nach § 379 aufrechterhalten bleibt, kann dessen Sicherstellung nach § 86 verlangt werden.[6])

Ent. § 181; B. 184 ff.; KB.A. 312 ff.; L. II 8213 ff.

[1]) Das Gesetz gibt dem Grundstückseigentümer die Möglichkeit, die ihm nach §§ 199—202 nicht zustehenden Rechte im Wege der Verleihung zu erwerben (s. unten Anm. 5).

[2]) Bei den Wasserläufen im Sinne des § 1 kann eine Verleihung von Rechten der im § 46 genannten Art auch gegen den Willen des Wasserlaufeigentümers erfolgen. Bei den nicht zu den Wasserläufen gehörigen Gewässern im Sinne der §§ 196 ff. ist aber eine Verleihung der dem Eigentümer nach §§ 199—202 nicht zustehenden Rechten an einen Dritten gegen den Willen des Grundstückseigentümers nicht möglich. Es ist vielmehr stets die Zustimmung des Grundstückseigentümers notwendig, wenn eine Verleihung solcher Rechte an einen Dritten erfolgen soll. „Derjenige, der des Grundwassers bedarf, wird daher vorerst ein Grundstück erwerben müssen, gegebenenfalls wird für Unternehmungen, denen Gründe des öffentlichen Wohles zur Seite stehen, das erforderliche Grundeigentum im Wege der Enteignung erworben werden können. Dagegen liegt kein Grund vor, anderen die Verleihung zu verschließen, wenn der Eigentümer des Grundstücks, auf dem die Zutageförderung des Wassers erfolgen soll, zustimmt" (Begr. 184 zu § 181).

[3]) Um einen gerechten Ausgleich entgegenstehender Interessen auch bei den nicht zu den Wasserläufen gehörigen Gewässern unter mehreren Berechtigten zu ermöglichen, ist auch hier das Ausgleichungsverfahren gemäß §§ 87 ff. zugelassen.

[4]) Durch die im Abs. 2 für anwendbar erklärten Vorschriften über das Verleihungs- und Ausgleichungsverfahren soll eine Gewähr dafür gegeben werden, daß auch bei den nicht zu den Wasserläufen gehörenden Gewässern kein Unternehmen zur Ausführung gelangt, „dem überwiegende Rücksichten des öffentlichen Wohles entgegenstehen, und daß eine Schädigung fremder Interessen nur dann zugelassen wird, wenn das Unternehmen nicht anders zweckmäßig oder doch nur mit erheblichen Mehrkosten durchgeführt werden kann und der daraus zu erwartende Nutzen den Schaden der Betroffenen erheblich übersteigt. Für nachteilige Wirkungen, die nicht durch zweckentsprechende Einrichtungen verhütet werden, ist Entschädigung zu leisten, für welche die einschränkenden Vorschriften des § 52 gelten" [konkurrierendes Verschulden] (Begr. 184/185).

[5]) S. § 200 Anm. 10 zu c.

[6]) S. zu § 86.

**§ 204.**[1]) (1) Wer unterirdisches Wasser zum Gebrauch oder Verbrauch[2]) über die Grenzen seines örtlich oder wirtschaftlich zusammenhängenden Grundbesitzes hinaus fortleiten will, bedarf der polizeilichen Genehmigung.[3]) Zuständig ist, wenn das Unternehmen der Versorgung von Ortschaften oder größeren Ortsteilen mit Trink- oder Nutzwasser dient, der Regierungspräsident, sonst der Landrat, in Stadtkreisen die Ortspolizeibehörde. Gegen die Entscheidung steht dem Unternehmer nur die Beschwerde im Aufsichtswege zu.[4])

(2) Ist das Recht zur Zutageförderung des unterirdischen Wassers durch Verleihung erworben, so bedarf es keiner polizeilichen Genehmigung nach Abs. 1.[5])

Ent. § 182; B. 185 ff.; KB.A. 313; L. II 8213 ff.

[1]) Die Bestimmung des § 204 hat lediglich polizeilichen Charakter. Sie berührt die zivilrechtlichen Ansprüche ev. Geschädigter gemäß § 200 Abs. 2 nicht.

Getroffen werden durch den § 204 vor allem die Trinkwasserversorgungsanlagen der Städte und Gemeinden.

[2]) „Zum Gebrauch und Verbrauch". Es fällt unter den § 204 also nicht auch „die Fortleitung vom gebrauchten Wasser zum Zwecke der Beseitigung" (Begr. 186). Aber auch die Fortleitung ungebrauchten Wassers, dessen sich der Grundstückseigentümer nur entledigen will, unterliegt nicht der polizeilichen Genehmigung (s. Anm. 10, 11, 12 zu § 200).

[3]) „Polizeiliche Genehmigung". Zuständig ist die Ortspolizeibehörde.

[4]) D. h. an die nächstvorgesetzte Aufsichtsbehörde.

[5]) Im Falle der Verleihung werden bereits alle polizeilichen Rücksichten im Verleihungsverfahren von Amts wegen erschöpfend geprüft (§ 69 Abs. 1).

**§ 205.** An Seen, die nicht zu den Wasserläufen gehören, steht, soweit das Eigentum an ihnen nicht anderweit geordnet ist, den Anliegern das Eigentum anteilig zu. Der § 8 Abs. 2, 3 und der § 13 Abs. 2 sind sinngemäß anzuwenden.

Ent. § 183; B. 186; KB.A. 313 ff.

„Über das Eigentum an den nicht zu den Wasserläufen gehörenden Seen ist eine besondere Vorschrift erforderlich. Im landrechtlichen Gebiete gehören die „Landseen", soweit nicht besondere Titel es anders bestimmen, den Anliegern nach der Ausdehnung des Uferbesitzes und bis zur Mitte des Gewässers. Dies ist aber lediglich eine Folgerung aus den bisherigen gesetzlichen Bestimmungen, insbesondere des ALR. I 9 §§ 267, 268 (RG. 3 246)... Mit diesen gesetzlichen Bestimmungen, die durch § 399 Abs. 2 Nr. 1 aufgehoben werden, fällt auch die Folgerung, da der Fortbestand des nur auf gesetzlichen Vorschriften beruhenden Eigentums den Fortbestand dieser Vorschriften voraussetzt (OVG. 48 179). Es würde also künftig in allen Fällen, in denen das Eigentum nicht grundbuchlich feststeht oder sonst eine besondere Regelung getroffen ist, an einer Gesetzesnorm fehlen, die das Eigentum an den nicht zu den Wasserläufen gehörenden Seen regelt. Das allgemeine bürgerliche Recht enthält keine Bestimmung darüber. Der Entwurf schließt sich im wesentlichen dem geltenden Rechte an" (Begr. zu § 183 S. 186).

# Dritter Abschnitt.
# Wassergenossenschaften.
## Erster Titel.
## Allgemeine Vorschriften.

### Vorbemerkung.

Die Bestimmungen des Gesetzes über die Wassergenossenschaften sind in weitem Umfang dem Gesetz, betr. die Bildung von Wassergenossenschaften, v. 1. 4. 79, in geringerem Maße dem Gesetz v. 19. 5. 91 entnommen. Die grundlegende Änderung, welche dieses Gesetz gegenüber dem preußischen Wassergenossenschaftsgesetz bringt, ist die, daß es Vorschriften über die sog. freien (d. h. lediglich auf privatrechtlicher Grundlage beruhenden) Genossenschaften des Wassergenossenschaftsgesetzes von 1879 nicht kennt. Das Wassergesetz kennt nur öffentliche Genossenschaften, d. h. Genossenschaften mit dem Charakter der öffentlichrechtlichen Korporation. Es unterscheidet hierbei drei Arten:

1. die Genossenschaften auf Grund Übereinkunft aller Beteiligten (§ 207 Abs. 2 Nr. 1),
2. Genossenschaften mit Zulässigkeit des Beitrittszwangs einer widersprechenden Minderheit durch Mehrheitsbeschluß (§ 207 Abs. 2 Nr. 2; §§ 238 ff.),
3. Zwangsgenossenschaften, d. h. Genossenschaften, die ohne Zustimmung der Mehrheit oder auch gegen den Widerspruch aller Beteiligten gebildet werden können (§ 207 Abs. 2 Nr. 3; § 245).

**§ 206.** Nach den Vorschriften dieses Gesetzes können Wassergenossenschaften gebildet werden:[1])

1. zur Unterhaltung von Wasserläufen zweiter oder dritter Ordnung und zum Ausbau solcher Wasserläufe zwecks Verbesserung der Vorflut oder des Hochwasserabflusses;
2. zur Unterhaltung der Ufer von Wasserläufen[2]) sowie zum Ausbau der Ufer zwecks Verbesserung der Vorflut oder des Hochwasserabflusses oder zum Schutze der Ufergrundstücke und der dahinter liegenden Grundstücke;
3. zur Reinhaltung von Gewässern;
4. zur Entwässerung und Bewässerung von Grundstücken und zur Unterhaltung von Entwässerungs- oder Bewässerungsanlagen;[3])
5. zur Verfehnung[4]) von Grundstücken und zur Unterhaltung von Verfehnungsanlagen;
6. zur Anlegung und zum Ausbau von Wasserläufen zweiter und dritter Ordnung und ihrer Ufer zu anderen als den unter Nr. 1 bis 5 bezeichneten Zwecken;[5])
7. zur Unterhaltung und zum Ausbau von natürlichen Wasserläufen erster Ordnung sowie zum Ausbau ihrer Ufer zu anderen als den unter Nr. 2 bezeichneten Zwecken;
8. zur Herstellung und Unterhaltung der Schiffbarkeit oder Flößbarkeit von Wasserläufen, sowie zur Herstellung und Unterhaltung neuer Schiffahrtstraßen und anderer Schiffahrtanlagen;
9. zur Anlegung, Unterhaltung und Ausnutzung von Stauanlagen;
10. zur Anlegung, Unterhaltung und Ausnutzung von Wasserversorgungsanlagen, soweit sie nicht unter Nr. 9 fallen;

11. zur Beseitigung von Hindernissen des Hochwasserabflusses;
12. zur Zurückhaltung von Wasser in den Niederschlagsgebieten von Wasserläufen;
13. zur Aufbringung von Beiträgen in den Fällen des § 174 Abs. 1, 2;[6])
14. zur Aufhöhung und Aufspülung von Grundstücken im Interesse der Bodenkultur.

Ent. § 184; B. 37, 187; KB.A. 316, 318; L. II 8216 ff.

[1]) In den nachfolgend unter 1—14 genannten Zwecken können in den Fällen der Nr. 1—5, 9, 11, 12 u. 14 Genossenschaften mit Beitrittszwang gebildet werden (§ 238). In den Fällen Nr. 1 und 2 können, soweit es sich lediglich um die Unterhaltung natürlicher Wasserläufe II. oder III. Ordnung handelt, desgleichen in den Fällen Nr. 3 u. 11, auch Zwangsgenossenschaften gebildet werden (§ 245).

[2]) Aller Ordnungen.

[3]) „Entwässerungs- oder Bewässerungsanlagen". Bewässerung ist jede Zuleitung von Wasser, die zu dem Zweck erfolgt, den Boden zu befruchten oder die im Wasser befindlichen Stoffe für die Bodenkultur nutzbar zu machen. Entwässerung ist jede Wegleitung von Wasser, die zu dem Zweck erfolgt, dem auf einem Grundstück stehenden oder im Boden stauenden Wasser einen Abfluß zu verschaffen oder den bestehenden zu verbessern (vgl. § 331 Anm. 1; Nieberding 148).

[4]) „Verfehnung". „Unter Verfehnung versteht man eine Kultivierung von Hofmoor, die darin besteht, daß das Moor durch eine bis in den mineralischen Boden einschneidende Entwässerung trockengelegt, die Torfsubstanz entnommen und der mineralische Untergrund durch Vermischung mit dem Rückstande des Moores, insbesondere mit der zurückzuhaltenden obersten Schicht (Bunkerde) zu Kulturland gemacht wird" (Begr. 187).

[5]) Z. B. zur Ableitung von Fabrikwasser und zur Wasserversorgung.

[6]) D. h. der Anliegerbeiträge zum Ausbau der Ufer.

**§ 207.** (1) Die Bildung der Genossenschaft erfordert den Nachweis, daß das Unternehmen dem öffentlichen Wohle dient oder einen gemeinwirtschaftlichen Nutzen bezweckt.[1])

(2) Sie erfolgt:

1. durch Genehmigung der Satzung auf Grund eines einstimmigen Beschlusses der Beteiligten;
2. durch Genehmigung der Satzung auf Grund eines Beschlusses der Mehrheit unter zwangsweiser Heranziehung der Minderheit;
3. durch Erlaß der Satzung ohne Zustimmung der Mehrheit.

**§ 208.** Ist die Satzung genehmigt oder erlassen, so kann nicht mehr geltend gemacht werden, daß eine Voraussetzung für ihre Genehmigung oder ihren Erlaß nicht vorgelegen habe.[2])[3])

Ent. §§ 185 u. 186; B. 188; KB.A. 319.

Zu §§ 207 u. 208. [1]) Die Genossenschaft muß entweder dem öffentlichen Wohle dienen (Begriff s. § 19 Anm. 9) oder einen gemeinwirtschaftlichen Nutzen haben. Der Begriff des gemeinwirtschaftlichen Nutzens ist enger als der des öffentlichen Wohles. Auf die Zahl derjenigen, welche einen Nutzen haben würden, kommt es weniger an. Das Unternehmen, dem die Genossenschaft dienen soll, muß aber nicht lediglich dem Vorteil einzelner oder einer größeren Anzahl von Personen dienen, sondern es muß dem wirtschaftlichen Nutzen der Allgemeinheit zu dienen bestimmt sein.

Abs. 2 nennt die drei Arten der im Gesetz vorgesehenen Genossenschaften, nämlich:

a) die freiwilligen Genossenschaften,

b) die Genossenschaften mit Beitrittszwang (§§ 238 ff.),
c) die Zwangsgenossenschaften (§§ 245 ff.).

[2]) Nach Erlaß oder Genehmigung der Satzung kann nicht mehr geltend gemacht werden, daß das Unternehmen dem öffentlichen Wohle oder einem gemeinwirtschaftlichen Nutzen nicht diene oder daß andere Voraussetzungen für die Genehmigung oder den Erlaß der Satzung gefehlt haben. Es werden deshalb auch durch die Genehmigung oder den Erlaß der Satzung etwaige Mängel des Verfahrens geheilt (Begr. 188; OVG. **22** 84; **30** 301 u. 302; **56** 371).

[3]) Zu den Voraussetzungen, deren ev. Mangel vor Genehmigung oder Erlaß der Satzung geltend gemacht werden muß, gehören auch die Voraussetzungen, welche zur Bildung einer Zwangsgenossenschaft oder einer Genossenschaft mit Zulässigkeit des Beitrittszwangs erforderlich sind. Diese Voraussetzungen enthalten die §§ 238 Abs. 1 und 223 Abs. 1 (vgl. die Anm. dazu).

**§ 209.** (1) Die Genossenschaft ist rechtsfähig.

(2) Sie muß ihren Sitz in Preußen haben.

Ent. § 187; B. 189; KB.A. 319.

**§ 210.** Der Genossenschaft können außer den jeweiligen Eigentümern der bei dem Unternehmen beteiligten Grundstücke, Bergwerke und gewerblichen Anlagen[1]) nur diejenigen Wassergenossenschaften sowie Kommunal-, Deich- und Fischereiverbände, die an dem Unternehmen ein Interesse haben, als Genossen angehören. Den Eigentümern stehen die Erbbauberechtigten gleich.[2])

Ent. § 188; B. 189.

[1]) Bergwerke und gewerbliche Anlagen können also nicht nur mit ihrem Grundeigentum beteiligt sein. Es ist dies von Bedeutung bei der Abmessung des Stimmrechts im Falle des § 238 Abs. 2, sowie bei der Verteilung der Umlage nach § 225. Der

Bergwerkseigentümer ist also stimmberechtigt sowohl als Eigentümer der beteiligten Grundstücke wie auch als Bergwerksbesitzer. Eigentümer eines Bergwerks im Sinne des § 210 ist nicht nur der Bergwerkseigentümer des Allgemeinen Berggesetzes, sondern auch derjenige, welcher aus einem vom Grundeigentum abgeleiteten Abbaurecht Eigentümerbergbau betrieben hat (KB.A. 319).

[2]) Der Erbbauberechtigte wie der Grundeigentümer sind stimmberechtigt.

**§ 211.** (1) Für den Beitritt von Körperschaften, Stiftungen und Anstalten des öffentlichen Rechtes ist die Genehmigung des Staates nicht erforderlich.

(2) Lehns- und Fideikommißbesitzer sind befugt, ohne Zustimmung der Anwärter der Genossenschaft beizutreten.

Ent. § 189; B. 189; KB.A. 320.

Bezüglich des Beitritts geschäftsunfähiger oder in der Geschäftsfähigkeit beschränkter Personen und nicht allein verfügungsberechtigter Ehegatten gilt folgendes:

Geschäftsunfähige oder in der Geschäftsfähigkeit beschränkte Personen bedürfen der Zustimmung ihres gesetzlichen Vertreters. Sie bedürfen aber nicht der Genehmigung des Vormundschaftsgerichts. Auch bedarf ein Ehegatte nicht der Zustimmung des anderen Ehegatten. Es folgt dies daraus, daß in dem Beitritt eines Grundstückseigentümers zu einer Genossenschaft eine Verfügung über das Grundstück nicht zu erblicken ist, denn durch den Beitritt wird keine Rechtsänderung bezüglich des Grundstücks unmittelbar herbeigeführt. Es kann höchstens in Frage kommen, ob durch den Beitritt zu einer Genossenschaft die Verpflichtung zu einer Verfügung über das Grundstück eingegangen wird. Eine solche Verpflichtung würde, wenn sie überhaupt vorliegt, keine Verfügung über das Grundstück bedeuten. Eine vormundschaftsgerichtliche Genehmigung oder Genehmigung des anderen Ehegatten ist aber nur dann erforderlich, wenn es sich um eine

Verfügung über das Grundstück handelt. Dieser Standpunkt ist auch von der Regierung in der Kommission zutreffend vertreten (KB.A. 320).

**§ 212.** (1) Die Genossenschaft muß einen Vorstand haben. Dieser kann aus einer Person oder aus mehreren Personen bestehen, von denen eine den Vorsitz führt.

(2) Der Vorstand vertritt die Genossenschaft gerichtlich und außergerichtlich. Er hat die Stellung eines gesetzlichen Vertreters. Der Umfang seiner Vertretungsmacht kann durch die Satzung mit Wirkung gegen Dritte beschränkt werden. Er führt die Verwaltung der Genossenschaft, sofern nicht einzelne Geschäfte durch Gesetz oder Satzung dem Vorsitzenden des Vorstandes oder der Mitgliederversammlung überwiesen sind.

(3) Der Vorsitzende des Vorstandes, der sich als solcher ausweist,[1]) bedarf zur Vertretung des Vorstandes vor den Prozeßgerichten und den Verwaltungsgerichten keiner besonderen Vollmacht.

(4) Abgesehen von den Fällen des § 275 Abs. 1, 2 und des § 278 Abs. 1 Nr. 1 kann durch die Satzung bestimmt werden, daß an die Stelle der Mitgliederversammlung ein von den Genossen zu wählender Ausschuß tritt.[2])

Ent. § 190; B. 189; KB.A. 321.

[1]) Vgl. § 214 Nr. 8.

[2]) Abs. 4 ist von einschneidender Bedeutung, indem er zuläßt, durch die Satzung die Mitgliederversammlung als Organ auszuschalten und an ihre Stelle einen von den Genossen zu wählenden Ausschuß zu setzen. Dieser Ausschuß hat, wo er satzungsgemäß eingeführt ist, über alle nach dem Gesetz oder der Satzung der Mitgliederversammlung vorbehaltenen Gegenstände zu entscheiden. Dieser Beschlußfassung entzogen sind jedoch:

a) eine Änderung der Satzungen, durch welche ein neuer Genossenschaftszweck eingeführt wird (§ 275 Abs. 1 u. 2),
b) die Entscheidung über die Auflösung der Genossenschaft (§ 278 Abs. 1 Nr. 1).

Für beide Beschlüsse ist stets nur die Mitgliederversammlung zulässig.

**§ 213.** Die Rechtsverhältnisse der Genossenschaft und der Genossen richten sich, soweit sie nicht in diesem Gesetze geregelt sind, nach der Satzung.

Ent. § 191; B. 189; KB.A. 322.

**§ 214.** (1) Die Satzung muß Bestimmungen enthalten über:

1. den Namen und Sitz der Genossenschaft;
2. den Genossenschaftszweck unter Bezugnahme auf den Plan des Unternehmens;
3. etwaige Änderungen des Planes;
4. die Benutzung und Unterhaltung der genossenschaftlichen Anlagen;
5. die von den Genossen zu übernehmenden Beschränkungen des Grundeigentums und die ihnen sonst obliegenden Verpflichtungen;
6. das Verhältnis der Teilnahme an den Nutzungen und Lasten sowie am Stimmrechte;
7. die Aufstellung des Haushaltsplans und die Feststellung und Entlastung der Rechnung;
8. die Zusammensetzung und die Wahl des Vorstandes, die Befugnisse des Vorstandes und, wenn der Vorstand aus mehreren Mitgliedern besteht, auch die seines Vorsitzenden, die Formen für den Ausweis der Vorstandsmitglieder und die Beurkundung ihrer Beschlüsse;

9. die Voraussetzungen und die Form für die Zusammenberufung der Mitgliederversammlung oder des an ihre Stelle tretenden Ausschusses und die Beurkundung ihrer Beschlüsse;
10. die Gegenstände, die der Beschlußfassung der Mitgliederversammlung oder des Ausschusses unterliegen sollen;
11. die Zusammensetzung und die Wahl der Schaukommissionen (§ 237);
12. die Form für die Bekanntmachungen der Genossenschaft;
13. die öffentlichen Blätter, in welche die Bekanntmachungen aufzunehmen sind, soweit sie nach dem Gesetze, der Satzung oder den Beschlüssen der Genossenschaftsorgane durch öffentliche Blätter zu ergehen haben.

(2) Der Satzung ist ein Verzeichnis der beteiligten Grundstücke, Bergwerke und gewerblichen Anlagen mit Ang be der jeweiligen Eigentümer sowie der beteiligten Verbände beizufügen. Das Verzeichnis ist auf dem laufenden zu erhalten.

Ent. § 192; B. 190; KB.A. 322.

**§ 215.** Durch die Satzung können Vorschriften über die Bildung eines Schiedsgerichts getroffen werden, das bei Streitigkeiten über genossenschaftliche Angelegenheiten auf Anrufen beider Parteien[1])[2]) zu entscheiden hat.

Ent. § 193; B. 190; KB.A. 323; L. II 8219.

[1]) Nach § 215 kann das satzungsgemäß vorgesehene Schiedsgericht nur dann in Tätigkeit treten, wenn beide Parteien damit einverstanden sind. Die Satzung kann daher nicht bestimmen, daß sich die Genossen bei Streitigkeiten über genossenschaftliche

Angelegenheiten der Entscheidung eines Schiedsgerichts zu unterwerfen haben. Durch die Fassung des § 215 ist vielmehr auch für genossenschaftliche Angelegenheiten der Rechtsweg offen gelassen, falls auch nur eine der Parteien den Rechtsweg vorzieht (vgl. auch § 239 Abs. 2).

[2]) Gegen die Entscheidung des Schiedsgerichts ist kein Rechtsmittel gegeben. Es kann jedoch in den Fällen des § 1041 ZPO. die Aufhebung des Schiedsspruchs im Wege der Klage bei dem nach §§ 1045, 1046 ZPO. zuständigen Gerichte verlangt werden. Für die Frist zur Erhebung der Klage gilt § 1044 ZPO.

**§ 216.** In Genossenschaften mit mehr als zwei Mitgliedern darf kein Genosse mehr als zwei Fünftel aller Stimmen führen.

Ent. § 194; B. 190.

Es soll ausgeschlossen werden, daß ein Stimmverhältnis eintritt, welches dazu führen könnte, das genossenschaftliche Interesse im Privatinteresse auszubeuten.

**§ 217.** (1) Die Genossenschaft steht unter der Aufsicht des Staates.

(2) Die Aufsicht beschränkt sich auf die ordnungsmäßige Ausführung, Unterhaltung und Wiederherstellung der genossenschaftlichen Anlagen sowie darauf, daß die Angelegenheiten der Genossenschaft in Übereinstimmung mit den Gesetzen und der Satzung verwaltet werden.

(3) Die Aufsicht wird bei den Genossenschaften, die ausschließlich zu einem der im § 206 Nr. 1 bis 6 bezeichneten Zwecke gebildet werden sowie im Falle des § 206 Nr. 9, wenn es sich nicht um eine Talsperre (§ 106) und im Falle des § 206 Nr. 13, wenn es sich nicht um einen Wasserlauf erster Ordnung handelt, durch den Landrat als Vorsitzenden des Kreisausschusses, in Stadtkreisen durch die Ortspolizei-

behörde, in zweiter Instanz durch den Regierungspräsidenten, bei den übrigen Genossenschaften durch den Regierungspräsidenten, in zweiter Instanz durch den Oberpräsidenten geführt. Zuständig ist diejenige Behörde, in deren Bezirk die Genossenschaft ihren Sitz hat.

(4) Die Aufsichtsbehörde ist berechtigt, ihre Anordnungen unmittelbar durchzusetzen.

Ent. § 196; B. 190; KB.A. 323.

Der Aufsichtsbehörde sind die im § 132 LVG. aufgeführten Zwangsmittel gegeben (vgl. im übrigen OVG. **11** 255; **23** 240; **33** 321; **38** 268; **44** 307).

**§ 218.** Kommt die durch die Satzung vorgeschriebene Wahl des Vorstandes oder einzelner Mitglieder trotz der Aufforderung der Aufsichtsbehörde nicht zustande, so ist diese befugt, für die fehlenden Mitglieder Vertreter zu bestellen, die bis zur ordnungsmäßigen Wahl der fehlenden Mitglieder deren Obliegenheiten wahrzunehmen haben. Die Aufsichtsbehörde kann eine angemessene Entschädigung für sie festsetzen.

Ent. § 196; B. 191; KB.A. 324.

Die Bestimmung hat den Zweck, die ordnungsmäßige Fortführung der genossenschaftlichen Geschäfte zu sichern. Die im Satz 2 vorgesehene Entschädigung ist von der Genossenschaft zu tragen.

**§ 219.** (1) Unterläßt oder verweigert es die Genossenschaft, die ihr gesetz- oder satzungsmäßig obliegenden, von einer Behörde innerhalb der Grenzen ihrer Zuständigkeit festgestellten Leistungen und Ausgaben in den Haushaltsplan aufzunehmen oder außerordentlich zu genehmigen, so kann die Aufsichtsbehörde unter Anführung der Gründe die Aufnahme in den Haushaltsplan oder die Feststellung der außerordentlichen Ausgabe und die Einziehung der erforderlichen Beiträge verfügen.

(2) Gegen die Verfügung steht der Genossenschaft binnen zwei Wochen die Klage beim Bezirksausschusse zu. Ist der Regierungspräsident Aufsichtsbehörde, so hat er für das Verwaltungsstreitverfahren einen Kommissar zu bestellen, der ihn in allen Rechtshandlungen zu vertreten hat.

Ent. § 197; B. 191; KB.A. 325.

OVG. **19** 301.

**§ 220.** (1) Zur Veräußerung von Grundstücken oder zur Aufnahme von Anleihen, mit Ausnahme solcher, durch die der Schuldenbestand nicht vermehrt wird, bedarf die Genossenschaft der Genehmigung des Kreis- (Stadt-) Ausschusses und, wenn die Genossenschaft in erster Instanz der Aufsicht des Regierungspräsidenten untersteht, des Bezirksausschusses.

(2) Durch die Satzung kann eine Genehmigung auch für andere Fälle vorgeschrieben werden.

Ent. § 198; B. 191.

**§ 221.** Der Aufsichtsbehörde muß auf Verlangen Einsicht in die Akten der Genossenschaft gewährt und Abschrift des Haushaltsplans und des Rechnungsabschlusses sowie der Niederschriften der Schaukommission und der Verhandlungen des Vorstandes und der Mitgliederversammlung (des Ausschusses) überreicht werden. Sie ist befugt, außerordentliche Prüfungen der Genossenschaftskasse und der gesamten Genossenschaftsverwaltung zu veranlassen und an den Schauen und an den Versammlungen des Vorstandes sowie an den

Sitzungen der Mitgliederversammlung (des Ausschusses) persönlich oder durch Beauftragte teilzunehmen.

Ent. § 199; B. 191; KB.A. 325.

S. § 217 Abs. 3.

**§ 222.** (1) Die Genossenschaft ist berechtigt, auf den zu ihr gehörenden Grundstücken die zur Erfüllung des Genossenschaftszwecks erforderlichen Anlagen herzustellen und zu erhalten.

(2) Im Streitfalle beschließt die Aufsichtsbehörde,[1]) ob eine Anlage zur Erfüllung des Genossenschaftszwecks erforderlich ist. Gegen den Beschluß ist binnen zwei Wochen die Beschwerde an die Aufsichtsbehörde zweiter Instanz zulässig.

(3) Die Genossen können von der Genossenschaft Ersatz verlangen für den Nachteil, der für ihre Grundstücke, Bergwerke oder gewerblichen Anlagen unter Berücksichtigung der ihnen aus den Anlagen erwachsenden Vorteile entsteht. Beträgt die Ersatzsumme mehr als einhundert Mark, so sind der Artikel 52 und der Artikel 53 Abs. 1 des Einführungsgesetzes zum Bürgerlichen Gesetzbuche sowie der § 47 des Enteignungsgesetzes vom 11. Juni 1874 (Gesetzsamml. S. 221) anzuwenden.[2])

(4) Den Pächtern und anderen Nutzungsberechtigten stehen solche Entschädigungsansprüche gegen die Genossenschaft nicht zu.[3])

Ent. § 200; B. 191; KB.A. 326.

[1]) Vgl. § 217 Abs. 3.

[2]) Der Anspruch ist ein rein privatrechtlicher und deshalb im ordentlichen Rechtswege verfolgbar.

Artt. 52 u. 53 EG.BGB. bezwecken den Schutz Dritter, welchen Rechte an dem Grundstück zustehen. § 47 EnteignG. betrifft die Verfügungsbeschränkungen in Ansehung der Entschädigungssumme, denen der Fideikommiß- und Lehnseigentümer zugunsten der Fideikommiß- und Lehnsberechtigten unterworfen ist.

[3]) Dieselben können etwaige Entschädigungsansprüche nur gegen den Grundstückseigentümer geltend machen.

**§ 223.** Für die Verbindlichkeiten der Genossenschaft haftet ihr Vermögen. Soweit daraus Gläubiger der Genossenschaft nicht befriedigt werden können, muß der Schuldbetrag durch Beiträge aufgebracht werden, die von dem Vorstande nach dem in der Satzung festgesetzten Teilnahmemaßstab umzulegen sind.

Ent. § 201; B. 191; KB.A. 326.

Die einzelnen Genossen haften dem Gläubiger nicht, sondern nur der Genossenschaft.

**§ 224.** (1) Die Genossenschaftslasten sind öffentliche Lasten. Sie haften auf den bei dem Unternehmen beteiligten Grundstücken und Bergwerken in dem durch das Teilnahmeverhältnis (§ 214 Nr. 6) festgesetzten Umfange.

(2) Die ausgeschiedenen Genossen bleiben für die bis zu ihrem Austritt umgelegten Beiträge verhaftet.

Ent. § 202; B. 191; KB.A. 326.

Rückständige Beiträge können auch im Wege der Zwangsversteigerung beigetrieben werden.

**§ 225.** (1) Die Teilnahme an den Genossenschaftslasten ist nach dem Maßstabe des für die Genossen aus den Genossenschaftsanlagen erwachsenden Vorteils zu regeln. Bei Genossenschaften zur Reinhaltung eines Gewässers bestimmt sich die Teilnahme an den Genossenschaftslasten vorzugsweise[1]) nach dem Maßstabe der von den einzelnen Genossen hervorgerufenen Verunreinigung und der zur Beseitigung dieser Verunreinigung dienenden Aufwendungen der Genossenschaft.[2])

(2) Das Stimmrecht der Genossen ist nach dem Verhältnis ihrer Teilnahme an den Genossenschaftslasten festzustellen. Jeder beitragspflichtige Genosse muß mindestens eine Stimme haben.

(3) Durch einstimmigen Beschluß der zur Abstimmung erschienenen Beteiligten kann ein anderer als der in den Vorschriften des Abs. 1 und des Abs. 2 Satz 1 festgestellte Maßstab bestimmt werden.

Ent. § 203; B. 192; KB.A. 326.

[1]) „Vorzugsweise", aber nicht ausschließlich. Bei den Genossenschaften zur Reinhaltung sollen hauptsächlich diejenigen Genossen mit Beiträgen herangezogen werden, welche die Verunreinigung des Gewässers verursachen. Durch die Bestimmung des Abs. 1 Satz 2 sollen aber andere, die von der Reinhaltung Nutzen haben, nicht ohne weiteres befreit sein. Von Bedeutung ist dies besonders in Fällen von Verunreinigung, die auf Grund eines verliehenen oder aufrechterhaltenen Rechts erfolgt, oder wenn die Verunreinigung sich im Rahmen des Gemeinüblichen hält (§ 379 Abs. 4). In diesen Fällen, in welchen es sich nicht um eine unzulässige, sondern um eine zulässige Verunreinigung handelt, haben auch andere als die Urheber der Verunreinigung Vorteil aus den Genossenschaftsanlagen (s. aber Abs. 3).

[2]) Wegen der Veranlagung und Heranziehung zu den Genossenschaftslasten s. § 226 Abs. 2.

**§ 226.** (1) Streitigkeiten über die Zugehörigkeit zur Genossenschaft werden im Verwaltungsstreitverfahren entschieden.

(2) Gegen die Heranziehung und Veranlagung zu den Genossenschaftslasten steht den Inanspruchgenommenen binnen vier Wochen der Einspruch zu. Über den Einspruch

beschließt der Vorstand. Gegen den Beschluß kann binnen zwei Wochen die Klage im Verwaltungsstreitverfahren erhoben werden, sofern nicht das Schiedsgericht (§ 215) von beiden Parteien angerufen wird. Die Klage hält die Vollstreckung des Beschlusses nicht auf.

(3) Zuständig ist der Bezirksausschuß.

Ent. § 204; B. 192; KB.A. 327; L. II 8220; L. III 8576.

Zu Abs. 2. Nicht nur die Verpflichtung zur Teilnahme an den Genossenschaftslasten überhaupt, sondern auch die Verpflichtung zur Leistung eines einzelnen, von einem Genossen geforderten Beitrags, fällt unter den Begriff der „Heranziehung" und „Veranlagung" (vgl. auch OVG. 56 371; 59 346).

**§ 227.** (1) Der Vorstand und, wenn dieser aus mehreren Personen besteht, auch sein Vorsitzender sind berechtigt, Anordnungen, die sie in Ausübung der ihnen zustehenden Befugnisse gegen einzelne Genossen richten, durch folgende Zwangsmittel durchzusetzen:

1. Ist eine Handlung zu erzwingen, die ein Dritter ausführen kann, so können sie die Ausführung veranlassen und den vorläufig zu bestimmenden Kostenbetrag im Zwangswege von dem Verpflichteten einziehen.
2. Steht es fest, daß der Verpflichtete nicht imstande ist, die aus der Ausführung durch einen Dritten entstehenden Kosten zu tragen, oder ist eine nicht durch einen Dritten ausführbare Handlung oder eine Unterlassung zu erzwingen, so können sie Geldstrafen bis zu dreißig Mark festsetzen. Die Strafgelder fließen in die Genossenschaftskasse.

(2) Der Anwendung der Zwangsmittel muß eine schriftliche Androhung vorausgehen; in dieser ist, wenn eine Hand-

lung erzwungen werden soll, eine Frist zu bestimmen, innerhalb deren die Handlung auszuführen ist.

Ent. § 205; B. 192; KB.A. 328.

**§ 228.** (1) Gegen die Anordnungen des Vorstandes und seines Vorsitzenden und gegen die Androhung[1]) eines Zwangsmittels ist die Beschwerde an die Aufsichtsbehörde,[2]) gegen deren Bescheid die weitere Beschwerde an die höhere Aufsichtsbehörde und gegen deren Bescheid die Klage bei dem Oberverwaltungsgerichte zulässig. Die Klage kann nur darauf gestützt werden:

1. daß die angefochtene Anordnung durch Nichtanwendung oder unrichtige Anwendung des bestehenden Rechtes, insbesondere auch der von den Behörden innerhalb ihrer Zuständigkeit erlassenen Verordnungen, den Kläger in seinen Rechten verletze;
2. daß die tatsächlichen Voraussetzungen nicht vorhanden seien, die den Vorstand oder seinen Vorsitzenden zum Erlasse der Anordnung oder zur Androhung des Zwangsmittels berechtigt haben würden.

(2) Das gegen die Androhung eines Zwangsmittels gerichtete Rechtsmittel erstreckt sich zugleich auf die Anordnung, um deren Ausführung es sich handelt, wenn sie nicht bereits Gegenstand eines besonderen Beschwerdeverfahrens geworden ist.[3])

(3) Die Beschwerde gegen den Vorstand oder seinen Vorsitzenden ist bei diesem, die weitere Beschwerde bei der Behörde, gegen deren Bescheid sie sich richtet, anzubringen.

(4) Die Frist zur Einlegung der Beschwerde und der weiteren Beschwerde sowie zur Erhebung der Klage gegen den auf die Beschwerde erlassenen Bescheid beträgt zwei Wochen.

(5) Wird die Beschwerde oder die weitere Beschwerde der Vorschrift des Abs. 3 zuwider innerhalb der gesetzlichen Frist bei der Behörde angebracht, die zur Beschlußfassung darüber zuständig ist, so gilt die Frist als gewahrt.

(6) Gegen die Festsetzung und Ausführung eines Zwangsmittels ist nur die Beschwerde im Aufsichtsweg innerhalb zwei Wochen zulässig.[4])

Ent. § 206; B. 192; KB.A. 328.

[1]) Es muß eine wirkliche Androhung vorliegen. Eine Bemerkung der Verwaltungsbehörde, z. B. „es werde in Erwägung gezogen werden", ob ein bestimmtes Zwangsmittel zur Anwendung gebracht werden würde, ist als Androhung im Sinne des § 205 Abs. 2 nicht zu betrachten (OVG. **30** 423).

[2]) Vgl. § 217 Abs. 3.

[3]) OVG. **10** 350.

[4]) Vgl. auch §§ 127, 129, 132, 133 LVG.

**§ 229.** (1) Rückständige Beiträge sowie die im § 227 erwähnten Strafen und Kosten können im Verwaltungszwangsverfahren beigetrieben werden. Die zuständige Vollstreckungsbehörde wird durch die Aufsichtsbehörde[1]) bestimmt. Das Beitreibungsverfahren kann auch gegen die Pächter und anderen Nutzungsberechtigten der einer Genossenschaft angehörenden Grundstücke, Bergwerke und gewerblichen Anlagen gerichtet werden.[2])

(2) Zu den Nutzungsberechtigten gehören auch die Mieter der an die Genossenschaft angeschlossenen gewerblichen Anlagen sowie der gesonderten Arbeitsstellen[3]) in diesen Anlagen. Gegen den Mieter gesonderter Arbeitsstellen ist das Verwaltungszwangsverfahren nur wegen des auf seine Arbeitsstelle entfallenden Beitrags zulässig.

Ent. § 207; B. 192; KB.A. 328.

[1]) „Aufsichtsbehörde", nicht Bezirksregierung, abweichend vom § 4 Abs. 3 der V., betr. das Verwaltungszwangsverfahren, v. 15. 11. 99 (GS. 545; vgl. auch § 60 LVG.).

[2]) Diese haben einen Regreßanspruch gegen den eigentlich Verpflichteten.

[3]) „Gesonderte Arbeitsstellen" sind solche, die gesondert vermietet werden, z. B. also, wenn in einem größeren Raume eine größere Anzahl von Werkzeugen (Maschinen, Schleifsteinen usw.) aufgestellt und diese einzelnen Werkzeuge an selbständige Mieter abgegeben sind.

**§ 230.** (1) Der Vorstand hat die Mitgliederversammlung (den Ausschuß) einzuberufen, sobald das Interesse der Genossenschaft es erfordert oder ein Drittel der Genossen es unter Angabe des Zweckes schriftlich beantragt.

(2) Wenn der Vorstand dem Antrage binnen zwei Monaten nicht stattgegeben hat, so liegt die Einberufung der Aufsichtsbehörde ob.

Ent. § 208; B. 192; KB.A. 329.

**§ 231.** Die Aufsichtsbehörde ist befugt, Mitglieder des Vorstandes, die sich einer groben Pflichtverletzung schuldig machen, ihres Amtes zu entsetzen. Die auf Amtsentsetzung lautende Verfügung kann binnen zwei Wochen durch Klage bei dem Oberverwaltungsgericht angefochten werden. Bis zur Entscheidung über die Klage bleibt das Vorstandsmitglied von den Amtsgeschäften enthoben.

Ent. § 209; B. 192; KB.A. 329.

Eine andere Persönlichkeit mit der Führung der Vorstandsgeschäfte zu beauftragen, ist die Aufsichtsbehörde jedoch nicht befugt. Es ist nach § 214 Nr. 8 bzw. dem Inhalt der Satzung in einem solchen Falle zu verfahren.

**§ 232.** Im Einverständnisse mit der Genossenschaft können neue Mitglieder eintreten oder bisherige ausscheiden. Es bedarf jedoch hierzu der Genehmigung der Aufsichtsbehörde; diese hat beim Ausscheiden von Mitgliedern auch das Interesse der Gläubiger zu berücksichtigen.

Ent. § 210; B. 193.

„Im Einverständnis" bedeutet nicht, daß unter allen Umständen sämtliche Genossen zuzustimmen hätten. Es ist die nach dem Statut für die Beschlüsse der Mitgliederversammlung maßgebende Stimmenmehrheit ausreichend. Über die Beschlußfassung bis zur Genehmigung der Satzung vgl. § 257. Die Entscheidung kann auch der Ausschuß (§ 212 Abs. 4) treffen.

**§ 233.** (1) Die Genossenschaft ist verpflichtet, Eigentümer von Grundstücken, Bergwerken und gewerblichen Anlagen sowie Wassergenossenschaften oder andere Verbände (§ 210) auf ihr Verlangen in die Genossenschaft aufzunehmen, wenn der von der Genossenschaft verfolgte Zweck auch für sie nur durch Anschluß an die genossenschaftlichen Anlagen und deren Mitbenutzung erreichbar ist und die Anlagen, nötigenfalls nach entsprechendem Ausbau, den gemeinsamen Bedürfnissen genügen.[1])

(2) Der neu hinzutretende Genosse hat jedoch die besonderen Kosten der zum Anschluß an die genossenschaftlichen Anlagen und zu ihrer Mitbenutzung herzustellenden Einrichtungen zu tragen.[2])

Ent. § 211; B. 193.

[1]) Eine von den Vorschriften des § 233 abweichende Bestimmung der Satzung ist unzulässig. Es handelt sich um eine öffentlich-rechtliche Verbindlichkeit.

[2]) Auch die Kosten eines ev. notwendigen Ausbaues gemäß Abs. 1 (OVG. 28 291; 38 268).

**§ 234.** (1) Das Ausscheiden von Grundstücken, Bergwerken oder gewerblichen Anlagen kann von der Genossenschaft gegen den Willen der Eigentümer verlangt werden, wenn sonst die Erreichung des Genossenschaftszwecks gefährdet werden würde.

(2) Dem Ausscheidenden ist Entschädigung zu leisten; eine Werterhöhung, die das Grundstück, das Bergwerk oder die gewerbliche Anlage erst infolge des genossenschaftlichen Unternehmens gewinnen würden, kommt jedoch bei der Bemessung der Entschädigung nicht in Anschlag.

Ent. § 212; B. 193.

Also entgangener Gewinn, der durch die Mitgliedschaft hervorgerufen wurde, ist nicht zu ersetzen.

**§ 235.** Über Streitigkeiten in den Fällen des § 233 und des § 234 Abs. 1 entscheidet der Bezirksausschuß im Verwaltungsstreitverfahren.

Ent. § 213; B. 193.

**§ 236.** Haben Eigentümer von Grundstücken, Bergwerken oder gewerblichen Anlagen sowie Wassergenossenschaften oder andere Verbände (§ 210), ohne Genossen zu sein, dadurch Vorteil, daß sie den Betrieb von Anlagen auf die Ausnutzung der durch die Genossenschaftsanlagen geschaffenen günstigeren Wasserverhältnisse einrichten, so ist die Genossenschaft befugt, ihnen die durch das genossenschaftliche Unternehmen ermöglichte bessere Benutzung zu untersagen, wenn infolge dieser Benutzung die genossenschaftlichen Anlagen für die Bedürfnisse der Genossenschaft nicht mehr ausreichen. Dasselbe gilt, wenn Genossen die günstigeren Wasserverhältnisse für andere als die zur Genossenschaft gehörenden Grundstücke, Bergwerke oder gewerblichen Anlagen nutzbar machen.

Ent. § 214; B. 193.

Die Bestimmung soll verhüten, daß Nichtmitglieder der Genossenschaft Vorteile aus den Genossenschaftsanlagen genießen, wenn durch eine solche Benutzung die in erster Linie für die Bedürfnisse der Genossenschaft geschaffenen Anlagen hierzu nicht ausreichen (Begr. zum Entw. des G. v. 19. 5. 91 zu Art. 3 § 2, Anlage zu den stenographischen Berichten des Abgeordnetenhauses 17. Leg.-Per. III. Session 2 1060).

**§ 237.** Die Genossenschaftsanlagen sind mindestens einmal im Jahre zu schauen. Der Schaukommission sollen außer dem Vorstand oder einzelnen seiner Mitglieder auch noch andere Genossen angehören.

Ent. § 215; B. 193.

Die Zusammensetzung der Schaukommission ist gemäß § 214 Nr. 1 durch die Satzung zu regeln.

## Zweiter Titel.

## Genossenschaften mit Zulässigkeit des Beitrittszwanges.

**§ 238.** (1) Soll eine Genossenschaft zu einem der im § 206 Nr. 1 bis 5, 9, 11, 12 oder 14 bezeichneten Zwecke[1]) gebildet werden, so können widersprechende Eigentümer der bei ihr zu beteiligenden Grundstücke, Bergwerke und gewerblichen Anlagen sowie Wassergenossenschaften und andere Verbände (§ 210) zum Beitritte gezwungen werden,[2]) wenn

1. das Unternehmen zweckmäßig nur auf genossenschaftlichem Wege durchgeführt werden kann;
2. die Mehrheit[3]) der Beteiligten der Genossenschaftsbildung zustimmt und
3. das Unternehmen unter Berücksichtigung der Genossenschaftslasten für die Grundstücke, Bergwerke

und gewerblichen Anlagen der Widersprechenden sowie für die widersprechenden Wassergenossenschaften und anderen Verbände (§ 210) Vorteile[4]) in Aussicht stellt, bei einer Genossenschaft zur Reinhaltung auch, wenn das Unternehmen zur Beseitigung der von ihnen hervorgerufenen Verunreinigung dient.

(2) Die Mehrheit berechnet sich, wenn nur Grundstücke beteiligt sind, sowohl nach der Fläche als auch nach dem Grundsteuerreinertrag oder, wenn die Grundstücke sämtlich einem Auseinandersetzungsverfahren unterliegen und in diesem besonders abgeschätzt sind, nach dem so ermittelten Werte oder Ertrage. Sind Bergwerke, gewerbliche Anlagen, Wassergenossenschaften oder andere Verbände (§ 210) allein oder neben Grundstücken beteiligt, so berechnet sich die Mehrheit nach dem vorläufig festgestellten Vorteile[5]) (§ 252); soll in diesem Falle ein Beitrittszwang gegen widersprechende Eigentümer von Grundstücken ausgeübt werden, so bedarf es außerdem der Mehrheit der beteiligten Grundstückseigentümer, berechnet nach Satz 1.[6])

(3) Als Vorteil im Sinne des Abs. 1 Nr. 3 gilt auch die Möglichkeit, das Unternehmen durch zweckentsprechende und wirtschaftlich gerechtfertigte Anlagen oder Einrichtungen auszunutzen.

(4) Eigentümer von Grundstücken,[7]) für die das Unternehmen keinen Vorteil in Aussicht stellt, können zum Beitritte gezwungen werden, soweit es im Interesse der Beschaffung oder Erhaltung der Vorflut oder zur Durchleitung von Entwässerungs- oder Bewässerungsanlagen erforderlich ist. Solche Grundstücke sind von allen Genossenschaftslasten befreit. Erleiden sie Schaden, so ist er von der Genossenschaft zu ersetzen. Über die Entschädigungsansprüche

**beschließt der Bezirksausschuß. Gegen dessen Beschluß kann binnen drei Monaten der Rechtsweg beschritten werden.[8])**

Ent. § 216; B. 193; KB.A. 329 ff.; L. II 8221 ff.

[1]) Im § 206 sind die Zwecke genannt, zu deren Erfüllung überhaupt Wassergenossenschaften gebildet werden können. In den §§ 238 ff. sind für diejenigen Fälle besondere Vorschriften gegeben, in welchen durch einen Mehrheitsbeschluß der Beteiligten eine Genossenschaft gebildet und die widersprechende Minderheit der Beteiligten zum Beitritt gezwungen werden kann. Die Bildung einer solchen Genossenschaft kann auf Antrag, aber auch von Amts wegen seitens des Regierungspräsidenten eingeleitet werden (§ 244).

Eine Genossenschaft mit Beitrittszwang kann gebildet werden:

a) zur Unterhaltung von Wasserläufen zweiter oder dritter Ordnung und zum Ausbau solcher Wasserläufe zwecks Verbesserung der Vorflut oder des Hochwasserabflusses;

b) zur Unterhaltung der Ufer von Wasserläufen sowie zum Ausbau der Ufer zwecks Verbesserung der Vorflut oder des Hochwasserabflusses oder zum Schutze der Ufergrundstücke und der dahinter liegenden Grundstücke;

c) zur Reinhaltung von Gewässern;

d) zur Entwässerung und Bewässerung von Grundstücken und zur Unterhaltung von Entwässerungs- oder Bewässerungsanlagen;

e) zur Verfehnung von Grundstücken und zur Unterhaltung von Verfehnungsanlagen;

f) zur Anlegung, Unterhaltung und Ausnutzung von Stauanlagen;

g) zur Beseitigung von Hindernissen des Hochwasserabflusses;

h) zur Zurückhaltung von Wasser in den Niederschlagsgebieten von Wasserläufen;

i) zur Aufhöhung und Auffpülung von Grundstücken im Interesse der Bodenkultur.

[2]) Die Voraussetzungen zur Bildung einer solchen Genossenschaft sind genannt im Abs. 1 Nr. 1—3. Diese drei Voraussetzungen müssen sämtlich vorhanden sein, andernfalls die Bildung der Genossenschaft nicht zulässig ist. Es findet aber § 208 Anwendung, nach welchem das Fehlen einer dieser Voraussetzungen vor Genehmigung oder Erlaß der Satzung geltend gemacht werden muß. Ist trotz rechtzeitiger Geltendmachung dieses Einwands die Satzung genehmigt oder erlassen, so findet § 226 Abs. 1 Anwendung, d. h. Klage im Verwaltungsstreitverfahren (s. aber die Ausnahme vom Abs. 1 Nr. 3 im Abs. 4).

[3]) Berechnung der Mehrheit s. Abs. 2 und Anm. dazu.

[4]) „Vorteile". Als Vorteil ist hier nur der Nettovorteil zu verstehen, d. h. der Vorteil, der verbleibt, wenn die Genossenschaftslasten abgezogen sind. Stellt sich später heraus, daß ein Vorteil nicht vorhanden ist, wobei dann allerdings die Genossenschaftslasten unberücksichtigt bleiben müssen (vgl. § 241), so tritt Beitragsfreiheit ein (§ 239; Begr. 196).

[5]) „Sind Bergwerke . . . oder andere Verbände . . . beteiligt", so soll, „da es an einem allgemein anwendbaren anderen Maßstabe fehlt, der rechnerisch in jedem Falle zu ermittelnde tatsächliche Vorteil in Übereinstimmung mit dem G. v. 19. 5. 91 in Ansatz gebracht werden; für Grundstücke kann es bei dem Maßstabe der Fläche und des Grundsteuerreinertrages bewenden. Wenn Grundstücke allein beteiligt sind, ist nur der letztere Maßstab in Anwendung zu bringen, wenn Bergwerke, gewerbliche Anlagen oder Verbände beteiligt sind, der erstere. Wenn beide Arten beteiligt sind und nicht alle Grundstücke zustimmen, bedarf es zu deren zwangsweiser Zuziehung einer besonderen Abstimmung unter den Eigentümern der Grundstücke nach dem Maßstabe der Fläche und des Grundsteuerreinertrages, damit nicht die Grundstücke von Bergwerken, gewerblichen Anlagen oder Verbänden, die vielleicht ein sehr hohes Interesse an der Genossenschaftsbildung haben, überstimmt werden können" (Begr. 196).

[6]) Die Bestimmung des Abs. 2 Satz 2 letzter Teil soll ein Sicherheitsventil zum Schutze der Landwirtschaft sein. Die Grund-

stücksseigentümer sollen gegen ihren Willen zum Beitritt nicht gezwungen werden können. Sie sollen vielmehr unter sich selbst erst feststellen, ob eine Mehrheit auch unter ihnen selbst vorhanden ist. Ist diese besonders festzustellende Mehrheit nicht vorhanden, so kann ein Beitrittszwang im Falle des Abs. 2 Satz 2 nicht ausgeübt werden (vgl. L. II 8221).

[7]) Abs. 4 enthält eine Ausnahme von der Bestimmung des Abs. 1 Nr. 3, nach der als Voraussetzung „Vorteile" für die Grundstücke durch das Unternehmen in Aussicht stehen müssen. Abs. 4 gilt nur für Eigentümer von Grundstücken, nicht auch für Bergwerke, gewerbliche Anlagen, Wassergenossenschaften und andere Verbände, soweit sie nicht auch als Grundstückseigentümer Mitglieder der Genossenschaft sind.

[8]) Bezüglich des Vorhandenseins der Voraussetzungen zur Bildung einer Genossenschaft mit Beitrittszwang und der Genehmigung ihrer Satzung vgl. § 270 Abs. 1 und Abs. 3 Satz 1.

**§ 239.** (1) Ergibt sich, daß das ausgeführte Unternehmen einem Grundstück, einem Bergwerk, einer gewerblichen Anlage, einer Wassergenossenschaft oder einem anderen Verbande (§ 210) keinen Vorteil gewährt, so kann der Genosse für die Dauer des Zustandes der Genossenschaft gegenüber den Erlaß der Genossenschaftsbeiträge verlangen,[1]) bei Genossenschaften zur Reinhaltung von Gewässern jedoch nur, soweit die Heranziehung wegen des ihm aus den Genossenschaftsanlagen erwachsenden Vorteils erfolgt ist. Soweit bei letzteren Genossenschaften ein Genosse wegen der von ihm hervorgerufenen Verunreinigung zu Beiträgen herangezogen ist, kann er den Erlaß der Beiträge verlangen, wenn sich ergibt, daß er zu der Verunreinigung nicht beiträgt.

(2) Werden die Ansprüche vom Vorstande nicht als berechtigt anerkannt, so sind sie im Wege des Einspruchs gegen die Heranziehung zu den Genossenschaftslasten nach § 226

Abs. 2 geltend zu machen, doch kann die Entscheidung über den Einspruch nicht in der Satzung einem Schiedsgericht[2]) übertragen werden.

Ent. § 217; B. 197; KB.A. 338.

[1]) Er haftet auch der Genossenschaft gegenüber nicht für deren Schulden nach § 223 Satz 2.

[2]) S. § 215.

**§ 240.** (1) Ergibt sich, daß ein Grundstück, abgesehen von dem Falle des § 238 Abs. 4, oder ein Bergwerk oder eine gewerbliche Anlage dauernden Nachteil von dem ausgeführten Unternehmen hat, so kann der Genosse deren Ausscheiden aus der Genossenschaft verlangen.

(2) Soweit der Erwerb des ausscheidenden Grundstücks zur Durchführung der Genossenschaftszwecke erforderlich ist, kann der Genossenschaft das Recht zur Enteignung nach dem Enteignungsgesetze vom 11. Juni 1874 (Gesetzsamml. S. 221) gewährt werden. Über die Gewährung des Enteignungsrechts entscheidet der Bezirksausschuß durch einen mit Gründen versehenen Beschluß. Der Beschluß kann binnen zwei Wochen durch Beschwerde bei dem Minister der öffentlichen Arbeiten angefochten werden. Die Gewährung des Enteignungsrechts durch den Vorsitzenden nach § 117 des Landesverwaltungsgesetzes vom 30. Juli 1883 (Gesetzsamml. S. 195) ist nicht zulässig.

Ent. § 218; B. 197; KB.A. 338.

Zu Abs. 1 s. § 243.

**§ 241.** In den Fällen der §§ 239, 240 bleiben bei der Ermittelung, ob ein Grundstück, ein Bergwerk oder eine gewerbliche Anlage keinen Vorteil oder Nachteil von dem

Unternehmen hat, die darauf entfallenden Genossenschaftsbeiträge unberücksichtigt.

Ent. § 219; B. 197.

**§ 242.** (1) Haben Eigentümer von Grundstücken, Bergwerken oder gewerblichen Anlagen, Wassergenossenschaften oder andere Verbände (§ 210), ohne Genossen zu sein, oder haben Genossen mit anderen als den zur Genossenschaft gehörenden Grundstücken, Bergwerken oder Anlagen von den ausgeführten Genossenschaftsanlagen Vorteil oder tragen sie zur Verunreinigung eines Gewässers bei, zu dessen Reinhaltung die Genossenschaft gebildet ist, so können sie vom Genossenschaftsvorstande nach Anhörung zu Beiträgen gemäß den für die Genossen geltenden Bestimmungen herangezogen werden. Die Beiträge dürfen, soweit sie wegen des den Herangezogenen aus den Genossenschaftsanlagen erwachsenden Vorteils erhoben werden, diesen Vorteil nicht übersteigen.

(2) Die Genossenschaft ist in diesem Falle verpflichtet, die herangezogenen Eigentümer und Verbände auf ihr Verlangen in die Genossenschaft aufzunehmen.

Ent. § 220; B. 197 ff.; KB.H. 54.

S. § 243.

**§ 243.** Über Streitigkeiten in den Fällen des § 240 Abs. 1 und des § 242 entscheidet der Bezirksausschuß im Verwaltungsstreitverfahren.

Ent. § 221; B. 197 ff.

**§ 244.** (1) Liegen die Voraussetzungen des § 233 Abs. 1 für mehrere Grundstücke, Bergwerke, gewerbliche Anlagen, Wassergenossenschaften oder andere Verbände (§ 210) vor, wollen aber nicht alle Eigentümer oder Verbände in die

Genossenschaft eintreten, so können die Widersprechenden für verpflichtet erklärt werden, der Genossenschaft beizutreten, wenn der Beitritt unter Berücksichtigung der dadurch entstehenden Kosten und der Genossenschaftsbeiträge Vorteile für sie in Aussicht stellt und wenn die Aufnahme aller beteiligten Eigentümer und Verbände in die Genossenschaft von der Mehrheit dieser Eigentümer und Verbände, nach § 238 Abs. 2 berechnet, beantragt wird.

(2) Auf das Verfahren sind die Vorschriften der §§ 248 ff. über das Verfahren zur Bildung von Genossenschaften entsprechend anzuwenden.

(3) Die nach § 254 zu wählenden Bevollmächtigten haben die Gesamtheit der Beteiligten bei den Verhandlungen mit der Genossenschaft oder in einem etwaigen Verwaltungsstreitverfahren nach den §§ 233, 235 zu vertreten.

Ent. § 222; B. 198; KB.A. 339.

Wenn der nachträgliche Beitritt mehrerer Grundstücke zu einer bestehenden Genossenschaft nach § 233 zulässig ist, nicht aber alle Eigentümer den Beitritt wollen, so soll gegen die Widerstrebenden ein Beitrittszwang ausgeübt werden können gleich dem im § 238 für die Neubegründung einer Genossenschaft gegebenen (Begr. 198). Das Interesse des einzelnen muß hier hinter dem Interesse der Mehrheit zurücktreten.

## Dritter Titel.

# Zwangsgenossenschaften.

**§ 245.** (1) Genossenschaften können ohne Zustimmung der Beteiligten gebildet werden:[1])

1. zur Unterhaltung natürlicher Wasserläufe zweiter Ordnung, wenn nicht die Voraussetzungen des § 116 vorliegen;

2. zur Unterhaltung natürlicher Wasserläufe zweiter Ordnung in den Fällen des § 118 Abs. 2;
3. zur Unterhaltung natürlicher Wasserläufe dritter Ordnung in den Fällen des § 118 Abs. 2;
4. zur Beseitigung von Hindernissen des Hochwasserabflusses, wenn sie zur Verhütung von Hochwassergefahr notwendig ist;
5. zur Reinhaltung von Gewässern, wenn schwerwiegenden Mißständen auf andere Weise nicht abgeholfen werden kann.

(2) Zu einer Genossenschaft der im Abs. 1 Nr. 1 bis 3 bezeichneten Art sind die Eigentümer der Grundstücke, Bergwerke und gewerblichen Anlagen sowie die Wassergenossenschaften oder anderen Verbände (§ 210) heranzuziehen, denen die ordnungsmäßige Unterhaltung des Wasserlaufs zum Vorteile gereicht. Als Vorteil gilt auch die Möglichkeit, das Unternehmen durch zweckentsprechende und wirtschaftlich gerechtfertigte Anlagen oder Einrichtungen auszunutzen.

(3) Eine Genossenschaft der im Abs. 1 Nr. 4 bezeichneten Art ist aus den Eigentümern der Grundstücke, Bergwerke und gewerblichen Anlagen, den Wassergenossenschaften und den anderen Verbänden (§ 210) zu bilden, die von der Hochwassergefahr bedroht sind.

(4) Eine Genossenschaft der im Abs. 1 Nr. 5 bezeichneten Art ist aus den Eigentümern der Grundstücke, Bergwerke und gewerblichen Anlagen, den Wassergenossenschaften und den anderen Verbänden (§ 210) zu bilden, die zur Verunreinigung eines Gewässers beitragen oder denen aus den Anlagen der Genossenschaft Vorteile erwachsen. Reichen die vorhandenen Gewässer zur unschädlichen Abführung der Schmutzwässer nicht aus, so kann in dem Plane des von

der Genossenschaft durchzuführenden Unternehmens auch die Anlegung von Kanälen zur Ableitung der Schmutzwässer vorgesehen werden.[2])

**§ 246.** Die §§ 239 bis 244 sind entsprechend anzuwenden.

Ent. §§ 223 u. 224; B. 198 ff.; KB.A. 339 ff.; L. II 8223 ff.; KB.H. 55.

**Zu §§ 245 u. 246.** [1]) Die §§ 245, 246 enthalten Vorschriften über „Zwangsgenossenschaften", d. h. solche Genossenschaften, welche ohne Zustimmung der Mehrheit und auch gegen den Willen aller Beteiligten gebildet werden können. Solche Zwangsgenossenschaften können gebildet werden:

a) zur Unterhaltung natürlicher Wasserläufe II. Ordnung, wenn nicht nach § 116 die Bildung einer Genossenschaft unterbleiben muß (§ 245 Abs. 1 Nr. 1);
b) wenn die nach dem schlesischen Auenrecht bei Wasserläufen zweiter und dritter Ordnung unterhaltungspflichtige Gutsherrschaft es beantragt oder den Wasserlauf nicht ordnungsmäßig unterhält (§ 245 Abs. 1 Nr. 2 u. 3);
c) zur Verhütung von Hochwassergefahr (vgl. dazu bezüglich der Beteiligung des Staates und der Provinzen § 293);
d) zur Reinhaltung von Gewässern (§ 245 Abs. 1 Nr. 5) und zwar nicht nur aus gesundheitlichen, sondern auch wirtschaftlichen Gründen schwerwiegender Art. Die Fassung und ebenso die Begründung derselben in der Kommission des Abgeordnetenhauses (KB.A. 342) ergibt, daß von dieser Zwangsbefugnis nicht aus geringfügigem oder vorübergehendem Anlaß Gebrauch gemacht werden darf.

[2]) Die Satzung einer Zwangsgenossenschaft wird nicht von den Beteiligten beschlossen, sondern vom Regierungspräsidenten erlassen (§ 270 Abs. 3 Satz 2). — Vgl. § 270 Abs. 1 wegen der Feststellung, ob die Voraussetzungen für eine Zwangsgenossenschaft vorliegen.

**§ 247.** (1) Unterläßt der Vorstand einer Zwangsgenossenschaft (§ 245) trotz Aufforderung der Aufsichtsbehörde, für die ordnungsmäßige Ausführung, Unterhaltung oder Wiederherstellung der genossenschaftlichen Anlagen Sorge zu tragen, so kann die Aufsichtsbehörde nach Anhörung der Genossenschaftsversammlung die Geschäfte des Vorstandes dem Vorstand einer Gemeinde, deren Gemarkung ganz oder zum Teil zum Gebiete der Genossenschaft gehört, übertragen. Die Aufsichtsbehörde kann für den Gemeindevorstand eine angemessene Entschädigung festsetzen. Gegen die Verfügung, durch welche dem Gemeindevorstande die Führung der Geschäfte des Genossenschaftsvorstandes übertragen wird, findet nur die Beschwerde an die Aufsichtsbehörde zweiter Instanz (§ 217 Abs. 3) statt.[1])

(2) Vor der ordentlichen Neuwahl zum Genossenschaftsvorstand ist die Genossenschaftsversammlung jedesmal darüber zu hören, ob die Führung der Geschäfte des Genossenschaftsvorstandes noch weiterhin dem Gemeindevorstande zu belassen ist.[2])

KommBschl. § 196a; KB.A. 324; KB.H. 55.

[1]) Die Bestimmung schafft eine Sicherung dafür, daß der Vorstand einer Zwangsgenossenschaft die Erfüllung der genossenschaftlichen Zwecke vereitelt.

[2]) Abs. 2 schützt die Rechte der Genossen. Ist die Genossenschaftsversammlung nicht mit einer Weiterführung der Geschäfte durch den beauftragten Gemeindevorstand einverstanden, so kann keine außerordentliche Genossenschaftsversammlung berufen werden, um eine Neuwahl des Vorstandes vorzunehmen, es führt vielmehr der beauftragte Gemeindevorstand die Geschäfte bis zur satzungsgemäß vorzunehmenden Neuwahl weiter. Über diesen Zeitpunkt hinaus kann aber ohne Genehmigung der Genossenschaftsversammlung der Gemeindevorstand die Geschäfte nicht weiterführen.

## Vierter Titel.

# Verfahren zur Bildung von Genossenschaften.

**§ 248.** Das Verfahren zur Bildung einer Genossenschaft wird durch den Regierungspräsidenten geleitet. Liegt das Genossenschaftsgebiet in mehreren Regierungsbezirken, so wird der zuständige Regierungspräsident durch den Oberpräsidenten, wenn mehrere Provinzen beteiligt sind, durch den zuständigen Minister endgültig bestimmt.

Ent. § 225; B. 199 ff.; KB.A. 344; L. II 8225.

Vgl. § 251.

**§ 249.** (1) Das Verfahren zur Bildung der Genossenschaft kann von Amts wegen oder auf Antrag eingeleitet werden. Dem Verfahren ist ein Plan zugrunde zu legen, der enthalten muß:

1. die erforderlichen Zeichnungen und Erläuterungen;
2. einen Kostenanschlag des Unternehmens;
3. die Bezeichnung der an der Genossenschaft zu beteiligenden Grundstücke, Bergwerke und gewerblichen Anlagen sowie der dazu heranzuziehenden Wassergenossenschaften oder anderen Verbände (§ 210).

(2) Dem Plane sind zur Vorbereitung der Abstimmung beizufügen: wenn Grundstücke beteiligt sind, die zur Ermittelung der Fläche und des Grundsteuerreinertrags nötigen Katasterauszüge, oder wenn die Grundstücke sämtlich einem Auseinandersetzungsverfahren unterliegen und in diesem besonders abgeschätzt sind, Auszüge aus den hierbei aufgestellten Verzeichnissen über den Wert oder Ertrag der Grundstücke. Sollen Bergwerke, gewerbliche Anlagen, Wassergenossen-

schaften oder andere Verbände an der Genossenschaft beteiligt werden, so bedarf es eines Voranschlags des von dem Unternehmen zu erwartenden Vorteils und der Angabe des Maßstabs, nach dem dieser Vorteil auf die Grundstücke, Bergwerke, gewerblichen Anlagen und Verbände verteilt werden soll.

(3) Wird das Verfahren auf Antrag eingeleitet, so hat der Antragsteller auf Verlangen des Regierungspräsidenten den Plan und die im Abs. 2 bezeichneten Unterlagen einzureichen.

Ent. § 226; B. 200; KB.A. 344; L. II 8225.

**§ 250.** (1) Auf Antrag kann der Bezirksausschuß beschließen, daß die Besitzer von Grundstücken Vorarbeiten,[1]) die zur Vorbereitung der Genossenschaftsbildung erforderlich sind, dulden müssen. Der ihnen hierdurch etwa erwachsende Schaden ist zu vergüten. Zur Sicherstellung der Entschädigung kann der Bezirksausschuß vor Beginn der Arbeiten vom Antragsteller eine Sicherheit bestellen lassen und deren Höhe bestimmen.

(2) Die Gestattung der Vorarbeiten wird von dem Bezirksausschuß in dem für seine öffentlichen Bekanntmachungen bestimmten Blatte bekanntgemacht. Von jeder Vorarbeit hat der Antragsteller unter Angabe von Zeit und Ort mindestens zwei Tage vorher den Gemeinde- (Guts-) Vorstand in Kenntnis zu setzen. Dieser hat die beteiligten Grundbesitzer davon besonders oder in ortsüblicher Weise allgemein zu benachrichtigen und ist ermächtigt, dem Antragsteller auf dessen Kosten einen beeideten Sachverständigen zur Seite zu stellen, um Beschädigungen sogleich festzustellen und abzuschätzen. Der abgeschätzte Schaden ist, vorbehaltlich anderweiter Feststellung im Rechtswege, den Berechtigten sofort auszu-

zahlen, widrigenfalls der Gemeinde- (Guts-) Vorstand auf Antrag des Beteiligten die Fortsetzung der Vorarbeiten zu hindern verpflichtet ist.[2])

(3) Zum Betreten von Gebäuden und eingefriedigten Hof- oder Gartenräumen bedarf der Antragsteller, soweit dazu der Grundbesitzer seine Einwilligung nicht ausdrücklich erteilt, in jedem einzelnen Falle einer besonderen Erlaubnis der Ortspolizeibehörde. Diese hat die Besitzer zu benachrichtigen und zur Offenstellung der Räume zu veranlassen.

(4) Eine Zerstörung von Baulichkeiten jeder Art und ein Fällen von Bäumen ist nur zulässig, nachdem der Bezirksausschuß dies durch Beschluß genehmigt hat.

(5) Der Beschluß ist endgültig.

Ent. § 227; B. 200; KB.A. 344; L. II 8225; KB.H. 55.

[1]) Das im § 250 gegebene Recht zur Vornahme von Vorarbeiten auf fremden Grundstücken, bevor die Bildung der Genossenschaft erfolgt ist, stellt ein in sich abgeschlossenes besonderes Unternehmen dar, welches die Frage der Bildung der Genossenschaft nicht präjudiziert. Das Verfahren auf Gestaltung dieser Vorarbeiten ist dem § 5 des EnteignG. v. 11. 6. 74 nachgebildet (vgl. Eger 1 Anm. zu § 5). Unter „Vorarbeiten" sind alle Handlungen zu verstehen, welche zur Bildung der Genossenschaft erforderlich erscheinen. Nur diesem Zweck dürfen sie aber auch dienen. Ob das beabsichtigte genossenschaftliche Unternehmen später tatsächlich zur Ausführung kommt, ist unerheblich für die Entschädigungsansprüche. Kommt es nicht zur Ausführung, so hat der Antragsteller die Entschädigungen zu zahlen.

[2]) Der abgeschätzte Schaden ist auf Antrag sofort auszuzahlen, nicht erst nach Beendigung der Vorarbeiten.

Nicht nur gegen die abgeschätzte Höhe des Schadens, sondern auch wegen des festgestellten Umfangs des Schadens ist der ordentliche Rechtsweg zulässig.

**§ 251.** (1) Ist der Antrag auf Einleitung des Verfahrens offenbar unzulässig, undurchführbar oder unzweckmäßig, so kann er ohne weiteres durch einen mit Gründen versehenen Bescheid zurückgewiesen werden.

(2) Anderenfalls ernennt der Regierungspräsident einen Kommissar zur Verhandlung mit den Beteiligten. Dasselbe gilt, wenn das Verfahren von Amts wegen eingeleitet werden soll.

Ent. § 228; B. 200; KB.H. 55.

Der Bescheid ergeht vom zuständigen (vgl. § 248) Regierungspräsidenten.

**§ 252.** Der Kommissar hat die Satzung zu entwerfen, die im § 249 bezeichneten Unterlagen, soweit sie noch nicht vorhanden sind, zu beschaffen und, wenn nicht nur Grundstücke beteiligt sind, den für die einzelnen Beteiligten aus dem Unternehmen zu erwartenden Vorteil vorläufig festzustellen. Bei Genossenschaften zur Reinhaltung von Gewässern gilt als Vorteil auch die Beseitigung der von den Beteiligten hervorgerufenen Verunreinigung; der Vorteil wird nach dem Umfange der Verunreinigung berechnet.

Ent. § 229; B. 200 ff.; L. II 8225.

**§ 253.** Der Kommissar hat sodann einen Beschluß der Beteiligten über den Plan und die Bildung der Genossenschaft herbeizuführen.

Ent. § 230; B. 200 ff.

**§ 254.** (1) Wird die Bildung der Genossenschaft beschlossen, so hat der Kommissar die Beschlußfassung über die Satzung und alle anderen Punkte, bei denen er es für erforderlich erachtet, ferner in den Fällen des § 238 nötigenfalls eine Beschlußfassung über die Anwendung des Beitrittszwanges zu veranlassen. Zu dem Zwecke können die Beteiligten Bevollmächtigte wählen.[1] [2]

(2) In den Fällen des § 238 können die Widersprechenden verlangen, daß die Zustimmenden und die Widersprechenden getrennt Bevollmächtigte wählen, deren Zahl dem Verhältnisse der für oder gegen die Genossenschaftsbildung abgegebenen Stimmen annähernd zu entsprechen hat; die Zahl der Bevollmächtigten bestimmt der Kommissar.

(3) Die Bevollmächtigten sind befugt, Änderungen des Planes vorzunehmen, wenn nicht ausdrücklich ein anderes beschlossen wird.

Ent. § 231; B. 200 ff.; KB.A. 344 ff.

[1]) Durch die Wahl von Bevollmächtigten werden die vertretenen Beteiligten von dem weiteren Verfahren zur Bildung der Genossenschaft persönlich ausgeschlossen. Die einzelnen Beteiligten können in späteren Terminen ihre Interessen nicht mehr persönlich vertreten.

[2]) Die Rechte der Bevollmächtigten können beschränkt sein, sie können nicht auf eine Änderung der gemäß Abs. 1 beschlossenen Satzung ausgedehnt werden (KB.A. 345 ff.).

**§ 255.** Die nach den §§ 253, 254 herbeizuführenden Beschlüsse können in einem Termin oder in mehreren Terminen gefaßt werden.

Ent. § 232; B. 200 ff.

**§ 256.** (1) Beschlüsse der Bevollmächtigten werden mit Stimmenmehrheit gefaßt; jeder Bevollmächtigte hat eine Stimme.

(2) Die Bevollmächtigten sind befugt, mit Genehmigung des Kommissars für den Fall der Genehmigung oder des Erlasses der Satzung Verträge im Namen der zu bildenden Genossenschaft zu schließen.

Ent. § 233; B. 200 ff.

**§ 257.** Abgesehen von der Beschlußfassung über die Bildung der Genossenschaft genügt bis zur Genehmigung der Satzung zu allen Beschlüssen der Gesamtheit der Beteiligten die einfache Mehrheit der im Abstimmungstermin Erschienenen. Ausgenommen hiervon ist der Beschluß, durch welchen für die Teilnahme an den Genossenschaftslasten oder für das Stimmverhältnis der Genossen ein anderer als der in § 225 festgestellte Maßstab bestimmt wird. Die Mehrheit wird nach dem Grundsteuerreinertrag oder dem im Auseinandersetzungsverfahren geschätzten Werte oder Ertrage (§ 249 Abs. 2) der beteiligten Grundstücke, wenn aber bei der Genossenschaft Bergwerke, gewerbliche Anlagen, Wassergenossenschaften oder andere Verbände (§ 210) beteiligt sind, nach dem vorläufig festgestellten Vorteile (§ 252) berechnet.

Ent. § 234; B. 200 ff.; KB.A. 347; KB.H. 55.

Zur Bildung einer Genossenschaft, bei der nicht ein Beitrittszwang besteht, also bei den freiwilligen Genossenschaften, ist immer die Zustimmung aller Beteiligten erforderlich.

**§ 258.** Wird die Bildung einer Genossenschaft der im § 245 Abs. 1 bezeichneten Arten abgelehnt so hat der Kommissar die Beteiligten über die Voraussetzungen für die Bildung einer Zwangsgenossenschaft und über die Satzung zu hören.

Ent. § 235; B. 200 ff.

**§ 259.** Die den Miteigentümern eines Grundstücks, eines Bergwerks oder einer gewerblichen Anlage zustehenden Stimmen gelten als in dem Sinne abgegeben, in dem die Mehrheit der im Abstimmungstermin erschienenen Miteigentümer, berechnet nach der Größe ihrer Anteile, gestimmt hat.

Ent. § 236; B. 200 ff.

Vgl. § 1008 BGB.

**§ 260.** (1) Die Einwendungen der Beteiligten sowie die Voraussetzungen für die Anwendung des Beitrittszwanges und etwaige Anträge auf Erstattung von Kosten (§ 272 Abs. 3) sind, erforderlichenfalls nach Anhörung oder unter Zuziehung von Sachverständigen, mit den Beteiligten oder den dazu ermächtigten Bevollmächtigten zu erörtern.

(2) Werden gegen die vom Kommissar getroffene vorläufige Feststellung des Vorteils Einwendungen erhoben, so hat der Kommissar, soweit sie von der Mehrheit der Beteiligten als berechtigt anerkannt werden, die Feststellung entsprechend zu ändern. Anderenfalls entscheidet der Regierungspräsident. Die so getroffene Feststellung gilt nur bis zur Genehmigung der Satzung für die erforderlichen Abstimmungen.

Ent. § 237; B. 200 ff.; KB.A. 347 ff.

**§ 261.** Die Aufrechterhaltung der Ordnung in den Verhandlungsterminen liegt dem Kommissar ob. Er kann gegen Beteiligte, Sachverständige oder andere Personen, die sich während der Verhandlungen einer Ungebühr schuldig machen, vorbehaltlich strafgerichtlicher Verfolgung, eine Ordnungsstrafe bis zu zwanzig Mark festsetzen.

Ent. § 238; B. 200 ff.; KB.A. 348.

Gegen die Festsetzung der Ordnungsstrafe ist Beschwerde an den Regierungspräsidenten binnen zwei Wochen zulässig (§ 273).

**§ 262.** Über die Verhandlungen mit den Beteiligten und ihren Bevollmächtigten ist ein Protokoll aufzunehmen.

In dieses muß auch die Festsetzung der Ordnungsstrafe (§ 261) und die Veranlassung dazu aufgenommen werden. Das Protokoll ist von dem Kommissar und dem etwa zugezogenen Protokollführer und, wenn Sachverständige vernommen sind, auch von diesen zu unterschreiben. Sind Bevollmächtigte gewählt, so sollen auch diese das Protokoll unterschreiben.

Ent. § 239; B. 200 ff.; KB.A. 348.

**§ 263.** (1) Zu den Verhandlungsterminen sind die dabei Beteiligten spätestens eine Woche vor dem Termine zu laden. In dringenden Fällen kann die Ladungsfrist auf drei Tage abgekürzt werden. In der Ladung sind die Verhandlungsgegenstände anzugeben.

(2) Vor der Beschlußfassung über die Satzung ist der Entwurf acht Tage vorher offenzulegen und in der Ladung Ort und Zeit der Offenlegung mitzuteilen.

(3) Die Ladung ergeht, abgesehen von der Ladung zur Abstimmung über die Bildung einer Genossenschaft, bei der die Ausübung des Beitrittszwanges nicht zulässig ist, unter der Verwarnung, daß die Nichterscheinenden oder Nichtabstimmenden als demjenigen zustimmend gelten, wofür die Mehrheit der Stimmen abgegeben wird.

Ent. § 240; B. 201; KB.A. 348 ff.

Bei einer zu gründenden freiwilligen Genossenschaft ist also weder die Verwarnung noch eine Zurechnung der Nichterschienenen zur Mehrheit zulässig, vielmehr bedarf es stets der Zustimmung aller Beteiligten, die auch durch Bevollmächtigte erfolgen kann.

**§ 264.** (1) Auf das Verfahren bei der Zustellung der Ladungen sind, soweit sich nicht aus den §§ 265 bis 268 ein anderes ergibt, die Vorschriften der Zivilprozeßordnung über

Zustellungen von Amts wegen (§§ 208 bis 213, 166 ff.) mit der Maßgabe entsprechend anzuwenden, daß an die Stelle des Gerichtsschreibers der Kommissar oder ein von ihm bestellter Beamter tritt.

(2) Zur Bewirkung der Zustellungen kann sich der Kommissar an Stelle der Gerichtsdiener auch anderer Beamten oder vereideter Boten bedienen.

Ent. § 241; B. 201 ff.

**§ 265.** (1) Ist die Ladung an mehrere Personen in einem Gemeinde- (Guts-) Bezirke zuzustellen, so kann dies durch Umlauf geschehen. In diesem Falle ist sie allen Personen, denen sie zuzustellen ist, zur Kenntnisnahme vorzulegen oder vorzulesen und eine beglaubigte Abschrift bei einer in dem Schriftstücke zu bezeichnenden Person niederzulegen. Die Niederlegung kann bei dem Gemeindevorsteher oder bei einer Person erfolgen, an die der Umlauf gerichtet ist.

(2) Die Bestimmungen des § 264 Abs. 2 dieses Gesetzes und der §§ 180 bis 184, 188 bis 191 der Zivilprozeßordnung über Ort, Art und Zeit der Zustellung sowie über die Aufnahme der Zustellungsurkunde sind auf die Zustellung durch Umlauf entsprechend anzuwenden.

(3) Erfolgt die Zustellung nicht an die Person selbst, der zugestellt werden soll, so ist der Person, der zugestellt ist, eine schriftliche Anzeige über die nach Abs. 1 zu bewirkende Niederlegung des zuzustellenden Schriftstücks zu übergeben. Der Vorgang ist in der Zustellungsurkunde zu erwähnen. Im Falle verweigerter Kenntnisnahme oder Annahme der Anzeige genügt die Erwähnung der Verweigerung.

(4) Erfolgt die Zustellung durch Umlauf, so soll außerdem jedem Beteiligten ein Abdruck der Ladung durch die Post zugesandt werden.

Ent. § 242; B. 201; KB.A. 350.

Zu Abs. 4. Die Zusendung braucht nicht als Brief oder Einschreibesendung zu erfolgen, es genügt Zusendung als „Drucksache".

Die Bestimmung des Abs. 4 ist rein instruktioneller Natur, ihre Nichtbeachtung hat auf die Gültigkeit der gefaßten Beschlüsse keinen Einfluß (KB.A. 352).

**§ 266.** (1) Die Vorschriften des § 174 und des § 175 Abs. 1 Satz 1 der Zivilprozeßordnung über die Bestellung eines Zustellungsbevollmächtigten sind nicht anzuwenden. An ihre Stelle tritt folgende Bestimmung:

Wenn ein Beteiligter weder im Deutschen Reiche wohnt noch einen im Deutschen Reiche wohnhaften Bevollmächtigten bestellt hat, kann der Kommissar die Bestellung eines Zustellungsbevollmächtigten binnen einer von ihm zu bestimmenden Frist anordnen.

Ent. § 243; B. 201.

Die Anordnung muß den Beteiligten zugestellt werden. Beschwerde gemäß § 273.

**§ 267.** Die öffentliche Zustellung (§ 204 der Zivilprozeßordnung) erfolgt nur durch je einmalige Einrückung der Ladung in den Deutschen Reichsanzeiger und in die Amtsblätter der Regierungen, deren Bezirke bei dem Verfahren beteiligt sind. Eine Anheftung findet nicht statt.

Ent. § 244; B. 201.

**§ 268.** Zu Terminen, die im Verlauf einer Verhandlung vom Kommissar anberaumt werden, ist eine Ladung derjenigen Personen, denen die Anberaumung des Termins zum Protokoll eröffnet ist, nicht erforderlich.

Ent. § 245; B. 201.

**§ 269.** Der Kommissar hat die Ordnungsmäßigkeit der Ladungen zu bescheinigen.

Ent. § 246; B. 201 ff.

**§ 270.** (1) Im Falle zwangsweiser Heranziehung der Minderheit (§ 207 Abs. 2 Nr. 2, § 238) und bei Bildung einer Zwangsgenossenschaft (§ 207 Abs. 2 Nr. 3, § 245) hat nach Abschluß der Verhandlungen der Bezirksausschuß über das Vorhandensein der Voraussetzungen für die Anwendung des Beitrittszwanges, soweit hierüber Streit besteht, zu beschließen.

(2) Gegen die Beschlüsse des Bezirksausschusses steht den Beteiligten und dem Regierungspräsidenten binnen zwei Wochen die Beschwerde an das Landeswasseramt zu.

(3) Die Satzung bedarf der Genehmigung des Regierungspräsidenten. Für die Zwangsgenossenschaften wird sie von ihm erlassen.

(4) Die Satzung ist auf Kosten der Genossenschaft in den Amtsblättern der beteiligten Regierungsbezirke bekanntzumachen. Die Bekanntmachung kann auf das Datum der Satzung und die im § 214 Nr. 1, 2, 9, 10, 12, 13 bezeichneten Festsetzungen beschränkt werden.

Ent. § 247; B. 202; KB.A. 353 ff.

**§ 271.** Nach Bildung der Genossenschaft hat die Aufsichtsbehörde sogleich die Wahl und Einsetzung des Genossenschaftsvorstandes nach den Vorschriften der Satzung zu veranlassen.

Ent. § 248; B. 203.

**§ 272.** (1) Die in dem Verfahren vorkommenden Verhandlungen und Geschäfte, einschließlich der von den Gerichten und anderen Behörden vorzunehmenden, sind gebühren- und stempelfrei. Zu diesen Geschäften gehört auch die Anfertigung und Beglaubigung von Kataster- und Grundbuchauszügen.

(2) Bare Auslagen, die durch zurückgewiesene oder zurückgenommene Anträge oder Einwendungen entstehen, können dem Antragsteller oder dem, der die Einwendungen erhoben hat, auferlegt werden. Von den anderen baren Auslagen trägt die Staatskasse die Reisekosten, Reisezulagen und Tagegelder der in dem Verfahren mitwirkenden Staatsbeamten, die übrigen Auslagen die Genossenschaft.

(3) Wird die Genossenschaft gebildet, so kann der Regierungspräsident die Erstattung der von dem Antragsteller auf notwendige Vorarbeiten zweckdienlich verwendeten baren Auslagen der Genossenschaft zur Last legen, wenn dies vor dem Abschlusse der kommissarischen Verhandlungen beantragt ist.

Ent. § 249; B. 203.

Kommt eine Genossenschaft nicht zustande, so sind auch die übrigen Auslagen, wenn sie im Falle der Bildung einer Genossenschaft von dieser zu tragen wären, vom Staate zu übernehmen

**§ 273.** (1) Über Beschwerden, welche die Leitung des Verfahrens durch den Kommissar zum Gegenstande haben, beschließt endgültig der Regierungspräsident.

(2) Über Beschwerden gegen Ordnungsstrafen (§ 261) entscheidet der Bezirksausschuß endgültig. Diese Beschwerden sind binnen zwei Wochen zu erheben.

Ent. § 250; B. 203; KB.A. 356 ff.

**§ 274.** Die Leitung des Verfahrens zur Bildung einer Genossenschaft kann vom Oberpräsidenten und, wenn mehrere Provinzen beteiligt sind, von dem zuständigen Minister einer Generalkommission übertragen werden. In diesem Falle tritt sie an die Stelle des Regierungspräsidenten.[1]

Ent. § 251; B. 203.

[1]) Es gehen sämtliche Befugnisse des Regierungspräsidenten auf die Generalkommission über.

## Fünfter Titel.

# Änderung der Satzung.

**§ 275.** (1) Eine Änderung der Satzung, durch die ein neuer Genossenschaftszweck eingeführt werden soll, bedarf eines einstimmigen Beschlusses der Mitgliederversammlung, es sei denn, daß es sich um die Neueinführung eines solchen Zweckes handelt, zu dessen Durchführung der Eintritt in eine neu zu bildende Genossenschaft erzwungen werden könnte. In diesem Falle genügt ein Mehrheitsbeschluß der Mitgliederversammlung, berechnet nach § 238 Abs. 2, wenn die übrigen Voraussetzungen des Beitrittszwanges für alle widersprechenden Genossen vorliegen.

(2) Eines einstimmigen Beschlusses bedarf ferner eine Änderung der Satzung, durch die für die Teilnahme an den Genossenschaftslasten oder für das Stimmverhältnis der Genossen ein anderer als der im § 225 festgestellte Maßstab bestimmt wird.

(3) Andere Satzungsänderungen können, mangels anderweiter Bestimmungen der Satzung, von der Mitgliederversammlung (dem Ausschusse) mit Stimmenmehrheit beschlossen werden.

Ent. § 252; B. 203; L. II 8227.

Das im Abs. 1 u. 2 festgesetzte Stimmverhältnis kann durch die Satzung nicht geändert werden. Es folgt dies aus den Bestimmungen des Abs. 3, welcher für andere Satzungsänderungen die Bestimmungen der Satzung für maßgebend erklärt.

**§ 276.** Änderungen der Satzungen bedürfen der Genehmigung des Regierungspräsidenten.

Ent. § 253; B. 203 ff.; KB.A. 357; L. II 8227.

**§ 277.** Die genehmigten Änderungen sind nach § 270 Abs. 4 bekanntzumachen.

Ent. § 254; B. 203 ff.; KB.A. 357; L. II 8227.

## Sechster Titel.

## Auflösung und Liquidation von Genossenschaften.

**§ 278.** (1) Die Genossenschaft kann aufgelöst werden:

1. wenn die Mitgliederversammlung mit einer Mehrheit von zwei Dritteln der Stimmen die Auflösung beschließt;
2. auf Antrag eines Genossen, wenn die Genossenschaft nur noch aus zwei Mitgliedern besteht;
3. wenn in Jahresfrist, von der Genehmigung der Satzung an gerechnet, nicht zur Ausführung des Unternehmens geschritten oder wenn die begonnene Ausführung mindestens ein Jahr lang eingestellt und die Verzögerung durch Verschulden der Genossen herbeigeführt ist oder wesentliche Voraussetzungen der Genehmigung der Satzung hierdurch verändert worden sind.

(2) Die Auflösung der Genossenschaft erfolgt durch den Regierungspräsidenten.

Ent. § 255; B. 204; KB.A. 357; L. II 8227.

**§ 279.** (1) Die Auflösung der Genossenschaft tritt in Kraft, sobald die Verfügung des Regierungspräsidenten dem Vorstande zugestellt worden ist.

(2) Die Auflösung ist auf Kosten der Genossenschaft von der Aufsichtsbehörde in dem für ihre amtlichen Bekanntmachungen bestimmten Blatte sofort zu veröffentlichen.

Ent. § 256; B. 204; KB.A. 358; L. II 8227; KB.H. 56.

**§ 280.** (1) Nach Auflösung der Genossenschaft erfolgt die Liquidation durch den Vorstand oder die durch Satzung oder Beschluß der Genossenschaft dazu berufenen Personen.

(2) Auf das Liquidationsverfahren sind der § 48 Abs. 2, 3 und die §§ 49 bis 53 des Bürgerlichen Gesetzbuchs entsprechend anzuwenden.

Ent. § 257; B. 204; L. II 8227.

**§ 281.** Bis zur Beendigung der Liquidation gelten für die staatliche Aufsicht und die Rechtsverhältnisse der bisherigen Genossen untereinander sowie zu dritten Personen die Bestimmungen dieses Gesetzes und der Satzung, soweit sich nicht aus dem Wesen der Liquidation ein anderes ergibt.

Ent. § 258; B. 204; L. II 8227.

**§ 282.** (1) Nach Beendigung der Liquidation werden die Bücher und Schriften der aufgelösten Genossenschaft von der Aufsichtsbehörde in Verwahrung genommen.

(2) Die Genossen und ihre Rechtsnachfolger haben das Recht, die Bücher und Schriften einzusehen und zu benutzen.

Ent. § 259; B. 204; L. II 8227.

## Siebenter Titel.

# Genossenschaften, die vor dem Inkrafttreten dieses Gesetzes begründet sind.

**§ 283.** (1) Auf die beim Inkrafttreten dieses Gesetzes bestehenden öffentlichrechtlichen Wassergenossenschaften sind die Vorschriften anzuwenden, welche für die nach diesem Gesetze gebildeten Wassergenossenschaften gelten.

(2) Jedoch bleiben abweichende Bestimmungen der bisherigen Satzungen über die Zuständigkeit der Schiedsgerichte

**(§ 215, § 226 Abs. 2) in Kraft, ebenso sonstige abweichende Bestimmungen insoweit, als die im Abs. 1 für anwendbar erklärten Vorschriften durch die Satzung geändert werden können oder auf die Satzung verweisen.**

Ent. § 260; B. 204; L. II 8227: KB.H. 56.

Aus der Bestimmung des § 283 ergibt sich für die Genossenschaften, die vor dem Inkrafttreten des Gesetzes begründet sind, folgende Rechtslage:

Die freien Wassergenossenschaften, welche auf Grund des G. v. 1. 4. 79 gegründet sind, werden durch die Vorschriften des Wassergesetzes überhaupt nicht berührt. Die älteren öffentlichrechtlichen Wassergenossenschaften werden den Bestimmungen dieses Gesetzes insoweit für die Zukunft unterworfen, als die Vorschriften des Wassergesetzes zwingender Natur sind. Soweit nach den Vorschriften des Wassergesetzes die Satzungen Änderungen der gesetzlichen Bestimmungen treffen können, bleiben auch die abweichenden Satzungsbestimmungen der älteren öffentlichrechtlichen Genossenschaften in Kraft. Eine Beschränkung dieser Satzungsfreiheit wird aber im Abs 2 getroffen. Die Bestimmung im Abs. 2, welche eine Folge der Bestimmung des § 215 ist, läßt ältere Satzungsbestimmungen über die Zuständigkeit der Schiedsgerichte nur nach Maßgabe des § 215 bestehen. Daraus folgt, daß Bestimmungen in den Satzungen älterer öffentlichrechtlicher Wassergenossenschaften, nach welchen Streitigkeiten über Genossenschaftsangelegenheiten stets durch ein Schiedsgericht zu entscheiden sind, aufgehoben werden. Auch in diesen nach dem G. v. 1. 4. 79 begründeten Wassergenossenschaften kann für die Zukunft ein satzungsgemäßes Schiedsgericht nur dann Streitigkeiten in genossenschaftlichen Angelegenheiten entscheiden, wenn *beide* Parteien die Entscheidung dieses Schiedsgerichts anrufen. Ein Zwang, sich dem Schiedsgericht zu unterwerfen, kann gegen den Willen auch nur einer Partei für die Zukunft auch bei den älteren Wassergenossenschaften nicht mehr ausgeübt werden.

## Vierter Abschnitt.

# Verhütung von Hochwassergefahr.

## Erster Titel.

## Polizeiliche Beschränkungen im Hochwasserabflußgebiete von Wasserläufen.

### Vorbemerkung.

Der vierte Abschnitt, betr. die Verhütung von Hochwassergefahr, zerfällt in sieben Titel. Von diesen entsprechen die beiden ersten im wesentlichen dem G. zur Verhütung von Hochwassergefahren v. 16. 8. 05 (GS. 342). Der erste Titel, § 284, entspricht dem § 9 und der zweite Titel den §§ 1—6 u. 13 des G. v. 16. 8. 05. Der dritte Titel, Seedeiche an der Ostsee, § 291, entspricht den §§ 1—3 des Deichgesetzes v. 28. 1. 48 (GS. 54). Der vierte Titel enthält im Gegensatz zum zweiten Titel, der nur die Freihaltung des Überschwemmungsgebietes regelt, Bestimmungen über die Beseitigung bestehender Hindernisse des Hochwasserabflußgebietes. Der fünfte Titel, „Deichverbände", ist wieder im wesentlichen den Bestimmungen des Deichgesetzes v. 28. 1. 48 entlehnt. Auch sind einige Bestimmungen des Normaldeichstatutes v. 14. 11. 53 (GS. 935) übernommen. Das Verfahren zur Bildung von Deichverbänden und die Organisation der Deichverbände schließt sich den entsprechenden Bestimmungen über die Wassergenossenschaften im wesentlichen an. Der sechste Titel, über Deiche, die zu keinem Deichverbande gehören, gibt mit einigen Abänderungen die §§ 4—7 u. 9 des Deichgesetzes in Verb. mit § 96 des Zuständigkeitsgesetzes wieder. Der siebente Titel hält eine Reihe Bestimmungen für die Provinzen Hannover und Schleswig-Holstein mit Rücksicht auf die dort bestehenden Sonderverhältnisse aufrecht. Doch werden diese fortentwickelt und erhalten ihre Anlehnung an die Bestimmungen des Wassergesetzes.

**§ 284.**[1]) (1) Zur Verhütung[2]) von Hochwassergefahr kann der Regierungspräsident und, wenn mehrere Regierungsbezirke beteiligt sind, der Oberpräsident nach den §§ 137, 139 ff. des Landesverwaltungsgesetzes vom 30. Juli 1883 (Gesetzsamml. S. 195), und zwar auch für einzelne Kreise und Teile[3]) von Kreisen, Polizeiverordnungen erlassen, wonach

A. von der Genehmigung des Landrats abhängig gemacht werden:

1. Vertiefungen der Erdoberfläche im Hochwasserabflußgebiete[4]) sowie die Entnahme von Lehm, Kies, Steinen und anderen Stoffen aus den Ufergrundstücken[5]) und, soweit erforderlich, auch aus den dahinterliegenden Grundstücken;
2. das Bepflanzen hochwasserfreier[6]) Grundstücke, die der Unterspülung ausgesetzt sind, mit Bäumen und Sträuchern;

B. der Landrat befugt ist, zu verbieten:[7])

1. das Lagern von Schlamm, Erde, Sand, Schlacken, Steinen, Holz und anderen Stoffen, welche die Vorflut zu behindern geeignet sind, im Hochwasserabflußgebiete;[8])
2. die durch Beackerung, Rodung, Plaggenhieb, Beweidung und dergleichen erfolgende Bodenlockerung auf Grundstücken, die im Stromstriche[9]) des Hochwassers liegen, sowie auf Ufergrundstücken der Wasserläufe erster und zweiter Ordnung und, soweit erforderlich, auf den dahinter liegenden Grundstücken;
3. bei Wasserläufen erster und zweiter Ordnung die Benutzung der Ufergrundstücke zum Aufziehen oder

Abrollen von Holz oder anderen Gegenständen sowie zum Viehtränken, wenn nicht besondere Vorkehrungen[10]) den Eintritt von Schäden ausschließen;

C. auf Anordnung des Landrats die Grundstücksbesitzer ohne Anspruch auf Entschädigung verpflichtet sind, im Hochwasserabflußgebiet eines Wasserlaufs wildwachsende Bäume und Sträucher[11]) und außerhalb des Hochwasserabflußgebiets alle Bäume und Sträucher,[12]) die der Gefahr ausgesetzt sind, in den Wasserlauf abzufallen oder durch das Wasser entwurzelt zu werden, nach ihrer Wahl entweder selbst zu beseitigen oder die Beseitigung zu dulden.[13])

(2) In Stadtkreisen und denjenigen Städten, deren Polizeiverwaltung der Aufsicht des Landrats nicht untersteht,[14]) tritt an Stelle des Landrats die Ortspolizeibehörde.[15])

(3) In den Fällen A 1 und 2 und B 2 sind die Grundflächen in der Po izeiverordnung zu bezeichnen.[16])

(4) In den Polizeiverordnungen können Geldstrafen bis zu einhundertundfünfzig Mark angedroht werden.

(5) Vor Erlaß der Polizeiverordnung soll der Entwurf in den Gemeinden und Gutsbezirken sechs Wochen lang zur Einsicht ausgelegt werden.[17])

(6) Den nach Abs. 1 erlassenen Bestimmungen unterliegen nicht die Strombauverwaltung bei der Unterhaltung und dem Ausbau von Wasserläufen erster Ordnung und die Deichverwaltungsbehörden bei Ausübung ihrer Befugnisse im Vorlande der Deichverbände.[18])

Ent. § 261; B. 204 ff.; KB.A. 358 ff.; L. II 8257, 8276; L. III 8577; KB.H. 56 ff.; L.H. 1047—1051.

§ 284 entspricht dem § 9 des G. zur Verhütung von Hochwassergefahren v. 16. 8. 05. Im Gegensatz zu diesem Gesetze gilt er aber auch für das Ebbe- und Flutgebiet der Wasserläufe.

[1]) § 284 erweitert grundsätzlich nicht das Polizeiverordnungsrecht, da die Polizeibehörden auf Grund des ALR. II 17 § 10 ohnehin die Befugnis haben, alle Unternehmungen zu verbieten, welche Gefahren für das Publikum herbeiführen könnten. Es wird hier in der Hauptsache nur die Zuständigkeit anderweitig begrenzt. Die im § 284 gegebenen Vorschriften über den Erlaß von Polizeiverordnungen stellen eine ausschließliche Regelung dieser Materie dar, so daß daneben Polizeiverordnungen, die zwar denselben Zweck verfolgen, aber in den Bestimmungen dieses Paragraphen keine Stütze finden, nicht erlassen werden können (§ 348 Abs. 1).

[2]) Es ist bei jeder zu erlassenden Polizeiverordnung die Frage der Verhütung der Hochwassergefahr besonders zu prüfen. Nicht ist erforderlich, daß diese Worte im Eingang der Polizeiverordnung ausdrücklich erwähnt werden.

[3]) Das Polizeiverordnungsrecht ist also über den Umfang des § 137 LVG. erweitert, indem die Verordnungen auch für einzelne Kreise und Teile von Kreisen erlassen werden dürfen.

[4]) „Hochwasserabflußgebiet". Der Begriff des Hochwasserabflußgebietes steht im Gegensatz zu dem des Überschwemmungsgebietes im § 285. Unter Hochwasserabflußgebiet ist derjenige Teil des Überschwemmungsgebietes zu verstehen, der für den Abfluß des Hochwassers von Bedeutung ist, nicht auch diejenige überschwemmte Fläche, auf der das Wasser staut oder doch nur langsam abfließt (vgl. § 2 des schles. Hochwasserschutzgesetzes v. 3. 7. 00 und KB. des Herrenhauses Drucks. Nr. 270 S. 19, 27 f. zum G. v. 16. 8. 05). Der Wasserlauf selbst gehört nicht zum Hochwasserschutzgebiet.

[5]) Wegen des Begriffes Ufergrundstück vgl. § 8 Anm. 2. Die Entnahme von Kies, Steinen usw. aus dem Wasserlauf selbst regelt § 19 Abs. 3.

[6]) „Hochwasserfreie" Grundstücke sind solche Grundstücke, die

bei normalem Hochwasser nicht vom Wasser bedeckt werden (vgl. § 285 Anm. 1).

[7]) § 284 B gibt den Landräten kein besonderes Polizeiverordnungsrecht. Das Verbot, das auf Grund der Polizeiverordnung des Regierungspräsidenten (Oberpräsidenten) erlassen wird, hat den Charakter einer polizeilichen Verfügung oder Anordnung ad hoc und muß gegen bestimmte Personen gerichtet sein oder sich auf bestimmte Grundstücke beziehen (KB. des Herrenhauses Drucks. Nr. 270 S. 10 zum G. v. 16. 8. 05). Das Verbot kann sich auch auf Handlungen beziehen, die schon vor dem Inkrafttreten des Gesetzes vorgenommen und vielleicht seit längerer Zeit ausgeübt sind.

[8]) Ziff. 1 hat nur das zu vorübergehender Dauer bestimmte Lagern von Schlamm, Erde usw. im Sinn. Vorfluthindernisse, die die Erdoberfläche selbst ändern, oder als für eine gewisse Dauer berechnete Anlagen über der Erdoberfläche angesehen werden müssen, werden durch § 285 Abs. 2 Ziff. 1 getroffen.

[9]) Als „im Stromstriche des Hochwassers liegend" sind diejenigen Teile des Hochwasserabflußgebietes anzusehen, über die bei Hochwasser eine starke Strömung stattfindet (vgl. Begr. des Ent. zum G. v. 16. 8. 05 S. 14).

[10]) Die besonderen Vorkehrungen müssen auch den Eintritt von Schäden unter der Uferlinie ausschließen.

[11]) Unter „wildwachsenden Bäumen und Sträuchern" werden solche verstanden, die nicht durch Saat, Pflanzung oder natürliche Verjüngung eines geordneten Forstbetriebes entstanden sind (Begr. des Ent. zum G. v. 16. 8. 05 S. 14).

[12]) „Bäume und Sträucher". Auch hier sind nur die wildwachsenden Bäume und Sträucher gemeint.

[13]) Die Kosten der nicht selbst von dem Grundbesitzer vorgenommenen Beseitigung fallen diesem nicht zur Last. Es verbleibt ihm das Eigentum an den von ihm nicht beseitigten Bäumen und Sträuchern.

[14]) Es sind dies die 19 sog. kreiseximierten hannoverschen Städte (vgl. § 342 Anm. 3).

[15]) Vgl. § 342 Anm. 2.

[16]) Es ist nicht erforderlich, daß jedes Grundstück mit Eigentümer oder Katasternummer bezeichnet wird. Es muß nur in irgend einer Form klar zum Ausdruck gebracht werden, auf welche Grundstücke bzw. Grundstücksteile sich die Polizeiverordnung bezieht.

[17]) Durch diese Bestimmung soll der Erlaß zweckwidriger Polizeiverordnungen in ihrem Ursprung verhindert werden. Die Vorschrift ist nur instruktionell, Nichtbeachtung führt nicht Ungültigkeit der Polizeiverordnung herbei.

[18]) Rechtsmittel: Gegen die vom Regierungspräsidenten (Oberpräsidenten) erlassene Polizeiverordnung ist ein formelles Rechtsmittel nicht gegeben. Es kann höchstens im Wege der Aufsichtsbeschwerde auf deren Aufhebung durch den Minister hingewirkt werden (§ 145 LVG.). Die Genehmigung des Landrats (Ortspolizeibehörde) und die nach Ziff. B, C zu erlassenden Anordnungen stellen sich als polizeiliche Verfügungen dar. Es gelten daher für sie die §§ 127 ff. LVG. Es findet gegen sie also wahlweise statt entweder die Beschwerde beim Regierungspräsidenten (in Berlin beim Oberpräsidenten) mit weiterer Beschwerde beim Oberpräsidenten und nachfolgender Klage beim Oberverwaltungsgericht oder die Klage beim Bezirksausschuß (§ 128 LVG.). Dem Landrat (Ortspolizeibehörde) stehen die im § 132 LVG. angegebenen Zwangsbefugnisse zur Seite. Auch kann er zur Wiederherstellung des früheren Zustandes eine polizeiliche Verfügung erlassen.

## Zweiter Titel.

# Freihaltung des Überschwemmungsgebiets von Wasserläufen.

**§ 285.** (1) Für die bei Hochwasser gefahrbringenden Wasserläufe wird das Überschwemmungsgebiet,[1]) soweit es nicht hochwasserfrei eingedeicht ist und den Vorschriften dieses Titels unterliegen soll, nach § 286 festgestellt.

(2) In diesem Gebiete dürfen nicht ohne Genehmigung:

1. Erhöhungen[2]) der Erdoberfläche und über die Erdoberfläche hinausragende Anlagen[3]) (Deiche, Dämme und andere deichähnliche Erhöhungen;[4]) Gebäude, Mauern und andere bauliche Anlagen; Feldziegeleien, Einfriedigungen, Baum- und Strauchpflanzungen[5]) und ähnliche Anlagen) hergestellt,[6]) erweitert,[7]) verlegt,
2. Deiche, Dämme und andere deichähnliche[4]) Erhöhungen ganz oder teilweise beseitigt

werden.

(3) Schutzmaßregeln, die in Notfällen für die Dauer der Gefahr getroffen werden, bedürfen keiner Genehmigung. Sollen sie jedoch dauernd bestehen bleiben, so ist die Genehmigung nach Beseitigung der Gefahr einzuholen.[8])

Ent. § 262; B. 206; KB.A. 362; L. II 8228; L. III 8583; KB.H. 58; L.H. 1051 f.

Dieser Paragraph entspricht dem § 1 des G. zur Verhütung von Hochwassergefahren v. 16. 8. 05.

[1]) Der Begriff „Überschwemmungsgebiet" steht im Gegensatz zu dem des Hochwasserabflußgebietes im § 284 (vgl. § 284 Anm. 4). Eine Begriffsbestimmung des Überschwemmungsgebietes gibt das Gesetz nicht. Nach der Regierungsvorlage des G. v. 16. 8. 05 und dem § 1 des Deichgesetzes v. 28. 1. 48 sollte als Überschwemmungsgebiet diejenige Fläche gelten, die der Wasserlauf bei seinem höchsten Stande einnimmt. Der Begriff des höchsten Wasserstandes war aber schon in der Praxis dahin eingeschränkt worden, daß ganz außergewöhnlich große Hochwasser nicht berücksichtigt werden sollten (OVG. **44** 318; KGJ. 5 341). Bei den Verhandlungen zu § 1 des G. v. 16. 8. 05 wurde dann die in der Regierungsvorlage enthaltene ausdrückliche Bezugnahme auf den höchsten Wasserstand beseitigt. Man wird deshalb als Überschwemmungsgebiet grundsätzlich denjenigen Teil der Erdoberfläche ansehen

können, der bei normalem Hochwasser von dem aus dem Ufer tretenden Wasser eines Wasserlaufs bedeckt wird. Doch soll auf die jeweiligen Verhältnisse des einzelnen Wasserlaufs, des sich anschließenden Geländes und den Kulturzustand die weiteste Rücksicht genommen werden. Insbesondere soll es nicht ausgeschlossen sein, erforderlichenfalls auch den höchsten Wasserstand im Einzelfalle maßgebend sein zu lassen (KB. des Abgeordnetenhauses zum G. v. 16. 8. 05 Drucks. Nr. 566 S. 4—8, 12). Zum Überschwemmungsgebiet eines Wasserlaufs gehört nicht der Wasserlauf selbst. Für diesen gilt § 22.

[2]) Erhöhungen der Erdoberfläche sind alle mit dem Erdboden verbundenen für die Dauer bestimmten Erhöhungen der Erdoberfläche ohne Unterschied des Materials.

[3]) Im Gegensatz zu § 284 B Ziff. 1, der nur das zu vorübergehender Dauer bestimmte Lagern von Schlamm, Erde usw. (vgl. § 284 Anm. 8) im Auge hat, gehören hierhin alle für die Dauer bestimmten Anlagen.

[4]) „Deichähnliche Erhöhungen" sind solche Erhöhungen, die durch die Art ihrer Anlage und ihrer Bestimmung ähnlichen Zwecken wie die Deiche dienen. Der Begriff darf nicht so weit gefaßt werden, wie die Rechtsprechung des OVG. zu § 1 des Deichgesetzes v. 1. 1. 48 ihn ausgebildet hat. Es gehören nicht dazu die Gebäude, Mauern, Feldziegeleien, Einfriedigungen usw. Es folgt dies aus dem in Ziff. 1 aufgestellten Gegensatz zwischen Deichen, Dämmen und deichähnlichen Erhöhungen einerseits und Gebäuden, Mauern usw. andererseits.

[5]) Unter „Baum- und Strauchpflanzungen" sind nicht nur Gruppen und geschlossene Bestände, sondern auch einzelne Bäume und Sträucher verstanden.

[6]) In dem früheren § 1 des G. v. 16. 8. 05 hieß es an Stelle von „hergestellt" „neu ausgeführt". Doch sollte hierdurch keine Änderung getroffen werden (vgl. B. 206). Es bedarf also der Wiederaufbau von Gebäuden, wenn diese in dem bisherigen Umfange und auf denselben Fundamenten wiederhergestellt werden,

keiner Genehmigung (KB. zum G. v. 16. 8. 05 Drucks. Nr. 566 S. 27). Das gleiche gilt von sonstigen Anlagen, z. B. von der Wiederaufrichtung baufälliger Zäune oder Mauern im früheren Umfang an derselben Stelle. Ebenso bedürfen auch Baum- und Strauchpflanzungen, die nur zur Erneuerung der Bestände dienen, nicht der Genehmigung, da z. B. ein Wald, eine Baumschule, eine Weidenanlage usw. trotz des Wechsels ihrer Bestände als ein einheitliches Ganzes anzusehen sind. Eine Änderung der forstlichen Betriebsart ist aber genehmigungspflichtig (Begr. zum G. v. 16. 8. 05 S. 10; vgl. Entsch. des OVG. v. 30. 9. 86, PrVerwBl. 8 144 über die entsprechende Bestimmung des § 1 des Deichgesetzes). Vgl. auch § 288 Abs. 3.

[7]) Eine Erweiterung liegt nicht vor, wenn durch die Arbeiten nur der frühere Zustand genau wiederhergestellt wird, z. B. wenn ein durch Sacken niedriger gewordener Deich wieder auf seine ursprüngliche Höhe gebracht wird.

[8]) Wegen der Strafbestimmungen s. § 374.

**§ 286.** (1) Die Wasserläufe, für welche die Vorschriften dieses Titels gelten sollen, sind in ein Verzeichnis aufzunehmen, das der Oberpräsident für die von ihm verwaltete Provinz — für die Hohenzollernschen Lande der Regierungspräsident — aufstellt.

(2) In dem Verzeichnis ist für jeden Wasserlauf zu bestimmen, ob die Vorschriften des § 285 Abs. 2, 3 für die ganze Breite[1]) des Überschwemmungsgebiets und den Wasserlauf in seiner ganzen Länge oder nur für Teile des Überschwemmungsgebiets oder des Wasserlaufs gelten sollen. In dem Verzeichnisse kann bestimmt werden, daß gewisse Erhöhungen und Anlagen der im § 285 Abs. 2 bezeichneten Art wegen ihrer unerheblichen Einwirkung auf den Hochwasserabfluß keiner Genehmigung bedürfen oder von der Wasserpolizeibehörde widerruflich gestattet werden dürfen.[2])

(3) Das Verzeichnis wird für jeden Wasserlauf, erforderlichenfalls unter Beifügung von Lageplänen, öffentlich ausgelegt. Im übrigen gelten die §§ 5, 6 mit der Maßgabe, daß auszugsweise Abschriften bei dem Landrat, in Stadtkreisen bei der Ortspolizeibehörde[3]) niedergelegt und auf dem laufenden erhalten werden.

(4) Der Neuaufstellung von Verzeichnissen bedarf es nicht, soweit solche beim Inkrafttreten dieses Gesetzes bereits nach § 12 des Gesetzes zur Verhütung von Hochwassergefahren vom 16. August 1905 (Gesetzsamml. S. 342) aufgestellt sind.[4])

Ent. § 263; B. 206; KB.A. 362 f.; L. II 8228; L. III 8583; KB.H. 58; L.H. 1052.

§ 286 enthält die Ausführung zu § 285. Er entspricht dem § 2 des G. zur Verhütung von Hochwassergefahren v. 16. 8. 05.

[1]) Sollen die Vorschriften für das ganze Überschwemmungsgebiet gelten, so genügt es nicht, daß das Verzeichnis lediglich diese Angabe enthält, sondern es hat genau die Grenzen des Überschwemmungsgebietes zu bezeichnen (vgl. auch § 285 Anm. 1).

[2]) Ist bestimmt, daß für gewisse Erhöhungen und Anlagen eine Genehmigung nicht erforderlich ist, so kann, wenn später der Genehmigungszwang eingeführt wird, nicht die Entfernung einer vor Einführung des Genehmigungszwanges ausgeführten Anlage verlangt werden. Anders allerdings, wenn die Anlage nur widerruflich gestattet war.

[3]) Vgl. § 342 Anm. 2.

[4]) Nach § 399 Nr. 16 ist das G. zur Verhütung von Hochwassergefahren v. 16. 8. 05 aufgehoben. Um aber nicht den auf Grund des § 12 in Verb. mit § 2 jenes Gesetzes aufgestellten Verzeichnissen ihre Wirkung zu entziehen, ist Abs. 4 erlassen.

**§ 287.** (1) Zuständig für die Genehmigung (§ 285 ist bei Wasserläufen erster Ordnung der Bezirksausschuß, sonst der Kreis- (Stadt-) Ausschuß.

(2) In erheblicheren[1]) Fällen hat die Genehmigungsbehörde vor der Beschlußfassung den Meliorationsbaubeamten,[2]) den zur Unterhaltung des Wasserlaufs Verpflichteten,[3]) den Vorstand von Wassergenossenschaften zur Unterhaltung oder zum Ausbau der Ufer,[4]) die übrigen Beteiligten[5]) und, wenn es sich um das Vorland von Verbandsdeichen handelt, den Vorstand der Deichverbände,[6]) außerdem, wenn dem Antrage Bedenken entgegenstehen, den Antragsteller zu hören. Ferner hat die Genehmigungsbehörde zur Erhebung von Einwendungen in einer von ihr zu bestimmenden Frist öffentlich aufzufordern unter der Verwarnung, daß nach dieser Frist keine Einwendungen mehr erhoben werden können.

(3) Die Aufforderung ist in den Kreisblättern und nach dem Ermessen der Genehmigungsbehörde außerdem in ortsüblicher oder anderer Weise öffentlich bekanntzumachen. Sind nur Stadtkreise beteiligt, so ist die Aufforderung in ortsüblicher Weise bekanntzumachen.

Ent. § 264; B. 207; KB.A. 363; L. II 8228; L. III 8583; KB.H. 58; L.H. 1052.

§ 287 entspricht im wesentlichen dem § 3 des G. zur Verhütung von Hochwassergefahren v. 16. 8. 05.

[1]) Die Entscheidung darüber, ob es sich um erheblichere Fälle handelt, hat die Genehmigungsbehörde zu treffen.

[2]) Vgl. § 353.

[3]) Vgl. §§ 115 ff. Bei Wasserläufen I. Ordnung, die nach § 115 Ziff. 1 vom Staate zu unterhalten sind, ist die Strombauverwaltung (vgl. § 343 Anm. 1) zu hören.

[4]) Vgl. § 206 Ziff. 2, 6, 7.

[5]) Beteiligte sind diejenigen, in deren Rechtssphäre die zu genehmigende Anlage in ihren Wirkungen auf den Hochwasserabfluß eingreift, also insbesondere die benachbarten Grundeigentümer.

[6]) Vgl. § 299.

**§ 288.** (1) Die Genehmigung darf nur aus Rücksichten des Hochwasserschutzes versagt oder an Auflagen und Einschränkungen geknüpft werden.[1])

(2) Die Genehmigung zur Herstellung von Anlagen darf nicht versagt werden, wenn die Nachteile, die für den Hochwasserabfluß zu befürchten sind, durch eine anderweite Verbesserung auf Kosten des Antragstellers wieder ausgeglichen werden.

(3) Tritt die herzustellende Anlage an die Stelle einer vorhandenen[2]) und wird der Abfluß nicht mehr als bisher behindert, so kann die Genehmigung nur, wenn Widerspruch[3]) erhoben wird, und nur gegen Entschädigung versagt werden.[4]) Die Entschädigung hat der Widersprechende zu leisten. Sie wird durch Beschluß des Bezirksausschusses festgesetzt. Der Beschluß kann binnen drei Monaten nach der Zustellung im Rechtsweg angefochten werden.

Ent. § 265; B. 207 f.; KB.A. 364; L. II 8228; L. III 8583; KB.H. 58; L.H. 1052.

§ 288 entspricht dem § 4 des G. zur Verhütung von Hochwassergefahren v. 16. 8. 05.

[1]) Ob die Rücksichten des Hochwasserschutzes die Genehmigung angezeigt erscheinen lassen, unterliegt der Entscheidung der Genehmigungsbehörde (§ 287). Andere gesetzliche Vorschriften, die die Einholung weiterer Genehmigungen, z. B. der Bau- oder der Sicherheitspolizei vorschreiben, werden durch diese Bestimmungen nicht berührt.

[2]) Wann eine herzustellende Anlage an die Stelle einer schon vorhandenen tritt, kann zweifelhaft sein. Zunächst ist daran festzuhalten, daß eine Herstellung dann nicht vorliegt, wenn ein Gebäude genau auf den alten Fundamenten und in dem bisherigen Umfang wieder errichtet wird. Es ist in diesen Fällen also überhaupt keine Genehmigung erforderlich (vgl. § 285 Anm. 6). Zwei Gesichtspunkte werden es sein, die für die Auslegung dieser Be-

stimmung die Richtlinien angeben. Zunächst kann nur dann davon die Rede sein, daß eine Anlage an die Stelle einer anderen tritt, wenn die neue Anlage auf demselben Grundstück errichtet wird. Unter Grundstück ist hier nicht die Grundstücksparzelle in ihrer katastermäßigen Größe, sondern das Grundstück in seiner wirtschaftlichen Einheit zu verstehen. Es können daher nur die Grundstücke desselben Eigentümers in Frage kommen. Ferner muß man annehmen, daß das herzustellende Gebäude als Ersatz des vorhandenen dienen soll. Es muß also ein wirtschaftlicher Zusammenhang gegeben sein. Innerhalb dieses Rahmens wird man allerdings sehr weit gehen können. Es kommt also nicht darauf an, ob die Anlage genau an derselben Stelle errichtet wird oder ob sie auch größere Abmessungen hat, vorausgesetzt natürlich stets, daß der Abfluß nicht mehr als bisher gehindert wird.

[3]) Zum Widerspruch ist jeder berechtigt, der irgend ein wenn auch nur das geringste wirtschaftliche Interesse an einem möglichst ungehinderten Abfluß des Hochwassers hat.

[4]) Selbst wenn aber Widerspruch erhoben wird, kann die Genehmigungsbehörde die Genehmigung erteilen.

**§ 289.** Gegen den Beschluß der Genehmigungsbehörde steht denen, die rechtzeitig[1]) Einwendungen erhoben haben, und, soweit die Genehmigung versagt oder an Auflagen oder Einschränkungen geknüpft wird, auch dem Antragsteller innerhalb vier Wochen die Beschwerde an den Minister für Landwirtschaft, Domänen und Forsten zu.[2])

Ent. § 266; B. 208; KB.A. 264; L. II 8228; L. III 8583; KB.H. 58; L.H. 1052.

§ 289 entspricht dem § 6 des G. zur Verhütung von Hochwassergefahr v. 16. 8. 05.

[1]) „Rechtzeitig" erhoben sind die Einwendungen, die bis zum Ablauf der nach § 287 Abs. 3 zu bestimmenden Frist und, soweit die nach § 287 Abs. 2 vor der Beschlußfassung zu Hörenden in Betracht kommen, bis zur Eröffnung des Beschlusses erhoben sind.

[2]) Die Frist beginnt mit der Zustellung des Beschlusses (§ 52

LVG.). Die Einlegung der Beschwerde steht auch dem Vorsitzenden der Genehmigungsbehörde zu (§ 384 Abs. 1).

**§ 290.** Anordnungen, die erforderlich sind, um die Durchführung der im § 285 gegebenen Vorschriften zu sichern, trifft bei Wasserläufen erster Ordnung der Regierungspräsident, bei anderen Wasserläufen der Landrat, in Stadtkreisen die Ortspolizeibehörde.[1])

Ent. § 267; B. 208; KB.A. 264; L. II 8228; L. III 8583; KB.H. 58; L.H. 1052.

§ 290 entspricht dem § 5 des G. zur Verhütung von Hochwassergefahren v. 16. 8. 05.

[1]) In Betracht kommen in erster Linie Anordnungen, welche die Gewähr dafür bieten sollen, daß in denjenigen Fällen, wo eine Genehmigung erforderlich ist, eine solche auch eingeholt wird, daß die Auflagen und Einschränkungen, an die die Genehmigung geknüpft ist, auch befolgt werden, und daß vorschriftswidrige Anlagen beseitigt werden. Es wird sich in der Regel um polizeiliche Verfügungen handeln, auf die die §§ 127 ff. und 132 LVG. Anwendung finden. Abgesehen von den einzelnen polizeilichen Anordnungen, die erforderlich sind, um die Vorlage der auszuführenden Projekte bei der Genehmigungsbehörde und die Beachtung der Beschlüsse zu erzwingen, werden auch allgemeine Verwaltungsanordnungen getroffen werden können, die die Befolgung des § 285 sicherstellen. Dahin gehört z. B. die Anordnung regelmäßiger Schauungen der Überschwemmungsgebiete u. dgl. Ein besonderes Polizeiverordnungsrecht wird hiermit nicht gegeben (vgl. Begr. zum G. v. 16. 8. 05 zu § 4 S. 12).

## Dritter Titel.

## Seedeiche an der Ostsee.

**§ 291.**[1]) (1) Deiche, die gegen die Fluten der Ostsee schützen sollen, dürfen nicht ohne Genehmigung des Bezirksausschusses hergestellt, erweitert,[2]) verlegt und ganz oder teilweise beseitigt werden.

(2) Die zur Durchführung dieser Vorschriften erforderlichen Anordnungen trifft der Regierungspräsident.[3])

(3) Im übrigen sind auf solche Deiche der § 285 Abs. 3, der § 287 Abs. 2, 3, der § 288 Abs. 1 und der § 289 anzuwenden.[4])

Ent. § 268; B. 208; KB.A. 365; L. II 8228; L. III 8583; KB.H. 58; L.H. 1052.

[1]) Die §§ 1—3 des Deichgesetzes v. 28. 1. 48 beziehen sich nicht nur auf Deiche an Wasserläufen, sondern auch auf die an der See gelegenen Deiche. Ihre Geltung für Wasserläufe hat schon das Gesetz zur Verhütung von Hochwassergefahren v. 16. 8. 05 aufgehoben, für Seedeiche hebt sie § 399 Nr. 7 auf. An ihre Stelle tritt § 291 bezüglich der Seedeiche an der Ostsee. Für die im Ebbe- und Flutgebiete der Nordsee, Hannover und Schleswig-Holstein, gelegenen Deiche brauchte keine Bestimmung getroffen zu werden, da das dort geltende Recht, das Bestimmungen über die Genehmigung von Deichen enthält, aufrechterhalten ist (vgl. §§ 323—329).

[2]) Vgl. § 285 Anm. 6, 7.

[3]) Vgl. § 290 Anm. 1.

[4]) Wegen der Strafbestimmungen vgl. § 374.

## Vierter Titel.

## Beseitigung von Hindernissen des Hochwasserabflusses.

**§ 292.**[1]) (1) Soweit es zur Verhütung von Hochwassergefahr notwendig ist,[2]) Erhöhungen der Erdoberfläche und über die Erdoberfläche hinausragende Anlagen (Deiche, Dämme und andere deichähnliche Erhöhungen; Gebäude, Mauern und andere bauliche Anlagen; Feldziegeleien, Einfriedigungen, Baum- und Strauchpflanzungen[3]) und ähnliche Anlagen), die den Abfluß des Hochwassers behindern, ganz oder teilweise zu beseitigen, kann das Recht zur Enteignung nach dem Enteignungsgesetze vom 11. Juni 1874 (Gesetzsamml. S. 221) gewährt werden.

(2) Über die Gewährung des Enteignungsrechts entscheidet der Bezirksausschuß nach Anhörung der Wasserpolizeibehörde[4]) durch einen mit Gründen versehenen Beschluß. Der Beschluß kann binnen zwei Wochen durch Beschwerde bei dem Minister der öffentlichen Arbeiten angefochten werden. Die Gewährung des Enteignungsrechts durch den Vorsitzenden nach § 117 des Landesverwaltungsgesetzes vom 30. Juli 1883 (Gesetzsamml. S. 195) ist nicht zulässig.[5])

(3)[6]) Wird das Enteignungsrecht dem Staate oder einem Kommunalverbande gewährt, so können sie die Eigentümer derjenigen Grundstücke und Anlagen sowie diejenigen Verbände und Körperschaften des öffentlichen Rechtes, denen die Beseitigung zum Vorteil gereicht, zu den Kosten des Unternehmens nach Verhältnis des ihnen aus diesem erwachsenden Vorteils heranziehen. Der Beitrag darf für jeden Herangezogenen das Maß des ihm erwachsenden Vorteils nicht übersteigen. Auf Antrag des Unternehmers setzt der Bezirksausschuß die Höhe des Beitrags fest. Gegen den Beschluß ist binnen zwei Wochen die Beschwerde bei dem Landeswasseramte[7]) zulässig.

Ent. § 269; B. 209 f.; KB.A. 365; L. II 8228; L. III 8598; KB.H. 58; L.H. 1052.

[1]) Die §§ 284—291 regeln die Freihaltung des Hochwasserabfluß- bzw. Überschwemmungsgebietes. Durch sie soll also die Neuerrichtung bei Hochwasser gefährlicher Hindernisse verhindert werden. Demgegenüber bezwecken die §§ 292 ff. die Beseitigung bestehender Hindernisse. Zu gleichem Zweck können auch Wassergenossenschaften gebildet werden (§§ 206 Nr. 11, 238, 245).

[2]) Es muß nur geprüft werden, ob die Durchführung des Projektes zur Verhütung von Hochwassergefahren geboten ist. Dagegen bedarf es keiner Prüfung darüber, ob die Verhütung der Hochwassergefahr im einzelnen Falle dem öffentlichen Wohl dient.

[3]) Vgl. § 285 Anm. 5.

[4]) §§ 342 ff.

[5]) § 117 behandelt den Vorbescheid durch den Vorsitzenden des Kreis- (Stadt-) Ausschusses, Bezirksausschusses oder Provinzialrates.

[6]) Vgl. die entsprechenden Vorschriften des § 242.

[7]) Landeswasseramt (§ 370 ff.).

**§ 293.** Wenn einer nach § 238 oder nach § 245 Abs. 1 Nr. 4 gebildeten Genossenschaft zur Beseitigung von Hindernissen des Hochwasserabflusses durch das Unternehmen Lasten entstehen würden, die in keinem Verhältnisse zu den ihr dadurch erwachsenden Vorteilen oder zu ihrer Leistungsfähigkeit stehen, sollen[1]) sich Staat und Provinzialverband an der Aufbringung der Kosten beteiligen. Der Beitrag des Staates muß den Beitrag des Provinzialverbandes mindestens erreichen. An die Stelle des Provinzialverbandes treten in der Provinz Hessen-Nassau der Bezirksverband, in den Hohenzollernschen Landen der Landeskommunalverband. Rechte gegen den Staat und den Provinzialverband werden hierdurch nicht begründet.

Ent. § 270; B. 210 f.; KB.A. 366—373; L. II 8228; L. III 8598; KB.H. 58; f.; L.H. 1052.

[1]) Diese Vorschrift ist nur instruktionell. Insbesondere wird für die Genossenschaft kein Recht gegen den Staat oder die Provinz begründet. Es bleibt also dem Belieben des Staates und der Provinz überlassen, ob sie sich beteiligen wollen (vgl. auch §§ 177 ff.).

## Fünfter Titel.

# Deichverbände.

**§ 294.** (1) Soweit es zur Abwendung gemeiner[1]) Gefahr oder zur Förderung der Landeskultur[2]) notwendig ist, können Deichverbände zur gemeinsamen Herstellung, Erweiterung und Unterhaltung von Deichen und dazu gehörenden Sicherungs-,[3]) Entwässerungs-[4]) und Bewässerungsanlagen[5])[6]) durch die Eigentümer[7]) der der Überschwemmung[8]) ausgesetzten Grundstücke gebildet werden, wenn deren Mehrheit (§ 296) der Bildung des Deichverbandes zustimmt. Andere Beteiligte, insbesondere die Eigentümer der außendeichs verbleibenden Vorländer[9]), sind zu hören.

(2) Zur Abwendung gemeiner Gefahr[10]) können Deichverbände auch ohne die Zustimmung der Beteiligten gebildet werden. In diesen Fällen ist vorher der Wasserbeirat (§ 367) zu hören.

Ent. § 272; B. 211 ff.; KB.A. 377—380; L. II 8242; L. III 8598; KB.H. 59; L.H. 1052.

[1]) „Gemeine“ Gefahr ist eine Gefahr für Menschen und Sachen, deren Richtung und Tragweite unbestimmt sind. Vgl. auch den Begriff der gemeinen Gefahr in §§ 312 ff. StGB.

[2]) Unter „Landeskultur“ sind alle Maßnahmen zur Verbesserung des landwirtschaftlich genutzten oder nutzbaren Bodens zum Zweck der Erhöhung der Ertragsfähigkeit zu verstehen.

[3]) Sicherungsanlagen sind solche Anlagen, die nicht an dem Deich selbst vorgenommen werden, die aber den Schutz des Deiches bezwecken.

[4]) Entwässerungsanlagen sind alle Anlagen, die bezwecken, der auf einem Grundstück stehenden oder im Boden stauenden Nässe einen Abfluß zu verschaffen oder den bestehenden Abfluß zu verbessern (vgl. § 331 Anm. 1).

[5]) Bewässerungsanlagen sind alle Anlagen, welche den Zweck

verfolgen, durch Zuleitung von Wasser den Boden zu befeuchten oder die im Boden befindlichen Stoffe für die Bodenkultur nutzbar zu machen (vgl. § 332 Anm. 2).

[6]) Hierdurch sowie durch die Bestimmung des § 306 Satz 2, daß zu den Anlagen des Deichverbandes auch die Wasserläufe gehören, die von ihm zu unterhalten sind oder der Aufsicht der Deichverwaltungsbehörde unterstehen, ist die strenge Scheidung, die früher zwischen Deich- und Sielverbänden bestanden hat (vgl. § 323 Abs. 1 Ziff. 1), fortgefallen. Die Sielverbände haben als Deichverbände zu gelten. Die Sielverbände sind daher für die Wasserzüge innerhalb ihres Bereiches nach wie vor zuständig. Bei denjenigen Entwässerungsgenossenschaften jedoch, die als besondere Unterverbände eines Hauptdeichverbandes gebildet sind, verbleibt das Aufsichtsrecht dem Hauptdeichverbande, soweit dies bisher im Statut vorgesehen ist (KB.A. 380 f.).

[7]) Nur die Eigentümer von Grundstücken können Mitglieder von Deichverbänden sein, nicht etwa auch die obligatorisch oder dinglich Berechtigten. Den Eigentümern stehen nicht wie im § 210 Satz 2 die Erbbauberechtigten gleich.

[8]) Es kommen alle Grundstücke in Betracht, die ohne die Deiche bei einem normalen Hochwasser oder schon bei normalem Wasserstande vom Wasser bespannt würden. Grundstücke, die nur bei ganz außergewöhnlichem Hochwasser vom Wasser bedeckt werden, können für gewöhnlich nicht mit in den Deichverband gezogen werden. Liegen aber besondere Umstände vor, so wird man annehmen müssen, daß der Deichverband dann auch auf diese Grundstücke ausgedehnt werden kann (vgl. auch § 285 Anm. 1).

[9]) Vorland ist diejenige Fläche, die zwischen Wasser und Deich liegt, also nicht mit vom Deich geschützt wird. Die Eigentümer dieser Länder sind zwar als an dem Deich interessiert zu den Beteiligten zu zählen, können aber nicht Genossen des Deichverbandes sein.

[10]) Deichverbände, die nur der Förderung der Landeskultur dienen sollen, können also ohne die Zustimmung der Beteiligten nicht begründet werden.

**§ 295.** Deichverbände sollen insbesondere gebildet werden, um:

1. die Eigentümer der Grundstücke einer noch nicht eingedeichten Niederung zur gemeinsamen Herstellung und Unterhaltung von Anlagen der im § 294 bezeichneten Art zu verpflichten;
2. die Eigentümer einer schon eingedeichten Niederung zur gemeinsamen Verbesserung und Unterhaltung von Anlagen zu verpflichten, die bisher nur von einzelnen Beteiligten ausgeführt und unterhalten wurden;
3. Anlagen der unter Nr. 2 bezeichneten Art und die Eigentümer der durch sie geschützten Grundstücke einem schon bestehenden Deichverband anzuschließen;
4. Anlagen eines schon bestehenden Deichverbandes zu erweitern und auf nicht eingedeichte Grundstücke auszudehnen.

Ent. § 273; B. 212; KB.H. 380; L. II 8242; L. III 8598; KB.H. 59; L.H. 1052.

**§ 296.** (1) Bei der Abstimmung über die Bildung eines Deichverbandes wird die Mehrheit sowohl nach der Fläche als auch nach dem Grundsteuerreinertrage der einzudeichenden[1]) Grundstücke und, wenn diese Grundstücke sämtlich einem Auseinandersetzungsverfahren unterliegen und in diesem besonders abgeschätzt sind, nach dem so ermittelten Werte oder Ertrage berechnet.

(2) In den Fällen des § 295 Nr. 3, 4 gilt eine Mehrheit im Sinne des § 294 nur dann als vorhanden, wenn außer der Mehrheit der nicht zu einem Deichverbande gehörenden Grundstücke, nach Abs. 1 berechnet, auch die bereits be-

stehenden Deichverbände der Bildung des neuen Deichverbandes zustimmen.

Ent. § 274; B. 212; KB.H. 381; L. II 8242; L. III 8598; KB.H. 59; L.H. 1052.

[1]) Die anderen Beteiligten, insbesondere die Eigentümer der außendeichs verbleibenden Vorländer, sind zwar zu hören (§ 294 Abs. 1 Satz 2), nehmen aber an der Abstimmung nicht teil, da sie nicht zu den Genossen gehören.

**§ 297.** Auf das Verfahren zur Bildung von Deichverbänden sind die Vorschriften der §§ 248 bis 273 über das Verfahren zur Bildung von Wassergenossenschaften entsprechend anzuwenden.

Ent. § 275; B. 212; KB.A. 381; L. II 8242; L. III 8598; KB.H. 59; L.H. 1052.

**§ 298.** (1) Mehrere Deichverbände, die ein gemeinschaftliches Interesse an der Erhaltung ihrer Deiche, der Neuanlegung von Deichen oder der Anlegung und Erweiterung von Entwässerungs- oder Bewässerungsanlagen haben, können beschließen:

1. unter Auflösung der einzelnen Verbände sich zu einem einzigen Deichverbande zu vereinigen;
2. ohne Auflösung einen gemeinschaftlichen Deichverband zu bilden, dem die Erfüllung gemeinsamer Aufgaben überwiesen wird.

(2) Die Rechtsverhältnisse des neuen Deichverbandes sind durch eine Satzung zu regeln, die der Genehmigung des Regierungspräsidenten bedarf.

(3) Stimmen nicht alle beteiligten Deichverbände der Bildung des neuen Deichverbandes oder der Satzung zu, so kann der Deichverband durch eine nach § 297 zu erlassende Satzung gebildet werden, wenn die den zustimmenden

Deichverbänden angehörenden Grundstücke nach dem im § 296 Abs. 1 bestimmten Maßstabe die Grundstücke der widersprechenden Deichverbände übertreffen.

(4) Mit der Genehmigung oder dem Erlasse der Satzung gehen die Rechte und Verbindlichkeiten der aufgelösten Deichverbände auf den neugebildeten Deichverband über.

Ent. § 276; B. 212; KB.A. 381; L. II 8242; L. III 8598; KB.H 59; L.H. 1052.

**§ 299.** (1) Der Deichverband muß einen Vorstand haben. Dieser kann aus einer Person als Deichvorsteher oder aus mehreren Personen, von denen eine als Deichvorsteher den Vorsitz führt, bestehen.[1])

(2) Die Wahl des Deichvorstehers (Deichhauptmann, Deichrichter, Deichgraf, Deichgräf usw.)[2]) bedarf der Bestätigung durch die Aufsichtsbehörde (§ 302). Wird die Bestätigung versagt oder kommt die Wahl des Vorstandes oder einzelner Mitglieder nicht zustande, so stehen der Aufsichtsbehörde die im § 218 bezeichneten Befugnisse zu.

(3) Im übrigen ist der § 212 Abs. 2 bis 4 anzuwenden.

Ent. § 277; B. 212 f.; KB.A. 381; L. II 8242; L. III 8598; KB.H. 59; L.H. 1052.

[1]) Die Vorschriften sind so weit gefaßt, daß sie den örtlich verschiedenen Verhältnissen überall gerecht werden. Es ist dadurch die Möglichkeit gegeben, einen kollegialen Deichvorstand einzusetzen oder einen einzelnen Vorsteher mit oder ohne Gehilfen an die Spitze des Deichverbandes zu stellen sowie die Deichgenossen durch eine Repräsentation (Ausschuß) oder durch eine allgemeine Mitgliederversammlung mitwirken zu lassen. Wie im letzteren Falle die Befugnisse zwischen dem Vorsteher und dem Kollegium abzugrenzen sind, bestimmt das Statut.

[2]) In den Satzungen können also die althergebrachten Bezeichnungen gewählt werden.

**§ 300.** Auf Verlangen der Aufsichtsbehörde hat der Deichverband für die technische Verwaltung einen technisch genügend vorgebildeten Beamten[1]) anzustellen,[2]) der der Bestätigung durch die Aufsichtsbehörde bedarf. Kommt der Deichverband dieser Verpflichtung nicht nach oder wird die Bestätigung versagt, so stehen der Aufsichtsbehörde die im § 218 bezeichneten Befugnisse zu.

Ent. § 278; B. 213; KB.H. 381 f.; L. II 8242; L. III 8598; KB.H. 59; L.H. 1052.

[1]) Es ist nicht erforderlich, daß es sich um einen Beamten mit höherer akademischer Vorbildung handelt. Es können auch Beamte mit mittlerer technischer Ausbildung verwendet werden, z. B. Wiesenbaumeister.

[2]) Es muß nicht unbedingt für jeden Deichverband ein besonderer Beamter im Hauptamt angestellt werden. Es steht nichts im Wege, daß mehrere Deichverbände einen technischen Beamten anstellen oder daß ein Beamter diesen Posten im Nebenamte verwaltet.

**§ 301.** (1) Die Rechtsverhältnisse des Deichverbandes und seiner Mitglieder richten sich, soweit sie nicht in diesem Gesetze geregelt sind, nach der Satzung.

(2) Für die Satzung gilt der § 214.

Ent. § 279; B. 213; KB.A. 382; L. II 8242; L. III 8598; KB.H. 59; L.H. 1052.

**§ 302.** (1) Der Deichverband steht unter der Aufsicht des Staates.[1])

(2) Die Aufsicht beschränkt sich auf die ordnungsmäßige Ausführung, Unterhaltung und Wiederherstellung der gemeinschaftlichen Anlagen sowie darauf, daß die Angelegenheiten des Deichverbandes nach den Gesetzen und der Satzung verwaltet werden.

(3) Die Aufsicht führt bei Deichverbänden, deren Deiche ganz oder teilweise an Wasserläufen erster Ordnung liegen, der Regierungspräsident, in zweiter Instanz der Oberpräsident, bei anderen Deichverbänden der Landrat als Vorsitzender des Kreisausschusses, in Stadtkreisen die Ortspolizeibehörde,[2]) in zweiter Instanz der Regierungspräsident. Zuständig ist die Behörde, in deren Bezirk der Deichverband seinen Sitz hat.

(4) Werden im Gebiete eines Deichverbandes Unterdeichverbände gebildet, so kann in der Satzung bestimmt werden, daß die Aufsicht über die Unterdeichverbände in erster Instanz von dem Deichvorsteher des Hauptdeichverbandes geführt wird.[3]) In diesem Falle führen die nach Abs. 3 für den Hauptdeichverband zuständigen Aufsichtsbehörden erster und zweiter Instanz die Aufsicht über die Unterdeichverbände in zweiter und dritter Instanz; wo in diesem Abschnitte die Beschwerde an die Aufsichtsbehörde zugelassen ist, geht die Beschwerde in erster Instanz an den Deichvorsteher des Hauptdeichverbandes, in zweiter Instanz an die sonst als Aufsichtsbehörde in erster Instanz für den Hauptdeichverband zuständige Behörde und gegen deren Entscheidung in dritter Instanz an die sonst für den Hauptdeichverband zuständige Aufsichtsbehörde zweiter Instanz.

(5) Die Aufsichtsbehörde ist berechtigt, ihre Anordnungen unmittelbar durchzusetzen.[4])

Ent. § 280; B. 213 f.; KB.H. 382 f.; L. II 8242—45; L. III 8598; KB.H. 59; L.H. 1052.

[1]) Der Umfang der Aufsichtspflicht ist im einzelnen durch die §§ 299, 300, 303, 304 geregelt.

[2]) Vgl. § 342 Anm. 2.

[3]) Enthält die Satzung eine derartige Bestimmung nicht, so

wird die Aufsicht auch nicht über die Unterverbände von den in Abs. 3 benannten Behörden geführt.

[4]) Durch Abs. 5 ist außer Zweifel gestellt, daß die Aufsichtsbehörde berechtigt ist, die von ihr getroffenen Anordnungen unmittelbar (§ 132 LVG.) durchzusetzen, und daß sie nicht gezwungen ist, auf dem Wege der Zwangsetatisierung dieses Ziel zu erreichen.

**§ 303.** (1) Zur Veräußerung von Grundstücken oder zur Aufnahme von Anleihen, mit Ausnahme solcher, durch die der Schuldenbestand nicht vermehrt wird, sowie zum Bau neuer Schleusen in den Deichen bedarf der Deichverband der Genehmigung der Aufsichtsbehörde.[1])

(2) Zu den Beschlüssen über die Vergütung des Deichvorstehers und des technischen Deichbeamten ist gleichfalls die Genehmigung der Aufsichtsbehörde erforderlich.

(3) Sind diese Vergütungen offenbar unzulänglich, so hat die Aufsichtsbehörde sie angemessen festzusetzen. Dasselbe gilt von den Vergütungen der anderen Angestellten des Deichverbandes.[2])

(4) Durch die Satzung kann die Genehmigung auch für andere Fälle vorgeschrieben werden.

Ent. § 281; B 213 f.; KB.A. 383; L. II 8245; L. III 8598; KB.H. 59; L.H. 1052.

[1]) Zum Bau neuer Deiche ist die Genehmigung der Aufsichtsbehörde grundsätzlich nicht erforderlich, wenn sie nicht nach Abs. 4 besonders durch die Satzung vorgeschrieben ist. Es konnte hiervon abgesehen werden, da für die Anlegung von Deichen nach den Vorschriften des § 285 die Genehmigung erforderlich ist.

[2]) Wird der durch die Erhöhung bedingte Geldbetrag nicht in den Haushaltungsplan eingesetzt, so kann die Behörde nach § 304 die Aufnahme in den Haushaltungsplan verfügen.

**§ 304.** (1) Unterläßt oder verweigert es der Deichverband, die ihm gesetz- oder satzungsmäßig obliegenden, von einer Behörde innerhalb der Grenzen ihrer Zuständigkeit festgestellten Leistungen und Ausgaben in den Haushaltsplan aufzunehmen oder außerordentlich zu genehmigen, so kann die Aufsichtsbehörde unter Anführung der Gründe die Aufnahme in den Haushaltsplan oder die Feststellung der außerordentlichen Ausgabe und die Einziehung der erforderlichen Beiträge verfügen.

(2) Gegen die Verfügung steht dem Deichverbande binnen zwei Wochen die Beschwerde an die Aufsichtsbehörde zweiter Instanz und gegen deren Bescheid binnen gleicher Frist die weitere Beschwerde an den Minister für Landwirtschaft, Domänen und Forsten zu.

Ent. § 282; B. 213 f.; KB.A. 383; L. II 8245; L. III 8598; KB.H. 59; L.H. 1052.

**§ 305.** Der Deichvorsteher kann die nur zu mechanischen Verrichtungen berufenen Angestellten des Deichverbandes zur Erfüllung ihrer Pflichten durch Ordnungsstrafen bis zu dreißig Mark anhalten. Die Strafgelder fließen in die Deichkasse.

Ent. § 283; B. 214; KB.A. 383 f.; L. II 8245; L. III 8598; KB.H. 59; L.H. 1052.

Dem Deichvorsteher steht es auch zu, diesen Beamten die Ausübung ihrer Obliegenheiten zu untersagen (KB.A. 383).

**§ 306.** Die zum Schutze der Deiche und anderer Anlagen[1]) des Deichverbandes erforderlichen Polizeiverordnungen erläßt bei Deichverbänden, über die der Regierungspräsident in erster oder im Falle des § 302 Abs. 4 in zweiter Instanz die Aufsicht führt, der örtlich[2]) zuständige Regierungspräsident, sonst der örtlich zuständige Landrat, in Stadtkreisen die örtlich zuständige Ortspolizeibehörde, und zwar der Regierungspräsident auch für einzelne Kreise oder Teile[3]) von Kreisen, der Landrat auch für einzelne Ortspolizeibezirke oder Teile von solchen, nach den §§ 137, 139 ff. des Landesverwaltungsgesetzes vom 30. Juli 1883 (Gesetzsamml. S. 195).[4] Zu den Anlagen des Deichverbandes gehören auch die Wasserläufe, die von ihm zu unterhalten sind oder der Aufsicht der Deichverwaltungsbehörde unterstehen.[5])

Ent. § 284; B. 214 f.; KB.A. 284; L. II 8245 f.; L. III 8598; KB.H. 59; L.H. 1052.

[1]) Zu den Anlagen gehören die im § 294 genannten Sicherungs-, Ent- und Bewässerungsanlagen.

[2]) Erstreckt sich ein Deichverband über mehrere Regierungsbezirke oder Kreise, so kann jeder Regierungspräsident oder Landrat nur für seinen Bezirk unter Zustimmung seines Bezirksausschusses oder Kreisausschusses eine Polizeiverordnung erlassen.

[3]) Das Polizeiverordnungsrecht ist also über den Umfang des § 137 LVG. erweitert, indem es auch für Teile des betreffenden Verwaltungsbezirkes ausgeübt werden kann.

4. Das Recht zum Erlaß der Polizeiverordnung ist den hier benannten Behörden für ihren Verwaltungsbezirk ausschließlich verliehen (vgl. § 348 Anm. 1).

[5]) Es gehören hierhin nicht ohne weiteres alle Wasserläufe innerhalb des Deichgebietes, sondern nur diejenigen, die von dem Deichverband zu unterhalten sind oder der Aufsicht der Deichverwaltungsbehörde unterstehen. Es sind dies jedenfalls diejenigen Wasserläufe, die in die Deichstatuten aufgenommen sind, einschließlich ihrer Ent- und Bewässerungsgräben (L. II 8246). Für diese Wasserläufe scheidet die Zuständigkeit der Wasserpolizeibehörden aus (§ 348).

**§ 307.** (1) Die örtliche Polizei zum Schutze der Deiche und der im § 306 bezeichneten Anlagen (örtliche Deichpolizei) wird von dem Deichvorsteher[1]) wahrgenommen; durch die Satzung können die örtliche Deichpolizei oder einzelne ihrer Geschäfte anderen Mitgliedern des Deichvorstandes

(Deichgeschworene, Deichschöppen, Deichschulzen, Heimräte usw.) übertragen werden.

(2) Der Bezirksausschuß ist befugt, eine Benutzung der Deiche, die ihre Widerstandskraft schwächen kann, zu beschränken oder ganz zu untersagen.[2]) Wer hierdurch in der Ausübung eines Rechtes beeinträchtigt wird, kann von dem Unterhaltungspflichtigen Entschädigung fordern.

(3) Gegen den Beschluß des Bezirksausschusses ist innerhalb zwei Wochen die Beschwerde an den Minister für Landwirtschaft, Domänen und Forsten zulässig.

(4) Soweit der Beschluß die Entschädigung betrifft, kann binnen drei Monaten der Rechtsweg beschritten werden. Die Frist beginnt mit dem Zeitpunkte der Rechtskraft desjenigen Teiles des Beschlusses, durch den die Beschränkung oder Untersagung angeordnet wird.

(5) Die zur Durchführung der Beschlüsse des Bezirksausschusses erforderlichen Anordnungen trifft der Regierungspräsident.

Ent. § 285; B. 214 f.; KB.A. 285 f.; L. II 8245; L. III 8598; KB.H. 59; L.H. 1052.

[1]) Vgl. § 299.

[2]) Der Bezirksausschuß kann hiernach eine Benutzung verbieten, die an sich erlaubt ist, z. B. das Beweiden der Deiche.

**§ 308.** (1) Der Deichvorsteher und die anderen mit örtlichen Geschäften der Deichpolizei betrauten Mitglieder des Deichvorstandes sind berechtigt, ihre polizeilichen Anordnungen durch die im § 227 Abs. 1 bezeichneten Zwangsmittel durchzusetzen. Der § 227 Abs. 2 ist anzuwenden.

(2) Gegen polizeiliche Verfügungen des Deichvorstehers und der anderen Mitglieder des Deichvorstandes, einschließlich der Androhung, Festsetzung und Ausführung eines Zwangs-

mittels, ist binnen zwei Wochen[1]) die Beschwerde an die Aufsichtsbehörde[2]) und binnen der gleichen Frist die weitere Beschwerde an die Aufsichtsbehörde zweiter Instanz zulässig. Die Beschwerden sind bei der für die Entscheidung zuständigen Behörde oder bei der Behörde anzubringen, gegen deren Verfügung sie sich richten.

(3) Das gegen die Androhung eines Zwangsmittels gerichtete Rechtsmittel erstreckt sich zugleich auf die Anordnung, um deren Ausführung es sich handelt, wenn sie nicht bereits Gegenstand eines besonderen Beschwerdeverfahrens geworden ist.

Ent. § 286; B. 215 f.: KB.A. 386; L. II 8245; L. III 8598; KB.H. 59; L.H. 1052.

1. Beginnend mit dem Tage nach Zustellung.

2) Vgl. § 302.

**§ 309.** (1) Die Deichverwaltungsbehörden (Deichvorstand, Deichvorsteher) sind berechtigt, Anordnungen, die sie in Ausübung ihrer Befugnisse gegen einzelne Genossen richten, durch die im § 227 Abs. 1 bezeichneten Zwangsmittel durchzusetzen. Der § 227 Abs. 2 ist anzuwenden.

(2) Die Anordnungen und Beschlüsse der Deichverwaltungsbehörden können nach § 308 Abs. 2, 3 angefochten werden, wenn nicht durch dieses Gesetz der Rechtsweg oder das Verwaltungsstreitverfahren zugelassen oder durch die Satzung das schiedsgerichtliche Verfahren vorgeschrieben ist.

Ent. § 287; B. 215 f.; KB.A. 386; L. II 8245; L. III 8598; KB.H. 59; L.H. 1052.

**§ 310.** (1)[1]) Die zur Herstellung und Unterhaltung der Deiche und der dazu gehörenden Sicherungs-, Entwässerungs- und Bewässerungsanlagen erforderlichen Beiträge und Leistungen sind nach dem in der Satzung zu bestimmenden Maßstabe von allen zum Deichverbande gehörenden Grundstücken aufzubringen (Deichpflicht), auch wenn diese sonst von den öffentlichen Lasten befreit oder dabei bevorrechtet sind. Als Verteilungsmaßstab ist in der Regel das Verhältnis des abzuwendenden Schadens und herbeizuführenden Vorteils anzunehmen; aus besonderen Gründen kann jedoch ein anderer Maßstab zugelassen werden.

(2) Eine Befreiung von der Deichpflicht kann nicht erworben werden.

(3) Die Deichpflicht ist eine öffentlichrechtliche Verpflichtung. Der § 223 und der § 224 Abs. 1 Satz 2, Abs. 2 sind anzuwenden.

(4) Auf die Heranziehung und Veranlagung zur Deichpflicht ist der § 226 Abs. 2, 3 anzuwenden.

Ent. § 288; B. 216; KB.A. 386; L. II 8245; L. III 8598; KB.H. 59; L.H. 1052.

[1]) § 310 enthält die Bestimmungen über die ordentliche Deichlast, während § 315 diejenigen über die außerordentliche Deichlast wiedergibt. Die ordentlichen Deichlasten gehören zu den öffentlichen Reallasten. Für sie haften die Grundstückseigentümer persönlich, soweit sie bis zu ihrem Austritt umgelegt sind. Daneben haften dinglich für sie die zum Deichverband gehörenden Grundstücke. Die am Grundstück dinglich oder obligatorisch Berechtigten haften dem Deichverbande gegenüber nicht. Die Deichlasten können in das Grundbuch nicht eingetragen werden (Art. 11 des PrAG. zur GBO. v. 26. 9. 99). Sie gehen bei der Zwangsversteigerung oder Zwangsverwaltung den Rechten am Grundstück vor (Art. 1 Nr. 1 des PrAG. zum Reichsgesetz über die Zwangsversteigerung und Zwangsverwaltung v. 23. 9. 99 und §§ 10 Abs. 1 Nr. 3, 156 des Reichsgesetzes über die Zwangsversteigerung und die Zwangsverwaltung v. 24. 3. 97).

**§ 311.** (1) Die Eigentümer der zum Deichverbande gehörenden Grundstücke und der Vorländer[1]) sind verpflichtet, dem Deichverbande die zu den Deichanlagen erforderlichen Grundstücke gegen Entschädigung abzutreten.[2])

(2) Grenzen und Größe der abzutretenden Grundstücke, die vom Verbande zur Verhütung nachteiliger Wirkungen herzustellenden Sicherungsanlagen und die zu leistende Entschädigung werden durch Beschluß des Deichvorstandes festgestellt. Mit der Rechtskraft des Teiles des Beschlusses, durch den über die Verpflichtung zur Abtretung entschieden wird, geht das Eigentum an den abzutretenden Grundstücken auf den Deichverband über.

(3) Soweit der Beschluß über die Entschädigung entscheidet, kann binnen drei Monaten der Rechtsweg beschritten werden, wenn nicht durch die Satzung die Entscheidung einem Schiedsgericht übertragen ist. Die Frist beginnt mit dem im Abs. 2 Satz 2 bezeichneten Zeitpunkte. Soweit Eigentümer von Vorländern eine Entschädigung beanspruchen können, kann die Entscheidung darüber nicht durch die Satzung einem Schiedsgericht übertragen werden.

(4) Im übrigen sind die §§ 7 bis 14, 16, 17, 33, 36 bis 39, 45 bis 49 des Enteignungsgesetzes vom 11. Juni 1874 (Gesetzsamml. S. 221) entsprechend anzuwenden.

(5) Auf die zu den Deichen gehörenden Entwässerungs- und Bewässerungsanlagen ist der § 222 anzuwenden.[3])

Ent. § 289; B. 216 f.; KB.A. 387; L. II 8245; L. III 8598; KB.H. 59; L.H. 1052.

[1]) Vgl. § 294 Anm. 8.

[2]) Die §§ 311 u. 312 legen eine Anzahl Verpflichtungen auf, die verschieden sind, je nachdem, ob es sich um Deiche oder Sicherungsanlagen oder um Ent- und Bewässerungsanlagen handelt.

Der § 311 normiert eine Pflicht zur Abtretung von Grundstücken für die Eigentümer der zum Deichverbande gehörenden Grundstücke und der Vorländer, wenn diese für die Anlagen von

Deichen erforderlich sind. Handelt es sich um Sicherungs-, Ent- oder Bewässerungsanlagen, so besteht eine solche Pflicht zur Grundabtretung nicht (vgl. Abs. 5 und § 312). Gegen den Beschluß des Deichvorstandes ist binnen zwei Wochen die Beschwerde an die Aufsichtsbehörde und binnen der gleichen Zeit weitere Beschwerde an die Aufsichtsbehörde II. Instanz (§ 302) gegeben (§ 309 Abs. 2 in Verb. mit § 308 Abs. 2).

[3]) Eine Abtretung von Grundstücken kann in diesen Fällen nicht verlangt werden. Für die Genossen können die im § 222 genannten Verpflichtungen näher bestimmt und ihnen noch sonstige Verpflichtungen auferlegt werden (vgl. § 301 Abs. 2 in Verb. mit § 214). Es ist aber nicht zulässig in den Satzungen eine Regelung dahin zu treffen, daß die Entschädigung in Fortfall kommen soll. Wegen der bereits bestehenden Deichverbände vgl. § 313.

**§ 312.** (1) Gegen Entschädigung müssen auf Anordnung des Deichvorstandes:[1])

1. die Eigentümer der zum Deichverbande gehörenden Grundstücke und der Vorländer die Entnahme der zur Herstellung und Unterhaltung der Deiche und der dazu gehörenden Sicherungsanlagen[2]) erforderlichen Feld- und Bruchsteine, von Kies, Rasen, Sand, Lehm und anderer Erde aus ihren land- und forstwirtschaftlich genutzten Grundstücken, ihrem Unland und ihren Gewässern gestatten;[3])
2. die Eigentümer der Vorländer die im Interesse der Herstellung und Unterhaltung der Deiche und der dazu gehörenden Sicherungs-, Entwässerungs- und Bewässerungsanlagen erforderlichen Beschränkungen des Grundeigentums dulden.[4])

(2) Die Beschränkungen, denen sich die Eigentümer der Vorländer nach Abs. 1 Nr. 2 zu unterwerfen haben, sind in der Satzung näher zu bestimmen. Über die Höhe der

Entschädigung beschließt im Streitfalle der Bezirksausschuß. Der Beschluß kann binnen drei Monaten nach der Zustellung im Rechtsweg angefochten werden.

Ent. § 290; B. 217; BK.A. 387 ff.; L. II 8245; L. III 8598; KB.H. 59; L.H. 1052.

1) Wegen des Rechtsmittels vgl. § 109 Abs. 2.

2) Handelt es sich um Ent- oder Bewässerungsanlagen, so sind die Eigentümer der zum Deichverbande gehörigen Grundstücke und der Vorländer nicht verpflichtet, die Entnahme der genannten Baumaterialien zu dulden. Das Statut kann aber den Genossen auch in dieser Richtung Verpflichtungen auferlegen (§ 301 Abs. 2 in Verb. mit § 214).

3) Bei anderen Grundstücken braucht die Entnahme nicht gestattet zu werden, also z. B. nicht bei Gärten, Parkanlagen, Hofräumen, Wegen usw.

4) Welche Beschränkungen die Genossen dulden müssen, bestimmt das Statut (vgl. § 301 Abs. 2 in Verb. mit § 214).

**§ 313.** Soweit in den Fällen der §§ 311, 312 bei bereits bestehenden Deichverbänden die Satzungen abweichende Vorschriften enthalten, bewendet es dabei.

K.B.A. § 290a, S. 389 f.; L. II 8245; L. III 8598; K.B.H. 59; L.H. 1052.

Diese Bestimmung ist mit Rücksicht darauf getroffen, daß manche bewährte Deichstatuten, insbesondere die der Wische-Deichverbände, die Bestimmung enthielten, daß für die in den §§ 311, 312 enthaltenen Verpflichtungen und Eigentumsbeschränkungen keine Entschädigung bezahlt werden braucht. Um diese Deichverbände durch die Neueinführung einer Schadensersatzpflicht nicht über das gewohnte Maß zu belasten, ist die Vorschrift des § 313 getroffen.

**§ 314.** Übernimmt ein Deichverband die Unterhaltung bereits bestehender Deiche, so gehen sie mit Genehmigung oder Erlaß der Satzung in sein Eigentum über. Durch die

Satzung kann bestimmt werden, daß die Nutzungen den bisherigen Eigentümern verbleiben.

Ent. § 291; B. 217; KB.A. 322; L. II 8245; L. III 8598; KB.H. 59; L.H. 1052.

**§ 315.** (1)[1]) Ist ein Deich bei Hochwasser gefährdet, so müssen nach Anordnung der Deichpolizeibehörde alle Bewohner der bedrohten und nötigenfalls auch der benachbarten Gegend[2]) zu den Schutzarbeiten unentgeltlich Hilfe leisten und die erforderlichen Arbeitsgeräte und Beförderungsmittel mit zur Stelle bringen.

(2) Die Deichpolizeibehörde kann die in einem solchen Falle nötigen Maßregeln sofort durch Zwangsmittel[3]) zur Ausführung bringen; sie ist befugt, die Verabfolgung der zur Abwehr der Gefahr dienlichen Baustoffe aller Art, wo solche sich finden mögen, zu fordern, und diese müssen mit Vorbehalt der Ausgleichung unter den Verpflichteten und der Erstattung des Schadens von den Besitzern verabfolgt werden. Zum Ersatze des Schadens ist der Deichverband verpflichtet. Über die Höhe der Entschädigung beschließt im Streitfalle der Bezirksausschuß. Der Beschluß kann binnen drei Monaten nach der Zustellung im Rechtsweg angefochten werden.

Ent. § 292; B. 217 f.; K.B.A. 390; L. II 8245; L. III 8598; K.B.H. 59; L.H. 1052.

[1]) § 315 enthält die Bestimmungen über die außerordentliche Deichlast (wegen der ordentlichen Deichlast vgl. § 310). Diese Bestimmungen werden ergänzt durch § 354.

[2]) Eine Beschränkung in räumlicher Beziehung ist der Deichpolizeibehörde nicht auferlegt. Maßgebend für ihre Entschließungen werden die örtlichen Verhältnisse und die Größe der Gefahr und der vorzunehmenden Arbeiten sein.

[3]) Die Zwangsmittel sind die des § 132 LVG.

**§ 316.** (1) Der Deichverband kann durch den Regierungspräsidenten aufgelöst werden, wenn die Mitgliederversammlung mit einer Mehrheit von zwei Dritteln der Stimmen die Auflösung beschließt.

(2) Im übrigen sind auf die Auflösung und Liquidation des Deichverbandes die §§ 279 bis 282 entsprechend anzuwenden.

Ent. § 293; B. 218; K.B.A. 390; L. II 8245; L. III 8598; K.B.H. 59; L.H. 1052.

**§ 317.** Neben den §§ 294 bis 316 sind die §§ 208, 209, 211, 215, 216, 221, der § 229 Abs. 1, die §§ 230 bis 234, 236, 237, 239 bis 244, der § 275 Abs. 1, 3 und die §§ 276, 277 auf Deichverbände entsprechend anzuwenden.

Ent. § 284; KB.A. 390; L. II 8245; L. III 8598; KB.H. 59; L.H. 1052.

**§ 318.** (1) Auf die beim Inkrafttreten dieses Gesetzes bestehenden Deichverbände sind die Vorschriften anzuwenden, die für die nach diesem Gesetze gebildeten Deichverbände gelten.

(2) Jedoch bleiben abweichende Bestimmungen der bisherigen Satzungen in Kraft, soweit die im Abs. 1 für anwendbar erklärten Vorschriften durch die Satzung geändert werden können oder auf die Satzung verweisen.[1])

Ent. § 295; B. 218; K.B.A. 390 f.; L. II 8245; L. III 8598; K.B.H. 59; L.H. 1052.

[1]) Eine Ausnahme für diese Regelung enthält der § 313 für die in den Fällen der §§ 311, 312 eintretende Schadensersatzpflicht.

## Sechster Titel.

# Deiche, die zu keinem Deichverbande gehören.

**§ 319.** (1) Ist ein schon vorhandener, zum Schutze der Ländereien mehrerer Eigentümer dienender Deich, der zu keinem Deichverbande gehört, ganz oder teilweise verfallen oder durch Naturgewalt oder fremdes Eingreifen zerstört, so kann bei Deichen an Wasserläufen erster Ordnung und bei Seedeichen der Bezirksausschuß, sonst der Kreis- (Stadt-) Ausschuß auf Antrag eines Beteiligten und, wenn aus der Nichterhaltung des Deiches eine gemeine[1]) Gefahr entsteht, auch ohne Antrag den Unterhaltungspflichtigen durch Beschluß für verpflichtet erklären, den Deich bis zu derjenigen Höhe und Stärke wiederherzustellen, die er früher gehabt hat.

(2) In gleicher Weise kann bei solchen Deichen dem Unterhaltungspflichtigen die Vornahme derjenigen Maßregeln aufgegeben werden, welche erforderlich sind, um die Erhaltung der Deiche in ihrem bisherigen Umfang und Zustande zu sichern.

(3) Ist es ungewiß oder streitig, wer zur Unterhaltung des Deiches verpflichtet ist, so können die Leistungen vorläufig von dem gefordert werden, der ihn bisher unterhalten hat, oder, wenn dieser nicht leistungsfähig ist, von den Eigentümern derjenigen Grundstücke, die nach dem Ermessen der Behörde durch den Deich geschützt werden.[2]) Das letztere gilt auch, wenn der Verpflichtete nicht leistungsfähig ist. Ist die Heranziehung der Eigentümer nicht so schnell möglich, wie die Dringlichkeit des Falles es erfordert, so hat die Gemeinde (der Gutsbezirk), in deren Bezirk der Deich gelegen ist, auf Erfordern die Kosten der Unterhaltung oder Wiederherstellung des Deiches vorzuschießen. Sind mehrere Gemeinden (Gutsbezirke) beteiligt, so sind die vorzuschießenden Kosten auf diese angemessen zu verteilen.

(4) Gegen den Beschluß des Bezirks- (Kreis- [Stadt-]) Ausschusses ist innerhalb zwei Wochen die Beschwerde an

den Minister für Landwirtschaft, Domänen und Forsten zulässig.

(5) Bei Beschlüssen des Bezirksausschusses trifft der Regierungspräsident, bei Beschlüssen des Kreis- (Stadt-) Ausschusses der Landrat (die Ortspolizeibehörde) die zu ihrer Durchführung nötigen Anordnungen.

(6) Die nach Abs. 1 bis 3 zur Unterhaltung oder Wiederherstellung der Deiche geforderten Beiträge und Leistungen sind öffentliche Lasten.

Ent. § 296; B. 218 f.; KB.A. 391 f.; L. II 8245; L. III 8598; KB.H. 59; L.H. 1052.

[1]) Vgl. § 394 Anm. 1.

[2]) Die Ansprüche gegen den Unterhaltspflichtigen sind im Rechtswege geltend zu machen (§ 320).

**§ 320.** Den zur Unterhaltung oder Wiederherstellung eines Deiches vorläufig Herangezogenen (§ 319 Abs. 3) bleibt vorbehalten, ihre Ansprüche auf Erstattung ihrer Beiträge oder des Wertes ihrer Leistungen im Rechtswege gegen den Unterhaltungspflichtigen geltend zu machen.

Ent. § 297; B. 219; KB.A. 392; L. II 8245; L. III 8598; KB.H. 59; L.H. 1052.

**§ 321.** (1) Wird die Baulast vorläufig geregelt, so ist zur Regelung der künftigen Leistungen die Bildung eines Deichverbandes herbeizuführen, es sie denn, daß durch Anerkenntnis oder im Rechtsweg ein leistungsfähiger Verpflichteter ermittelt ist.

(2) Lehnen die Beteiligten die Bildung eines Deichverbandes ab und ist sie nicht zur Abwendung gemeiner Gefahr erforderlich, so kann die fernere Erhaltung des Deiches nicht mehr verlangt werden.

Ent. § 298; B. 219; KB.A. 393; L. II 8245; L. III 8598; KB.H. 59; L.H. 1052.

Ist die Bildung eines Deichverbandes zur Abwendung gemeiner Gefahr (§ 294 Anm. 1) erforderlich, so kann ein solcher ohne die Zustimmung der Beteiligten gebildet werden (vgl. § 294 Abs. 2).

**§ 322.** Der § 307 Abs. 2 bis 5 ist auf Deiche, die zu keinem Deichverbande gehören, entsprechend anzuwenden.

Ent. § 399; B. 219; KB.A. 294; L. II 8245; L. III 8598; KB.H. 59; L.H. 1052.

## Siebenter Titel.

## Besondere Vorschriften für die Provinzen Hannover und Schleswig-Holstein.

### Vorbemerkung.

Im siebenten Titel werden besondere Vorschriften für die neuen Provinzen Hannover und Schleswig-Holstein gegeben. Für die im § 323 näher bezeichneten Gebiete soll die Geltung des fünften und sechsten Titels und teilweise auch des zweiten Titels des vierten Abschnittes ausgeschlossen sein. In diesen Gebieten sind geschriebene oder auf Gewohnheitsrecht beruhende Deich- und Sielordnungen in Geltung, die sich seit alters dort eingebürgert haben und den dortigen, teilweise besonders gearteten Verhältnissen Rechnung tragen. Diese Deich- und Sielordnungen (vgl. § 323) hatten schon eine Fortentwicklung erfahren durch die hannoversche VO. v. 1. 9. 52 (GS. Abt. I S. 262) über das Wasserbauwesen und besonders durch das G. vom 11. 4. 72, betr. die Ausdehnung des Deichgesetzes auf Schleswig-Holstein und Hannover (GS. 377). Das letztere gestattete insbesondere im Art. IV die innere Organisation mit Zustimmung der Verbandsvertretung oder auch gegen ihren Willen durch Statut neu zu regeln (das Nähere B. 419—423 und Nieberding, Wasserrecht und Wasserpolizei, S. 416 ff., 438 ff.).

Diese auf Gesetz und Gewohnheit beruhenden, das Deich- und

Sielwesen betreffenden Bestimmungen sind im § 324 grundsätzlich aufrechterhalten (vgl. § 66 EG.BGB.). Die §§ 325—329 enthalten dann noch in Anlehnung an das G. v. 11. 4. 72 eine Reihe von Vorschriften, welche die Möglichkeit geben, diese alten Verordnungen fortzuentwickeln und diesem Gesetze anzupassen. Das G. v. 11. 4. 72 ist durch § 399 Nr. 9 aufgehoben. Durch § 9 Abs. 2 ist in den im § 323 bezeichneten Gebieten den Deich- und Sielverbänden auch das Eigentum an den Wasserläufen II. Ordnung gelassen, soweit sie nicht beim Inkrafttreten dieses Gesetzes im Eigentum anderer standen.

**§ 323.** (1) Die Vorschriften des zweiten, fünften und sechsten Titels dieses Abschnitts gelten nicht:

1. in den Schleswig-Holsteinischen Marschdistrikten,[1]) soweit das Patent vom 29. Januar 1800[2]) und das allgemeine Deichreglement vom 6. April 1803[3]) Platz greifen;[4])
2. in den Herzogtümern Bremen und Verden, soweit die Deichordnung vom 29. Juli 1743[5]) Anwendung findet, doch gelten die Vorschriften des zweiten Titels in den oberhalb des Hemelinger Wehres[6]) an der Weser und Aller gelegenen Gebietsteilen;
3. in dem Lande Hadeln;[7])
4. in dem Fürstentum Ostfriesland und dem zum Herzogtum Arenberg-Meppen gehörenden Bezirke der Stadt Papenburg.[8])

(2) Ferner gelten die Vorschriften des fünften und sechsten Titels nicht:

1. in dem Fürstentume Lüneburg und den zur Provinz Hannover gehörenden Lauenburgischen Landesteilen, soweit die Lüneburgische Deich- und Sielordnung vom 15. April 1862[9]) und

2. in den Grafschaften Hoya und Diepholz, soweit die Deich- und Abwässerungsordnung vom 22. Januar 1864 Anwendung findet oder demnächst in Anwendung gebracht wird.[10])

Ent. § 300; B. 219—227; KB.A. 392 ff.; L. II 8246; L. III 8598—8602; KB.H. 59; L.H. 1052.

[1]) Marschdistrikte sind diejenigen Gebiete, die den Fluten der Nordsee ausgesetzt sein würden, wenn keine Deiche vorhanden wären. Über ihre Entstehung und Ausdehnung vgl. Nieberding 416 ff.

[2]) Vgl. Nieberding S. 418, 438.

[3]) Nieberding S. 418 f., 439 ff.

[4]) Das Sielwesen ist in Schleswig-Holstein nicht durch geschriebenes Gesetz geordnet, sondern beruht lediglich auf Gewohnheitsrecht.

[5]) Die Deichordnung v. 29. 7. 1743 regelt das Deich- und Sielrecht (vgl. B. 219 und Nieberding 419).

[6]) Durch den Bau des Hemelinger Wehres bei Bremen ist das Ebbe- und Flutgebiet der Weser an dieser Stelle abgeschnitten.

[7]) Im Lande Hadeln beruht das Deich- und Sielrecht auf Gewohnheitsrecht, das eine Ergänzung durch die VO. über das Wasserbauwesen v. 1. 9. 52 erfahren hat (vgl. B. 221).

[8]) Für Ostfriesland gilt die Deich- und Sielordnung v. 12. 6. 53 (vgl. Nieberding 442). Diese Deich- und Sielordnung ist auch auf die Stadt Papenburg ausgedehnt (G. v. 11. 4. 72 Art. III).

[9]) Vgl. Nieberding 442 f.

[10]) Vgl. Nieberding 442 f.

**§ 324.**[1]) In den im § 323 bezeichneten Gebietsteilen verbleibt es, vorbehaltlich der §§ 325 bis 329, bei den dort geltenden, das Deich- und Sielwesen[2]) betreffenden Gesetzen und Verordnungen und den durch rechtsverbindliches Herkommen feststehenden deich- und sielrechtlichen Bestimmungen. Der Übergang von der Kabel-[3]) zur Kommunion-

**deichung[4]) innerhalb eines Deichverbandes kann aber, und zwar sowohl für sämtliche Deiche als auch für einzelne Deiche oder Deichstrecken, in Zukunft überall mit Stimmenmehrheit durch die Verbandsvertretung beschlossen werden.**

Ent. § 301; B. 226; KB.A. 392; L. II 8246; L. III 8599; KB.H. 59; L.H. 1052.

[1]) Der Ausschluß der im § 323 bezeichneten Gebietsteile von den Vorschriften des fünften und sechsten Titels des vierten Abschnittes ist in Verbindung mit § 324 ein vollständiger, d. h. an Stelle dieser Vorschriften bleibt das dort geltende Deich- und Sielrecht in voller Geltung; der fünfte und sechste Titel gelten nicht. Ist daher ein Gegenstand, der im fünften oder sechsten Titel des vierten Abschnittes behandelt ist, in dem geltenden Recht der im § 323 genannten Gebietsteile nicht geregelt, so fehlt es, soweit nicht die Bestimmungen des § 328 Platz greifen, auch in Zukunft an einer Regelung. Andererseits gelten in diesen Gebieten auch nicht die übrigen in anderen als dem fünften oder sechsten Titel enthaltenen Bestimmungen des Gesetzes, wenn sie Gegenstände behandeln, die als Teile des aufrechterhaltenen Deich- und Sielrechts anzusehen sind, z. B. soweit hinsichtlich der Durchleitung von Wasser besondere Vorschriften bestehen (B. 226).

[2]) Siele heißen die die Entwässerung herbeiführenden Abzugskanäle und Schleusen.

[3]) Bei der „Kabeldeichung" hat jeder Deichgenosse ein bestimmtes Stück des Deiches zu unterhalten.

[4]) Bei der „Kommuniondeichung" unterhält die Deichgenossenschaft als solche den Deich und zieht die Kosten durch Umlage auf die Genossen ein.

**§ 325.** (1) Die Verfassung der Deich- und Siel- (Schleusen-, Wettern-, Wasserlösungs- usw.) Verbände kann mit deren Zustimmung oder bei Widerspruch mit Zustimmung des Wasserbeirats[1]) durch eine vom Minister für Landwirtschaft, Domänen und Forsten zu erlassende Satzung neu geregelt oder festgestellt werden.[2])

(2) Wo eine solche Regelung eintritt, soll die Mitwirkung der Staatsbehörden in Angelegenheiten der Verbände auf die Oberaufsicht beschränkt und die unmittelbare Beaufsichtigung und Leitung der Verbandsangelegenheiten eigenen Beamten oder Vertretern der Verbände übertragen werden.

(3) Auch kann durch eine mit Zustimmung des Deich- und Siel- (Schleusen-, Wettern-, Wasserlösungs- usw.) Verbandes von dem Minister für Landwirtschaft, Domänen und Forsten zu erlassende Satzung bestimmt werden,[3]) daß an Stelle der durch § 324 aufrechterhaltenen deich- und sielrechtlichen Bestimmungen die entsprechenden Vorschriften dieses Gesetzes[4]) für das Verbandsgebiet gelten sollen.

(4) Ohne Zustimmung des Deichverbandes kann bei einer Neuordnung nach Abs. 1, soweit die ordentliche Deichlast nach den Grundsätzen der Kabelwirtschaft[5]) getragen wird, die Kommuniondeichung[6]) und, soweit nach der Bremischen Deichordnung vom 29. Juli 1743 die Aufbringung der Verbandslasten nach dem Herkommen vorgeschrieben ist, die Aufbringung nach § 310 eingeführt werden.

(5) Die Vorschrift des § 12 Kapitel IV der Bremischen Deichordnung wird aufgehoben,[7]) soweit sie die Moorländereien von der ordentlichen[8]) Deichlast befreit.

Ent. § 302; B. 226; KB.A. 392 ff.; L. II 8246; L. III 8599—8602; KB.H. 59; L.H. 1052.

[1]) §§ 367 ff.

[2]) Die Regelung soll also in erster Linie nur in den Händen des Deichverbandes selbst liegen, und nur wenn im öffentlichen Interesse ein Einschreiten notwendig ist, soll der Minister befugt sein, diese Deichordnung auch ohne Zustimmung des Verbandes zu erlassen (L. II 8600). Wird ein Statut erlassen, so braucht

es sich nicht an die Bestimmung dieses Gesetzes zu halten, sondern die Regelung kann auch in Abweichung von diesem in anderer Art erfolgen (L. II 8601).

³) Die Änderungen können unabhängig von Verfassungsänderungen erfolgen. Ein Deichverband ist also nicht verpflichtet, wenn er einzelne Teile des neuen Deichrechts einführen will, zugleich seine innere Organisation zu ändern (KB.A. 393).

⁴) Nach § 324 (vgl. Anm. 1) sind nicht nur die Bestimmungen über das eigentliche Deichrecht in den in Frage kommenden Bezirken aufrechterhalten, sondern auch alle Bestimmungen des materiellen Wasserrechts, soweit sie deich- und sielrechtlicher Natur sind. Dementsprechend ist hier bestimmt, daß an Stelle der aufrechterhaltenen Bestimmungen die entsprechenden Vorschriften dieses Gesetzes, nicht lediglich dieses Abschnittes, treten können (KB.A. 393).

⁵) Vgl. § 324 Anm. 3.

⁶) Vgl. § 324 Anm. 4.

⁷) Nach dieser Bestimmung sollten die Moorländereien nach dem Herkommen bis auf weitere Verordnung noch von der ordentlichen Deichlast befreit sein, wogegen sie an der außerordentlichen Deichlast teilzunehmen hatten. Da aber nach Erlaß der Bremischen Deichordnung die damals noch zum größten Teile unbenutzten Moore fast überall in Kultur genommen sind, ist die Ausnahmestellung dieser Ländereien fortgefallen.

⁸) An der außerordentlichen Deichlast hatten die Moorländereien schon nach der Bremischen Deichordnung teilzunehmen. Die außerordentliche Deichlast besteht in der persönlichen Hilfeleistung in Notfällen (vgl. § 315).

**§ 326.** (1) Mehrere Deichverbände, die ein gemeinschaftliches Interesse an der Erhaltung ihrer Deiche, an der Neuanlegung von Deichen oder an der Herstellung, Erweiterung oder Unterhaltung von Sicherungs-, Entwässerungs- oder Bewässerungsanlagen haben, können beschließen, sich zu einem gemeinschaftlichen Deichverband, unter Auflösung der einzelnen Verbände oder ohne deren Auflösung, zu vereinigen, wenn dadurch eine angemessenere Aufsicht zu erzielen ist. Der § 298 Abs. 2 bis 4 ist anzuwenden.

(2) Dasselbe gilt für Siel- (Wasserlösungs-) Verbände, die ganz oder überwiegend dem örtlichen Bereich eines und desselben Deichverbandes angehören, und für nicht demselben Deichverband angehörende Verbände solcher Art, die in wasserwirtschaftlicher Beziehung gemeinsame Interessen haben

(3) Der § 325 Abs. 3 ist anzuwenden.

Ent. § 303; B. 227; KB.A. 394; L. II 8246; L. III 8602; KB.H. 59; L.H. 1052.

§ 326 erweitert die Vorschrift des Art. V des G. v. 11. 4. 72 (s. Vorbem.). Allerdings bedeutet sie tatsächlich nur eine Neuerung für die Bremische Deichordnung und Hadeln, da die anderen Deichordnungen schon ähnliche Bestimmungen haben (vgl. § 22 der Deichordnung für Ostfriesland v. 12. 6. 53; § 40 der Lüneburgischen Deichordnung v. 15. 4. 62; § 40 der Hoyaschen Deichordnung v. 22. 1. 64).

**§ 327.** Eine Befreiung von der Deich- und Sielpflicht findet nicht statt, soweit sie nicht auf dem bestehenden Beitragsfuß oder der geltenden Art der Lastenverteilung beruht.

Ent. § 304; B. 227; KB.A. 394; L. II 8246; L. III 8602; KB.H. 59; L.H. 1052.

§ 327 entspricht dem Art. VII Abs. 2 des G. v. 11. 4. 72. Vgl. Vorbem.

**§ 328.** Fehlt es an Vorschriften über die Bildung neuer Deichverbände oder an gesetzlichen Bestimmungen und rechtsverbindlichem Herkommen über die Verpflichtung der Eigentümer eingedeichter Grundstücke und Vorländer zu deren Abtretung oder zur Gestattung vorübergehender Benutzung ihres Grundeigentums für die Deichzwecke, so gelten die hierauf bezüglichen Bestimmungen des fünften Titels dieses Abschnitts.[1])

Ent. § 305; B. 227; KB.A. 394; L. II 8246; L. III 8602; KB.H. 59; L.H. 1052.

§ 328 entspricht dem Art. VIII des G. v. 11. 4. 72.

[1]) Vgl. §§ 294—297 (Bildung neuer Deichverbände), § 311 (Abtretung von Grundstücken), § 312 Abs. 1 Ziff. 2 (Beschränkung von Grundeigentum).

**§ 329.** (1) Soweit in den im § 323 bezeichneten Gebietsteilen die örtliche Deichpolizei (§ 307 Abs. 1) dem Deich- oder Sielvorsteher oder einem anderen Mitgliede der Deich- oder Sielverwaltungsbehörde zusteht, erstreckt sie sich auch auf die Wasserläufe, die von einem Deich- oder Sielverbande zu unterhalten sind oder der Aufsicht einer Deich- oder Sielverwaltungsbehörde unterstehen.[1])

(2) Auf die Durchsetzung und die Anfechtung der zum Schutze der Deiche und der im § 306 bezeichneten Anlagen eines Deich- und Sielverbandes getroffenen polizeilichen Verfügungen ist § 308 anzuwenden.

Ent. § 306; B. 227; KB.A. 394; L. II 8246; L. III 8602; KB.H. 59; L.H. 1052.

[1]) Vgl. § 306 Satz 2.

# Fünfter Abschnitt.

# Zwangsrechte.

## Vorbemerkung.

Die Natur der Wasserläufe bringt es mit sich, daß auf dem wasserwirtschaftlichen Gebiete Eingriffe in die Interessen und Rechte anderer sich nicht vermeiden lassen, wenn einerseits die mit dem

Wasserabflusse verbundenen Gefahren ausgeschlossen, andererseits die in den Gewässern enthaltenen Benutzungsmöglichkeiten der Allgemeinheit erschlossen werden sollen. In gewissem Umfange trägt das Gesetz diesen Erwägungen schon durch die bereits früher behandelten Vorschriften Rechnung, nämlich das Verleihungsverfahren (§§ 46 ff.), das Ausgleichungsverfahren (§§ 87 ff.), die Vorschriften über die Unterhaltsarbeiten an Wasserläufen (§§ 113 ff.) und die Arbeiten zum Ausbau derselben (§§ 152 ff.). Über diese Vorschriften hinaus trifft der fünfte Abschnitt über Zwangsrechte Vorsorge, daß noch in weiterem Umfange in fremde Rechte eingegriffen werden kann.

Die Zwangsrechte werden ebenso wie die Verleihung durch einen öffentlichrechtlichen Akt begründet (§ 340). Die hiernach begründeten Rechte sind privatrechtlicher Natur und demnach in ordentlichem Rechtswege verfolgbar (§ 340 Abs. 5 in Verb. mit § 81 Abs. 1). Sie stellen sich mit Ausnahme des § 338 als rechtliche Beschränkungen des Eigentums oder eines Rechts dar. Das im § 338 gegebene Zwangsrecht kann zu einer vollständigen Rechtsentziehung führen. Die an fremden Grundstücken begründeten Rechte sind inhaltlich, je nachdem sie mit dem Eigentum an einem Grundstück verbunden (§ 340 Abs. 3 in Verb. mit § 46 Abs. 3) oder einem bestimmten Berechtigten eingeräumt sind, Grunddienstbarkeiten (§§ 1018 ff. BGB.) oder beschränkte persönliche Dienstbarkeiten (§§ 1090 ff. BGB.). Vgl. auch § 339 Anm. 1.

Was das Verhältnis der Zwangsrechte zur Verleihung (§§ 46 ff.) betrifft, so sind beide voneinander unabhängig und das eine Verfahren macht das andere grundsätzlich (vgl. aber § 331 Abs. 2) nicht entbehrlich. Ist zur Durchführung eines Unternehmens gleichzeitig eine Verleihung und die Begründung eines Zwangsrechts notwendig, so steht aber nichts im Wege, die beiden Verfahren, soweit dieselbe Behörde zuständig ist, äußerlich zu verbinden. Der Gang der beiden Verfahrensarten aber muß sich getrennt vollziehen. Es ist möglich, daß für ein Unternehmen ein Zwangsrecht begründet wird, ohne daß die daneben noch notwendige Verleihung erteilt ist. In einem solchen Falle kann das Zwangsrecht nicht ausgeübt werden, bis die Verleihung erteilt ist. Voraussetzung für die Begründung der Zwangsrechte wie für die Verleihung ist stets, daß ein Unternehmen ernstlich geplant ist (KB.A. 400).

Für das Verfahren zur Begründung der Zwangsrechte sind grundsätzlich die Vorschriften für das Verleihungsverfahren für anwendbar erklärt worden (§ 340 Abs. 5), insoweit sich deren Anwendung nicht ohne weiteres deswegen verbietet, weil das Verleihungsverfahren sich gegen jedermann, das Verfahren nach § 340 sich aber immer nur gegen bestimmte einzelne Personen richtet.

Wollen der Unternehmer und der Betroffene unter Umgehung der Verfahrensvorschriften des § 340 diese Rechte begründen, so gelten für die Begründung die Bestimmungen des allgemeinen bürgerlichen Rechts. Zu der Entstehung der Dienstbarkeiten ist daher die Eintragung im Grundbuch erforderlich. Vgl. auch § 340 Anm. 7.

**§ 330.** Kann der Eigentümer eines Grundstücks das oberirdisch außerhalb eines Wasserlaufs abfließende[1]) Wasser durch Anlagen auf seinem Grund und Boden nicht oder nur mit unverhältnismäßigen Kosten abführen, so ist er berechtigt, von den Eigentümern der tiefer liegenden Grundstücke die Aufnahme des Wassers ohne Entschädigung zu verlangen.[2]) Können aber diese Eigentümer das Wasser nicht oder nur mit erheblichen Kosten weiter ableiten, so sind sie zur Aufnahme nur gegen Entschädigung[3]) und nur dann verpflichtet, wenn der Vorteil für den Eigentümer des höher liegenden Grundstücks erheblich größer ist als ihr Schaden.[4])

Ent. § 307; B. 277; KB.A. 396 ff.; L. II 8247; L. III 8603; KB.H. 59 f.; L.H. 1052.

§ 330 entspricht dem ALR. I 8 §§ 103—105.

[1]) „Abfließende". Nur das abfließende Wasser ist der Unter-

lieger aufzunehmen verpflichtet, also das Wasser, das auf dem Erdboden befindlich dem natürlichen Gefälle desselben folgt. Es besteht demnach keine Pflicht, Wasser, das sich auf Gebäuden sammelt und unmittelbar von diesen abfließt (Traufe), aufzunehmen oder zu dulden, daß Wasser auf das Grundstück ausgegossen wird.

[2]) Diese Bestimmung schränkt den im § 198 Abs. 1 aufgestellten Grundsatz ein, daß der Eigentümer eines Grundstücks berechtigt ist, das oberirdisch außerhalb eines Wasserlaufs von einem anderen Grundstück abfließende Wasser von seinem Grundstück abhalten. § 330 gilt aber nur für das oberirdisch außerhalb eines Wasserlaufs abfließende Wasser, also für alles Wasser, das aus dem Boden hervorquellend oder aus der Atmosphäre niedersinkend oberirdisch abfließt, ohne einen Wasserlauf im Sinne des § 1 zu bilden. Von der Verpflichtung, das Vorflutwasser aufzunehmen, sind die Eigentümer von Gebäuden, Parkanlagen, Hofräumen und Gärten befreit (§ 335). Dagegen gilt umgekehrt der § 330 für die Aufnahme des von solchen Grundstücken abfließenden Wassers.

[3]) Es ist volle Entschädigung zu gewähren (§ 340 Abs. 4). Bei mehreren benachbarten Grundstücken steht bezüglich der Entschädigungspflicht immer nur der letzte Grundstücksbesitzer seinem unmittelbaren Nachbarn gegenüber (KB.A. 397).

[4]) Die beim Inkrafttreten des Gesetzes bereits bestehenden, auf besonderem Titel beruhenden Rechte der Oberlieger, die Aufnahme des wild abfließenden Wassers durch den Eigentümer der tiefer liegenden Grundstücke zu verlangen, bleibt aufrechterhalten (§ 379 Abs. 1 Ziff. 3).

**§ 331.** (1) Zugunsten eines Unternehmens, das die Entwässerung[1]) von Grundstücken, die Beseitigung von Abwässern[2]) oder die bessere Ausnutzung einer Triebwerksanlage[3]) bezweckt, kann der Unternehmer von den Eigentümern eines Wasserlaufs sowie von den Eigentümern der zur Durchführung des Unternehmens erforderlichen[4]) Grundstücke verlangen, daß sie die zur Herbeiführung eines besseren Wasserabflusses dienenden Veränderungen des Wasserlaufs[5]) (Vertiefungen, Verbreiterungen, Durchstiche, Verlegungen) gegen Entschädigung[6]) dulden, wenn das Unternehmen anders nicht zweckmäßig oder nur mit erheblichen Mehrkosten durchgeführt werden kann und der davon zu erwartende Nutzen den Schaden des Betroffenen erheblich übersteigt.[7])

(2) Bezweckt das Unternehmen nur die gewöhnliche Entwässerung[8]) von Grundstücken, für die der Wasserlauf der natürliche Vorfluter ist, so erwirbt der Unternehmer mit der Feststellung des ihm nach Abs. 1 zustehenden Rechtes zugleich das Recht, den Wasserspiegel auf der Strecke, für die das Recht festgestellt ist, zu senken oder durch Einleitung von Wasser in den Wasserlauf zu heben, soweit dadurch kein anderer Nachteil als eine Veränderung des Grundwasserstandes verursacht wird.[9]) Eine Entschädigung für Nachteile, die lediglich durch die Veränderung des Grundwasserstandes hervorgerufen werden, hat der Unternehmer nicht zu leisten.

Ent. § 308; B. 230 ff.; KB.A. 398 ff.; L. II 8247; L. III 8603; KB.H. 60 f.; L.H. 1052—1072.

§ 331 entspricht den früheren §§ 15 ff. des Vorflutediktes v. 15. 11. 11. Doch gaben diese nur insoweit eine Verpflichtung, als es sich um die Beschaffung oder Verbesserung der Vorflut zur landwirtschaftlichen Bodenentwässerung handelte.

[1]) „Entwässerung". Der Begriff der Entwässerung ist hier im weitesten Umfange zu nehmen. Es fällt also darunter jede Wegleitung von Wasser, die zu dem Zwecke erfolgt, dem auf einem Grundstück stehenden oder dem im Boden stauenden Wasser einen Abfluß zu verschaffen oder den bestehenden zu verbessern (vgl. Nieberding 148 f.). Es fällt hierunter also auch die Ablassung von Teichen und Seen, die zu dem Zwecke erfolgt, sie dauernd trockenzulegen. Das Recht der Entwässerung ist für alle Arten von

Grundstücken zugelassen. Dagegen ist es nicht **gegen** alle Grundstücke gegeben (§ 335).

[2]) Die Beseitigung jeder Art von Abwässern (vgl. § 25 Anm. 10) kann verlangt werden, gleichgültig, ob es sich z. B. um industrielle Abwässer oder um Abwässer handelt, die in der Haushaltung oder Wirtschaft entstanden sind. Ist jedoch von der beabsichtigten Benutzung eine Verunreinigung des Wasserlaufs zu erwarten, so darf das Zwangsrecht nur unter Vorbehalt erhöhter Anforderungen in bezug auf die Reinigung der Abwässer erteilt werden (vgl. § 340 Abs. 5 in Verb. mit § 47 Abs. 3).

[3]) Triebwerksanlage ist eine Anlage, welche bezweckt, die durch das Gefälle des Wassers und die Wassermenge gegebene Kraft aufzufangen und nutzbar zu machen.

[4]) „Erforderliche" Grundstücke. Inwieweit die Grundstücke erforderlich sind, ergibt sich lediglich aus der Art und dem Umfang des Unternehmens. Die Entscheidung hat der Bezirksausschuß (§ 340).

[5]) Nur die Korrektur vorhandener, nicht auch die Anlage neuer Wasserläufe muß geduldet werden.

[6]) Es ist volle Entschädigung zu gewähren. Auch das Affektionsinteresse ist zu berücksichtigen (§ 337). Im übrigen vgl. § 340 Abs. 1—5.

[7]) Bei Abwägung der gegenteiligen Interessen kann nur der **Vermögensschaden** des Betroffenen dem Nutzen des Unternehmers gegenübergestellt werden. Eine Berücksichtigung des Affektionsinteresses nach § 337 findet hier nicht statt (KB.A. 399).

[8]) Der Begriff der gewöhnlichen Entwässerung ist derselbe wie der der gewöhnlichen **Bodenentwässerung** (vgl. § 41 Anm. 6).

[9]) Vgl. Vorbem. Abs. 3. Hat die an dem Wasserlauf vorzunehmende Veränderung eine Hebung oder Senkung des Wasserspiegels zur Folge, so stellt sich dies als eine Benutzung im Sinne des § 40 Nr. 3 dar. Der Unternehmer bedarf hierzu stets der Verleihung, wenn er nicht Eigentümer des Wasserlaufs ist, und auch im letzteren Falle muß er die Verleihung nachsuchen, wenn er die in §§ 41, 43 Abs. 2 gezogenen Schranken überschreiten

will. Will er lediglich einen Eingriff in das Flußbett mit jener Wirkung vornehmen, also über die Uferlinie nicht hinausgehen, so kann er sich auf die Verleihung beschränken; denn mit der Verleihung des Rechts zur Senkung des Wasserspiegels erwirbt er auch das Recht zum Eingriff in das Flußbett. Handelt es sich daneben aber um Eingriffe in die Ufergrundstücke, Verbreiterungen u. dgl., dann kann er das Recht hierzu nur nach Maßgabe der §§ 331, 340, und das Recht zur Senkung oder Hebung des Wasserspiegels nur im Wege der Verleihung erwerben. Von dem Erfordernis beider Verfahren ist aber eine Ausnahme gemacht, wenn es sich nur um die gewöhnliche Bodenentwässerung von Flächen handelt, für die der Wasserlauf der natürliche Vorfluter ist und dadurch der Grundwasserstand verändert wird. In diesem Falle wird mit der Feststellung des Rechtes aus Abs. 1 kraft Gesetzes auch das Recht zur Hebung oder Senkung des Wasserspiegels erworben, soweit dadurch keine anderen Nachteile als eine Veränderung des Grundwasserstandes verursacht wird (vgl. auch § 41 Abs. 3 Satz 1; § 50 Abs. 3 Satz 3; § 156 Abs. 3).

**§ 332.** (1) Zugunsten eines Unternehmens, das die Entwässerung[1]) oder Bewässerung[2]) von Grundstücken, die Wasserbeschaffung[2]) zu häuslichen oder gewerblichen Zwecken oder die Beseitigung von Abwässern bezweckt,[3]) kann der Unternehmer unter den Voraussetzungen des § 331 Abs. 1 von den Eigentümern der dazu erforderlichen[4]) Grundstücke verlangen, daß sie die oberirdische oder unterirdische Durchleitung von Wasser und die Unterhaltung der Leitungen gegen Entschädigung[5]) dulden.[6])[7]) Vorstehende Bestimmung ist auch gegen den Eigentümer eines Wasserlaufs anzuwenden.

(2) Unreines[8]) Wasser darf jedoch nur mittels geschlossener, wasserdichter Leitungen[9]) durchgeleitet werden, wenn die Durchleitung sonst[10]) Nachteile oder Belästigungen[11]) für die Grundstückseigentümer zur Folge haben würde.

**(3) Ein auf Grund des Abs. 1 erhobener Anspruch kann zurückgewiesen werden, wenn durch das Unternehmen wichtige öffentliche Interessen geschädigt werden würden.**[12])

Ent. § 309; B. 232 f.; KB.A. 400 ff.; L. II 8247; L. III 8603; KB.H. 60 f.; L.H. 1052—1072.

Wegen des früheren Rechts vgl. die entsprechenden Bestimmungen des § 13 des Vorflutediktes v. 15. 11. 11 und § 25 Nr. 1 des Privatflußgesetzes v. 28. 2. 43.

[1]) Vgl. § 331 Anm. 1.

[2]) „Bewässerung" ist jede Zuleitung von Wasser, die zu dem Zwecke erfolgt, um den Boden zu befeuchten oder die im Wasser befindlichen Stoffe für die Bodenkultur nutzbar zu machen. Demgegenüber ist Wasserbeschaffung jede Zuleitung von Wasser, die zu anderen Zwecken als zur Bodenbewässerung erfolgt.

[3]) Beim Vorliegen der Voraussetzungen des § 331 Abs. 1 ist also die Wasserbeschaffung unter Benutzung fremder Grundstücke fast zu jedem wirtschaftlich gerechtfertigten Zwecke möglich, mag es sich um die Verwendung des Wassers im Betriebe der Landwirtschaft, zum Waschen, Kochen, Viehtränken oder sonstigen Haushaltungszwecken, zur Trinkwasserversorgung, zur Kesselspeisung in Fabriken oder dgl. handeln. Ebenso ist die Beseitigung des im Betriebe der Land- oder Hauswirtschaft oder des im gewerblichen Betriebe verunreinigten Wassers regelmäßig möglich (B. 232). Vgl. aber § 204.

[4]) „Erforderliche Grundstücke". Der Unternehmer wird diejenigen Grundstücke in Anspruch nehmen können, die nach den Terrain- und sonstigen örtlichen Verhältnissen und bei der Art des Unternehmens für die belasteten Grundstücke möglichst geringe Nachteile schaffen, ohne daß jedoch der Zweck des Unternehmens beeinträchtigt wird. Die Entscheidung darüber, ob der von dem Unternehmer gewählte Weg in dieser Hinsicht der richtige ist, hat die Behörde (§ 340). Beschränkungen in der Entfernung der Durchleitungen gibt das Gesetz nicht.

[5]) Es ist volle Entschädigung zu gewähren. Auch der Schaden, der durch die Entziehung des Grundwassers entsteht, ist zu er-

setzen. Desgleichen ist das Affektionsinteresse zu berücksichtigen (§ 337). Im übrigen vgl. § 340 Abs. 1—5.

[6]) Soweit die Anlage oder die Unterhaltung der Leitung es verlangt, darf der Unternehmer die Grundstücke, durch welche die Leitung geht, betreten. Auch wenn der Unternehmer die Anlage nicht mehr benutzt, hat er sie noch so weit zu unterhalten, um Nachteile aus dem Verfall derselben abzuwenden.

[7]) Es kann die Ausübung des Rechtes aus § 332 mit der aus § 331 verbunden werden, indem z. B. der Unternehmer auf Grund des § 332 seine Abwässer in einen Wasserlauf führt und auf Grund des § 331 eine Vertiefung dieses Wasserlaufs vornimmt.

[8]) „Unreines Wasser" ist in erster Linie Wasser, das auf mechanischem oder chemischem Wege eine Trübung seiner gewöhnlichen Klarheit erfahren hat. Dann wird man hierhin aber auch das Wasser rechnen müssen, daß zwar seine gewöhnliche Klarheit behalten hat, aber infolge chemischer Einflüsse schlechte Gerüche ausströmt (vgl. B. 232).

[9]) Ob die geschlossene Leitung über oder in der Erde liegen muß, ist nicht besonders gesagt. Es wird Sache der Behörde sein, in dem Begründungsverfahren (§ 340) dieses festzusetzen.

[10]) „Sonst". Nachteile und Belästigungen, welche die offene Durchleitung von Wasser als solche schon mit sich bringen, kommen nicht in Betracht, sondern nur solche Nachteile und Belästigungen, die eine spezifische Folge der offenen Durchleitung von unreinem Wasser sind.

[11]) „Nachteile und Belästigungen", also sowohl materielle Interessen wie auch reine Affektionsinteressen.

[12]) Abs. 3 ist in erster Linie im Interesse der kommunalen Wasserversorgungsanstalten getroffen, um eine schädliche Konkurrenz privater Wasserleitungsanlagen verhindern zu können. Eine große praktische Bedeutung wird diese Bestimmung aber deswegen nicht haben, weil nach § 340 Abs. 5 in Verb. mit § 49 der Anspruch zurückgewiesen oder an Bedingungen (vgl. Vorbem. vor § 46) geknüpft werden kann, falls überwiegende Interessen

**des öffentlichen Wohls entgegenstehen. Über den Unterschied zwischen öffentlichem Wohl und öffentlichem Interesse vgl. § 19 Anm. 9.**

**§ 333.** (1)[1]) Der Eigentümer oder Nutzungsberechtigte[2]) eines Ufergrundstücks kann für die Zwecke der eigenen Haushaltung und Wirtschaft (§ 25 Abs. 4) von dem Eigentümer eines natürlichen Wasserlaufs verlangen, daß er die Einrichtung von Treppen, Brücken, Bootshäusern, Wascheinrichtungen, Haltepfählen oder ähnlichen Anlagen einfacher Art gegen Entschädigung dulde. Ein gleiches gilt von Badeanstalten und Anlegestellen, auch wenn sie nicht nur den Zwecken der eigenen Haushaltung und Wirtschaft dienen, sofern nicht nach § 46 die Vorschriften über die Verleihung anzuwenden sind.[3]) Auf Antrag der Wasserpolizeibehörde[4]) ist die Anlage ohne Anspruch auf Entschädigung in angemessener Frist zu beseitigen oder zu ändern, wenn das Fortbestehen in dem jeweiligen Zustande mit dem öffentlichen Wohle,[5]) insbesondere mit der Erhaltung der Vorflut, dem Ausbau des Wasserlaufs nach dem festgestellten Plane (§ 163) und bei einem Wasserlauf erster Ordnung auch mit seiner Bestimmung für die Schiffahrt nicht vereinbar ist.

(2) Die Vorschriften des Abs. 1 gelten nicht für die im § 25 Abs. 3 bezeichneten Wasserläufe.

KB.A. § 309a S. 404 ff.; L. II 8247; L. III 8603; KB.H. 64; L.H. 1072 f.

[1]) § 333 stellt eine Ergänzung zu § 46 dar. Es handelt sich hier um kleinere Anlagen, weswegen man sie dem einfacheren Verfahren zur Begründung von Zwangsrechten unterstellt hat.

[2]) „Nutzungsberechtigter" ist jeder, der ein dingliches oder obligatorisches Nutzungsrecht an dem Ufergrundstück hat, z. B. der Nießbraucher, Pächter und Mieter.

[3]) Nach § 46 Abs. 1 Ziff. 3, 4 finden auf die Herstellung von

**Anlegestellen mit baulichen Vorrichtungen von größerer Bedeutung und auf die Anlegung von kommunalen oder gemeinnützigen Badeanstalten die Vorschriften über Verleihung Anwendung.**

[4]) Vgl. §§ 342 ff.

[5]) Vgl. § 19 Anm. 9.

**§ 334.** Will der Eigentümer oder Nutzungsberechtigte[1]) eines Ufergrundstücks auf Grund eines ihm verliehenen[2]) Rechtes eine Stauanlage[3]) errichten, so kann er von den Eigentümern der gegenüberliegenden Ufergrundstücke verlangen, daß sie den Anschluß an diese gegen Entschädigung[4]) gestatten.

Ent. § 311; B. 234; KB.A. 406; L. II 8247; L. III 8603; KB.H. 64; L.H. 1073.

§ 334 entspricht dem früheren § 25 Nr. 2 des Privatflußgesetzes v. 28. 2. 43 mit der Maßgabe, daß § 334 den dort nur zugunsten einer Bewässerungsanlage vorgesehenen Anschluß eines Stauwerks an das gegenüberliegende Ufer zugunsten wasserwirtschaftlicher Unternehmungen jeder Art gestattet.

[1]) Vgl. § 333 Anm. 2.

[2]) § 334 gilt nur für verliehene Rechte. Er bezweckt, dem Unternehmer stets die Ausübung des verliehenen Rechtes zu ermöglichen. Im Verleihungsverfahren kann nämlich der Unternehmer nur das Recht erwerben, Anlagen im Flußbette herzustellen (vgl. § 46 Abs. 1 Ziff. 1). Da aber die Errichtung einer Stauanlage stets die Inanspruchnahme der Ufergrundstücke auch außerhalb des Flußbettes, also oberhalb der Uferlinie (§ 12) erfordert, würde dem Unternehmer in allen Fällen, in denen er nicht Eigentümer oder Nutzungsberechtigter der Grundstücke auf beiden Ufern des Wasserlaufes ist und auch die Voraussetzungen der Enteignung nicht vorliegen, von dem ihm verliehenen Staurechte ohne diesen Paragraph keinen Gebrauch machen können. Einem verliehenen Rechte steht ein nach den Vorschriften des § 86 sichergestelltes Recht gleich (B. 234). Will ein Unternehmer auf Grund

eines nicht verliehenen Rechtes die Stauanlage an das gegenüberliegende Grundstück anschließen oder will er im weiteren Umfange dasselbe benutzen, so muß er den Weg der Enteignung beschreiten.

[3]) „Stauanlage“ vgl. § 91. Nur der Anschluß der Stauanlage kann verlangt werden, nicht auch anderer Anlagen, z. B. von Triebwerken und Turbinenhäusern usw.

[4]) Vgl. § 331 Anm. 6.

**§ 335.** Die §§ 330 bis 332, 334 sind nicht anzuwenden auf Gebäude[1]) und, mit Ausnahme des § 332, auch nicht auf Parkanlagen[2]) sowie auf Hofräume und Gärten. Bei diesen Grundstücken beschränkt sich die im § 332 bestimmte Verpflichtung auf geschlossene, wasserdichte Leitungen.[3])[4])

Ent. § 313; B. 234; KB.A. 406 f.; L. II 8247; L. III 8603; KB.H. 64; L.H. 1073.

[1]) „Gebäude“. Es erstreckt sich nicht über die bebaute Fläche hinaus.

[2]) „Parkanlagen“ sind gärtnerische Anlagen größeren Stils.

[3]) Vgl. § 332 Anm. 9.

[4]) Soll über den § 335 hinaus eine Benutzung der Grundstücke stattfinden, so muß dies im Wege der Enteignung geschehen.

**§ 336.** (1) In den Fällen der §§ 331, 332, 334, 335 kann der Grundstückseigentümer verlangen, daß der Unternehmer an Stelle des Benutzungsrechts das Eigentum des zu den Anlagen erforderlichen Grund und Bodens gegen Entschädigung[1]) erwerbe.

(2)[2]) Ist der Rest des Grundstücks[3]) nach seiner bisherigen Bestimmung zweckmäßig nicht mehr zu benutzen,[4]) so kann der Grundstückseigentümer Übernahme des ganzen Grundstücks verlangen.[5])

Ent. § 312; B. 234; KB.A. 407; L. II 8247; L. III 8603; KB.H. 64; L.H. 1073.

§ 336 entspricht dem früheren § 26 Abs. 1 zu b Satz 1 des Privatflußgesetzes v. 28. 2. 43.

[1]) Es ist volle Entschädigung zu geben. Im übrigen vgl. § 340 Abs. 1—5.

[2]) Abs. 2 entspricht dem § 9 Abs. 1 EnteignG. Er ist nur zur Vermeidung von Irrtümern hier eingefügt, da die Bestimmungen des EnteignG. schon nach § 340 Abs. 4 für die Entschädigung Anwendung finden sollen und die Übernahmepflicht des Unternehmers einen Teil seiner Entschädigungspflicht darstellt.

[3]) Unter „Grundstück" ist hier jeder im wirtschaftlichen Zusammenhang stehende Grundbesitz des nämlichen Eigentümers zu verstehen.

[4]) Die Bestimmung des Restes entscheidet, nicht aber ob der Rest allein nach der Bestimmung des ganzen benutzt werden kann (GruchotsBeitr. 28 461). Künftig mögliche Benutzungsarten sind ohne Belang (GruchotsBeitr. 35 1102; JW. 91 403).

[5]) Die Entscheidung über die Übernahmepflicht steht den im § 340 benannten Behörden zu. Da die Übernahmepflicht einen Teil der Entschädigungspflicht darstellt, so kann gegen die Entscheidung über die vom Eigentümer rechtzeitig (§ 340 Abs. 6) beantragte Übernahme der Rechtsweg beschritten werden (vgl. § 340 Abs. 3 in Verb. mit § 76).

**§ 337.** In den Fällen der §§ 331, 332, 334 ist bei Bemessung des Schadens jedes Interesse des Geschädigten zu berücksichtigen.

KB.A. § 313a S. 407, 398 f.; L. II 8247; L. III 8603; KB.H. 64; L.H. 1073.

Während nach den für anwendbar erklärten Vorschriften des EnteignG. (§ 340 Abs. 4) ebenso wie grundsätzlich nach den Bestimmungen des BGB. (§ 253 BGB.) nur das Vermögensinteresse bewertet und entschädigt wird, soll hier darüber hinaus auch das Affektionsinteresse berücksichtigt werden. In der Beratung der Kommission ist ausdrücklich betont worden, daß unter die

26*

Worte „jedes Interesse des Geschädigten" auch Unbequemlichkeiten und Unannehmlichkeiten des Besitzers fallen sollen (KB.A. 400).

**§ 338.** Staurechte[1]) können auf Antrag[2]) wegen überwiegender Vorteile für die Landeskultur[3]) oder die Schiffahrt gegen Entschädigung[4]) entzogen oder beschränkt werden. Für verliehene Rechte verbleibt es bei der Vorschrift des § 84.[5])

Ent. § 314; B. 235; KB.A. 407 f.; L. II 8247; L. III 8603; KB.H. 64; L.H. 1073.

§ 338 entspricht dem § 11 des Vorflutediktes v. 15. 11. 11.

[1]) Auf die verliehenen Staurechte findet dieser Paragraph nach Satz 2 keine Anwendung. Desgleichen gilt er auch nicht für die gewerberechtlich genehmigten Staurechte (vgl. Vorbem. vor § 379). Auf Grund der Bestimmungen dieses Gesetzes darf der Eigentümer den Wasserlauf nicht derart benutzen, daß die Vorflut zum Nachteil anderer verändert oder fremde Grundstücke durch Änderung des Wasserstandes beschädigt werden. Das würde aber wohl stets der Fall sein, wenn die Bedingungen für die Anwendbarkeit des § 338 vorliegen. Es wird demnach der § 338 nur auf die früher entstandenen und durch § 379 aufrechterhaltenen Staurechte Anwendung finden.

Staurechte können im Wege der Verleihung beeinträchtigt werden (§ 50). Desgleichen kann ihre Beseitigung auch im Wege der Enteignung erfolgen. Indes ist beides nur zugunsten bestimmter Unternehmungen zulässig, während es sich hier darum handelt, ein Staurecht ganz oder teilweise zu beseitigen, um Schädigungen der Landeskultur entgegenzutreten oder die Schiffahrt auf einem Wasserlauf zu ermöglichen oder zu erleichtern, ohne daß gleichzeitig ein anderer ein besonderes Recht zur Benutzung des Wasserlaufs erwirkt oder sonst ein wasserwirtschaftliches Unternehmen ausführt. Auf gewerblich konzessionierte Staurechte ist § 338 nicht anwendbar (vgl. Vorbem. vor § 379).

[2]) Zum Antrag ist jeder berechtigt, der an der Entziehung

oder Beschränkung der Staurechte aus Rücksichten der Landeskultur oder Schiffahrt ein Interesse hat.

[3]) Unter „Landeskultur" sind alle Maßnahmen zur Verbesserung des landwirtschaftlich genutzten oder nutzbaren Bodens zum Zwecke der Erhöhung der Ertragsfähigkeit zu verstehen.

[4]) Wegen der Entschädigung vgl. § 340 Abs. 1—5. Es hat als Unternehmer, der die Entschädigung zu leisten hat, der Antragsteller zu gelten.

[5]) Da die Entziehung oder Beschränkung eines verliehenen Staurechtes einer gänzlichen oder teilweisen Zurücknahme desselben gleichkommen würde, so ist für verliehene Staurechte der § 84 für anwendbar erklärt. Den verliehenen stehen die nach § 86 Abs. 1 sichergestellten Staurechte gleich (§ 86 Abs. 3).

**§ 339.** (1) Die Unternehmer[1]) von Anlagen zur Entwässerung von Grundstücken oder zur Beseitigung von Abwässern[2]) sind verpflichtet, deren Mitbenutzung einem anderen zu gestatten, wenn dieser die Entwässerung oder die Beseitigung der Abwässer anders nicht zweckmäßig oder nur mit erheblichen Mehrkosten durchführen kann, die Benutzung oder der Betrieb der Anlagen für den Unternehmer nicht wesentlich beeinträchtigt wird und der andere einen verhältnismäßigen Teil der Anlage- und Unterhaltungskosten übernimmt, auch für die dem Unternehmer aus der Mitbenutzung etwa erwachsenden Nachteile Entschädigung und auf Verlangen des Unternehmers vor der Mitbenutzung der Anlage eine angemessene Sicherheit leistet.[3]) Kann die Mitbenutzung nur bei entsprechender Veränderung der Anlagen zweckmäßig erfolgen, so sind die Unternehmer auch verpflichtet, die Veränderung nach ihrer Wahl selbst vorzunehmen[4]) oder sich gefallen zu lassen. Die Kosten dieser Veränderung hat der die Mitbenutzung Nachsuchende allein zu tragen.

(2) Auch den Unternehmern von Bewässerungsanlagen liegen die im Abs. 1 bezeichneten Verpflichtungen ob, jedoch nur zugunsten der Eigentümer von Grundstücken, die zur Herstellung der Anlagen in Anspruch genommen sind.[5])

(3) Die Vorschriften der Abs. 1, 2 gelten nicht für Anlagen, die von einer Wassergenossenschaft oder einem Deichverbande hergestellt sind.[6])

Ent. § 315; B. 235 f.; KB.A. 408; L. II 8247—8256; L. III 8603; KB.H. 64; L.H. 1073.

§ 339 entspricht dem § 336 Abs. 1 Nr. a des Privatflußgesetzes v. 28. 2. 43.

[1]) „Unternehmer" ist jeder, der die Anlage auf eigene Kosten betreibt oder unterhält, also z. B. der Eigentümer, Nießbraucher, Pächter. Im Gegensatz zu §§ 330—338 besteht der Anspruch also nicht lediglich gegen den Eigentümer eines Grundstücks. Infolgedessen charakterisieren sich die nach § 339 begründeten Rechte auch nicht ohne weiteres als Dienstbarkeiten (vgl. Vorbem. vor § 330), sondern nur dann, wenn der Unternehmer zugleich der Eigentümer ist und der Anspruch sich gegen ein Grundstück richtet. Ist das nicht der Fall, so entstehen nur obligatorische Beziehungen zwischen den Beteiligten.

[2]) Die Mitbenutzung aller Arten von Ent- und Bewässerungsanlagen kann verlangt werden (vgl. auch § 331 Anm. 1, 2).

[3]) Um die Anlagen des Unternehmers mitbenutzen zu können, kann der andere auch von den ihm in §§ 331, 332 gegebenen Zwangsrechten Gebrauch machen, falls die dort aufgestellten Voraussetzungen vorliegen.

[4]) Nimmt der Unternehmer die Veränderung selbst vor, so kann er nicht vorherige Sicherheitsleistung für die entstehenden Kosten verlangen.

[5]) Unter welchen Voraussetzungen der Unternehmer fremde Grundstücke zur Herstellung von Bewässerungsanlagen in Anspruch nehmen kann vgl. § 332.

[6]) Die Mitbenutzung von Anlagen, die von einer Wassergenossenschaft hergestellt sind, ist besonders geregelt im § 233, der auch auf Deichverbände Anwendung findet (vgl. § 317).

**§ 340.** (1) Über die auf Grund der §§ 330 bis 339 erhobenen Ansprüche, die Entschädigung und die von den Beteiligten etwa sonst noch zu übernehmenden Leistungen[1]) beschließt in den Fällen des § 330 der Kreis- (Stadt-) Ausschuß, im übrigen der Bezirksausschuß. Dieser beschließt auch über die Beseitigung der Anlagen nach § 333. Vor Erlaß des Beschlusses sind die Beteiligten zu hören, insbesondere die beteiligten Grundstückseigentümer über die Ausübung ihrer Rechte aus § 336 zu vernehmen.

(2) Gegen den Beschluß des Kreis- (Stadt-) Ausschusses steht, soweit er nicht die Entschädigungen betrifft,[2]) dem Antragsteller und den übrigen Beteiligten binnen zwei Wochen die Beschwerde zu. Über die Beschwerde entscheidet der Bezirksausschuß endgültig.

(3) Im übrigen[3]) ist der § 76 anzuwenden.

(4) Für die Entschädigung, ihre Auszahlung und Hinterlegung gelten, unbeschadet des § 45, die bei der Enteignung maßgebenden Vorschriften.[4])

(5) Der § 46 Abs. 3, der § 47, der § 49 Abs. 1, 3, 4, der § 51 Abs. 2, die §§ 59, 63, der § 64 Abs. 2, der § 65 Abs. 1, 2, der § 69, der § 70 Abs. 3, die §§ 71, 74, 75, der § 77 Abs. 1 bis 3, der § 78 und der § 81 sind entsprechend anzuwenden, ebenso in den Fällen der §§ 331, 332 der § 62.[5])

(6) Der Antrag auf Erwerbung des Eigentums (§ 336) ist nicht mehr zulässig, sobald dem Grundstückseigentümer der Beschluß des Bezirks- [Kreis- (Stadt-)] Ausschusses eröffnet[6]) ist.

(7) Mit der Rechtskraft desjenigen Teiles des Beschlusses,

durch den ein Benutzungsrecht nach den §§ 330 bis 335 festgestellt wird, entsteht das Benutzungsrecht. Es bedarf zur Erhaltung der Wirksamkeit gegenüber dem öffentlichen Glauben des Grundbuchs nicht der Eintragung. Doch hat die Beschlußbehörde das Grundbuchamt unverzüglich um die Eintragung zu ersuchen. Diese Vorschriften gelten in den Fällen der §§ 338, 339 sinngemäß. In den Fällen der §§ 331 bis 333 bewendet es für die danach festgestellten Rechte am Wasserlaufe bei § 185 Abs. 2.[7])

Ent. § 316; B. 236 ff.; KB.A. 409 ff.; L. II 8256; L. III 8603 f.; KB.H. 64 f.; L.H. 1073.

§ 340 entspricht den §§ 68, 76 ff. des Zuständigkeitsgesetzes v. 1. 8. 83, §§ 21 ff. des Vorflutediktes v. 15. 11. 11 und den §§ 30 ff. des Privatflußgesetzes v. 29. 2. 43.

[1]) Vgl. § 340 Abs. 5 in Verb. mit § 49 Abs. 1 und Vorbem. vor § 46.

[2]) Soweit der Beschluß die Entschädigung betrifft, gibt es keine Beschwerde, sondern nur den Rechtsweg (Abs. 3).

[3]) Also in den Fällen, in denen der Bezirksausschuß in I. Instanz entscheidet (Abs. 1) und wenn der Beschluß die Entschädigung betrifft. Im ersteren Falle steht dem Unternehmer und, wenn das Zwangsrecht erteilt ist, auch den übrigen Parteien innerhalb zwei Wochen die Beschwerde an das Landeswasseramt (§§ 370 ff.) zu, in letzterem Falle kann binnen drei Monaten der Rechtsweg beschritten werden (§ 76).

[4]) In Betracht kommen die §§ 7—14, 38, 42 Abs. 2, 45 Abs. 2, 47—49 EnteignG. Für den § 331 Abs. 1 gilt dann noch die Sonderbestimmung des § 45, betr. die Entschädigungspflicht für die dem Eigentümer entzogene oder beeinträchtigte Möglichkeit, den Wasserlauf in einer der im § 40 Abs. 2 bezeichneten Arten zu benutzen.

[5]) Zu Abs. 5 vgl. Vorbem. Abs. 4.

[6]) Im Gegensatz zu § 70 Abs. 4, wo der Antrag bis zum Schluß der Verhandlung gestellt werden muß.

[7]) Die nach § 340 begründeten Rechte an einem fremden Grundstück stellen sich inhaltlich als beschränkt persönliche Dienstbarkeiten oder als Grunddienstbarkeiten dar. Sie würden also an sich zur Erhaltung der Wirksamkeit gegenüber dem öffentlichen Glauben des Grundbuches der Eintragung bedürfen (§ 892 BGB.). Hiervon macht aber Abs. 7 Satz 2 ausdrücklich eine Ausnahme. Die auf Grund der §§ 331—333 begründeten Rechte können überhaupt nicht in das Grundbuch eingetragen werden. Dagegen sind sie auf Antrag des Bezirksausschusses in das Wasserbuch einzutragen (§§ 182, 185 Abs. 1). Die auf Grund der §§ 331—333 begründeten Grunddienstbarkeiten können dagegen auf dem Grundbuchblatt des berechtigten Grundstücks vermerkt werden (Abs. 7 Satz 5 in Verb. mit § 185 Abs. 2). Die auf Grund der §§ 330, 334, 339 (vgl. § 339 Anm. 1) begründeten Dienstbarkeiten sind auf Ersuchen der Beschlußbehörde in das Grundbuch einzutragen (Abs. 7 Satz 3). In das Wasserbuch können diese Rechte nicht eingetragen werden. War ein Staurecht im Grundbuche eingetragen, so ist eine auf Grund des § 338 erfolgte Beschränkung oder Entziehung des Staurechtes auf Ersuchen des Bezirksausschusses in das Grundbuch einzutragen (Abs. 7 Satz 4). Desgleichen ist auch eine auf Grund des § 338 erfolgte Entziehung oder Beschränkung eines Staurechts auf Ersuchen der Behörde, die in erster Instanz beschlossen hat, im Wasserbuch zu berichtigen, falls das Recht dort eingetragen war (§ 191 in Verb. mit § 182; vgl. auch § 380).

**§ 341.** (1) Ansprüche auf Entschädigung, über die ein Beschluß nach § 340 Abs. 1 nicht gefaßt ist, können nachträglich geltend gemacht werden, wenn der Betroffene die nachteilige Wirkung nicht rechtzeitig vor der Beschlußfassung des Kreis- (Stadt-) Ausschusses oder Bezirksausschusses vorausgesehen hat oder hätte voraussehen müssen.[1]) Der § 82 Abs. 1 Satz 4 und Abs. 2 ist entsprechend anzuwenden.

(2) Zuständig zur Entscheidung über diese Ansprüche ist in den Fällen des § 330 der Kreis- (Stadt-) Ausschuß, im

übrigen der Bezirksausschuß. Der § 340 Abs. 1 Satz 3, Abs. 3, 4 ist anzuwenden.

L. III § 316a S. 8603; L. II 8248 ff.; KB.H. 65; KB.H. 1073.

[1]) Vgl. § 172 Anm. 3.

# Sechster Abschnitt.

# Wasserpolizeibehörden.

**§ 342.** (1) Wasserpolizeibehörde ist:

1. für Wasserläufe erster Ordnung der Regierungspräsident;
2. für Wasserläufe zweiter Ordnung und die nicht zu den Wasserläufen gehörenden Gewässer[1]) der Landrat, in Stadtkreisen die Ortspolizeibehörde.[2]) Die Städte, deren Polizeiverwaltung der Aufsicht des Landrats nicht untersteht,[3]) stehen den Stadtkreisen gleich;
3. für Wasserläufe dritter Ordnung die Ortspolizeibehörde.[2])

(2) Bei Talsperren[4]) ist der Regierungspräsident, der die Aufsicht über die Talsperre führt,[5]) Wasserpolizeibehörde.[6])

Ent. § 317; B. 41 ff., 239; KB.A. 412—418; L. II 8257—8268; L. III 8604; KB.H. 65; L.H. 1073 ff.

[1]) Vgl. §§ 196 ff.

[2]) Gegenwärtig sind Ortspolizeibehörden:

a) In den Städten: der Bürgermeister oder mit Genehmigung des Regierungspräsidenten ein anderes Magistratsmitglied (Städteordnung für die sieben östl. Provinzen v. 30. 5. 53 [GS. 261] § 62 I 1; Westfalen v. 19. 3. 56 [GS. 237] § 62 I 1; Schleswig-Holstein v. 14. 4. 69 [GS. 589] § 89; Hessen-Nassau v. 4. 8. 97 [GS. 254] § 67 I 1), in der Rheinprovinz der Bürgermeister (Rhein. Städteordnung v. 15. 5. 56 [GS. 406] § 57 I 1), in Hannover der

Magistrat (Städteordnung v. 24. 6. 58 [HannGS. 141] §§ 71, 78). In allen Städten kann unter besonderen Voraussetzungen eine königliche Polizeiverwaltung unter einem Polizeipräsidenten oder Polizeidirektor eingeführt werden (vgl. § 2 des Polizeigesetzes v. 11. 3. 50, GS. 265).

b) Auf dem Lande: in den östlichen Provinzen ohne Posen und in Schleswig-Holstein der Amtsvorsteher (Kreisordnung für die östl. Provinzen v. 13. 12. 72 [GS. 155] § 59 Nr. 1; Schleswig-Holst. Kreisordnung v. 26. 5. 88 [GS. 139] § 51 Nr. 1, § 145), auf Helgoland der Landrat und sein Hilfsbeamter (G. v. 18. 2. 91 [GS. 11] § 4), in Posen der Hauptsache nach der Distriktskommissar (KabOrder v. 10. 12. 36, Amtsblatt Posen 555; Bromberg 865; DienstAnw. v. 21. 10. 37, v. Kamptz, Ann. 21 718; Kgl. Erl. v. 12. 7. 97, GS. 171), in Westfalen der Amtmann (Landgemeindeordnung v. 19. 3. 56 [GS. 265] §§ 41, 74; Kreisordnung v. 31. 7. 86 [GS. 217] § 29 II), in der Rheinprovinz der Bürgermeister (Kreisordnung v. 30. 5. 87 [GS. 209] § 28), in Hessen-Nassau der Bürgermeister (Gemeindevorsteher), im Regierungsbezirk Kassel auch der Gutsvorsteher (Kreisordnung v. 7. 6. 85 [GS. 193] § 27; Landgemeindeordnung v. 4. 8. 97 [GS. 301] §§ 63, 64), in Hannover der Landrat (Kreisordnung v. 6. 5. 84 [GS. 181] §§ 24—30), in Hohenzollern der Bürgermeister (Gemeindeordnung v. 2. 7. 00 [GS. 189] § 71).

[3]) Die kreisangehörigen Städte unterstehen in polizeilicher Hinsicht der Aufsicht des Landrats. Hiervon besteht in Hannover insofern eine Ausnahme, als 19 kreisangehörige Städte, die sog. kreiseximierten Städte, hinsichtlich der sämtlichen Polizeiangelegenheiten nicht dem Landrat, sondern lediglich der Aufsicht des Regierungspräsidenten unterstellt sind. Diese Städte sind: Aurich, Bremervörde, Buxtehude, Duderstatt, Einbeck, Goslar, Hameln, Leer, Lingen, Münden, Nienburg, Norden, Northeim, Osterode, Papenburg, Peine, Stade, Ulzen und Verden.

[4]) Vgl. §§ 106 ff.

[5]) Welcher Regierungspräsident die Aufsicht über die Talsperre hat, bestimmen die §§ 108, 111.

[6]) Ausgenommen von der Zuständigkeit der ordentlichen Wasserpolizeibehörden sind diejenigen Wasserläufe, die von einem Deichverbande zu unterhalten sind oder der Aufsicht der Deichverwaltungsbehörde unterstehen. Die Wasserpolizei über diese Wasserläufe bildet ein Teil der örtlichen Deichpolizei (§§ 306 Satz 2, 307 Abs. 1). Dasselbe gilt für die im § 323 bezeichneten Gebietsteile, soweit die örtliche Deichpolizei dem Deich- oder Sielvorsteher oder einem anderen Mitgliede der Deich- oder Sielverwaltungsbehörde zusteht (§ 329 Abs. 1).

**§ 343.** (1) Die zuständigen Minister können die Wahrnehmung der Wasserpolizei übertragen:

1. für Wasserläufe erster Ordnung einem der für die betreffenden Stromgebiete zuständigen Oberpräsidenten oder Regierungspräsidenten;[1])
2. für Wasserläufe zweiter Ordnung, die von einer sich über mehrere Kreise erstreckenden Wassergenossenschaft unterhalten werden, dem die Aufsicht über die Genossenschaft führenden Landrat, in Stadtkreisen der Ortspolizeibehörde, auch für die übrigen beteiligten Kreise.[2])

(2) Die Wasserpolizeibehörde kann bei Wasserläufen erster Ordnung örtliche Geschäfte der Wasserpolizei dem Ortsbaubeamten,[3]) dem Landrat und den nachgeordneten[4]) Polizeibehörden übertragen. Geschieht dies, so gelten für die Rechtsmittel gegen die Verfügungen des Ortsbaubeamten, des Landrats oder der nachgeordneten Polizeibehörden sowie für die Zwangsmittel zur Durchführung der von diesen Behörden getroffenen Verfügungen dieselben Bestimmungen, wie wenn die Verfügungen von der Wasserpolizeibehörde unmittelbar getroffen wären.[5])

(3) Die Übertragung der Wahrnehmung der Wasserpolizei oder örtlicher Geschäfte der Wasserpolizei ist durch die Amts-

blätter derjenigen Bezirke, für welche sie gelten sollen, sowie durch die Kreisblätter und in sonst geeigneter Weise bekanntzumachen.

Ent. § 318; B. 240; KB.A. 418 f.; L. II 8268 f.; L. III 8604; KB.H. 65; L.H. 1075.

[1]) Die Wahrnehmung der Strombauverwaltung anderen Behörden zu übertragen, ist ein Kronrecht. Besondere Strombauverwaltungen sind für die fünf großen Ströme gebildet. Sie sind den Oberpräsidenten unterstellt: Die Rheinstrombauverwaltung dem Oberpräsidenten in Koblenz (Allg. Erl. v. 11. 9. 50 und 29. 7. 08, GS. 08 19), die Elbstrombauverwaltung dem Oberpräsidenten in Magdeburg (Allg. Erl. v. 30. 12. 65), die Oderstrombauverwaltung dem Oberpräsidenten in Breslau (Allg. Erl. v. 26. 11. 73), die Weichselstrombauverwaltung dem Oberpräsidenten in Danzig (Allg. Erl. v. 7. 11. 83), die Weserstrombauverwaltung dem Oberpräsidenten in Hannover (Allg. Erl. v. 3. 3. 96, v. 24. 4. 97 und v. 26. 3. 02, MinBl. 97 110 und 02 92). Die Verwaltung des Dortmund-Ems-Kanals einschließlich der zugehörigen Strecken von Ems und Hase ist dem Oberpräsidenten in Münster (Allg. Erl. v. 9. 3. 98, Amtsbl. der Regierung in Münster 98 9); die Verwaltung der märkischen Wasserstraßen ist dem Regierungspräsidenten in Potsdam (Allg. Erl. v. 3. 11. 02, GS. 03 172), die Verwaltung der Berliner Wasserstraßen ist dem Polizeipräsidenten in Berlin übertragen (Allg. Erl. v. 18. 6. 08, GS. 09 624). Ferner ist durch Allg. Erl. v. 13. 6. 95 der Minister der öffentlichen Arbeiten allgemein ermächtigt worden, die bauliche Verwaltung einer mehrere Verwaltungsbezirke durchschneidenden Wasserstraße nebst den sämtlichen strombaupolizeilichen oder sonst der Bauverwaltung übertragenen obrigkeitlichen Befugnissen und Obliegenheiten einer der beteiligten Provinzialbehörden auch für die außerhalb ihres Bezirkes gelegenen Strecken zu übertragen. Durch die Bestimmung der Ziff. 1 ist die Möglichkeit gegeben, in der Hand der Strombauverwaltung auch zugleich die Wasserpolizei zu vereinen.

[2]) Wenn die zur Unterhaltung eines Wasserlaufs zu bildende

Wassergenossenschaft sich über mehrere Kreise erstreckt, fällt die Aufsicht nach § 217 Abs. 3 Satz 2 demjenigen Landrat zu, in dessen Bezirk die Genossenschaft ihren Sitz hat. Um auch in diesem Fall Aufsicht und Polizei in eine Hand zu legen, ist die Bestimmung der Ziff. 2 getroffen. Aus gleichem Grunde ist dann auch im § 345 Abs. 1 die Aufsicht über den Landrat oder die Ortspolizeibehörde sowohl in ihrer Eigenschaft als Aufsichtsbehörde der Wassergenossenschaft wie als Wasserpolizeibehörde dem vorgesetzten Regierungspräsidenten übertragen.

[3]) Vgl. § 353.

[4]) Unter den nachgeordneten Behörden sind die der Wasserpolizei nachgeordneten Behörden zu verstehen (KB.H. 65).

[5]) Die Behörde, welche die Wahrnehmung der örtlichen Geschäfte der Wasserpolizei auf eine nachgeordnete Instanz übertragen hat, ist nach wie vor zuständig, die Anordnung der nachgeordneten Instanz im Aufsichtswege aufzuheben (KB.A. 419). Die Aufsicht regelt § 345 Abs. 2.

**§ 344.** Für Wasserläufe dritter Ordnung kann in Landkreisen der Oberpräsident die Wahrnehmung der Wasserpolizei allgemein oder für einzelne Fälle dem Landrat übertragen.[1]) Erfolgt die Übertragung allgemein, so ist sie in ortsüblicher Weise und durch das Kreisblatt bekanntzumachen.

Ent. § 319; B. 241; KB.A. 419 f.; L. II 8269; L. III 8604; KB.H. 65; L.H. 1075.

[1]) Soweit die Delegation geht, kann der Landrat auch das Polizeiverordnungsrecht ausüben (vgl. Anm. 1 zu § 348).

**§ 345.** (1) Wird einem Landrat oder einer Ortspolizeibehörde nach § 343 Abs. 1 Nr. 2 die Wahrnehmung der Wasserpolizei in einem Kreise übertragen, der einem anderen Regierungsbezirk angehört, so führt der ihnen vorgesetzte Regierungspräsident die Aufsicht über sie auch für die in dem anderen Regierungsbezirk gelegenen Strecken des Wasserlaufs.

(2) Im Falle des § 343 Abs. 2 führt die Aufsicht über den Ortsbaubeamten, den Landrat und die nachgeordneten Polizeibehörden der Regierungspräsident oder Oberpräsident, dem die Wahrnehmung der Wasserpolizei zusteht.

Ent. § 320; B. 241; KB.A. 421; L. II 8269; L. III 8604; KB.H. 65; L.H. 1075.

Vgl. § 343 Anm. 5. Das Rechtsmittelverfahren gegen wasserpolizeiliche Verfügungen in den Fällen des § 345 hat in gleichem Sinne seine Regelung im § 347 Abs. 3 gefunden.

**§ 346.** Der Oberpräsident ist berechtigt, die von ihm nach diesem Gesetz in Ausübung der obrigkeitlichen Gewalt getroffenen, durch seine gesetzlichen Befugnisse gerechtfertigten Anordnungen durch die dem Regierungspräsidenten beigelegten Zwangsmittel durchzusetzen.

Ent. § 321; B. 241; KB.A. 421; L. II 8269; L. III 8604; KB.H. 65; L.H. 1075.

§ 132 LVG. regelt die Zwangsbefugnisse für den Regierungspräsidenten, den Landrat, die Ortspolizeibehörde und die Gemeindevorsteher, nicht aber für den Oberpräsidenten. Dieser ist wegen der Vollstreckung seiner Anordnungen auf die Bestimmungen der Regierungsinstruktion von 1817 (§ 11) und der ihr angehörigen VO. v. 26. 12. 08 (§ 48) angewiesen. Da dem Oberpräsidenten nach § 343 Abs. 1 Ziff. 1 die Wasserpolizei an Stelle des Regierungspräsidenten beigelegt werden kann, so sollen ihm insoweit auch die Zwangsbefugnisse des Regierungspräsidenten zustehen.

**§ 347.** (1) Gegen wasserpolizeiliche Verfügungen des Oberpräsidenten ist innerhalb zwei Wochen die Beschwerde oder[1]) nach § 127 Abs. 3, 4 des Landesverwaltungsgesetzes vom 30. Juli 1883 (Gesetzsamml. S. 195) die Klage bei dem Oberverwaltungsgerichte zulässig. Über die Beschwerde entscheidet, wenn es sich um die Benutzung der Wasserläufe für den öffentlichen Schiffsverkehr handelt, der Minister für Handel und Gewerbe, sonst der Minister der öffentlichen Arbeiten.

(2) Im übrigen richten sich die Rechtsmittel gegen wasserpolizeiliche Verfügungen nach den allgemeinen Vorschriften über die Anfechtung polizeilicher Verfügungen.[2])

(3) Soweit nach § 345 die Aufsicht dem Regierungspräsidenten in einem anderen Verwaltungsbezirke zusteht, tritt er auch im Beschwerdeverfahren an die Stelle des örtlich zuständigen Regierungspräsidenten. Für die Klage nach § 128 Abs. 1 zu b des Landesverwaltungsgesetzes ist der Bezirksausschuß am Amtssitze des die Aufsicht führenden Regierungspräsidenten zuständig.[3])

Ent. § 322; B. 241 f.; KB.A. 421; L. II 8269; L. III 8604; KB.H. 65; L.H. 1075.

[1]) Die Wahl des einen Rechtsmittels schließt das andere aus.

[2]) §§ 127 ff. LVG. Ist nach § 343 Nr. 1 einem Regierungspräsidenten die Wahrnehmung der Wasserpolizei übertragen, so sind nur die im § 130 LVG. bezeichneten Rechtsmittel gegeben (nicht nach § 138 LVG. die Beschwerde im Aufsichtswege an den Minister).

[3]) Abs. 3 entspricht dem § 345.

**§ 348.** (1) Zuständig zum Erlasse von Polizeiverordnungen auf dem Gebiete der Wasserpolizei sind, abgesehen von den Fällen der §§ 284, 306, 355, die Wasserpolizeibehörden für den ihnen unterstellten Wasserpolizeibezirk.[1])

(2) Soll sich eine Polizeiverordnung über diesen Bezirk hinaus auf mehrere Ortspolizeibezirke, Kreise oder Regierungsbezirke derselben Provinz erstrecken, so ist sie von dem örtlich zuständigen Landrate, Regierungspräsidenten oder Oberpräsidenten zu erlassen.[2])

(3) Die Androhung von Strafen in den Polizeiverordnungen für die Fälle der Zuwiderhandlung gegen ihre Vorschriften, die Form und die sonstigen Erfordernisse der Polizeiverordnungen sowie ihr Inkrafttreten bestimmen sich nach denjenigen Vorschriften, die gelten würden, wenn die Polizeiverordnung von der Behörde auf Grund der ihr allgemein zustehenden Befugnis zum Erlasse von Polizeiverordnungen erlassen würde.[3]) Hinsichtlich der Befugnis, Polizeiverordnungen außer Kraft zu setzen, verbleibt es bei den Vorschriften des § 145 des Landesverwaltungsgesetzes vom 30. Juli 1883 (Gesetzsamml. S. 195); jedoch steht bei Wasserläufen erster Ordnung diese Befugnis den Ministern für Handel und Gewerbe und der öffentlichen Arbeiten zu.

(4) Ist einer Behörde die Wahrnehmung der Wasserpolizei gemäß § 343 Abs. 1 über ihren allgemeinen Verwaltungsbezirk hinaus übertragen, so ist die zum Erlasse von Polizeiverordnungen erforderliche Zustimmung von derjenigen Behörde auszusprechen, die für den Bezirk, in dem die Polizeiverordnung gelten soll, örtlich zuständig ist. Kommen hiernach mehrere Behörden in Betracht, so ist die Zustimmung von derjenigen am Sitze der Wasserpolizeibehörde auszusprechen.

Ent. § 323; B. 242 ff.; KB.A. 421—423; L. II 8269; L. III 8604; KB.H. 65; L.H. 1075.

[1]) Jede mit der Wasserpolizei beauftragte Behörde hat innerhalb ihres Wasserpolizeibezirkes grundsätzlich das ausschließliche Recht zum Erlaß von Polizeiverordnungen für ihren Wasserlauf oder für Teile desselben, und zwar auch dann, wenn ihre Zuständigkeit sich gemäß §§ 343 Abs. 1 Ziff. 2, 344 auf einen anderen Verwaltungsbezirk erstreckt.

[2]) Es ist also bei einem Wasserlauf III. Ordnung zuständig, wenn der Bezirk der für diesen zuständigen Wasserpolizeibehörde

aber nicht der Kreis überschritten werden soll, der Landrat; soll die Polizeiverordnung mehrere Kreise desselben Regierungsbezirks umfassen, der Regierungspräsident, bei mehreren Regierungsbezirken derselben Provinz der Oberpräsident. Handelt es sich um einen Wasserlauf II. Ordnung, so ist bei einer Polizeiverordnung, die den Bezirk der Wasserpolizeibehörde aber nicht den Regierungsbezirk überschreitet, der Regierungspräsident, sonst innerhalb derselben Provinz der Oberpräsident zuständig. Bei Wasserläufen I. Ordnung, die mehrere Regierungsbezirke derselben Provinz betrifft, ist der Oberpräsident zuständig. Wegen der Polizeiverordnungen, die sich auf mehrere Provinzen erstrecken sollen, vgl. § 350.

[3]) Es kommen in Betracht: für den Erlaß der Polizeiverordnung durch den Oberpräsidenten und Regierungspräsidenten § 137 LVG. (Höhe der Geldstrafe bis 60 ℳ), § 139 LVG. (Zustimmung des Provinzialrates bei den Oberpräsidialpolizeiverordnungen und Zustimmung des Bezirksausschusses bei den Polizeiverordnungen des Regierungspräsidenten), § 140 LVG. (Form und sonstige Erfordernisse), § 141 LVG. (Inkrafttreten); für die Polizeiverordnung des Landrates: § 142 LVG. (Strafe bis 30 ℳ und Zustimmung des Kreisausschusses); für den Erlaß der Polizeiverordnung für die Ortspolizeibehörde in den Stadtkreisen: § 5 des Polizeiverwaltungsgesetzes v. 11. 3. 50, § 144 Abs. 1 LVG. (Höhe der Strafe bis 30 ℳ), § 143 LVG. (Zustimmung des Gemeindevorstandes), § 144 LVG. (Form und sonstige Erfordernisse); für die sonstigen Ortspolizeibehörden: § 144 LVG. in Verb. mit § 5 des Polizeiverwaltungsgesetzes v. 11. 3. 50 (Höhe der Strafe bis 9 ℳ und mit Genehmigung des Regierungspräsidenten 30 ℳ), § 144 LVG. (Form und sonstige Erfordernisse).

**§ 349.** [1]) Für den Kaiser-Wilhelm-Kanal und den angrenzenden[2]) Teil der Elbe kann der zuständige Minister die wasserpolizeilichen Befugnisse des Regierungspräsidenten auf den Leiter der für die Verwaltung des Kanals bestellten Reichsbehörde übertragen, die Wahrnehmung der Wasserpolizei abweichend von den Bestimmungen des § 343 Abs. 2 und des § 348 regeln und den Bezirk, für den die Kanalpolizeibehörde zuständig ist, abgrenzen. Die Vorschriften über die Zwangsbefugnisse des Regierungspräsidenten[3]) und über die Rechtsmittel gegen seine wasserpolizeilichen Verfügungen[4]) sind alsdann auf die Maßnahmen der Kanalpolizeibehörde entsprechend anzuwenden.

KB.A. § 323a S. 423 f.; L. II 8269—8272; L. III 8604; KB.H. 65; L.H. 1075.

[1]) Schon auf Grund des § 138 LVG. war seit Eröffnung des Kanals die Wasserpolizei dem Präsidenten des Kaiserlichen Kanalamtes als preußischem Polizeibeamten übertragen, der selbständig Polizeiverordnungen erlassen und polizeiliche Verfügungen treffen konnte. Durch § 349 wird dieser Zustand aufrechterhalten.

[2]) „Angrenzenden Teil". Hierunter ist lediglich ein beschränkter Teil der Elbe, der vor der Einfahrt in den Kaiser-Wilhelm-Kanal liegt, zu verstehen, und zwar in der Hauptsache nur die sog. Brunsbütteler Reede (L. II 8271).

[3]) § 132 LVG.

[4]) §§ 127 ff. LVG. (vgl. § 347).

**§ 350.** Zum Erlasse von Polizeiverordnungen, die sich über den Polizeibezirk einer Wasserpolizeibehörde hinaus auf mehrere Provinzen erstrecken sollen, sind bei Wasserläufen erster Ordnung die Minister für Handel und Gewerbe und der öffentlichen Arbeiten, bei Wasserläufen zweiter und dritter Ordnung der Minister für Landwirtschaft, Domänen und Forsten zuständig.

Ent. § 324; B. 244; KB.A. 424 f.; L. II 8272; L. III 8604; KB.H. 65; L.H. 1075.

Die Höhe der angedrohten Strafe kann bis 100 ℳ gehen (§ 136 LVG.). Wegen Form und Inkrafttreten vgl. §§ 140 f. LVG.

**§ 351.** Den Wasserläufen erster Ordnung im Sinne der Vorschriften des § 342 Abs. 1 Nr. 1, des § 343 Abs. 1 Nr. 1 Abs. 2 und der §§ 348 bis 350 stehen die mit Wasserläufen erster Ordnung in Verbindung stehenden Binnenschiffahrtshäfen sowie die Verbindungsstrecken gleich.

Ent. § 325; B. 244; KB.A. 425 f.; L. II 8272; L. III 8604; KB.H. 65; L.H. 1075.

Häfen, die als Bestandteile eines Wasserlaufs I. Ordnung anzusehen sind, unterliegen als Teile dieses Wasserlaufs den für diese Wasserläufe geltenden Vorschriften. Anders steht die Sache bei den Häfen, die durch Stichkanäle mit dem Wasserlauf verbunden sind und daher nicht zu den Bestandteilen des Wasserlaufs, mit denen sie in Verbindung stehen, gerechnet werden können. Diese Häfen einschließlich der Verbindungsstrecken gehören nicht zu den Wasserläufen (vgl. § 1 Anm. 8). Durch § 351 werden diese Häfen mit ihren Verbindungsstrecken aber in wasserpolizeilicher Hinsicht den Bestimmungen der Wasserläufe I. Ordnung unterworfen. Das hat z. B. für Häfen, die als Bergwerksanlagen zu gelten haben, zur Folge, daß die Aufsicht der Bergpolizeiverwaltung neben der Aufsicht der Wasserpolizei begründet ist (§ 396 Anm. 4).

**§ 352.** Durch die Vorschriften dieses Gesetzes werden die Befugnisse, die der Wasserpolizeibehörde auf Grund des Allgemeinen Landrechts Teil II Titel 17 § 10 und anderer neben diesem Gesetz in Kraft bleibender gesetzlicher Vorschriften zustehen, nicht berührt.

Ent. § 326; B. 244; KB.A. 426 f.; L. II 8272; L. III 8604; KB.H. 65; L.H. 1075.

Die Befugnisse, die der Wasserpolizeibehörde zustehen, sind zunächst in diesem Gesetz geregelt. Sie finden sich im ganzen Gesetz zerstreut vor. Es kommen z. B. in Betracht §§ 19 Abs. 2, 21, 39 usw. Doch sollen durch diese Bestimmungen die Befugnisse der Wasserpolizei nicht erschöpft sein. Sie gelten nur in erster Linie. Neben diesen sollen alle weitergehenden Bestimmungen der sonst in Kraft gebliebenen gesetzlichen Vorschriften unberührt bleiben. Es ist dies zunächst der grundlegende § 10 II 17 ALR., ferner noch insbesondere das Polizeiverwaltungsgesetz v. 11. 3. 50 und das PrAG. z. Reichsviehseuchengesetz.

**§ 353.** Als Berater[1]) der Wasserpolizeibehörden werden technisch genügend vorgebildete Beamte bestellt. Die näheren Bestimmungen werden durch Ausführungsanweisung getroffen.

Ent. § 327; B. 244 f.; KB.A. 427 f.; L. II 8272—8276; L. III 8604; KB.H. 65; L.H. 1075.

[1]) Die Anstellung dieser Berater ist Aufgabe der Staatsregierung, die daher auch die Kosten zu tragen hat. Die Kosten gelten nicht als solche der Polizeiverwaltung.

**§ 354.** Entsteht durch Eisgang, Überschwemmung, Einsturz von Baulichkeiten oder andere außergewöhnliche Ereignisse Wassergefahr, deren Beseitigung augenblickliche Vorkehrungen erfordert, so sind, wenn es ohne erhebliche eigene Nachteile geschehen kann, alle benachbarten Gemeinden (Gutsbezirke), auch wenn sie nicht bedroht sind, verpflichtet, auf Anordnung der Wasserpolizeibehörde oder der Ortspolizeibehörde die erforderliche Hilfe durch Hand-[1]) und Spanndienste[2]) sowie durch Lieferung von Baustoffen und Gestellung von Gespannen zu leisten.[3])

Ent. § 328; B. 245; KB.A. 428; L. II 8276; L. III 8604; KB.H. 65; L.H. 1075.

§ 354 hat einen Vorgänger im § 25 des Deichgesetzes v. 28. 1. 48.

[1]) „Handdienste" sind solche Dienste, welche durch die eigenen Kräfte der Pflichtigen geleistet werden im Gegensatz zu denjenigen Diensten, deren Leistung ein Gespann fordert. Es gehören nicht dazu Naturalleistungen, auch nicht Leistungen, welche eine handwerksmäßige oder höhere Bildung erfordern (vgl. OVG. 19 76).

[2]) „Spanndienste" sind Dienste, welche mit Zugtieren geleistet werden. Je nach den örtlichen Verhältnissen in einer Gemeinde können dies auch Kühe sein.

[3]) Außerdem besteht noch die durch § 360 Nr. 10 StGB. unter den dort angegebenen Voraussetzungen begründete Pflicht.

**§ 355.** (1) Durch Ortsstatut kann ein geordneter Wasserwehrdienst eingerichtet werden. Soweit der Wasserwehrdienst nicht durch Ortsstatut geregelt ist, können Polizeiverordnungen erlassen werden[1]) über die Verpflichtung der Einwohner zur Hilfeleistung[2]) bei Wassergefahr, insbesondere zum Eintritt in eine Pflichtwasserwehr, über die damit verbundenen persönlichen Dienstpflichten,[3]) über die Gestellung von Gespannen und die Lieferung von Baustoffen sowie über die Verpflichtung zur Hilfeleistung bei Wassergefahr benachbarter Gemeinden.[4])

(2) Solche Polizeiverordnungen gehören im Sinne des § 143 des Landesverwaltungsgesetzes vom 30. Juli 1883 (Gesetzsamml. S. 195) nicht zum Gebiete der Sicherheitspolizei.[5]) Sie treten außer Kraft, soweit der Wasserwehrdienst durch ein Ortsstatut geregelt wird.

(3) Das Ortsstatut ist an die Bestimmungen des § 68 des Kommunalabgabengesetzes vom 14. Juli 1893 (Gesetzsamml. S. 152) nicht gebunden.[6])

Ent. § 329; B. 245; KB.A. 428; L. II 8276; L. III 8604; KB.H. 65; L.H. 1075.

Die Fassung des § 355 schließt sich an an das G., betr. die Befugnis der Polizeibehörden zum Erlaß von Polizeiverordnungen über die Verpflichtung zur Hilfeleistung bei Bränden, v. 21. 12. 04 (GS. 291).

[1]) Der Wasserdienst ist in erster Linie durch Ortsstatut einzurichten. Die Polizeiverordnungen treten nur ergänzend ein. Sie können einmal da erlassen werden, wo noch kein Ortsstatut

besteht, dann aber auch zur Ergänzung bestehender Ortsstatute. Eine solche Ergänzung muß stattfinden da, wo ein Ortsstatut nicht regelnd eingreifen kann. So kann sich dasselbe nicht auf die Hilfeleistung bei Wassergefahr benachbarter Gemeinden erstrecken. Ebensowenig sind beim Mangel einer besonderen gesetzlichen Bestimmung Strafbestimmungen wegen Zuwiderhandlungen gegen die Vorschriften eines Ortsstatuts ortsstatutarisch festlegbar. In beiden Fällen wird deshalb ergänzend stets der Weg der Polizeiverordnung zu beschreiten sein. Zum Erlaß der Polizeiverordnung sind die ordentlichen Polizeibehörden, nicht die Wasserpolizeibehörden zuständig (§ 348 Abs. 1).

[2]) Die Hilfe ist unentgeltlich zu leisten. Die Gemeinde kann aber eine Vergütung bewilligen (vgl. Entsch. des OVG. v. 14. 1. 02, PrVerwBl. 42 216). Bei Lieferung von Gegenständen, z. B. von Baustoffen, ist aber der Wert derselben zu ersetzen.

[3]) „Persönliche Dienstpflichten" sind solche Dienstleistungen, welche der Pflichtige mit seiner eigenen körperlichen Tätigkeit zu leisten hat. Lieferungspflichten fallen nicht hierunter.

[4]) Außerdem besteht noch die durch § 360 Nr. 10 StGB. unter den dort angegebenen Voraussetzungen begründete Pflicht.

[5]) Sie bedürfen also in den Städten der Genehmigung des Gemeindevorstandes (§ 143 LVG.).

[6]) Vgl. § 68 KomAbgG. Es kann sich die Verpflichtung also auch über den Kreis der Steuerpflichtigen hinaus erstrecken. Ferner kann persönliche Dienstleistung verlangt und die Gestellung eines Vertreters ausgeschlossen werden.

## Siebenter Abschnitt.

# Schauämter.

### Vorbemerkung.

Die Bestimmungen über die Schauämter sind nachgebildet den früheren auf Grund des § 73 der Feldpolizeiordnung v. 1. 11. 47 (GS. 376) begründeten Schaukommissionen. Schauämter können nur für Wasserläufe II. und III. Ordnung errichtet werden. Sie sollen in erster Linie eine Unterstützung für die Wasserpolizeibehörde sein und sie haben diesen etwa festgestellte Mängel hinsichtlich der ordnungsmäßigen Unterhaltung und unzulässige Verunreinigungen der Wasserläufe mitzuteilen (§ 357). Auch sind sie befugt und auf Auffordern verpflichtet, wasserwirtschaftliche Gutachten über die ihnen zugeteilten Wasserläufe zu erstatten. In dieser Beziehung stehen sie an der Seite der Wasserbeiräte (§§ 367 ff.). Während deren gutachtliche Tätigkeit sich aber auf Fragen von weittragender Bedeutung erstreckt, wird es sich bei den Schauämtern nur um Fragen lokaler Bedeutung handeln. Darüber hinaus können den Schauämtern aber auch polizeiliche Befugnisse zugewiesen werden (§ 358). Die Vorschriften über die Schauämter sind sehr weit gefaßt, damit die Schauordnungen sich dem Zustande, wie er sich in einzelnen Gegenden, besonders in Schleswig-Holstein und Hannover, auf Grund besonderer Bestimmungen entwickelt hat (vgl. Nieberding 113 ff.), anpassen können.

**§ 356.** (1) Für Wasserläufe zweiter und dritter Ordnung sind Schauämter durch Polizeiverordnung (Schauordnung) zu bilden.

(2) Die Schauämter können auch für den Umfang eines Land- oder Stadtkreises oder für einzelne Teile von Kreisen gebildet werden.[1])

(3) Auf Wasserläufe, deren Unterhaltung nach § 125 einem Provinzial- (Bezirks-, Landeskommunal-) Verband übertragen ist, sowie auf Wasserläufe, die von einem Deichverbande zu unterhalten sind oder der Aufsicht der Deichverwaltungsbehörden unterstehen,[2]) sind diese Vorschriften nicht anzuwenden.

Ent. § 330; B. 245; KB.A. 429—431; L. II 8280; L. III 8604; KB.H. 65 f.; L.H. 1075.

[1]) Die Bildung der Schauämter ist obligatorisch. Sie sind in erster Linie für Wasserläufe, nicht für Bezirke zu bilden. Jeder

Wasserlauf II. und III. Ordnung, also auch die Gräben, soweit sie als Wasserläufe zu gelten haben (§ 1 Abs. 3), müssen einem Schauamte unterstehen. Wegen der Pflicht des Schauens vgl. § 357 Anm. 1. Da die Schauämter durch Polizeiverordnungen einzurichten sind, so sind zu ihrer Bildung die Wasserpolizeibehörden (§ 348) zuständig. Das Schauamt für Wasserläufe III. Ordnung ist also grundsätzlich von der Ortspolizeibehörde, für Wasserläufe II. Ordnung vom Landrat (in Städten von der Ortspolizeibehörde) zu bilden. Soll das Schauamt aber für einen durch mehrere Ortspolizeibezirke, Kreise usw. fließenden Wasserlauf gebildet werden, so ist das Schauamt vom Landrat, Regierungspräsidenten, Oberpräsidenten (§ 348 Abs. 2) oder dem Minister für Landwirtschaft, Domänen und Forsten einzurichten (§ 350).

In zweiter Linie ist es aber auch zulässig, Schauämter für bestimmte Bezirke, und zwar für Kreise und Teile von Kreisen einzurichten. In dieser Weise können aber keine über einen Kreis hinausgehende Schauämter gebildet werden. Zuständig für den Erlaß dieser Polizeiverordnungen ist in Stadtkreisen die Ortspolizeibehörde, sonst der Landrat.

²) Vgl. §§ 306 Satz 2, 329 Abs. 1.

**§ 357.** Die Schauämt erhaben die Wasserläufe ihrer Bezirke nach Bedarf¹) zu schauen und festzustellen, ob die Wasserläufe und ihre Ufer ordnungsmäßig unterhalten werden²), und ob eine unzulässige Verunreinigung³) stattgefunden hat.⁴) Vorgefundene Mängel haben sie der Wasserpolizeibehörde mitzuteilen.⁵)

Ent. § 331; B. 245; KB.A. 431 f., 430 f.; L. II 8280; L. III 8604; KB.H. 65 f.; L.H. 1075.

¹) „Nach Bedarf". Nach § 356 hat jeder Wasserlauf II. und III. Ordnung einem Schauamte zu unterstehen. Da aber eine Schau aller auch der kleinsten Wasserläufe kaum durchführbar sein würde, so ist hier bestimmt, daß das Schauen nur nach Bedarf stattzufinden braucht. Hiermit ist auch zugelassen, daß ein Wasser-

lauf überhaupt nicht geschaut wird (KB.A. 431). Wann und wie oft zu schauen ist, wird in erster Linie durch die Schauordnung bestimmt.

[2]) Die Unterhaltung der Wasserläufe II. und III. Ordnung umfaßt in erster Linie die Erhaltung der Vorflut (§ 114 Abs. 1). Es hat sich daher die Schau auch in erster Linie auf die Vorflut zu richten (vgl. auch §§ 114 Abs. 3, 119, 120).

[3]) Vgl. insbesondere §§ 19 Abs. 1, 21, 23, 25, 41.

[4]) Dies bezeichnet neben § 360 das Mindestmaß der den Schauämtern zustehenden Befugnisse und Pflichten, die gemäß §§ 358, 359 eine Erweiterung erfahren können.

[5]) § 357 gibt den Schauämtern ihre grundsätzliche Stellung. Danach haben sie lediglich den tatsächlichen Zustand der ihnen unterstellten Wasserläufe festzustellen und von vorgefundenen Mängeln der Wasserpolizeibehörde Mitteilung zu machen. Sie sind also Hilfsorgane der Wasserpolizei. Die Wasserpolizeibehörden sind an ihre Vorschläge nicht gebunden.

**§ 358.** (1) Dem Schauamt oder seinem Vorsitzenden kann durch die Schauordnung die Befugnis übertragen werden, an Stelle der Wasserpolizeibehörde Art und Maß der zur Unterhaltung des Wasserlaufs und seiner Ufer nach den §§ 114, 119, 120 auszuführenden Arbeiten sowie die Zeit zu ihrer Ausführung durch polizeiliche Verfügung festzustellen (§ 133 Abs. 2 Satz 1).[1]) Die Durchführung der von dem Schauamte getroffenen Verfügungen liegt dem Vorsitzenden ob.[2])

(2) Für die Rechtsmittel gegen polizeiliche Verfügungen des Schauamts oder seines Vorsitzenden sowie die Zwangsmittel zur Durchführung solcher Verfügungen gelten dieselben Bestimmungen, wie wenn die Verfügungen von der für den Wasserlauf nach den §§ 342 bis 344 zuständigen Wasserpolizeibehörde getroffen wären.[3]) Erstreckt sich die

Schauordnung zugleich auf Wasserläufe zweiter und dritter Ordnung, so sind auch bei letzteren die für die wasserpolizeilichen Verfügungen bei den beteiligten Wasserläufen zweiter Ordnung geltenden Vorschriften anzuwenden.

(3) Im Falle des Abs. 1 steht dem Schauamt oder seinem Vorsitzenden zu, die in einer Unterhaltungsordnung (§ 133 Abs. 2 Satz 2) etwa angedrohten Strafen durch polizeiliche Strafverfügung nach dem Gesetze vom 23. April 1883 (Gesetzsamml. S. 65) an Stelle der Wasserpolizeibehörde festzusetzen.[4])

Ent. § 332; B. 245 f.; KB.A. 432; L. II 8280; L. III 8604; KB.H. 65 f.; L.H. 1075.

[1]) Grundsätzlich ist das Schauamt nur Hilfsorgan der Wasserpolizei (vgl. § 357). In Erweiterung dieser Bestimmung ist hier die Möglichkeit gegeben, dem Schauamt oder dessen Vorsitzenden auch eine polizeiliche Amtsgewalt zu geben. Soweit das geschehen ist, wird die zuständige Wasserpolizeibehörde ausgeschaltet. Nach § 361 Satz 3, 4 können aber die Verwalter der Wasserpolizeibehörde als Mitglieder oder Vorsitzende des Schauamts bestellt werden.

[2]) Der Vorsitzende hat also nötigenfalls für die zwangsweise Durchführung der Polizeiverfügungen zu sorgen und die Polizeistrafen festzusetzen.

[3]) Also die im § 347 angegebenen Rechtsmittel und die Zwangsmittel des § 132 LVG.

[4]) Gegen eine derartige polizeiliche Strafverfügung findet das Verfahren nach §§ 453—458 StPO. statt.

**§ 359.** Unbeschadet des § 357 kann durch die Schauordnungen den Schauämtern auch die Aufsicht über die Benutzung der Wasserläufe übertragen werden. Sie haben ihre Wahrnehmungen der Wasserpolizeibehörde mitzuteilen.

Ent. § 333; B. 246; KB.A. 432; L. II 8280; L. III 8604; KB.H. 65 f.; L.H. 1075.

Nach § 357 haben die Schauämter festzustellen, ob eine unzulässige Verunreinigung stattgefunden hat. Hiermit ist ihnen schon teilweise die Aufsicht über die Nutzungen der Wasserläufe obligatorisch gemacht. Darüber hinaus soll ihnen aber auch die Aufsicht über die sonstige Benutzung der Wasserläufe übertragen werden können. Aufgabe des Schauamts wird es dann sein, festzustellen, ob diejenigen, die einen Wasserlauf benutzen, sich innerhalb der im Gesetz gegebenen Schranken oder im Rahmen eines durch besonderen Titel, z. B. durch Verleihung begründeten Rechts, halten.

**§ 360.** Die Schauämter sind befugt und auf Erfordern der Verwaltungsbehörden verpflichtet, wasserwirtschaftliche Gutachten über die ihnen zugeteilten Wasserläufe zu erstatten.

Ent. § 334; B. 246; KB.A. 432; L. II 8280; L. III 8604; KB.H. 65 f.; L.H. 1075.

Die Schauämter sollen allgemein als begutachtende Organe in wasserwirtschaftlichen Fragen für alle mit diesen betrauten Behörden dienen. In Betracht kommen hierbei nicht nur die Polizeibehörden, sondern besonders auch die Beschlußbehörden, z. B. im Verleihungs- (§§ 46 ff.) und Ausgleichungsverfahren (§§ 87 ff.).

**§ 361.** Die Zusammensetzung des Schauamts ist durch die Schauordnung derart zu bestimmen, daß möglichst alle Erwerbsgruppen und öffentlichen Verbände vertreten sind, die an der Unterhaltung oder Benutzung der dem Schauamte zugewiesenen Wasserläufe ein Interesse haben. Soweit hiernach die Mitglieder und ihre Stellvertreter durch Wahl zu bestellen sind, hat diese auf sechs Jahre durch die Kreis- (Stadt-) Vertretung zu erfolgen. Als Mitglieder des Schauamts können auch die beteiligten Verwalter der Wasserpolizei bestellt werden. Auch kann einem von diesen der Vorsitz übertragen werden.

Ent. § 335; B. 247; KB.A. 432 f.; L. II 8280—8283; L. III 8605—8607; KB.H. 65 f.; L.H. 1075.

Die Zusammensetzung der Schauämter wird allein durch die Schauordnung angeordnet. Diese kann bestimmen, daß dem Schauamt ein oder mehrere Mitglieder, daß ihm nur genau bezeichnete Mitglieder (z. B. der Landrat, Kreiswiesenbaumeister, Amtsvorsteher, Bürgermeister usw.) oder daß ihm nur gewählte Mitglieder angehören sollen oder daß es sich teils aus berufenen, teils aus gewählten Mitgliedern zusammensetzen soll. Nur nach zwei Richtungen hin sind die Schauordnungen gebunden. Einmal müssen die zu wählenden Mitglieder von der Kreis- oder Stadtvertretung, also dem Kreistag oder der Stadtverordnetenversammlung, auf sechs Jahre gewählt werden, und dann sind soweit möglich Vertreter aller interessierten Erwerbsgruppen und öffentlichen Verbände in das Schauamt zu entsenden. Eine Pflicht, die Berufung oder Wahl in das Schauamt anzunehmen, besteht nicht.

**§ 362.** Das Schauamt entscheidet, wenn nicht die Schauordnung ein anderes bestimmt, nach Stimmenmehrheit; bei Stimmengleichheit gibt der Vorsitzende den Ausschlag.

Ent. § 336; B. 247; KB.A. 433; L. II 8283; L. III 8607; KB.H. 65 f.; L.H. 1075.

**§ 363.** Das Schauamt ist nur beschlußfähig, wenn mindestens drei Mitglieder anwesend sind. Die Schauordnung kann für die Beschlußfähigkeit die Anwesenheit einer größeren Anzahl von Mitgliedern vorschreiben.

Ent. § 337; B. 247; KB.A. 433; L. II 8283; L. III 8607; KB.H. 65 f.; L.H. 1075.

**§ 364.** (1) Die Kosten des Schauamts trägt für jeden Kreis der Kreiskommunalverband, in Stadtkreisen die Stadtgemeinde.

(2) Den gewählten Mitgliedern des Schauamts kann durch Beschluß der Kreis- (Stadt-) Vertretung eine Entschädigung für die Teilnahme an den Schauen und den Sitzungen des Schauamts zugebilligt werden.[1])

(3) Die Kosten für die Beteiligung der technischen Beamten an den Schauen und den Sitzungen des Schauamts trägt der Staat.[2])

Ent. § 338; B. 247; KB.H. 433 f.; L. II 8283; L. III 8607; KB.H. 65 f.; L.H. 1075.

[1]) Ein Zwang zur Bewilligung der Entschädigung besteht nicht. Dafür hat jeder das Recht, die Berufung oder die Wahl in das Schauamt abzulehnen.

[2]) Die Vorsitzenden des Schauamts sind nicht berechtigt, technische Beamte zur Schau zu beordern. Die vorgesetzte Behörde dieser Beamten hat darüber zu entscheiden, ob im einzelnen Falle dem Wunsche des Schauamts, technische Beamte zu einer Schau oder einer Sitzung zu entsenden, stattzugeben ist. Wenn also ein Schauamt einen solchen Wunsch hat, so hat es sich nicht an den technischen Beamten, sondern an dessen vorgesetzte Behörde zu wenden (KB.A. 434).

**§ 365.** Soweit die Unterhaltung eines Wasserlaufs einer Wassergenossenschaft obliegt, kann durch die Schauordnung bestimmt werden, daß das Schauamt auch die durch § 237 vorgeschriebenen Schauen der Genossenschaftsanlagen an Stelle der dort vorgesehenen Schaukommission abzuhalten hat; in diesem Falle muß der Vorstand im Schauamte vertreten sein.

Ent. § 339; B. 247 f.; KB.A. 434; L. II 8283; L. III 8607; KB.H. 65 f.; L.H. 1075.

**§ 366.** Die Wasserpolizeibehörden und die Schauämter sowie deren mit Berechtigungsausweis versehene Beauftragte sind befugt, die Wasserläufe zu besichtigen, insbesondere sie zu befahren und die Ufer zu betreten. Der § 135 Abs. 2 und der § 148 sind entsprechend anzuwenden.

§ 340; B. 248; KB.A. 434; L. II 8283; L. III 8607; KB.H. 65 f.; L.H. 1075.

§ 135 Abs. 2 (Entschädigungen), § 148 (Festsetzung der Entschädigung durch den Bezirksausschuß).

## Achter Abschnitt.

# Wasserbeiräte.

Vorbemerkung.

Der Wasserbeirat ist nachgebildet den Bezirkseisenbahnbeiräten und den durch § 17 des Wasserstraßengesetzes v. 1. 4. 05 (GS. 179) und die Allg. VO. v. 25. 2. 07 (GS. 31) eingesetzten Wasserstraßenbeiräten. Seine Tätigkeit ist lediglich eine begutachtende. Er hat auf Ersuchen der zuständigen Minister oder der Verleihungsbehörden sich gutachtlich zu äußern und ist auch berechtigt, auf eigene Initiative Gutachten den zuständigen Ministern vorzulegen. Durch seine gutachtliche Tätigkeit steht er an der Seite der Schauämter. Während diese sich aber mehr mit Fragen lokaler Art und den die Wasserläufe II. und III. Ordnung betreffenden Angelegenheiten zu befassen haben, soll das Gutachten des Wasserbeirates eingeholt werden, wenn es sich um Fragen von allgemeiner Bedeutung handelt, also z. B. um wichtige Regulierungen des Hochwasserabflusses, Hochwasserschutz umfangreicher Niederungen, Reinhaltung der bedeutenderen Wasserläufe, Schiffbarmachung von Wasserläufen, Bau von großen Talsperren usw.

**§ 367.** (1) Für jede Provinz wird ein Wasserbeirat gebildet, der, vorbehaltlich der ihm in diesem Gesetz übertragenen besonderen Aufgaben,[1]) über wichtige, die Provinz berührende wasserwirtschaftliche Angelegenheiten durch die zuständigen Minister gutachtlich gehört werden soll und befugt ist, Gutachten über Fragen dieser Art selbständig den zuständigen Ministern vorzulegen. Die Verleihungsbehörden können zur Vorbereitung ihrer Beschlüsse ein Gutachten des Wasserbeirats einfordern. Der Wasserbeirat für die Provinz Brandenburg ist zugleich der Wasserbeirat für die Stadt Berlin.

(2) Die Zuständigkeit der Wasserstraßenbeiräte bleibt unberührt; der Wasserbeirat ist nicht mit wasserwirtschaftlichen Angelegenheiten zu befassen, die zur Zuständigkeit des Wasserstraßenbeirats gehören.[2])

Ent. § 342; B. 44 ff.; KB.A. 438 ff., 449; L. II 8283; L. III 8607; KB.H. 66; L.H. 1075.

[1]) Vgl. §§ 23, 31, 76, 114, 294, 325.

[2]) Die Wasserstraßenbeiräte sind im großen und ganzen nur zuständig für die nach dem Wasserstraßengesetz v. 1. 4. 05 neu herzustellenden Schiffahrtswege.

**§ 368.** (1) Der Vorsitzende des Wasserbeirats und sein Stellvertreter werden vom König ernannt. Die übrigen Mitglieder und ihre Stellvertreter werden zu einem Drittel von dem Provinziallandtage, zu den beiden anderen Dritteln von der Landwirtschaftskammer, den Handelskammern (amtlichen Handelsvertretungen)[1]) und den Handwerkskammern gewählt.[2])

(2) Die von dem Provinziallandtage zu wählenden Mitglieder sind je zur Hälfte aus den Stadtkreisen und den Landkreisen zu entnehmen. Die von der Landwirtschaftskammer, den Handwerkskammern und den Handelskammern zu wählenden Mitglieder sind durch Königliche Verordnung nach den wirtschaftlichen Verhältnissen der Provinz und der

Bedeutung der in Betracht kommenden Verbände auf die wahlberechtigten Körperschaften zu verteilen.

(3) Bei der Wahl des Wasserbeirats für die Provinz Brandenburg und die Stadt Berlin sind die Vorschriften der Abs. 1, 2 mit der Maßgabe anzuwenden, daß ein Drittel der sonst von dem Provinziallandtage zu wählenden Mitglieder von dem Magistrat und der Stadtverordnetenversammlung der Stadt Berlin gewählt werden.

(4) Berufung und Wahl erfolgt auf sechs Jahre. Die ausscheidenden Mitglieder bleiben jedoch in allen Fällen bis zur Einführung der neuberufenen oder neugewählten in Tätigkeit.

(5) Zur Vorbereitung seiner Beschlüsse kann der Wasserbeirat ständige Ausschüsse einsetzen. Der Geschäftsgang des Wasserbeirats und der Ausschüsse sowie die Organisation der letzteren wird durch eine Geschäftsordnung geregelt; diese ist von dem Wasserbeirate zu entwerfen und von den Ministern für Landwirtschaft, Domänen und Forsten, der öffentlichen Arbeiten und für Handel und Gewerbe zu genehmigen.

Ent. § 343; B. 45; KB.A. 438 ff., 450—452; L. II 8284; L. III 8607; KB.H. 69; L.H. 1075.

[1]) „Amtliche Handelsvertretungen". Dies sind zunächst die besonders benannten Handelskammern, dann aber auch in Berlin die Korporation der Kaufmannschaft mit den Ältesten der Kaufmannschaft als Vorstand (vgl. G. v. 24. 2. 70 in der Fassung v. 22. 8. 97).

[2]) Eine Pflicht zur Annahme der Wahl besteht nicht.

**§ 369.** Nähere Bestimmungen über die Wasserbeiräte werden durch Königliche Verordnung getroffen.

Ent. § 344; B. 45; KB.A. 438 ff., 452; L. II 8284; L. III 8607; KB.H. 69; L.H. 1075.

# Neunter Abschnitt.

# Landeswasseramt.

Vorbemerkung.

In dem Landeswasseramt hat die Kommission des Abgeordnetenhauses für die ganze Monarchie eine Zentralbehörde geschaffen, von der in zweiter und letzter Instanz alle das Verleihungsverfahren und verwandte Materien betreffenden tatsächlichen und rechtlichen Fragen im Beschlußverfahren entschieden werden (vgl. §§ 76, 84, 85, 86, 99, 103, 174, 192, 270, 292, 340).

**§ 370.** (1) Das Landeswasseramt hat seinen Sitz in Berlin und besteht

1. aus einem Präsidenten und der erforderlichen Zahl von ständigen Mitgliedern, welche die Befähigung zum Richteramt[1]) oder zum höheren Verwaltungsdienste[2]) besitzen;
2. aus Laienmitgliedern, die in Wasserangelegenheiten erfahren sind.

Die Berufung sämtlicher Mitglieder erfolgt durch den König. Der Präsident und die ständigen Mitglieder werden im Hauptamt auf Lebenszeit, die Laienmitglieder auf sechs Jahre ernannt.

(2) Die Laienmitglieder verwalten ihr Amt als unentgeltliches Ehrenamt.

(3) Niemand kann gleichzeitig Mitglied des Bezirksausschusses und des Landeswasseramts sein.

KB.A. 344a S. 444 ff.; L. II 8284—8293; L. III 8607—8615; KB.H. 66—69; L.H. 1075.

[1]) Vgl. §§ 2, 4 GVG.

[2]) Vgl. G. über die Befähigung zum höheren Verwaltungsdienst v. 10. 8. 06 (GS. 378).

**§ 371.** (1) Das Landeswasseramt entscheidet in der Besetzung von drei auf Lebenszeit ernannten Mitgliedern und zwei Laienmitgliedern. Der Präsident oder eins der ständigen Mitglieder führt den Vorsitz.

(2) Die Zuziehung der Laienmitglieder erfolgt in der Regel nach einer im voraus festgestellten Reihenfolge. Weicht der Präsident des Amtes aus besonderen Gründen von der Reihenfolge ab, so sind diese aktenkundig zu machen.

(3) Die Bestimmungen der Zivilprozeßordnung[1]) über Ausschließung und Ablehnung der Gerichtspersonen finden auf alle zur Mitwirkung bei der Entscheidung berufenen Personen entsprechende Anwendung.

L. III 344a Abs. 4—6 S. 8608—8615; KB.H. 66—69; L.H. 1075.

[1]) §§ 41—49 ZPO.

**§ 372.** (1) Auf den Präsidenten und die Mitglieder des Landeswasseramts sind die §§ 20 bis 25 des Gesetzes, betreffend die Verfassung der Verwaltungsgerichte und das Verwaltungsstreitverfahren, vom 3. Juli 1875/2. August 1880 (Gesetzsamml. 1880 S. 328) anzuwenden. Im Disziplinarverfahren tritt an die Stelle des Präsidenten des Oberverwaltungsgerichts der Präsident des Landeswasseramts und an die Stelle des Plenums des Oberverwaltungsgerichts das Plenum des Landeswasseramts. Das Plenum wird unter dem Vorsitze des Präsidenten oder seines Stellvertreters gebildet durch die Gesamtheit der übrigen ständigen Mitglieder und ebenso viele Laienmitglieder, als ständige Mitglieder außer dem Vorsitzenden bei der Entscheidung mitwirken. Zur Fassung der Entscheidung ist die Teilnahme von wenigstens der Hälfte der ständigen Mitglieder außer dem Vorsitzenden erforderlich.

(2) Die Disziplin über die bei dem Landeswasseramt an-

gestellten mittleren, Kanzlei- und Unterbeamten übt der Präsident mit denjenigen Befugnissen, welche nach dem Gesetze, betreffend die Dienstvergehen der nichtrichterlichen Beamten usw., vom 21. Juli 1852 den Ministern in Ansehung der ihnen untergeordneten Beamten zustehen. Die Einleitung des Disziplinarverfahrens auf Entfernung aus dem Amte, die Ernennung des Untersuchungskommissars und des Vertreters der Staatsanwaltschaft erfolgt durch den Präsidenten; entscheidende Behörde erster und letzter Instanz ist das Landeswasseramt in der im Abs. 1 vorgeschriebenen Besetzung.

L. III § 344a Abs. 8 S. 8608—8615; KB.H. 67 ff.; L.H. 1075 ff.

**§ 373.** Die näheren Bestimmungen über Einrichtung und Verfassung, Geschäftsgang und Verfahren des Landeswasseramts werden durch Königliche Verordnung getroffen.

E. § 344 Abs. 7 S. 8608—8615; KB.H. 66—69; L.H. 1075.

## Zehnter Abschnitt.

# Strafbestimmungen.

**§ 374.** Mit Geldstrafe bis zu dreihundert Mark, im Unvermögensfalle mit Haft, wird, sofern nicht nach anderen strafgesetzlichen Bestimmungen eine höhere Strafe verwirkt ist,[1]) bestraft, wer eine Erhöhung der Erdoberfläche oder eine Anlage, zu deren Herstellung, Erweiterung, Verlegung oder Beseitigung nach § 285 Abs. 2 und § 291 eine Genehmigung erforderlich ist, ohne diese Genehmigung herstellt, erweitert, verlegt oder beseitigt und wer die bei Erteilung der Genehmigung festgesetzten Bedingungen nicht innehält.[2])

Ent. § 345; B. 248 f.; KB.A. 452—455; L. II 8294; L. III 8615; KB.H. 69 f.; L.H. 1077.

[1]) Es kommen in Betracht die §§ 305, 312—314, 321, 322, 326, 366a und 367 Ziff. 14 StGB.

[2]) Die Strafbestimmung gilt nicht für Anlagen, die im Wasserlauf selbst errichtet werden (vgl. § 285 Anm. 1 und § 22).

**§ 375.** (1) Mit Geldstrafe bis zu dreitausend Mark oder mit Gefängnis bis zu einem Jahre wird, sofern nicht nach anderen strafgesetzlichen Bestimmungen eine höhere Strafe verwirkt ist,[1]) bestraft, wer vorsätzlich den Vorschriften des § 23 oder des § 199 Abs. 2 Satz 2 zuwider Wasser oder andere flüssige Stoffe, durch deren Einleitung das Wasser verunreinigt werden kann,[2]) in ein Gewässer einleitet oder den Vorschriften des § 94, des § 99 Abs. 1, des § 100 oder des § 101 Abs. 1 bis 3 oder den nach § 72 Nr. 2 zur Reinhaltung der Gewässer getroffenen Bestimmungen zuwiderhandelt.

(2) Wird die Zuwiderhandlung aus Fahrlässigkeit begangen, so tritt Geldstrafe bis zu einhundertundfünfzig Mark oder Haft ein.

Ent. § 346; B. 249; KB.A. 453 f., 455—459; L. II 8294 f.; L. III 8615; KB.H. 69 f.; L.H. 1077.

[1]) Es kommen in Betracht §§ 274, 321, 324, 326, 366 Ziff. 8, 9, 10, 367 Ziff. 14.

[2]) „Kann". Ob eine Verunreinigung tatsächlich stattgefunden hat, ist ohne Bedeutung.

**§ 376.** (1) Werden den Vorschriften des § 23 oder des § 199 Abs. 2 Satz 2 zuwider Wasser oder andere flüssige Stoffe, durch deren Einleitung das Wasser verunreinigt werden kann,[1]) in ein Gewässer eingeleitet, so sind der Unternehmer[2]) und der Betriebsleiter[3]) als solche, unabhängig von der Verfolgung der eigentlichen Täter,[4]) mit Geldstrafe von fünfzig bis zu fünftausend Mark zu bestrafen.

(²) In den Fällen einer Zuwiderhandlung gegen die Vorschriften des § 94, des § 99 Abs. 1, des § 100 oder des § 101 Abs. 1 bis 3 verfällt der Stauberechtigte als solcher in eine Geldstrafe von zehn bis fünfhundert Mark.

(3)[5]) Die Bestrafung des Unternehmers, des Betriebsleiters oder des Stauberechtigten tritt nur ein, wenn die Zuwiderhandlung mit ihrem Vorwissen[6]) begangen ist oder wenn sie es bei der nach den Verhältnissen möglichen eigenen Beaufsichtigung[7]) des Betriebs oder bei der Auswahl oder der Beaufsichtigung der Aufsichtspersonen[8]) an der erforderlichen Sorgfalt[9]) haben fehlen lassen.

KB.A. § 346a S. 455 f.; L. II 8295 f.; L. III 8615; KB.H. 69 f; L.H. 1077.

[1]) Vgl. § 375 Anm. 2.

[2]) „Unternehmer" vgl. § 339 Anm. 1. Die gesetzlichen Vertreter juristischer Personen sind Unternehmer, nicht Betriebsleiter.

[3]) „Betriebsleiter" sind diejenigen, welche einen Betrieb oder Teile desselben für Rechnung und im Namen des Unternehmers, im übrigen aber selbständig verwalten (vgl. Landmann, GewO. zu § 151 Anm. 2a).

[4]) Es kann also Bestrafung des Unternehmers und Betriebsleiters erfolgen, ohne daß eine Bestrafung der eigentlichen Täter eintritt.

[5]) Abs. 3 ist dem § 151 GewO. nachgebildet.

[6]) „Vorwissen". Unter Vorwissen ist nicht Anstiftung zu verstehen, sondern bloß die Kenntnis von der beabsichtigten oder vorgenommenen Handlung und die stillschweigende oder ausdrückliche Zulassung oder Duldung derselben.

[7]) „Nach den Verhältnissen möglichen eigenen Beaufsichtigung". Als die eigene Beaufsichtigung verhindernde Verhältnisse können z. B. in Betracht kommen: Krankheit des Unternehmers, großer Umfang des Betriebs, besondere Vereinbarung über die Geschäftsleitung bei mehreren Leitern usw. Dem Angeklagten

muß die nach den Verhältnissen vorhandene Möglichkeit der eigenen Aufsicht nachgewiesen werden (vgl. Entsch. zu § 151 GewO.: Urt. des OLG. Dresden v. 12. 7. 94, SächsOLG. **16** 105; v. 18. 5. 05, GewArch. **5** 516; Urt. des RG. v. 20. 4. 05, DJZ. **05** 749; GewArch. **5** 163).

[8]) „Beaufsichtigung der Aufsichtspersonen". Vgl. Entsch. zu § 151 GewO.: Urt. des OLG. Dresden v. 27. 2. 96 (SächsOLG. **17** 301); Urt. des RG. v. 23. 1. 05 (GewArch. **4** 652); Urt. des BayObLG. v. 29. 7. 05 (BayObLGSt. **6** 92; RegersE. **26** 373).

[9]) Unter der „erforderlichen Sorgfalt" ist dasselbe verstanden wie unter der „im Verkehr erforderlichen Sorgfalt" des § 276 BGB.

**§ 377.** (1) Sachverständige, die in einem Verleihungs-, Sicherstellungs- oder Ausgleichungsverfahren,[1]) einem Verfahren nach § 103 oder in einem Verfahren zur Begründung eines Zwangsrechts[2]) zugezogen sind, werden bestraft:

1. wenn sie unbefugt Betriebsgeheimnisse[3]) offenbaren,[4]) die durch das Verfahren[5]) zu ihrer Kenntnis gelangt sind, mit Ge dstrafe bis zu eintausendfünfhundert Mark oder mit Gefängnis bis zu drei Monaten;
2. wenn sie absichtlich zum Nachteile[6]) der Betriebsunternehmer Betriebsgeheimnisse, die durch das Verfahren zu ihrer Kenntnis gelangt sind, offenbaren oder geheim gehaltene Betriebseinrichtungen oder Betriebsweisen, die durch das Verfahren zu ihrer Kenntnis gelangt sind, solange diese Betriebsgeheimnisse sind, nachahmen,[7]) mit Gefängnis bis zu zwei Jahren. Tun sie dies, um sich oder einem anderen einen Vermögensvorteil zu verschaffen, so kann neben der Gefängnisstrafe auf Geldstrafe bis zu dreitausend Mark erkannt werden.

**(2) Im Falle der Nr. 1 tritt die Verfolgung nur auf Antrag des Betriebsunternehmers ein.**

Ent. § 347; B. 250; KB.A. 459; L. II 8296; L. III 8615; KB.H. 69 f.; L.H. 1077.

§ 377 ist dem § 145a GewO. nachgebildet.

[1]) §§ 46 ff., 86, 87 ff.

[2]) §§ 330 ff.

[3]) Unter „Betriebsgeheimnissen" sind alle auf den Betrieb bezüglichen Dinge zu verstehen, die von dem Unternehmer geheimgehalten werden, deren Kenntnis also über den Kreis der zur Verschwiegenheit verbundenen Mitwisser hinaus noch nicht gedrungen ist (vgl. Landmann, GewO. zu § 145a).

[4]) „Offenbaren" ist jedes Verhalten, durch das der Kreis der Mitwisser des Betriebsgeheimnisses erweitert wird (Landmann, GewO. zu § 145a).

[5]) „Durch das Verfahren". Soweit der Sachverständige schon vor seiner Zuziehung Mitwisser des Geheimnisses geworden war, besteht die Schweigepflicht nicht. Desgleichen auch nicht für diejenigen Sachverständigen, die in einem anderen als dem eingangs erwähnten Verfahren von den Verwaltungsbehörden zugezogen sind, also z. B. nicht für ein sich daran anschließendes Verfahren vor den ordentlichen Gerichten.

[6]) „Absichtlich zum Nachteil". Zum Tatbestand gehört, daß ein Nachteil des Unternehmers beabsichtigt ist.

[7]) „Nachahmen". Unter Nachahmung ist jede praktische Verwertung der erlangten Kenntnis zu verstehen (Landmann, GewO. zu § 145a).

**§ 378.** Durch die Strafbestimmungen der §§ 374, 375 werden die Polizeibehörden nicht gehindert, nach § 132 Nr. 2 des Landesverwaltungsgesetzes vom 30. Juli 1883 (Gesetzsamml. S. 195) Geldstrafen zur Erzwingung einer Handlung oder Unterlassung anzudrohen und festzusetzen.

Ent. § 348; B. 250; KB.A. 459; L. II 8296; L. III 8615; KB.H. 69 f.; L.H. 1077.

Auf dem Gebiete des Wasserrechts kann die Polizeibehörde also zur Erzwingung von Handlungen und Unterlassungen Exekutivstrafen auch dann festsetzen, wenn diese Handlungen schon durch allgemeine Gesetze oder Polizeiverordnungen unter Strafe gestellt sind (vgl. auch OVG. 5 278; MBl. 125 und Entsch. v. 7. 5. 08, OVG. 52 302).

# Elfter Abschnitt.

# Übergangs- und Schlußbestimmungen.

## Vorbemerkung.

Der letzte, zehnte, Abschnitt enthält die Übergangs- und Schlußbestimmung des Gesetzes. Zunächst sind in §§ 379, 380, 383 die Übergangsbestimmungen gegeben. Es wird mit ihnen also die Geltung des Wassergesetzes in zeitlicher Hinsicht geregelt. Die §§ 381, 382, 384—399 regeln das Verhältnis dieses Gesetzes zu den anderen preußischen Gesetzen. Sie enthalten also die Abgrenzung der inhaltlichen Tragweite des Wassergesetzes. Von diesen Paragraphen gibt § 399 Abs. 1 dem Kodifikationsprinzip des Gesetzes Ausdruck, indem nach ihm das ganze im Wassergesetz berührte Rechtsgebiet einheitlich geregelt wird unter grundsätzlicher Aufhebung aller bestehenden Vorschriften, während in §§ 384 bis 398 die aufrechterhaltenen Gesetze unter teilweisen Abänderungen benannt werden. § 400 enthält die Bestimmungen über das Inkrafttreten des Gesetzes. § 401 betrifft die Ausführung desselben.

Was die Begrenzung dieses Gesetzes in räumlicher Beziehung betrifft, so gilt es nur für das preußische Staatsgebiet. Es findet also nur Anwendung auf Tatbestände, die innerhalb dieses Geltungsgebietes liegen. Es kann demnach z. B. für ein nicht in Preußen liegendes Grundstück kein Widerspruch im Verleihungsverfahren geltend gemacht werden. Ebenso ist es wegen der Entschädigungsansprüche. An sich bildet hier, soweit nicht Sondervorschriften in Frage kommen, das allgemeine bürgerliche

Recht die Grundlage. Wird aber ein Schadensersatzanspruch aus dem Verstoß gegen ein sog. Schutzgesetz (§ 823 Abs. 2 BGB.) hergeleitet, so werden Schutzgesetze, insbesondere polizeiliche Verbotsgesetze, die ihre Grundlage im Wassergesetz haben, auch ihren örtlichen Geltungsbereich nur auf Preußen erstrecken, so daß also aus Polizeiverordnungen, die auf Grund dieses Gesetzes zum Schutz von Interessenten erlassen sind, ein nicht preußischer Interessent Ansprüche nicht herleiten kann (L. II 8308 f.).

Einer besonderen Erwähnung bedarf noch die Abgrenzung des Reichsrechtes zum Wassergesetz. Der im Art. 65 EG.BGB. auf dem Gebiete des Wassergesetzes für das Landesrecht gemachte Vorbehalt erstreckt sich nur auf das Verhältnis der Landesgesetzgebung zum BGB. Zu einem Eingriff in andere Reichsgesetze ist die Landesgesetzgebung durch diesen Artikel nicht befugt. Es kann also z. B. auf Grund des Wassergesetzes ein Einschreiten gegen die gewerbepolizeilich genehmigten Anlagen (§ 16 GewO.) insoweit nicht erfolgen, als diese Genehmigung reicht. Ob allerdings das gewerbepolizeiliche Genehmigungsverfahren sich auch auf die Einleitung von Abwässern bezieht, kann zweifelhaft sein, doch wird man dies bejahen müssen, da gerade die Frage der Abwässerbeseitigung und der Verunreinigung von Wasserläufen den wesentlichen Inhalt des Genehmigungsverfahrens bildet, und viele Anlagen, z. B. die Kalifabriken, nur wegen dieser Einwirkungen dem Genehmigungsverfahren unterstellt sind (ebenso AllgVf. v. 20. 2. 01, MBl. 91; KB.A. 465 ff.; anders Landmann, Komm. zur GewO. S. 156). Soweit also gewerbepolizeilich die Einleitung von Abwässern gestattet ist, kann sie nicht auf Grund dieses Gesetzes verhindert werden. Für die nach dem Inkrafttreten des Wassergesetzes zu genehmigenden Anlagen ist allerdings eine Beachtung der künftig in Betracht kommenden wasserrechtlichen Bestimmungen dadurch gewährleistet, daß im § 18 GewO. die Beachtung landesrechtlicher Vorschriften gesundheitspolizeilicher Art zur Pflicht gemacht ist.

**§ 379.** (1) Die beim Inkrafttreten dieses Gesetzes bestehenden Rechte:

1. einen Wasserlauf in einer der im § 46 bezeichneten Arten zu benutzen,
2. über die nicht zu den Wasserläufen gehörenden Gewässer über die Schranken der §§ 199 bis 202 hinaus zu verfügen,
3. die Aufnahme des wild abfließenden Wassers durch die Eigentümer tieferliegender Grundstücke zu verlangen,[1])

bleiben aufrechterhalten, soweit sie auf besonderem Titel[2]) beruhen.

(2) Die beim Inkrafttreten dieses Gesetzes bestehenden, nicht auf besonderem Titel beruhenden Rechte zur Benutzung eines Wasserlaufs und anderer Gewässer im Sinne des Abs. 1 Nr. 1, 2 bleiben nur insoweit[3]) und so lange[4]) aufrechterhalten, als rechtmäßige[5]) Anlagen[6]) zu ihrer Ausübung vorhanden[7]) sind, vorausgesetzt, daß diese Anlagen vor dem 1. Januar 1913 errichtet sind oder daß vor diesem Zeitpunkt mit ihrer Errichtung begonnen[8]) ist.

(3) Die Rechtmäßigkeit einer Anlage, die am 1. Januar 1912 schon mehr als zehn Jahre bestanden hat, wird vermutet. Diese Vermutung gilt nicht gegenüber demjenigen, welcher innerhalb der letzten zehn Jahre einen Widerspruch gegen die Rechtmäßigkeit bei einer zuständigen Behörde geltend gemacht hat.

(4) Der Inhalt[9]) der hiernach aufrechterhaltenen Rechte bestimmt sich, soweit sie auf besonderem Titel beruhen, nach diesem. Im übrigen bleiben die bisherigen Gesetze mit folgenden näheren Bestimmungen und Beschränkungen maßgebend:

a) Eine Verunreinigung[10]) des Wassers, die über das Gemeinübliche[11]) hinausgeht, ist unzulässig.[12])

b) Entsteht nach dem Inkrafttreten dieses Gesetzes durch die Ausübung des Rechtes zur Zutageförderung unterirdischen Wassers ein Schaden[13]) der im § 200 Abs. 1 bezeichneten Art, so können die Geschädigten die Herstellung von Einrichtungen fordern, durch die der Schaden verhütet oder ausgeglichen wird, wenn solche Einrichtungen mit dem Unternehmen vereinbar und wirtschaftlich gerechtfertigt sind. Anderenfalls können sie Schadensersatz verlangen, soweit die Billigkeit nach den Umständen[14]) eine Entschädigung erfordert und der Unternehmer ohne Gefährdung der Leistungsfähigkeit und Wirtschaftlichkeit[15]) des Unternehmens zur Entschädigung imstande ist. Die Entschädigung kann in wiederkehrenden Leistungen bestehen.

(5) Der § 84 ist auf die aufrechterhaltenen Rechte entsprechend anzuwenden.

(6) Eine Verände ung des Wasserstandes[16]) ist ferner im bisherigen Umfange[17]) gestattet, wenn dieselbe durch Einleitung von Wasser aus Seen und Teichen, die der Fischerei dienen, geschieht, sofern diese zur Grundräumung, Ansamung oder Abfischung[18]) abgelassen werden.

Ent. § 349; B. 251 ff.; KB.A. 459—506; L. II 8296—8312; L. III 8615—8619; KB.H. 70 f.; L.H. 1077—1081.

[1]) Vgl. §§ 198, 330.

[2]) „Besondere Titel". Ein Recht beruht auf einem besonderen Titel, wenn es sich nicht unmittelbar auf eine Rechtsnorm stützt. Außer Rezeß, Vertrag und Ersitzung werden z. B. als besondere Titel zu gelten haben diejenigen Rechte, welche auf einer bergrechtlichen Enteignung (L. II S. 8298; L. III S. 8618) oder einem Privileg beruhen, oder welche auf Grund der §§ 15 ff. des Vorflutedikts v. 15. 11. 1811 und des § 68 des Zuständigkeitsgesetzes

begründet sind. Durch die landespolizeiliche Genehmigung wird ein auf besonderem Titel beruhendes Recht im Sinne dieses Paragraphen nicht begründet (L. III S. 8618). Wegen der gewerberechtlichen Genehmigung vgl. Vorbem. vor § 379 Abs. 3.

[3]) „Insoweit". Die Rechte bleiben nur insoweit bestehen, als der Umfang der zur Zeit des Inkrafttretens des Gesetzes vorhandenen Anlagen die Ausübung des Rechtes gestattete. Das gilt uneingeschränkt, wenn und soweit die Anlage schon am 1. Januar 1913 bestand. War das nicht der Fall, so bleibt das Recht nur aufrechterhalten, wenn schon am 1. Januar 1913 mit der Errichtung begonnen war und auch dann nur in dem Umfange, als die am 1. Januar 1913 schon festgelegten Abgrenzungen der Neuanlage oder Erweiterungsanlagen die Ausübung ermöglichten (KB.A. 478, 480).

[4]) „So lange". Fällt die Anlage fort, so entfällt damit auch das Recht. Wird eine Anlage abgebrochen, um sie durch eine neue gleichartige zu ersetzen, so ist darin aber kein Fortfallen der Anlage zu erblicken.

[5]) „Rechtmäßig" sind alle Anlagen, die auf Grund des bisher entstandenen Rechtes rechtmäßig hergestellt worden sind, und zwar rechtmäßig in privatrechtlicher Beziehung, so daß ein anderer Privatmann nicht gegen sie einschreiten konnte, und in öffentlichrechtlicher Beziehung, indem die Polizei nicht befugt war, die Beseitigung der Anlagen zu fordern (KB.A. 465). So ist eine Anlage zur Entnahme des Grundwassers eine rechtmäßige, da bisher jedermann berechtigt war, auf seinem Grund und Boden das Grundwasser der Erde zu entnehmen. Eine nach bisherigem Rechte erfolgte Ableitung von Abwässern in einen Wasserlauf ist dann eine rechtmäßige, wenn die Abführung der Abwässer das Gemeinübliche nicht übersteigt (vgl. RG. in GruchotsBeitr. **45** 1008; SeuffA. **58** Nr. 8; GruchotsBeitr. **48** 938 u. 1122; SeuffA. **32** Nr. 38; **63** Nr. 206). Durch die gewöhnlich polizeiliche zum Unterschied von der gewerberechtlichen Genehmigung (vgl. Vorbem. Abs. 3) wird eine Anlage nicht zu einer rechtmäßigen (KB.A. 479).

[6]) Zu den „Anlagen" sind auch die kleinsten Anlagen zu rechnen,

z. B. die sog. Schützen in den Wiesenbewässerungsgräben (L. II S. 8305 f.). Es braucht zu denselben, wie z. B. bei Gräben, Material nicht verwendet zu sein (KB.A. 459).

[7]) „Vorhanden". Es kommt nur darauf an, ob mit der vorhandenen Anlage das Recht ausgeübt werden konnte, nicht auch ob es schon tatsächlich damit ausgeübt war. Hat also ein Wasserwerk seine schon vor dem 1. Januar 1913 vorhandene Maschinen- und Brunnenanlage nicht voll ausgenutzt, so ist es nicht daran gehindert, dies jetzt zu tun. Wegen des etwa dadurch neu entstehenden Schadens vgl. Abs. 4 b.

[8]) „Mit ihrer Errichtung begonnen". Es muß schon mit der Ausführung der Anlage als solcher begonnen sein. Es genügt nicht, daß vor dem 1. Januar 1913 lediglich mit den Vorarbeiten, wie Entwürfen, Vermessungsarbeiten usw., begonnen ist.

[9]) Das gilt nur für den privatrechtlichen Inhalt der aufrechterhaltenen Rechte, dagegen gelangen die öffentlichrechtlichen Bestimmungen dieses Gesetzes auf die bestehengebliebenen Rechte zur Anwendung (KB.A. 505).

[10]) Vgl. § 24 Anm. 3.

[11]) „Gemeinüblich". Der Begriff des Gemeinüblichen ist objektiv zu nehmen. Besondere Verhältnisse, die sich in einer Gegend gebildet haben, kommen nicht in Betracht.

[12]) Abs. 4 Ziff. a stellt gegenüber den bisherigen gesetzlichen Bestimmungen keine Beschränkung in der Zulässigkeit der Verunreinigung dar; denn schon auf Grund der bisherigen Rechtsprechung war, soweit nicht ein besonderer Titel vorlag, eine über das Gemeinübliche hinausgehende Verunreinigung unzulässig. Doch hat die Bestimmung im Hinblick auf Abs. 2, 3 besondere Bedeutung. Nach Abs. 2 bleiben die beim Inkrafttreten dieses Gesetzes bestehenden nicht auf besonderem Titel beruhenden Rechte zur Benutzung eines Wasserlaufes oder anderer Gewässer insoweit und so lange aufrechterhalten, als rechtmäßige Anlagen zu ihrer Ausübung vorhanden sind. Die Rechtmäßigkeit von Anlagen wird vermutet, wenn sie zehn Jahre vor dem 1. Januar 1912 widerspruchslos bestanden haben. Für eine solche Anlage würde also,

selbst wenn durch dieselbe eine das Gemeinübliche überschreitende Verunreinigung des Wassers stattgefunden hat, die Vermutung der Rechtmäßigkeit bestehen. Diese Vermutung wird durch Ziff. a dadurch beseitigt, daß für die nicht auf besonderen Titeln beruhenden Rechte zur Benutzung des Wassers ausnahmslos eine das Gemeinübliche übersteigende Verunreinigung für unzulässig erklärt wird. Es kann also ohne weiteres auf Unterlassung und Schadensersatz (§ 24) geklagt werden. Wegen der Bedeutung der §§ 16, 26 GewO. vgl. Vorbem. Abs. 3.

13) Nur auf einen nach dem Inkrafttreten des Gesetzes neu entstandenen Schaden findet Abs. 4 Ziff. b Anwendung, nicht dagegen auf einen Schaden, der schon vorhanden war, als das Gesetz in Kraft trat (KB.A. 505; L. II S. 8299) und der auch jetzt noch infolge der weiteren Ausübung des Rechtes fortbesteht. Entstanden ist der Schaden in dem Augenblick, in welchem die Wirkung eintritt, nicht schon etwa mit dem Zeitpunkt, in welchem der Grund für die spätere Schadenswirkung gelegt ist.

14) Vgl. § 52 Anm. 2.

15) „Leistungsfähigkeit und Wirtschaftlichkeit des Unternehmens". Bei der Bemessung der Entschädigung darf nur die Leistungsfähigkeit und Wirtschaftlichkeit des schädigenden Unternehmens, nicht auch die wirtschaftliche Lage des Geschädigten in Rücksicht gezogen werden. Zuständig für die Entschädigungsansprüche sind die ordentlichen Gerichte.

16) Es kommt sowohl die Veränderung des Wasserstandes eines Wasserlaufs wie eines Sees in Betracht, wenngleich von praktischer Bedeutung wohl nur die Veränderung des Wasserstandes eines Wasserlaufs ist und das Gesetz auch wohl nur hieran gedacht hat.

17) „Im bisherigen Umfange", d. h. in dem Umfange, wie die Veränderung zur Zeit des Inkrafttretens des Gesetzes vorgenommen wurde. Ob die Veränderung erst einmal oder schon mehreremal stattgefunden hat, ist ohne Bedeutung, insbesondere ob durch langjährige Vornahme von Veränderungen vielleicht schon ein Recht dazu entstanden ist.

[18]) „Grundräumung, Ansamung, Abfischung“. Es handelt sich also um Maßnahmen, welche die moderne Teichwirtschaft zum Betriebe der Fischzucht mit sich bringt. Unter Grundräumung ist das Ausschlammen der Teiche sowie das Entfernen von Holz, Steinen usw. zu verstehen. Die Ansamung besteht darin, daß nach Ablassen des Fischteiches der Grund des Teiches meistens nach Kalkdüngung mit Gras eingesät wird.

**§ 380.** (1) Ein Recht, einen Wasserlauf in einer der im § 46 bezeichneten Arten zu benutzen, das nach § 379 aufrechterhalten bleibt,[1]) erlischt mit Ablauf von zehn Jahren nach dem Inkrafttreten dieses Gesetzes, wenn nicht vorher seine Eintragung in das Wasserbuch beantragt ist.[2]) Auf Rechte, die im Grundbuch eingetragen sind, ist diese Vorschrift nicht anzuwenden.[3])

(2) Die Wasserbuchbehörde soll im Laufe des ersten und des neunten Jahres nach dem Inkrafttreten dieses Gesetzes durch öffentliche Bekanntmachung in ortsüblicher Weise und, wenn Landkreise beteiligt sind, auch in den Kreisblättern auf das Erlöschen der Rechte hinweisen, deren Eintragung ins Wasserbuch nicht binnen der im Abs. 1 bezeichneten Frist beantragt wird. Daneben sollen alle der Wasserbuchbehörde bekannten Personen, die ein Recht ausüben, das ohne einen solchen Antrag erlöschen würde, auf die öffentliche Bekanntmachung hingewiesen werden.

Ent. § 350; B. 253; KB.A. 507; L. II 8312; L. III 8619; KB.H. 71; L.H. 1081.

[1]) Es sind dies die im § 379 Abs. 1 Ziff. 1 und Abs. 2 in Verb. mit Abs. 1 Ziff. 1 aufrechterhaltenen Rechte; dann aber auch das im Abs. 6 aufrechterhaltene Recht, soweit es sich um die Veränderung des Wasserstandes eines Wasserlaufs handelt; denn dieses Recht stellt sich als eine Benutzung des Wasserlaufs der im § 46 Abs. 1 Ziff. 1 benannten Art dar. Wird eines dieser nicht im

Grundbuch eingetragenen Rechte nach Ablauf der zehn Jahre im Wasserbuch gelöscht, so erlischt das Recht. Die übrigen im § 379 aufrechterhaltenen Rechte können in das Wasserbuch gar nicht eingetragen werden (§ 182).

[2]) Bei Wasserläufen III. Ordnung ist für diesen Fall, soweit es noch nicht geschehen ist, ein Wasserbuch anzulegen (vgl. § 182).

[3]) Ob die Rechte in das Grundbuch eingetragen werden können, richtet sich nach dem allgemeinen bürgerlichen Recht. Die Eintragung von Rechten in das Wasserbuch schließt ihre Eintragung in das Grundbuch nicht aus.

**§ 381.** Das Recht des Staates zur Benutzung der Wasserläufe in den im § 16 Abs. 1 bezeichneten hannoverschen Gebietsteilen bleibt in dem bisherigen Umfang aufrechterhalten.

Ent. § 349 Abs. 1 S. 2; B. 253; KB.A. 349a S. 506; L. II 8312; L. III 8619; KB.H. 71; L.H. 1081.

**§ 382.**[1]) Die beim Inkrafttreten dieses Gesetzes bestehenden Rechte an einem Wasserlaufe, die nicht unter § 379 Abs. 1 Nr. 1 fallen, bleiben, soweit sie auf besonderem Titel beruhen, mit dem bisherigen Inhalt aufrechterhalten. Dies gilt namentlich von Fährgerechtigkeiten sowie von den Nutzungsrechten, die den Anliegern oder anderen zustehen, auch wenn sie nicht Eigentümer des Wasserlaufs sind, insbesondere von dem Rechte, die Fischerei auszuüben und im Wasserlaufe stehenden Pflanzenwuchs (Rohr, Binsen usw.) zu nutzen,[2]) jedoch unbeschadet der Bestimmung des Wasserlaufs für die Vorflut und bei Wasserläufen erster Ordnung auch für die Schiffahrt.[3])

§ 350b der L. II 8297, 8306 ff.; L. III 8619 ff. Vgl. auch KB.A. 465, 471; KB.H. 72 f.; L. H. 1081.

[1]) § 379 enthält nur Vorschriften über die im § 46 bezeichneten Arten der Benutzung eines Wasserlaufs, über die in den

§§ 199—202 benannten Rechte und über das wildabfließende Wasser. Alle anderen Rechte werden weder dort noch sonst im Gesetze berührt. Sie bleiben also aufrechterhalten. Da das Wassergesetz diese Rechte grundsätzlich nicht berührt, so richtet sich das Erlöschen sowie die fernere Begründung solcher Rechte nach dem sonstigen Rechte.

[2]) Als die wichtigsten Rechte sind in Satz 2 besonders benannt die Fährgerechtsame, das Fischereirecht und das Recht, den im Wasserlauf stehenden Pflanzenwuchs zu nutzen. Die Fährgerechtigkeit ist zu unterscheiden von dem im § 397 erwähnten und aufrechterhaltenen Fährregal (vgl. § 397). Fährgerechtsame ist das auf Verjährung, Belehnung oder ähnlichem Rechtstitel beruhende Recht, das Verkehrsgewerbe des Übersetzens von einem Ufer zum andern auf Wasserläufen II. und III. Ordnung gegen Entgelt auszuüben.

[3]) Wurde durch die bisherige Ausübung die Vorflut oder bei Wasserläufen I. Ordnung die Schiffahrt behindert, so tritt insofern eine Einschränkung der bestehen gebliebenen Rechte ein, als die Ausübung nicht mehr so weit gehen darf, daß die Vorflut bzw. die Schiffahrt behindert wird.

**§ 383.** Auf die beim Inkrafttreten dieses Gesetzes anhängigen Sachen sind hinsichtlich der Behörden, des Verfahrens und der Rechtsmittel die bisherigen Gesetze anzuwenden.

Ent. § 351, B. 253; KB.A. 508; L. II 8312; L. III 8621; KB.H. 73; L.H. 1081.

§ 351 entspricht dem § 154 Abs. 3 LVG.

**§ 384.** (1) Die Beschwerde gegen die in erster Instanz ergehenden Beschlüsse des Kreis- (Stadt-) oder Bezirksausschusses steht den Vorsitzenden der Behörden auch insoweit zu, als sie in diesem Gesetz abweichend von § 121 Abs. 1

des Landesverwaltungsgesetzes vom 30. Juli 1883 (Gesetzsamml. S. 195) geregelt ist; der § 123 Abs. 2 bis 5 des Landesverwaltungsgesetzes ist anzuwenden.

(²) Soweit nach diesem Gesetze der Bezirksausschuß im Beschlußverfahren zuständig ist, gilt dies auch für Berlin.

Ent. § 352; B. 253 ff.; KB.A. 508; L. II 8312; L. III 8621; KB.H. 73; L.H. 1081.

Soweit die Beschwerde gegen die in erster Instanz ergehenden Beschlüsse des Kreis- (Stadt-) Ausschusses oder des Bezirksausschusses sich nach den Vorschriften des § 121 Abs. 1 LVG. richtet — und dies ist überall da der Fall, wo das Gesetz nicht ausdrücklich etwas anderes bestimmt —, steht sie auf Grund des § 121 daselbst aus Gründen des öffentlichen Interesses auch dem Vorsitzenden der Beschlußbehörde zu. Aus denselben Gründen ist den Beschlußbehörden das Beschwerderecht hier auch dann gegeben, wenn das Gesetz die Beschwerde abweichend von den Vorschriften des § 121 Abs. 1 LVG. regelt, also in allen Fällen, in denen die Beschwerde an das Landeswasseramt (§§ 370 ff.) oder an die Ministerialinstanz gegeben ist.

**§ 385.** An der Zuständigkeit der Auseinandersetzungsbehörden zur Ordnung der mit ihren Geschäften zusammenhängenden wasserwirtschaftlichen Angelegenheiten wird durch dieses Gesetz nichts geändert.[1]) Unberührt bleiben ferner die Befugnisse, die der Landespolizeibehörde und dem Minister der öffentlichen Arbeiten nach den §§ 4, 14 des Gesetzes über die Eisenbahnunternehmungen vom 3. November 1838 (Gesetzsamml. S. 505) und nach § 7 des Gesetzes, betreffend die Anlage von Eisenbahnen in den Hohenzollernschen Landen, vom 1. Mai 1865 (Gesetzsamml. S. 317) in Eisenbahnangelegenheiten zustehen.[2])

Ent. § 353; B. 254; KB.A. 8312 f.; L. II 8312 f.; L. III 8621; KB.H. 73; L.H. 1081.

[1]) Das Gesetz hält lediglich die den Auseinandersetzungsbehörden nach dem bisher geltenden Recht begebene Zuständigkeit aufrecht, ohne ihnen neue Aufgaben zuzuweisen.

[2]) Satz 2 soll lediglich zur Klarstellung dienen (vgl. § 158 des Zuständigkeitsgesetzes v. 1. 8. 83).

## § 386.

1. Im § 109 Abs. 1 des Zuständigkeitsgesetzes vom 1. August 1883 (Gesetzsamml. S. 237) werden die Worte „Stauanlagen für Wassertriebwerke" gestrichen.
2. § 110 Abs. 2 desselben Gesetzes erhält folgende Fassung:

   Über die Zulässigkeit von Wassertriebwerken, welche zum Betriebe von Bergwerken, Aufbereitungsanstalten oder Schürfarbeiten dienen (§ 59 Abs. 3 des Allgemeinen Berggesetzes vom 24. Juni 1865 — Gesetzsamml. S. 705 — in der Fassung des Gesetzes vom 18. Juni 1907 — Gesetzsamml. S. 119 —) beschließt der Bezirksausschuß im Einvernehmen mit dem zuständigen Oberbergamte.

Ent. § 354; B. 254 f.; KB.A. 508 f.; L. II 8313; L. III 8621; KB.H. 73; L.H. 1081.

Hierdurch wird zum Ausdruck gebracht, daß in Zukunft über die gewerbepolizeiliche Genehmigung von Neuanlagen nicht mehr der Kreis- (Stadt-) Ausschuß zu entscheiden hat, sondern der Bezirksausschuß (vgl. § 110 Abs. 1 des Zuständigkeitsgesetzes). Diese Änderung ist getroffen mit Rücksicht auf §§ 64, 89, nach denen über den Verleihungsantrag und auch im Ausgleichsverfahren die Entscheidung dem Bezirksausschuß zusteht.

**§ 387.** Die Wiesenordnung für den Kreis Siegen vom 28. Oktober 1846 (Gesetzsamml. S. 485) und die auf den Kreis Siegen bezüglichen Vorschriften des XII. Titels unter B I (§§ 67 f.) des Zuständigkeitsgesetzes vom 1. August 1883 (Gesetzsamml. S. 237) werden aufrechterhalten. Dasselbe gilt von den Vorschriften des Gesetzes über die Benutzung der Privatflüsse vom 28. Februar 1843 (Gesetzsamml. S. 41) und des Gesetzes wegen des Wasserstauens bei Mühlen und Verschaffung von Vorflut vom 15. November 1811 (Gesetzsamml. S. 352), soweit auf sie in den §§ 12, 27 der Siegener Wiesenordnung verwiesen ist.

Ent. § 355; B. 255; KB.A. 509; L. II 8314; L. III 8621; KB.H. 73; L.H. 1081.

Die hier neben der Wiesenordnung angezogenen Gesetze sind grundsätzlich aufgehoben im § 399 Nr. 3, 5 u. 14. Soweit die aufrechterhaltenen Bestimmungen mit den Vorschriften des Wassergesetzes nicht vereinbar sind, bleibt dieses außer Anwendung. Nicht in Frage kann aber die Aufrechterhaltung des Privatflußgesetzes v. 28. 2. 43 nach Maßgabe des § 1 Abs. 2 der Wiesenordnung kommen, da in Ansehung der Benutzung der Wasserläufe zu anderen Zwecken als zur Bewässerung nach Maßgabe der Wiesenordnung nur die Vorschriften dieses Gesetzes gelten.

**§ 388.** Aufrechterhalten werden die Vorschriften der Nassauischen Verordnung vom 27. Juli 1858 (Verordnungssamml. S. 100) über die Ausführung von Bachregulierungen und von Bewässerungs- und Entwässerungsanlagen durch Gemeinden im § 2, im § 3 Abs. 1 Satz 1, Abs. 2, im § 18 Abs. 1, 2 und im § 17 Abs. 2 Satz 2 mi Ausnahme der Worte „und es werden dieselben hierzu feldpolizeilich angehalten", sowie die hierauf bezüglichen Vorschriften des § 87 Nr. 2 und des § 89 Nr. 1 des Zuständigkeitsgesetzes vom 1. August 1883 (Gesetzsamml. S. 237). Auf den Ausbau von Wasserläufen zweiter Ordnung sind diese Vorschriften jedoch nicht anzuwenden.

KB.A. § 355a S. 509 f.; L. II 8314; L. III 8621; KB.H. 73; L.H. 1081.

Die hier aufrechterhaltenen Bestimmungen sind grundsätzlich aufgehoben durch § 399 Nr. 14, 57.

**§ 389.** Für diejenigen beim Inkrafttreten dieses Gesetzes vorhandenen Triebwerkskanäle (Mühlgräben und dergleichen)[1]) und für andere Wassergräben, die keine Wasserläufe im Sinne dieses Gesetzes sind, werden die Vorschriften des bisherigen Rechtes über ihre Unterhaltung, das dabei stattfindende Recht zur Benutzung fremder Grundstücke, die Pflicht zu deren Schutz und die Rechte dritter Personen zur Wasserbenutzung aufrechterhalten.

KB.A. 355b S. 510 f., 313 ff.; L. II 8314; L. III 8621; KB.H. 73; L.H. 1081.

[1]) Ob Triebwerkskanäle (Mühlgräben u. dgl.) zu den Wasserläufen gehören, richtet sich nach den allgemeinen Regeln der §§ 1 und 2 (vgl. § 1 Anm. 12).

**§ 390.** Aufrechterhalten wird ferner Artikel XI Nr. 8 des Gesetzes, betreffend die Einführung des Westpreußischen Provinzialrechts in die Stadt Danzig und deren Gebiet, vom 16. Februar 1857, soweit er die Reinigung und Unterhaltung der neuen Radaune betrifft.

KB.A. § 355c S. 73; L.H. 1081.

**§ 391.** Unberührt bleiben die Vorschriften des § 43 Abs. 3 bis 6 des Fischereigesetzes vom 30. Mai 1874 (Gesetzsamml. S. 197).

Ent. § 356; B. 256; KB.A. 511; L. II 8314; L. III 8621; KB.H. 73; L.H. 1081.

§ 43 Abs. 1, 2 des Fischereigesetzes ist durch die Vorschriften über die Reinhaltung der Gewässer entbehrlich geworden und deshalb im § 399 Nr. 10 aufgehoben. Dagegen konnte § 43 Abs. 3—6 ohne Verschlechterung des Zustandes zu ungunsten der Fischerei nicht beseitigt werden, da § 82 dieses Gesetzes die nachträgliche Auferlegung von Einrichtungen zur Beseitigung der nachteiligen Wirkungen eines Unternehmens nur hinsichtlich der auf Grund einer Verleihung ausgeführten Anlagen gestattet, während § 43

Abs. 3—6 des Fischereigesetzes dies auch für solche Anlagen ermöglicht, die bereits vor Erlaß des Fischereigesetzes vorhanden oder auf Grund des § 43 Abs. 2 des Fischereigesetzes gestattet waren.

**§ 392.** Unberührt bleiben die Bestimmungen des Gesetzes, betreffend die Bildung einer Genossenschaft zur Regelung der Vorflut und zur Abwässerreinigung im Emschergebiete, vom 14. Juli 1904 (Gesetzsamml. S. 175); der § 14 wird jedoch wie folgt abgeändert:

Den gemäß § 6 Veranlagten steht innerhalb vier Wochen nach Mitteilung der Veranlagung bei Streitigkeiten darüber, wer zu den Beteiligten im Sinne dieses Gesetzes gehört, die Klage im Verwaltungsstreitverfahren, im übrigen die Berufung an die Berufungskommission zu. Zuständig ist der Bezirksausschuß.

Ent. § 357; B. 256; KB.A. 511 ff.; L. II 8314; L. III 8621; KB.H. 73; L.H. 1081.

Durch § 392 ist die Emschergenossenschaft nicht völlig außerhalb des Wassergesetzes gestellt, da sie durch das G. v. 14. 7. 04 weder vor dem Eingreifen der Polizeibehörden gesichert ist, noch ein Privatrecht gegen andere, es sei denn, daß dies Genossen wären, auf Duldung der von ihr geschaffenen Anlagen erworben hat. Trotz einer nach § 1 Abs. 2 des Emschergesetzes erteilten Genehmigung der Anlage ist es daher bei dem Vorliegen der allgemeinen Voraussetzungen nicht ausgeschlossen, daß die Polizei gegen die Anlage einschreitet und daß die Betroffenen im Klagewege Unterlassung der Störung oder Schadensersatz verlangen, wenn durch die Anlage eine Verletzung der von der Polizei wahrzunehmenden oder von den Benachteiligten selbst zu vertretenden Interessen herbeigeführt wird. Es ist deshalb auch nicht ausgeschlossen, daß die Emschergenossenschaft von den im Wassergesetz gegebenen Rechtsbehelfen insbesondere von der Verleihung (§§ 46 ff.) und dem Verfahren zur Begründung von Zwangsrechten (§§ 330 ff.) Gebrauch macht.

**§ 393.** Unberührt bleiben die durch § 12 des Gesetzes, betreffend die Bekämpfung übertragbarer Krankheiten, vom 28. August 1905 (Gesetzsamml. S. 373) der Ortspolizeibehörde und dem Landrat übertragenen Befugnisse.

Ent. § 358; B. 256 f.; KB.A. 513; L. II 8314; L. III 8621; KB.H. 73; L.H. 1081.

Nach § 8 Nr. 7 u. 10 des preuß. Seuchengesetzes v. 28. 8. 05 (GS. 373) in Verb. mit § 17 des Reichsviehseuchengesetzes v. 30. 6. 00 (RGBl. 306) kann bei übertragbarer Ruhr (Dysenterie) und Typhus (Unterleibstyphus) die Benutzung von Brunnen, Teichen, Seen, Wasserläufen, Wasserleitungen sowie der dem öffentlichen Gebrauch dienenden Bade-, Schwimm-, Wasch- und Bedürfnisanstalten verboten und beschränkt werden. Für die Anordnung dieser Maßnahmen ist nach § 12 des G. v. 28. 8. 05 die Ortspolizeibehörde zuständig. Der Landrat ist befugt, für den einzelnen Fall dieser Krankheiten diese Amtsverrichtungen der Ortspolizeibehörde zu übernehmen. Da dieser Zustand aufrechterhalten werden sollte, mußte eine dahingehende ausdrückliche Vorschrift erlassen werden, weil sonst für gewisse Fälle durch die §§ 21, 39 in Verb. mit § 342 die Zuständigkeit des Regierungspräsidenten oder des Landrats gegeben sein würde.

**§ 394.** Unberührt bleiben die Bestimmungen des Quellenschutzgesetzes vom 14. Mai 1908 (Gesetzsamml. S. 105) und der Nassauischen Verordnung, betreffend den Schutz der Mineralquellen, vom 7. Juli 1860 (Nass. Verordn.-Bl. S. 137).

Ent. § 359; B. 257 f.; KB.A. 513; L. II 8314; L. III 8621; KB.H. 73; L.H. 1081.

**§ 395.** Unberührt bleiben folgende Gesetze:

1. Gesetz, betreffend die Verbesserung der Oder und der Spree, sowie die Abänderung des Gesetzes vom 9. Juli 1886, betreffend den Bau neuer Schiffahrts-

kanäle und die Verbesserung vorhandener Schiffahrtsstraßen, vom 6. Juni 1888 (Gesetzsamml. S. 238),

2. Gesetz, betreffend die Regulierung der Stromverhältnisse in der Weichsel und Nogat, vom 20. Juni 1888 (Gesetzsamml. S. 251),
3. Gesetz, betreffend Schutzmaßregeln im Quellgebiete der linksseitigen Zuflüsse der Oder in der Provinz Schlesien, vom 16. September 1899 (Gesetzsamml. S. 169),
4. Gesetz, betreffend die Regulierung des Hochwasserprofils der Weichsel von Gemlitz bis Pieckel, vom 25. Juni 1900 (Gesetzsamml. S. 249),
5. Gesetz, betreffend Maßnahmen zur Verhütung von Hochwassergefahren in der Provinz Schlesien, vom 3. Juli 1900 (Gesetzsamml. S. 171), soweit nicht im § 104 Abs. 4 sowie in den §§ 107, 109 bezüglich der Talsperren abweichendes bestimmt ist,
6. Gesetz, betreffend die Verbesserung der Vorflut in der unteren Oder, der Havel, Spree, Lausitzer Neiße und dem Bober, vom 4. August 1904 (Gesetzsamml. S. 185),
7. Gesetz, betreffend Maßnahmen zur Verhütung von Hochwassergefahren in der Provinz Brandenburg und dem Havelgebiete der Provinz Sachsen, vom 4. August 1904 (Gesetzsamml. S. 197),
8. Gesetz, betreffend die Herstellung und den Ausbau von Wasserstraßen, vom 1. April 1905 (Gesetzsamml. S. 179),
9. Gesetz, betreffend Maßnahmen zur Regelung der Hochwasser-, Deich- und Vorflutverhältnisse an der oberen und mittleren Oder, vom 12. August 1905 (Gesetzsamml. S. 335),

10. Gesetz, betreffend den Bau eines Masurischen Kanals und von Stauwerken im Masurischen Seengebiete, vom 14. Mai 1908 (Gesetzsamml. S. 141),
11. Gesetz, betreffend den Nogatabschluß, vom 20. Juli 1910 (Gesetzsamml. S. 131),

soweit sie besondere von diesem Gesetz abweichende Vorschriften enthalten.

KB.A. § 359a S. 513 ff.; L. II 8314; L. III 8621; KB.H. 74; L.H. 1081.

**§ 396.** Unberührt bleiben die Vorschriften des Allgemeinen Berggesetzes vom 24. Juni 1865 (Gesetzsamml. S. 705) in der geltenden Fassung, die Bestimmungen, wonach diese Vorschriften auch außerhalb des Geltungsbereichs des Allgemeinen Berggesetzes zur Anwendung kommen,[1]) sowie die Bestimmungen über Solquellen.[2]) Soweit es sich um die Benutzung von Wasserläufen handelt und keine bergrechtliche Enteignung[3]) vorliegt, sind im Falle eines Widerspruchs zwischen dem Berg- und dem Wassergesetze[4]) nur die Bestimmungen dieses Gesetzes anzuwenden.

Ent. § 360; B. 257; KB.A. 515—520; L. II 8314—8317; L. III 8621 ff.; KB.H. 74; L.H. 1081.

[1]) Es sind dies:

a) Die Allerh. VO. v. 22. 2. 67 (GS. 237) für das Gebiet des vormaligen Herzogtums Nassau.

b) Die Allerh. VO. v. 22. 2. 67 (GS. 242) für die mit der preußischen Monarchie vereinigten Landesteile der großherzoglich hessischen Provinz Oberhessen sowie für das Gebiet der vormaligen Landgrafenschaft Hessen-Homburg einschließlich des Oberamtsbezirkes Meisenheim.

c) Die Allerh. VO. v. 8. 5. 67 (GS. 601) für das Gebiet des vormaligen Königreichs Hannover.

d) Die Allerh. VO. v. 1. 6. 67 (GS. 770) für das mit der preußischen Monarchie vereinigte Gebiet des vormaligen

Kurfürstentums Hessen und der vormaligen freien Stadt Frankfurt sowie der vormals kgl. bayerischen Landesteile.

e) G. v. 6. 5. 68 (Off. Wochenbl. für Lauenburg Nr. 36; ZBergr. 9 289) für das Herzogtum Lauenburg.

f) G. v. 12. 3. 69 (GS. 453) für die Herzogtümer Schleswig und Holstein.

g) G. v. 23. 3. 73, betr. den Rechtszustand des Jadegebietes (GS. 107) für das Jadegebiet.

h) G. v. 21. 4. 75 (ZBergr. 15 512), betr. den Rechtszustand in den Gebieten, die durch Vertrag über die Teilung des Kommuniongebietes am Unterharz v. 9. 3. 74 (GS. 295) zwischen Preußen und Braunschweig dem Königreich Preußen einverleibt wurden.

i) G. v. 3. 5. 90 (ZBergr. 32 49, 150) für den Goslarschen Stadtforst.

[2]) Die Solquellen sind nach § 1 PrAllgBergG. von dem Verfügungsrechte des Grundeigentümers ausgeschlossen. In Hannover unterliegen sie allerdings nach Art. II der VO., betr. Einführung des AllgBergG. in das Gebiet des vormaligen Königreichs Hannover, v. 8. 5. 67 (GS. 601) grundsätzlich dem Verfügungsrechte des Grundeigentümers, doch ist dieser Rechtszustand aus der Zeit des Bestehens des Bergregals so stark durchbrochen, daß er keine große Bedeutung mehr hat.

[3]) Vgl. §§ 135—147 AllgBergG.

[4]) Durch die Worte „im Falle eines Widerspruchs zwischen dem Berg- und Wassergesetz" ist klargestellt, daß § 396 nur dann Anwendung findet, wenn ein Widerspruch zwischen Berg- und Wassergesetz besteht. In diesem Falle geht grundsätzlich das Berggesetz dem Wassergesetz vor (Satz 1). Hiervon wird eine Ausnahme gemacht für den Fall der Benutzung von Wasserläufen. Dann geht das Wassergesetz dem Berggesetz vor. Und von dieser letzteren Regelung wird wiederum eine Ausnahme festgestellt, für die bergrechtliche Enteignung, bei welcher das Berggesetz dem Wassergesetz vorgeht. Besteht kein Widerspruch zwischen Berg- und Wassergesetz, so gelten die Bestimmungen beider Gesetze

nebeneinander. Das gilt z. B. von der Zuständigkeit der Berg- und Wasserpolizeibehörden (L. II S. 8316). Ferner kann das Recht zur Ableitung der Grubenwässer im Wege des Verleihungsverfahrens wie der bergrechtlichen Enteignung wie auch auf Grund der Zwangsrechte erworben werden (vgl. Vorbem. vor § 196).

**§ 397.** Unberührt bleiben die bestehenden Vorschriften über die Verleihung des Rechtes zur Erhebung von Verkehrsabgaben und die Feststellung der Tarife[1]) sowie die Vorschriften über das Fährregal. Unberührt bleibt ferner die Befugnis der zuständigen Behörden, die Benutzung von Anstalten, die dem öffentlichen Verkehre gegen Entgelt zugänglich gemacht werden, von der vorherigen Feststellung eines Abgabentarifs abhängig zu machen.[2])

Ent. § 361; B. 258 f.; KB.A. 520; L. II 3817; L. III 8623; KB.H. 74; L.H. 1081.

[1]) Das „Recht zur Erhebung von Verkehrsabgaben und die Feststellung von Tarifen" sind in dem Begriff Hoheitsrechte des Staates begründet, das auf §§ 91, 99 II, 15 ALR. beruht. Diese Bestimmungen gelten nicht nur in den Landesteilen, für die das Allgemeine Landrecht Gültigkeit hat, sondern sind als Teile des Verfassungsrechts allgemeines preußisches Landrecht. Zum Schutze gegen Verletzungen dieses staatlichen Tarifhoheitsrechts sind die zuständigen Behörden befugt, Zwangsmaßnahmen zu ergreifen (vgl. §§ 6, 132 LVG.; VO. v. 26. 12. 1808 § 48; Reg.-Instr. v. 23. 10. 1817 § 11). Auch diese Vorschriften werden nicht berührt (Begr. 259).

[2]) Das Fährregal ist ein nutzbares Hoheitsrecht (ALR. II 15 §§ 50 u. 51). Es ist das mit einer entsprechenden Gegenleistung nicht verbundene ausschließliche Recht des Staates, das Verkehrsgewerbe des Übersetzens von einem Ufer zum andern auf Wasserläufen I. Ordnung in gewinnbringender Weise auszuüben (vgl. § 382 Anm. 2).

[3]) Die Brücken fallen unter das Wegerecht, nicht unter das

Wasserrecht. Die auf den Brückenbau bezüglichen Vorschriften ALR. II 15 §§ 52—54 sind in § 399 Abs. 2 Nr. 1b aufrechterhalten.

**§ 398.** Soweit in Gesetzen[1]) oder Verordnungen auf Vorschriften verwiesen[2]) ist, die durch dieses Gesetz außer Kraft gesetzt werden, treten an deren Stelle die entsprechenden Vorschriften dieses Gesetzes.

Ent. § 362; B. 259; KB.A. 520 f.; L. II 8317; L. III 8623; KB.H. 74; L.H. 1081.

[1]) Unter „Gesetz" ist jede Rechtsnorm zu verstehen, also auch Staatsvertrag und Gewohnheitsrecht.

[2]) Eine ausdrückliche Verweisung setzt der Paragraph nicht voraus. Es tritt die Vorschrift des § 398 z. B. auch dann ein, wenn in einem in Kraft bleibendem Gesetz technische Ausdrücke angewandt sind, welche Rechtsverhältnisse bezeichnen, für die künftighin das Wassergesetz maßgebend ist (vgl. Staud. Komm. z. BGB. zu Art. 4 EG. Ziff. 3).

**§ 399.** (1) Die dem Wasserrecht angehörenden Vorschriften des bisherigen Rechtes treten außer Kraft, soweit sie nicht Gegenstände betreffen, die von diesem Gesetze nicht berührt werden.[1])

(2) Insbesondere[2]) werden, soweit sie noch gelten und nicht in den §§ 388, 389 aufrechterhalten sind, aufgehoben:

1. folgende Vorschriften des Allgemeinen Landrechts:
   a) aus dem ersten Teile der § 96 des 8. Titels, soweit er Anlagen an Wasserläufen oder Anlagen zur Benutzung unterirdischen Wassers betrifft, sowie die §§ 97 bis 117, 129, 130 desselben Titels; ferner die §§ 223 bis 274 des 9. Titels sowie der neunte Abschnitt desselben Titels, soweit er noch für das Wasserrecht gilt;

b) aus dem zweiten Teile der § 21 des 14. Titels, soweit er sich auf die von Natur schiffbaren Ströme bezieht; ferner die §§ 38 bis 49, 55 bis 72, 79 des 15. Titels sowie die §§ 229 bis 246 desselben Titels, soweit sie sich auf Wassermühlen beziehen;

2. folgende Vorschriften des Rheinischen Bürgerlichen Gesetzbuchs:

der Artikel 538, soweit er sich auf Wasserläufe oder deren Ufer bezieht, ferner die Artikel 556 bis 563, 640 bis 643, 645, 650 und der Artikel 714 soweit er sich auf das Wasserrecht bezieht;

3. das Gesetz wegen des Wasserstauens bei Mühlen und Verschaffung von Vorflut vom 15. November 1811 (Gesetzsamml. S. 352);

4. die Allerhöchste Kabinettsorder, die Verhütung der Verunreinigung der schiff- und flößbaren Flüsse und Kanäle betreffend, vom 24. Februar 1816 (Gesetzsamml. S. 108);

5. das Gesetz über die Benutzung der Privatflüsse vom 28. Februar 1843 (Gesetzsamml. S. 41) und die Verordnung, betreffend die Einführung dieses Gesetzes in dem Bezirke des Appellationsgerichts zu Cöln, vom 9. Januar 1845 (Gesetzsamml. S. 35);

6. das Gesetz, betreffend das für Entwässerungsanlagen auszuführende Aufgebots- und Präklusions-Verfahren, vom 23. Januar 1846 (Gesetzsamml. S. 26);

7. das Gesetz über das Deichwesen vom 28. Januar 1848 (Gesetzsamml. S. 54);

8. das Gesetz, betreffend die Einführung des dritten Abschnitts des Gesetzes über die Benutzung der Privatflüsse vom 28. Februar 1843 in den Hohenzollernschen

Landen, die Bildung von Genossenschaften zu Entwässerungsanlagen, und die Anwendung der Vorflutgesetze auf unterirdische Wasserableitungen, vom 11. Mai 1853 (Gesetzsamml. S. 182);

9. das Gesetz, betreffend die Ausdehnung des Gesetzes vom 28. Januar 1848 über das Deichwesen auf die Provinzen Schleswig-Holstein und Hannover, vom 11. April 1872 (Gesetzsamml. S. 377);

10. der § 43 Abs. 1, 2, der § 44 und der § 50 Nr. 7 des Fischereigesetzes vom 30. Mai 1874 (Gesetzsamml. S. 197);

11. das Gesetz, betreffend die Bildung von Wassergenossenschaften, vom 1. April 1879 (Gesetzsamml. S. 297);

12. der § 27 des Feld- und Forstpolizeigesetzes vom 1. April 1880 (Gesetzsamml. S. 230);

13. das Gesetz, betreffend die Befugnisse der Strombauverwaltung gegenüber den Uferbesitzern an öffentlichen Flüssen, vom 20. August 1883 (Gesetzsamml. S. 333)/31. Mai 1884 (Gesetzsamml. S. 303);

14. die §§ 65 bis 95 des Gesetzes über die Zuständigkeit der Verwaltungs- und Verwaltungsgerichts-Behörden vom 1. August 1883 (Gesetzsamml. S. 237);

15. Artikel 1 der Verordnung, betreffend das Grundbuchwesen, vom 13. November 1899 (Gesetzsamml. S. 519), soweit er sich auf öffentliche Gewässer bezieht;

16. das Gesetz zur Verhütung von Hochwassergefahren vom 16. August 1905 (Gesetzsamml. S. 342);

17. die Zusätze 12 und 16 des Provinzialrechts für Ostpreußen vom 4. August 1801 (N. C. C. Tom. XI S. 407);

18. die Strom- und Uferordnung für den Pissekfluß vom 10. Februar 1804;

19. die Allgemeine Strom-, Deich- und Uferordnung für Ostpreußen und Litthauen vom 14. April 1806 (Gesetzsamml. S. 1);
20. die §§ 4, 43, 44, 69, 71 des Provinzialrechts für Westpreußen vom 19. April 1844 (Gesetzsamml. S. 103) und das Gesetz, betreffend Abänderung des § 44 des westpreußischen Provinzialrechts, vom 11. Februar 1850 (Gesetzsamml. S. 43);
21. die revidierte und verbesserte Randow-Schauordnung vom 28. August 1776;
22. die Fluß- und Schauordnung für die Karthane vom 30. Juni 1794 (Neue Sammlung Königlich Preußischer und Kurfürstlich Brandenburgischer Verordnungen Bd. 9 S. 2345 ff.);
23. das Vorflutsgesetz für Neuvorpommern und Rügen vom 9. Februar 1867 (Gesetzsamml. S. 220);
24. das Schlesische Vorfluts-Edikt vom 20. Dezember 1746;
25. die Mühlenordnung für Schlesien vom 28. August 1777;
26. die Mühlenordnung vor die schwarze Elster vom 11. September 1561 (cod. Aug. II S. 699) und das diese ergänzende Interimsregulativ vom 3. November 1772;
27. die Mühlenordnung vor die an den Saalen-, Luppen-, Elster- und Pleißenströmen liegenden Mühlen vom 25. November 1568 (cod. Aug. II S. 717);
28. die Wasser- und Mühlenordnung Kurfürst Johann Georgens I. vor die Mühlen auf der Unstrut vom 29. April 1653 (cod. Aug. II S. 727 ff.);
29. der Kurfürstliche Befehl vom 7. Oktober 1800 (II contin. cod. Aug. II S. 395);

30. das Generale, die Anlegung neuer Mühlen und die dazu erforderlichen Konzessionen betreffend, vom 8. Mai 1811 (III contin. cod. Aug. II S. 311);
31. die Wasserlösungs-Ordnung für das Herzogtum Lauenburg vom 22. Mai 1857;
32. die Wasserlösungsordnung für die Geest-Distrikte des Herzogtums Holstein vom 16. Juli 1857 (Ges.- und Min.-Bl. S. 208);
33. die provisorische Verfügung für die Geest-Distrikte des Herzogtums Schleswig, betreffend die Ableitung und die Benutzung des Wassers behufs Verbesserung der Ländereien, vom 6. September 1863 (Chronol. Samml. S. 232);
34. die Hannoversche Verordnung vom 18. Februar 1778, die künftige Erhaltung und Aufräumung der Wasserzüge in der Grafschaft Diepholz betreffend;
35. die Allgemeine Damm-, Graben- und Brücken-Ordnung für sämtliche herrschaftliche Moorkolonien im Landdrostei-Bezirk Stade vom 20. November 1826;
36. die Stompolizei-Ordnung für die Innerste vom 16. Februar 1830;
37. das Hannoversche Gesetz, betreffend die Veräußerungspflicht behufs der Anlage von Schiffahrtkanälen usw., vom 16. September 1846 (Gesetzsamml. Abt. I S. 193);
38. das Hannoversche Gesetz über Entwässerung und Bewässerung der Grundstücke sowie über Stauanlagen vom 22. August 1847 (Gesetzsamml. Abt. I S. 263), jedoch bleiben die in den nach § 324 aufrechterhaltenen Gesetzen für anwendbar erklärten Vorschriften für den Geltungsbereich dieser Gesetze in Kraft;

39. die Hannoversche Verordnung über das Wasserbauwesen vom 1. September 1852 (Gesetzsamml. Abt. I S. 257), soweit sie sich nicht auf das Deich- und Sielwesen bezieht;
40. die Verordnung, betreffend die Bildung von Genossenschaften zu Entwässerungs- und Bewässerungsanlagen in den neu erworbenen Landesteilen, vom 28. Mai 1867 (Gesetzsamml. S. 769);
41. die Münstersche Verordnung wegen Räumung der Bäche, Flüsse und Zuggräben vom 11. Mai 1771;
42. die Ufer- und Schlachtordnung für die an der Weser und Werre belegenen Untertanen des Fürstentums Minden und Amtes Blotho in der Grafschaft Ravensberg vom 28. Dezember 1749;
43. das zur Ergänzung des Gesetzes vom 1. April 1879 für das Gebiet der Wupper und ihrer Nebenflüsse erlassene Gesetz vom 19. Mai 1891 (Gesetzsamml. S. 97) und die dazu ergangene Verordnung vom 30. Dezember 1891 (Gesetzsamml. 1892 S. 5);
44. das zur Ausdehnung des Gesetzes vom 19. Mai 1891 auf das Gebiet der Volme und ihrer Nebenflüsse ergangene Gesetz vom 14. August 1893 (Gesetzsamml. S. 199);
45. das zur Ausdehnung des Gesetzes vom 19. Mai 1891 auf das Gebiet der Ruhr ergangene Gesetz vom 18. April 1900 (Gesetzsamml. S. 119);
46. die Artikel XIV, XV und XXXVIII der Kurhessischen Verordnung für die Dienstführung der Greben, Dorfschulzen oder Eidgeschworenen, Vorsteher und Heimbürgen, der Gemeinde-Gelderheber, der Dorfsknechte, Köddergreben, Dienstlader, Feuerherren, Feldhüter, Nachtwächter und andere in der Gemeinde zur Aufsicht

bestellten Leute vom 6. November 1739 (Samml. Hessischer Landes-Ordnungen Bd. 4 S. 608), soweit diese Vorschriften sich auf das Wasserrecht beziehen;

47. das Kurhessische Kameral-Ausschreiben, betreffend
    1. das Aufräumen der Flut- und Abzugsgräben,
    2. das Verbot des Anbaues in die Flüsse,

    vom 9. Februar 1747 (Samml. Hessischer Landes-Ordnungen Bd. 4 S. 949);

48. die Kurhessische Verordnung, den Weser-Schlachtbau in der Grafschaft Schaumburg betreffend, vom 1. Dezember 1786 (Samml. Hessischer Landes-Ordnungen Bd. 7 S. 123) und das zur Abänderung dieser Verordnung ergangene Gesetz, betreffend den Uferbau an der Weser im Kreise Rinteln, vom 3. April 1875 (Gesetzsamml. S. 190);

49. die Kurhessische Verordnung über den Wasserbau vom 29. Dezember 1789 (Samml. Hessischer Landes-Ordnungen Bd. 7 S. 383);

50. § 1 der Kurhessischen Mühlenordnung vom 29. Dezember 1820 (Kurhessische Gesetzsamml. Bd. 3 S. 118);

51. die Kurhessische Verordnung, die Pflanzungen an den Ufern und sonst für den Wasserbau betreffend, vom 16. April 1823 (Kurhessische Gesetzsamml. S. 13);

52. die Kurhessische Verordnung, den Wasserbau betreffend, vom 31. Dezember 1824 (Kurhessische Gesetzsamml. S. 99);

53. das Kurhessische Gesetz, betreffend die Beseitigung mehrerer der Verbesserung des Acker- und Wiesenbaues entgegenstehenden Hindernisse, vom 28. Oktober 1834 (Kurhessische Gesetzsamml. S. 156), mit Ausnahme der §§ 11, 12, die bestehen bleiben;

54. die Kurhessische Verordnung vom 31. August 1838 (Kurhessische Gesetzsamml. Bd. 8 S. 61);
55. das Kurhessische Gesetz, die Ausführung von Entwässerungs-Anlagen mittels unterirdischer Röhren (Drains) betreffend, vom 17. Dezember 1857 (Kurhessische Gesetzsamml. S. 51);
56. die §§ 1, 2 der Nassauischen Verordnung, die Güter-Konsolidation betreffend, vom 12. September 1829 (Regierungsblatt S. 317);
57. die Nassauische Verordnung, das Verfahren bei Be- und Entwässerungs-Anlagen und bei Errichtung von Wassertriebwerken an Bächen betreffend, vom 27. Juli 1858 (Verordnungssamml. S. 100);
58. das Großherzoglich Hessische Gesetz, die Wiesenkultur betreffend, vom 7. Oktober 1830 (Regierungsblatt S. 365);
59. das Großherzoglich Hessische Gesetz, die Aufräumung und Unterhaltung der Bäche betreffend, vom 18. Februar 1853 (Regierungsblatt S. 65);
60. das Großherzoglich Hessische Gesetz, die Regulierung der Bäche zu anderen als Wiesenkultur-Zwecken betreffend, vom 19. Februar 1853 (Regierungsblatt S. 70);
61. das Großherzoglich Hessische Gesetz, die Errichtung und Beaufsichtigung der Wassertriebwerke an Bächen betreffend, vom 20. Februar 1853 (Regierungsblatt S. 75);
62. das Großherzoglich Hessische Gesetz, die Entwässerung von Grundstücken betreffend, vom 2. Januar 1858 (Regierungsblatt S. 33);
63. das Landgräflich Hessische Gesetz, die Wiesenkultur betreffend, vom 1. Juli 1862 (Regierungsblatt Nr. 8);

64. das Landgräflich Hessische Gesetz, die Entwässerung der Grundstücke betreffend, vom 15. Juli 1862 (Archiv S. 889);
65. das Landgräflich Hessische Gesetz, die Errichtung und Beaufsichtigung der Wassertriebwerke usw. betreffend, vom 15. Juli 1862 (Archiv S. 895);
66. das Bayerische Gesetz, die Benutzung des Wassers betreffend, vom 28. Mai 1852 (Bayerisches Gesetzblatt S. 490);
67. das Bayerische Gesetz über die Bewässerungs- und Entwässerungs-Unternehmungen vom 28. Mai 1852 (Bayerisches Gesetzblatt S. 456);
68. das Bayerische Gesetz über den Uferschutz und den Schutz gegen Überschwemmungen vom 28. Mai 1852 (Bayerisches Gesetzblatt S. 577);
69. die Niersordnung vom 7. März 1769;
70. die Geldernsche Grabenordnung vom 16. April 1769;
71. die dem Wasserrecht angehörenden Vorschriften der Ordonnance sur le fait des eaux et forêts aus dem Monat August 1669 und des Décret concernant les biens et usages ruraux et la police rurale vom 28. September/6. Oktober 1791;
72. das Décret relatif au desséchement des marais vom 26. Dezember 1790/5. Januar 1791;
73. das Décret relatif au desséchement des étangs vom 4. Dezember 1793;
74. der Arrêté du directoire exécutif contenant des mesures pour assurer le libre cours des rivières et canaux navigables et flottables vom 9. März 1798;
75. die Loi relative au curage des canaux et rivières non navigables et à l'entretien des digues, qui y correspondent, vom 4. Mai 1803;

76. die Loi relative au desséchement des marais etc. vom 16. September 1807;
77. § 2 Nr. 3, 4 des Rheinischen Ressortreglements vom 20. Juli 1818;
78. das Gesetz wegen Verschaffung der Vorflut in den Bezirken des Appellationsgerichtshofs zu Cöln und des Justizsenats zu Ehrenbreitstein sowie in den Hohenzollernschen Landen vom 14. Juni 1859 (Gesetzsamml. S. 325);
79. die in den Hohenzollernschen Landen geltende Mühlenordnung vom 8. November 1845 (Gesetzsamml. Bd. VII S. 157).

Ent. § 363; B. 259 f.; KB.A. 522—526; L. II 8317 f.; L. III 8623; KB.H. 74; L.H. 1081.

[1]) § 399 gibt dem Kodifikationsprinzip des Wassergesetzes Ausdruck. Das ganze Wasserrecht soll grundsätzlich unter Aufhebung aller anderen einschlägigen Gesetze einheitlich geregelt werden. Diese Kodifikation erstreckt sich nicht

a) auf Gebiete, die nicht von diesem Gesetze berührt werden. Hierunter sind sowohl die Materien zu verstehen, die, wie z. B. die Fischerei, die Rechtsverhältnisse des Meeres und der Meeresufer, die Vorschriften über Brücken, Furten und sonstige zu Wegeanlagen gehörige Anstalten, in diesem Gesetz überhaupt nicht berührt werden, wie auch solche, die, wie etwa das Mühlenrecht, zwar in einzelnen Teilen, z. B. hinsichtlich der dem Betriebe dienenden Stauanlage neu geordnet, im übrigen aber von diesem Gesetze nicht geregelt werden;

b) auf diejenigen Vorschriften, die ausdrücklich im Wassergesetz aufrechterhalten sind.

[2]) Die Aufzählung der einzelnen außer Kraft getretenen Vorschriften ist keine abschließende. Sie soll nur die Handhabung des Gesetzes erleichtern und von vornherein einen festen Rechtszustand schaffen.

**§ 400.** (1) Die Vorschriften der §§ 1, 2, 4 bis 6 des Gesetzes und die §§ 152 bis 175, 383, soweit es sich um den Ausbau von Wasserläufen erster Ordnung handelt, treten mit dem Tage der Verkündung in Kraft. Im übrigen wird der Zeitpunkt des Inkrafttretens dieses Gesetzes durch Königliche Verordnung bestimmt.

(2) Wo das Gesetz von dem Inkrafttreten dieses Gesetzes spricht, ist der im Abs. 1 Satz 2 bezeichnete Zeitpunkt gemeint.

Ent. § 364; B. 260; KB.A. 526 ff.; L. II 8318, L. III 8623 f.; KB.H. 74; L.H. 1081.

**§ 401.** Die zur Ausführung des Gesetzes erforderlichen Vorschriften erlassen die zuständigen Minister.

Ent. § 365; KB.A. 527; L. II 8318; L. III 8624; KB.H. 74; L.H. 1081

**Anlage.**

# Die Wasserläufe erster Ordnung.

## I. Natürliche Wasserläufe.

Die mit ✥ bezeichneten Wasserläufe sind solche, auf welche die Bestimmung des § 49 Abs. 4 anzuwenden ist.

| Bezeichnung des Wasserlaufs | Endpunkte des Wasserlaufs | |
|---|---|---|
| Aalbach | Duchower Mühle | Jasenitzer Fahrt |
| Aland | Zollbrücke bei Seehausen | Elbe |
| ✥ Alle (oberhalb der Mündung des masurischen Kanals ist die Bestimmung des § 49 Abs. 4 nicht anzuwenden.) | 0,411 km unterhalb der Eisenbahnbrücke bei Friedland | Pregel |
| ✥ Aller | Mühlenwehr in Celle | Weser |
| Alster | Wegbrücke beim Gute Stegen | Hamburgische Grenze |
| ✥ Angerapp, Obere mit Mauer-See (Mauer-, Kl. Mauer-, Pristanien-, Schwenzait-, Bodma-, Kirsaiten-, Dargainen-, Kissain-, Labab-, Doben-, Lötzenscher Kissain- und Tayta-See) | Mauersee | Schloßschleuse bei Angerburg |

| | | |
|---|---|---|
| ✣ Angerapp, Untere auch Pregel genannt | Brücke im Zuge der Insterburg-Georgenburger Chaussee | Zusammenfluß mit Inster |
| Aper Tief | Oldenburgische Grenze | Jümme |
| Arge | Chausseebrücke bei Ackmonienen | Laukne |
| ✣ Atmath (s. Memel) | Abzweigung des Skirwieth | Kurisches Haff |
| Aue mit Beberkesa-See | Beberkesa-See | Hadelner Kanal |
| Bober | Wehr bei Neubrück | Oder |
| ✣ Brahe | 2,8 km oberhalb der nördlichen Eisenbahnbrücke bei Bromberg | Weichsel |
| ✣ Bronislaw-Kanal mit Bronislaw- und Pakosch-See | Stärkefabrik Bronislaw | Netze |
| Crampe | Königs-Kanal | Oder |
| Cranzer Beek | Chaussee von Cranz nach Königsberg | Kurisches Haff |
| ✣ Dahme und Wendische Spree (Streganzer See, Dahme, Dolgen-, Krüpel-, Krimnick-, Zeuthener nebst Seddin-See sowie Kleine und Große Krampe, Lange See, Wendische Spree) mit | Streganzer See | Spree |

| Bezeichnung des Wasserlaufs | Endpunkte des Wasserlaufs | |
|---|---|---|
| Teupitzer Gewässern: nördlicher Teil (Kl. Köriser, Hölzerner, Schmölde- und Huschte-See), (südlicher Teil s. unter II. Künstlich. Wasserläufe), Zernsdorfer Lanke, Wernsdorfer Seenkette (Wernsdorfer See, Crossin-See und Gr. Zug), Gosener Graben . . | Mündung des Moddergrabens in den Kl. Köriser See<br>Südufer des Dämeritz-Sees | Dahme<br>Sebbin-See |
| ✥ Dange | 2,4 km oberhalb der Straßenbrücke von Kl. Tauerlauken | Kurisches Haff |
| ✥ Deime | Pregel | Kurisches Haff |
| ✥ Dievenow (s. Oder) mit Kamminer Bodden | Stettiner Haff | Ostsee, Verbindungslinie der Seekanten der Molenköpfe |
| Dosse | Papiermühlenwehr zu Hohenofen | Havel |
| Drage | Plötzenfließ | Netze |
| Drawöhne | König-Wilhelm-Kanal | Kurisches Haff |
| Drewenz | Große Mühle bei Leibitsch | Weichsel |
| ✥ Eider | Kaiser-Wilhelm-Kanal, Südende des Audorfer Sees | Nordsee, Verbindungslinie zwischen der Mitte der Burg (Tränke) und dem Kirchturm von Vollerwiek |

| | | |
|---|---|---|
| ✣ Elbe mit Norderelbe, Süderelbe (einschließlich Köhlbrand) und Reiherstieg bei Harburg—Wilhelmsburg, Alte Süderelbe, Köhlfleth (einschließlich Kleine Elbe und Finkenwärder Aue), von den Nebenarmen insbesondere die zwei Süderelben bei Wischhafen und Assel, Rutenstrom und Binnenelbe von der Brücke bei Hetlingen bis zum Kollmarer Nebenfahrwasser (einschließlich Dwarsloch) | Sächsische Grenze | Nordsee, Verbindungslinie zwischen der Kugelbake bei Döse und der westlichen Kante des Deichs des Friedrichskoogs (Dieksand) |
| ✣ Elbingfluß mit Drausen-See | Drausen-See | Frisches Haff |
| ✣ Ems | Schönefliether Wehr | Nordsee, Verbindungslinie der westlichen Spitze der Westermarsch (Utlands Hörn) und Ostpolder Siel |
| ✣ Emster Gewässer (Kloster-See, Rahmitzer Strenggraben, Neetzener See, Emster Kanal, Rietzer See nebst Moor-See und Streng) | Kloster-See | Havel |
| Este | Mühle in Buxtehude | Elbe |
| Fehntjer Tief | Landstraße Aurich-Neermoor bei West Großefehn (Nördlicher Arm) und Boekzeteler Meer (Südlicher Arm) | Kesselschleuse und Herrentor in Emden |
| Ferse | Chausseebrücke bei Mewe | Weichsel |

| Bezeichnung des Wasserlaufs | Endpunkte des Wasserlaufs | |
|---|---|---|
| Fischau | Gasthaus Lahme Hand | Elbingfluß |
| Follusch-Wasserstraße (Follusch-, Ostrowiecer und Kierschkowoer See) | Folluschmühle | Pturker See |
| Freiburger Hafenpriel | Deichschleuse in Freiburg a. Elbe | Elbe |
| Frisches Haff mit Königsberger Seekanal | — | Hafen von Pillau, Verbindungslinie der Seekanten der äußeren Molenköpfe |
| ✣ Fulda | Kreisgrenze unterhalb Mecklar | Weser |
| ✣ Geeste | Köhlener Brücke | Weser |
| ✣ Gerade Ost (s. Memel) | Skirwieth, Abzweigung der Wittinnis-Ost | Kurisches Haff |
| ✣ Gilge (s. Memel) | Ungeteilte Memel bei Abzweigung vom Ruß | Kurisches Haff |
| ✣ Griethauser Altrhein | Griethauser Fährdamm | Rhein |
| Gr. Wusterwitzer See mit Ablauf in den Plauer See | — | — |

| | | |
|---|---|---|
| ❖ Hamme | Kollbeck | Wümme |
| ❖ Hase | Hahnenmoor-Kanal | Emsfluß |
| ❖ Havel (Obere Havel nebst Schwedt- und Stolp-See, Schnelle Havel — auf die Schnelle Havel ist die Bestimmung des § 49 Abs. 4 nicht anzuwenden —, Friedrichsthaler, Oranienburger, Spandauer und Pichelsdorfer Havel nebst Stößen-See und Scharfe Lanke, Kladower Seestrecke nebst Gr. Wann-See, Potsdamer Havel nebst Jungfern-, Lehnitz- und Krampnitz-See, Petzien- und Schwielow-See, Gr. und Kl. Zern-See, Göttin-See, Brandenburger Havel nebst Trebel-See, Beetz-See bis zur Pählbrücke und Brandenburger Stadtkanal, Plauer See nebst Breitling-, Möserſche, Quenz- und Wend-See, Untere Havel nebst Rathenower Schleusenkanälen und Gülper Havel) | Mecklenburgische Grenze | Elbe |
| mit Tegeler See, Glindow-See, Wublitz nebst Schlänitz-See, Pritzerber und Gülper See ........... | Chausseebrücke in Kl. Paaren | Havel |
| Hohennauener Wasserstraße (Hohennauener und Ferchesarer See) | Ferchesarer See | Hohennauener Kanal |
| Hotzenplotz | Mühle bei Krappitz | Oder |
| Ihna | Südliche Grenze des Weichbildes der Stadt Stargard | Oder |
| ❖ Ilmenau | Abtsmühle zu Lüneburg | Elbe |

| Bezeichnung des Wasserlaufs | Endpunkte des Wasserlaufs | |
|---|---|---|
| Jäge | Bauernbrücke in Plaschken | Ruß |
| Jeetzel | Eisenbahnbrücke (Überführung der Stendal-Ülzener Bahnstrecke) | Elbe |
| Jümme | Oldenburgische Grenze | Leda |
| Jura | Unteres Ende der Insel bei Weszeningken | Memelstrom |
| ✣ Katharinengraben und -See | Forstablage | Oder-Spree-Kanal |
| Klodnitz | Eisenbahnbrücke südlich Sosnitza | Oder |
| Kollbeck | Oste-Hamme-Kanal | Hamme |
| ✣ Krückau | Wassermühle zu Elmshorn | Elbe |
| Küddow | Brücke der Schneidemühl-Bromberger Chaussee | Netze |
| Kurisches Haff | — | Hafen von Memel, Verbindungslinie der Seekanten der äußeren Molenköpfe |
| ✣ Lahn | Hessische Grenze | Rhein |

| | | |
|---|---|---|
| Laukne | Zusammenfluß von Arge und Ossa | Nemonienfluß |
| Leba | Südende des fiskalischen Hafens | Ostsee, Verbindungslinie der Seekanten der Molenköpfe |
| ❖ Leda | Oldenburgische Grenze | Emsfluß |
| ❖ Leine mit Ihme | Wehr am Schnellen Graben in Hannover | Aller |
| ❖ Lesum | Zusammenfluß von Hamme und Wümme | Weser |
| ❖ Lindower Gewässer (Vielitz-See und -Kanal, Gudelack-See, Rhin und Möllen-See) | Vielitz-See | Rheinsberger Rhin |
| ❖ Lippe | Einmündung der Pader bei Neuhaus | Rhein |
| ❖ Löcknitz mit Möllen-, Peetz- und Werl-See | Möllen-See | Flaken-See |
| Lühe | Mühle in Horneburg | Elbe |
| Luhe | Hafen in Winsen | Ilmenau |
| Lune | Stoteler Schleuse | Weser |
| ❖ Lychener Gewässer mit Stadt-See, Gr. Lychen-See, Woblitz und Haus-See | Lychener Floßwehr | Havel |

| Bezeichnung des Wasserlaufs | Endpunkte des Wasserlaufs | |
|---|---|---|
| ✣ Main | Bayerische Grenze | Hessische Grenze |
| ✣ Masurische Wasserstraßen mit Lötzener Kanal, Löwentin- nebst Woyno-See, Saiten-See, Jagodner See nebst Gurkler und Gr. Hensel-See, Gr. Schimon-, Gr. Kottek- und Taltowisko-See, Talter Gewässer, Rheinscher, Nikolaiker, Spirding-, Warnold- und Sexter See, sowie Belbahn-, Kl. und Gr. Guszin- und Nieder See | Ausmündung des Lötzener Kanals in den Mauer-See | Einmündung des Jeglinner Kanals in den Sexter See |
| Mehe | Abbensether Schiffsstelle | Oste |
| ✣ Memel von den Mündungsarmen nur Gilge, Ruß, Atmath, Skirwieth, Pokallna, Gerade Ost und Wittinnis-Ost (s. auch diese) | Russische Grenze | Kurisches Haff |
| ✣ Minge mit Taggraben und Krumme Ost | König-Wilhelm-Kanal | Atmathfluß |
| ✣ Mosel | Reichsländische Grenze | Rhein |
| Neiße, Glatzer | Eisenbahnbrücke bei Löwen | Oder |
| ✣ Neiße, Lausitzer | Egelneisse bei Guben | Oder |
| ✣ Nemonien | Schalteikfluß | Kurisches Haff |
| Netze: | | |
| ✣ oberer Teil mit | Russische Grenze | Oberer Netze-Kanal |

| | | |
|---|---|---|
| Goplo-, Szarley-, Mölno-, Sablogoscher und Pturker See | | |
| ❖ unterer Teil mit Alte Netze von der Chausseebrücke bei Driesen bis Einmündung in die Netze | Bromberger Kanal | Warthe |
| ❖ Nogat von den Mündungsarmen nur Breite Fahrt nebst Biberzug und Westrinne (s. Weichsel) | Weichsel | Frisches Haff |
| Norder Außentief | Norder Siel | Leybucht |
| ❖ Notte mit Mellen-See | Mellen-See | Dahme |
| Oberländische Seen Schilling-, Pausen- und Drewenz-See; Ewing-, Geserich-, Flach-, Duben- und Widlung-See; | Bunkenmühle Oberländischer Kanal und Saalfeld | Drewenz Deutsch-Eylau |
| Bärting-See (s. Oberländischer Kanal unter II. Künstliche Wasserläufe) | — | Dutz-Kanal |
| Obra | Bentschen | Meseritz |
| ❖ Oder mit Dammsche See und Papenwasser, von den Nebenarmen insbesondere Alte Oder bei Breslau, von den Mündungsarmen nur Peenestrom, Swine und Dievenow (s. diese, Stettiner Haff, sowie unter II. Künstliche Wasserläufe: Breslauer Umgehungs-Kanäle und Hohensaaten-Friedrichsthaler Wasserstraße) | Österreichische Grenze | Ostsee |

| Bezeichnung des Wasserlaufs | Endpunkte des Wasserlaufs | |
|---|---|---|
| ❖ Oderberger Gewässer (Alte Oder, Oderberger und Lieper See) | Finow-Kanal | Oder |
| nebst Wriezener Alte Oder ............ | Dammbrücke in Wriezen | Oderberger Gewässer |
| und Freienwalder Landgraben ......... | Stadtbrücke in Freienwalde | Wriezener Alte Oder |
| Oldersumer Sieltief | Fehntjer Tief | Emsfluß |
| ❖ Oste | Südliche Dorfgrenze von Mintenburg | Elbe |
| Passarge | Dampferanlegestelle 0,55 km unterhalb des Mühlenwehrs in Braunsberg | Frisches Haff |
| ❖ Peenefluß | Mecklenburgische Grenze | Peenestrom |
| ❖ Peenestrom (s. Oder) mit Achterwasser und Krumminer Wieck | Kleines Haff | Ostsee, Verbindungslinie der Seekante vor der Nordwestecke der Peenemünder Schanze mit dem nördlichsten Punkte der gegenüberliegenden Landzunge |
| ❖ Persante | Untere Mündung des Holzgrabens bei Kolberg | Ostsee, Verbindungslinie der Seekanten der Molenköpfe |

| | | |
|---|---|---|
| ❖ Pinnau | Straßenbrücke zu Pinneberg | Elbe |
| Pissek mit Rosch-See | Rosch-See | Russische Grenze |
| ❖ Plöne | Brücke in der Stettin-Altdammer Straße | Dammsche See |
| Pokallna (s. Memel) | Skirwieth | Westliches Ende des Dorfes Pokallna |
| ❖ Pregel (s. auch Angerapp, Untere) | Zusammenfluß von Angerapp und Inster | Frisches Haff |
| Przemsa | Russische Grenze, Dreikaiserecke bei Myslowitz | Weichsel |
| Randow | Straßenbrücke zu Eggesin | Ücker |
| Recknitz mit Saaler Bodden, Koppelstrom, Bodstedter Bodden nebst Prerowstrom, Zingster Strom, Barther Bodden, Grabow und Rinne am Bock | 1,06 km unterhalb der Brücke in der Chaussee Marlow—Plennin | Ostsee, Verbindungslinie des Barhöfter Oberfeuers mit der massiven Fischermarke auf dem Südgellen |
| ❖ Riewendt-See und Obere Beetz-Seen mit Strängen | Riewendt-See | Pählbrücke |
| ❖ Rhein | Hessische Grenze | Niederländische Grenze |
| ❖ Rheinberger Altrhein (Rheinberger Kanal) | Brücke an der Mündung des Moersbaches | Rhein |

| Bezeichnung des Wasserlaufs | Endpunkte des Wasserlaufs | |
|---|---|---|
| ∴ Rheinsberger Gewässer (Grienerick-See, Rheinsberger Kanal, Großer Rheinsberger See, Schlaborn-Kanal und -See nebst Mehlitz-See, Hütten-Kanal, Tietzow-See, Prebelow-Kanal, Prebelow-See und Schleusenkanal) mit Dollgow-See und -Kanal, sowie Bikow-See und -Kanal | Grienerick-See | Pälitzbrücke |
| Röricke | 2,7 km oberhalb der Einmündung in die Oder | Oder |
| ∴ Rüdersdorfer Gewässer, südlicher Teil mit Flaken-See (nördlicher Teil s. unter II. Künstliche Wasserläufe) | Woltersdorfer Schleuse | Spree |
| ∴ Ruhr oberhalb der Steinbrücke in Mülheim (Ruhr) ist die Bestimmung des § 49 Abs. 4 nicht anzuwenden] | Wittener Ruhrschlagd | Rhein |
| ∴ Ruppiner Wasserstraße (Obere Rhinwasserstraße nebst Zermützel-, Teetzen- und Molchow-See, Ruppiner See, Untere Rhinwasserstraße nebst Bütz-See, Kremmer See) | Rheinsberger Rhin | Kremmer See |

| mit Fehrbelliner Wasserstraße | Rhin | Fehrbelliner Arche |
|---|---|---|
| ✣ Ruß (s. Memel) | Ungeteilte Memel bei Abzweigung der Gilge | Teilung in Atmath und Skirwieth |
| ✣ Ryckfluß | Steinbecker Torbrücke am Greifswalder Hafen | Greifswalder Bodden, Verbindungslinie der Seekanten der Molenköpfe |
| ✣ Saale | Unstrut bei Naumburg | Elbe |
| ✣ Saar | Reichsländische Grenze | Mosel |
| Sauer | Luxemburgische Grenze | Mosel |
| Schalteik | Nordende von Jodgallen | Nemonienfluß |
| Schwarzwasser | Mühle zu Schönau | Weichsel |
| Schwente (s. Tiege) | — | — |
| Schwentine, Untere | Mühlendamm bei der Baltischen Mühle | Ostsee |
| Schwenzer Bach | 0,1 km unterhalb der Einmündung des Schwarzen Grabens bei Schwenz | Kamminer Bodden |
| Schwinge | Abzweigung des alten Schwingebetts bei der Horster Ziegelei | Elbe |
| Seeve | Ashäuser Mühlenbach | Elbe |

| Bezeichnung des Wasserlaufs | Endpunkte des Wasserlaufs | |
|---|---|---|
| ✣ Skirwieth (s. Memel) von den Mündungsarmen nur Gerade Ost und Wittinnis-Ost | Abzweigung der Atmath | Kurisches Haff |
| Sorge (Ost- und Westpreußen) | Brücke mit Wehr in Baumgarth | Drausen-See |
| Sorge (Schleswig-Holstein) | Sandschleuse | Eider |
| ✣ Spree (Obere Spree nebst Neuendorfer, Schwieloch-, Glowe-, Leißnitz-, Ogel- und Wergen-See, Drahendorfer und Fürstenwalder Spree, Müggel-Spree nebst Dämeritz- und Gr. Müggel-See, Treptower Spree nebst Rummelsburger See, Berliner Spree nebst Spreekanal — Kupfergraben — und Untere Spree) mit Kersdorfer See | Straßenbrücke bei Leibsch | Havel |
| Stettiner Haff (Großes und Kleines Haff) mit Neuwarper See, Kaiserfahrt und Usedomer See | — | — |
| ✣ Stör | Rensing, 1,5 km oberhalb der Eisenbahnbrücke bei Kellinghusen | Elbe |

| | | |
|---|---|---|
| ❖ Stolpe | Eisenbahnbrücke zu Stolpmünde | Ostsee, Verbindungslinie der Seekanten der Molenköpfe |
| ❖ Storkower Gewässer mit Scharmützel-, Storkower, Wolziger und Lange See | Scharmützel-See | Dahme |
| ❖ Swine (s. Oder) | Stettiner Haff | Ostsee, Verbindungslinie der Seekanten der Molenköpfe |
| Szeszuppe | Vorwerk Ackmenischken | Memelstrom |
| Sziesze | Chausseebrücke in Heydekrug | Atmathfluß |
| ❖ Templiner Gewässer (Labüske-See und -Kanal, Fähr- nebst Zaar-See, Bruch-See nebst Gleuen-See und Gleuenfließ, Templiner See und -Kanal, Röddelin-, Gr. und Kl. Lanken- und Kuhwall-See sowie Templiner Wasser) | Labüske-See | Havel |
| Tiege (oberhalb Tiegenhof „Schwente" genannt) | Chausseebrücke zu Neuteich | Frisches Haff |
| Timber | 0,23 km oberhalb des Weges von Piplin nach Minchenwalde | Nemonienfluß |
| Tollense | Straßenbrücke zu Klempenow | Peenefluß |

| Bezeichnung des Wasserlaufs | Endpunkte des Wasserlaufs | |
|---|---|---|
| Trave | Unterhalb der Fußgängerbrücke in Oldesloe | Lübeckische Grenze |
| Trebel | Triebseeser Paßbrücke | Peenefluß |
| Treene mit Wester- und Ostersielzug und deren Verbindungskanälen Mittelburggraben und Fürstenburggraben als Binnenhafen | Fresendelfer Fähre | Eider |
| ✣ Ücker | Straßenbrücke zu Pasewalk | Kleines Haff |
| ✣ Unstrut | Mühlenwehr bei Bretleben | Saale |
| ✣ Warthe | Russische Grenze | Oder |
| Wedeler Au | Wassermühle zu Wedel | Elbe |
| ✣ Weichsel | Russische Grenze | Ostsee, Verbindungslinie der Seekanten des Molenkopfes (östliches Ufer) und des Deckwerkes (westliches Ufer) |

| | | |
|---|---|---|
| von den Mündungsarmen nur | Schleuse bei Einlage | Ostsee bei Neufahrwasser, Verbindungslinie der Seekanten der Molenköpfe |
| Tote Weichsel mit Ausnahme des Kaiserhafens ........................ | Gr. Plehnendorf | Ostsee bei Neufähr, Verbindungslinie der Seekanten des Leitwerkes (östliches Ufer) und des Deckwerkes (westliches Ufer) |
| Elbinger Weichsel .................... | Weichsel | Frisches Haff |
| Königsberger Weichsel ............... (s. auch Nogat) | Elbinger Weichsel | Frisches Haff |
| ❖ Wentow-Gewässer (Kl. und Gr. Wentow-See) | Polzowfließ | Wentow-Kanal |
| ❖ Werbellin-See | — | Werbellin-Kanal |
| ❖ Werra | Weimarische Grenze bei Falken | Weser |
| ❖ Weser von den Nebenarmen insbesondere Rechter Weserarm bei Sandstedt und Alte Weser bei Geestemünde | Zusammenfluß von Werra und Fulda | Nordsee, Verbindungslinie zwischen dem Kirchturme von Langwarden und der Mündung des Oxstedter Baches (Hamburgische Grenze) |
| Wilsterau | Kaiser-Wilhelm-Kanal | Stör |
| ❖ Wipper | Rügenwalde | Ostsee, Verbindungslinie der Seekanten der Molenköpfe |

| Bezeichnung des Wasserlaufs | Endpunkte des Wasserlaufs | |
|---|---|---|
| ❖ Wittinnis-Ost (s. Memel) | Skirwieth, Abzweigung der Gerade Ost | Kurisches Haff |
| Wittmunder Tief | Karolinensiel | Nordsee, Verbindungslinie der Seekante des Molenkopfes (westliches Ufer) und der Seekante des östlichen Ufers |
| ❖ Wümme | Truperdeich | Hamme |
| ❖ Zechliner Gewässer (Schwarzer See, Zechliner Kanal, Großer Zechliner See, Repenter Kanal, Zootzen-See und -Kanal) | Schwarzer See | Rheinsberger Gewässer |

## II. Künstliche Wasserläufe.

| | | |
|---|---|---|
| Achterwehrer Schiffahrtkanal (in Ausführung) | Chausseebrücke bei Achterwehr | Kaiser-Wilhelm-Kanal |
| Bederkesa-Geeste-Kanal | Bederkesa-See | Geeste |
| Berliner Kanäle: | | |
| Landwehr-Kanal | Spree | Spree |
| Neuköllner Kanal (in Ausführung) | Landwehr-Kanal | Teltow-Kanal |
| Luisenstädtischer Kanal | Landwehr-Kanal | Spree |
| Berlin-Spandauer Schiffahrtkanal | Spree | Berlin-Charlottenburger-Verbindungskanal |

| | | |
|---|---|---|
| Berlin-Charlottenburger Verbindungskanal ........................ | Spree | Berlin-Spandauer Schiffahrtskanal |
| Breslauer Umgehungskanäle | { Oder bei Barthelн<br>{ Alte Oder | Alte Oder<br>Alte Oder |
| Bromberger Kanal | Bromberg | Nakel |
| Dortmund-Ems-Kanal,<br>soweit nicht Bestandteil der Ems und der Hase | Dortmund/Herne | Emden |
| Elbe-Trave-Kanal | Elbe | Lübeckische Grenze |
| Emder Stadtgraben<br>mit<br>Boltentors Pipentief, Hinter Tief (soweit der Stadt Emden gehörig), Alter Graben, Judentief und Doele-Pipentief | Kesselschleuse | Wallbrücke im Zuge der Ringstraße |
| Emder Vorflutkanal | Ems-Jade-Kanal | Düker im Fehntjer Tief |
| Ems-Jade-Kanal | Rotes Siel | Wilhelmshavener Hafenanlagen |
| Ernst-August-Kanal | Dove-Elbe bei Wilhelmsburg | Reiherstieg |
| Finow-Kanal,<br>soweit nicht Bestandteil der Havel (Friedrichsthaler Havel) und des Großschiffahrtwegs<br>mit<br>Oranienburger und Malzer Kanal | Großschiffahrtweg bei Pinnow | Großschiffahrtweg bei Liepe |

| Bezeichnung des Wasserlaufs | Endpunkte des Wasserlaufs | |
|---|---|---|
| Friedrichsgraben, Großer | Deime | Nemonienfluß |
| Friedrich-Wilhelm-Kanal | Oder | Oder-Spree-Kanal |
| Großschiffahrtweg Berlin—Stettin (Wasserstraße Berlin—Hohensaaten), soweit nicht Bestandteil der Oderberger Gewässer und der Havel (Oranienburger und Spandauer Havel) mit Lehnitz-See | Berlin-Charlottenburger Verbindungskanal | Oder |
| Hadelner Kanal | Aue | Elbe |
| Hohennauener Kanal | Hohennauener See | Havel |
| Hohensaaten-Friedrichsthaler Wasserstraße (in Ausführung) | Neue Schleuse bei Hohensaaten | Oder |
| Ihle-Kanal | Plauer Kanal | Elbe |
| Jeglinner Kanal | Sexter See | Rosch-See |
| Kaiserhafen zu Danzig | Tote Weichsel | Tote Weichsel |
| Kaiser-Wilhelm-Kanal mit Schirnauer, Borgstedter und Audorfer See | Elbe | Ostsee |

| | | |
|---|---|---|
| Klodnitz-Kanal, soweit nicht Bestandsteil der Klodnitz | Gleiwitz | Oder bei Cosel |
| Königs-Kanal | Schützendorfer Kanal | Crampe |
| König-Wilhelm-Kanal | Mingefluß | Kurisches Haff |
| Kraffohl-Kanal | Nogat | Elbingfluß |
| Landwehr-Kanal (s. Berliner Kanäle) | — | — |
| Lehniner Kanal | Steinablage bei Lehnin | Kloster-See |
| Linksemsische Kanäle: | | |
| Ems-Vechte-Kanal mit Verbindungskanal zur Vechte | Emsfluß | Vechte |
| Nordhorn-Almelo-Kanal | Vechte | Niederländische Grenze |
| Süd-Nord-Kanal | Ems-Vechte-Kanal | Haren-Rütenbrocker Kanal |
| Piccardie-Coevorden-Kanal | Süd-Nord-Kanal | Niederländische Grenze |
| Schöninghsdorf-Hoogeveen-Kanal | Süd-Nord-Kanal | Niederländische Grenze |
| Haren-Rütenbrocker Kanal | Emsfluß | Niederländische Grenze |
| Lippe-Seitenkanal (in Ausführung) | Schleuse in Hamm | Haltern |
| Luisenstädtischer Kanal (s. Berliner Kanäle) | — | — |
| Malzer Kanal (s. Finow-Kanal) | — | — |
| Masurischer Kanal (in Ausführung) mit Rehsauer See | Mauer-See | Alle |

| Bezeichnung des Wasserlaufs | Endpunkte des Wasserlaufs | |
|---|---|---|
| **Mottlau**<br>mit Neue Mottlau und Kielgraben | Steinschleuse in Danzig | Tote Weichsel |
| Netze-Kanal, Oberer | Obere Netze | Bromberger Kanal |
| Neuhauser Speisekanal | Obere Spree | Oder-Spree-Kanal |
| Neuköllner Kanal<br>(s. Berliner Kanäle) | — | — |
| Oberländischer Kanal<br>mit<br>Liebemühler Mühlenteich, Gr. Eiling-, Zopf-, Krebs-, Roethlof-See nebst Dutz-Kanal, Samrodt- und Pinnau- nebst Bauditter See (s. Oberländische Seen unter I. Natürliche Wasserläufe) | Duben-See<br>Drewenz-See | Drausen-See<br>Schleuse bei Liebemühl |
| Oder-Spree-Kanal,<br>soweit nicht Bestandteil der Spree (Fürstenwalder Spree) und der Dahme (Wernsdorfer See) | Oder | Seddin-See |
| Oranienburger Kanal<br>(s. Finow-Kanal) | — | — |
| Oste-Hamme-Kanal | Kollbeck | Oste |
| Osterholzer Hafenkanal | Osterholz-Scharmbeck | Hamme |

| | | |
|---|---|---|
| Papenburger Siel-Kanal | Bahnhofsbrücke in Papenburg | Emsfluß |
| Plauer Kanal mit | Wend-See | Elbe |
| Baggerelbe ........................ | Kupierung bei Derben | Plauer Kanal |
| Prinz-Friedrich-Leopold-Kanal mit Stolper, Pohle- und Kl. Wann-See | Gr. Wann-See | Teltow-Kanal |
| Rhein-Weser-Kanal (in Ausführung) (soweit nicht Bestandteil des Dortmund-Ems-Kanals) mit den Zweigkanälen nach Osnabrück, zur Weser bei Minden und nach Linden sowie Abstieg zur Leine | Ruhrorter Hafen | Hannover, Osthafen |
| Rüdersdorfer Gewässer, nördlicher Teil mit Hohle See, Stolpgraben und Kalk-See (südlicher Teil s. unter I. Natürliche Wasserläufe) | Hohle See | Woltersdorfer Schleuse |
| Ruppiner Kanal | Kremmer See | Havel |
| Sakrow-Paretzer Kanal, soweit nicht Bestandteil der Wublitz, mit Weiße und Fahrlander See | Jungfern-See | Havel |
| Schützendorfer Kanal | Schützendorf | Königs-Kanal |
| Seckenburger Kanal | Nemonienfluß | Gilgefluß |

| Bezeichnung des Wasserlaufs | Endpunkte des Wasserlaufs | |
|---|---|---|
| Silo-Kanal | Beetz-See | Quenz-See |
| Spoy-Kanal | Cleve | Altrhein |
| Teltow-Kanal | Spree | Havel |
| mit Verbindungskanal Britz-Kanne, Kl. Machnower See, Griebnitz-See und Glienicker Lake | Spree | Teltow-Kanal |
| Teupitzer Gewässer, südlicher Teil (Teupitzer See, Mochgraben, Zemmin-See, Schulzen-See, Köriser Graben, Gr. und Kl. Modder-See und Moddergraben) (nördlicher Teil s. unter Dahme bei I. Natürliche Wasserläufe) | Teupitzer See | Mündung des Moddergrabens in den Kl. Köriser See |
| Tiegenorter Kanal | Elbinger Weichsel | Tiege |
| Treckfahrts-Kanal | Uphuser Schleuse | Ember Stadtgraben |
| Verbindungskanal zum Dortmund-Ems-Kanal | Ember Vorflutkanal | Dortmund-Ems-Kanal |
| Voß-Kanal | Havel | Finow-Kanal |
| Weichsel-Haff-Kanal, soweit nicht Bestandteil der Tiege | Weichsel | Frisches Haff |
| Wentow-Kanal | Gr. Wentow-See | Havel |
| Werbellin-Kanal | Werbellin-See | Großschiffahrtweg |

# Sachregister.

(Die großen arabischen Ziffern bezeichnen die Paragraphen, die römischen die Absätze der Paragraphen, die kleinen unterstrichenen arabischen die Anmerkungen.)

---

## F

## H

## O



## P

## S

## T

## U

## W

## Z

## Guttentag'sche Sammlung

# Deutscher Reichsgesetze.

Text-Ausgaben mit Anmerkungen. Taschenformat.

1. **Verfassung des Deutschen Reichs.** Von Dr. **L. von Rönne. 10. Aufl.** von Landrat **P. von Rönne** und Regierungsassessor **von Dobbeler.** 1912. 2 M. 60 Pf.

2. **Strafgesetzbuch** für das Deutsche Reich. Von Dr. **H. Rüdorff. 23. Aufl.** bearbeitet von Prof. Dr. **Franz v. Liszt** und Dr. **Ernst Delaquis.** 1910. 1 M. 80 Pf.

3. **Militärstrafgerichtsordnung** nebst Einführungsgesetz. Von Wirkl. Geheimen Kriegsrat Dr. jur. **A. Romen** und Kriegsgerichtsrat Dr. jur. **Carl Rissom.** 1910. 6 M.

4. **Handelsgesetzbuch vom 10. Mai 1897** unter Ausschluß des Seerechts. **14. Aufl.** Herausgegeben von Geh. Justizrat Prof. Dr. **A. Mosse.** 8°. 1911. 5 M.

5. **Wechselordnung vom 3. Juni 1908.** Kommentar von Justizrat Dr. **J. Stranz** und Rechtsanwalt Dr. **M. Stranz,** und das **Wechselstempelsteuergesetz vom 15. Juli 1909** von Geh. Regierungsrat **P. Loeck. 11. Aufl.** 1913. 4 M.

5 a. **Wechselstempelsteuergesetz** apart. **11. Aufl.** 1913. 1 M. 50 Pf.

6. **Reichsgewerbeordnung** nebst Ausführungsbestimmungen. Von **Berger** und **Wilhelmi. 18. veränderte und sehr vermehrte Auflage** von Stadtrat Dr. **Karl Flesch** in Verbindung mit Dr. **Friedr. Hiller** und Dr. **Herm. Luppe.** 1910. 4 M.

7. **Post- und Telegraphen-Gesetzgebung.** Nebst Weltpostvertrag und internationalem Telegraphenvertrag. **6. Aufl.** von Geh. Ober-Postrat Dr. **M. König.** 1908. 4 M.

8. Die Reichsgesetze über den **Unterstützungswohnsitz, die Freizügigkeit, den Erwerb und Verlust der Bundes- und Staatsangehörigkeit.** Von Geheimrat Dr. **J. Krech,** Mitglied des Bundesamtes für das Heimatwesen. **8. Aufl.** 1912. 3 M. 60 Pf.

9. Sammlung **kleinerer strafrechtlicher Reichsgesetze.** Von Dr. **R. H. Kriegsmann,** Privatdozent in **Kiel. 3. Aufl.** 1910. 4 M.

10. Das **Reichsbeamtengesetz** von **J. Pieper. 2. Aufl.** 1901. 4 M. 50 Pf.

**Reichsbeamtengesetz** von 1907 siehe Nr. 82.

11. **Zivilprozeßordnung mit Gerichtsverfassungsgesetz.** Von **R. Sydow.** Fortgeführt von **L. Busch,** Reichsgerichtsrat, jetzt zugleich mit **A. Busch,** Gerichtsassessor. **14. Aufl.** 8°. 1913. 8 M.

12. **Strafprozeßordnung und Gerichtsverfassungsgesetz** nebst den Gesetzen, betr. die Entschädigung der im Wiederaufnahmeverfahren freigesprochenen Personen und die Entschädigung für unschuldig erlittene Untersuchungshaft. Von Dr. **A. Hellweg,** Reichsgerichtsrat. **16. Aufl.** von Professor Dr. **Kohlrausch.** 1912. 3 M.

13. **Konkursordnung und Anfechtungsgesetz.** Von **R. Sydow.** Fortgeführt von **L. Busch. 11. Aufl.** 1911. 2 M. 80 Pf.

14. **Gerichtsverfassungsgesetz** mit Einführungsgesetz. Herausgegeben von **R. Sydow.** Fortgeführt von **L. Busch. 9. Aufl.** 1905. Mit Nachtrag, enthaltend die Novelle vom 1. Juni 1909. 1 M. 50 Pf.

15. **Das Deutsche Gerichtskostengesetz** nebst den Gebührenordnungen für Gerichtsvollzieher, Zeugen und Sachverständige. Von **R. Sydow.** Weiter bearbeitet von Reichsgerichtsrat **L. Busch** und Gerichtsassessor **Arno Busch. 9. Aufl.** 1912. 2 M. 60 Pf.

16. **Rechtsanwaltsordnung.** Von **R. Sydow. 5. Aufl.** von Justizrat **M. Jacobsohn.** 1907. Mit Nachtrag, enthaltend die Bestimmungen vom 22. Mai 1910. 1 M. 20 Pf.

17. Die **Deutsche Gebührenordnung für Rechtsanwälte und das Preußische Gebührengesetz** vom 27. September/6. Oktober 1899. Von **R. Sydow.** Fortgeführt von **L. Busch. 10. Aufl.** 1911. 2 M. 70 Pf.

18. **Reichsstempelgesetz** vom 15. Juli 1909 in der durch das Zuwachssteuergesetz vom 14. Februar 1911 geänderten Fassung. (Börsen-, Lotterie- [Spiel und Wette-], Frachturkunden-, Fahrkarten-, Kraftfahrzeug-, Tantieme-, Scheck- und Grundstücksübertragungssteuer.) Mit den gesamten Ausführungsbestimmungen. **11. Aufl.** von Geh. Regierungsrat **P. Loeck.** 1912. 8°. 6 M.

19. Die **Seegesetzgebung.** Von Dr. **W. E. Knitschky. 4. Aufl.** bearbeitet von Oberlandesgerichtsrat **Otto Rudorff** in Hamburg. 1908. Mit Anhang, enthaltend die Bestimmungen von 1909. 6 M.

20. **Krankenversicherungsgesetz.** Von weil. Dr. **E. von Woedtke. 11. Aufl.** von Geh. Reg.-Rat Dr. **G. Eucken-Addenhausen.** 1905. 3 M. Siehe auch Bd. 107.

21. Die **Konsulargesetzgebung.** Von Professor Dr. **Ph. Zorn. 3. Aufl.** bearbeitet von Reg.-Assessor Dr. **A. Zorn.** 1911. 4 M. 50 Pf.

22. **Patentgesetz.** Nebst Ausführungsbestimmungen, völkerrechtlichen Verträgen und der Patentanwalts-Ordnung. **7. Aufl.** bearbeitet von **R. Lutter,** Geh. Reg.-Rat im Kaiserl. Patentamt. 1908. 2 M. 80 Pf.

23. **Gewerbe-Unfallversicherungsgesetz.** Von weil. Dr. **E. von Woedtke. 9. Aufl.** von **Franz Caspar,** Direktor im Reichsamt des Innern. 1907. 2 M. 50 Pf. Siehe auch Bd. 108.

24. **Aktiengesellschaft und Kommanditgesellschaften auf Aktien.** Von Kammergerichtsrat Dr. **H. Keyßner** und Justizrat Dr. **H. Veit Simon. 6. Aufl.** von Amtsrichter **L. Keyßner.** 1911. 3 M.

25. **Brausteuergesetz.** vom 15. Juli 1909. Von **A. Düffe,** Oberzollrevisor. **2. Aufl.** 1910. 3 M.

26. Die Reichsgesetzgebung über **Münz- und Notenbankwesen.** Papiergeld, Prämienpapiere und Reichsschulden. Von Dr. jur **R. Koch,** Präsident des Reichsbankdirektoriums, **6. Aufl.** 1910. 4 M.

27. Die Gesetzgebung, betr. das **Gesundheitswesen** im Deutschen Reich. Von Dr. jur. **C. Goesch** und Dr. med. **J. Karsten.** 1888. 1 M. 60 Pf.

28. **Bau-Unfallversicherungsgesetz.** Vom 30. Juni 1900. Von **R. Chrzescinski,** Kaiserl. Regierungsrat. **3. Aufl.** 1900. 2 M.

29. **Erwerbs- und Wirtschaftsgenossenschaften.** Von **L. Parisius** und Dr. **H. Crüger. 14. neu bearb. Aufl.** von Dr. **H. Crüger.** 1912. 1 M. 80 Pf.

30. **Invalidenversicherungsgesetz** vom 13. Juli 1899. , Von weil. Dr. **E. von Woedtke. 10. Aufl.** von Regierungsrat **H. Follmann.** 1906. 4 M. (Vergriffen!) Neue Fassung S. Bd. 109 Reichsversicherungsordnung.

31. **Gewerbegerichtsgesetz.** Von Stadtrat **L. Mugdan. 7. Aufl.** bearbeitet von **W. Cuno**, Oberbürgermeister zu Hagen i. W. 1911. 2 M. 50 Pf.

32. Reichsgesetz, betr. die **Gesellschaften mit beschränkter Haftung.** Von **L. Parisius** und Dr. **H. Crüger. 12. Aufl.** von Dr. **H. Crüger.** 1912. 1 M. 80 Pf.

33. **Vereins- und Versammlungsrecht.** Von Dr. **E. Ball. 2. Aufl.** von Dr. **F. Friedenthal.** 1907. 2 M. 50 Pf.

**Reichs-Vereinsgesetz** vom 19. April 1908 siehe Nr. 88.

34. Die **Abzahlungsgeschäfte.** Gesetz vom 16. Mai 1894. **3. vermehrte Aufl.** besorgt von Dr. **E. Wilke**, Landgerichtsrat. 1910. 1 M. 25 Pf.

35. Die **Reichs-Eisenbahngesetzgebung.** Von **W. Coermann**, Kaiserl. Amtsrichter. 1895. 2 M. 25 Pf. S. auch Bd. 66.

36. Gesetze, betr. die **privatrechtlichen Verhältnisse der Binnenschiffahrt und der Flößerei.** Von **E. Löwe**, Landgerichtsrat. **4. Aufl.** 1909. 3 M.

37. Gesetz gegen den **unlauteren Wettbewerb.** Von Justizrat **A. Pinner. 6. Aufl.** 1912. 1 M. 50 Pf.

38/39. **Bürgerliches Gesetzbuch nebst Einführungsgesetz** von Dr. **A. Achilles.** In Verbindung mit Professor Dr. **André,**

**Kammergerichtsrat Ritgen, Reichsgerichtsrat Dr. Strecker,** Senatspräsident Dr. **v. Unzner** herausgegeben von Wirkl. Geh. Ober-Justizrat u. Oberlandesgerichtspräsident **Greiff. 7. Aufl.** 8°. 1912. 7 M.

40. Gesetz, betr. die **Pflichten der Kaufleute bei Aufbewahrung fremder Wertpapiere (Depotgesetz).** Mit Erläuterungen. Von **F. Lusensky,** Geh. Ober-Regierungsrat. **2. Aufl.** 1905. 1 M.

41. **Börsengesetz.** In der Fassung der Novelle vom 8. Mai 1908. **2. Aufl.** Von Wirkl. Geh. Ober-Regierungsrat **Th. Hemptenmacher,** Staatskommissar an der Berliner Börse. 1908. 2 M.

42. **Grundbuchordnung** nebst den preußischen Ausführungsbestimmungen. Mit Einleitung. Von Prof. Dr. **O. Fischer. 6. Aufl.** 1912. 2 M.

43. **Zwangsvollstreckung in das unbewegliche Vermögen** im Reiche und in Preußen. Mit Einleitung, Kosten- und Gebührentabellen. Von Dr. **J. Krech,** Kaiserl. Geh. Regierungsrat und Professor Dr. **O. Fischer. 6. Aufl.** 1910. 2 M.

44. Das Reichsgesetz über das **Auswanderungswesen** vom 9. Juni 1897. Von Professor Dr. **Felix Stoerk.** 1899. 2 M. 25 Pf.

45. Das **Entmündigungsrecht** unter Berücksichtigung der für Preußen geltenden Vorschriften nebst der preußischen Justiz-Ministerial-Verfügung vom 28. November 1899. Von Landgerichtsrat Dr. **P. Koll** in Cöln. 1900. 1 M. 50 Pf.

46. Die Gesetze des Reiches und Preußens über die **freiwillige Gerichtsbarkeit.** Von **Herm. Jastrow,** Amtsgerichtsrat. **5. Aufl.** 1911. 3 M. 60 Pf.

47. Das **deutsche Vormundschaftsrecht** und das preuß. Gesetz über die Fürsorgeerziehung Minderjähriger nebst den dazu gehörigen preußischen Nebengesetzen. Von Oberverwaltungsgerichtsrat **Max Schultzenstein** und Amtsgerichtsrat Dr. **Paul Köhne. 2. Aufl.** 1901. 3 M.

48. Gesetze und Verordnungen, betr. den **Drogen-, Gift- und Farbenhandel** außerhalb der Apotheken. Von Dr. **J. Broh,** Rechtsanwalt. 1899. 1 M. 25 Pf.

49. Deutsche **Kolonialgesetzgebung.** Von Geh. Justizrat Professor Dr. **Philipp Zorn.** 2. Aufl. von Gerichtsassessor Dr. **Sassen.** 1913. 7 M. 50 Pf.

50. Der **Viehkauf** (Viehgewährschaft) nach dem Bürgerlichen Gesetzbuche. Nebst Verordn. betr. die Hauptmängel und Gewährsfristen beim Viehhandel. Von Rechtsanwalt Dr. **H. Stölzle** und Königl. Kreistierarzt **H. Weiskopf. 5. Aufl.** 1913. 6 M.

51. **Hypothekenbankgesetz** vom 13. Juli 1899. Von Dr. **H. Göppert. 2. Aufl.** Bearbeitet von Geh. Reg.-Rat Dr. **Seidel.** 1911. 2 M. 40 Pf.

52. Gesetz, betreffend die gemeinsamen **Rechte der Besitzer von Schuldverschreibungen.** Von Dr. **Heinrich Göppert.** 1900. 2 M.

53. **Reichspreßgesetz** vom 7. Mai 1874. Mit Kommentar von **A. Born,** Erster Bürgermeister der Stadt Marienburg (Westpr.). 1911. **2. Aufl.** 2 M.

54. Die Reichsgesetzgebung über den Verkehr mit **Nahrungsmitteln, Genußmitteln** und **Gebrauchsgegenständen.** Von Dr. **Georg Lebbin,** Nahrungsmittelchemiker in Berlin. 1900. 2 M. 25 Pf.

55. Das Recht der **Beschlagnahme von Lohn- und Gehaltsforderungen.** Von Justizrat **Georg Meyer. 4. Aufl.** 1910. 2 M. 60 Pf.

56. Gesetz, betr. die **Bekämpfung gemeingefährlicher Krankheiten.** Nebst Ausführungsbestimmungen. Von Dr. **Bruno Burkhardt,** Regierungsrat, Mitglied des Kaiserl. Gesundheitsamts. 1900. 1 M. 40 Pf.

57. **See-Unfallversicherungsgesetz.** Von Dr. **Max Mittelstein,** Oberlandesgerichtsrat in Hamburg. 1901. 2 M.

58. **Das Recht der unehelichen Kinder** nach dem BGB. Von **Hermann Jastrow,** Amtsgerichtsrat. 1901. 1 M. 80 Pf.

59. Reichsgesetz über die **Beurkundung des Personenstandes und die Eheschließung.** Von Dr. **F. Fidler,** Amtsgerichtsrat. 1912. **2. Aufl.** 2 M. 50 Pf.

60. Gesetz, betreffend das **Urheberrecht an Werken der Literatur und der Tonkunst** in der Fassung vom 22. Mai 1910. Von Geh. Justizrat **Otto Lindemann. 3. Aufl.** 1910. 1 M. 60 Pf.

61. Gesetz über das **Verlagsrecht.** Von Justizrat **E. Heinitz. 2. Aufl.** Bearbeitet von Rechtsanwalt Dr. **Br. Marwitz.** 1911. 1 M. 80 Pf.

62. Gesetz über **private Versicherungsunternehmungen.** Von **H. Könige,** Reichsgerichtsrat. **2. Aufl.** 1910. 4 M. 20 Pf.

63. **Gesetzestafel des Deutschen Reichsrechts.** Systematisch geordnete Nachweisung des z. Z. geltenden Reichsrechts. Ergänzungsband zu der Guttentag'schen Sammlung Deutscher Reichsgesetze. Von **Hugo Bruhns,** Syndikus. 1913. 8°. **2. Aufl.** 3 M. 50 Pf.

64. Gesetzsammlung betr. **den Handel mit Drogen und Giften.** Reichsgesetzliche Bestimmungen und Anhang mit den landesgesetzlichen Verordnungen sämtlicher Bundesstaaten. Von Rechtsanwalt **H. Sonnenfeld,** Syndikus der Berliner Drogisten-Innung. **2. Aufl.** 1912. 4 M.

65. Das **Weingesetz** in der Fassung von 1909. Mit Ausführungsbestimmungen von Dr. **Georg Lebbin,** Nahrungsmittelchemiker. **2. Aufl.** 1909. 2 M. 50 Pf.

66. Die **Eisenbahn-Gesetzgebung.** Von **W. Pietsch,** Rechnungsrat im Reichs-Eisenbahn-Amt. **2. Aufl.** 1913. 3 M. 60 Pf.

67. **Militär-Strafgesetzbuch für das Deutsche Reich** vom 20. Juni 1872 nebst dem Einführungsgesetz. Von Wirkl. Geh. Kriegsrat Dr. jur. **A. Romen** und Kriegsgerichtsrat Dr. jur. **C. Rissom.** 1912. 6 M.

68. Das **Fleischbeschaugesetz.** Vom 3. Juni 1900. Von Dr. **Georg Lebbin,** Nahrungsmittelchemiker und Rechtsanwalt Dr. **Georg Baum.** 1903. 4 M.

69. Reichsgesetz über die **Naturalleistungen der bewaffneten Macht im Frieden** nebst den in Preußen geltenden Bestimmungen. Von Regierungsassessor Dr. **Walter v. Hippel.** 1903. 1 M. 25 Pf.

70. Das **Reichs-Haftpflichtgesetz,** vom 7. Juni 1871. Von Regierungsrat Dr. **G. Eger.** 1903. 3 M.

71. **Kinderarbeit in gewerblichen Betrieben,** vom 30. März 1903. Von **H. Spangenberg,** Oberverwaltungsgerichtsrat. **2. Aufl.** 1904. 1 M. 60 Pf.

72. **Unfallversicherungsgesetz für Land- und Forstwirtschaft** von weil. Dr. **E. von Woedtke,** fortgesetzt von **Alfred Radtke,** Geh. Regierungsrat und Senatspräsident im Reichsversicherungsamt. **2. Aufl.** 1904. 4 M. 50 Pf.

73. **Entschädigung für unschuldig erlittene Verhaftung und Bestrafung.** Nebst Anhang, enthaltend die dazu gehörigen Nebengesetze über Schadensersatz. Von Dr. jur. **A. Romen,** Wirkl. Geh. Kriegsrat. 1904. 2 M.

74. Die **Kaufmannsgerichte** nebst den preuß. Ausführungsbestimmungen. Von Professor Dr. **Max Apt. 3. Aufl.** 1905. 2 M.

75. Reichsgesetz über die **Konsulargerichtsbarkeit.** Von Dr. jur. **A. F. Vorwerk,** Rechtsanwalt in Schanghai. 2. Ausgabe, mit dem Schutzgebietsgesetz und der Ausführungsverordnung, betr. die Rechtsverhältnisse in den Schutzgebieten. 1908. 2 M.

76. **Die Rechtshilfe im Verkehr mit den ordentlichen Gerichten nach deutschem Reichsrecht.** Von Landrichter Dr. **A. Friedländer.** 1906. 1 M. 80 Pf.

77. **Das Reichserbschaftssteuergesetz.** Vom 3. Juni 1906. Von **Ulrich Hoffmann,** Rechnungsrat im Königl. Preuß. Finanzministerium. **2. Aufl.** 1911. 5 M.

78. **Zigarettensteuergesetz.** Vom 15. Juli 1909. Von Dr. **Cuno,** Regierungsassessor. **2. Aufl.** in Vorbereitung, nach Erlaß der sämtlichen Ausführungsbestimmungen.

79. **Die Militärpensionsgesetze** vom 31. Mai 1906 nebst Ausführungsbestimmungen. Zum Gebrauch für Heer, Marine und Schutztruppe von Dr. jur. **A. Romen,** Wirklicher Geheimer Kriegsrat.

a) I. Teil: Offizierpensionsgesetz. 1907. 3 M. 50 Pf.

b) II. Teil: Mannschaftsversorgungsgesetz. 1908. 3 M. 50 Pf.

80. Reichsgesetzgebung über **gerichtliche Registerführung.** Von **Otto Lindemann,** Geh. Justizrat. 1906. 3 M.

81. Gesetz, betr. **Urheberrecht an Werken der bildenden Künste und der Photographie.** Von Dr. **Ludwig Fuld,** Rechtsanwalt. 1907. 1 M.

82. **Reichsbeamtengesetz** in der Fassung vom 18. Mai 1907 und seine Ergänzungen von Geheimrat Professor Dr. **Adolf Arndt.** 1908. 3 M.

83. Reichsgesetz über **den Versicherungsvertrag** nebst Einführungsgesetz. Von Dr. **Paul Hager** und Dr. **E. Bruck. 2. vermehrte und verbesserte Auflage.** 1910. 5 M.

84. **Sammlung kleinerer privatrechtlicher Reichsgesetze** von Oberlandesgerichtsrat **Georg Müller.** 1908. 6 M. 50 Pf.

85. **Scheckgesetz** mit Einleitung usw. Von Prof. Dr. **Max Apt. 5. Aufl.** Mit Postscheckordnung vom 6. Nov. 1908 und im Anhang „Besteuerung des Schecks". 1909. 2 M.

**Postscheckordnung** vom 6. Nov. 1908. Apart mit Erläuterungen und Ausführungsbestimmungen. (30 Pf.)

86. **Die Auslieferungsverträge des Deutschen Reiches** von Landrichter **A. Cohn.** 1908. 4 M.

87. Gesetz zum **Schutz der Warenbezeichnungen.** Von Geh. Reg.-Rat, Mitglied des Patentamts Dr. **Freund** und Rechtsanwalt **Magnus. 5. Aufl.** 1909. 3 M. 50 Pf.

88. **Vereinsgesetz** vom 19. April 1908. Von Dr. jur. **A. Romen,** Wirkl. Geh. Kriegsrat. **3. Aufl.** 1912. 2 M. 50 Pf.

89. **Vogelschutzgesetz** vom 30. Mai 1908 nebst den das Flugwild betr. Bestimmungen der Preußischen Jagdordnung von Dr. jur. **Leo von Boxberger.** 1908. 1 M.

90. Die Haager Abkommen über das **Internationale Privatrecht** von Dr. **G. A. E. Bogeng.** 1908. 2 M. 20 Pf.

91. **Eisenbahn-Verkehrsordnung** vom 23. Dez. 1908. Mit Ausführungsbestimmungen. Von Regierungsassessor bei der Eisenbahndirektion Breslau Dr. **Ernst Blume.** 1909. 2 M. 50 Pf.

92. Gesetz, betr. den **Verkehr mit Kraftfahrzeugen.** Von Amtsrichter **R. Kirchner. 2. Ausgabe** ergänzt durch die Bundesratsverordnung vom 3. Febr. 1910 und das Internationale Uebereinkommen vom 11. Okt. 1909. 1910. 3 M.

93. Gesetz über die **Sicherung der Bauforderungen** von Justizrat Dr. **E. Harnier. 3. Aufl.** 1912. 1 M. 60 Pf.

94. **Haftpflicht der Reichs- und Staats-Beamten** von Dr. **H. Delius. 2. Aufl.** 1909. Mit Nachtrag, enth. das Gesetz über die Haftung des Reichs für seine Beamten vom 22. Mai 1910. 3 M. 50 Pf.

95. Die Berner Uebereinkunft über **internationales Urheberrecht** von Dr. **Herm. Dungs**, vortrag. Rat im Reichsjustizamt. 1910. 1 M.
96. **Branntweinsteuergesetz** vom 15. Juli 1909. Unter Berücksichtigung der für das Reich erlassenen Ausführungsbestimmungen. Von Geh. Reg.-Rat **Johs. Rath**, vortrag. Rat im Reichsschatzamt. 1910. 3 M. 50 Pf.
97. **Schutzgebietsgesetz** nebst der Verordnung betr. die Rechtsverhältnisse in den Schutzgebieten, dem Gesetz über die Konsulargerichtsbarkeit sowie den Ausführungsbest. und ergänzenden Vorschriften. Von **Johs. Gerstmeyer**, Wirkl. Legationsrat und vortrag. Rat im Reichskolonialamt. 1910. 3 M.
98. **Sechs Haager Abkommen** über **Internationales Privatrecht.** Von Dr. **Herm. Dungs**, vortrag. Rat im Reichs-Justizamt. 1910. 1 M. 50 Pf.
99. **Die Abkommen der Haager Friedenskonferenz** von Dr. jur. **Hans Wehberg.** 1910. 3 M.
100. Gesetz über den **Absatz von Kalisalzen.** Von Geh. Bergrat **Carl Voelkel.** 1910. 2 M. 40 Pf.
101. **Zuwachssteuergesetz** vom 14. Februar 1911. Von Dr. **W. Cuno,** Regierungsrat im Reichsschatzamt. 1911. 3 M. 60 Pf.
102. **Urheberrecht an Mustern und Modellen** u. Ges. betr. Schutz v. Gebrauchsmustern von Reg.-Rat **Johs. Neuberg,** Mitgl. d. K. Patentamts. 1911. 2 M. 40 Pf.
103. **Reichs-Viehseuchengesetz** vom 26. Juni 1909 nebst Ausführungsvorschriften u. dem preuß. Ausführungsgesetz. Von Landrat Dr. **Walter v. Hippel. 2. Aufl.** 1912. 4 M. 50 Pf.
104. **Versicherungsgesetz** für Angestellte vom 20. Dez. 1911. Von Rechtsanwalt **O. Bernstein** und Dr. **J. Kupferberg. 2. Aufl.** 1912. 3 M. 50 Pf.

105. **Das Geldwesen in den deutschen Schutzgebieten. Von W. Hintze,** Geheimer exped. Sekretär im Reichskolonialamt. 1912. 2 M.

106—109. **Reichs-Versicherungs-Ordnung nebst Einführungsgesetz:** Herausgegeben unter Mitwirkung von Dr. **F. Caspar,** Wirkl. Geh. Rat, Direktor im Reichsamt d. Innern und **A. Spielhagen,** Geh, Ob.-Reg.-Rat, vortr. Rat im Reichsamt d. Innern. 4 Bände. Preis pro Band etwa 3—4 M.

106. Erstes, fünftes und sechstes Buch. **Gemeinsame Vorschriften. — Beziehungen der Versicherungsträger zu einander und zu anderen Verpflichteten — Verfahren.** Bearbeitet von Dr. **K. Lippmann,** Reg.-Rat im Reichsversicherungsamt, Professor, Geh. Rat Dr. **L. Laß** und Geh. Reg.-Rat **H. Siefart,** vortrag. Räte im Reichsamt des Innern. 1912. Im Druck.

107. Zweites Buch. **Krankenversicherung.** Von Geh. Reg.-Rat **H. Siefart,** vortrag. Rat im Reichsamt des Innern. 1912. Im Druck.

108. Drittes Buch. **Unfallversicherung.** Von Geh. Reg.-Rat **A. Radtke,** Senatsvorsitzender im Reichsversicherungsamt. 1912. Im Druck.

109. Viertes Buch. **Invaliden- und Hinterbliebenenversicherung.** Bearbeitet von Geh. Ober-Regierungs-Rat **B. Jaup,** vortragender Rat im Reichsamt des Innern und **H. Follmann,** Geh. Reg.-Rat im Reichsversicherungsamt. 1912. 4 M.

Guttentag'sche Sammlung

# Preußischer Gesetze.

Text-Ausgaben mit Anmerkungen. Taschenformat.

---

1. Die **Verfassungs-Urkunde** für den Preußischen Staat. Mit Einleitung, vollständigem Kommentar. Von Prof. Dr. **Adolf Arndt. 7. Aufl.** 1911. 4 M.

2. Preußische **Beamten-Gesetzgebung.** Enthaltend die wichtigsten Beamtengesetze in Preußen. Von **C. Pfafferoth. 4., neubearb. Aufl.** 1905. Mit Anhang: Abänderung vom 27. Mai 1907. 2 M.

3. **Die Aufnahme des Nottestaments** durch die bestellten Urkundspersonen. Anweisung mit Musterbeispielen und Abriß des Erbrechts von Amtsgerichtsrat **C. Kurtz.** 1904. 1 M. 50 Pf.

4. **Gebührenordnung** für **Notare** vom 25. Juli 1910. **4. Aufl.** bearbeitet von Justizrat **Rausnitz.** 1910. 2 M. 20 Pf.

5. Gesetz vom **24. April 1854 (betr. die außerehel. Schwängerung).** Von Dr. **Schulze.** 1873. 75 Pf.
   Gültiges Recht siehe: Reichsgesetze Nr. 58.

6. Die Preuß. **Ausführungsgesetze und Verordnungen zu den Reichs-Justizgesetzen.** Von **R. Sydow. 3. vermehrte Aufl.** 1895. 2 M. 40 Pf. Siehe Seite 24, Busch-Eylau, Ausführungsgesetze.

7. Allg. **Gerichtsordnung** und Preuß. **Konkursordnung.** Von **F. Vierhaus.** Vergriffen.

8. **Vormundschaftsordnung.** Von **F. Schultzenstein.**
   Gültiges Recht siehe: Reichsgesetze Nr. 47.

9. Die Preußische **Grundbuchgesetzgebung.** Von Prof. Dr. **Fischer.** Vergriffen. Siehe: Reichsgesetze Nr. 42.

10. **Einkommensteuergesetz.** Von **A. Fernow,** Geh. Ober-Finanzrat. 8. **Aufl.** 1913. Etwa 4 M.

11. **Gewerbesteuergesetz.** Von **A. Fernow,** Geh. Ober-Finanzrat. **5., vermehrte Aufl.** 1910. 3 M.

12. **Allgemeines Berggesetz** für die Preußischen Staaten vom 24. Juni 1865. Von **W. Westhoff** und **W. Schlüter. 3. Aufl.** bearbeitet von **Schlüter** und **Hense,** Oberbergräten. 1913. 7 M. 50 Pf.

13. **Ergänzungssteuergesetz** (V e r m ö g e n s s t e u e r g e s e t z). Von **A. Fernow,** Geh. Ober-Finanzrat. **4. vermehrte Aufl.** 1907. 2 M. 40 Pf.

14. **Kommunalabgabengesetz.** Vom 14. Juli 1893 und Gesetz wegen Aufhebung direkter Staatssteuern. Von Dr. **F. Adickes,** Oberbürgermeister. **5. Aufl.** Bearbeitet von Stadtrat Dr. **Woell.** 1911. 2 M. 40 Pf.

15. Die **Kreisordnungen** für den Preußischen Staat. Von **O. Kolisch,** Landgerichtsrat. 1894. 4 M.

16. **Konzessionierung gewerblicher Anlagen.** Preuß. Ausführungs-Anweisung zu §§ 16 u. ff. der Gewerbe-Ordnung. Von Dr. **W. v. Rüdiger,** Geh. Regierungs- u. Gewerberat. **2. Aufl.** 1901. 2 M.

17. Preußisches **Gerichtskostengesetz.** Vom 25. Juli 1910. Mit Kostentabellen. Von Dr. **P. Siméon,** Kammergerichtsrat. **6. Aufl.** 1910. 3 M. 60 Pf.

18. Preußisches **Stempelsteuergesetz vom 30. Juni 1909.** Mit sämtlichen Ausführungsbestimmungen. Von **P. Loeck,** Geh. Regierungsrat. **7. Aufl.** 8°. 1911. 7 M.

19. Das **Jagdscheingesetz.** Mit ausführlichen Erläuterungen. Von **F. Kunze,** Wirklichem Geh. Ober-Regierungsrat. **2. Aufl.** 1899. 2 M.

20. Die **preußischen Erbschaftssteuergesetze.** Unter Berücksichtigung der Novelle vom 31. Juli 1895. Von **U. Hoffmann,** Rechnungsrat im Königl. preuß. Finanzministerium. 1905. 4 M.

(**Reichs**-Erbschaftssteuergesetz s. Reichsgesetze Nr. 77).

21. Gesetz über die **Handelskammern.** Von **F. Lusensky,** Geh. Regierungsrat. **2. Aufl.** 1909. 3 M.

22. Gesetz, betr. **Anstellung und Versorgung der Kommunalbeamten.** Von Dr. **W. Ledermann,** Magistratsassessor zu Berlin. 1899. 1 M. 25 Pf.

23. **Ausführungsgesetz zum Bürgerlichen Gesetzbuche.** Von Kammergerichtsrat Dr. **P. Siméon. 2. Aufl.** 1905. 1 M. 80 Pf. Siehe auch Busch-Eylau S. 24.

24. Die **Hinterlegungsordnung** in der Fassung des Ausführungsgesetzes zum BGB. vom 20. Sept. 1899 nebst Ausführungsbestimmungen. Von Regierungsrat Dr. **Georg Bartels. 2. Aufl.** 1908. 2 M.

25. **Preußische Kommunalbeamtengesetzgebung.** Von Magistrats-Assessor Dr. **Fr. Kremski,** Berlin. 1901. 3 M.

26. Gesetze über das **Diensteinkommen der Lehrer und Lehrerinnen, Ruhegehalt und Fürsorge für Hinterbliebene.** Tabelle zur Berechnung der Ruhegehalts-, Witwen- und Waisenbezüge. Von Dr. **Ed. Cremer**, Beigeordneter. 1900. 2 M. 40 Pf.

27. Gesetz, betreffend die **Warenhaussteuer.** Von Geh. Ober-Finanzrat Dr. **G. Strutz.** 1900. 1 M. 20 Pf.

28. Gesetz über die **Fürsorgeerziehung Minderjähriger.** Von Landgerichtsdirektor Dr. **P. F. Aschrott. 2. umgearbeitete Aufl.** 1907. 2 M. 80 Pf.

29. Gesetz, betr. **die ärztlichen Ehrengerichte, das Umlagerecht und die Kassen der Aerztekammern.** Von Amtsgerichtsrat Dr. **F. Fidler.** 1901. 1 M. 50 Pf.

30. Das **Preußische Staatsschuldbuch** und **Reichsschuldbuch.** Von Wirkl. Geh. Ober-Finanzrat **F. Mücke.** 1902. 2 M.

31a. **Die geltenden Preußischen Gesindeordnungen.** Herausgegeben in zwei Bänden von **Stephan Gerhard**, Rechtsanwalt in Berlin. 1902.

**Band I:** Gesindeordnung für die altpreußischen Provinzen vom 8. Nov. 1810, mit Erläuterungen unter Berücksichtigung der Ergänzungsgesetze und der Rechtsverhältnisse der Gesindevermieter, sowie die Gesindeordnungen für Neuvorpommern und Rügen und für die Rheinprovinz. 2 M. 50 Pf. Neue Aufl. in Vorbereitung.

31b. **Band II:** Gesindeordnungen für Hannover, Schleswig-Holstein, Hessen-Nassau und den Regierungsbezirk Hohenzollern. 2 M. 50 Pf.

Siehe auch Seite 25: Ratgeber von Grieben.

32. **Die Städteordnung für die sechs östlichen Provinzen** Preußens vom 30. Mai 1853. Von Stadtrat Dr. **Walter Ledermann** u. Magistratsrat Dr. **Ludwig Brühl. 2. Aufl.** 1913. 7 M.

33. **Rentenguts- und Anerbenrechts-Gesetzgebung in Preußen.** Von Landgerichtsrat **M. Peltasohn** und Rechtsanwalt **Bruno Peltasohn.** 1903. 3 M.

34. Sammlung der wichtigsten **preußischen Strafgesetze** nebst Anhang: Gesetz betr. polizeiliche Strafverfügungen vom 23. April 1883. Von **Otto Lindemann,** Geheimen Justizrat. 1912. **2. Aufl.** 3 M. 50 Pf.

35. **Geschäftsordnung für Gerichtsvollzieher.** Gerichtsvollzieherordnung und Gebührensätze von Amtsgerichtssekretär **Emil Exner.** 1904. 3 M. 50 Pf.

36. **Polizeiverordnungen in Preußen.** Von **Otto Lindemann,** Geheimen Justizrat. 1912. **2. Aufl.** 2 M. 50 Pf.

37. Gesetz über die **Enteignung von Grundeigentum** vom 11. Juni 1874. Von Oberlandesgerichtsrat **O. Meyer. 2. Aufl.** 1911. 2 M. 25 Pf.

38. **Kreis- und Provinzial-Abgabengesetz.** Vom 23. April 1906. Von **Fr. Schmidt,** Gemeindevorsteher. 1906. 1 M. 25 Pf.

39. Gesetz, betr. die **Unterhaltung der öffentl. Volksschulen.** Von Dr. **A. Marcks,** Reg.-Rat. 1906. 2 M.

40. **Verwaltungsstrafverfahren** bei Zuwiderhandlungen gegen die Zollgesetze und indirekte Reichs- und Landesabgaben, sowie die Bestimmungen über die Schlacht- und Wildpretsteuer vom 26. Juli 1897. Von Dr. **Richard Katzenstein,** Gerichtsassessor. 1907. 3 M. 60 Pf.

41. Die **preußischen Jagdpolizeigesetze.** Von **Fr. Kunze,** Wirkl. Geh. Oberregierungsrat und **R. Kühnemann,** Rechtsanwalt. **2. Aufl.** 1907. 3 M. 60 Pf.

42. Die Gesetzgebung über die **Allgemeine Landesverwaltung** und über die **Zuständigkeit der Verwaltungs- und Verwaltungsgerichtsbehörden.** Von Rechtsanwalt Dr. **Karl Friedrichs.** 1908. 3 M.

43. Gesetz betr. die **Zulassung einer Verschuldungsgrenze** für land- und forstwirtschaftlich benutzte Grundstücke. Von Dr. jur. **R. Leweck,** Syndikus. 1908. 2 M. 40 Pf.

44. **Quellenschutzgesetz** nebst den Ausführungsbestimmungen von **Carl Voelkel,** Geheimer Bergrat. 1909. 1 M.

45. **Rechtsverhältnisse der Juden in Preußen** von Dr. jur. **Max Kollenscher,** Rechtsanwalt. 1910. 2 M. 40 Pf.

46. **Austritt aus der Landeskirche** vom 14. Mai 1873. Von Gerichtsassessor **Hrch. Chr. Caro.** 1911. 2 M. 40 Pf.

47. Gesetz, betr. die **Feuerbestattung** von Amtsgerichtsrat Dr. **W. Lohmann.** 1911. 1 M. 50 Pf.

48. **Zweckverbandsgesetz für Groß-Berlin** vom 19. Juli 1911 nebst Abdruck des allgemeinen Zweckverbandsgesetzes. Von Magistratsräten Dr. **Ludw. Brühl,** Dr. **Kurt Gordan** und Stadtrat Dr. **Walter Ledermann** in Berlin. 1912. 4 M.

49. **Gesetze gegen die Verunstaltung landschaftlich hervorragender Gegenden** mit Ausführungsanweisuugen. Von Regierungsrat **Otto Goldschmidt.** 1912. 2 M. 50 Pf.

50. **Gesetz, betr. die Anlegung und Veränderung von Straßen und Plätzen in Städten und ländlichen Ortschaften** von Oberlandesgerichtsrat **O. Meyer.** 1912. 3 M.

51. **Preußisches Disziplinargesetz** von **Dultzig** im Druck.

52. **Preußisches Wassergesetz** vom 7. April 1913 von Rechtsanwalt **Georg Wulff** und Rechtsanwalt **Ferd. Herold.** 1913. 5 M.

## Guttentag'sche Sammlung von Text-Ausgaben mit Sachregister ohne Anmerkungen.

Taschenformat, elegant in Leinen gebunden.

---

**Zivilprozeßordnung** mit **Gerichtsverfassungsgesetz** und **Einführungsgesetzen.** Neue Fassung. Mit der Novelle vom 22. Mai 1910. 2 M.

**Konkursordnung** mit **Einführungsgesetz.** 80 Pf.

**Bürgerliches Gesetzbuch** nebst **Einführungsgesetz.** 10. Abdruck. 2 M. 50 Pf.

**Handelsgesetzbuch** nebst **Einführungsgesetz** und **Seerecht.** 8. Abdruck. 1910. 1 M. 80 Pf.

**Reichsversicherungsordnung** von 1911 (Kranken-, Unfall-, Invaliden- und Hinterbliebenenversicherung). 2 M.

**Militärstrafgerichtsordnung** nebst **Einführungsgesetz** u. Gesetzen, betr. Dienstvergehen der richterlichen Militärjustizbeamten und unfreiwillige Versetzung derselben usw. mit **Militär-Strafgesetzbuch.***) **2. Aufl.** 1 M. 50 Pf.

*) Ist auch einzeln zu haben. Preis 1 M.

**Wechselordnung** mit Anhang: **Wechselprozeß und Ausführungsanweisung.** 1908. 1 M.

**Die Preußischen Ausführungsgesetze zum Bürgerlichen Gesetzbuche und Nebengesetze. 5. Aufl.** 1 M. 80 Pf.

**Reichsfinanzgesetze** von 1909 einschließlich der **Reichsstempelgesetze** und des **Erbschaftssteuergesetzes.** 1909. 2 M.

**Zuwachssteuergesetz** vom 14. Februar 1911. 80 Pf. **Ausführungsbestimmungen** dazu 60 Pf.

**Versicherungsgesetz für Angestellte** vom 20. Dez. 1911. 1 M. 25 Pf.

**Strafgesetzbuch.** Mit ausführl. Sachregister. 1912. 1 M. 20 Pf.

**Struckmann-Koch, Zivilprozeßordnung für das Deutsche Reich** nebst den auf den Zivilprozeß bezüglichen Bestimmungen des Gerichtsverfassungsgesetzes und den Einführungsgesetzen. In den neuen Fassungen mit der Novelle von 1910. Kommentar. Herausgegeben unter Mitwirkung von **R. Rasch**, Landgerichtspräsident in Altona, Dr. **P. Koll**, Senatspräsident beim Oberlandesgericht in Cöln, Dr. **Flechtheim**, Rechtsanwalt beim Oberlandesgericht in Cöln. **9., umgearbeitete Auflage.** 1910. Lex.-8°. 24 M., geb. 26 M.

**Pinner, Kommentar** zum Gesetz **gegen den unlauteren Wettbewerb** vom 7. Juni 1909. **2. Aufl.** Herausgegeben von Justizrat **Albert Pinner** und Rechtsanwalt Dr. **Erich Eyck.** 1910. Gr.-8°. 5 M. 50 Pf., geb. 6 M. 50 Pf.

**Das preußische Warenhaussteuergesetz** vom 18. Juli 1900, in Verbindung mit den anderen deutschen Warenhaussteuergesetzen. Erläutert von Dr. **J. Wernicke,** Syndikus. 1913. Preis 4 M. 50 Pf., gebunden 5 M.

**Die Stempelsteuerpflicht bei Grundstücksübertragungen.** Ein Hilfsbuch zur Berechnung und Einziehung des Immobiliarstempels. Zusammengestellt und bearbeitet von **X. Brachvogel,** Amtsgerichtsrat. 1912. Gr.-8°. Preis 6 M., geb. 7 M.

**Kommentar zum Börsengesetz.** Im Auftrage des Centralverbandes des Deutschen Bank- und Bankiergewerbes bearbeitet von Dr. **H. Rehm,** Dr. **H. Trumpler, Heinrich Dove,** Dr. **Ernst Neukamp,** Dr. **R. Schmidt-Ernsthausen,** Dr. **James Breit.** Mit Vorwort von Dr. **J. Rießer.** 1909. Gr.-8°. 12 M., geb. 13 M.

**Patentgesetz** und Gesetz, betr. den **Schutz von Gebrauchsmustern.** Von Justizrat Dr. **A. Seligsohn. 4., neubearbeitete Auflage.** 1909. Gr.-8°. 12 M., geb. in Leinen 13 M.

**Die Rechtsverhältnisse der öffentlichen Anleihen.** Von Geh. Regierungsrat Dr. **G. S. Freund.** Gr.-8°. 7 M., geb. 8 M.

**Die Preußischen Ausführungsgesetze, Verordnungen und ministeriellen Verfügungen zu dem Bürgerlichen Gesetzbuche** und den Reichs-Justizgesetzen nebst anderen zugehörigen Gesetzen. Von **L. Busch. 2. Aufl.** von Landrichter **O. Eylau.** 8°. Preis geb. 4 M. 50 Pf.

**Preußische Bürgerliche Gesetzsammlung.** Sammlung der noch geltenden Landesgesetze privatrechtlichen Inhalts. Herausgegeben von den Gerichtsassessoren **D. Fischer** und Dr. **F. Schroeder.** 8°. 2 Bände Preis geb. in ganz Leinen 20 M.

Erster Band: **Das Allgemeine Landrecht mit den Einführungs-Patenten.** Preis 6 M.

Zweiter Band: **Gesetze von 1773—1902.** Preis 14 M.

**Preußisches Baupolizeirecht. Mit Kommentar der Baupolizeiverordnung für die Vororte von Berlin. Vom 28. Mai 1907.** Von Gemeindebaurat **Carl Saß.** 8°. Preis 6 M.

**Straßen- und Baufluchtliniengesetz.** Kommentar für den praktischen Gebrauch mit zeichnerischen Darstellungen von Gemeindebaurat **Carl Saß.** 8°. Preis kartonniert 3 M.

**Die Heranziehung der Anlieger zu den Straßenbaukosten** auf Grund des § 15 des Fluchtliniengesetzes vom 2. Juli 1875 in Entscheidung, Kostenberechnung und bildlicher Darstellung von Gemeindebaurat **Carl Saß.** 1912. 8°. Kartoniert 4 M. 50 Pf.

**Kommentar zum Stellenvermittlergesetz** vom 2. Juni 1910 unter besonderer Berücksichtigung des zivilrechtlichen Gesetzesinhaltes mit den Ausführungsbestimmungen für **Preußen, Bayern, Sachsen** von **M. K. Samter,** Amtsgerichtsrat. 1912. Gr.-8°. Preis 4 M., geb. 5 M.

**Die Invaliden- und Hinterbliebenenversicherung** nach der **Reichsversicherungsordnung.** Eine systemat. Zusammenstellung der gesetzl. Bestimmungen von Dr. **Richard Freund,** Vorsitzendem der Landes-Versicherungsanstalt Berlin. 1911. 2 M., geb. 3 M.

**Wie leitet man eine Versammlung?** Geschäftlicher Handweiser für Vorsitzende. Von einem Mitgliede des deutschen Reichstages und des preußischen Abgeordnetenhauses. **2. Aufl.** 1908. kart. 1 M.

**Praktischer Ratgeber für Dienstherrschaften** nach dem Preuß. Gesinderecht unter Berücksichtigung der neueren Entscheidungen bearbeitet von **H. Grieben,** Verwaltungsdirektor a. D. und Bürgermeister. 1908. 1 M.

**Das Recht der Handlungsgehilfen** und Handlungslehrlinge. Von Rechtsanwalt **Hugo Horrwitz. 2. Aufl.** Geb. 3 M.

**Die Registratur.** Von **Hermann Kollrack. 2. Aufl.** 1906. 8°. **Kart.** 1 M. 40 Pf.

**Die Pflichten des Waisenrates.** Ein praktischer Leitfaden für Waisenräte und Verwaltungsbeamte. Von **F. Baum,** Geh. Justizrat und Vormundschaftsrichter. 8. **vermehrte und verbesserte Auflage.** 1906. 8°. 60 Pf.

**Der Vormund, Gegenvormund, Pfleger und Familienrat.** Nach dem Bürgerlichen Gesetzbuch, dem Reichsgesetz über die Angelegenheiten der freiwilligen Gerichtsbarkeit und dem Ausführungsgesetz zum BGB. Ein praktischer Leitfaden. Von **F. Baum,** Geh. Justizrat und Vormundschaftsrichter. 1899. 8°. 50 Pf.

# Schlagwort-Register.

R. = Nummer der Sammlung Deutscher **Reichs**gesetze.
P. = Nummer der Sammlung **Preußischer** Gesetze.
S. = Seite.

Schlagwort-Register. (R. = Reichsgesetz, P. = preuß. Gesetz.)

Schlagwort-Register. (R. = Reichsgesetz, P. = preuß. Gesetz.)



---





Nr. 7. VI. 1913. 35000.

FSC
www.fsc.org
MIX
Papier | Fördert
gute Waldnutzung
FSC® C083411

Kolibri 360 GmbH
Ferdinand-Jühlke-Straße 7
99095 Erfurt, Deutschland
produktsicherheit@kolibri360.de